흥달쌤의
정보처리기사

이흥직 편저

2025 최신개정판

필기 문제집

기출문제와 예상문제의 조합으로 **필기시험 대비**
흥달쌤 정보처리기사 **이론서의 문제편만 모아 편집**

비전공자, 문과생도 쉽게 이해할 수 있어요!

▶ **흥달쌤** 에서 정보처리기사 등 각종 **특강 진행**

흥달쌤 동영상강의
이라온에듀닷컴 | 1억뷰엔잡

Preface
이 책의 머리말

안녕하세요, 홍달쌤입니다.

저는 여러분과 함께 정보처리 기사/산업기사 자격증의 긴 여정을 시작하려고 합니다. 이 강의와 교재는 단순히 자격증을 위한 학습이 아닌, 여러분의 전문성을 키우고, 실무에 적용할 수 있는 지식을 제공하는 것을 목표로 하고 있습니다.

저는 정보처리 기사와 프로그래밍 언어를 가르치는 강사로, 2003년부터 개발자로서의 커리어를 시작하여 지금까지 많은 프로젝트와 경험을 쌓아왔습니다. 작은 홈페이지부터 시작해 CJOne, 아시아나 항공 홈페이지, 삼성화재 글로벌, SRTPlay 등의 대형 프로젝트에 참여하며 제 실력을 키워왔습니다.

이러한 경험을 바탕으로, 저는 여러분에게 현실적이고 구체적인 지식을 전달하려고 합니다.

본 교재는 정보처리 기사/산업기사 자격증 시험을 체계적으로 준비할 수 있도록 구성되었습니다. 각 과목은 그 특성에 따라 다음과 같은 방식으로 구성되었으며, 홍달쌤 정보처리기사 필기교재의 문제편만 모아 필기시험 대비용으로 기획되었습니다. 기존 필기 교재를 구입하신 분들은 따로 본 문제집을 구입할 필요는 없습니다.

- 소프트웨어 설계: 개발의 시작부터 요구사항 분석, 설계의 전 과정을 다룹니다. 소프트웨어 공학의 기본 원리부터 실제 모델링에 이르기까지, 실무에서 적용할 수 있는 지식을 제공합니다.
- 소프트웨어 개발: 개발 도구와 테스트 방법에 초점을 맞춥니다. 자료구조와 알고리즘의 기본 개념을 포함하여, 실제 개발 과정에서의 적용을 강조합니다.
- 데이터베이스 구축: 데이터베이스 설계부터 쿼리 사용까지, 웹 어플리케이션 구축에 필수적인 내용을 다룹니다. 이론과 실습을 병행하여, 실제 환경에서의 적용법을 배울 수 있습니다.
- 프로그래밍 언어 활용: 운영체제, 네트워크, 프로그래밍 언어 등을 포괄적으로 다루며, 특히 프로그래밍 언어는 실기 시험에도 출제되므로 중점적으로 다룹니다.
- 정보시스템 구축관리: 개발 방법론과 보안에 초점을 맞추어, 신기술 용어와 개념에 익숙해지는 것을 목표로 합니다.

이 교재와 강의는 특히 비전공자도 쉽게 접근할 수 있도록 설계되었습니다.
낯선 용어와 개념을 쉽게 설명하여, 누구나 정보처리 기사 자격증에 도전할 수 있도록 지원합니다. 제 강의를 통해 이미 많은 비전공자들이 성공적으로 학습을 경험했습니다.

이 교재를 준비하는 과정에서, 여러분에게 최대한의 도움을 드리기 위해 많은 시간과 노력을 투자했습니다.
여러분들의 학습 여정에 동행할 수 있어 영광이며, 여러분 모두가 목표를 달성할 수 있도록 진심으로 응원하겠습니다. 여러분과 함께 이루어가는 이 학습 여정이 성공적이길 바라며, 여러분의 성공을 진심으로 기대합니다.

감사합니다.

흥달쌤 드림

Contents
이 책의 목차

PART 01 소프트웨어 설계

CHAPTER 01 요구사항 확인 ················· 6

CHAPTER 02 화면설계 ···················· 53

CHAPTER 03 애플리케이션 설계 ············ 59

CHAPTER 04 인터페이스 설계 ·············· 99

PART 02 소프트웨어 개발

CHAPTER 01 데이터 입출력 구현 ·········· 112

CHAPTER 02 통합 구현 ·················· 153

CHAPTER 03 제품 소프트웨어 패키징 ······ 163

CHAPTER 04 애플리케이션 테스트 관리 ···· 189

CHAPTER 05 인터페이스 구현 ············· 229

PART 03 데이터베이스 구축

CHAPTER 01 논리 데이터베이스 설계 ······ 238

CHAPTER 02 물리 데이터베이스 설계 ······ 285

CHAPTER 03 SQL 활용 ·················· 317

CHAPTER 04 SQL 응용 ·················· 385

CHAPTER 05 데이터 전환 ················ 397

PART 04 프로그래밍 언어 활용

CHAPTER 01 서버 프로그램 구현 ·········· 404

CHAPTER 02 운영체제 기초 활용 ·········· 418

CHAPTER 03 네트워크 기초 활용 ·········· 468

CHAPTER 04 프로그래밍 언어 활용 ········ 506

PART 05 정보시스템 구축관리

CHAPTER 01 소프트웨어 개발 방법론 활용 ···· 544

CHAPTER 02 IT 프로젝트 정보시스템 구축 관리 ·· 583

CHAPTER 03 소프트웨어 개발 보안 구축 ···· 629

CHAPTER 04 시스템 보안 구축 ············ 654

PART

01

소프트웨어 설계

CHAPTER 01 요구사항 확인

Section 1. 현행 시스템 분석

001 프로젝트 계획 수립 시 소프트웨어 범위(Scope) 결정의 주요 요소로 거리가 먼 것은?

① 소프트웨어 개발 환경
② 소프트웨어 성능
③ 소프트웨어 제약조건
④ 소프트웨어 신뢰도

> **해설**
> 소프트웨어 계획 수립 시 범위를 결정하는 주요 요소는 비즈니스 요구사항, 기능 요구사항, 비기능 요구사항, 제약사항, 프로젝트 구조 등이 있다. 소프트웨어 개발 환경은 계획 수립이 완료된 이후에 결정하게 된다.

정답 ①

002 소프트웨어 설계 시 구축된 플랫폼의 성능 특성 분석에 사용되는 측정 항목이 아닌 것은?

① 응답시간(Response Time)
② 가용성(Availability)
③ 사용률(Utilization)
④ 서버 튜닝(Server Tuning)

> **해설**
> 서버 튜닝은 구축 후 성능 향상을 위해 진행된다.

정답 ④

003 DBMS 분석 시 고려사항으로 거리가 먼 것은?

① 가용성
② 성능
③ 네트워크 구성도
④ 상호 호환성

> **해설**
> DBMS 분석 시 DBMS의 종류와 버전, 데이터 모델, 성능, 보안, 백업 및 복구 등을 고려한다. 네트워크 구성도는 네트워크 분석에서 고려해야 하는 사항이다.

정답 ③

004 현행 시스템 분석에서 고려하지 않아도 되는 항목은?

① DBMS 분석
② 네트워크 분석
③ 운영체제 분석
④ 인적자원 분석

> **해설**
> 현행 시스템 분석은 현재 운영 중인 시스템의 기능, 성능, 장단점 등을 이해하고 평가하는 과정이다. 주로 시스템의 소프트웨어, 하드웨어, 네트워크, 데이터베이스 등의 기술적인 측면에 초점을 맞춰 고려한다. 인적자원 분석은 현행 시스템의 기능이나 성능을 분석하는 데 직접적으로 필요하지 않은 요소이다.

정답 ④

005 멀티미디어 서비스 활성화를 위한 CPND의 의미로 틀린 것은?

① C: Contents(콘텐츠)
② P: Platform(플랫폼)
③ N: Network(네트워크)
④ D: Digital(디지털)

> **해설**
> CPND에서 D는 Device를 의미한다.

정답 ④

006 다음 중 플랫폼 비즈니스의 특징으로 가장 올바르지 않은 것은?

① 플랫폼을 이용한 상거래 방식으로 다양한 분야의 정보를 공급하거나 가상 또는 현실을 연결하는 비즈니스 모델
② 2개 이상의 서로 다른 집단 사이의 직접적인 상호작용을 촉진함으로써 새로운 가치를 창출하는 사업
③ 다수의 생산자와 소비자가 연결되어 상호작용하며 가치를 창출하는 기업과 산업 생태계 기반의 장
④ 한 기업이 가치 창출의 처음부터 끝까지 폐쇄적으로 통제하는 비즈니스

> **해설**
> 플랫폼 비즈니스는 서로 다른 사용자 그룹을 서로 연결해주는 비즈니스 모델을 말한다. ④번의 설명은 파이프라인 비즈니스 모델이라고 한다.

정답 ④

007 전자상거래 비즈니스 모델의 유형을 소매 모델, 중개 모델, 콘텐츠 서비스 모델, 커뮤니티 모델로 구분할 수 있다. 다음 중 중개 모델의 유형으로 가장 올바르지 않은 것은?

① 경매 중개
② 거래 중개
③ e-마켓 플레이스
④ 협력 플랫폼

> **해설**
> - 소매 모델: 전통적인 물리적 소매점이 온라인으로 확장한 형태로, 온라인 상점이 제품을 직접 판매한다.
> - 중개 모델: 판매자와 구매자 사이의 거래를 중개하는 역할을 한다.
> - 콘텐츠 서비스 모델: 정보나 디지털 콘텐츠를 제공하는 것을 주된 비즈니스로 한다.
> - 커뮤니티 모델: 사용자들이 정보를 공유하고, 경험을 나누는 것에 초점을 맞춘다.
> - 협력 플랫폼은 중개 모델보다는 커뮤니티 모델에 가깝다.

정답 ④

008 기존의 웹 사이트를 소셜 네트워크 서비스와 연동하여 마케팅 플랫폼으로 활용하는 기법을 무엇이라 하는가?

① 오픈 그래프
② 오픈 마케팅
③ UCC
④ 오픈 미디어

> **해설**
> 오픈 그래프(Open Graph)는 콘텐츠의 요약 내용이 SNS에 게시되는 데 최적화된 데이터를 가지고 갈 수 있도록 설정하여 마케팅에 활용될 수 있다.

정답 ①

009 온라인과 오프라인 소비 채널을 융합한 마케팅을 통해 소비자의 구매를 촉진하는 새로운 비즈니스 모델은?

① O2O(Online to Offline)
② Open Market
③ Closed Market
④ Complex Market

> **해설**
> 온라인 플랫폼을 통해 실제 오프라인에서 일어나는 활동을 일으키는 비즈니스를 통틀어 O2O라 한다.

정답 ①

Section 2. 요구사항 확인

001 소프트웨어 설계에서 요구사항 분석에 대한 설명으로 틀린 것은?

① 소프트웨어가 무엇을 해야 하는가를 추적하여 요구사항 명세를 작성하는 작업이다.
② 사용자의 요구를 추출하여 목표를 정하고 어떤 방식으로 해결할 것인지 결정하는 단계이다.
③ 소프트웨어 시스템이 사용되는 동안 발견되는 오류를 정리하는 단계이다.
④ 소프트웨어 개발의 출발점이면서 실질적인 첫 번째 단계이다.

> **해설**
> 시스템이 사용되는 동안 발견되는 오류를 정리하는 것은 요구사항 분석의 역할이 아니고, 보통 테스팅 또는 유지보수 단계에서 수행되는 작업이다.

정답 ③

002 소프트웨어 개발 방법 중 요구사항 분석(Requirements Analysis)과 거리가 먼 것은?

① 비용과 일정에 대한 제약 설정
② 타당성 조사
③ 요구사항 정의 문서화
④ 설계 명세서 작성

> **해설**
> 요구사항 분석 단계에서는 요구사항 수집, 요구사항 명세, 요구사항 검증, 요구사항 관리, 전반적인 프로젝트 계획 등이 포함된다. 설계 명세서는 요구사항 분석을 한 이후에 설계 단계에서 작성된다.

정답 ④

003 소프트웨어 개발 단계에서 요구 분석 과정에 대한 설명으로 거리가 먼 것은?

① 분석 결과의 문서화를 통해 향후 유지보수에 유용하게 활용할 수 있다.
② 개발 비용이 가장 많이 소요되는 단계이다.
③ 자료 흐름도, 자료 사전 등이 효과적으로 이용될 수 있다.
④ 보다 구체적인 명세를 위해 소단위 명세서(Mini-Spec)가 활용될 수 있다.

> **해설**
> 일반적으로 비용이 가장 많이 소요되는 단계는 유지보수 단계이다.

정답 ②

004 요구사항 분석이 어려운 이유가 아닌 것은?

① 개발자와 사용자 간의 지식이나 표현의 차이가 커서 상호 이해가 쉽지 않다.
② 사용자의 요구는 예외가 거의 없어 열거와 구조화가 어렵지 않다.
③ 사용자의 요구사항이 모호하고 불명확하다.
④ 소프트웨어 개발 과정 중에 요구사항이 계속 변할 수 있다.

> **해설**
> 고객의 요구사항은 수시로 변하기 때문에 정확한 고객의 요구사항을 파악하여 명세화해야 한다.

정답 ②

---

005 요구사항 개발 프로세스의 순서로 옳은 것은?

| ㉠ 도출(Elicitation) | ㉡ 분석(Analysis) |
| ㉢ 명세(Specification) | ㉣ 확인(Validation) |

① ㉠ - ㉡ - ㉢ - ㉣
② ㉠ - ㉢ - ㉡ - ㉣
③ ㉠ - ㉣ - ㉡ - ㉢
④ ㉠ - ㉡ - ㉣ - ㉢

정답 ①

---

006 요구사항 분석 시에 필요한 기술로 가장 거리가 먼 것은?

① 청취와 인터뷰 질문 기술
② 분석과 중재 기술
③ 설계 및 코딩 기술
④ 관찰 및 모델 작성 기술

> **해설**
> - 요구사항 분석 시 필요한 기술: 인터뷰(Interview), 관찰 또는 문화기술적 연구(Ethnography), 사용자 스토리, 시나리오, 설문조사, 브레인스토밍, 포커스 그룹
> - 설계 및 코딩 기술은 실제 구현 단계에서 필요한 기술이다.

정답 ③

007 다음에서 설명하는 요구사항 도출 기법으로 가장 적절한 것은?

> - 사용자들의 동작 프로세스를 이해하고 이를 지원하는 소프트웨어의 요구사항을 얻기 위해 사용하는 관찰 기법이다.
> - 분석가는 사용자의 일상 업무를 관찰하고 사용자들의 실제 작업을 기록한다.
> - 사람들이 실제 일하는 방식을 반영하는 기법으로 잘 드러나지 않는 요구사항을 발견하는 데 도움을 준다.

① 인터뷰(Interview)
② 사용자 스토리(User Story)
③ 문화기술적 연구(Ethnography)
④ 스프린트 백로그(Sprint Backlog)

해설

문화기술적 연구(Ethnography)는 사용자의 문화적, 사회적, 개인적 환경을 이해하는 데 사용되는 연구 방법이다. 이 방법은 사용자의 일상적인 활동과 경험을 탐구하는 데 초점을 둔다. 문화기술적 연구는 사용자에게 일상생활에서 사용할 수 있는 아이템(카메라, 일기, 지도 등)들을 제공하고, 이를 통해 사용자의 생활 패턴, 선호도, 문화적 측면 등을 조사한다.

정답 ③

---

008 요구사항 명세 기법에 대한 설명으로 틀린 것은?

① 비정형 명세 기법은 사용자의 요구를 표현할 때 자연어를 기반으로 서술한다.
② 비정형 명세 기법은 사용자의 요구를 표현할 때 Z 비정형 명세 기법을 사용한다.
③ 정형 명세 기법은 사용자의 요구를 표현할 때 수학적인 원리와 표기법을 이용한다.
④ 정형 명세 기법은 비정형 명세 기법에 비해 표현이 간결하다.

해설

요구사항을 명세하는 방법에는 정형 명세 기법과 비정형 명세 기법이 있다.
- 정형 명세 기법은 수학적 표기법을 사용하여 소프트웨어의 요구사항을 정확하고 일관되게 명세한다. 이러한 접근 방식은 오류를 줄이고, 애매함을 제거하며, 시스템의 동작을 예측 가능하게 만든다. Z, VDM 등의 정형 명세 언어가 사용된다.
- 비정형 명세 기법은 자연어(영어, 한국어 등)를 사용하여 소프트웨어의 요구사항을 설명한다. 이러한 방식은 사용자와의 커뮤니케이션이 용이하며, 복잡한 표기법을 배울 필요가 없다. 그러나 자연어의 애매함 때문에 오해의 여지가 있으며, 요구사항의 일관성과 완전성을 보장하기 어렵다.
- Z는 정형 명세 기법에 사용되는 언어이다.

정답 ②

009 요구사항 명세 기법 중 자연어 기반 비정형 명세에 대한 설명으로 옳은 것만을 모두 고르면?

> ㄱ. 표현이 모호할 수 있고, 해석이 다를 수 있다.
> ㄴ. 수학적 증명 기술을 이용하여 완전성을 검증할 수 있다.
> ㄷ. 자연어를 기반으로 작성하기 때문에 쉽게 작성할 수 있다.

① ㄷ
② ㄱ, ㄴ
③ ㄱ, ㄷ
④ ㄴ, ㄷ

해설
수학적 표기법을 사용하여 소프트웨어의 요구사항을 정확하고 일관되게 명세하는 것은 정형 명세 기법에 해당이 된다. 비정형 명세는 자연어를 기반으로 작성되기 때문에 표현이 모호할 수 있고, 해석이 다를 수 있다.

정답 ③

010 올바른 요구사항 명세서를 작성하기 위한 주의사항으로 가장 옳지 않은 것은?

① 요구사항 명세서는 소프트웨어 개발의 전 과정을 주도하므로, 사용자가 아니라 개발자 중심으로 이해하기 쉽게 작성되어야 한다.
② 요구사항 명세서에는 원하는 기능을 정확하고 완벽하게 기술해야 한다.
③ 요구사항 명세서에는 2가지 이상의 해석이 발생하지 않도록 모호하지 않은 표현을 써야 한다.
④ 요구사항 명세서는 시스템 인수를 위한 테스트 기준을 제시해야 한다.

해설
요구사항 명세서는 개발자도 이용하지만, 이해관계자들 간의 의사소통을 위하여 사용되기 때문에 사용자도 이해하기 쉽게 작성되어야 한다.

정답 ①

011 소프트웨어 요구 분석 명세서(SRS, Software Requirements Specification)에 포함되는 내용이 아닌 것은?

① 개발 시스템의 목적 및 범위
② 아키텍처 및 인터페이스 명세
③ 자료 흐름도, 자료 사전, 소단위 명세
④ 기능적 요구사항 및 비기능적 요구사항

해설
아키텍처 및 인터페이스 명세는 분석/설계 과정에서 산출되는 산출물이다.

정답 ②

012 사용자 요구 분석 명세서의 바람직한 특성으로 옳지 않은 것은?

① 서로 모순되는 부분이 없어야 한다.
② 고객과 개발자가 동의한 것이어야 한다.
③ 고객과 개발자 모두 쉽게 이해할 수 있어야 한다.
④ 시스템의 구조와 서브 시스템의 구조를 포함하여 기술해야 한다.

> **해설**
> 사용자 요구 분석 명세서는 시스템의 기능적 요구사항과 비기능적 요구사항을 중심으로 기술되어야 하며, 시스템의 구조나 서브 시스템의 구조는 요구사항 명세보다는 설계 단계에서 다루어지는 내용이다.

정답 ④

013 요구사항 검증(Requirements Validation)과 관련한 설명으로 틀린 것은?

① 요구사항이 고객이 정말 원하는 시스템을 제대로 정의하고 있는지 점검하는 과정이다.
② 개발 완료 이후에 문제점이 발견될 경우 막대한 재작업 비용이 들 수 있기 때문에 요구사항 검증은 매우 중요하다.
③ 요구사항이 실제 요구를 반영하는지, 문서상의 요구사항은 서로 상충되지 않는지 등을 점검한다.
④ 요구사항 검증 과정을 통해 모든 요구사항 문제를 발견할 수 있다.

> **해설**
> 요구사항 검증은 시스템이 사용자의 실제 요구사항과 일치하고, 충족하는지 확인하는 과정이며, 요구사항 확인은 시스템이 요구사항 문서에 따라 올바르게 설계되고 구현되었는지 확인하는 과정이다. 이런 검증과 확인은 개발 과정 전반에서 이루어지게 되고, 충분한 요구사항을 반영할 수 있다. 하지만 검증 과정에서 완벽한 요구사항을 발견할 수는 없다.

정답 ④

014 다음 중 요구사항 모델링에 활용되지 않는 것은?

① 애자일(Agile) 방법
② 유스케이스 다이어그램(Use Case Diagram)
③ 시퀀스 다이어그램(Sequence Diagram)
④ 단계 다이어그램(Phase Diagram)

> **해설**
> 단계 다이어그램(Phase Diagram)은 일반적으로 시스템 공학이나 물리학에서 사용되는 도구이며, 이는 특정 시스템의 상태 변화를 나타내는 데 사용된다. 일반적으로 소프트웨어 요구사항 모델링에는 사용되지 않는다.

정답 ④

015 요구 분석(Requirement Analysis)에 대한 설명으로 틀린 것은?

① 요구 분석은 소프트웨어 개발의 실제적인 첫 단계로 사용자의 요구에 대해 이해하는 단계라 할 수 있다.
② 요구 추출(Requirement Elicitation)은 프로젝트 계획 단계에 정의한 문제의 범위 안에 있는 사용자의 요구를 찾는 단계이다.
③ 도메인 분석(Domain Analysis)은 요구에 대한 정보를 수집하고 배경을 분석하여 이를 토대로 모델링을 하게 된다.
④ 기능적(Functional) 요구에서 시스템 구축에 대한 성능, 보안, 품질, 안정 등에 대한 요구사항을 도출한다.

> **해설**
> 기능 요구사항은 시스템이 무엇을 해야 하는지 정의하고, 비기능 요구사항은 성능, 보안 등 시스템이 어떻게 동작해야 하는지를 정의한다.

정답 ④

016 요구사항 분석에서 비기능적(Nonfunctional) 요구에 대한 설명으로 옳은 것은?

① 시스템의 처리량(Throughput), 반응시간 등의 성능 요구나 품질 요구는 비기능적 요구에 해당하지 않는다.
② '차량 대여 시스템이 제공하는 모든 화면이 3초 이내에 사용자에게 보여야 한다'는 비기능적 요구이다.
③ 시스템 구축과 관련된 안전, 보안에 대한 요구사항들은 비기능적 요구에 해당하지 않는다.
④ '금융 시스템은 조회, 인출, 입금, 송금의 기능이 있어야 한다'는 비기능적 요구이다.

> **해설**
> 처리량, 반응시간, 안전, 보안은 비기능적 요구사항에 해당이 된다. 차량 대여 시스템이 제공하는 모든 화면이 3초 이내에 사용자에게 보여야 한다는 성능에 대한 요구사항이고, 비기능적 요구사항에 해당이 된다.

정답 ②

017 〈보기〉에서 비기능 요구사항(Non-Functional Requirement)을 모두 고른 것은?

---〈보기〉---
ㄱ. 시스템의 반응시간(Response Time)
ㄴ. 시스템이 제공해야 하는 가용성(Availability)
ㄷ. 시스템이 동작해야 하는 운영체제
ㄹ. 개발에 사용될 프로그래밍 언어

① ㄱ, ㄴ　　② ㄷ, ㄹ　　③ ㄱ, ㄴ, ㄹ　　④ ㄱ, ㄴ, ㄷ, ㄹ

> **해설**
> 보기에서 설명하는 것들은 모두 비기능 요구사항에 해당된다. 운영체제나 프로그래밍 언어도 소프트웨어 기능에 대한 내용이 아니기 때문에 비기능 요구사항으로 분류된다.

정답 ④

018 다음의 설명에 해당하는 언어는?

> 객체지향 시스템을 개발할 때 산출물을 명세화, 시각화, 문서화하는 데 사용된다. 즉, 개발하는 시스템을 이해하기 쉬운 형태로 표현하여 분석가, 의뢰인, 설계자가 효율적인 의사소통을 할 수 있게 해준다. 따라서 개발 방법론이나 개발 프로세스가 아니라 표준화된 모델링 언어이다.

① JAVA
② C
③ UML
④ Python

> **해설**
> JAVA, C, Python은 구현 언어에 해당한다.

정답 ③

019 UML에 대한 설명으로 옳지 않은 것은?

① OMG에서 만든 통합 모델링 언어로서 객체지향적 분석, 설계 방법론의 표준 지정을 목표로 한다.
② 애플리케이션을 개발할 때 쉽게 이해할 수 있도록 도와주는 여러 가지 유형의 다이어그램을 제공한다.
③ 실시간 시스템 및 분산 시스템과 같은 시스템의 분석과 설계에는 사용될 수 없다.
④ 개발자와 고객 또는 개발자 상호 간의 의사소통을 원활하게 할 수 있다.

> **해설**
> UML은 소프트웨어 시스템을 시각화하고 문서화하고, 소프트웨어 시스템의 구조와 동작을 명세하는 표준화된 모델링 언어로, 시스템 분석과 설계에 도움을 주는 모델링 언어이다.

정답 ③

020 UML(Unified Modeling Language)에 대한 설명으로 가장 옳지 않은 것은?

① UML은 방법론으로 단계별로 어떻게 작업해야 하는지 자세하게 나타낸다.
② UML은 소프트웨어의 구성요소와 그것들의 관계 및 상호작용을 시각화한 것이다.
③ UML은 객체지향 소프트웨어를 모델링하는 표준 그래픽 언어로 심벌과 그림을 사용해 객체지향 개념을 나타낼 수 있다.
④ UML은 소프트웨어 개발의 중요한 작업인 분석, 설계, 구현의 정확하고 완벽한 모델을 제공한다.

> **해설**
> UML은 소프트웨어를 분석/설계하기 위한 모델링 도구이다. 단계별로 어떻게 작업하는지 나타내는 방법론은 대표적으로 폭포수 방법론이나 나선형 모델 등이 있다.

정답 ①

021 객체지향 방법론 중에서 Rumbaugh의 OMT 방법론과 Booch의 Booch 방법론, Jacobson의 OOSE 방법론을 통합하여 만든 모델링 개념의 공통집합으로 객체지향 분석 및 설계 방법론의 표준 지정을 목표로 제안된 모델링 언어는?

① OOD(Object Oriented Design)
② OMG(Object Management Group)
③ OMT(Object Modeling Technique)
④ UML(Unified Modeling Language)

> **해설**
> UML은 객체지향 개발에 대한 분석 및 설계를 위해 사용된다.

정답 ④

022 UML의 기본 구성요소가 아닌 것은?

① Things
② Terminal
③ Relationship
④ Diagram

> **해설**
> 사물(Things), 관계(Relationship), 다이어그램(Diagram), 스테레오 타입(Stereo Type) 등이 UML 구성요소에 해당된다. Terminal은 가장 마지막에 있는 노드를 말한다.

정답 ②

023 UML의 특징이 아닌 것은?

① 가시화 언어
② 명세화 언어
③ 구축 언어
④ 구현 언어

> **해설**
> 구현 언어는 소프트웨어 구현 단계에서 사용하는 언어로 JAVA, C, Python 등이 해당된다.

정답 ④

024 아래의 UML 모델과 같이 표시하는 다이어그램은 무엇인가?

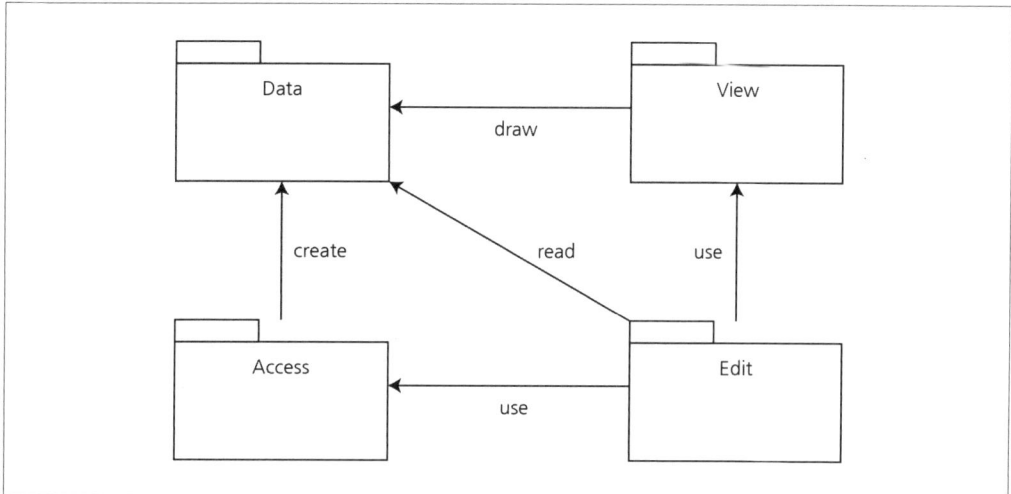

① Class Diagram
② Object Diagram
③ Component Diagram
④ Package Diagram

> **해설**
> 컴포넌트 다이어그램은 시스템 내의 소프트웨어 컴포넌트들이 어떻게 서로 연결되어 있는지를 보여주는 데에 초점을 맞추어 표현된다. 그림에서 각각의 탭이 달린 박스는 하나의 기능들이 유기적으로 연동된 컴포넌트이고, 이 컴포넌트들이 어떤 상호작용을 하는지 표현하고 있다.

정답 ③

025 아래의 UML 모델에서 '차' 클래스와 각 클래스의 관계로 옳은 것은?

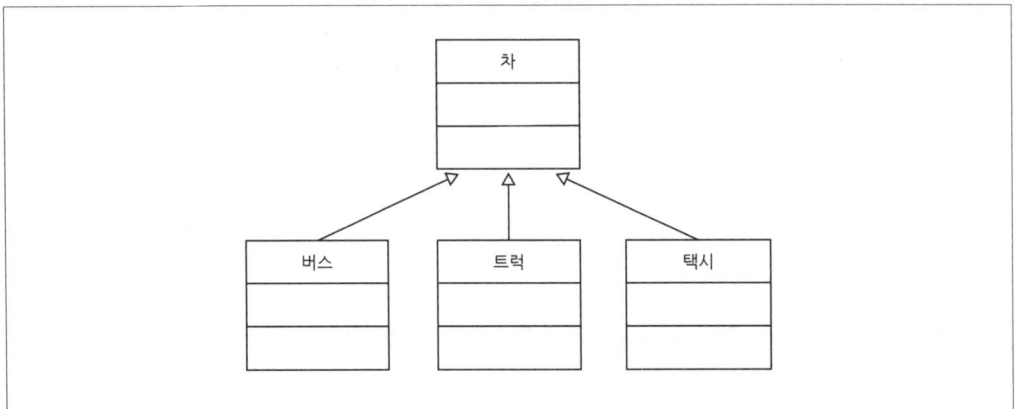

① 추상화 관계
② 의존 관계
③ 일반화 관계
④ 그룹 관계

> **해설**
> 일반화 관계는 한 클래스가 다른 클래스를 포함하는 상위 개념일 때의 관계이다. 각 하위 클래스가 '차' 클래스를 상속받고 있기 때문에 일반화 관계가 성립된다.

정답 ③

026 UML 모델에서 한 객체가 다른 객체에게 오퍼레이션을 수행하도록 지정하는 의미적 관계로 옳은 것은?

① Dependency
② Realization
③ Generalization
④ Association

> **해설**
> - Dependency(의존): 한 사물의 명세서가 바뀌면 그것을 사용하는 다른 사물에게 영향을 끼치는 것
> - Realization(실체화): 한 객체가 다른 객체에 의해 오퍼레이션을 수행하도록 지정
> - Generalization(일반화): 한 클래스가 다른 클래스를 포함하는 상위 개념일 때의 관계
> - Association(연관): 한 클래스가 다른 클래스에서 제공하는 기능을 사용할 때 표시

정답 ②

027 UML 모델에서 한 사물의 명세가 바뀌면 다른 사물에 영향을 주며, 일반적으로 한 클래스가 다른 클래스를 오퍼레이션의 매개변수로 사용하는 경우에 나타나는 관계는?

① Association
② Dependency
③ Realization
④ Generalization

해설

※ Dependency(의존 관계)
- 연관 관계와 같이 한 클래스가 다른 클래스에서 제공하는 기능을 사용할 때 표시
- 연관 관계와 차이점은 두 클래스의 관계가 한 메서드를 실행하는 동안과 같이 매우 짧은 시간만 유지
- 한 클래스의 명세가 바뀌면 다른 클래스에 영향을 줌
- 한 클래스가 다른 클래스를 오퍼레이션의 매개변수로 사용하는 경우

정답 ②

028 UML의 클래스 다이어그램에서 클래스 사이의 관계에 대한 설명으로 옳지 않은 것은?

① 일반화(Generalization) 관계는 일반화한 부모 클래스와 실체화한 자식 클래스 간의 상속 관계를 나타낸다.
② 연관(Association) 관계에서 다중성은 관계 사이에 개입하는 클래스의 인스턴스 개수를 의미한다.
③ 의존(Dependency) 관계는 한 클래스가 다른 클래스를 참조하는 것으로 지역변수, 매개변수 등을 일시적으로 사용하는 관계이다.
④ 집합(Aggregation) 관계는 강한 전체와 부분의 클래스 관계이므로 전체 객체가 소멸되면 부분 객체도 소멸된다.

해설

전체 객체가 소멸되면 부분 객체도 소멸되는 관계는 합성(Composition) 관계이다.

정답 ④

029 다음 설명을 UML 클래스 다이어그램으로 표현할 때 가장 적합한 것은?

- 컴퓨터는 여러 개의 부품으로 구성된다.
- 컴퓨터를 더 이상 사용할 수 없게 되면 그 부품들도 다른 곳에서 재사용할 수 없다.

① Inheritance
② Generalization
③ Composition
④ Dependency

해설

※ Composition(합성 관계)
- 부분 객체가 전체 객체에 속하는 관계로 긴밀한 필수적 관계
- 전체 객체의 라이프 타임과 부분 객체의 라이프 타임은 의존적
- 전체 객체가 없어지면 부분 객체도 없어짐
컴퓨터를 더 이상 사용할 수 없게 되었을 때, 부품들을 다른 곳에서 재사용할 수 없는 관계는 합성 관계이다.

정답 ③

030 UML 모델에서 사용하는 Structural Diagram에 속하지 않은 것은?

① Class Diagram
② Object Diagram
③ Component Diagram
④ Activity Diagram

> **해설**
> ※ 구조 다이어그램
> • 클래스 다이어그램(Class)
> • 객체 다이어그램(Object)
> • 컴포넌트 다이어그램(Component)
> • 배치 다이어그램(Deployment)
> • 복합체 구조 다이어그램(Composite Structure)
> • 패키지 다이어그램(Package)

정답 ④

031 UML에서 활용되는 다이어그램 중, 시스템의 동작을 표현하는 행위(Behavioral) 다이어그램에 해당하지 않는 것은?

① 유스케이스 다이어그램(Use Case Diagram)
② 시퀀스 다이어그램(Sequence Diagram)
③ 활동 다이어그램(Activity Diagram)
④ 배치 다이어그램(Deployment Diagram)

> **해설**
> ※ 행위 다이어그램
> • 유스케이스 다이어그램(Use Case)
> • 순차 다이어그램(Sequence)
> • 커뮤니케이션 다이어그램(Communication)
> • 상태 다이어그램(State)
> • 활동 다이어그램(Activity)
> • 상호작용 다이어그램(Interaction)
> • 타이밍 다이어그램(Timing)

정답 ④

032 UML 다이어그램 중 정적 다이어그램이 아닌 것은?

① 컴포넌트 다이어그램
② 배치 다이어그램
③ 순차 다이어그램
④ 패키지 다이어그램

> **해설**
> 순차 다이어그램은 시간의 흐름에 따라 시스템의 객체들이 어떻게 상호작용하는지를 시각적으로 보여주는 행위 다이어그램이다.

정답 ③

033 다음에서 설명하는 UML(Unified Modeling Language) 다이어그램(Diagram)은?

> 객체들이 어떻게 상호 동작하는지를 메시지 순서에 초점을 맞춰 나타낸 것으로, 어떠한 작업이 객체 간에 발생하는지를 시간 순서에 따라 보여준다.

① 클래스(Class) 다이어그램
② 순차(Sequence) 다이어그램
③ 배치(Deployment) 다이어그램
④ 컴포넌트(Component) 다이어그램

해설

순차 다이어그램은 시간의 흐름에 따라 시스템 내의 객체들 사이의 상호작용을 보여주는 UML 다이어그램이다. 이 다이어그램은 시간이 지남에 따라 객체 간에 어떻게 메시지가 교환되는지를 보여주며, 특히 시스템의 동작을 시나리오별로 이해하는 데 도움을 준다. 객체들이나 클래스의 인스턴스가 시간에 따라 어떻게 서로 상호작용하는지, 그리고 이벤트가 어떻게 순차적으로 발생하는지를 시각적으로 표현한다.

정답 ②

034 다음 〈보기〉의 UML 다이어그램 중 시스템의 구조(Structure)보다는 주로 동작(Behavior)을 가장 잘 묘사하는 다이어그램들만 고른 것은?

〈보기〉
㉠ 클래스 다이어그램(Class Diagram)
㉡ 상태 다이어그램(State Diagram)
㉢ 시퀀스 다이어그램(Sequence Diagram)
㉣ 패키지 다이어그램(Package Diagram)
㉤ 배치 다이어그램(Deployment Diagram)

① ㉠, ㉣
② ㉢, ㉣
③ ㉡, ㉤
④ ㉡, ㉢

해설

- 상태 다이어그램은 객체의 생명주기 동안의 상태 변화를 표현하고, 동적인 행위를 가진 객체의 상태 변화를 표현하는 데 유용하다.
- 시퀀스 다이어그램은 시스템의 객체들이 특정 기능을 수행하는 동안 상호작용하는 방식을 시간 순서에 따라 표현한다.
- 상태 다이어그램과 시퀀스 다이어그램은 행위 다이어그램에 속한다.

정답 ④

035 UML 다이어그램이 아닌 것은?

① 액티비티 다이어그램(Activity diagram)   ② 절차 다이어그램(Procedural diagram)
③ 클래스 다이어그램(Class diagram)   ④ 시퀀스 다이어그램(Sequence diagram)

> **해설**
> UML에는 절차 다이어그램이라는 명칭으로 불리는 다이어그램은 없다. 절차적인 작업 흐름을 나타내는 다이어그램은 순차 다이어그램(Sequence Diagram), 활동 다이어그램(Activity Diagram)이 있다. 순차 다이어그램은 객체 간의 상호작용을 시간 순서에 따라 나타내고, 활동 다이어그램은 프로세스 또는 워크플로우의 실행 흐름을 나타내는 다이어그램이다.

정답 ②

036 UML 다이어그램 중 시스템 내 클래스의 정적 구조를 표현하고 클래스와 클래스, 클래스의 속성 사이의 관계를 나타내는 것은?

① Activity Diagram   ② Model Diagram
③ State Diagram   ④ Class Diagram

> **해설**
> 클래스의 구조와 관계를 나타내는 것은 클래스 다이어그램이다.

정답 ④

037 클래스 다이어그램의 요소로 다음 설명에 해당하는 용어는?

- 클래스의 동작을 의미한다.
- 클래스에 속하는 객체에 대하여 적용될 메서드를 정의한 것이다.
- UML에서는 동작에 대한 인터페이스를 지칭한다고 볼 수 있다.

① Instance   ② Operation   ③ Item   ④ Hiding

> **해설**
> 클래스 다이어그램은 시스템의 정적 구조를 모델링하는 데 사용되며, 시스템의 주요 객체, 클래스, 인터페이스와 그들 간의 관계를 보여준다.
> ※ 클래스 다이어그램의 주요 요소
> - 클래스: 시스템의 주요 개념을 나타내는 사각형으로, 일반적으로 클래스 이름, 속성, 메서드를 포함
> - 인터페이스: 시스템의 특정 동작을 정의하며, 클래스와 유사한 사각형으로 표시되지만, 이름 위에 '《interface》' 표시
> - 속성: 클래스가 가지는 데이터
> - 메서드(오퍼레이션): 클래스의 동작
> - 관계: 클래스와 클래스, 인터페이스와 클래스, 인터페이스와 인터페이스 사이의 연결

정답 ②

038 UML 클래스 다이어그램에 대한 특징으로 올바르지 않은 것은?

① 정적 다이어그램으로 클래스의 구성요소 및 클래스 간의 관계를 표현한다.
② 시스템 내 객체 타입과 객체 사이에 존재하는 여러 가지 정적인 관계를 표현한다.
③ 시스템의 복잡한 논리적 프로세스 알고리즘을 표현하는 다이어그램이다.
④ 클래스는 이름(Name), 속성(Attribute), 연산(Operation)으로 구성된다.

> **해설**
> 클래스 다이어그램은 시스템의 정적인 구조를 표현하는 데 사용되며, 시스템 내의 클래스와 그 클래스 간의 관계를 나타낸다. 클래스 다이어그램은 시스템의 복잡한 논리적 프로세스 알고리즘을 표현하는 것이 아니라 시스템의 객체, 그 객체의 속성과 행동, 그리고 객체 간의 관계를 모델링한다. 복잡한 논리적 프로세스나 알고리즘을 표현하려면 순차 다이어그램이나 활동 다이어그램과 같은 동적 다이어그램을 사용한다.

정답 ③

039 UML 다이어그램에 대한 설명으로 옳지 않은 것은?

① 상태 다이어그램(State Diagram)은 객체의 상태 변화를 나타낸다.
② 클래스 다이어그램(Class Diagram)은 클래스와 클래스 사이의 관계를 나타내는 정적인 모델이다.
③ 컴포넌트 다이어그램(Component Diagram)은 물리적인 노드와 커뮤니케이션 경로를 각각 육면체와 선으로 표시한다.
④ 활동 다이어그램(Activity Diagram)은 업무의 흐름을 표현하거나 유스케이스의 구체적인 흐름을 나타내기 위해 사용한다.

> **해설**
> 컴포넌트 다이어그램은 시스템의 구성요소와 그들 사이의 관계를 나타낸다. 물리적인 노드와 커뮤니케이션 경로를 표시하는 UML 다이어그램은 배포 다이어그램(Deployment Diagram)이다.

정답 ③

040 다음 중 UML(Unified Modeling Language) 다이어그램에 대한 설명 중 가장 적절하지 않은 것은?

① Class 다이어그램은 클래스 내부의 내용과 클래스 사이의 연관 관계를 이용하여 시스템의 구조를 정의한다.
② State 다이어그램은 객체의 동적 행위를 모형화하기 위해 객체 간의 메시지 처리를 시간적 흐름으로 표현한다.
③ Use Case 다이어그램은 사용자(Actor) 관점에서 시스템의 기능과 상호작용을 표현한다.
④ Component 다이어그램은 시스템을 구성하는 컴포넌트와 상호작용을 표현한다.

> **해설**
> State 다이어그램은 객체의 상태 변화와 상태 전환을 나타내며, 객체가 어떤 상태에서 어떤 이벤트에 의해 다른 상태로 전환되는지를 표현한다. 객체 간의 메시지 처리를 시간적 흐름으로 표현하는 것은 시퀀스 다이어그램(Sequence Diagram)이다.

정답 ②

041 유스케이스(Use Case)에 대한 설명 중 옳은 것은?

① 유스케이스 다이어그램은 개발자의 요구를 추출하고 분석하기 위해 주로 사용한다.
② 액터는 대상 시스템과 상호작용하는 사람이나 다른 시스템에 의한 역할이다.
③ 사용자 액터는 본 시스템과 데이터를 주고받는 연동 시스템을 의미한다.
④ 연동의 개념은 일방적으로 데이터를 파일이나 정해진 형식으로 넘겨주는 것을 의미한다.

> **해설**
> 유스케이스는 시스템이 제공해야 할 서비스나 기능을 표현하는 것으로, 액터와 시스템 간의 상호작용을 나타낸다. 유스케이스는 사용자의 요구를 추출하고, 사용자 액터는 시스템을 사용하는 사람을 의미한다. 연동은 시스템 간의 상호작용을 의미한다.

정답 ②

042 유스케이스 다이어그램(Use Case Diagram)에 관련된 내용으로 틀린 것은?

① 시스템과 상호작용하는 외부 시스템은 액터로 파악해서는 안 된다.
② 유스케이스는 사용자 측면에서의 요구사항으로, 사용자가 원하는 목표를 달성하기 위해 수행할 내용을 기술한다.
③ 시스템 액터는 다른 프로젝트에서 이미 개발되어 사용되고 있으며, 본 시스템과 데이터를 주고받는 등 서로 연동되는 시스템을 말한다.
④ 액터가 인식할 수 없는 시스템 내부의 기능을 하나의 유스케이스로 파악해서는 안 된다.

> **해설**
> 유스케이스 다이어그램에서는 액터가 대상 시스템과 상호작용하는 역할을 나타낸다. 이 액터는 사람 사용자일 수도 있지만, 상호작용하는 다른 시스템(외부 시스템)일 수도 있다.

정답 ①

043 기본 유스케이스 수행 시 특별한 조건을 만족할 때 수행하는 유스케이스는?

① 연관　　　　　　② 확장
③ 선택　　　　　　④ 특화

해설

확장(Extend)은 UML 유스케이스 다이어그램에서 사용되는 관계로, 하나의 유스케이스가 특정 조건이 충족될 때만 다른 유스케이스에 의해 확장될 수 있음을 나타낸다. 이러한 관계는 선택적인 행동을 나타내며, 이는 기본 유스케이스의 실행 중 특정 포인트에서 발생할 수 있다.

정답 ②

044 '인터넷 서점'에 대한 유스케이스 다이어그램에서 '회원등록' 유스케이스를 수행하기 위해서는 '실명확인' 유스케이스가 반드시 선행되어야 한다면 이들의 관계는?

① 일반화(Generalization) 관계
② 확장(Extend) 관계
③ 포함(Include) 관계
④ 연관(Association) 관계

해설

포함(Include) 관계는 한 유스케이스의 수행 과정 중에 반드시 다른 유스케이스가 수행되어야 함을 나타내는 관계이다. '회원등록' 유스케이스를 수행하기 위해 '실명확인' 유스케이스가 반드시 선행되어야 한다면, 이 두 유스케이스 사이에는 포함 관계가 있다.

정답 ③

045 아래 설명은 소프트웨어 개발 방법론에 사용되는 분석, 설계 도구에 대한 설명이다. ㉠~㉢에 들어갈 내용을 옳게 나열한 것은?

- 시스템 분석을 위하여 구조적 방법론에서는 (㉠) 다이어그램(Diagram)이, 객체지향 방법론에서는 (㉡) 다이어그램이 널리 사용된다.
- 시스템 설계를 위하여 구조적 방법론에서는 구조도(Structured Chart), 객체지향 방법론에서는 (㉢) 다이어그램 등이 널리 사용된다.

	㉠	㉡	㉢
①	시퀀스	데이터 흐름	유스케이스
②	시퀀스	유스케이스	데이터 흐름
③	데이터 흐름	시퀀스	유스케이스
④	데이터 흐름	유스케이스	시퀀스

해설

- 시스템 분석을 위해서는 데이터가 어떻게 흘러가는지 자료 흐름도로 표현을 하고, 객체지향에서는 유스케이스 다이어그램이나 클래스 다이어그램을 많이 이용한다.
- 시스템 설계에서 사용되는 객체지향 방법은 시퀀스 다이어그램을 널리 사용한다. 시퀀스 다이어그램은 시스템의 객체들 사이에서 메시지를 주고받는 시간 순서를 보여주는 UML 다이어그램이다.

정답 ④

046 UML에서 시퀀스 다이어그램의 구성 항목에 해당하지 않는 것은?

① 생명선　　　　　　　　② 실행
③ 확장　　　　　　　　　④ 메시지

> **해설**
> ※ 시퀀스 다이어그램 구성 항목
> - 생명선(Lifeline): 객체가 존재하는 시간을 나타내며, 수직선으로 표현한다.
> - 실행(Execution): 메서드가 실행되는 기간을 나타내며, 생명선 위에 어떤 부분이 활성화되었는지를 나타내는 직사각형으로 표현한다.
> - 메시지(Message): 객체 간에 전송되는 호출을 나타내며, 화살표로 표현한다.
> - 확장(Extend)은 유스케이스 다이어그램에서 사용되는 개념으로, 특정 조건에서 다른 유스케이스로 확장되는 관계를 나타낸다.

정답 ③

047 순차 다이어그램(Sequence Diagram)과 관련한 설명으로 틀린 것은?

① 객체들의 상호작용을 나타내기 위해 사용한다.
② 시간의 흐름에 따라 객체들이 주고받는 메시지의 전달 과정을 강조한다.
③ 동적 다이어그램보다는 정적 다이어그램에 가깝다.
④ 교류 다이어그램(Interaction Diagram)의 한 종류로 볼 수 있다.

> **해설**
> 순차(Sequence) 다이어그램은 시스템의 실행 중에 객체들이 어떻게 상호작용하는지를 나타내는 데 초점을 맞추며, 시간의 흐름에 따라 메시지의 전달 과정을 강조하는 동적 다이어그램에 속한다.

정답 ③

048 다음은 UML 모델링을 위해 사용되는 특정 다이어그램의 활용에 대한 설명이다. 해당 다이어그램으로 가장 적절한 것은?

> - 유스케이스에서 흐름을 모델링하기 위해 사용된다.
> - 객체의 연산에 대한 플로우 차트로 활용될 수 있다.
> - 비즈니스 프로세스나 작업 흐름을 모델링할 수 있다.

① 시퀀스 다이어그램(Sequence Diagram)
② 액티비티 다이어그램(Activity Diagram)
③ 상태 다이어그램(State Diagram)
④ 협력 다이어그램(Collaboration Diagram)

> **해설**
> 활동 다이어그램(Activity Diagram)은 비즈니스 프로세스 또는 시스템 내에서의 작업 흐름을 나타내는 데 사용된다. 유스케이스의 흐름을 모델링하는 데도 사용되며, 특정 조건이나 시퀀스에 따라 어떤 활동이 수행되는지를 시각화하는 데 유용하다.

정답 ②

049 UML(Unified Modeling Language) 버전 2.0에 대한 설명으로 옳지 않은 것은?

① 액터(Actor)는 사람이 아닌 경우도 있다.
② 클래스(Class) 다이어그램은 시스템의 클래스들과 그들 간의 연관을 보여준다.
③ 유스케이스(Use Case) 다이어그램은 사용자와 시스템 간의 상호작용을 보여준다.
④ 시퀀스(Sequence) 다이어그램은 시스템이 내부 또는 외부 이벤트에 대해 어떻게 반응하는지 보여준다.

> **해설**
> 시퀀스 다이어그램은 시스템 내에서 여러 객체 간의 상호작용을 시간 순서에 따라 보여준다. 시스템이 내부 또는 외부 이벤트에 대해 어떻게 반응하는지 보여주는 것은 상태 다이어그램이다.

정답 ④

050 UML(Unified Modeling Language)에 대한 설명 중 틀린 것은?

① 기능적 모델은 사용자 측면에서 본 시스템 기능이며, UML에서는 Use Case Diagram을 사용한다.
② 정적 모델은 객체, 속성, 연관 관계, 오퍼레이션의 시스템의 구조를 나타내며, UML에서는 Class Diagram을 사용한다.
③ 동적 모델은 시스템의 내부 동작을 말하며, UML에서는 Sequence Diagram, State Diagram, Activity Diagram을 사용한다.
④ State Diagram은 객체들 사이의 메시지 교환을 나타내며, Sequence Diagram은 하나의 객체가 가진 상태와 그 상태의 변화에 의한 동작 순서를 나타낸다.

> **해설**
> State Diagram은 객체나 클래스의 상태 변화를 나타내며, 상태 전이와 이벤트에 의한 동작을 시각화한다. State Diagram은 객체의 상태 변화를 보여주는 것이며, 객체들 사이의 메시지 교환은 Sequence Diagram에서 나타낸다.

정답 ④

051 UML 확장 모델에서 스테레오 타입 객체를 표현할 때 사용하는 기호로 맞는 것은?

① 《 》
② (( ))
③ {{ }}
④ [[ ]]

해설
스테레오 타입(Stereo Type)은 UML 모델링에서 기존 요소에 대한 확장 및 세부 정의를 나타내는 방법이다. 스테레오 타입은 UML의 확장 메커니즘 중 하나로, 요소에 특정한 의미, 속성 또는 역할을 추가하여 모델링의 정확성과 표현력을 향상시킨다. 스테레오 타입은 이름 앞에 '《'와 '》' 기호를 사용하여 표시된다.

정답 ①

052 애자일 기법에 대한 설명으로 맞지 않는 것은?

① 절차와 도구보다 개인과 소통을 중요하게 생각한다.
② 계획에 중점을 두어 변경 대응이 난해하다.
③ 소프트웨어가 잘 실행되는 데 가치를 둔다.
④ 고객과의 피드백을 중요하게 생각한다.

해설
애자일 방법론은 소프트웨어 개발 방법에 있어서 아무런 계획이 없는 개발 방법과 계획이 지나치게 많은 개발 방법들 사이에서 타협점을 찾고자 하는 방법론이다.

정답 ②

053 애자일(Agile) 프로세스 모델에 대한 설명으로 틀린 것은?

① 변화에 대한 대응보다는 자세한 계획을 중심으로 소프트웨어를 개발한다.
② 프로세스와 도구 중심이 아닌 개개인과의 상호소통을 통해 의견을 수렴한다.
③ 협상과 계약보다는 고객과의 협력을 중시한다.
④ 문서 중심이 아닌, 실행 가능한 소프트웨어를 중시한다.

해설
애자일 프로세스 모델은 변경에 유연하게 대응하기 위해 자세한 계획보다는 신속하고 반복적인 개발을 강조한다. 애자일 방법론은 초기에 자세한 계획을 수립하고 고정된 계획을 따르는 대신, 작은 주기로 개발하고 프로젝트 진행 중에 필요한 조정과 개선을 수행한다.

정답 ①

054 애자일 소프트웨어 개발 기법의 가치가 아닌 것은?

① 프로세스와 도구보다는 개인과 상호작용에 더 가치를 둔다.
② 계약 협상보다는 고객과의 협업에 더 가치를 둔다.
③ 실제 작동하는 소프트웨어보다는 이해하기 좋은 문서에 더 가치를 둔다.
④ 계획을 따르기보다는 변화에 대응하는 것에 더 가치를 둔다.

> **해설**
> - 공정과 도구보다 개인과 상호작용을
> - 포괄적인 문서보다 작동하는 소프트웨어를
> - 계약 협상보다 고객과의 협력을
> - 계획을 따르기보다 변화에 대응하기를
> - 우리는 왼쪽 항목의 가치를 인정하면서도 오른쪽 항목을 더 중요하게 여긴다.

정답 ③

055 소프트웨어 개발 방법론 중 애자일(Agile) 방법론의 특징과 가장 거리가 먼 것은?

① 각 단계의 결과가 완전히 확인된 후 다음 단계 진행
② 소프트웨어 개발에 참여하는 구성원들 간의 의사소통 중시
③ 환경 변화에 대한 즉시 대응
④ 프로젝트 상황에 따른 주기적 조정

> **해설**
> 애자일 방법론은 전통적인 폭포수 모델과는 달리 반복적이고 점진적인 개발을 강조한다. 모든 단계의 결과물이 완전히 확인된 후에 다음 단계로 진행하는 폭포수 모델과는 상반되는 방법론이 애자일 방법론이다.

정답 ①

056 다음 중 애자일(Agile) 소프트웨어 개발에 대한 설명으로 틀린 것은?

① 공정과 도구보다 개인과의 상호작용을 더 가치 있게 여긴다.
② 동작하는 소프트웨어보다는 포괄적인 문서를 가치 있게 여긴다.
③ 계약 협상보다는 고객과의 협력을 가치 있게 여긴다.
④ 계획을 따르기보다 변화에 대응하기를 가치 있게 여긴다.

> **해설**
> 애자일 소프트웨어 개발 방법론은 '동작하는 소프트웨어'를 가장 가치 있는 결과물로 여긴다. 개발자들은 작동하는 소프트웨어를 신속하게 제공하고 고객의 피드백을 받아 개선하면서 소프트웨어를 개발한다.

정답 ②

057 애자일 개발 방법론과 관련한 설명으로 틀린 것은?

① 빠른 릴리즈를 통해 문제점을 빠르게 파악할 수 있다.
② 정확한 결과 도출을 위해 계획 수립과 문서화에 중점을 둔다.
③ 고객과의 의사소통을 중요하게 생각한다.
④ 진화하는 요구사항을 수용하는 것에 적합하다.

> **해설**
> 애자일 개발 방법론은 빠른 반복적인 개발 주기와 고객의 피드백을 통한 소프트웨어의 진화에 중점을 둔다. 이를 위해 계획 수립과 문서화에 대한 중요성을 감소시키고, 작동하는 소프트웨어를 우선으로 개발한다.

정답 ②

058 다음 설명에 해당하는 소프트웨어 개발 프로세스 방법은?

- 설계가 변경되어도 이를 잘 수용할 수 있도록 짧게 반복하면서 소프트웨어를 개발하는 방법
- 반복적이고 진화적인 프로세스와 유사하지만, 경험의 축적으로 나온 모델
- 소프트웨어 개발이 인력 집약적이라는 데 관심을 두고 사람과 팀 구성에 초점을 맞춤

① RAD 모델(Rapid Application Development Model)
② 반복/점증 모델(Iterative/Incremental Model)
③ 나선형 모델(Spiral Model)
④ 애자일 프로세스 모델(Agile Process Model)

> **해설**
> 애자일 프로세스 모델은 설계 변경에 유연하게 대응하며 짧은 주기로 소프트웨어를 개발하는 방법을 의미한다. 반복적이고 진화적인 프로세스를 따르며, 작동하는 소프트웨어를 중심으로 개발한다. 또한, 고객과의 협력, 변화에 대응하기, 사람과 팀 구성에 초점을 맞추는 특징을 갖고 있다.

정답 ④

059 애자일(Agile) 소프트웨어 개발과 가장 관련이 적은 내용은?

① 적응적 소프트웨어 개발(Adaptive Software Development)
② 익스트림 프로그래밍(eXtreme Programming)
③ 테스트 주도 개발(Test-driven Development)
④ 철저한 계획 및 문서화

> **해설**
> 애자일 소프트웨어 개발 방법론은 철저한 계획 및 문서화보다는 빠른 반복과 작동하는 소프트웨어를 중요시한다.

정답 ④

060 애자일(Agile) 개발 방법론에 대한 설명으로 가장 옳지 않은 것은?

① 애자일 방법론의 전제는 고객이 계속 새로운 요구사항을 제시하고 기존 요구사항을 변경한다는 것이다.
② 익스트림 프로그래밍(XP, eXtreme Programming)에서는 사용자 스토리 카드를 사용하여 요구사항을 수집한다.
③ 익스트림 프로그래밍에서는 초기에 미래에 대해 고려하여 시스템 설계를 완성하며 리팩토링(Refactoring)을 통하여 내부의 구조를 변화시킨다.
④ 스크럼(Scrum) 방법론에서는 백로그(Backlog)를 통하여 프로젝트 요구사항 및 이에 대한 변경 관리를 수행한다.

> **해설**
> 익스트림 프로그래밍은 짧은 개발 주기를 통해 작은 기능을 반복적으로 개발하고 테스트한다. 초기에 완전한 시스템 설계를 강조하는 것이 아니라, 변화에 유연하게 대응하기 위해 지속적인 리팩토링과 코드 개선을 진행한다.

정답 ③

---

061 애자일 방법론에 해당하지 않는 것은?

① 기능 중심 개발
② 스크럼
③ 익스트림 프로그래밍
④ 모듈 중심 개발

> **해설**
> - 기능 중심 개발은 애자일 방법론에서 많이 사용되는 개발 방식 중 하나이다. 개발 작업을 기능 단위로 나누고, 각 기능에 대한 개발과 테스트를 반복적으로 수행하여 소프트웨어를 구축한다.
> - 스크럼은 애자일 방법론 중 하나로, 일정한 주기인 스프린트를 사용하여 작은 기능을 개발하고 테스트한다. 스크럼은 팀 기반의 협업 방식으로 개발을 진행하며, 스크럼 마스터와 제품 책임자의 역할이 중요하다.
> - 익스트림 프로그래밍은 애자일 방법론 중 하나로, 짧은 개발 주기를 통해 작은 기능을 반복적으로 개발하고 테스트하는 방식을 강조한다. 테스트 주도 개발, 단순한 설계, 지속적인 통합 등을 포함한다.

정답 ④

---

062 애자일 개발 방법론이 아닌 것은?

① 스크럼(Scrum)
② 익스트림 프로그래밍(XP, eXtreme Programming)
③ 기능 주도 개발(FDD, Feature Driven Development)
④ 하둡(Hadoop)

> **해설**
> 하둡(Hadoop)은 분산 데이터 처리를 위한 오픈 소스 프레임워크로, 애자일 개발 방법론과는 직접적인 연관이 없는 기술이다.

정답 ④

063 애자일 프로세스 모델에 해당하지 않는 것은?

① 동적 시스템 개발 방법(DSDM)
② 마르미(MaRMI) - RE
③ 스크럼(scrum)
④ 적응형 소프트웨어 개발(ASD)

> **해설**
> 마르미는 국내의 개발 여건을 반영하여 국내 기술진에 의해 개발된 한국형 정보시스템 구축 방법론이다.

정답 ②

064 XP(eXtreme Programming)의 5가지 가치로 거리가 먼 것은?

① 용기
② 의사소통
③ 정형분석
④ 피드백

> **해설**
> XP의 5가지 가치는 용기, 존중, 의사사통, 피드백, 단순성이다.

정답 ③

065 익스트림 프로그래밍(XP)에 대한 설명으로 틀린 것은?

① 빠른 개발을 위해 테스트를 수행하지 않는다.
② 사용자의 요구사항은 언제든지 변할 수 있다.
③ 고객과 직접 대면하며 요구사항을 이야기하기 위해 사용자 스토리(User Story)를 활용할 수 있다.
④ 기존의 방법론에 비해 실용성(Pragmatism)을 강조한 것이라고 볼 수 있다.

> **해설**
> XP에서는 테스트 주도 개발(TDD, Test-driven Development)과 같은 테스트 활동을 수행하여 소프트웨어의 품질을 유지하고 개선한다.

정답 ①

066 다음 중 익스트림 개발 방법론(XP)에 관한 설명으로 올바르지 않은 것은?

① 최근 등장한 개발 방법의 하나로 대규모 소프트웨어 개발에 적합하다.
② 애자일(Agile) 모델의 일종으로 개발 및 테스트에 집중한다.
③ 문서 중심의 기존 개발 방법론과는 달리 빠른 변화에 대응할 수 있다.
④ 고객과의 소통과 개인의 용기 등을 중시한다.

> **해설**
> XP는 작은 팀의 협업과 직접적인 고객과의 소통을 강조하며, 변화에 빠르게 대응하는 것을 목표로 한다. 따라서 대규모 프로젝트에서는 XP가 적합하지 않을 수 있다.

정답 ①

067 XP(eXtreme Programming)의 기본 원리로 볼 수 없는 것은?

① Linear Sequential Method
② Pair Programming
③ Collective Ownership
④ Continuous Integration

> **해설**
> ※ XP(eXtreme Programming)의 기본 원리
> - 짝 프로그래밍(Pair Programming)
> - 계획 세우기(Planning Game)
> - 테스트 기반 개발(Test-driven Development)
> - 고객 상주(On-site Customer)
> - 지속적인 통합(Continuous Integration)
> - 코드 개선(Refactoring)
> - 작은 릴리즈(Small Releases)
> - 코딩 표준(Coding Standards)
> - 공동 코드 소유(Collective Code Ownership)
> - 간단한 디자인(Simple Design)
> - 시스템 메타포어(System Metaphor)
> - 작업시간 준수(Sustainable Pace)

정답 ①

068 다음 특징을 가지는 소프트웨어 개발 방법론은?

- 리팩토링(Refactoring)
- 사용자 스토리(User Story)
- 소규모 릴리즈(Small Release)
- 짝 프로그래밍(Pair Programming)
- 테스트 우선 개발(Test-first Development)

① COCOMO
② 익스트림 프로그래밍(XP)
③ 통합 프로세스(UP)
④ 폭포수(Waterfall) 모델

> **해설**
> ① COCOMO: 비용 추정 모델로 소프트웨어 개발 방법론이 아니다.
> ③ 통합 프로세스(UP): 반복적이고 점진적인 접근을 사용하지만 XP와 같은 구체적인 특징을 포함하지는 않는다.
> ④ 폭포수(Waterfall) 모델: 순차적이고 비반복적인 접근 방식을 사용한다.

정답 ②

069 코드 리뷰(Code Review)의 기능을 직접적으로 수행할 수 있는 XP(eXtreme Programming)의 실무 관행(Practice)은?

① 단순 설계(Simple Design)
② 짝 프로그래밍(Pair Programming)
③ 소규모 릴리즈(Small Release)
④ 메타포어(Metaphor)

> **해설**
> 짝 프로그래밍은 두 명의 개발자가 하나의 작업장에서 함께 일하며 한 사람이 코드를 작성하는 동안 다른 한 사람이 지속적으로 코드를 검토하는 방식이다. 이 방식은 지속적인 코드 리뷰를 통해 코드 품질을 향상시키고, 버그를 줄이며, 더 나은 설계 결정을 내리는 데 도움이 된다.

정답 ②

070 애자일(Agile) 기법 중 스크럼(Scrum)과 관련된 용어에 대한 설명이 틀린 것은?

① 스크럼 마스터(Scrum Master)는 스크럼 프로세스를 따르고, 팀이 스크럼을 효과적으로 활용할 수 있도록 보장하는 역할 등을 맡는다.
② 제품 백로그(Product Backlog)는 스크럼 팀이 해결해야 하는 목록으로 소프트웨어 요구사항, 아키텍처 정의 등이 포함될 수 있다.
③ 스프린트(Sprint)는 하나의 완성된 최종 결과물을 만들기 위한 주기로 3달 이상의 장기간으로 결정된다.
④ 속도(Velocity)는 한 번의 스프린트에서 한 팀이 어느 정도의 제품 백로그를 감당할 수 있는지에 대한 추정치로 볼 수 있다.

> **해설**
> 스프린트(Sprint)는 스크럼에서 사용되는 개발 주기로, 작은 주기로 나누어져 진행된다. 스프린트는 보통 1주부터 4주까지의 기간으로 결정되며, 하나의 완성된 제품 증분(Increment)을 만들기 위한 작업을 수행한다.

정답 ③

071 스크럼(Scrum) 방법론에서 SRS(Software Requirement Specification)나 TRS(Technical Requirement Specification)에 해당하는 목록은?

① 제품 백로그(Product Backlog)
② 스프린트(Sprint)
③ 스크럼 마스터(Scrum Master)
④ 스프린트 트래킹(Sprint Tracking)

> **해설**
> 스크럼 방법론에서 SRS(Software Requirement Specification)나 TRS(Technical Requirement Specification)는 소프트웨어나 기술 요구사항을 명시하는 문서를 말한다. 스크럼에서 이와 유사한 역할을 하는 것은 제품 백로그(Product Backlog)이다.

정답 ①

Section 3. 분석 모델 확인

001 소프트웨어 개발에 이용되는 모델(Model)에 대한 설명 중 거리가 먼 것은?

① 모델은 개발 대상을 추상화하고 기호나 그림 등으로 시각적으로 표현한다.
② 모델을 통해 소프트웨어에 대한 이해도를 향상시킬 수 있다.
③ 모델을 통해 이해 당사자 간의 의사소통이 향상된다.
④ 모델을 통해 향후 개발될 시스템의 유추는 불가능하다.

> **해설**
> 모델은 개발 대상을 추상화하고 시각적으로 표현하는 도구이다. 모델은 소프트웨어에 대한 이해도를 높이고, 이해 당사자 간의 의사소통을 향상시키는 역할을 하며, 향후 개발될 시스템을 예측하고 유추하는 데에도 활용될 수 있다.

정답 ④

002 소프트웨어 공학에서 모델링(Modeling)과 관련한 설명으로 틀린 것은?

① 개발팀이 응용문제를 이해하는 데 도움을 줄 수 있다.
② 유지보수 단계에서만 모델링 기법을 활용한다.
③ 개발될 시스템에 대하여 여러 분야의 엔지니어들이 공통된 개념을 공유하는 데 도움을 준다.
④ 절차적인 프로그램을 위한 자료 흐름도는 프로세스 위주의 모델링 방법이다.

> **해설**
> 모델링은 소프트웨어 공학에서 개발 생명주기의 여러 단계에서 사용되는 중요한 기법이다. 모델링은 개발 초기부터 유지보수 단계까지 계속 활용되는 것이 일반적이며, 시스템의 기능, 구조, 동작 등을 표현하기 위해 다양한 모델링 기법이 사용된다.

정답 ②

003 소프트웨어 모델링과 관련한 설명으로 틀린 것은?

① 모델링 작업의 결과물은 다른 모델링 작업에 영향을 줄 수 없다.
② 구조적 방법론에서는 DFD(Data Flow Diagram), DD(Data Dictionary) 등을 사용하여 요구사항의 결과를 표현한다.
③ 객체지향 방법론에서는 UML 표기법을 사용한다.
④ 소프트웨어 모델을 사용할 경우 개발될 소프트웨어에 대한 이해도 및 이해 당사자 간의 의사소통 향상에 도움이 된다.

> **해설**
> 모델링은 시스템 개발 과정에서 다양한 관점에서 시스템을 분석하고 설계하기 위해 사용되는 기법이다. 모델링 작업은 서로 연관되어 있고 종속적일 수 있으며, 한 모델의 변경은 다른 모델에 영향을 줄 수 있다. 요구사항 모델링에서 변경이 발생하면 시스템 구조 모델링이나 동적 모델링에도 영향을 미칠 수 있다.

정답 ①

004 요구사항 정의 및 분석·설계의 결과물을 표현하기 위한 모델링 과정에서 사용되는 다이어그램(Diagram)이 아닌 것은?

① Data Flow Diagram
② UML Diagram
③ E-R Diagram
④ AVL Diagram

> **해설**
> AVL 트리는 자가 균형 이진 검색 트리의 한 종류로, 데이터 구조와 관련이 있지만 요구사항이나 시스템 모델링 과정에서 사용되는 다이어그램은 아니다.

정답 ④

005 구조적 분석 도구와 거리가 먼 것은?

① 자료 사전
② 자료 흐름도
③ 프로그램 명세서
④ 소단위 명세서

> **해설**
> 구조적 분석 도구에는 자료 사전, 자료 흐름도, 소단위 명세서가 포함된다. 프로그램 명세서는 개발 산출물에서 나오는 자료이다.

정답 ③

006 구조적 분석의 특징이 아닌 것은?

① 시스템 모형화에 필요한 도구를 제공한다.
② 시스템을 분할하여 분석할 수 있다.
③ 상향식 분석으로 중복성을 배제하여 시스템 분석의 질을 높일 수 있다.
④ 전체 시스템을 일관성 있게 이해할 수 있다.

> **해설**
> 상향식 분석은 하위 수준의 모듈을 상위 수준의 모듈로부터 순차적으로 구축하며 중복성을 피하고 시스템 분석의 질을 향상시키는 방법이다. 하지만 구조적 분석은 하향식 분석 방법을 주로 사용한다.

정답 ③

007 소프트웨어 설계 시 제일 상위에 있는 Main User Function에서 시작하여 기능을 하위 기능들로 분할해 가면서 설계하는 방식은?

① 객체지향 설계
② 데이터 흐름 설계
③ 상향식 설계
④ 하향식 설계

> **해설**
> 하향식 설계는 가장 상위의 기능에서 시작하여 이를 보다 작은 하위 기능으로 분할하는 방법이다. 이러한 분할은 문제가 충분히 작고 관리 가능할 때까지 계속된다. 이 방법은 큰 문제를 작은 문제로 쪼개어 해결하는 접근법을 제공하며, 전체 시스템을 이해하기 쉽게 만들어준다.

정답 ④

008 소프트웨어 개발 방법에 대한 설명으로 옳은 것은?

① 구조적 분석 방법은 자료와 함수의 관점으로 요구 분석을 수행하며 함수보다는 자료에 중점을 둔다.
② 객체지향 방법은 객체가 가지는 자료와 오퍼레이션을 정의하며 자료 흐름도(Data Flow Diagram)가 대표적인 표기법으로 사용된다.
③ 정보공학 방법은 자료에 중점을 두어 자료와 프로세스를 별개의 작업으로 병행 진행한 뒤에는 서로 간의 오류를 상관 분석을 통해 검증한다.
④ 정형 명세 방법에서는 시스템의 상태와 상태 변화를 논리적으로 명확하게 표현하는 것이 중요하며 UML이 대표적인 정형 명세 방법의 표기법이다.

> **해설**
> ① 구조적 분석 방법은 시스템을 프로세스와 데이터의 두 가지 관점에서 바라보지만, 프로세스에 중점을 둔다. 자료보다는 함수에 중점을 두는 것이 특징이다.
> ② 객체지향 방법은 객체가 가지는 자료와 오퍼레이션을 정의하지만, 대표적인 표기법으로 UML을 사용한다.
> ④ 정형 명세 방법에서는 시스템의 상태와 상태 변화를 논리적으로 명확하게 표현하는 것이 중요하지만, 이를 표현하는 대표적인 표기법으로는 Z 표기법, VDM 등이 있다. UML은 객체지향 설계 방법에 대표적인 표기법이다.

정답 ③

009 정보공학 방법론에서 데이터베이스 설계의 표현으로 사용하는 모델링 언어는?

① Package Diagram
② State Transition Diagram
③ Deployment Diagram
④ Entity-Relationship Diagram

> **해설**
> ERD는 데이터베이스 내의 엔티티(실제 세계에서 정보를 기록해야 할 대상), 그리고 이 엔티티들 간의 관계를 표현하는 모델링 기법이다. 각 엔티티는 서로 독립적으로 존재하며, 관계를 통해 다른 엔티티와 연결될 수 있다. 이 방법은 데이터베이스 설계에 있어서 중요한 도구로 사용된다.

정답 ④

010 자료 흐름도(DFD)의 각 요소별 표기 형태의 연결이 옳지 않은 것은?

① Process: 원
② Data Flow: 화살표
③ Data Store: 삼각형
④ Terminator: 사각형

> **해설**
> Data Store는 삼각형이 아닌 두 개의 평행선으로 표현되고, 데이터가 저장되는 장소를 나타낸다.

정답 ③

011 데이터 흐름도(DFD)의 구성요소에 포함되지 않는 것은?

① Process
② Data Flow
③ Data Store
④ Data Dictionary

> **해설**
> Data Dictionary는 시스템에서 사용되는 모든 데이터 요소의 명칭, 의미, 사용 등을 정의하고 목록화한 것이다. 이는 DFD를 보조하는 도구로, DFD 자체의 구성요소는 아니다.

정답 ④

012 자료 흐름도(Data Flow Diagram)의 구성요소로 옳은 것은?

① Process, Data Flow, Data Store, Comment
② Process, Data Flow, Data Store, Terminator
③ Data Flow, Data Store, Terminator, Data Dictionary
④ Process, Data Store, Terminator, Mini-Spec

정답 ②

013 DFD(Data Flow Diagram)에 대한 설명으로 틀린 것은?

① 자료 흐름 그래프 또는 버블(Bubble) 차트라고도 한다.
② 구조적 분석 기법에 이용된다.
③ 시간 흐름을 명확하게 표현할 수 있다.
④ DFD의 요소는 화살표, 원, 사각형, 직선(단선/이중선)으로 표시한다.

> **해설**
> DFD(Data Flow Diagram)는 시스템 내에서 정보가 어떻게 이동하는지를 그래픽으로 표현하는 도구이다. 시간의 흐름을 나타내는 것은 순차(시퀀스) 다이어그램이다.

정답 ③

014 자료 사전에서 자료의 생략을 의미하는 기호는?

① { }   ② **   ③ =   ④ ( )

> **해설**
> - { } : 자료의 반복
> - ** : 주석
> - = : 자료의 정의

정답 ④

015 자료 사전에서 자료의 반복을 의미하는 것은?

① =   ② ( )   ③ { }   ④ [ ]

> **해설**
> - = : 자료의 정의
> - ( ) : 생략 가능한 자료
> - [|] : 선택

정답 ③

016 다음 중 자료 사전(Data Dictionary)에서 선택의 의미를 나타내는 것은?

① [ ]   ② { }   ③ +   ④ =

> **해설**
> - { } : 자료의 반복
> - + : 자료의 연결
> - = : 자료의 정의

정답 ①

017 자료 사전에 사용되는 기호의 설명으로 옳지 않은 것은?

① + : 자료의 연결   ② @ : 자료의 주석
③ { } : 자료의 반복   ④ [ ] : 자료의 선택

> **해설**
> 자료의 주석은 **로 표시한다. @기호는 사용되지 않는다.

정답 ②

018 구조적 분석에서 자료 사전(Data Dictionary) 작성 시 고려할 사항으로 옳지 않은 것은?

① 갱신하기 쉬워야 한다.
② 이름이 중복되어야 한다.
③ 이름으로 정의를 쉽게 찾을 수 있어야 한다.
④ 정의하는 방식이 명확해야 한다.

> **해설**
> 이름은 각 데이터 요소를 명확히 식별할 수 있도록 유일해야 한다. 중복된 이름은 혼란을 야기하고, 잘못된 정보를 제공할 수 있다.

정답 ②

019 다음 설명에 해당하는 것은?

> 세분화된 자료 흐름도에서 최하위 단계 프로세스의 처리 절차를 기술한 것으로, 작성 툴에는 서술 문장, 구조적 언어, 의사결정 나무, 의사결정표, 그래프 등이 있다.

① ERD ② Mini-Spec ③ DD ④ STD

> **해설**
> Mini-Spec은 세분화된 자료 흐름도에서 최하위 단계의 프로세스를 상세하게 기술한 것이다. 이를 통해 해당 프로세스가 실제로 어떤 작업을 수행하는지, 어떤 조건과 순서로 이루어지는지를 명확하게 알 수 있다. Mini-Spec 작성에는 서술 문장, 구조적 언어, 의사결정 나무, 의사결정표, 그래프 등이 사용될 수 있다.

정답 ②

020 소단위 명세서(Mini-Specification)에 관한 내용 중 옳지 않은 것은?

① 반 페이지나 한 페이지 정도의 크기로 세분된 모듈을 작성할 때 사용한다.
② DFD에서는 한 개의 처리 공정이 그 대상이 되지만, 한 공정의 기능이 두 가지 이상이거나 더 세분화함으로써 소단위 명세서를 이해하기가 쉬워진다면 더욱 세분화될 수도 있다.
③ 소단위 명세서를 작성하는 도구에는 서술 문장, 의사결정 나무, 의사결정표, 표, 그래프 등이 있다.
④ 소단위 명세서는 구조적 언어를 사용하지 않고, 자연어를 사용하여 이해하기 쉽고 엄밀하게 기술한다.

> **해설**
> 소단위 명세서(Mini-Specification)는 특정 프로세스의 구체적인 작업 절차를 기술하는 도구로, 다양한 형식과 언어(서술 문장, 구조적 언어, 의사결정 나무, 의사결정표, 그래프 등)를 사용할 수 있다. 소단위 명세서 작성에는 구조적 언어를 사용할 수 있으며, 때때로 이것이 더 명확한 표현을 가능하게 한다.

정답 ④

021 구조적 개발 방법론에서 사용자 요구사항을 분석한 후 결과를 표현할 때 사용되는 도구에 대한 설명으로 옳은 것은?

① 자료 흐름도에서 자료저장소는 원으로 표현한다.
② 자료 사전은 계획(ISP), 분석(BAA), 설계(BSD), 구축(SC)의 절차로 작성한다.
③ 자료 사전에서 사용하는 기호 중 ( )는 선택에 사용되는 기호이다.
④ 소단위 명세서를 작성하는 도구에는 구조적 언어, 의사결정표 등이 있다.

> **해설**
> ① 자료 흐름도(Data Flow Diagram, DFD)에서 자료저장소는 두 줄로 이루어진 직사각형으로 표시한다.
> ② 자료 사전(Data Dictionary)은 특정한 'ISP, BAA, BSD, SC' 절차로 작성된다는 표준 절차는 없다.
> ③ 자료 사전에서 선택에 사용되는 기호는 [ ] 각 괄호 형태로 표현한다.

정답 ④

022 설계 기법 중 하향식 설계 방법과 상향식 설계 방법에 대한 비교 설명으로 가장 옳지 않은 것은?

① 하향식 설계에서는 통합 검사 시 인터페이스가 이미 정의되어 있어 통합이 간단하다.
② 하향식 설계에서 레벨이 낮은 데이터 구조의 세부 사항은 설계 초기 단계에서 필요하다.
③ 상향식 설계는 최하위 수준에서 각각의 모듈들을 설계하고 이러한 모듈이 완성되면 이들을 결합하여 검사한다.
④ 상향식 설계에서는 인터페이스가 이미 성립되어 있지 않더라도 기능 추가가 쉽다.

> **해설**
> 상향식 설계에서는 개별 모듈이나 컴포넌트를 먼저 설계하고 이들을 통합해 전체 시스템을 완성하는 방식이다. 이때 각 모듈이나 컴포넌트 간의 인터페이스는 이미 성립되어 있지 않을 수 있어, 새로운 기능을 추가하려면 인터페이스를 새롭게 설계하고 테스트해야 한다. 이는 기능 추가를 복잡하게 만들 수 있으므로, '상향식 설계에서는 인터페이스가 이미 성립되어 있지 않더라도 기능 추가가 쉽다'는 설명은 잘못된 설명이다.

정답 ④

023 소프트웨어를 개발하기 위한 비즈니스(업무)를 객체와 속성, 클래스와 멤버, 전체와 부분 등으로 나누어서 분석해 내는 기법은?

① 객체지향 분석
② 구조적 분석
③ 기능적 분석
④ 실시간 분석

> **해설**
> 객체지향 분석은 비즈니스 또는 시스템을 구성하는 개체들(객체)과 이들 간의 관계, 그리고 이들이 어떻게 행동하는지에 대해 분석한다.

정답 ①

024 객체지향 분석 기법과 관련한 설명으로 틀린 것은?

① 동적 모델링 기법이 사용될 수 있다.
② 기능 중심으로 시스템을 파악하며 순차적인 처리가 중요시되는 하향식(Top-down) 방식으로 볼 수 있다.
③ 데이터와 행위를 하나로 묶어 객체를 정의내리고 추상화시키는 작업이라 할 수 있다.
④ 코드 재사용에 의한 프로그램 생산성 향상 및 요구에 따른 시스템의 쉬운 변경이 가능하다.

> **해설**
> 객체지향 분석은 기능 중심이 아니라 객체 중심으로 시스템을 파악하며, 순차적인 처리보다는 객체 간의 상호작용이 중요시되는 방식이다.

정답 ②

025 객체지향 분석에 대한 설명으로 가장 옳지 않은 것은?

① 분석가에게 주요한 모델링 구성요소인 클래스, 객체, 속성, 연산들을 표현해서 문제를 모형화시킬 수 있게 해준다.
② 객체지향 관점은 모형화 표기법의 전후 관계에서 객체의 분류, 속성들의 상속, 그리고 메시지의 통신 등을 결합한 것이다.
③ 객체는 클래스로부터 인스턴스화 되고, 이 클래스를 식별하는 것이 객체지향 분석의 주요한 목적이다.
④ E-R 다이어그램은 객체지향 분석의 표기법으로는 적합하지 않다.

> **해설**
> ERD는 구조적 분석, 객체지향 분석에서 모두 사용되는 데이터베이스 모델링 도구이다.

정답 ④

026 객체지향 분석 및 설계 방법과 거리가 먼 것은?

① 럼바우(Rumbaugh) 분석 모델
② 코드(Coad)와 요돈(Yourdon) 기법
③ 부치(Booch) 기법
④ 나시-슈나이더만(Nassi-Schneiderman) 기법

> **해설**
> 나시-슈나이더만(Nassi-Schneiderman) 기법은 구조적 프로그래밍의 흐름을 시각적으로 표현하는 도구로서, 객체지향 분석 및 설계 방법과는 거리가 먼 기법이다.

정답 ④

027 럼바우(Rumbaugh)의 객체지향 분석 절차를 가장 바르게 나열한 것은?

① 객체 모형 → 동적 모형 → 기능 모형
② 객체 모형 → 기능 모형 → 동적 모형
③ 기능 모형 → 동적 모형 → 객체 모형
④ 기능 모형 → 객체 모형 → 동적 모형

> **해설**
> 럼바우 객체지향 분석 절차는 '객체 모델링 → 동적 모델링 → 기능 모델링' 순이다.

정답 ①

028 럼바우의 객체지향 분석과 거리가 먼 것은?

① 기능 모델링
② 동적 모델링
③ 객체 모델링
④ 정적 모델링

> **해설**
> 럼바우의 객체지향 분석 방법론인 OMT(Object Modeling Technique)는 세 가지의 주요 모델링 방법을 사용한다. 객체 모델링, 동적 모델링, 그리고 기능 모델링이 사용된다.

정답 ④

029 럼바우(Rumbaugh) 객체지향 분석 기법에서 동적 모델링에 활용되는 다이어그램은?

① 객체 다이어그램(Object Diagram)
② 패키지 다이어그램(Package Diagram)
③ 상태 다이어그램(State Diagram)
④ 자료 흐름도(Data Flow Diagram)

> **해설**
> - 객체 모델링: 객체 다이어그램
> - 동적 모델링: 상태 다이어그램
> - 기능 모델링: DFD

정답 ③

030 럼바우(Rumbaugh) 분석 기법에서 정보 모델링이라고도 하며, 시스템에서 요구되는 객체를 찾아내어 속성과 연산 식별 및 객체들 간의 관계를 규정하여 다이어그램으로 표시하는 모델링은?

① Object
② Dynamic
③ Function
④ Static

> **해설**
> 럼바우(Rumbaugh) 분석 기법에서 시스템에서 요구되는 객체를 찾아내고, 그 객체들의 속성과 연산을 식별하며, 객체들 간의 관계를 규정하여 다이어그램으로 표시하는 모델링은 객체 모델링(Object)이다.

정답 ①

031 럼바우(Rumbaugh)의 객체지향 분석 기법 중 자료 흐름도(DFD)를 주로 이용하는 것은?

① 기능 모델링
② 동적 모델링
③ 객체 모델링
④ 정적 모델링

> **해설**
> - 객체 모델링: 객체 다이어그램
> - 동적 모델링: 상태 다이어그램
> - 기능 모델링: DFD

정답 ①

032 객체지향 분석 방법론 중 E-R 다이어그램을 사용하여 객체의 행위를 모델링하며, 객체식별, 구조식별, 주체 정의, 속성 및 관계 정의, 서비스 정의 등의 과정으로 구성되는 것은?

① Coad와 Yourdon 방법
② Booch 방법
③ Jacobson 방법
④ Wirfs-Brocks 방법

> **해설**
> E-R 다이어그램을 사용하여 객체의 행위를 모델링하며, 객체식별, 구조식별, 주체 정의, 속성 및 관계 정의, 서비스 정의 등의 과정으로 구성되는 객체지향 분석 방법론은 Coad와 Yourdon 방법이다.

정답 ①

033 객체지향 분석 방법론 중 Coad-Yourdon 방법에 해당하는 것은?

① E-R 다이어그램을 사용하여 객체의 행위를 데이터 모델링하는 데 초점을 둔 방법이다.
② 객체, 동적, 기능 모델로 나누어 수행하는 방법이다.
③ 미시적 개발 프로세스와 거시적 개발 프로세스를 모두 사용하는 방법이다.
④ Use Case를 강조하여 사용하는 방법이다.

> **해설**
> ② Rumbaugh(럼바우) 방법
> ③ Booch(부치) 방법
> ④ Jacobson(제이콥슨) 방법

정답 ①

034 객체지향 분석 기법 중 다음 설명에 해당하는 것은?

- 미시적 개발 프로세스와 거시적 개발 프로세스를 모두 포함한다.
- 클래스와 객체들을 분석 및 식별하고 클래스의 속성과 연산을 정의한다.
- 클래스와 객체들의 관계를 식별한다.
- 각 작업에 대한 다이어그램, 클래스 계층 정의, 클래스들의 클러스터링 작업을 수행한다.
- 클래스와 객체를 구현한다.

① Wirfs-Brock 방법 ② Jacobson 방법
③ Booch 방법 ④ Coad와 Yourdon 방법

> **해설**
> 미시적 개발 프로세스와 거시적 개발 프로세스를 모두 포함하는 방법은 Booch 방법이다.

정답 ③

035 CASE(Computer-Aided Software Engineering) 도구에 대한 설명으로 거리가 먼 것은?

① 소프트웨어 개발 과정의 일부 또는 전체를 자동화하기 위한 도구이다.
② 표준화된 개발 환경 구축 및 문서 자동화 기능을 제공한다.
③ 작업 과정 및 데이터 공유를 통해 작업자 간의 커뮤니케이션을 증대한다.
④ 2000년대 이후 소개되었으며, 객체지향 시스템에 한해 효과적으로 활용된다.

> **해설**
> CASE 도구는 1970년대부터 발전해왔으며, 구조적 프로그래밍에도 활용될 수 있다.

정답 ④

036 소프트웨어 개발 과정에서 사용되는 요구 분석, 설계, 구현, 검사 및 디버깅 과정 전체 또는 일부를 컴퓨터와 전용의 소프트웨어 도구를 사용하여 자동화하는 것은?

① CAD(Computer Aided Design)
② CAI(Computer Aided Instruction)
③ CAT(Computer Aided Testing)
④ CASE(Computer Aided Software Engineering)

정답 ④

037 CASE가 갖고 있는 주요 기능이 아닌 것은?

① 그래픽 지원
② 소프트웨어 생명주기 전 단계의 연결
③ 언어번역
④ 다양한 소프트웨어 개발 모형 지원

> **해설**
> 언어번역은 보통 자연어 처리나 인공지능 분야에서 주로 다루는 주제로, 소프트웨어 개발 도구의 주요 기능과는 직접적인 연관이 없다.

정답 ③

038 CASE에 대한 설명으로 거리가 먼 것은?

① 자동화된 기법을 통해 소프트웨어 품질이 향상된다.
② 소프트웨어 부품의 재사용성이 향상된다.
③ 프로토타입 모델에 위험 분석 기능을 추가한 생명주기 모형이다.
④ 소프트웨어 도구와 방법론의 결합이다.

> **해설**
> ③의 설명은 나선형 모델에 대한 설명이다.

정답 ③

039 CASE(Computer Aided Software Engineering)에 대한 설명으로 옳은 것은?

① 소프트웨어 생명 주기(Life Cycle)의 전체 단계를 연결시켜 주는 통합된 도구를 제공한다.
② CASE 패키지의 3단계는 도식 목차, 총괄 다이어그램, 상세 다이어그램으로 구분된다.
③ 상위(Upper) CASE에서는 주로 코드를 작성하고 테스트하며, 문서화하는 작업을 지원한다.
④ 소프트웨어 개발의 생산성과 신뢰성에 저하를 가져와 널리 사용되지 못하고 있다.

> **해설**
> CASE(Computer Aided Software Engineering)는 컴퓨터 지원 소프트웨어 엔지니어링을 의미하며, 이는 소프트웨어 개발과 관련된 일련의 활동들을 자동화하거나 지원하는 도구나 시스템을 말한다.

정답 ①

040 소프트웨어 자동화 도구인 CASE에 대한 설명으로 부적절한 것은?

① 차세대 CASE 도구는 통합화, 지능화로 정의될 수 있다.
② 설계 지식이 없을 때 CASE를 사용하면 효과적이다.
③ CASE 정보저장소에는 데이터, 프로세스, 다이어그램, 규칙 등에 관한 정보가 저장된다.
④ CASE 시스템은 다이어그램 도구, 설계 분석기, 코드 생성기, 정보저장소, 프로젝트 관리 도구, 재공학 도구, 프로토타이핑 도구 등으로 구성된다.

> **해설**
> CASE 도구는 도구 자체의 활용 능력에 따라 효과를 발휘하는데, 이를 활용하기 위해서는 적절한 도구 사용법과 설계 지식이 필요하다.

정답 ②

041 CASE(Compute-Aided Software Engineering)에 관한 설명으로 옳지 않은 것은?

① 소프트웨어 모듈의 재사용성을 봉쇄하여 개발 비용을 절감할 수 있다.
② 소프트웨어 품질과 일관성을 효율적으로 관리할 수 있다.
③ 소프트웨어 생명주기의 모든 단계를 연결시켜 주고 자동화시켜 준다.
④ 소프트웨어의 유지보수를 용이하게 수행할 수 있도록 해 준다.

> **해설**
> CASE 도구를 이용해 모듈을 재사용할 수 있고, 개발 비용을 절감할 수 있다.

정답 ①

042 CASE(Computer Aided Software Engineering)에 대한 설명으로 옳지 않은 것은?

① 프로그램의 구현과 유지보수 작업만을 중심으로 소프트웨어 생산성 문제를 해결한다.
② 소프트웨어 생명주기의 전체 단계를 연결해 주고 자동화해 주는 통합된 도구를 제공한다.
③ 개발 과정의 속도를 향상시킨다.
④ 프로토타입은 구현 단계의 구현 골격이 될 수 있다.

> **해설**
> CASE 도구는 단순히 프로그램의 구현과 유지보수 작업에만 중점을 두는 것이 아니라 소프트웨어 개발 생명 주기의 전체 단계를 지원하고 효율적으로 관리하는 목적을 가지고 있다.

정답 ①

043 CASE(Computer Aided Software Engineering)에 대한 설명으로 틀린 것은?

① 소프트웨어 모듈의 재사용성이 향상된다.
② 자동화된 기법을 통해 소프트웨어 품질이 향상된다.
③ 소프트웨어 사용자들에게 사용 방법을 신속히 숙지시키기 위해 사용된다.
④ 소프트웨어 유지보수를 간편하게 수행할 수 있다.

> **해설**
> CASE 도구는 주로 소프트웨어 개발 과정에서 사용되며, 개발자들이 소프트웨어를 효율적으로 개발하고 유지보수하는 데 도움을 주는 역할을 한다. 사용자 교육과 관련된 부분은 CASE 도구의 주요 목적이 아니다.

정답 ③

044 CASE(Computer-Aided Software Engineering)의 원천 기술이 아닌 것은?

① 구조적 기법
② 프로토타이핑 기술
③ 정보 저장소 기술
④ 일괄처리 기술

> **해설**
> 일괄처리 기술은 한 번에 일련의 작업을 처리하는 방식을 의미하며, CASE의 원천 기술로는 적합하지 않다. CASE는 주로 소프트웨어 개발 프로세스를 지원하기 위한 자동화 도구와 방법론을 포함하고 있다.

정답 ④

045 다음 중 상위 CASE 도구가 지원하는 주요 기능으로 볼 수 없는 것은?

① 모델들 사이의 모순검사 기능
② 전체 소스 코드 생성 기능
③ 모델의 오류 검증 기능
④ 자료 흐름도 작성 기능

> **해설**
> 상위 CASE 도구는 모델링 단계에서 설계를 지원하고, 이를 기반으로 소스 코드를 생성하는 것은 하위 CASE 도구나 코드 생성 도구의 역할이다.

정답 ②

046 CASE(Computer Aided Software Engineering)에 대한 설명 중 틀린 것은?

① CASE는 상위(Upper) CASE, 중위(Medium) CASE로 나뉜다.
② 통합 CASE는 소프트웨어 개발 주기 전체 과정을 지원한다.
③ 상위 CASE는 요구 분석과 설계 단계를 지원한다.
④ 하위 CASE는 코드를 작성하고 테스트하며 문서화하는 과정을 지원한다.

해설
상위 CASE, 하위 CASE, 통합 CASE 도구로 나뉜다.

정답 ①

047 CASE(Computer-Aided Software Engineering)에 대한 설명으로 옳지 않은 것은?

① 소프트웨어 품질을 효율적으로 제어할 수 있다.
② 소프트웨어 유지보수 비용을 절감할 수 있다.
③ 통합 CASE 도구는 소프트웨어 개발 주기의 전체 과정을 지원한다.
④ 하위 CASE 도구는 프로젝트 계획 수립 및 요구 분석 과정을 지원한다.

해설
하위 CASE 도구는 주로 구체적인 작업 단계에서의 코드 작성, 테스트, 문서화 등을 지원한다.

정답 ④

048 SoftTech사에서 개발된 것으로 구조적 요구 분석을 하기 위해 블록 다이어그램을 채택한 자동화 도구는?

① SREM
② PSL/PSA
③ HIPO
④ SADT

해설
SADT는 SoftTech사에서 개발된 구조적 분석 및 설계 기법으로, 시스템을 구성하는 구성요소와 그들 간의 관계를 블록 다이어그램을 통해 표현한다.
① SREM: 소프트웨어 요구사항 공학 방법론
② PSL/PSA: 문제 명세 언어 및 분석기
③ HIPO: 구조적 프로그래밍 기법 중 하나로서 프로그램 구조를 위계적으로 표현

정답 ④

049 시스템의 기능을 여러 개의 고유 모듈들로 분할하여 이들 간의 인터페이스를 계층구조로 표현한 도형 또는 도면을 무엇이라 하는가?

① Flow Chart
② HIPO Chart
③ Control Specification
④ Box Diagram

> **해설**
> HIPO 차트는 계층적인 구조를 갖는 HIPO 기법에서 사용되는 도표로서, 입력(Input), 처리(Process), 출력(Output)의 계층구조를 나타낸다. 각 계층은 다시 하위 수준의 모듈로 구성되며, 모듈 간의 인터페이스와 데이터 흐름을 표현한다. HIPO 차트를 사용하여 시스템의 구조를 명확하게 이해하고 설계할 수 있다.

정답 ②

050 HIPO에 대한 설명으로 옳지 않은 것은?

① 입력, 처리, 출력 관계를 시각적으로 기술한다.
② 체계적인 문서 작성이 가능하며, 보기 쉽고 알기 쉽다.
③ 기능과 자료의 의존 관계를 동시에 표현할 수 있다.
④ 유지보수 및 변경이 용이하며, 상향식 방식을 사용하여 나타낸다.

> **해설**
> HIPO는 상향식 방식이 아니라 하향식(Top-down) 방식으로 시스템을 설계하고 구현한다. 상위 수준에서 시작하여 하위 수준으로 디테일을 분해해 나가는 방식이다.

정답 ④

051 HIPO(Hierarchy Input Process Output)에 대한 설명으로 거리가 먼 것은?

① 상향식 소프트웨어 개발을 위한 문서화 도구이다.
② HIPO 차트 종류에는 가시적 도표, 총체적 도표, 세부적 도표가 있다.
③ 기능과 자료의 의존 관계를 동시에 표현할 수 있다.
④ 보기 쉽고 이해하기 쉽다.

> **해설**
> HIPO는 하향식 소프트웨어 개발을 위한 문서화 도구이다.

정답 ①

052 HIPO에 대한 설명으로 옳지 않은 것은?

① HIPO는 일반적으로 가시적 도표(Visual Table of Contents), 총체적 다이어그램(Overview Diagram), 세부적 다이어그램(Detail Diagram)으로 구성된다.
② 가시적 도표(Visual Table of Contents)는 시스템에 있는 어떤 특별한 기능을 담당하는 부분의 입력, 처리, 출력에 대한 전반적인 정보를 제공한다.
③ HIPO 기법은 문서화의 도구 및 설계 도구 방법을 제공하는 기법이다.
④ HIPO의 기본 시스템 모델은 입력, 처리, 출력으로 구성된다.

> **해설**
> - 가시적 도표(Visual Table of Contents): 시스템의 전체적인 기능과 흐름을 보여준다.
> - 총체적 다이어그램(Overview Diagram): 프로그램을 구성하는 기능(입력, 처리, 출력)을 기술한다.
> - 세부적 다이어그램(Detail Diagram): 총체적 다이어그램에 표시된 기능을 구성하는 기본 요소들을 상세히 기술한다.

정답 ②

053 프로그램을 구성하는 기능을 기술한 것으로 입력, 처리, 출력을 기술하는 HIPO 패키지에 해당하는 것은?

① Overview Diagram
② Detail Diagram
③ Visual Table of Contents
④ Index Diagram

> **해설**
> HIPO(Hierarchy Input Process Output)는 입력, 처리, 출력을 표현하는 기법이며, Detail Diagram은 HIPO에서 각각의 기능에 대한 입력, 처리, 출력을 세부적으로 표현하는 다이어그램이다.

정답 ①

054 HIPO는 시스템과 프로그램을 기능별로 어떤 형식으로 나타내는 기법인가?

① Bottom-Up
② Top-Down
③ Recursive
④ Dynamic

> **해설**
> Top-Down 방식은 시스템을 최상위 수준에서 시작하여 점점 더 세부적인 하위 수준으로 분해하는 방법을 말한다. HIPO는 시스템을 여러 개의 하위 모듈 또는 구성요소로 분해하여 각 구성요소의 기능을 이해할 수 있도록 돕는다. 이 기법은 먼저 전체 시스템의 개요를 제공하고, 그 다음 각 세부 기능이나 프로세스를 단계별로 분해하며, 이러한 접근 방식은 복잡한 시스템이나 프로세스를 이해하고 문서화하는 데 매우 유용하다.

정답 ②

055 HIPO(Hierarchy Input Process Output)의 설명 중 거리가 먼 것은?

① 프로그램 구조와 데이터 구조나 데이터 구조 간의 관계를 표현할 수 없다.
② 하향식 기법으로 절차보다는 기능 중심이다.
③ 총괄 도표보다 기능을 알기 쉽게 Input-Process-Output으로 표기한 방법이 도형 목차이다.
④ 도형 목차의 내용을 입력, 처리, 출력 관계로 도표화한 것이 총괄 도표이다.

> **해설**
> 도형 목차(도식 목차)는 가시적 도표를 말하며, 가시적 도표를 입력, 처리, 출력 관계로 도표화한 것이 총괄 도표이다. ③에서는 반대로 설명이 되었다.

정답 ③

056 다음 중 요구사항 관리 도구의 주요 기능이 아닌 것은?

① 요구사항 식별 및 기록
② 요구사항 변경 관리
③ 요구사항 추적 및 검증
④ 소프트웨어 개발 과정의 성능 비교

> **해설**
> 요구사항 관리 도구는 주로 요구사항 식별, 기록, 변경 관리, 추적, 검증 등과 같은 요구사항 관련 작업을 지원하는 도구이다.

정답 ④

057 요구사항 관리 도구의 필요성으로 틀린 것은?

① 요구사항 변경으로 인한 비용 편익 분석
② 기존 시스템과 신규 시스템의 성능 비교
③ 요구사항 변경의 추적
④ 요구사항 변경에 따른 영향 평가

> **해설**
> 요구사항 관리 도구는 주로 요구사항의 변경을 관리하고 추적하는 데 사용된다. 이는 요구사항 변경으로 인한 비용 편익 분석, 요구사항 변경의 추적, 요구사항 변경에 따른 영향 평가 등을 포함한다. 성능 비교는 요구사항 관리와는 조금 다른 개념이며, 일반적으로 성능 테스트 도구나 성능 분석 도구 등을 사용하여 수행된다.

정답 ②

화면설계

001 사용자 인터페이스(User Interface)에 대한 설명으로 틀린 것은?

① 사용자와 시스템이 정보를 주고받는 상호작용이 잘 이루어지도록 하는 장치나 소프트웨어를 의미한다.
② 편리한 유지보수를 위해 개발자 중심으로 설계되어야 한다.
③ 배우기가 용이하고 쉽게 사용할 수 있도록 만들어져야 한다.
④ 사용자 요구사항이 UI에 반영될 수 있도록 구성해야 한다.

> **해설**
> 사용자 인터페이스는 사용자 중심으로 설계되어야 하며, 사용자의 경험을 최우선으로 고려해야 한다.

정답 ②

002 사용자 인터페이스(UI)의 특징으로 틀린 것은?

① 구현하고자 하는 결과의 오류를 최소화한다.
② 사용자의 편의성을 높임으로써 작업시간을 증가시킨다.
③ 막연한 작업 기능에 대해 구체적인 방법을 제시하여 준다.
④ 사용자 중심의 상호작용이 되도록 한다.

> **해설**
> 사용자의 편의성을 높이면 작업 효율성이 증가하므로 작업 시간을 감소시키는 것이 일반적이다.

정답 ②

003 사용자 인터페이스를 설계할 경우 고려해야 할 가이드라인과 가장 거리가 먼 것은?

① 심미성을 사용성보다 우선하여 설계해야 한다.
② 효율성을 높이게 설계해야 한다.
③ 발생하는 오류를 쉽게 수정할 수 있어야 한다.
④ 사용자에게 피드백을 제공해야 한다.

> **해설**
> 사용자 인터페이스의 주된 목표는 사용성이며, 심미성은 중요하지만 사용성을 저해하지 않아야 한다.

정답 ①

004 UI와 관련된 기본 개념 중 하나로, 시스템의 상태와 사용자의 지시에 대한 효과를 보여주어 사용자가 명령에 대한 진행 상황과 표시된 내용을 해석할 수 있도록 도와주는 것은?

① Feedback
② Posture
③ Module
④ Hash

정답 ①

005 대표적으로 DOS 및 Unix 등의 운영체제에서 조작을 위해 사용하던 것으로, 정해진 명령 문자열을 입력하여 시스템을 조작하는 사용자 인터페이스(User Interface)는?

① GUI(Graphical User Interface)
② CLI(Command Line Interface)
③ CUI(Cell User Interface)
④ MUI(Mobile User Interface)

정답 ②

006 UI의 종류로 멀티 터치(Multi-Touch), 동작 인식(Gesture Recognition) 등 사용자의 자연스러운 움직임을 인식하여 서로 주고받는 정보를 제공하는 사용자 인터페이스를 의미하는 것은?

① GUK(Graphical User Interface)
② OUI(Organic User Interface)
③ NUI(Natural User Interface)
④ CLK(Command Line Interface)

> **해설**
> NUI(Natural User Interface)는 사용자의 자연스러운 움직임과 상호작용, 예를 들면 멀티 터치나 동작 인식과 같은 방법을 통해 정보를 주고받는 사용자 인터페이스를 의미한다.

정답 ③

007 다음 중 키보드나 마우스를 사용하여 메뉴나 아이콘을 선택하면 그것이 수행되는 직관적(Visual) 사용자 인터페이스 방식을 무엇이라고 하는가?

① CUI(Character User Interface)
② GUI(Graphic User Interface)
③ Interface I/O Module
④ Man-Machine Interface

> **해설**
> GUI(Graphic User Interface)는 사용자가 메뉴나 아이콘 같은 그래픽 요소들을 통해 시스템과 상호작용할 수 있게 해주는 인터페이스이다.

정답 ②

008 스마트폰 화면에서 두 손가락을 벌리고 모으는 동작으로 화면을 확대하거나 축소하는 터치 제스처는?

① 탭(Tap)
② 더블 탭(Double Tap)
③ 핀치(Pinch)
④ 스와이프(Swipe)

정답 ③

009 UI 설계 원칙에서 누구나 쉽게 이해하고 사용할 수 있어야 한다는 것은?

① 유효성
② 직관성
③ 무결성
④ 유연성

> **해설**
> - 직관성: 누구나 쉽게 이해하고 사용할 수 있어야 한다.
> - 유효성: 사용자의 목적을 정확하게 달성해야 한다.
> - 학습성: 누구나 쉽게 배우고 익힐 수 있어야 한다.
> - 유연성: 사용자의 요구사항을 최대한 수용하며, 오류를 최소화해야 한다.

정답 ②

010 소프트웨어의 사용자 인터페이스 개발 시스템(User Interface Development System)이 가져야 할 기능이 아닌 것은?

① 사용자 입력의 검증
② 에러 처리와 에러 메시지 처리
③ 도움과 프롬프트(Prompt) 제공
④ 소스 코드 분석 및 오류 복구

> **해설**
> 소스 코드 분석 및 오류 복구는 주로 IDE(통합 개발 환경)나 코드 관리 시스템에서 제공하는 기능으로, 직접적인 사용자 인터페이스 개발과는 무관하다.

정답 ④

011 User Interface 설계 시 오류 메시지나 경고에 관한 지침으로 가장 거리가 먼 것은?

① 메시지는 이해하기 쉬워야 한다.
② 오류로부터 회복을 위한 구체적인 설명이 제공되어야 한다.
③ 오류로 인해 발생될 수 있는 부정적인 내용을 적극적으로 사용자들에게 알려야 한다.
④ 소리나 색의 사용을 줄이고 텍스트로만 전달하도록 한다.

> **해설**
> 오류 메시지나 경고를 사용자에게 전달할 때는 텍스트뿐만 아니라 소리나 색 등의 다양한 방법을 통해 사용자의 주의를 환기시키는 것이 중요하다.

정답 ④

012 User Interface 설계 시 오류 메시지나 경고에 관한 지침으로 가장 옳지 않은 것은?

① 메시지는 이해하기 쉬워야 한다.
② 오류로부터 회복을 위한 구체적인 설명이 제공되어야 한다.
③ 오류로 인해 발생될 수 있는 부정적인 내용은 가급적 피한다.
④ 소리나 색 등을 이용하여 듣거나 보기 쉽게 의미 전달을 하도록 한다.

> **해설**
> 부정적인 내용을 피하기보다는 정확하고 명확하게 전달해야 한다.

정답 ③

013 제품을 보고 느끼는 인간의 감성이 아닌 것은?

① 감각적 감성
② 기능적 감성
③ 지능적 감성
④ 문화적 감성

> **해설**
> '지능적 감성'이라는 항목은 일반적인 감성 분류에 포함되지 않는다.

정답 ③

014 다음 글에서 설명하고 있는 감성공학의 접근 방법은 무엇인가?

> - 제품을 사용해 보고, 감각 척도를 계측하여 정량화된 값을 환산한다.
> - 객관적 지표 연관분석을 통해 제품 설계에 응용한다.

① 1류 접근 방법 ② 2류 접근 방법
③ 3류 접근 방법 ④ 4류 접근 방법

정답 ③

---

015 다음 글에서 설명하고 있는 용어로 가장 올바른 것은?

> 웹 디자인 시 화면배치, 내비게이션 시스템, 버튼, 입력창과 같은 인터페이스 요소들을 간단한 선으로 단순화하여 요약한 스케치

① 스토리보드 ② 와이어프레임
③ 시나리오 ④ 포지셔닝

정답 ②

---

016 다음 글에서 설명하고 있는 용어로 가장 올바른 것은?

> 스토리보드와 비슷한 개념으로 웹 사이트 디자인 및 개발을 위한 사전 작업으로 전체 사이트에 대한 가상 내비게이션 체계와 페이지별 레이아웃, 사이트 구성요소, 사이트맵, 데이터 플로우차트 등을 포함하는 기획서를 포함한다.

① 사이트 컨셉 ② 웹 그래픽 디자인
③ 테스트 및 디버깅 ④ 웹 내비게이션 보드

해설
웹 내비게이션이란 유저가 웹 사이트 내에서 자연스럽게 이동할 수 있도록 안내하는 시스템이다. 사이트의 구조를 한 눈에 파악할 수 있도록 돕기도 하고, 충분한 정보를 확인할 수 있도록 유도하는 역할을 한다.

정답 ④

017 다음 내용이 설명하는 UI설계 도구는?

- 디자인, 사용방법 설명, 평가 등을 위해 실제 화면과 유사하게 만든 정적인 형태의 모형
- 시각적으로만 구성요소를 배치하는 것으로 일반적으로 실제로 구현되지는 않음

① 스토리보드(Storyboard)
② 목업(Mockup)
③ 프로토타입(Prototype)
④ 유스케이스(Use Case)

정답 ②

018 다음에서 설명하는 용어로 옳은 것은?

가) 컴퓨터를 인간에게 좀 더 쉽고 쓸모 있게 함으로써 인간과 컴퓨터 간 상호작용을 개선하는 것을 목적으로 하여, 인간이 컴퓨터에 쉽고 편하게 다가갈 수 있도록 작동 시스템을 디자인하고 평가하는 과정을 다루는 학문이다.
나) 사용자가 눈으로 보는 현실 세계의 모습이나 실제 영상에 문자나 그래픽과 같은 가상의 3차원 정보를 실시간으로 겹쳐 보여주는 새로운 멀티미디어 기술

① 가) CISC   나) CAI
② 가) HCI   나) AR
③ 가) CALS   나) VCS
④ 가) HFC   나) VR

해설
AR은 현실 세계 위에 가상의 정보를 추가하여 증강하는 반면, VR은 사용자를 완전히 다른 가상 세계로 빠지게 된다.

정답 ②

애플리케이션 설계

Section 1. 공통 모듈 설계

001 다음 (　) 안에 들어갈 내용으로 옳은 것은?

> 컴포넌트 설계 시 (　)에 의한 설계를 따를 경우, 해당 명세에서는
> (1) 컴포넌트의 오퍼레이션 사용 전에 참이 되어야 할 선행조건
> (2) 사용 후 만족되어야 할 결과조건
> (3) 오퍼레이션이 실행되는 동안 항상 만족되어야 할 불변조건 등이 포함되어야 한다.

① 협약(Contract)
② 프로토콜(Protocol)
③ 패턴(Pattern)
④ 관계(Relation)

해설
설계에 있어서 '협약에 의한 설계'는 컴포넌트나 클래스가 제공하는 메서드(오퍼레이션)를 사용하기 위한 선행조건(Precondition)과 메서드 사용 후의 결과조건(Postcondition) 그리고 불변조건(Invariant)을 명세하는 방법이다.

정답 ①

002 소프트웨어의 상위 설계에 속하지 않는 것은?

① 아키텍처 설계
② 모듈 설계
③ 인터페이스 정의
④ 사용자 인터페이스 설계

해설
모듈 설계는 하위 설계(또는 저수준 설계)의 일부로, 특정 모듈이나 구성요소의 내부 동작을 자세히 정의하는 단계이다.

정답 ②

003 소프트웨어 설계에서 사용되는 대표적인 추상화(Abstraction) 기법이 아닌 것은?

① 자료 추상화
② 제어 추상화
③ 과정 추상화
④ 강도 추상화

> **해설**
> 소프트웨어 설계에서 사용되는 추상화는 주로 복잡한 시스템의 복잡성을 단순화시키기 위한 방법이다. 대표적인 추상화 기법으로는 자료 추상화, 제어 추상화, 과정 추상화가 있다.

정답 ④

004 소프트웨어 아키텍처 모델 개발의 중요성과 가장 관련이 적은 것은?

① 시스템 이해
② 확장 준비
③ 단위 테스트
④ 재사용성

> **해설**
> 단위 테스트는 소프트웨어의 개별 부분이나 모듈이 의도된 대로 동작하는지 검증하는 과정이다.

정답 ③

005 소프트웨어 아키텍처 설계에서 시스템 품질 속성이 아닌 것은?

① 가용성(Availability)
② 독립성(Isolation)
③ 변경 용이성(Modifiability)
④ 사용성(Usability)

> **해설**
> 독립성은 특정 컴포넌트나 모듈이 다른 부분으로부터 독립적으로 작동하는 정도를 나타내는 특성이다. 일반적으로 소프트웨어 아키텍처 설계에서의 주요 시스템 품질 속성으로는 고려되지 않는다.

정답 ②

006 아키텍처 설계 과정이 올바른 순서로 나열된 것은?

> ㉮ 설계 목표 설정
> ㉯ 시스템 타입 결정
> ㉰ 스타일 적용 및 커스터마이즈
> ㉱ 서브시스템의 기능, 인터페이스 동작 작성
> ㉲ 아키텍처 설계 검토

① ㉮ → ㉯ → ㉰ → ㉱ → ㉲
② ㉰ → ㉮ → ㉯ → ㉱ → ㉲
③ ㉮ → ㉲ → ㉯ → ㉱ → ㉰
④ ㉮ → ㉯ → ㉰ → ㉲ → ㉱

> **해설**
> 소프트웨어를 구축할 때는 계획 → 분석 → 설계 → 구현 → 테스트 → 유지운영의 과정을 거치게 된다. 아키텍처 설계 과정도 마찬가지로 해당 소프트웨어 생명주기(SDLC)를 파악 후 문제를 풀면 된다.

정답 ①

007 소프트웨어 아키텍처의 4+1 관점(view)에 대한 설명으로 옳지 않은 것은?

① 유스케이스 관점에서는 외부 행위자에 의해 인식되는 시스템의 기능 요구사항을 보여주는 데 초점을 둔다.
② 논리 관점에서는 계층 구조, 제약 사항, 코드 재사용 등과 같은 시스템 구현을 위한 요건을 보여주는 데 초점을 둔다.
③ 프로세스 관점에서는 독자적인 제어 스레드를 가질 수 있는 액티브 클래스에 초점을 둔다.
④ 배치 관점에서는 물리적인 시스템을 구성하고 있는 각 부분들의 분산 형태와 설치에 초점을 둔다.

해설
논리 관점은 주로 시스템의 기능적 요소와 그들의 상호작용에 중점을 둔다. 계층 구조, 코드 재사용 등의 구현 요건은 개발 관점에서 다루게 된다.

정답 ②

008 아키텍처의 4+1 관점에 대한 설명으로 옳지 않은 것은?

① 배치 관점은 시스템을 구성하는 처리 장치 간의 물리적 배치에 초점을 둔다.
② 프로세스 관점은 시스템에서 런타임에 상호작용하는 프로세스들이 어떻게 구성되는지 보여준다.
③ 구현 관점은 물리적 시스템에서 사용하는 소프트웨어 서브시스템의 모듈이 어떻게 구조화되어 있는가에 관심을 둔다.
④ 유스케이스 관점은 시스템의 기능을 제공하기 위해 필요한 클래스나 컴포넌트의 종류, 그리고 이들의 관계에 초점을 둔다.

해설
유스케이스 관점은 사용자의 시나리오나 유스케이스에 초점을 맞추며, 시스템의 기능 요구사항을 보여주는 것이 주목적이다. 클래스나 컴포넌트의 종류와 관계에 대한 내용은 논리 관점에서 다룬다.

정답 ④

009 다음 설명에 해당하는 아키텍처는?

> 네트워크의 어떠한 노드라도 주어진 연산을 수행할 수 있는 비중앙집중적인(Decentralized) 아키텍처로, 서버와 클라이언트의 구분이 없다. 별도의 중앙 서버 없이 사용자의 PC 사이에서 파일을 주고받기 위한 파일 공유 네트워크 등이 이에 해당한다.

① 마이크로 서비스(Micro Service) 아키텍처
② 분산 컴포넌트(Distributed Component) 아키텍처
③ 서비스 지향(Service Oriented) 아키텍처
④ 피어 투 피어(Peer-to-Peer) 아키텍처

> **해설**
> 피어 투 피어 네트워크는 각 노드가 동등한 역할을 하여 네트워크에 참여하는 구조를 가지며, 파일 공유 서비스에 자주 사용된다.

정답 ④

010 소프트웨어 아키텍처와 관련한 설명으로 틀린 것은?

① 파이프 필터 아키텍처에서 데이터는 파이프를 통해 양방향으로 흐르며, 필터 이동 시 오버헤드가 발생하지 않는다.
② 외부에서 인식할 수 있는 특성이 담긴 소프트웨어의 골격이 되는 기본 구조로 볼 수 있다.
③ 데이터 중심 아키텍처는 공유 데이터 저장소를 통해 접근자 간의 통신이 이루어지므로 각 접근자의 수정과 확장이 용이하다.
④ 이해관계자들의 품질 요구사항을 반영하여 품질 속성을 결정한다.

> **해설**
> 파이프 필터 아키텍처는 일반적으로 데이터 스트림이 파이프를 통해 필터에서 필터로 단방향으로 흐르는 구조를 가진다. 각 필터는 데이터 스트림에 대해 어떤 연산을 수행하고 그 결과를 다음 필터로 전달하고, 이러한 구조는 각 필터의 독립성을 유지하며, 유연성과 재사용성을 높여준다. 그러나 데이터가 필터를 거치며 이동할 때 일반적으로 오버헤드가 발생할 수 있으며, 데이터 흐름이 양방향으로 이루어지지는 않는다.

정답 ①

011 파이프 필터 형태의 소프트웨어 아키텍처에 대한 설명으로 옳은 것은?

① 노드와 간선으로 구성된다.
② 서브시스템이 입력 데이터를 받아 처리하고 결과를 다음 서브시스템으로 넘겨주는 과정을 반복한다.
③ 계층 모델이라고도 한다.
④ 3개의 서브시스템(모델, 뷰, 제어)으로 구성되어 있다.

> **해설**
> 파이프 필터 아키텍처에서 각 필터(서브시스템)는 데이터를 받아 처리하고 그 결과를 다음 필터로 전달하는 역할을 한다.

정답 ②

012 서브시스템이 입력 데이터를 받아 처리하고 결과를 다른 시스템에 보내는 작업이 반복되는 아키텍처 스타일은?

① 클라이언트 서버 구조 ② 계층 구조
③ MVC 구조 ④ 파이프 필터 구조

> **해설**
> 파이프 필터 구조는 데이터 스트림 처리에 적합하며, 각 필터의 재사용성과 시스템의 확장성을 높일 수 있다.

정답 ④

013 분산 시스템을 위한 마스터-슬레이브(Master-Slave) 아키텍처에 대한 설명으로 틀린 것은?

① 일반적으로 실시간 시스템에서 사용된다.
② 마스터 프로세스는 일반적으로 연산, 통신, 조정을 책임진다.
③ 슬레이브 프로세스는 데이터 수집 기능을 수행할 수 없다.
④ 마스터 프로세스는 슬레이브 프로세스들을 제어할 수 있다.

> **해설**
> 슬레이브 프로세스의 주된 역할은 마스터로부터 할당받은 작업을 처리하는 것이며, 그 작업 범위는 데이터 수집, 데이터 처리, 계산 작업 등 다양하게 설정될 수 있다.

정답 ③

014 소프트웨어 아키텍처 모델 중 MVC(Model-View-Controller)와 관련한 설명으로 틀린 것은?

① MVC 모델은 사용자 인터페이스를 담당하는 계층의 응집도를 높일 수 있고, 여러 개의 다른 UI를 만들어 그 사이에 결합도를 낮출 수 있다.
② 모델(Model)은 뷰(View)와 제어(Controller) 사이에서 전달자 역할을 하며, 뷰마다 모델 서브시스템이 각각 하나씩 연결된다.
③ 뷰(View)는 모델(Model)에 있는 데이터를 사용자 인터페이스에 보이는 역할을 담당한다.
④ 제어(Controller)는 모델(Model)에 명령을 보냄으로써 모델의 상태를 변경할 수 있다.

> **해설**
> - 모델(Model)은 애플리케이션의 데이터와 비즈니스 로직을 캡슐화한다. 모델은 뷰와 컨트롤러 사이에서 '전달자'의 역할을 하는 것이 아니라, 애플리케이션의 상태와 규칙을 관리한다.
> - 뷰(View)는 모델로부터 데이터를 가져와 사용자에게 보여주는 역할을 하며, 컨트롤러는 사용자의 입력을 처리하고 모델에 명령을 보내 이를 반영하는 역할을 한다.

정답 ②

015 소프트웨어 아키텍처 스타일에 대한 설명으로 가장 옳은 것은?

- 데이터 관리 컴포넌트, 인터랙션 제어 컴포넌트, 화면 관리 컴포넌트를 분리
- 하나의 데이터를 다양한 그래프로 보여줄 수 있는 데스크탑 응용 프로그램 개발
- 데이터베이스 연동 부분과 사용자 웹 화면 제공 부분으로 나눈 웹 기반 응용 프로그램 개발

① MVC(Model-View-Controller)
② 레포지토리(Repository)
③ 트랜잭션 처리(Transaction Processing)
④ 파이프 필터(Pipe-and-Filter)

> **해설**
> MVC 아키텍처는 사용자 인터페이스와 비즈니스 로직의 분리를 통해 유지보수와 확장, 그리고 데이터 표현의 다양성을 촉진한다.

정답 ①

016 다음에서 설명하는 소프트웨어 아키텍처의 유형으로 옳은 것은?

- 사용자 인터페이스를 시스템의 비즈니스 로직 부분과 분리하는 구조
- 결합도(Coupling)를 낮추기 위한 소프트웨어 아키텍처 패턴 구조
- 디자인 패턴 중 옵서버(Observer) 패턴에 해당하는 구조

① 클라이언트-서버(Client-Server) 아키텍처
② 브로커(Broker) 아키텍처
③ MVC(Model-View-Controller) 아키텍처
④ 계층형(Layered) 아키텍처

> **해설**
> MVC는 모델, 뷰, 컨트롤러를 분리함으로써 결합도를 낮추고, 시스템의 유연성 및 확장성을 향상시키는 것에 초점을 맞춘다. MVC는 옵서버 패턴을 사용하여 모델과 뷰 사이의 동기화를 유지할 수 있도록 설계되어 있다.

정답 ③

017 다음은 웹 기반 시스템에서 상호작용 관리를 위해 MVC 패턴이 사용될 때 런타임 시스템 아키텍처를 그림으로 나타내고 있다. (가)~(다)에 가장 적절한 구성요소는?

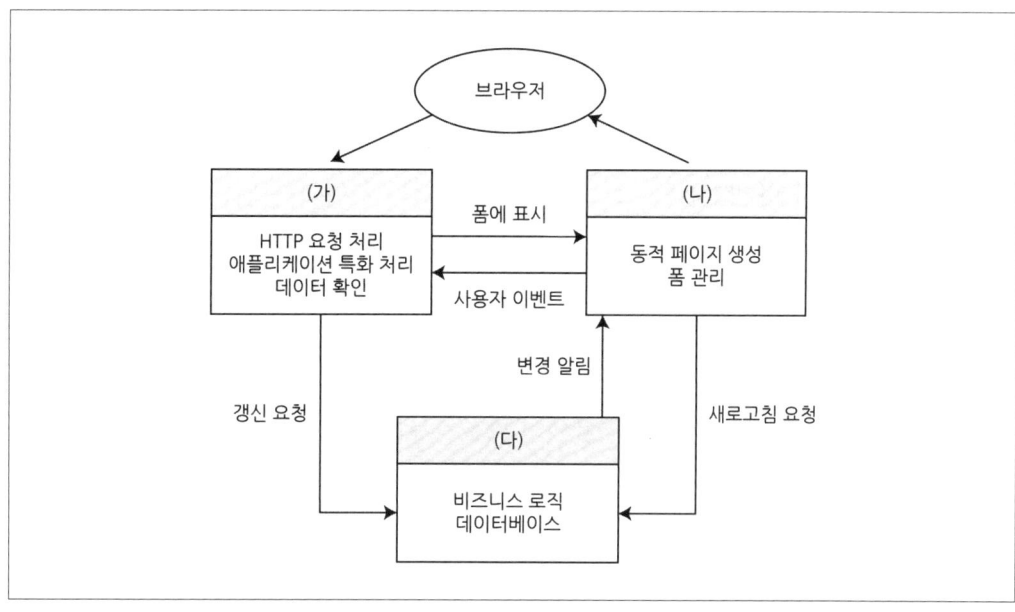

	(가)	(나)	(다)
①	뷰	제어기	모델
②	모델	제어기	뷰
③	제어기	모델	뷰
④	제어기	뷰	모델

해설
화면은 뷰, 처리는 제어, 데이터베이스는 모델에 해당한다.

정답 ④

018 아키텍처 스타일과 이를 기반으로 하는 시스템의 관계를 짝지은 것으로 가장 관련이 적은 것은?

① 파이프 필터 구조 - 스프레드시트 시스템
② 계층 구조 - OSI 참조모델
③ 클라이언트 서버 구조 - 인터넷 쇼핑몰
④ 저장소 구조 - 급여 시스템

해설
파이프와 필터 구조는 데이터 스트림이 필터(데이터 처리 단위)들을 통해 파이프(이들을 연결하는 채널)로 흐르는 시스템에 적합하다.

정답 ①

019 소프트웨어 아키텍처 스타일에 대한 설명으로 가장 옳지 않은 것은?

① 계층형(Layering): 시스템을 기능에 따라 수직적인 계층으로 구분하고, 각 계층은 서비스의 집합을 제공
② MVC(Model-View-Controller): 사용자 인터페이스와 데이터 처리 로직을 독립적으로 분리하여 변경에 대한 영향을 줄임
③ 파이프 필터(Pipe and Filter): 프로그램에서 감지되고 처리될 수 있는 사건(Event) 중심의 시스템에 적합한 아키텍처
④ 데이터 중심형(저장소 구조, Repository): 주요 데이터가 중앙에서 관리되고 서브시스템이 공유데이터에 접근해 정보를 사용

> **해설**
> 사건 중심의 시스템은 보통 이벤트 드리븐(Event-Driven) 아키텍처에서 더 자주 볼 수 있는 개념이다.

정답 ③

020 바람직한 소프트웨어 설계 지침이 아닌 것은?

① 적당한 모듈의 크기를 유지한다.
② 모듈 간의 접속 관계를 분석하여 복잡도와 중복을 줄인다.
③ 모듈 간의 결합도는 강할수록 바람직하다.
④ 모듈 간의 효과적인 제어를 위해 설계에서 계층적 자료 조직이 제시되어야 한다.

> **해설**
> 소프트웨어 설계 원칙 중 하나는 '낮은 결합도(Low Coupling)'를 유지하는 것이다. 낮은 결합도는 모듈 간의 의존성을 최소화함으로써 각 모듈이 변경과 오류의 영향을 덜 받도록 하며, 시스템의 유연성과 유지 관리성을 향상시킨다.

정답 ③

021 공통 모듈에 대한 명세 기법 중 해당 기능에 대해 일관되게 이해하고 한 가지로 해석될 수 있도록 작성하는 원칙은?

① 상호작용성
② 명확성
③ 독립성
④ 내용성

> **해설**
> 명확성은 소프트웨어 요구사항이나 모듈 명세서에 대한 이해를 일관되게 하고 모호함을 제거하여 여러 해석의 여지를 없애는 것을 목표로 한다.

정답 ②

022 공통 모듈의 재사용 범위에 따른 분류가 아닌 것은?

① 컴포넌트 재사용
② 더미 코드 재사용
③ 함수와 객체 재사용
④ 애플리케이션 재사용

> **해설**
> 더미 코드(Dummy Code)는 일반적으로 특정 기능이 개발 중이거나 테스트 중일 때 실제 코드 대신 임시로 사용되는 코드를 말한다. 이 코드는 실제 처리를 수행하지 않으며, 완성된 소프트웨어에서는 사용되지 않는 경우가 많기 때문에, 더미 코드의 '재사용'은 일반적인 모듈 재사용 범위 분류에 포함되지 않는다.

정답 ②

023 모듈(Module)에 대한 설명으로 옳지 않은 것은?

① 보기 좋고, 이해하기 쉽게 작성한다.
② 적절한 크기로 작성한다.
③ 모듈 내의 응집도는 최소화한다.
④ 업무 처리가 비슷한 처리에 부품처럼 공통으로 사용할 수 있다.

> **해설**
> 모듈 설계의 기본 원칙 중 하나는 '응집도(Cohesion)'를 높이는 것이다. 응집도란, 모듈 내부의 구성요소들이 서로 얼마나 밀접하게 관련되어 있는지를 나타내는 척도이고, 높은 응집도는 모듈 내의 요소들이 서로 밀접한 작업을 수행하고, 모듈이 명확하고 관련된 목적을 가지고 있다는 것을 의미한다.

정답 ③

024 모듈화(Modularity)와 관련한 설명으로 틀린 것은?

① 시스템을 모듈로 분할하면 각각의 모듈을 별개로 만들고 수정할 수 있기 때문에 좋은 구조가 된다.
② 응집도는 모듈과 모듈 사이의 상호의존 또는 연관 정도를 의미한다.
③ 모듈 간의 결합도가 약해야 독립적인 모듈이 될 수 있다.
④ 모듈 내 구성요소들 간의 응집도가 강해야 좋은 모듈 설계이다.

> **해설**
> 응집도(Cohesion)는 하나의 모듈 내부에 존재하는 기능들 사이의 관련성 정도를 나타내며, 모듈 내의 요소들이 얼마나 밀접하게 관련되어 있는지를 나타내는 척도이다. 높은 응집도는 모듈 내부의 기능들이 서로 긴밀하게 연관되어 있다는 것을 의미한다.

정답 ②

025 소프트웨어 모듈화의 장점이 아닌 것은?

① 오류의 파급 효과를 최소화한다.
② 기능의 분리가 가능하여 인터페이스가 복잡하다.
③ 모듈의 재사용 가능으로 개발과 유지보수가 용이하다.
④ 프로그램의 효율적인 관리가 가능하다.

> **해설**
> 모듈화의 주요 목표 중 하나는 시스템의 복잡성을 관리하고 이해하기 쉽게 만드는 것이다. 각 모듈은 명확하게 정의된 인터페이스를 통해 서로 소통하며, 이 인터페이스는 일반적으로 가능한 한 간단하고 명확해야 한다. 모듈화가 인터페이스를 복잡하게 만드는 것은 장점이 아니라 단점이 될 수 있다.

정답 ②

026 소프트웨어 개발에서 모듈(Module)이 되기 위한 주요 특징에 해당하지 않는 것은?

① 다른 것들과 구별될 수 있는 독립적인 기능을 가진 단위(Unit)이다.
② 독립적인 컴파일이 가능하다.
③ 유일한 이름을 가져야 한다.
④ 다른 모듈에서의 접근이 불가능해야 한다.

> **해설**
> 모듈의 주요 목적 중 하나는 재사용성과 확장성을 제공하는 것이므로, 완전히 접근 불가능하다면 이러한 목적을 달성할 수 없다.

정답 ④

027 설계 단계에서 고려할 사항으로 가장 옳지 않은 것은?

① 설계 과정에서 추상화 메커니즘을 적절히 이용한다면 구조적이고 단계적인 설계를 할 수 있다.
② 정보 은닉은 필요하지 않은 정보는 접근할 수 없도록 하여, 한 모듈 또는 하부 시스템이 다른 모듈의 구현에 영향을 받지 않게 설계되는 것을 의미한다.
③ 단계적 정제는 기본 설계 단계에서 나타나는 프로그램의 구조에서 점차 모듈에 대한 세부 사항으로 내려가면서 구체화된다.
④ 모듈화는 시스템을 지능적으로 관리할 수 있지만 복잡도의 문제를 해결할 수는 없다.

> **해설**
> 모듈화는 소프트웨어 설계의 핵심 원칙 중 하나로, 큰 시스템을 잘 정의된 기능을 가진 작은 단위로 분할하는 과정이다. 이는 코드의 재사용성을 높이고, 개발과 유지보수를 더 용이하게 만들며, 복잡도를 관리할 수 있는 방법을 제공한다.

정답 ④

028 다음 중 두 개의 모듈이 같이 실행되면서 서로 호출하는 형태를 무엇이라 하는가?

① 라이브러리(Library)
② 유틸리티(Utility)
③ 서브프로그램(Subprogram)
④ 코루틴(Coroutine)

> **해설**
> 코루틴은 서로 대칭적인 방식으로 동작하는 루틴(함수)으로, 한 코루틴이 중단될 때 다른 코루틴이 시작되며, 이 과정은 계속해서 반복된다.

정답 ④

029 효과적인 모듈 설계를 위한 유의사항으로 거리가 먼 것은?

① 모듈 간의 결합도를 약하게 하면 모듈 독립성이 향상된다.
② 복잡도와 중복성을 줄이고 일관성을 유지시킨다.
③ 모듈의 기능은 예측이 가능해야 하며 지나치게 제한적이어야 한다.
④ 유지보수가 용이해야 한다.

> **해설**
> 효과적인 모듈 설계는 모듈이 그 목적을 명확하게 달성할 수 있도록 해야 하지만, 그 기능이 지나치게 제한적이라고 해서는 안 된다. 모듈은 유연하고 재사용 가능해야 하며, 필요한 기능을 효율적으로 수행할 수 있도록 설계되어야 하며, 지나치게 제한적인 기능은 그 모듈의 재사용성을 떨어뜨리고, 다양한 상황에 대응하기 어렵게 만들 수 있다.

정답 ③

030 모듈화(Modularity)와 관련한 설명으로 틀린 것은?

① 소프트웨어의 모듈은 프로그래밍 언어에서 Subroutine, Function 등으로 표현될 수 있다.
② 모듈의 수가 증가하면 상대적으로 각 모듈의 크기가 커지며, 모듈 사이의 상호교류가 감소하여 과부하(Overload) 현상이 나타난다.
③ 모듈화는 시스템을 지능적으로 관리할 수 있도록 해주며, 복잡도 문제를 해결하는 데 도움을 준다.
④ 모듈화는 시스템의 유지보수와 수정을 용이하게 한다.

> **해설**
> 모듈의 수가 증가한다는 것은 일반적으로 시스템이 더 세분화되어, 각 모듈이 더 작고 관리하기 쉬운 단위로 나누어졌음을 의미한다. 이는 각 모듈의 크기가 커지는 것이 아니라 줄어든다는 것을 의미하며, 잘 설계된 모듈화 시스템에서는 모듈 간의 상호작용이 필요한 경우가 제한적이므로 모듈 사이의 상호교류가 과도하게 증가하여 과부하를 일으키는 것이 아니라, 오히려 감소할 수 있다.

정답 ②

031 한 모듈 내의 각 구성요소들이 공통의 목적을 달성하기 위하여 서로 얼마나 관련이 있는지의 기능적 연관의 정도를 나타내는 것은?

① Cohesion ② Coupling ③ Structure ④ Unity

정답 ①

032 시스템에서 모듈 사이의 결합도(Coupling)에 대한 설명으로 옳은 것은?

① 한 모듈 내에 있는 처리 요소들 사이의 기능적인 연관 정도를 나타낸다.
② 결합도가 높으면 시스템 구현 및 유지보수 작업이 쉽다.
③ 모듈 간의 결합도를 약하게 하면 모듈 독립성이 향상된다.
④ 자료 결합도는 내용 결합도보다 결합도가 높다.

> **해설**
> 결합도는 한 모듈이 다른 모듈에 의존하는 정도를 나타내며, 이는 모듈 간의 상호 의존성 정도를 의미한다. 결합도가 낮다는 것은 한 모듈이 다른 모듈의 변경에 대해 덜 민감하다는 것을 의미하며, 이는 모듈이 서로 독립적이라는 것을 나타낸다.

정답 ③

033 결합도가 낮은 것부터 높은 순으로 옳게 나열한 것은?

| (ㄱ) 내용 결합도 | (ㄴ) 자료 결합도 | (ㄷ) 공통 결합도 |
| (ㄹ) 스탬프 결합도 | (ㅁ) 외부 결합도 | (ㅂ) 제어 결합도 |

① (ㄱ) → (ㄴ) → (ㄹ) → (ㅂ) → (ㅁ) → (ㄷ)
② (ㄴ) → (ㄹ) → (ㅁ) → (ㅂ) → (ㄷ) → (ㄱ)
③ (ㄴ) → (ㄹ) → (ㅂ) → (ㅁ) → (ㄷ) → (ㄱ)
④ (ㄱ) → (ㄴ) → (ㄹ) → (ㅁ) → (ㅂ) → (ㄷ)

정답 ③

034 다음 중 가장 결합도가 강한 것은?

① Data Coupling ② Stamp Coupling
③ Common Coupling ④ Control Coupling

> **해설**
> 공통 결합도는 전역변수를 이용한다.

정답 ③

035 다음 중 가장 약한 결합도(Coupling)는?

① Common Coupling
② Content Coupling
③ External Coupling
④ Stamp Coupling

> **해설**
> - Common Coupling(공통 결합): 여러 모듈이 동일한 전역변수를 공유할 때 발생
> - Content Coupling(내용 결합): 한 모듈이 다른 모듈의 내부 구조나 로직을 조작하거나 의존할 때 발생
> - External Coupling(외부 결합): 모듈이 외부 시스템의 프로토콜, 인터페이스 등에 의존할 때 발생
> - Stamp Coupling(스탬프 결합): 여러 모듈이 동일한 데이터 구조를 공유할 때 발생
>
> 정답 ④

036 어떤 모듈이 다른 모듈의 내부 논리 조직을 제어하기 위한 목적으로 제어신호를 이용하여 통신하는 경우이며, 하위 모듈에서 상위 모듈로 제어 신호가 이동하여 상위 모듈에게 처리 명령을 부여하는 권리 전도현상이 발생하게 되는 결합도는?

① Data Coupling
② Stamp Coupling
③ Control Coupling
④ Common Coupling

> **해설**
> 제어 결합(Control Coupling)은 한 모듈이 다른 모듈의 내부 논리나 결정 구조를 제어하기 위해 특별한 데이터(제어 신호)를 전달하는 경우를 나타낸다.
>
> 정답 ③

037 결합도(Coupling)에 대한 설명으로 틀린 것은?

① 데이터 결합도(Data Coupling)는 두 모듈이 매개변수로 자료를 전달할 때, 자료구조 형태로 전달되어 이용될 때 데이터가 결합되어 있다고 한다.
② 내용 결합도(Content Coupling)는 하나의 모듈이 직접적으로 다른 모듈의 내용을 참조할 때 두 모듈은 내용적으로 결합되어 있다고 한다.
③ 공통 결합도(Common Coupling)는 두 모듈이 동일한 전역 데이터를 접근한다면 공통 결합되어 있다고 한다.
④ 결합도(Coupling)는 두 모듈 간의 상호작용 또는 의존도 정도를 나타내는 것이다.

> **해설**
> 자료구조가 전달되는 것은 스탬프 결합도이다.
>
> 정답 ①

038 모듈의 독립성을 높이기 위한 결합도(Coupling)와 관련한 설명으로 틀린 것은?

① 오류가 발생했을 때 전파되어 다른 오류의 원인이 되는 파문 효과(Ripple Effect)를 최소화해야 한다.
② 인터페이스가 정확히 설정되어 있지 않을 경우 불필요한 인터페이스가 나타나 모듈 사이의 의존도는 높아지고 결합도가 증가한다.
③ 모듈들이 변수를 공유하여 사용하게 하거나 제어 정보를 교류하게 함으로써 결합도를 낮추어야 한다.
④ 다른 모듈과 데이터 교류가 필요한 경우 전역변수(Global Variable)보다는 매개변수(Parameter)를 사용하는 것이 결합도를 낮추는 데 도움이 된다.

> **해설**
> 모듈 간의 독립성을 높이기 위해서는 모듈들 사이의 의존성을 최소화해야 한다. 모듈이 서로 변수를 공유하거나 제어 정보를 교환하는 경우, 이는 결합도를 높이는 요소가 된다.

정답 ③

039 다음 설명에 해당하는 모듈의 결합도는?

> 한 모듈이 다른 모듈의 내부 기능 및 자료를 직접 참조하거나 사용하는 경우로, 한 모듈에서 다른 모듈의 내부로 제어가 이동하는 경우도 이에 해당한다.

① 공통 결합도(Common Coupling)
② 내용 결합도(Content Coupling)
③ 외부 결합도(External Coupling)
④ 자료 결합도(Data Coupling)

> **해설**
> 내용 결합도는 한 모듈이 다른 모듈의 내부 기능 및 자료를 직접 참조하거나 사용하는 경우를 말한다. 또한, 한 모듈에서 다른 모듈의 내부로 제어가 이동하는 경우도 내용 결합도에 해당한다. 내용 결합도는 결합도 중에서 가장 낮은 수준의 독립성을 가지며, 이는 모듈 간의 강한 의존성을 의미한다.

정답 ②

040 응집도가 가장 낮은 것은?

① 기능적 응집도
② 시간적 응집도
③ 절차적 응집도
④ 우연적 응집도

> **해설**
> 우연적 → 논리적 → 시간적 → 절차적 → 통신적 → 순차적 → 기능적

정답 ④

041 다음 중 응집도가 가장 높은 것은?

① 절차적 응집도
② 순차적 응집도
③ 우연적 응집도
④ 논리적 응집도

> **해설**
> 순차적 응집도는 모듈 내의 한 활동으로부터 나온 출력값을 모듈 내의 다른 활동이 사용할 경우에 해당한다.

정답 ②

042 다음 중 가장 강한 응집도(Cohesion)는?

① Sequential Cohesion
② Procedural Cohesion
③ Logical Cohesion
④ Coincidental Cohesion

> **해설**
> 우연적 응집도(Coincidental Cohesion) → 논리적 응집도(Logical Cohesion) → 절차적 응집도(Procedural Cohesion) → 순차적 응집도(Sequential Cohesion)

정답 ①

043 다음이 설명하는 응집도의 유형은?

모듈이 다수의 관련 기능을 가질 때 모듈 안의 구성요소들이 그 기능을 순차적으로 수행할 경우의 응집도

① 기능적 응집도
② 우연적 응집도
③ 논리적 응집도
④ 절차적 응집도

> **해설**
> 절차적 응집도는 한 모듈 내의 여러 기능들이 특정 순서에 따라 실행되며, 각 기능들이 서로 밀접하게 관련되어 있다.

정답 ④

044 모듈 내 구성요소들이 서로 다른 기능을 같은 시간대에 함께 실행하는 경우의 응집도(Cohesion)는?

① Temporal Cohesion
② Logical Cohesion
③ Coincidental Cohesion
④ Sequential Cohesion

> **해설**
> 같은 시간대에 함께 실행될 경우 시간적 응집도이다.

정답 ①

045 응집도의 종류 중 서로 간에 어떠한 의미 있는 연관 관계도 지니지 않은 기능 요소로 구성되는 경우이며, 서로 다른 상위 모듈에 의해 호출되어 처리상의 연관성이 없는 서로 다른 기능을 수행하는 경우의 응집도는?

① Functional Cohesion
② Sequential Cohesion
③ Logical Cohesion
④ Coincidental Cohesion

> **해설**
> 우연적 응집도(Coincidental Cohesion)는 모듈 내의 구성요소들이 서로 관련성이 거의 또는 전혀 없는 상황을 나타낸다.

정답 ④

046 소프트웨어 모듈 평가 기준으로 판단할 때, 다음 4명 중 가장 좋게 설계한 사람과 가장 좋지 않게 설계한 사람을 순서대로 바르게 나열한 것은?

- 철수: 절차적 응집도 + 공통 결합도
- 영희: 우연적 응집도 + 내용 결합도
- 동수: 기능적 응집도 + 자료 결합도
- 민희: 논리적 응집도 + 스탬프 결합도

① 철수, 영희
② 철수, 민희
③ 동수, 영희
④ 동수, 민희

> **해설**
> 동수는 가장 높은 응집도(기능적)와 가장 낮은 결합도(자료)로 설계했다.
> 영희는 가장 낮은 응집도(우연적)와 가장 높은 결합도(내용)로 설계했다.

정답 ③

047 모듈의 결합도(Coupling)와 응집력(Cohesion)에 대한 설명으로 옳은 것은?

① 결합도란 모듈 간에 상호 의존하는 정도를 의미한다.
② 결합도는 높을수록 좋고 응집력은 낮을수록 좋다.
③ 여러 모듈이 공동 자료 영역을 사용하는 경우 자료 결합(Data Coupling)이라 한다.
④ 가장 이상적인 응집은 논리적 응집(Logical Cohesion)이다.

> **해설**
> ② 결합도는 낮을수록 좋고, 응집력은 높을수록 좋다.
> ③ 공동 자료 영역을 사용하는 경우를 '공통 결합(Common Coupling)'이라고 한다.
> ④ 가장 이상적인 응집은 '기능적 응집(Functional Cohesion)'이다.

정답 ①

048 〈보기〉는 모듈화를 중심으로 한 소프트웨어 설계 방법에 대한 설명이다. 빈칸의 내용을 가장 올바르게 나열한 것은?

─────────── 〈보기〉 ───────────
- 결합도(Coupling)와 응집도(Cohesion)는 모듈의 (㉠)을 판단하는 기준이다.
- 결합도란 모듈 (㉡)의 관련성을 의미하며, 응집도란 모듈 (㉢)의 관련성을 의미한다.
- 좋은 설계를 위해서는 결합도는 (㉣), 응집도는 (㉤) 방향으로 설계해야 한다.

① ㉠ 독립성, ㉡ 사이, ㉢ 내부, ㉣ 작게, ㉤ 큰
② ㉠ 독립성, ㉡ 내부, ㉢ 사이, ㉣ 크게, ㉤ 작은
③ ㉠ 추상성, ㉡ 사이, ㉢ 내부, ㉣ 작게, ㉤ 큰
④ ㉠ 추상성, ㉡ 내부, ㉢ 사이, ㉣ 크게, ㉤ 작은

> **해설**
> 모듈의 독립성을 높이기 위해 결합도는 낮게, 응집도는 높게 설계한다.

정답 ①

049 다음 코드를 응집도와 결합도 측면에서 올바르게 설명한 것은?

```
void setValue(String name, int value){
    if( name.equals("height") ){
        _height = value;
    }
    if( name.equals("width") ){
        _width = value;
    }
}
```

① 응집도: 기능적 응집도, 결합도: 데이터 결합도
② 응집도: 논리적 응집도, 결합도: 데이터 결합도
③ 응집도: 논리적 응집도, 결합도: 제어 결합도
④ 응집도: 기능적 응집도, 결합도: 제어 결합도

> **해설**
> setValue 함수는 'name'이라는 매개변수에 따라 다른 작업(높이 설정 또는 너비 설정)을 수행한다. 이러한 조건부 로직은 논리적 응집도의 특징을 나타낸다. 함수가 매개변수 'name'에 의존하여 내부 로직을 제어하고 있기 때문에 제어 결합도의 특징을 가진다.

정답 ③

050 다음은 어떤 프로그램 구조를 나타낸다. 모듈 F에서의 Fan-in과 Fan-out의 수는 얼마인가?

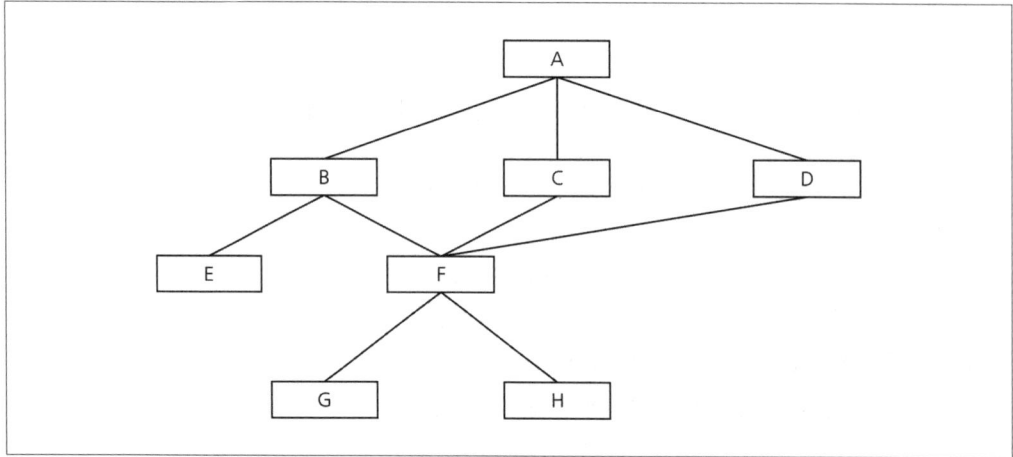

	Fan-in	Fan-out
①	2	3
②	3	2
③	1	2
④	2	1

해설
모듈의 상위 모듈 수는 Fan-in, 하위 모듈 수는 Fan-out이다.

정답 ②

051 소프트웨어 구조와 관련된 용어로, 주어진 한 모듈(Module)을 제어하는 상위 모듈 수를 나타내는 것은?

① Modularity ② Subordinate
③ Fan-in ④ Superordinate

해설
소프트웨어 구조와 관련하여 한 모듈을 제어하는 상위 모듈의 수를 나타내는 용어는 'Fan-in'이다. Fan-in은 한 모듈로 들어오는 데이터 또는 제어 흐름의 수를 측정하며, 이는 그 모듈이 얼마나 많은 모듈들에 의존하는지, 또는 얼마나 많은 모듈들이 그 모듈을 재사용하는지를 나타내는 지표이다.

정답 ③

052 어떤 모듈의 결합도는 다른 모듈들, 전역 데이터, 외부 환경과의 연결성을 나타낸다. 모듈의 환경 결합도와 가장 관련이 깊은 메트릭은?

① 기능 점수(Function Point)
② 순환적 복잡도(Cyclomatic Complexity)
③ LCOM(Lack of Cohesion in Methods)
④ 팬 아웃(Fan-out)

> **해설**
> 팬 아웃은 한 모듈이 직접 제어하는 다른 모듈의 수를 나타내며, 이는 해당 모듈이 시스템 내의 다른 모듈들과 얼마나 많이 상호작용하는지를 나타내는 지표이다. 높은 팬 아웃은 높은 결합도를 나타내며, 이는 해당 모듈이 많은 다른 모듈들과 강하게 연결되어 있음을 의미한다.

정답 ④

053 다음 중 코드 설계 순서가 가장 옳은 것은?

| ㉠ 코드의 문서화 | ㉡ 코드 대상 항목 결정 |
| ㉢ 사용 범위와 기간 결정 | ㉣ 코드화 방식 결정 |

① ㉠ → ㉡ → ㉢ → ㉣
② ㉡ → ㉣ → ㉠ → ㉡
③ ㉡ → ㉢ → ㉣ → ㉠
④ ㉣ → ㉢ → ㉡ → ㉠

정답 ③

054 코드의 기본 기능으로 거리가 먼 것은?

① 복잡성
② 표준화
③ 분류
④ 식별

> **해설**
> 복잡성은 코드가 얼마나 복잡한지, 얼마나 많은 로직을 포함하고 있는지 등을 나타내는 메트릭이거나 코드의 특성을 설명하는데, 이는 코드의 '기능'을 직접적으로 나타내는 것은 아니다.

정답 ①

055 코드화의 기능이 아닌 것은?

① 오류검출 및 정정 기능
② 암호화 기능
③ 표준화 기능
④ 분류 및 식별 기능

> **해설**
> 코드화의 기본적인 기능에는 데이터의 표준화, 분류 및 식별, 그리고 필요한 경우 보안을 위한 암호화 등이 포함한다. 하지만 오류검출 및 정정 기능은 코드화의 기능으로 볼 수는 없다.

정답 ①

056 코드 설계에서 일정한 일련번호를 부여하는 방식의 코드는?

① 연상 코드
② 블록 코드
③ 순차 코드
④ 표의 숫자 코드

정답 ③

057 코드화 대상 항목의 중량, 면적, 용량 등의 물리적 수치를 이용하여 만든 코드는?

① 순차 코드
② 10진 코드
③ 표의 숫자 코드
④ 블록 코드

정답 ③

058 표의 숫자 코드에 대한 설명으로 옳지 않은 것은?

① 코드에 물리적 수치를 부여하여 기억이 용이하다.
② 코드의 추가 및 삭제가 용이하다.
③ 같은 코드를 반복 사용하므로 오류가 적다.
④ 항목의 자리수가 짧아 기계 처리가 용이하다.

> **해설**
> 중량, 용량, 면적 등 수치를 기입하기 때문에 기계 처리에 적합하지 않다.

정답 ④

059 코드화 대상 자료 전체를 계산하여 이를 필요로 하는 분류 단위로 블록을 구분하고, 각 블록 내에서 순서대로 번호를 부여하는 방식으로 적은 자릿수로 많은 항목의 표시가 가능하고 예비 코드를 사용할 수 있어 추가가 용이한 코드로서, 구분 순차 코드라고도 하는 것은?

① 순차(Sequence) 코드
② 표의 숫자(Significant Digit) 코드
③ 블록(Block) 코드
④ 연상(Mnemonic) 코드

해설
블록 내에서 순서대로 번호를 부여하는 코드는 블록 코드이다.

정답 ③

060 다음과 같이 코드를 부여할 대상의 이름이나 약호를 코드의 일부분으로 사용하는 코드화 방법은?

TV-39-C : TV 39인치 컬러

① 순서 코드(Sequence Code)
② 그룹 분류 코드(Group Classification Code)
③ 블록 코드(Block Code)
④ 연상 코드(Mnemonic Code)

해설
코드를 보고 제품을 유추할 수 있는 것은 연상 코드이다.

정답 ④

061 십진 분류 코드의 특징이 아닌 것은?

① 배열이나 집계 용이
② 코드의 범위 확장 용이
③ 자료의 삽입 및 추가 용이
④ 기계 처리 용이

해설
십진 분류 코드는 사람이 이해하고 사용하기 위한 것으로, 기계 처리에 최적화된 코드 시스템이 아니다. 기계 처리에 더 적합한 코드 시스템은 이진 코드나 바코드와 같은 다른 형식을 사용한다.

정답 ④

Section 2. 객체지향 설계

001 객체지향 설계가 갖는 특징으로 옳지 않은 것은?

① 객체지향 설계에서 중요한 것은 시스템을 구성하는 객체와 속성, 연산을 정의하는 것이다.
② 객체지향 설계는 하나의 커다란 작업을 여러 개의 작은 작업으로 분할하고, 분할된 각각의 소작업을 함수(모듈)로 구현하는 것이다.
③ 객체지향 설계에서는 주어진 객체의 특성을 분석하여 공통된 특징을 갖는 슈퍼클래스를 생성하는 추상화 기법을 통해 객체의 설계비용과 시간을 줄일 수 있다.
④ 객체지향 설계에서는 캡슐화를 통해 객체의 세부내용 변경에 의해 발생될 수 있는 오류의 파급을 줄일 수 있다.

> **해설**
> 절차적 프로그래밍은 프로그램 작업을 함수나 모듈로 분할하는 방식을 강조하며, 이들은 별도의 프로시저나 기능으로서 실행된다. 반면, 객체지향 설계는 시스템을 상호작용하는 객체들의 집합으로 보고, 이러한 객체들은 데이터와 그 데이터를 조작할 수 있는 메서드(함수)를 캡슐화한다.

정답 ②

002 객체지향 프로그래밍 언어가 소프트웨어 설계상 가장 크게 공헌한 점은?

① 코드의 재사용
② 코드의 종속성
③ 코드의 자동성
④ 코드의 정확성

> **해설**
> 객체지향 프로그래밍의 특징들은 큰 시스템을 구축하는 데 있어 코드의 재사용성을 증가시키고, 시간과 자원을 절약하는 데 크게 기여한다.

정답 ①

003 객체지향 프로그램 개발 기법에 대한 설명으로 옳지 않은 것은?

① 소프트웨어의 재사용률이 높아진다.
② 절차 중심의 프로그래밍 기법이다.
③ 객체 모델의 주요 요소는 추상화, 캡슐화, 모듈화 등이다.
④ 설계 시 자료와 자료에 가해지는 프로세서를 묶어 정의하고 관계를 규명한다.

> **해설**
> 객체지향 프로그래밍은 절차 중심의 프로그래밍 방식이 아니라 객체 중심의 프로그래밍 방식이다.

정답 ②

004 객체지향 개발 과정에 대한 설명으로 가장 거리가 먼 것은?

① 분석 단계에서는 객체의 이름과 상태, 행위들을 개념적으로 파악한다.
② 설계 단계에서는 객체의 속성과 연산으로 정의하고 접근 방법을 구체화한다.
③ 구현 단계에서는 클래스를 절차적 프로그래밍 언어로 기술한다.
④ 테스트 단계에서는 클래스 단위 테스트와 시스템 테스트를 진행한다.

> **해설**
> 객체지향 개발 방법론은 객체지향 프로그래밍 언어를 사용하여 시스템을 개발하는 것을 중점으로 한다. 객체지향 프로그래밍 언어는 클래스와 객체, 상속, 캡슐화, 다형성 등의 개념을 사용하여 프로그램을 구성한다.

정답 ③

005 객체지향 분석 기법과 관련한 설명으로 틀린 것은?

① 동적 모델링 기법이 사용될 수 있다.
② 기능 중심으로 시스템을 파악하며 순차적인 처리가 중요시되는 하향식(Top-Down) 방식으로 볼 수 있다.
③ 데이터와 행위를 하나로 묶어 객체를 정의내리고 추상화시키는 작업이라 할 수 있다.
④ 코드 재사용에 의한 프로그램 생산성 향상 및 요구에 따른 시스템의 쉬운 변경이 가능하다.

> **해설**
> 객체지향 분석은 순차적인 처리를 강조하는 하향식 방식이 아닌, 시스템의 동적인 상호작용을 중심으로 한 상향식 분석 방법이다.

정답 ②

006 다음의 객체지향 기법에 관한 설명에서 ( ) 안 내용으로 공통 적용할 수 있는 것은?

- ( )은(는) 클래스 내의 객체에 의한 함수이거나 변형이다.
- 한 클래스 내의 모든 객체들은 같은 ( )을(를) 공유하며 개개 ( )은(는) 묵시적 아규먼트로써 목적 객체를 가지며 행위를 서술한다.
- 메서드는 한 클래스에 대한 ( )의 구현이며 일반적으로 객체지향 설계에서는 동일시하며 함수지향 설계에서는 함수로 대응된다.

① 인스턴스   ② 오퍼레이션   ③ 메시지   ④ 정보 은닉

> **해설**
> 오퍼레이션은 객체지향 프로그래밍에서 클래스의 인스턴스(객체)가 수행할 수 있는 기능이나 작업을 의미한다. 이는 메서드라고도 불리며, 특정 객체가 수행할 수 있는 행위 또는 해당 객체가 받아들일 수 있는 메시지를 정의한다.

정답 ②

007 객체지향 설계 단계의 순서가 옳은 것은?

① 문제 정의 → 요구 명세화 → 객체 연산자 정의 → 객체 인터페이스 결정 → 객체 구현
② 요구 명세화 → 문제 정의 → 객체 인터페이스 결정 → 객체 연산자 정의 → 객체 구현
③ 문제 정의 → 요구 명세화 → 객체 구현 → 객체 인터페이스 결정 → 객체 연산자 정의
④ 요구 명세화 → 문제 정의 → 객체 구현 → 객체 인터페이스 결정 → 객체 연산자 정의

정답 ①

008 객체지향 설계에 대한 설명으로 옳지 않은 것은?

① 객체지향 설계에 있어 가장 중요한 문제는 시스템을 구성하는 객체와 속성, 연산을 인식하는 것이다.
② 시스템 기술서의 동사는 객체를 명사는 연산이나 객체 서비스를 나타낸다.
③ 객체지향 설계를 문서화할 때 객체와 그들의 부객체(Sub-Object)의 계층적 구조를 보여주는 계층 차트를 그리면 유용하다.
④ 객체는 순차적(Sequentially) 또는 동시적(Concurrently)으로 구현될 수 있다.

> **해설**
> 시스템 기술서에서 동사는 통상적으로 객체의 행위나 연산(메서드)을 나타내며, 명사는 객체 자체나 그 속성을 설명하는 데 사용된다. 객체는 명사로 표현되고, 객체가 수행하는 행동이나 서비스는 동사로 표현된다.

정답 ②

009 객체지향 설계의 기본 원칙이 아닌 것은?

① 자료 추상화   ② 캡슐화
③ 자료와 행위의 결합   ④ 절차화

> **해설**
> 절차화는 절차적 프로그래밍의 특징으로, 프로그램을 순차적인 단계 또는 절차의 나열로 보는 관점이다.

정답 ④

010 소프트웨어를 개발하기 위한 비즈니스(업무)를 객체와 속성, 클래스와 멤버, 전체와 부분 등으로 나누어서 분석해 내는 기법은?

① 객체지향 분석   ② 구조적 분석
③ 기능적 분석   ④ 실시간 분석

> **해설**
> 객체지향 분석은 시스템을 구성하는 개별 객체들을 식별하고, 그 객체들의 분류, 상호작용, 책임 등을 명시하는 분석 방법론이다. 이 방법은 현실 세계의 업무 프로세스를 시스템 내의 객체들로 추상화하여 모델링하는 데 중점을 둔다. 객체지향 분석은 주로 UML 같은 표기법을 사용하여 분석 단계에서 시스템의 구조와 행동을 모델링한다.

정답 ①

011 객체지향 프로그램에서 데이터를 추상화하는 단위는?

① 메서드
② 클래스
③ 상속성
④ 메시지

> **해설**
> 클래스는 객체를 생성하기 위한 틀 또는 설계도로서, 데이터와 해당 데이터에 연산을 수행하는 메서드들을 포함한다. 객체는 이 클래스에 기반하여 생성되며, 클래스를 통해 동일한 속성과 동작을 가진 객체들을 여러 개 만들 수 있다.

정답 ②

012 객체지향 소프트웨어 공학에서 하나 이상의 유사한 객체들을 묶어서 하나의 공통된 특성을 표현한 것은?

① 트랜잭션
② 클래스
③ 시퀀스
④ 서브루틴

> **해설**
> 클래스는 비슷한 속성(Attribute)과 메서드(Method)를 가진 객체들의 분류이다. 클래스는 객체의 설계도로 볼 수 있으며, 객체들은 이 클래스의 인스턴스라고 볼 수 있다.

정답 ②

013 객체지향 기법에서 같은 클래스에 속한 각각의 객체를 의미하는 것은?

① Instance
② Message
③ Method
④ Module

> **해설**
> 클래스는 객체의 특정 특성 및 동작을 정의하는 반면, 인스턴스는 메모리에 할당되어 실제 작동하는 객체를 말한다. 클래스는 설계도에 비유할 수 있고, 인스턴스는 그 설계도를 바탕으로 생성된 실체, 즉 개별 객체를 지칭한다.

정답 ①

014 객체에게 어떤 행위를 하도록 지시하는 명령은?

① Class ② Package
③ Object ④ Message

> **해설**
> 메시지(Message)는 객체지향 프로그래밍에서 객체들이 서로 통신하기 위해 사용한다. 객체가 다른 객체에 특정 작업을 요청할 때 메시지를 전송하며, 이 메시지는 받는 객체의 메서드를 호출하게 된다.

정답 ④

015 객체의 성질을 분해하고, 공통된 성질을 추출하여 슈퍼클래스를 설정하는 일을 무엇이라 하는가?

① 추상화 ② 메서드
③ 정보 은폐 ④ 메시지

> **해설**
> 추상화(Abstraction)는 복잡한 실세계의 엔티티를 필수적인 개념과 속성만을 갖는 단순화된 모델로 변환하는 과정이다. 이 과정에서 공통의 속성이나 행동을 가진 객체들을 동일한 카테고리로 그룹화하고, 이러한 공통점을 바탕으로 슈퍼클래스를 정의한다. 이 슈퍼클래스는 다시 하위 클래스나 파생 클래스에 의해 상속될 수 있다.

정답 ①

016 객체지향의 주요 개념에 대한 설명으로 틀린 것은?

① 캡슐화는 상위 클래스에서 속성이나 연산을 전달받아 새로운 형태의 클래스로 확장하여 사용하는 것을 의미한다.
② 객체는 실세계에 존재하거나 생각할 수 있는 것을 말한다.
③ 클래스는 하나 이상의 유사한 객체들을 묶어 공통된 특성을 표현한 것이다.
④ 다형성은 상속받은 여러 개의 하위 객체들이 다른 형태의 특성을 갖는 객체로 이용될 수 있는 성질이다.

> **해설**
> 캡슐화(Encapsulation)는 객체의 상세한 내용이 외부에 숨겨지고, 객체의 연산을 통해서만 접근할 수 있게 하는 것을 의미한다. ①에서 설명하는 것은 상속(Inheritance)에 대한 설명이다.

정답 ①

017 객체지향에서 정보 은닉과 가장 밀접한 관계가 있는 것은?

① Encapsulation ② Class
③ Method ④ Instance

> **해설**
> 캡슐화(Encapsulation)란 객체의 상태를 나타내는 필드(데이터 멤버)와 필드를 조작하는 메서드(기능 멤버)를 하나로 묶는 것을 말한다. 이는 외부 객체가 임의로 내부 상태를 변경하거나, 내부 구현 세부 사항에 의존하지 않도록 보장함으로써 객체의 무결성을 유지하는 데 도움이 된다. 캡슐화의 핵심 측면 중 하나가 정보 은닉으로, 객체의 실제 구현 세부 사항이 객체 외부에 숨겨지기 때문이다.

정답 ①

018 객체지향 설계에 있어서 정보 은폐(Information Hiding)의 가장 근본적인 목적은?

① 코드를 개선하기 위하여
② 프로그램의 길이를 짧게 하기 위하여
③ 고려되지 않은 영향(Side Effect)들을 최소화하기 위하여
④ 인터페이스를 최소화하기 위하여

> **해설**
> 정보 은폐는 객체의 상태 변경 로직을 해당 객체 내부에 숨기고, 외부의 직접적인 접근을 제한함으로써 객체의 상태를 안전하게 변경할 수 있는 메서드만 외부에 공개한다. 이렇게 함으로써 객체의 내부 상태에 대한 무작위 접근으로 인한 예상치 못한 상태 변화(부작용)를 막고, 시스템의 안정성 및 신뢰성을 높이는 데 크게 기여한다.

정답 ③

019 객체지향 설계에서 처리되는 자료형과 처리 연산을 한 묶음으로 표현함으로써 자신의 자료에 대한 연산을 외부와 단절하는 개념을 무엇이라 하는가?

① Class   ② Encapsulation   ③ Polymorphism   ④ Inheritance

> **해설**
> 캡슐화는 객체의 상태를 나타내는 필드(데이터)와 상태를 변경하는 메서드(연산)를 하나로 묶고, 실제 구현 내용 일부를 외부에 감추어 은폐한다.

정답 ②

020 객체지향 기법의 캡슐화(Encapsulation)에 대한 설명으로 틀린 것은?

① 인터페이스가 단순화된다.
② 소프트웨어 재사용성이 높아진다.
③ 변경 발생 시 오류의 파급효과가 적다.
④ 상위 클래스의 모든 속성과 연산을 하위 클래스가 물려받는 것을 의미한다.

> **해설**
> ④에서 설명하는 내용은 상속(Inheritance)에 대한 것이며, 캡슐화와는 직접적인 관련이 없다.

정답 ④

021 객체지향 개념에서 연관된 데이터와 함수를 함께 묶어 외부와 경계를 만들고 필요한 인터페이스만을 밖으로 드러내는 과정은?

① 메시지(Massage)
② 캡슐화(Encapsulation)
③ 다형성(Polymorphism)
④ 상속(Inheritance)

> **해설**
> 캡슐화는 객체의 구체적인 구현 내용을 감추고, 객체의 동작 방법만을 외부에 공개하는 객체지향 프로그래밍의 중요한 원칙이다.

정답 ②

022 객체지향 설계에서 객체가 가지고 있는 속성과 오퍼레이션의 일부를 감추어서 객체의 외부에서는 접근이 불가능하게 하는 개념은?

① 조직화(Organizing)
② 캡슐화(Encapsulation)
③ 정보 은닉(Information Hiding)
④ 구조화(Structuralization)

> **해설**
> 정보 은닉은 시스템의 특정 부분의 내부 작동 방식을 외부로부터 숨기는 프로세스이다.

정답 ③

023 객체지향 설계에서 정보 은닉(Information Hiding)과 관련한 설명으로 틀린 것은?

① 필요하지 않은 정보는 접근할 수 없도록 하여 한 모듈 또는 하부 시스템이 다른 모듈의 구현에 영향을 받지 않게 설계되는 것을 의미한다.
② 모듈들 사이의 독립성을 유지시키는 데 도움이 된다.
③ 설계에서 은닉되어야 할 기본 정보로는 IP 주소와 같은 물리적 코드, 상세 데이터 구조 등이 있다.
④ 모듈 내부의 자료 구조와 접근 동작들에만 수정을 국한하기 때문에 요구사항 등 변화에 따른 수정이 불가능하다.

> **해설**
> 정보 은닉의 주요 목적 중 하나는 시스템의 한 부분에서 변경이 발생할 때 다른 부분에 미치는 영향을 최소화함으로써 시스템의 유지보수와 확장성을 향상시키는 것이다. 정보 은닉은 요구사항의 변화나 추가 기능의 구현 등 시스템에 대한 수정을 보다 용이하게 만드는 데 도움이 된다.

정답 ④

024 같은 상위 객체에서 상속받은 여러 개의 하위 객체들이 다른 형태의 특성을 갖는 객체로 이용될 수 있는 성질은?

① 캡슐화
② 추상화
③ 바인딩
④ 다형성

> **해설**
> 다형성은 서로 다른 클래스의 객체가 같은 메시지를 받았을 때 각자의 방식으로 그 메시지를 처리하는 능력을 의미한다. 이는 상속을 통해 가능하며, 상위 클래스의 참조를 통해 하위 클래스의 인스턴스를 다룰 수 있게 한다.

정답 ④

025 다음 설명과 가장 관련 있는 객체지향 기법의 원칙은?

> 라인 그래프, 파이 차트, 히스토그램, 키비아트 다이어그램의 4가지 그래프를 그려야 하는 응용 프로그램이 있다고 하자. 이 프로그램을 설계하기 위해 일반적인 클래스로 Graph라는 클래스를 정의하고 각각의 그래프를 나타내는 클래스들을 Graph 클래스의 서브클래스로 정의한다. 그리고 Graph 클래스와 각각의 서브클래스에 그래프를 그리는 draw라는 메서드를 정의한다. 그러면 객체는 이들 서브클래스들의 인스턴스인 객체들 어떤 것에도 draw라는 메시지를 보낼 수 있고 메시지를 받은 객체는 적절한 그래프를 생성하기 위해 자기 자신의 draw 메서드를 호출한다.

① 캡슐화(Encapsulation)
② 추상화(Abstraction)
③ 다형성(Polymorphism)
④ 정보 은닉(Information hiding)

> **해설**
> 다형성은 다양한 클래스의 객체가 동일한 인터페이스를 공유하지만 각자의 방식으로 행동을 수행할 수 있게 해준다.

정답 ③

026 ㉠, ㉡에 들어갈 단어를 바르게 연결한 것은?

> 기존 현실 세계의 객체에서 불필요한 속성을 제거하고, 중요한 정보만 클래스로 표현하는 일종의 모델링 기법으로 객체지향 프로그래밍에서는 클래스를 통해서 (㉠)을/를 지원하고 있다. 객체의 상세한 내용을 객체 외부에 철저히 숨기고 단순히 메시지만으로 객체와의 상호작용을 하게 하는 것을 (㉡)(이)라고 말한다.

① ㉠ 추상화, ㉡ 다형성
② ㉠ 추상화, ㉡ 캡슐화
③ ㉠ 다형성, ㉡ 캡슐화
④ ㉠ 상속, ㉡ 다형성

정답 ②

027 다음 내용이 설명하는 객체지향 설계 원칙은?

> - 클라이언트는 자신이 사용하지 않는 메서드와 의존 관계를 맺으면 안 된다.
> - 클라이언트가 사용하지 않는 인터페이스 때문에 영향을 받아서는 안 된다.

① 인터페이스 분리 원칙
② 단일 책임 원칙
③ 개방 폐쇄의 원칙
④ 리스코프 교체의 원칙

해설
인터페이스 분리 원칙은 한 클래스는 자신이 사용하지 않는 인터페이스는 구현하지 말아야 한다는 원칙이다. 이를 통해 클래스가 자신이 필요하지 않는 메서드에 의존하지 않도록 강제함으로써 시스템의 결합도를 낮추고 유연성을 높일 수 있다.

정답 ①

028 객체지향 설계 원칙 중, 서브 타입(상속받은 하위 클래스)은 어디에서나 자신의 기반 타입(상위 클래스)으로 교체할 수 있어야 함을 의미하는 원칙은?

① ISP(Interpace Segregation Principle)
② DIP(Dependency Inversion Principle)
③ LSP(Liskov Substitution Principle)
④ SRP(Single Responsibility Principle)

정답 ③

029 로버트 마틴이 주장한 다섯 가지 설계 원칙(SOLID) 중에서 기존의 코드를 변경하지 않으면서 새로운 기능을 추가할 수 있도록 설계하는 원칙은?

① 단일 책임 원칙(SRP, Single Responsibility Principle)
② 개방 폐쇄 원칙(OCP, Open Closed Principle)
③ 인터페이스 분리 원칙(ISP, Interface Segregation Principle)
④ 리스코프의 교체 원칙(LSP, Liskov Substitution Principle)

해설
개방 폐쇄 원칙은 소프트웨어 개체(클래스, 모듈, 함수 등)는 확장에 대해서는 열려 있어야 하지만, 코드 변경에 대해서는 닫혀 있어야 함을 의미한다.

정답 ②

030 **다음 설명에 가장 적절한 설계 원칙은?**

> 단위 테스트를 수행할 때 테스트 대상 클래스를 변경하지 않고도 대상 클래스의 환경을 테스트가 용이하도록 통제 가능한 환경으로 변경할 수 있는 설계가 되어야 한다.

① SRP(Single Responsibility Principle)
② OCP(Open Closed Principle)
③ DIP(Dependency Inversion Principle)
④ LSP(Liskov Substitution Principle)

해설
대상 클래스를 변경하지 않는 것은 수정에는 닫혀 있다는 의미이고, 변경하지 않고도 테스트를 할 수 있는 것은 확장에는 열려 있다는 의미이다.

정답 ②

031 그림과 같이 서비스 구현 클래스의 a( ), b( ) 연산을 사용하는 클라이언트 클래스가 서비스 구현 클래스에 직접 의존하는 관계에서 클라이언트 클래스가 서비스 인터페이스에 의존하고 서비스 구현 클래스는 서비스 인터페이스를 구현하는 것으로 설계를 변경하였다. 다음 중 이와 가장 관련이 깊은 SOLID 설계 원칙은?

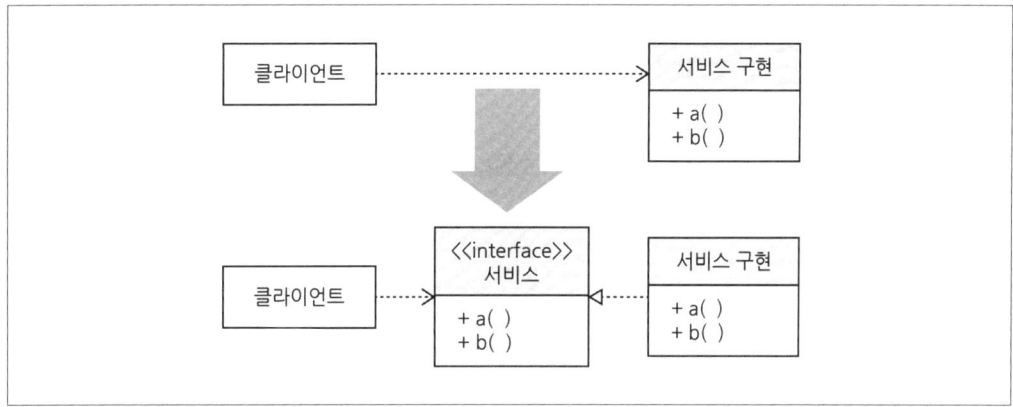

① 단일 책임 원칙(Single Responsibility Principle)
② 리스코프 치환 원칙(Liskov Substitution Principle)
③ 의존 관계 역전 원칙(Dependency Inversion Principle)
④ 인터페이스 분리 원칙(Interface Segregation Principle)

해설
의존 관계를 맺을 때 자주 변화하는 것보다 변화가 거의 없는 것에 의존해야 한다.

정답 ③

032 ㉠에 들어갈 용어로 옳은 것은?

(㉠)(은)는 유사한 문제를 해결하기 위해 설계들을 분류하고 각 문제 유형별로 가장 적합한 설계를 일반화하여 체계적으로 정리해 놓은 것으로 소프트웨어 개발에서 효율성과 재사용성을 높일 수 있다.

① 디자인 패턴
② 요구사항 정의서
③ 소프트웨어 개발 생명주기
④ 소프트웨어 프로세스 모델

> **해설**
> 디자인 패턴은 소프트웨어 설계에서 자주 발생하는 문제들에 대해 재사용 가능한 해결책을 제공한다. 이러한 패턴은 과거의 소프트웨어 개발 경험을 통해 검증된 설계를 활용함으로써 개발자가 더 효율적이고 예측 가능한 설계를 할 수 있게 도와준다.

정답 ①

033 소프트웨어 설계에서 자주 발생하는 문제에 대한 일반적이고 반복적인 해결 방법을 무엇이라고 하는가?

① 모듈 분해
② 디자인 패턴
③ 연관 관계
④ 클래스 도출

> **해설**
> 디자인 패턴들은 특정 처리에서 공통적인 설계 문제를 해결하며, 개발자가 더 견고하고 유지보수가 가능한 코드를 작성하는 데 도움을 준다.

정답 ②

034 디자인 패턴 사용의 장·단점에 대한 설명으로 거리가 먼 것은?

① 소프트웨어 구조 파악이 용이하다.
② 객체지향 설계 및 구현의 생산성을 높이는 데 적합하다.
③ 재사용을 위한 개발 시간이 단축된다.
④ 절차형 언어와 함께 이용될 때 효율이 극대화된다.

> **해설**
> 디자인 패턴은 객체지향 설계 원칙에 근거하여 공통적인 문제를 해결하기 위한 방법론을 제공한다.

정답 ④

035 디자인 패턴을 이용한 소프트웨어 재사용으로 얻어지는 장점이 아닌 것은?

① 소프트웨어 코드의 품질을 향상시킬 수 있다.
② 개발 프로세스를 무시할 수 있다.
③ 개발자들 사이의 의사소통을 원활하게 할 수 있다.
④ 소프트웨어의 품질과 생산성을 향상시킬 수 있다.

> **해설**
> 어떠한 기술이나 패턴도 철저한 개발 프로세스의 중요성을 대체하거나 무시할 수 없다.

정답 ②

036 소프트웨어 디자인 패턴(Design Pattern)에 대한 설명 중 가장 옳지 않은 것은?

① 생성(Creational) 패턴, 구조(Structural) 패턴, 행위(Behavioral) 패턴 등으로 분류할 수 있다.
② 각기 다른 소프트웨어 모듈이나 기능 간의 설계 또는 해결책 간의 공통되는 요소를 재사용할 수 있게 해준다.
③ 소스나 기계 코드로 바로 전환될 수 있는 완성된 디자인을 제공함으로써 소프트웨어 개발 효율을 향상하게 한다.
④ 어댑터 패턴(Adapter Pattern)은 클래스의 인터페이스를 다른 인터페이스로 변환하는 데 활용되며, 비호환적 인터페이스를 갖춘 클래스들이 함께 작동하도록 지원한다.

> **해설**
> 디자인 패턴은 소프트웨어 개발에서 발생하는 공통적인 문제를 해결하기 위한 일반적인 해결책을 제시하는 것이다. 따라서 디자인 패턴은 완성된 디자인이 아니라, 문제를 해결하기 위한 방안을 제공하는 것이다.

정답 ③

037 객체지향 소프트웨어 설계 시 디자인 패턴을 구성하는 요소로서 가장 거리가 먼 것은?

① 개발자 이름
② 문제 및 배경
③ 사례
④ 샘플 코드

> **해설**
> 디자인 패턴의 문서화에서 중요한 요소는 패턴의 이름, 문제, 해결책, 그리고 적용 사례 등이 포함된다. 개발자의 이름은 패턴의 이해나 적용과는 직접적인 관련이 없으며 디자인 패턴을 구성하는 핵심 요소는 아니다.

정답 ①

038 GoF(Gang of Four) 디자인 패턴 분류에 해당하지 않는 것은?

① 생성 패턴
② 구조 패턴
③ 행위 패턴
④ 추상 패턴

> **해설**
> GoF(Gang of Four)의 디자인 패턴은 크게 생성(Creational), 구조(Structural), 행위(Behavioral) 패턴으로 분류된다.

정답 ④

039 GoF(Gang of Four)의 디자인 패턴에서 행위 패턴에 속하는 것은?

① Builder
② Visitor
③ Prototype
④ Bridge

> **해설**
> 행위 패턴(Behavioral Patterns)은 객체의 책임에 초점을 맞추고, 객체 간의 상호작용 및 통신, 그리고 객체의 상태 변화 등을 다루는 패턴이다. Visitor 패턴은 객체 구조를 이루는 요소에 대해 수행할 연산을 나타내는 데 사용된다.

정답 ②

040 디자인 패턴 중에서 행위적 패턴에 속하지 않는 것은?

① 커맨드(Command) 패턴
② 옵서버(Observer) 패턴
③ 프로토타입(Prototype) 패턴
④ 상태(State) 패턴

> **해설**
> 프로토타입 패턴은 생성 패턴(Creational Patterns)에 속하는데, 이는 기존 객체를 복제하여 새 객체를 생성하는 패턴이다.

정답 ③

041 GoF(Gang of Four) 디자인 패턴의 생성 패턴에 속하지 않는 것은?

① 추상 팩토리(Abstract Factory)
② 빌더(Builder)
③ 어댑터(Adapter)
④ 싱글톤(Singleton)

> **해설**
> 어댑터 패턴은 구조 패턴(Structural Patterns) 중 하나로, 서로 다른 인터페이스를 가진 객체들이 함께 작동할 수 있도록 해주는 패턴이다.

정답 ③

042 GoF(Gangs of Four) 디자인 패턴 중 생성 패턴으로 옳은 것은?

① Singleton Pattern
② Adapter Pattern
③ Decorator Pattern
④ State Pattern

해설
생성 패턴(Creational Patterns)은 객체 생성에 관련된 패턴이다. Adapter, Decorator는 구조 패턴, State는 행위 패턴에 속한다.

정답 ①

043 다음 내용이 설명하는 디자인 패턴은?

- 객체를 생성하기 위한 인터페이스를 정의하여 어떤 클래스가 인스턴스화 될 것인지는 서브클래스가 결정하도록 하는 것
- Virtual-Constructor 패턴이라고도 함

① Visitor 패턴
② Observer 패턴
③ Factory Method 패턴
④ Bridge 패턴

해설
Factory Method 패턴은 서브클래스가 실제로 생성될 객체의 타입을 결정할 수 있도록 객체 생성을 처리하는 메서드를 제공한다. 이 패턴은 객체 생성의 책임을 서브클래스에 위임하여, 인스턴스화 될 객체의 타입을 서브클래스에서 결정하게 된다.

정답 ③

044 GoF(Gangs of Four) 디자인 패턴에 대한 설명으로 틀린 것은?

① Factory Method Pattern은 상위 클래스에서 객체를 생성하는 인터페이스를 정의하고, 하위 클래스에서 인스턴스를 생성하도록 하는 방식이다.
② Prototype Pattern은 Prototype을 먼저 생성하고 인스턴스를 복제하여 사용하는 구조이다.
③ Bridge Pattern은 기존에 구현되어 있는 클래스에 기능 발생 시 기존 클래스를 재사용할 수 있도록 중간에서 맞춰주는 역할을 한다.
④ Mediator Pattern은 객체 간의 통제와 지시의 역할을 하는 중재자를 두어 객체지향의 목표를 달성하게 해준다.

해설
브릿지 패턴(Bridge Pattern)은 구현부에서 추상층을 분리하여 각자 독립적으로 변형할 수 있게 해주는 패턴이다. 이 패턴은 기능의 계층과 구현의 계층을 분리하여 두 계층이 서로 독립적으로 확장할 수 있도록 해준다. 중간에서 맞춰주는 역할을 하는 것은 어댑터 패턴이다.

정답 ③

045 GoF(Gang of Four) 디자인 패턴과 관련한 설명으로 틀린 것은?

① 디자인 패턴을 목적(Purpose)으로 분류할 때 생성, 구조, 행위로 분류할 수 있다.
② Strategy 패턴은 대표적인 구조 패턴으로 인스턴스를 복제하여 사용하는 구조를 말한다.
③ 행위 패턴은 클래스나 객체들이 상호작용하는 방법과 책임을 분산하는 방법을 정의한다.
④ Singleton 패턴은 특정 클래스의 인스턴스가 오직 하나임을 보장하고, 이 인스턴스에 대한 접근 방법을 제공한다.

해설
Strategy 패턴은 구조 패턴이 아니라 행위 패턴에 속한다. 인스턴스를 복제하여 사용하는 구조는 Strategy 패턴의 특징이 아니라 Prototype 패턴의 특징이다. Strategy 패턴은 동일 계열의 알고리즘군을 정의하고 캡슐화하여 상호교환이 가능하도록 한다.

정답 ②

046 다음 상황에 적용하기에 가장 적절한 디자인 패턴은?

- 장기 게임을 하는 프로그램에서 사용자의 선택에 맞추어서 특정 루틴의 레벨을 간단하게 교체할 수도 있다.
- 메모리가 적은 환경에서는 속도는 느리지만 메모리를 절약하는 알고리즘을 사용하고, 메모리가 많은 환경에서는 속도는 빠르지만 메모리를 많이 사용하는 알고리즘을 사용한다.
- 스프레드시트 소프트웨어의 디버그 판에서 복잡한 계산을 실행할 때, '버그가 있을지도 모르는 고속의 알고리즘'과 '저속이지만 확실한 계산을 실행하는 알고리즘'을 준비해서 전자의 검산을 후자로 실행시킨다.

① Strategy 패턴
② Observer 패턴
③ Command 패턴
④ Decorator 패턴

해설
Strategy 패턴은 객체가 할 수 있는 특정 행위나 알고리즘을 전략적으로 캡슐화하여 이들을 객체의 구성요소로 만들어서 필요에 따라 쉽게 교체할 수 있게 하는 패턴이다. 주어진 상황에서는 다양한 알고리즘(메모리 절약 알고리즘, 고속 알고리즘 등)을 상황에 따라 교체하여 사용해야 하는데, 이는 Strategy 패턴의 전형적인 사례이다.

정답 ①

047 GoF(Gang of Four)가 제시한 디자인 패턴에 대한 설명으로 가장 옳지 않은 것은?

① Factory Method - 객체를 생성하는 처리를 파생 클래스로 분리하여 처리하도록 캡슐화하는 패턴
② Adapter - 한 클래스의 인터페이스를 클라이언트에서 필요로 하는 인터페이스로 변환해주는 패턴
③ State - 객체의 상태에 따라 객체의 행위 내용을 변경해주는 패턴
④ Strategy - 이미 고정된 자료구조에 행위를 쉽게 추가할 수 있도록 해주는 패턴

> **해설**
> Strategy 패턴은 알고리즘의 전략을 쉽게 교체할 수 있도록 해주는 패턴으로, 알고리즘을 사용하는 클라이언트와 독립적으로 알고리즘을 쉽게 바꿀 수 있게 해준다.

정답 ④

048 다음 설명에 가장 적절한 디자인 패턴은?

> 이 패턴의 특징은 '기능의 클래스 계층'과 '구현의 클래스 계층'을 분리하는 것이다. 이 두 개의 클래스 계층을 분리해 두면 각각의 클래스 계층을 독립적으로 확장할 수 있다. 기능을 추가하고 싶으면 기능의 클래스 계층에 클래스를 추가한다. 이때 구현의 클래스 계층은 전혀 수정할 필요가 없다.

① Memento 패턴
② Flyweight 패턴
③ Adapter 패턴
④ Bridge 패턴

> **해설**
> Bridge 패턴은 구현부에서 추상층을 분리하여 각자 독립적으로 변형하거나 확장할 수 있게 해준다. 이 패턴은 인터페이스(API)와 그 구현부를 분리함으로써, 서로 다른 시간에 개발될 수 있게 하고, 또한 구현부가 변경되어도 클라이언트 측에 영향을 주지 않게 한다.

정답 ④

049 다음에서 설명하는 디자인 패턴으로 옳은 것은?

클라이언트와 서브시스템 사이에 ○○○ 객체를 세워놓음으로써 복잡한 관계를 구조화한 디자인 패턴이다. ○○○ 패턴을 사용하면 서브시스템의 복잡한 구조를 의식하지 않고, ○○○에서 제공하는 단순화된 하나의 인터페이스만 사용하므로 클래스 간의 의존 관계가 줄어들고 복잡성 또한 낮아지는 효과를 가져온다.

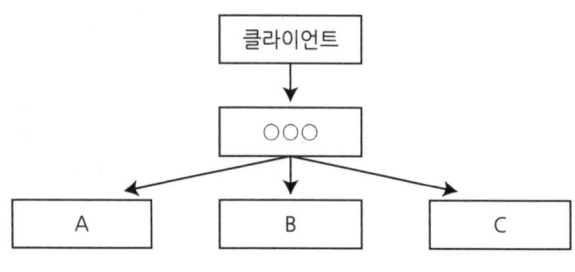

① MVC Pattern
② Facade Pattern
③ Mediator Pattern
④ Bridge Pattern

해설

퍼사드 패턴은 복잡한 서브시스템에 대한 직접적인 접근을 피하고, 대신 서브시스템에 접근할 수 있는 단순화된 인터페이스를 제공한다. 이로 인해 클라이언트는 서브시스템의 복잡성을 모르고도 해당 시스템을 사용할 수 있게 된다.

정답 ②

050 개발자가 사용해야 하는 서브시스템의 가장 앞쪽에 위치하면서 서브시스템에 있는 객체들을 사용할 수 있도록 인터페이스 역할을 하는 디자인 패턴은?

① Facade 패턴
② Strategy 패턴
③ Adapter 패턴
④ Singleton 패턴

해설

퍼사드(Facade) 패턴은 복잡한 서브시스템에 대한 상위 수준의 인터페이스를 제공하여 서브시스템을 더 쉽게 사용할 수 있도록 해준다. 이 패턴은 클라이언트와 서브시스템 간의 상호작용을 단순화하고, 서브시스템 내부의 복잡성을 감추는 역할을 한다.

정답 ①

051 다음에서 설명하는 디자인 패턴에 해당하는 것은?

> 이미 만들어져 있는 클래스를 사용하고 싶지만 인터페이스가 원하는 방식과 일치하지 않을 때, 또는 관련성이 없거나 예측하지 못한 클래스들과 협동하는 재사용 가능한 클래스를 생성하기를 원할 때 사용한다.

① Bridge 패턴
② Adapter 패턴
③ Composite 패턴
④ Facade 패턴

해설
클래스의 인터페이스를 다른 인터페이스로 변환하여 다른 클래스가 이용할 수 있도록 하는 것은 어댑터 패턴이다.

정답 ②

052 다음 설명에 해당되는 디자인 패턴은?

> 1대 다(多)의 객체 의존 관계를 정의한 것으로 한 객체가 상태를 변화시켰을 때, 의존 관계에 있는 다른 객체들에게 자동적으로 통지하고 변경시킨다.

① Observer 패턴
② Facade 패턴
③ Mediator 패턴
④ Bridge 패턴

해설
옵서버(Observer) 패턴은 객체 간의 1대 다(다수의 객체가 하나의 객체에 의존하는 상황) 관계에서 한 객체의 상태가 변경되면, 이를 관찰하는 다른 객체들에게 자동으로 통지하고 상태 변경을 전달하는 패턴이다.

정답 ①

053 디자인 패턴에 대한 설명으로 옳지 않은 것은?

① Observer 패턴: 어떤 객체의 상태가 변할 때 그 객체에 의존성을 가진 다른 객체들이 그 변화를 통지받고 자동으로 갱신될 수 있게 만든다.
② Mediator 패턴: 객체의 상호작용을 캡슐화하는 객체를 정의한다.
③ Composite 패턴: 연산을 적용할 원소의 클래스를 변경하지 않고도 새로운 연산을 정의할 수 있게 한다.
④ Bridge 패턴: 구현에서 추상을 분리하여, 이들이 독립적으로 다양성을 가질 수 있도록 한다.

해설
Composite 패턴은 객체 구조를 표현할 때 사용되며, 객체들을 트리 구조로 구성한다. 이 패턴은 여러 개의 객체를 단일 객체처럼 다룰 수 있도록 해준다.

정답 ③

054 다음 설명에 해당하는 GoF(Gang of Four) 설계 패턴은?

> 어떤 객체에 책임(Responsibility)을 동적으로 추가할 수 있도록 한다. 기능 확장이 필요할 때 서브클래싱(Subclassing) 대신 쓸 수 있는 유연한 대안을 제공한다.

① 장식자(Decorator) 패턴
② 싱글톤(Singleton) 패턴
③ 반복자(Iterator) 패턴
④ 상태(State) 패턴

해설
객체에 추가적인 책임을 동적으로 첨가할 수 있는 구조를 제공한다. 이는 기존 코드를 변경하지 않고도 객체의 기능을 확장할 수 있도록 도와주어, 런타임에 객체의 행동을 확장하거나 변경할 때 유용하다.

정답 ①

055 다음 디자인 패턴에 대한 설명으로 옳은 것의 총 개수는?

> ㄱ. 디자인 패턴은 유사한 문제를 해결하기 위하여 각 문제 유형별로 적합한 설계를 일반화하여 정리해 놓은 것이다.
> ㄴ. 싱글톤(Singleton) 패턴은 특정 클래스의 객체가 오직 하나만 존재하도록 보장하여 객체가 불필요하게 여러 개 만들어질 필요가 없는 경우에 주로 사용한다.
> ㄷ. 메멘토(Memento) 패턴은 한 객체의 상태가 변경되었을 때 의존 관계에 있는 다른 객체들에게 이를 자동으로 통지하도록 하는 패턴이다.
> ㄹ. 데코레이터(Decorator) 패턴은 기존에 구현된 클래스의 기능 확장을 위하여 상속을 활용하는 설계 방안을 제공한다.

① 1개
② 2개
③ 3개
④ 4개

해설
ㄷ. 메멘토 패턴은 한 객체의 상태를 저장하여 나중에 복원할 수 있도록 하는 패턴이다. 의존 관계에 있는 다른 객체들에게 상태 변경을 통지하는 것은 옵서버 패턴의 역할이다.
ㄹ. 데코레이터 패턴은 기존에 구현된 클래스의 기능을 확장하기 위하여 합성을 활용하는 설계 방안을 제공한다. 상속을 활용하는 것은 데코레이터 패턴의 한 구현 방법일 뿐이다.

정답 ②

인터페이스 설계

Section 1. 인터페이스 요구사항 확인

001 소프트웨어 개발 영역을 결정하는 요소 중 다음 사항과 관계있는 것은?

- 소프트웨어에 의해 간접적으로 제어되는 장치와 소프트웨어를 실행하는 하드웨어
- 기존의 소프트웨어와 새로운 소프트웨어를 연결하는 소프트웨어
- 순서적 연산에 의해 소프트웨어를 실행하는 절차

① 기능(Function) ② 성능(Performance)
③ 제약조건(Constraint) ④ 인터페이스(Interface)

> **해설**
> - 기능(Function): 시스템이 수행해야 하는 작업을 의미한다.
> - 성능(Performance): 시스템이 수행해야 하는 작업을 수행하는 데 필요한 시간과 자원을 의미한다.
> - 제약조건(Constraint): 시스템이 충족해야 하는 조건을 의미한다.
> - 인터페이스(Interface): 시스템과 외부 시스템 간의 연결을 의미한다.

정답 ④

002 검토회의 전에 요구사항 명세서를 미리 배포하여 사전 검토한 후 짧은 검토회의를 통해 오류를 조기에 검출하는 데 목적을 두는 요구사항 검토 방법은?

① 빌드 검증 ② 동료 검토
③ 워크 스루 ④ 개발자 검토

> **해설**
> ① 빌드 검증은 소프트웨어를 컴파일하고 실행하여 오류를 검출하는 방법이다.
> ② 동료 검토는 요구사항 명세서를 작성한 사람과 다른 사람이 함께 검토하는 방법이다.
> ④ 개발자 검토는 개발자가 요구사항 명세서를 검토하는 방법이다.

정답 ③

003 인터페이스 요구사항 검토 방법에 대한 설명이 옳은 것은?

① 리팩토링: 작성자 이외의 전문 검토 그룹이 요구사항 명세서를 상세히 조사하여 결함, 표준 위배, 문제점 등을 파악
② 동료 검토: 요구사항 명세서 작성자가 요구사항 명세서를 설명하고 이해관계자들이 설명을 들으면서 결함을 발견
③ 인스펙션: 자동화된 요구사항 관리 도구를 이용하여 요구사항 추적성과 일관성을 검토
④ CASE 도구: 검토 자료를 회의 전에 배포해서 사전 검토한 후 짧은 시간 동안 검토회의를 진행하면서 결함을 발견

> **해설**
> ① 리팩토링은 코드를 재구성하여 개선하는 방법으로, 요구사항 검토 방법과는 관련이 없다.
> ③ 인스펙션은 요구사항 명세서를 상세히 조사하여 결함을 발견하는 방법으로, 자동화된 요구사항 관리 도구를 사용할 수도 있지만, 필수적인 것은 아니다.
> ④ CASE 도구는 요구사항 관리 도구로, 요구사항 검토에 사용될 수도 있지만, 일반적으로 워크 스루와 같은 비공식적인 방법과 함께 사용된다.

정답 ②

004 소프트웨어 공학에서 워크 스루(Walk-through)에 대한 설명으로 틀린 것은?

① 사용 사례를 확장하여 명세하거나 설계 다이어그램, 원시 코드, 테스트 케이스 등에 적용할 수 있다.
② 복잡한 알고리즘 또는 반복, 실시간 동작, 병행 처리와 같은 기능이나 동작을 이해하려고 할 때 유용하다.
③ 인스펙션(Inspection)과 동일한 의미를 가진다.
④ 단순한 테스트 케이스를 이용하여 프로덕트를 수작업으로 수행해 보는 것이다.

> **해설**
> 워크 스루와 인스펙션은 모두 요구사항 명세서를 검토하는 방법이지만, 다음과 같은 차이점이 있다. 워크 스루는 오류의 조기 발견을 목적으로 하는 비공식적인 방법이고, 인스펙션은 요구사항 명세서의 품질을 향상시키는 것을 목적으로 하는 공식적인 방법이다. 또한 워크 스루는 검토회의 전에 요구사항 명세서를 사전 검토한 후, 짧은 검토회의를 통해 오류를 조기에 검출하는 데 목적을 두고 있고, 인스펙션은 계획, 개관, 준비, 검토, 재작업, 추적의 6단계로 구성된 공식적인 절차를 따른다.

정답 ③

005 프로그램 품질관리의 한 방법으로서 워크 스루(Walk-through)와 인스펙션(Inspection)이 있다. 워크 스루에 대한 설명으로 옳지 않은 것은?

① 소프트웨어 품질을 검토하기 위한 기술적 검토회의이다.
② 제품 개발자가 주최가 된다.
③ 오류 발견과 발견된 오류의 문제 해결에 중점을 둔다.
④ 검토 자료는 사전에 미리 배포한다.

> **해설**
> 워크 스루는 오류의 조기 발견을 목적으로 하는 비공식적인 검토 방법이다. 검토 자료는 사전에 미리 배포하며, 검토회의는 짧은 시간 동안 진행된다.

정답 ③

006 시스템 명세, 설계 결과, 프로그램 코드 등을 각각 여러 사람이 검토하게 함으로써 그 안에 포함되어 있는 오류를 조기에 발견하고자 하는 활동은?

① 인스펙션(Inspection)
② 워크 스루(Work-through)
③ 디버깅(Debugging)
④ 검사(Testing)

> **해설**
> 워크 스루는 오류의 조기 발견을 목적으로 하는 비공식적인 검토 방법이다.

정답 ②

007 코드 인스펙션과 관련한 설명으로 틀린 것은?

① 프로그램을 수행시켜보는 것 대신에 읽어보고 눈으로 확인하는 방법으로 볼 수 있다.
② 코드 품질 향상 기법 중 하나이다.
③ 동적 테스트 시에만 활용하는 기법이다.
④ 결함과 함께 코딩 표준 준수 여부, 효율성 등의 다른 품질 이슈를 검사하기도 한다.

> **해설**
> 코드 인스펙션은 코드를 읽고 눈으로 확인하는 방법으로, 동적 테스트와는 별개의 방법이다. 코드의 오류나 결함을 발견하고, 코드의 품질을 향상시키기 위한 기법이다.

정답 ③

008 소프트웨어 품질에 대한 설명으로 옳지 않은 것은?

① ISO/IEC 12119 - 패키지 소프트웨어의 일반적인 제품 품질 요구사항 및 테스트를 위한 국제 표준 규격이다.
② 메트릭(Metric) - 품질 기준별로 측정 방법과 스케일 등을 정의하여 정확히 품질 기준을 측정할 수 있게 한다.
③ 인스펙션(Inspection) - 체크리스트를 가지고 본인이 개발한 코드와 산출물 등을 검토하는 것이다.
④ 품질 기준(Criteria) - 개발자 측면의 내부 관점을 나타내는 것이다.

> **해설**
> 인스펙션은 계획, 개관, 준비, 검토, 재작업, 추적의 6단계로 진행되며, 각 단계에서 검토자들이 오류를 발견하고, 이를 해결하기 위한 조치를 취한다.

정답 ③

009 정형 기술 검토(FTR)의 지침으로 틀린 것은?

① 의제를 제한한다.
② 논쟁과 반박을 제한한다.
③ 문제 영역을 명확히 표현한다.
④ 참가자의 수를 제한하지 않는다.

> **해설**
> FTR은 다수의 검토자가 참여하는 공식적인 검토 방법으로, 참가자의 수를 제한하여 검토의 효율성과 효과를 높이는 것이 중요하다.

정답 ④

010 정형 기술 검토(FTR)의 지침 사항으로 가장 옳지 않은 것은?

① 제품의 검토에만 집중한다.
② 문제 영역을 명확히 표현한다.
③ 참가자의 수를 제한하고 사전 준비를 강요한다.
④ 논쟁이나 반박을 제한하지 않는다.

> **해설**
> 논쟁이나 반박을 제한하여 검토의 효율성과 효과를 높이는 것이 중요하다.

정답 ④

011 정형 기술 검토(FTR)의 지침 사항으로 옳은 내용 모두를 나열한 것은?

> ㉠ 의제를 제한한다.
> ㉡ 논쟁과 반박을 제한한다.
> ㉢ 문제 영역을 명확히 표현한다.
> ㉣ 참가자의 수를 제한하지 않는다.

① ㉠, ㉣
② ㉠, ㉡, ㉢
③ ㉠, ㉡, ㉣
④ ㉠, ㉡, ㉢, ㉣

해설
참가자의 수를 제한하여 검토의 효율성과 효과를 높이는 것이 중요하다.

정답 ②

012 FTR(Formal Technical Review)의 목적이 아닌 것은?

① 소프트웨어가 다양한 방식으로 개발되도록 한다.
② 소프트웨어가 요구사항들과 일치하는지 검증한다.
③ 소프트웨어의 표현에 대한 기능, 논리적 오류를 발견한다.
④ 소프트웨어가 미리 정한 기준에 따라 표현되었는지 확인한다.

해설
FTR의 목적은 개발 단계에서 제작되는 문서나 프로그램의 문제점을 찾고, 문제 해결을 촉구하기 위함이다. 소프트웨어의 개발 방식을 다양화하는 것은 FTR의 목적이 아니다.

정답 ①

Section 2. 인터페이스 대상 식별

001 시스템 아키텍처에 대한 설명으로 옳지 않은 것은?

① 물리적 구성을 기반으로 정의되는 시스템의 상세 설계도이다.
② 이해당사자들과의 상호 이해, 협상, 동의 및 의사 교환을 위한 도구이다.
③ 프로젝트 초기의 설계 결정으로 시스템 개발 및 유지보수 전반에 걸쳐 지속적인 영향력을 갖는다.
④ 시스템에 관련 있는 이해당사자들의 요구사항을 고려하여 정의한다.

> **해설**
> 시스템 아키텍처는 단순히 물리적 구성만을 기반으로 한 상세 설계도가 아니라, 시스템의 구조적인 측면을 모델링하고, 하드웨어, 소프트웨어, 데이터와 같은 시스템 컴포넌트 간의 관계 및 상호작용을 포괄한다.

정답 ①

002 다음 설명에 해당하는 시스템으로 옳은 것은?

> 시스템 인터페이스를 구성하는 시스템으로 연계할 데이터를 데이터베이스와 애플리케이션으로부터 연계 테이블 또는 파일 형태로 생성하여 송신하는 시스템이다.

① 연계 서버 ② 중계 서버 ③ 송신 시스템 ④ 수신 시스템

> **해설**
> 송신 시스템은 데이터를 생성하거나 수집하여 다른 시스템이나 서버로 보내는 역할을 한다. 데이터를 연계 테이블 또는 파일 형태로 생성하여 송신하는 것이 송신 시스템의 주요 기능이다.

정답 ③

003 정보를 송수신할 수 있는 능력을 가진 개체로써, 주어진 입력에 대하여 어떤 기능을 수행하고 출력하는 것은?

① 데이터(Data)
② 엔티티(Entity)
③ 프로토콜(Protocol)
④ 스테이트(State)

> **해설**
> - 일반적으로 엔티티는 데이터를 포함하거나 처리할 수 있는 구조체나 객체를 의미한다. 엔티티는 정보를 송수신할 능력을 가지고 있으며, 주어진 입력을 기반으로 특정 기능을 수행하고 결과를 출력할 수 있다.
> - 데이터는 단순히 정보의 집합이며, 스스로 기능을 수행하거나 입력을 처리하지 않는다.
> - 프로토콜은 통신 규약이나 데이터 교환 방식을 정의한 것이다.
> - 스테이트는 시스템의 특정 시점에서의 상태를 나타낸다.

정답 ②

004 컴퓨터 등 정보처리능력을 가진 장치에 의하여 전자적인 형태로 작성되어 송수신되거나 저장된 문서 형식의 자료로서 표준화된 것을 의미하는 것은?

① 전자문서
② 표준문서
③ 통신정보
④ 전산정보

> **해설**
> 전자문서는 디지털 형태의 문서를 의미한다. 전자문서는 컴퓨터나 다른 디지털 장치를 사용하여 생성, 저장, 전송 및 조회할 수 있으며, 종종 표준화된 형식을 따르는 경우가 많다.

정답 ①

005 송수신 전문 구성에 해당하지 않는 것은?

① 전문 공통부
② 전문 개별부
③ 전문 처리부
④ 전문 종료부

정답 ③

006 송수신 전문에서 업무처리에 필요한 데이터를 포함하는 부분은?

① 전문 공통부
② 전문 개별부
③ 전문 처리부
④ 전문 종료부

정답 ②

Section 3. 인터페이스 상세 설계

001 다음 중 Connection 개체와 가장 관련이 없는 것은?

① Open: 데이터 원본에 대한 연결을 설정한다.
② Execute: 지정된 쿼리, SQL 구문 등을 실행한다.
③ AddNew: 새 레코드를 만든다.
④ ConnectionString: 데이터 원본을 연결할 때 사용하는 정보를 나타내는 문자열이다.

> **해설**
> - Connection 객체는 데이터베이스에 연결하는 데 사용되며, 일반적으로 연결을 열고(Open), 쿼리를 실행(Execute), 연결에 대한 정보를 설정(ConnectionString)하는 데 사용된다.
> - AddNew는 데이터베이스의 특정 테이블에 새로운 레코드를 추가하는 작업에 관련된 것으로, 이는 보통 Recordset 객체 등의 다른 객체를 통해 수행되는 작업이다.

정답 ③

002 데이터베이스와 응용 프로그램을 연결하는 방식으로 거리가 먼 것은?

① ODBC
② JDBC
③ SQL/MM
④ SQL/CLI

> **해설**
> SQL/MM은 다른 보기와 달리 데이터베이스 연결 방식이 아닌 SQL 표준의 확장으로, 데이터베이스와 응용 프로그램을 직접 연결하는 방식과는 가장 거리가 멀다.

정답 ③

003 웹 페이지에서 다른 미디어 사이를 연결하는 것을 무엇이라 하는가?

① HTTP
② URL
③ 하이퍼링크(Hyperlink)
④ 프로토콜(Protocol)

> **해설**
> 하이퍼링크는 인터넷 사용자가 한 리소스에서 다른 웹 페이지나 이미지, 비디오, 다른 종류의 파일 또는 리소스로 즉시 접근할 수 있도록 하는 참조 링크이다. 주로 클릭할 수 있는 텍스트, 버튼 또는 이미지로 표시되며, 사용자가 클릭하면 지정된 목적지(해당 URL)로 이동한다.

정답 ③

004 정보통신망법에 따라 정보통신서비스 제공자 등은 중요 정보에 대해서는 안전한 암호 알고리즘으로 암호화하여 저장하여야 한다. 다음 중 법령에 따른 필수 암호화 저장 대상이 아닌 것은?

① 주민등록번호
② 운전면허번호
③ 핸드폰번호
④ 계좌번호

> **해설**
> 핸드폰번호는 주민등록번호, 운전면허번호, 계좌번호와 같은 다른 항목들처럼 개인을 고유하게 식별하거나 금융 거래에 직접적으로 사용될 수 있는 정보는 아니다. 물론, 핸드폰 번호도 개인정보에 해당되지만, 정보통신망법에 따른 필수 암호화 저장 대상으로 명시되어 있는 것은 아니다.

정답 ③

005 미들웨어(Middleware)에 대한 설명으로 틀린 것은?

① 여러 운영체제에서 응용 프로그램들 사이에 위치한 소프트웨어이다.
② 미들웨어의 서비스 이용을 위해 사용자가 정보 교환 방법 등의 내부 동작을 쉽게 확인할 수 있어야 한다.
③ 소프트웨어 컴포넌트를 연결하기 위한 준비된 인프라 구조를 제공한다.
④ 여러 컴포넌트를 1대 1, 1대 다, 다대 다 등 여러 가지 형태로 연결이 가능하다.

> **해설**
> 미들웨어의 주요 목적 중 하나는 애플리케이션 개발자나 사용자로부터 시스템의 복잡성을 추상화하고 숨기는 것이다. 이는 사용자나 개발자가 미들웨어의 내부 동작, 데이터 교환 방법 등의 구체적인 세부 사항에 대해 알 필요 없이 애플리케이션을 더 쉽게 개발하고 유지보수할 수 있도록 돕기 위함이다.

정답 ②

006 다음 내용이 의미하는 소프트웨어는 무엇인가?

> 상하 관계나 동종 관계로 구분할 수 있는 프로그램들 사이에서 매개 역할을 하거나 프레임워크 역할을 하는 일련의 중간 계층 프로그램을 말하며, 일반적으로 응용 프로그램과 운영체제의 중간에 위치하여 사용자에게 시스템 하부에 존재하는 하드웨어, 운영체제, 네트워크에 상관없이 서비스를 제공한다.

① 유틸리티
② 디바이스 미들웨어
③ 응용 소프트웨어
④ 미들웨어

> **해설**
> 중간 계층에서 도움을 주는 시스템은 미들웨어이다.

정답 ④

007 분산 컴퓨팅 환경에서 서로 다른 기종 간의 하드웨어나 프로토콜, 통신환경 등을 연결하여 응용 프로그램과 운영환경 간에 원만한 통신이 이루어질 수 있게 서비스를 제공하는 소프트웨어는?

① 미들웨어
② 하드웨어
③ 오픈허브웨어
④ 그레이웨어

> **해설**
> 미들웨어는 클라이언트와 서버 사이에 위치하여 두 환경 사이의 통신을 촉진하고, 서로 다른 시스템과 응용 프로그램 간의 상호 운용성을 가능하게 하는 소프트웨어 또는 서비스 계층이다. 이는 분산 네트워크 환경에서 다양한 시스템과 응용 프로그램이 서로 통신할 수 있도록 표준화된 인터페이스와 서비스를 제공한다.

정답 ①

008 클라이언트와 서버 간의 통신을 담당하는 시스템 소프트웨어를 무엇이라고 하는가?

① 웨어러블
② 하이웨어
③ 미들웨어
④ 응용 소프트웨어

정답 ③

009 분산 시스템에서의 미들웨어(Middleware)와 관련한 설명으로 틀린 것은?

① 분산 시스템에서 다양한 부분을 관리하고 통신하며 데이터를 교환하게 해주는 소프트웨어로 볼 수 있다.
② 위치 투명성(Location Transparency)을 제공한다.
③ 분산 시스템의 여러 컴포넌트가 요구하는 재사용가능한 서비스의 구현을 제공한다.
④ 애플리케이션과 사용자 사이에서만 분산 서비스를 제공한다.

> **해설**
> 미들웨어는 애플리케이션과 사용자 사이뿐만 아니라 시스템의 여러 계층과 구성요소 사이에서도 동작한다. 미들웨어는 클라이언트와 서버, 서버와 서버, 다양한 서비스와 애플리케이션 간의 통신 및 상호작용을 가능하게 하는 서비스를 제공하며, 이는 시스템 전체의 연결성과 통신을 촉진한다.

정답 ④

010 미들웨어 솔루션의 유형에 포함되지 않는 것은?

① WAS
② Web Server
③ RPC
④ ORB

정답 ②

011 트랜잭션이 올바르게 처리되고 있는지 데이터를 감시하고 제어하는 미들웨어는?

① RPC
② ORB
③ TP Monitor
④ HUB

> **해설**
> TP 모니터(Transaction Processing Monitor)는 트랜잭션이 온전하게 처리되고 있는지, 오류가 발생하면 적절한 조치를 취하는지에 대해 여러 개의 로컬, 원격 터미널 간의 데이터 전송을 감시하는 통제 프로그램이다.

정답 ③

012 응용 프로그램의 프로시저를 사용하여 원격 프로시저를 로컬 프로시저처럼 호출하는 방식의 미들웨어는?

① WAS(Web Application Server)
② MOM(Message Oriented Middleware)
③ RPC(Remote Procedure Call)
④ ORB(Object Request Broker)

> **해설**
> 원격 프로시저 호출(Remote Procedure Call)은 별도의 원격 제어를 위한 코딩 없이 다른 주소 공간에서 함수나 프로시저를 실행할 수 있게 하는 프로세스 간 통신 기술이다.

정답 ③

013 메시지 지향 미들웨어(MOM, Message-Oriented Middleware)에 대한 설명으로 틀린 것은?

① 느리고 안정적인 응답보다는 즉각적인 응답이 필요한 온라인 업무에 적합하다.
② 독립적인 애플리케이션을 하나의 통합된 시스템으로 묶기 위한 역할을 한다.
③ 송신 측과 수신 측의 연결 시 메시지 큐를 활용하는 방법이 있다.
④ 상이한 애플리케이션 간 통신을 비동기 방식으로 지원한다.

> **해설**
> 메시지 지향 미들웨어(MOM)는 비동기 메시징 패턴을 사용하여 시스템이나 애플리케이션 간의 데이터 전송을 처리한다. 이러한 패턴은 메시지를 큐에 저장하고 나중에 처리하기 때문에 즉각적인 응답보다는 메시지의 안정적인 전달과 느슨하게 결합된 시스템 간의 통신을 중시한다. MOM은 실시간 처리를 요구하는 온라인 트랜잭션 처리(OLTP) 시스템과 같은 즉각적인 응답이 필수적인 시스템에는 적합하지 않다.

정답 ①

014 다음과 같은 특징을 갖는 미들웨어 아키텍처로 가장 적절한 것은?

- 대규모 엔터프라이즈 시스템을 구축할 때 중요한 기술이며, 서로 다른 독립적인 애플리케이션을 하나의 통합된 시스템으로 묶기 위한 접착제 같은 역할을 한다.
- 여러 가지 애플리케이션을 다양한 기술과 다양한 플랫폼을 이용하여 구축할 수 있으나 이 미들웨어를 사용하면 사용자는 현재의 애플리케이션을 엔터프라이즈급의 애플리케이션에 추가하기 위하여 다시 구축하거나 근본적인 변경을 가할 필요가 없다.
- 기본적으로 느슨한 결합의 비동기 기술이며, 동기화 미들웨어 기술과는 다르게 CORBA에서 볼 수 있는 것처럼 수신 측과 송신 측이 강하게 결합되어 있지 않다.

① RPC(Remote Procedure Call) Middleware
② MOM(Message Oriented Middleware)
③ ORB(Object Request Broker) Middleware
④ WAS(Web Application Server) Middleware

해설
MOM은 메시지 지향 미들웨어로 실시간 처리를 하지 않고, 느슨한 결합의 비동기 기술이다.

정답 ②

PART

02

소프트웨어 개발

CHAPTER 01 데이터 입출력 구현

Section 1. 자료구조

001 자료구조에 대한 설명으로 틀린 것은?

① 큐는 비선형 구조에 해당한다.
② 큐는 First In - First Out 처리를 수행한다.
③ 스택은 Last In - First Out 처리를 수행한다.
④ 스택은 서브루틴 호출, 인터럽트 처리, 수식 계산 및 수식 표기법에 응용된다.

> **해설**
> 큐(Queue)는 선형 구조에 속한다. 비선형 구조는 자료 간의 관계가 1대N의 관계를 가지는 구조로, 트리나 그래프가 여기에 해당된다.

정답 ①

002 다음 중 선형 구조로만 묶인 것은?

① 스택, 트리
② 큐, 데크
③ 큐, 그래프
④ 리스트, 그래프

> **해설**
> 선형 구조에는 스택, 큐, 데크, 리스트가 있다.

정답 ②

003 다음 설명에 해당되는 자료구조는?

- 각 노드(Node)의 Link 부분에 다음 노드의 번지를 갖고 있다.
- 각 노드의 삽입과 제거는 Link 부분만의 수정으로 가능하다.
- 주어진 기억 공간을 완전히 사용할 때까지 Overflow가 발생하지 않는다.

① 큐(Queue)
② 스택(Stack)
③ 리스트(List)
④ 트리(Tree)

> **해설**
> 리스트는 노드의 Link 부분을 이용하여 다음 위치를 가리킨다.

정답 ③

004 다음 중 연결 리스트(Linked List)에 대한 설명으로 틀린 것은?

① 연결 리스트는 데이터 부분과 포인터 부분을 가지고 있다.
② 포인터는 다음 자료가 저장된 주소를 기억한다.
③ 삽입, 삭제가 쉽고 빠르며 연속적 기억 장소가 없어도 노드의 연결이 가능하다.
④ 포인터 때문에 탐색 시간이 빠르고 링크 부분만큼 추가 기억 공간이 필요하다.

> **해설**
> 연결 리스트에서의 탐색 작업은 선형 시간이 걸린다. 배열과 달리 연결 리스트는 인덱스를 통한 직접 접근이 불가능하며, 특정 요소를 찾기 위해서는 첫 번째 노드부터 순차적으로 탐색해야 한다.

정답 ④

005 연결 리스트에 여러 개의 노드가 존재할 때, 다음 노드를 가리키는 포인터 값이 NULL인 경우가 전혀 없는 성질을 가진 연결 리스트는?

① 단순 연결 리스트(Singly Linked List)
② 이중 연결 리스트(Doubly Linked List)
③ 원형 연결 리스트(Circular Linked List)
④ 헤드 노드를 가진 단순 연결 리스트(Singly Linked List With Head Node)

정답 ③

006 다음 프로그램은 연결 리스트를 만들기 위한 코드의 일부분이다. 아래 그림과 같이 두 개의 노드 first, second가 연결되었다고 가정하고, 위의 코드를 참조하여 노드 tmp를 노드 first와 노드 second 사이에 삽입하고자 할 때, 프로그램 코드로 옳은 것은?

```
struct node{
    int number;
    struct node *link;
}
struct node first;
struct node second;
struct node tmp;
```

first   second
| | | → | | NULL |

① tmp.link = &first;
　first.link = &tmp;
② tmp.link = first.link;
　first.link = &tmp;
③ tmp.link = &second;
　first.link = second.link;
④ tmp.link = NULL;
　second.link = &tmp;

해설
새로 삽입되는 노드의 링크에 첫 번째 노드의 링크 값을 대입해 준다. 그 이후에 첫 번째 노드에서 두 번째 노드 값의 링크를 끊고, 새로 삽입되는 위치의 노드를 가리키게 된다. 만약, 반대로 첫 번째 노드에서 두 번째 노드 값의 링크를 끊어버리고 새로운 노드를 가리키게 되면 이전 첫 번째 노드가 어디를 가리키고 있는지 값을 잃어버리게 되기 때문에 새로운 노드에 첫 번째 노드의 링크 값을 대입해 주어야 한다.

정답 ②

007 스택에 대한 설명으로 틀린 것은?

① 입출력이 한쪽 끝으로만 제한된 리스트이다.
② Head(Front)와 Tail(Rear)의 2개 포인터를 갖고 있다.
③ LIFO 구조이다.
④ 더 이상 삭제할 데이터가 없는 상태에서 데이터를 삭제하면 언더플로우(Underflow)가 발생한다.

해설
Front와 Rear 두 개의 포인터를 갖는 자료구조는 큐이다.
스택은 Top이라는 포인터 하나만 가지고 있다.

정답 ②

008 다음 중 스택을 이용한 연산과 거리가 먼 것은?

① 선택정렬
② 재귀호출
③ 후위 표현(Post-fix Expression)의 연산
④ 깊이 우선 탐색

해설
스택을 이용한 연산은 인터럽트 처리, 수식의 계산, 서브루틴의 복귀번지 저장, 웹 브라우저 방문기록, 재귀호출, 깊이 우선 탐색(DFS, Depth-First Search)이 있다.

정답 ①

009 프로그램의 서브루틴 호출과 복귀를 처리할 때 이용되는 것은?

① 스택
② 큐
③ ROM
④ 누산기

> **해설**
> 프로그램의 서브루틴 호출과 복귀를 처리할 때에는 다음과 같은 단계를 거친다.
> - 호출 스택에 현재 실행 중인 함수의 정보를 저장한다.
> - 호출된 함수를 실행한다.
> - 함수의 실행이 종료되면, 호출 스택에서 이전 함수의 정보를 복원한다.

정답 ①

---

010 스택(Stack)에 대한 옳은 내용으로만 나열된 것은?

> ㉠ FIFO 방식으로 처리된다.
> ㉡ 순서 리스트의 뒤(Rear)에서 노드가 삽입되며, 앞(Front)에서 노드가 제거된다.
> ㉢ 선형 리스트의 양쪽 끝에서 삽입과 삭제가 모두 가능한 자료구조이다.
> ㉣ 인터럽트 처리, 서브루틴 호출 작업 등에 응용된다.

① ㉠, ㉡
② ㉡, ㉢
③ ㉣
④ ㉠, ㉡, ㉢, ㉣

> **해설**
> ㉠, ㉡은 큐에 대한 설명이고, ㉢은 데크에 대한 설명이다.

정답 ③

---

011 순서가 A, B, C, D로 정해진 입력 자료를 스택에 입력한 후 출력한 결과로 불가능한 것은?

① D, C, B, A
② B, C, D, A
③ C, B, A, D
④ D, B, C, A

> **해설**
> 스택은 마지막 입력값이 먼저 출력되는 구조이다. ④에서 B가 나오기 위해서는 C가 먼저 출력되어야 B가 출력이 가능하다.

정답 ④

012 순서가 A, B, C, D로 정해진 입력 자료를 push, push, pop, push, push, pop, pop, pop 순서로 스택 연산을 수행하는 경우 출력 결과는?

① B D C A
② A B C D
③ B A C D
④ A B D C

> **해설**
> 첫 번째 연산, A 삽입 　　두 번째 연산, B 삽입
> 세 번째 연산, B 삭제 　　네 번째 연산, C 삽입
> 다섯 번째 연산, D 삽입 　　여섯 번째 연산, D 삭제
> 일곱 번째 연산, C 삭제 　　여덟 번째 연산, A 삭제

정답 ①

013 자료구조가 정수형으로 이루어진 스택이며, 초기에는 빈 스택이라고 할 때, 빈칸 ㉠~㉢의 내용으로 모두 옳은 것은? (단, top()은 스택의 최상위 원소값을 출력하는 연산이다.)

연산	출력	스택 내용
push(7)	-	(7)
push(4)	-	(7, 4)
push(1)	-	(7, 4, 1)
pop( )	-	㉠
㉡	-	(7)
top( )	㉢	(7)
push(5)	-	(7, 5)

	㉠	㉡	㉢
①	(7, 4)	push( )	1
②	(4, 1)	push(7)	1
③	(7, 4)	pop( )	7
④	(4, 1)	pop(7)	7

> **해설**
> • push(7), push(4), push(1)의 연산으로 스택에는 7, 4, 1이 저장되어 있고, pop 연산으로 가장 마지막에 들어간 요소가 빠지기 때문에 ㉠에 들어갈 내용은 (7, 4)가 된다.
> • 그 다음의 연산으로 남은 요소는 7이기 때문에 이때 이루어진 연산은 4를 빼는 pop( ) 연산이다. pop 연산은 따로 인자값을 주진 않는다.
> • top( )은 최상위 원소값을 출력하는 연산이라고 했기 때문에, 현재 7이 남아있는 상태에서의 최상위 원소값은 7이 출력된다.

정답 ③

014 다음은 스택의 자료 삭제 알고리즘이다. ⓐ에 들어갈 내용으로 옳은 것은? (단, Top: 스택 포인터, S: 스택의 이름)

```
If Top = 0 Then
    (   ⓐ   )
Else {
    removeS(Top)
    Top = Top - 1
}
```

① Overflow ② Top = Top + 1
③ Underflow ④ Top = Top

> **해설**
> 스택에서 자료를 출력할 때, 스택이 비어있다면 Underflow가 발생한다. 스택의 범위를 초과하면 Overflow가 발생한다.

정답 ③

015 스택 알고리즘에서 T가 스택 포인터이고 m이 스택의 길이일 때, 서브루틴 "AA"가 처리해야 하는 것은?

```
T <---T +1
if T > m then goto AA
else STACK(T) ← item
```

① 오버플로우 처리 ② 언더플로우 처리
③ 삭제 처리 ④ 삽입 처리

> **해설**
> 서브루틴 AA는 배열 포인터가 스택의 길이를 초과했을 때 수행이 되고, 스택의 길이를 초과하게 되면 오버플로우가 수행된다.

정답 ①

016 다음은 정수를 저장할 수 있는 스택을 Java로 구현한 것이다. ㉠과 ㉡에 넣을 문장으로 옳은 것은?

```java
public class StackInt {
    int size, top;
    int buf[];
    public StackInt(int s) {
        buf = new int[s];
        size = s;
        top = -1;
    }
    public void push(int x) {
        ㉠;
    }
    public int pop() {
        ㉡;
    }
}
```

	㉠	㉡
①	buf[++top] = x	return buf[--top]
②	buf[top] = x	return buf[top]
③	buf[--top] = x	return buf[top++]
④	buf[++top] = x	return buf[top--]

해설
스택에 삽입할 때는 스택 포인터를 먼저 증가해야 하기 때문에 ++top 처리를 해준다. 스택에서 삭제할 때는 스택 포인터가 위치한 값을 먼저 삭제한 후 스택 포인터를 1 감소해야하기 때문에 top- 처리를 해준다.

정답 ④

017 다음 중 제일 먼저 삽입된 데이터가 제일 먼저 출력되는 파일구조는?
① 스택(Stack)
② 큐(Queue)
③ 리스트(List)
④ 트리(Tree)

해설
제일 먼저 삽입된 데이터가 제일 먼저 출력되는 방식은 FIFO(First In, First Out)이라고 한다. 큐는 제일 먼저 들어온 요소가 제일 먼저 나가는 구조를 가지고 있어 데이터가 들어온 순서대로 처리된다.

정답 ②

018 다음 중 큐가 요구되는 작업으로 가장 적합한 것은?

① 작업 스케줄링
② 중위 표기식의 후위 표기 변환
③ 함수 호출과 리턴
④ 이진 트리의 중위 순회

해설
요청이 먼저 들어온 작업을 먼저 처리하는 작업 스케줄링에서 큐를 이용하게 된다.

정답 ①

019 큐(Queue)를 사용하여 처리하기에 적절한 것만을 모두 고르면?

> ㄱ. 미로 탐색 문제에서 가장 최근에 방문한 길들을 기억할 때
> ㄴ. 키보드에서 입력된 키 값을 잠시 저장할 때
> ㄷ. 그래프 너비 우선 탐색(BFS)을 할 때
> ㄹ. 서브루틴 호출 시 복귀 주소를 저장할 때

① ㄱ, ㄴ
② ㄴ, ㄷ
③ ㄷ, ㄹ
④ ㄱ, ㄴ, ㄷ

해설
ㄱ, ㄹ은 스택을 이용하여 처리한다.

정답 ②

020 큐(Queue)에 대한 설명으로 옳지 않은 것은?

① 입력은 리스트의 한끝에서, 출력은 그 상대편 끝에서 일어난다.
② 운영체제의 작업 스케줄링에 사용된다.
③ 오버플로우는 발생될 수 있어도 언더플로우는 발생되지 않는다.
④ 가장 먼저 삽입된 자료가 가장 먼저 삭제되는 FIFO 방식으로 처리된다.

해설
큐도 크기가 정해져 있기 때문에 오버플로우가 발생할 수 있고, 자료가 없을 때 삭제를 하면 언더플로우가 발생하게 된다.

정답 ③

021 큐(Queue)에 대한 설명으로 옳지 않은 것은?

① 자료의 삽입과 삭제가 Top에서 이루어진다.
② FIFO 방식으로 처리한다.
③ Front와 Real의 포인터 2개를 갖고 있다.
④ 운영체제의 작업 스케줄링 시 사용된다.

> **해설**
> 큐에서 자료의 삽입은 Real 포인터를 이용하고, 삭제는 Front 포인터를 이용한다.

정답 ①

022 다음 중 큐(Queue)에 대한 설명으로 옳은 것은?

① 큐의 크기는 항상 미리 정해져 있어야 한다.
② 자료의 삽입과 삭제는 같은 끝에서 일어난다.
③ 자료의 입출력은 LIFO(Last In - First Out) 순서로 일어난다.
④ 자료의 삽입과 삭제는 모두 O(1) 시간에 수행된다.

> **해설**
> 자료의 삽입이나 삭제는 맨 앞이나 맨 마지막에서 일어나기 때문에 O(1)의 시간 복잡도를 가진다.

정답 ④

023 리스트의 양쪽 끝에서 노드의 삽입과 삭제가 모두 가능한 선형 리스트로서, 리스트의 양쪽 끝 노드를 각각 가리키는 두 개의 포인터를 갖는 자료구조로 옳은 것은?

① 스택(Stack)   ② 큐(Queue)
③ 히프(Heap)   ④ 데크(Deque)

> **해설**
> 데크(Deque)는 'Double-Ended Queue'의 줄임말로, 양쪽 끝에서 삽입과 삭제가 가능한 특징을 가지고 있다.

정답 ④

024 데크(Deque)에 대한 설명으로 옳지 않은 것은?

① 입력 제한 데크는 Shelf이고, 출력 제한 데크는 Scroll이다.
② 삽입과 삭제가 리스트의 양쪽 끝에서 발생할 수 있는 자료구조이다.
③ 스택과 큐의 장점으로 구성한 것이다.
④ Double Ended Queue의 약자이다.

> **해설**
> Scroll은 입력 제한 데크이고, Shelf는 출력 제한 데크이다.

정답 ①

025 다음 설명이 의미하는 것은?

> - 삽입과 삭제가 리스트의 양쪽 끝에서 발생할 수 있는 형태이다.
> - 입력이 한쪽에서만 발생하고 출력은 양쪽에서 일어날 수 있는 입력 제한과, 입력은 양쪽에서 일어나고 출력은 한 곳에서만 이루어지는 출력 제한이 있다.

① 스택 ② 큐 ③ 다중 스택 ④ 데크

> **해설**
> 삽입과 삭제가 양쪽에서 발생할 수 있는 형태는 데크이다.

정답 ④

026 그래프의 특수한 형태로 노드(Node)와 선분(Branch)으로 되어 있고, 정점 사이에 사이클(Cycle)이 형성되어 있지 않으며, 자료 사이의 관계성이 계층 형식으로 나타나는 비선형 구조는?

① Tree ② Network
③ Stack ④ Distributed

> **해설**
> 비선형 구조는 트리와 그래프가 있고, 사이클이 형성되지 않는 비선형 구조는 트리이다.

정답 ①

027 다음 트리의 차수(Degree)는?

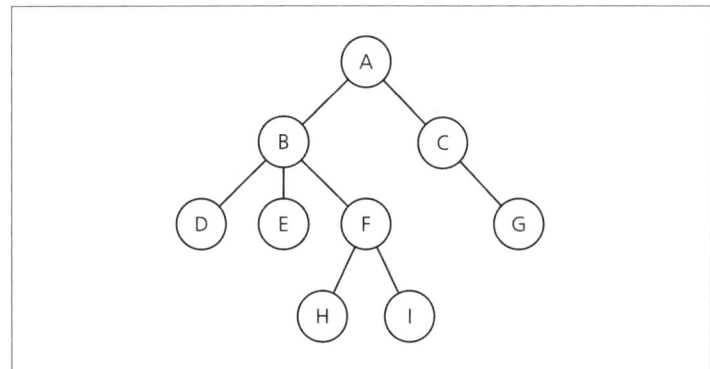

① 2
② 3
③ 4
④ 5

> **해설**
> 트리의 차수는 해당 트리에서 자식이 가장 많은 노드의 자식 노드 개수이다. B노드가 D, E, F 3개의 자식을 가지고 있기 때문에 트리의 차수는 3이 된다.

정답 ②

028 다음 트리의 차수(Degree)와 단말 노드(Terminal Node)의 수는?

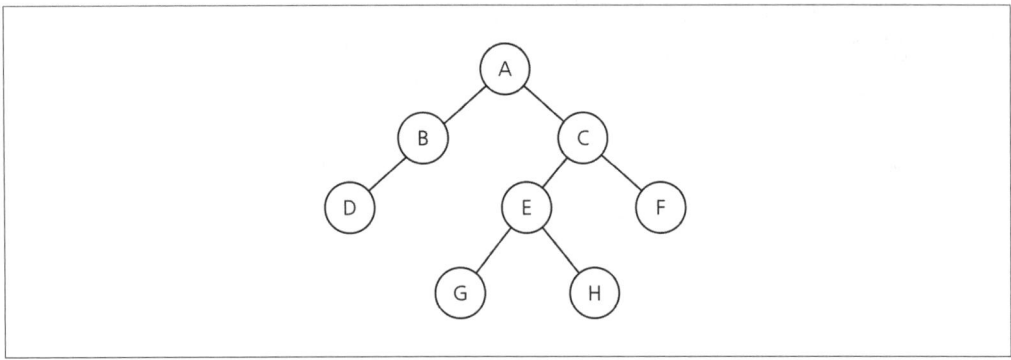

① 차수:4, 단말 노드:4
② 차수:2, 단말 노드:4
③ 차수:4, 단말 노드:8
④ 차수:2, 단말 노드:8

> **해설**
> 트리의 차수는 해당 트리에서 자식이 가장 많은 노드의 자식 노드 개수이고, 단말 노드는 자식이 없는 노드의 개수이다.

정답 ②

029 다음 중 이진 트리(Binary Tree)에 대한 설명으로 가장 적절하지 않은 것은? (단, 트리의 최상위 레벨이 깊이 1이다.)

① n개의 노드를 가진 이진 트리는 n-1개의 간선을 갖는다.
② 레벨 a에서의 최대 노드 수는 2^{a-1}개이다.
③ n개의 노드를 가진 이진 트리의 깊이는 최대 n-1이다.
④ 깊이가 d인 이진 트리의 노드 수는 최대 2^d-1개이다.

> **해설**
> n개의 노드를 가진 이진 트리의 깊이는 최대 $\log_2(n)+1$이다. n-1은 n개의 노드를 가진 이진 트리의 간선 수를 나타낸다. 편향 이진 트리일 경우, 최대 깊이는 n이 된다.

정답 ③

030 이진 트리의 레벨 k에서 가질 수 있는 최대 노드 수는?

① 2^k ② 2^{k-1}
③ 2^k+1 ④ $2^{2k}+1$

> **해설**
> 이진 트리의 레벨 K에서 가질 수 있는 최대 노드 수는 루트 노드가 한 개이기 때문에 2^{k-1}이다.

정답 ②

031 길이가 5인 2진 트리로 가족관계를 표현하려고 한다. 최대 몇 명을 표현할 수 있는가?

① 31명   ② 32명   ③ 63명   ④ 64명

> **해설**
> 길이가 5인 포화 이진 트리는, 2^H-1로, $2^5-1=31$이다.

정답 ①

032 노드의 수가 60개인 이진 트리의 최대 높이에서 최소 높이를 뺀 값은?

① 53   ② 54   ③ 55   ④ 56

> **해설**
> 최대 높이는 편향 이진 트리이고, 60개의 노드라면 편향 이진 트리의 깊이는 60이다. 최소 높이는 포화 이진 트리이고, 60개의 노드로 구성하면 6의 깊이가 필요하다. 60 - 6을 하게 되면 54가 나온다.

정답 ②

033 300개의 노드로 이진 트리를 생성하고자 할 때, 생성 가능한 이진 트리의 최대 높이와 최소 높이로 모두 옳은 것은? (단, 1개의 노드로 생성된 이진 트리의 높이는 1이다.)

	최대 높이	최소 높이
①	299	8
②	299	9
③	300	8
④	300	9

> **해설**
> 최대 높이는 편향 이진 트리로 300이다. 최소 높이는 포화 이진 트리로 300개의 노드로 구성할 때, 2^H-1 식에 대입하여 H를 구하면 9가 나오게 된다.

정답 ④

034 노드(Node)가 11개 있는 트리의 간선(Edge) 개수는?

① 10 ② 11 ③ 12 ④ 13

해설
트리의 간선 개수는 n-1개이다.

정답 ①

035 이진 트리에서 단말 노드 수가 n_0, 차수가 2인 노드 수가 n_2라 할 때, n_0와 n_2의 관계식으로 옳은 것은?

① $n_0 = n_2 + 1$
② $n_0 = (n_2-1)/2$
③ $n_0 = 2n_2 + 1$
④ $n_0 = (2n_2-1)/2$

해설
이진 트리는 단말 노드의 수 (n_0)는 차수가 2인 노드의 수 (n_2)보다 1이 더 많다는 특징을 가지고 있다.

정답 ①

036 다음 이진 트리의 내부 경로 길이(Length)와 외부 경로 길이(Length)로 가장 옳은 것은?

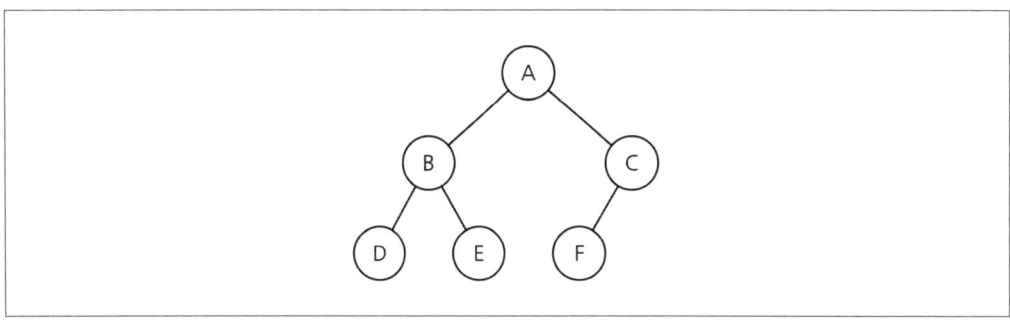

① 5, 20
② 5, 22
③ 8, 20
④ 8, 22

해설
- 내부 경로 길이는 이진 트리의 모든 내부 노드들(단말 노드를 제외한 노드들)로부터 루트 노드까지의 경로 길이들의 합으로 8이 된다.
- 외부 경로 길이는 이진 트리의 모든 가상의 외부 노드(단말 노드 바로 다음에 오는, 실제로 존재하지 않는 노드들)로부터 루트 노드까지의 경로 길이들의 합으로 20이 된다.

정답 ③

037 다음 정수를 왼쪽부터 순서대로 삽입하여 이진 탐색 트리(Binary Search Tree)를 구성했을 때 단말 노드(Leaf Node)를 모두 나열한 것은?

> 44, 36, 62, 3, 16, 51, 75, 68, 49, 85, 57

① 16, 49, 51, 57, 85
② 16, 49, 57, 68, 85
③ 49, 51, 57, 68, 85
④ 49, 57, 68, 75, 85

해설

해당 노드들을 이진 탐색 트리로 구성하게 되면 아래와 같다.

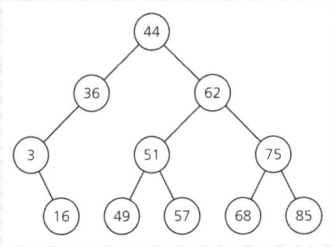

단말 노드는 16, 49, 57, 68, 85이다.

정답 ②

038 공백 상태인 이진 탐색 트리(Binary Search Tree)에 1부터 5까지의 정수를 삽입하고자 한다. 삽입 결과, 이진 탐색 트리의 높이가 가장 높은 삽입 순서는?

① 1, 2, 3, 4, 5
② 1, 4, 2, 5, 3
③ 3, 1, 4, 2, 5
④ 5, 3, 4, 1, 2

해설

1, 2, 3, 4, 5 형태로 입력을 하게 되면 오른쪽으로 편향 이진 트리가 만들어지게 된다.

정답 ①

039 힙 정렬(Heap Sort)에서 힙의 구성을 위해 사용되는 트리는?

① 스레드 이진 트리
② 완전 이진 트리
③ 단방향 트리
④ 이진 탐색트리

해설

힙 정렬은 '힙'이라는 특별한 트리 기반 자료 구조를 사용하는 정렬 방법이다. 힙은 완전 이진 트리의 일종이며, 최대 힙에서는 부모 노드가 자식 노드보다 항상 크거나 같고, 최소 힙에서는 부모 노드가 자식 노드보다 항상 작거나 같은 특징을 가지고 있다. 힙 정렬은 완전 이진 트리 구조를 유지하면서, 최대 힙 또는 최소 힙의 속성을 유지하는 방식으로 정렬을 수행한다.

정답 ②

040 다음 중 최악의 경우 검색 효율이 가장 나쁜 트리 구조는?

① 이진 탐색트리
② AVL 트리
③ 2-3 트리
④ 레드-블랙 트리

> 해설
> 이진 탐색트리는 입력 데이터의 순서에 따라 트리의 균형이 맞지 않게 되어(예: 한쪽으로 치우친 트리), 최악의 경우 검색 시간이 $O(n)$까지 증가할 수 있다.

정답 ①

041 다음 트리를 전위 순회한 결과는?

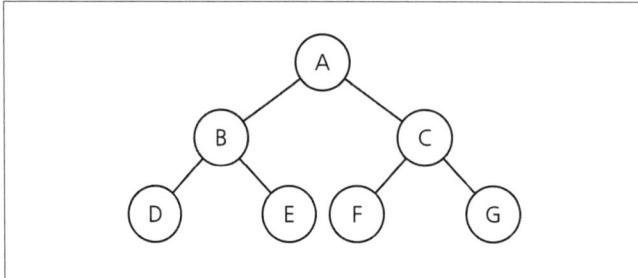

① A B D E C F G
② B D E A C F G
③ D E B A F G C
④ D E B F G C A

> 해설
> 전위 순회는 부모 노드를 가장 먼저 방문해야 하기 때문에 A를 처음 방문한 것을 찾는다.

정답 ①

042 다음 트리를 전위 순회(Preorder Traversal)한 결과는?

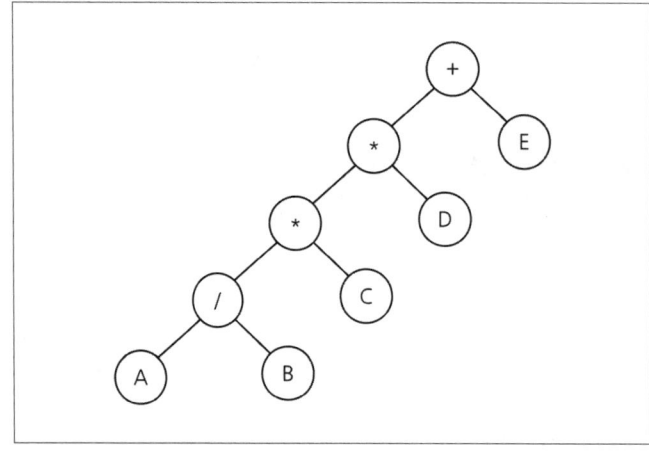

① +*AB/*CDE
② AB/C*D*E+
③ A/B*C*D+E
④ +**/ABCDE

> **해설**
> 전위 순회는 부모 노드를 먼저 방문 후 좌측 자식 노드, 우측 자식 노드 순으로 방문한다.

정답 ④

043 다음 트리를 전위 순회(Preorder Traversal)한 결과는?

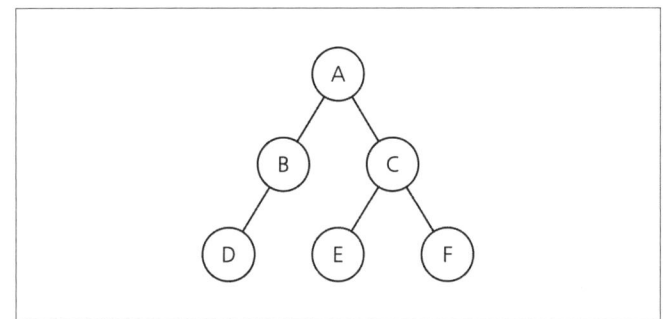

① A B D C E F
② D B A E C F
③ D B E F C A
④ A B C D E F

> **해설**
> 전위 순회는 부모 노드를 먼저 방문 후 좌측 자식 노드, 우측 자식 노드 순으로 방문한다.

정답 ①

044 다음 이진 트리의 노드를 전위 순회(Preorder Traversal)할 경우의 방문 순서는?

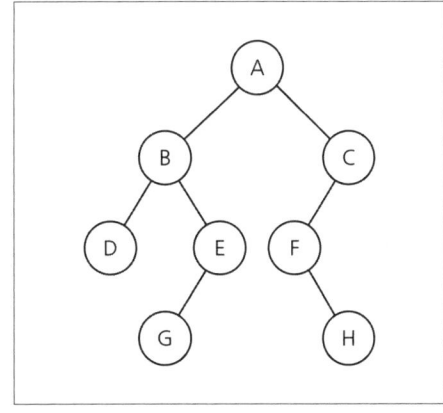

① A - B - C - D - E - F - G - H
② A - B - D - E - G - C - F - H
③ D - B - G - E - A - F - H - C
④ D - G - E - B - H - F - C - A

> **해설**
> 전위 순회는 부모 노드를 먼저 방문 후 좌측 자식 노드, 우측 자식 노드 순으로 방문한다.

정답 ②

045 다음 트리를 Preorder 운행법으로 운행할 경우 가장 먼저 탐색되는 것은?

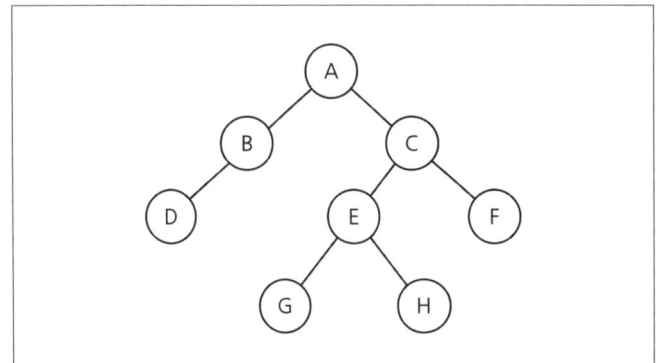

① A
② B
③ D
④ G

> **해설**
> 전위 순회는 부모 노드를 먼저 방문 후 좌측 자식 노드, 우측 자식 노드 순으로 방문하기 때문에 가장 먼저 방문되는 노드는 최상위 부모 노드를 방문하게 된다.

정답 ①

046 다음 트리를 Preoder 운행법으로 운행할 경우 다섯 번째로 탐색되는 것은?

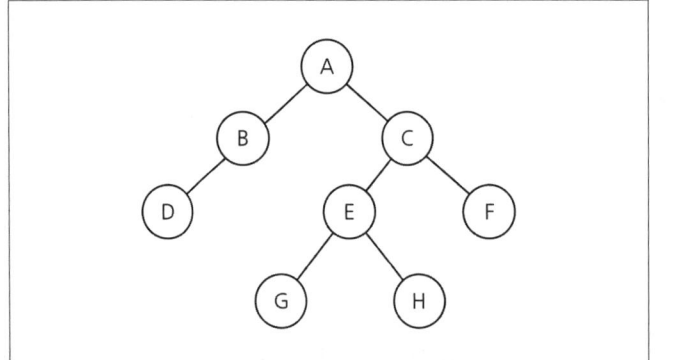

① C
② E
③ G
④ H

> **해설**
> A B D C E G H F 순으로 방문하고, 다섯 번째 방문되는 것은 E노드이다.

정답 ②

047 다음 트리에 대한 Inorder 운행 결과는?

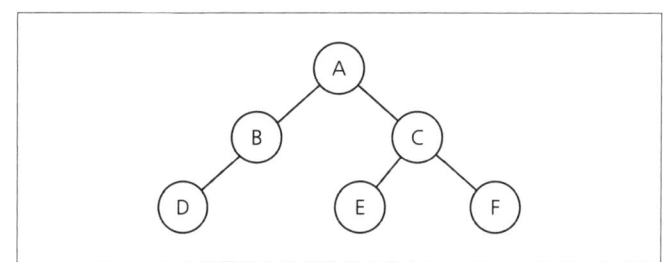

① D B A E C F
② A B D C E F
③ D B E C F A
④ A B C D E F

> **해설**
> 중위 순회는 좌측 자식 노드를 방문한 후, 부모 노드, 우측 자식 노드 순으로 방문한다.

정답 ①

048 다음 이진 트리를 중위 순회(Inorder Traversal)하는 경우 노드 방문 순서는?

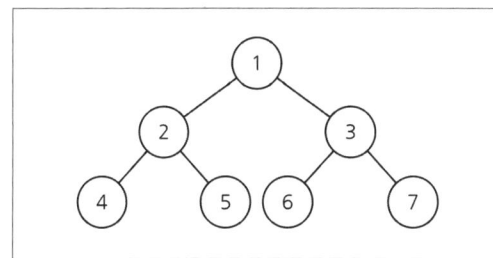

① 1 → 2 → 3 → 4 → 5 → 6 → 7
② 1 → 3 → 2 → 5 → 4 → 7 → 6
③ 4 → 2 → 5 → 1 → 6 → 3 → 7
④ 4 → 5 → 2 → 6 → 7 → 3 → 1

> **해설**
> 중위 순회는 좌측 자식 노드를 방문한 후, 부모 노드, 우측 자식 노드 순으로 방문한다.

정답 ③

049 다음 이진 트리의 노드를 중위 순회(Inorder Traversal)할 때, 4, 5, 6번째 방문 노드를 순서대로 바르게 나열한 것은?

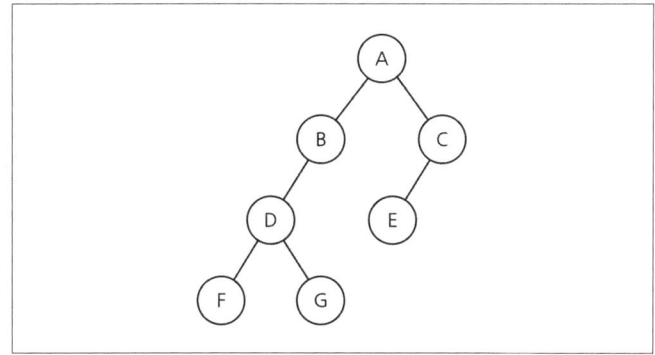

① A, B, C
② B, A, E
③ B, E, C
④ F, G, C

> **해설**
> 중위 순회 결과 FDGBAEC로 순회하고, 4, 5, 6번째는 B, A, E이다.

정답 ②

050 다음 트리를 후위 순회(Postorder Traversal)한 결과는?

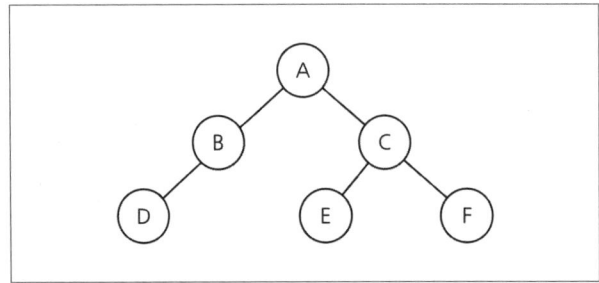

① A B D C E F
② D B A E C F
③ A B C D E F
④ D B E F C A

> **해설**
> 후위 순회는 좌측 자식 노드를 방문 후, 후측 자식 노드, 마지막으로 부모 노드를 방문하게 된다.

정답 ④

051 다음 그림과 같은 이진 트리를 후위 순회(Postorder Traversal)한 결과는?

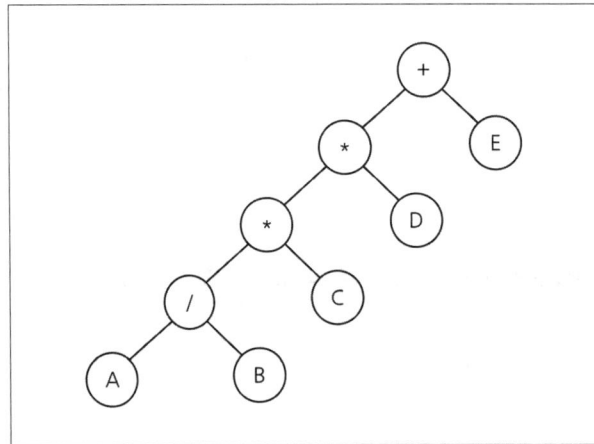

① + * * / A B C D E
② A / B * C * D + E
③ + * A B / * C D E
④ A B / C * D * E +

> **해설**
> 후위 순회는 좌측 자식 노드를 방문 후, 후측 자식 노드, 마지막으로 부모 노드를 방문하게 된다.

정답 ④

052 다음 트리를 후위 순회(Post Traversal)할 경우 가장 먼저 탐색되는 것은?

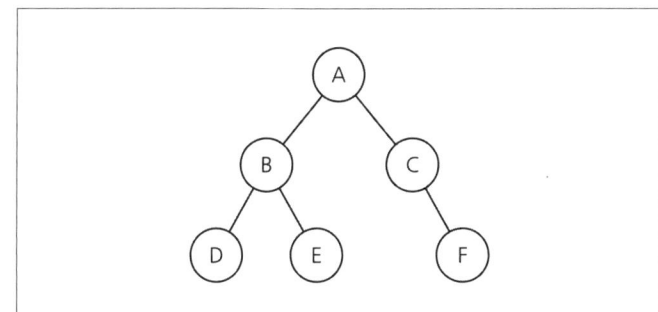

① A
② C
③ D
④ F

해설
후위 순회 결과는 DEBFCA 순으로 방문한다.

정답 ③

053 다음 이진 트리에 대하여 후위 순회를 하는 경우 다섯 번째 방문하는 노드는?

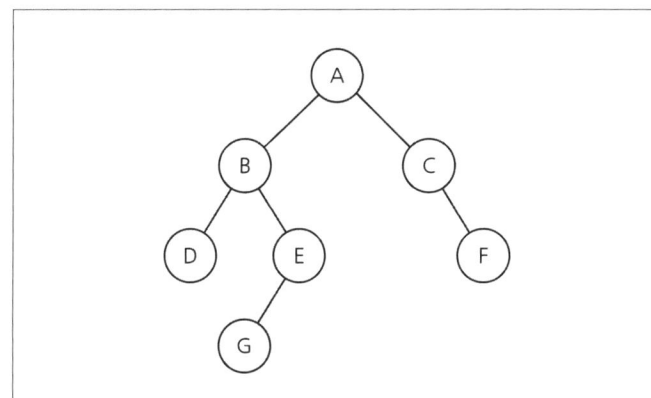

① A
② C
③ D
④ F

해설
후위 순회 결과는 DGEBFCA 순으로 방문한다.

정답 ④

054 다음의 이진 트리(Binary Tree)를 후위 순회(Postorder Traversal)한 결과는? (단, 루트 노드(Root Node)는 F이다.)

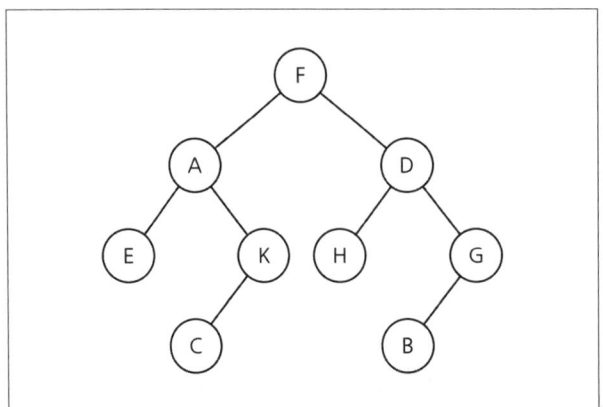

① F-A-E-K-C-D-B-H-G
② E-A-C-K-F-H-D-B-G
③ F-A-E-K-C-D-H-G-B
④ E-C-K-A-H-B-G-D-F

해설
후위 순회는 좌측부터 방문하기 때문에 E부터 방문을 시작해서 최종 부모 F로 끝나게 된다.

정답 ④

055 다음 트리 구조에 대해 후위(Postorder) 순회로 처리한 결과는?

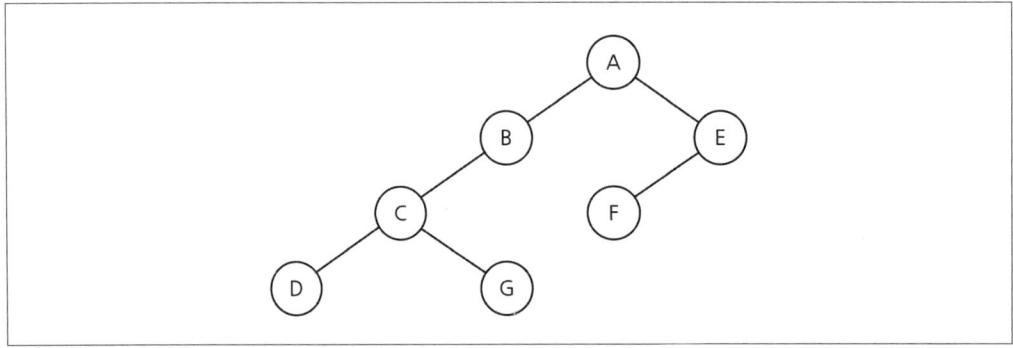

① D → G → C → B → F → E → A
② D → C → G → B → A → F → E
③ D → G → C → B → A → F → E
④ A → B → C → D → G → E → F

해설
후위 순회는 좌측부터 방문하기 때문에 D부터 방문을 시작해서 최종 부모 A로 끝나게 된다.

정답 ①

056 다음 트리를 후위 순회(Post Order) 방법으로 운행한 결과는?

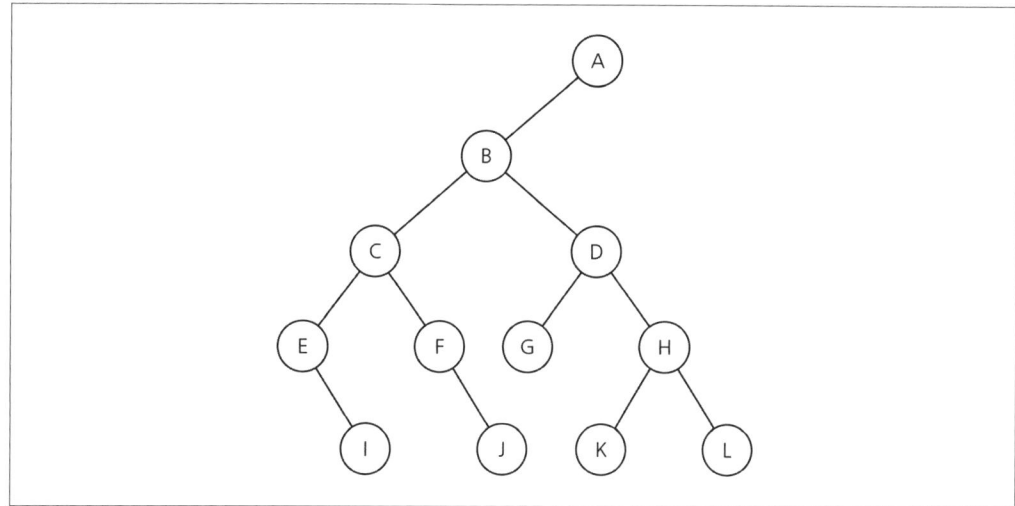

① A B C E I F J D G H K L
② I E J F C G K L H D B A
③ A B C D E F G H I J K L
④ E I C F J B G D K H L A

> **해설**
> 후위 순회는 좌측부터 방문하기 때문에 I부터 방문을 시작해서 최종 부모 A로 끝나게 된다.

정답 ②

057 n개의 노드로 구성된 무방향 그래프의 최대 간선의 수는?

① n - 1
② n / 2
③ n(n - 1) / 2
④ n(n + 1)

> **해설**
> • 방향 그래프의 최대 간선의 수: n(n-1)
> • 무방향 그래프의 최대 간선의 수: n(n-1) / 2

정답 ③

058 정점이 5개인 방향 그래프가 가질 수 있는 최대 간선의 수는? (단, 자기간선과 중복간선은 배제)

① 5개
② 10개
③ 15개
④ 20개

> **해설**
> 방향 그래프의 최대 간선의 수는 n(n-1)이다.

정답 ④

059 다음 그래프의 인접 행렬(Adjacency Matrix)로 옳은 것은?

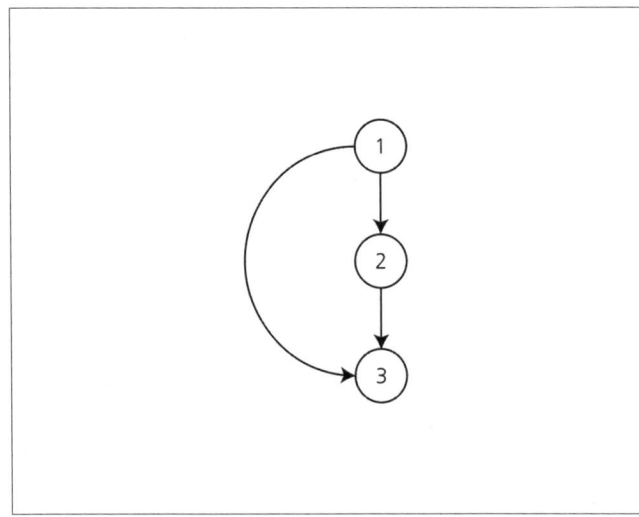

① $\begin{bmatrix} 1 & 1 & 1 \\ 0 & 1 & 1 \\ 0 & 0 & 1 \end{bmatrix}$

② $\begin{bmatrix} 0 & 1 & 1 \\ 0 & 0 & 1 \\ 0 & 0 & 0 \end{bmatrix}$

③ $\begin{bmatrix} 0 & 0 & 0 \\ 1 & 0 & 0 \\ 1 & 1 & 0 \end{bmatrix}$

④ $\begin{bmatrix} 1 & 0 & 0 \\ 1 & 1 & 0 \\ 1 & 1 & 1 \end{bmatrix}$

> **해설**
> 1은 2와 3과 연결이 되어 있다. 2는 3과 연결이 되어 있다. 3은 아무것도 연결이 되어 있지 않다.

정답 ②

060 다음 그래프에서 정점 A를 선택하여 깊이 우선 탐색(DFS)으로 운행한 결과는?

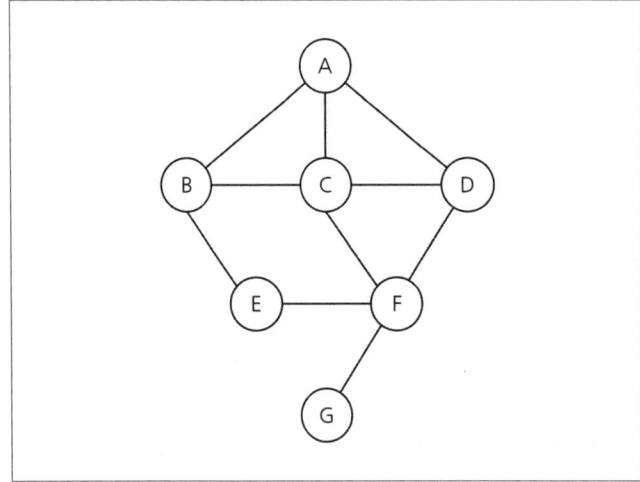

① ABECDFG
② ABECFDG
③ ABCDEFG
④ ABEFGCD

> **해설**
> 깊이 우선 탐색은 아래로 이동할 수 있을 때까지 방문하고, 더 이상 방문할 수 없으면 백트래킹 후 다시 이동하게 된다.

정답 ④

061 깊이 우선 탐색 알고리즘을 적용하여 아래의 트리를 탐색한다고 했을 때, 방문 순서를 나타낸 것으로 옳은 것은?

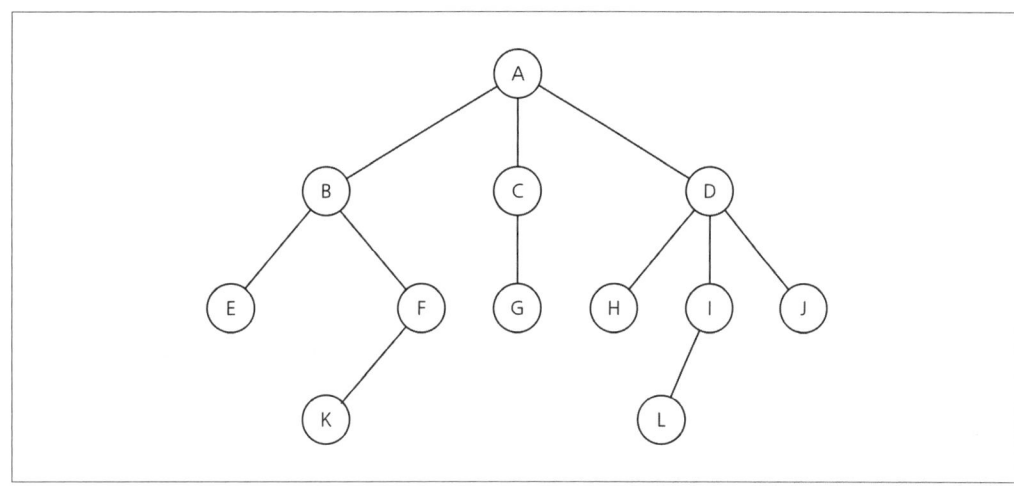

① A-B-C-D-E-F-G-H-I-J-K-L
② A-B-E-F-K-C-G-D-H-I-L-J
③ A-B-E-K-F-C-G-D-H-I-L-J
④ A-E-K-F-B-G-C-H-L-I-J-D

해설
깊이 우선 탐색으로 더 이상 방문할 데가 없을 때까지 방문한 후에 백트래킹하여 다른 노드를 방문한다.

정답 ②

062 시작 정점이 6일 때, 다음 그래프에 대한 깊이 우선 탐색(DFS, Depth First Search)의 방문 순서는? (단, 인접한 정점들은 오름차순으로 방문한다.)

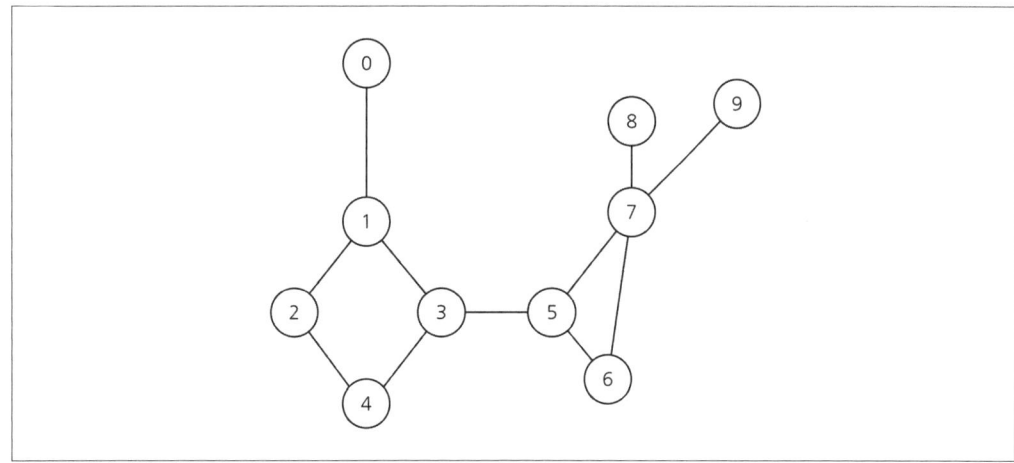

① 6, 5, 3, 1, 0, 2, 4, 7, 8, 9
② 6, 5, 7, 3, 8, 9, 1, 4, 0, 2
③ 6, 5, 3, 4, 2, 1, 0, 7, 8, 9
④ 6, 5, 7, 3, 1, 4, 0, 2, 8, 9

> **해설**
> 인접한 정점이 있을 경우 작은 순으로 이동하는 것을 확인해야 한다.

정답 ①

063 다음 그래프의 정점 A에서부터 깊이 우선 탐색(DFS, Depth First Search)과 너비 우선 탐색(BFS, Breadth First Search)을 수행할 때, 방문 순서를 옳게 짝지은 것은? (단, 방문하지 않은 인접 정점이 2개 이상인 경우 알파벳 오름차순으로 방문한다.)

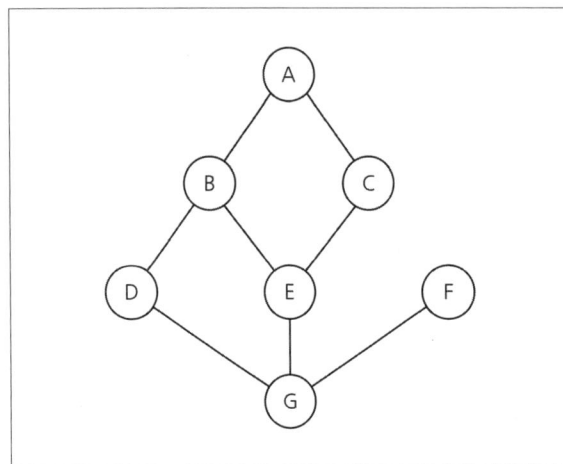

① DFS: A-B-D-G-F-C-E
   BFS: A-B-C-D-E-F-G
② DFS: A-B-D-G-F-C-E
   BFS: A-B-C-D-E-G-F
③ DFS: A-B-D-G-E-C-F
   BFS: A-B-C-D-E-F-G
④ DFS: A-B-D-G-E-C-F
   BFS: A-B-C-D-E-G-F

> **해설**
> 깊이 우선 탐색은 갈 수 있을 때까지 방문하고, 너비 우선 탐색은 큐를 이용해 처리한다.

정답 ④

064 다음 그래프를 너비 우선 탐색(BFS, Breadth First Search), 깊이 우선 탐색(DFS, Depth First Search) 방법으로 방문할 때 각 정점을 방문하는 순서로 옳은 것은? (단, 둘 이상의 정점을 선택할 수 있을 때는 알파벳 순서로 방문한다.)

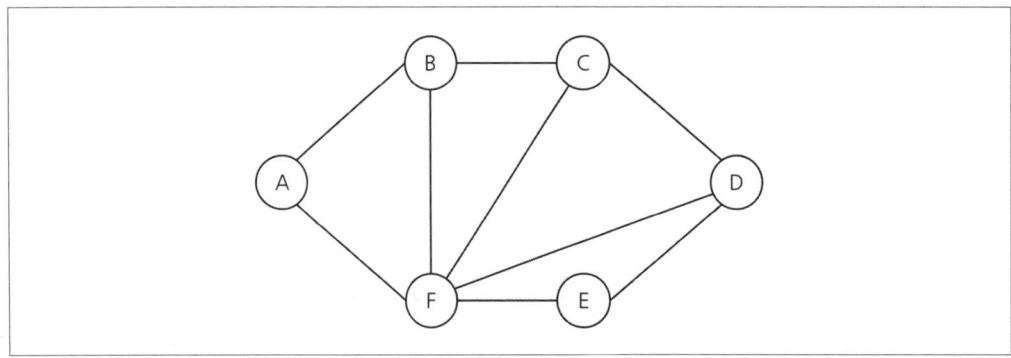

	BFS	DFS
①	A-B-F-C-E-D	A-B-C-D-E-F
②	A-B-C-D-E-F	A-B-F-C-E-D
③	A-B-F-C-D-E	A-B-C-D-E-F
④	A-B-C-D-E-F	A-B-C-D-F-E

> **해설**
> - 깊이 우선 탐색은 방문할 수 있으면 방문하고, 더 이상 방문하지 못하면 백트래킹 후 방문하지 않은 노드를 방문한다.
> - 너비 우선 탐색은 큐에 하나씩 쌓아서 방문하게 된다.

정답 ③

065 다음 그래프를 1번 노드에서 시작하여 너비 우선 탐색(Breadth First Search)을 수행하려 한다. 1번 노드를 첫 번째로 방문한다고 할 때, 다섯 번째로 방문하게 되는 노드는? (만약, 방문할 수 있는 노드가 둘 이상 있다면, 번호가 작은 쪽을 먼저 방문한다.)

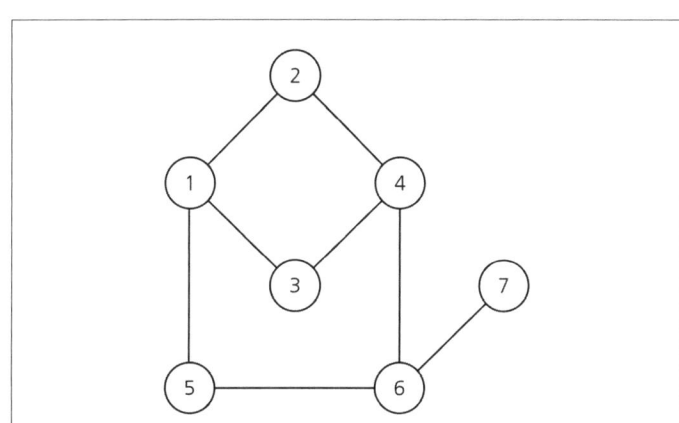

① 4
② 5
③ 6
④ 7

> **해설**
> 너비 우선 탐색을 수행하게 되면 1 2 3 5 4 6 7 순으로 방문한다.

정답 ①

066 시작점이 1일 때, 다음 그래프에 대한 너비 우선 탐색의 방문 순서를 바르게 나열한 것은? (단, 같은 우선순위의 정점들은 숫자가 작은 정점을 먼저 방문한다.)

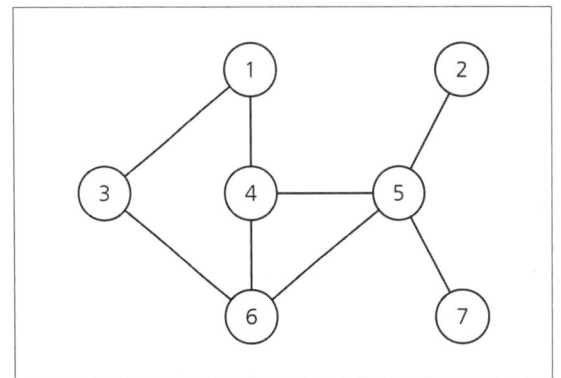

① 1 - 2 - 3 - 4 - 5 - 6 - 7
② 1 - 3 - 4 - 5 - 2 - 7 - 6
③ 1 - 3 - 4 - 5 - 6 - 2 - 7
④ 1 - 3 - 4 - 6 - 5 - 2 - 7

> **해설**
> 너비 우선 탐색은 큐를 이용해야 한다.

정답 ④

067 다음 그래프에 대한 너비 우선 탐색의 방문 순서는? (단, 시작 정점은 A이고, 인접한 정점들은 알파벳 순서로 방문한다.)

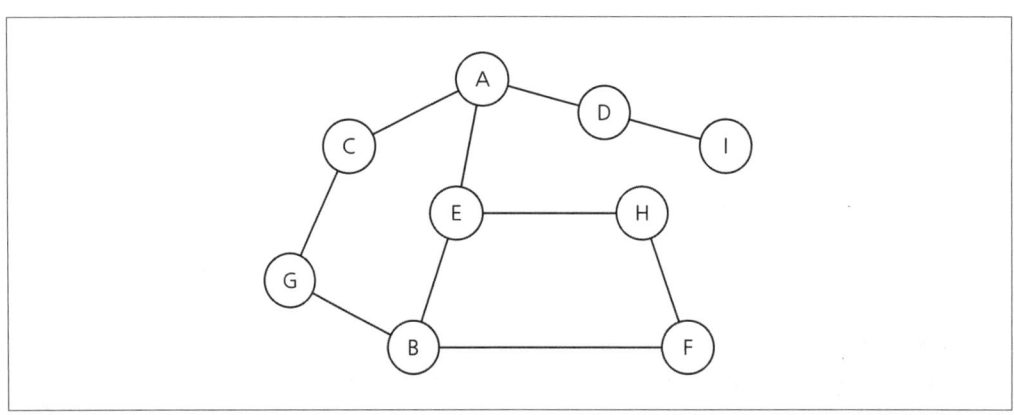

① A, C, D, E, G, I, B, H, F
② A, C, D, E, I, G, H, B, F
③ A, C, D, G, B, E, F, H, I
④ A, C, D, G, I, B, E, H, F

> **해설**
> 너비 우선 탐색은 큐를 이용해야 한다.

정답 ①

068 다음 Postfix 연산식에 대한 연산결과로 옳은 것은?

$$3\ 4\ *\ 5\ 6\ *\ +$$

① 35
② 42
③ 77
④ 360

해설
후위 연산식은 데이터, 데이터, 연산자가 나오면 연산자를 중간으로 빼준다. (3 * 4) + (5 * 6) 의 중위식이 만들어지고, 42라는 연산 결과가 나오게 된다.

정답 ②

069 다음 수식을 후위 표기법(Postfix)으로 옳게 표시한 것은?

$$(\ A\ +\ B\ )\ *\ C\ +\ (\ D\ +\ E\ )$$

① AB+CDE*++
② AB+C*DE++
③ +AB*C+DE+
④ ++*ABC+DE

해설
중위식을 후위식으로 변경하기 위해서는 데이터, 연산자, 데이터를 데이터, 데이터, 연산자 순으로 변경해 준다.

정답 ②

070 중위 표기법으로 표현된 다음 수식을 후위 표기법으로 옳게 표현한 것은?

$$a\ /\ b\ +\ c\ -\ d\ *\ e$$

① a/b+c-d*e
② ab/c+de*-
③ -+/abc*de
④ a/b+-de*c

해설
중위식을 후위식으로 변경하기 위해서는 데이터, 연산자, 데이터를 데이터, 데이터, 연산자 순으로 변경해 준다. 이때, 연산자 우선순위를 주의해야 한다.

정답 ②

071 다음의 Infix로 표현된 수식을 Postfix 표기로 옳게 변환한 것은?

$$A = (B - C) * D + E$$

① =A*-BC+DE
② =A++-BCDE
③ ABC-D*E+=
④ ABC*D-E+=

해설
대입 연산자는 가장 마지막에 수행되는 것을 주의해야 한다.

정답 ③

072 다음의 수식을 후위 순회(Postorder Traversal)한 결과는?

$$A / B * C * D + E$$

① +**/ABCDE
② A/B*C*D+E
③ AB/C*D*E+
④ ABCDE/**+

해설
연산자 우선순위에 맞춰 데이터, 데이터, 연산자 순서로 변경해 준다.

정답 ③

073 중위 표기식(Infix)으로 표현된 아래의 식에 대하여 후위 표기식(Postfix)으로 옳게 기술한 것은?

$$(A * B) + (C * D)$$

① + A B * * C D
② + * A B * C D
③ A B * C D * +
④ * A B + * C D

해설
연산자 우선순위에 맞춰 데이터, 데이터, 연산자 순서로 변경해 준다.

정답 ③

074 다음 표의 수식을 후위 표기법으로 변환했을 때 가장 적절한 것은?

100 - 20 * 5 + 2

① 100 20 5 2 * - +
② 100 20 5 * 2 - +
③ 100 20 5 * - 2 +
④ 100 20 5 * - + 2

> **해설**
> 20 * 5의 연산이 연산자 우선순위가 가장 높기 때문에, 해당 연산부터 후위 표기법으로 변경을 해준다.

정답 ③

---

075 다음과 같은 중위식 표현을 전위식(Prefix)으로 옳게 표현한 것은?

A * (B + C) / D - E

① + E - A B * C D /
② A B * C + D / E -
③ + D / * E - A B C
④ - / * A + B C D E

> **해설**
> 중위식을 전위식으로 변경하기 위해서는, 데이터, 연산자, 데이터를 연산자, 데이터, 데이터 순서로 변경해 준다.

정답 ④

---

076 (A+B) * (C-D)를 전위(Prefix) 표기법으로 변환한 것은?

① AB+CD-*
② *+AB-CD
③ +*-ABCD
④ +-AB*CD

> **해설**
> 중위식을 전위식으로 변경하기 위해서는, 데이터, 연산자, 데이터를 연산자, 데이터, 데이터 순서로 변경해 준다.

정답 ②

---

077 중위 표기법(Infix Notation)으로 표현된 산술식 "X=A+C/D"를 전위 표기법(Prefix Notation)으로 옳게 나타낸 것은?

① =X+A/CD
② =+/XACD
③ /CD+A=X
④ XACD/+=

> **해설**
> 연산자 우선순위에서 대입 연산자는 연산자 우선순위가 가장 낮다.

정답 ①

078 중위 표기법(Infix)의 수식 (A+B)*C+D를 전위 표기법(Prefix)으로 바르게 변환한 것은?

① A+B*C+D
② AB+C*D+
③ +AB*+CD
④ +*+ABCD

> **해설**
> 연산자 우선순위에 맞춰 연산자, 데이터, 데이터 순서로 변경한다.

정답 ④

079 다음 전위식(Prefix)을 후위식(Postfix)으로 옳게 표현한 것은?

- / * A + B C D E

① A B C + D / * E -
② A B * C D / + E -
③ A B * C + D / E -
④ A B C + * D / E -

> **해설**
> 전위식을 후위식으로 표현하기 위해서는 전위식을 먼저 중위식으로 변경하고, 해당 중위식을 후위식으로 변경한다.

정답 ④

080 검색 방법 중에서 키 값으로부터 레코드가 저장되어 있는 주소를 직접 계산하여 산출된 주소로 바로 접근하는 방법으로 키-주소 변환 방법이라고도 하는 것은?

① 이진 검색
② 피보나치 기술
③ 해싱 방법
④ 블록 검색

> **해설**
> 해싱은 키를 해시 함수에 입력하여 저장 위치(주소)를 바로 찾는 방법으로, 키-주소 변환 방법이라고도 한다.

정답 ③

081 해시 함수 선택 시 고려 사항으로 거리가 먼 것은?

① 계산 과정의 단순화
② 충돌의 최소화
③ 기억장소 낭비의 최소화
④ 오버플로우의 최대화

해설
해시 함수를 선택할 때 고려해야 하는 주요 사항은 계산 과정의 단순화, 충돌의 최소화, 그리고 기억장소 낭비의 최소화이다. 오버플로우는 가능한 한 피해야 하는 상황이며, 이는 해시 테이블의 성능 저하를 초래할 수 있다.

정답 ④

082 해시 함수의 값을 구한 결과 두 개의 키 값이 동일한 값을 가지는 경우를 뜻하는 것은?

① Clustering
② Overflow
③ Relation
④ Collision

해설
두 개의 키 값이 동일할 때, Collision이 발생하고, 충돌이 일어난 집합을 Synonym이라고 한다.

정답 ④

083 해싱 기법에서 동일한 홈 주소로 인하여 충돌이 일어난 레코드들의 집합을 의미하는 것은?

① Overflow
② Bucket
③ Collision
④ Synonym

해설
해싱 기법에서 동일한 홈 주소로 인하여 충돌이 발생한 레코드들의 집합을 Synonym이라고 한다.

정답 ④

084 해싱(Hashing)에 관한 설명으로 옳지 않은 것은?

① 버킷(Bucket)이란 하나의 주소를 갖는 파일의 한 구역을 의미하며, 버킷의 크기는 같은 주소에 포함될 수 있는 레코드의 수를 의미한다.
② 슬롯(Slot)이란 한 개의 레코드를 저장할 수 있는 공간으로 n개의 슬롯이 모여 하나의 버킷을 형성한다.
③ 충돌(Collision)이란 레코드를 삽입할 때 2개의 상이한 레코드가 똑같은 버킷으로 해싱되는 것을 의미한다.
④ 해싱은 충돌(Collision)이 발생하면 항상 오버플로우가 발생한다.

해설
모든 충돌이 오버플로우를 초래하는 것은 아니다. 오버플로우는 특정 버킷이 더 이상 레코드를 수용할 수 없을 때 발생하는 상황을 말한다. 충돌 해결 방법을 통해 충돌이 발생하더라도 오버플로우 없이 그 충돌을 처리할 수 있다.

정답 ④

085 해시 함수가 아닌 것은?

① Division Method
② Folding Method
③ Digit Analysis
④ Least Square

> **해설**
> 해시 함수의 종류는 제산법(Division), 중간 제곱법(Mid Square), 중첩법(Folding), 숫자 분석법(Digit Analysis), 기수 변환법(Radix Exchange), 무작위 방법(Pseudo Random)이 있다.

정답 ④

086 데이터의 신속한 탐색을 위해 사용되는 해시 함수의 기법이 아닌 것은?

① 개방 주소법
② 중간 제곱법
③ 나눗셈법(제산법)
④ 숫자 분석법

> **해설**
> 개방 주소법(Open Addressing)은 해시 함수의 기법이 아니라, 해시 충돌 해결 방법 중 하나이다. 이 방법은 초기에 계산된 주소에 데이터를 저장할 수 없을 때(즉, 충돌이 발생했을 때) 해시 테이블 내의 다른 위치를 순차적으로 검색하여 빈 슬롯을 찾는 방식을 사용한다.

정답 ①

087 해시 함수 중 주어진 키를 여러 부분으로 나누고, 각 부분의 값을 더하거나 배타적 논리합(XOR, Exclusive OR) 연산을 통하여 나온 결과로 주소를 취하는 방법은?

① 중간 제곱 방법(Mid-square Method)
② 제산 방법(Division Method)
③ 폴딩 방법(Folding Method)
④ 기수 변환법(Radix Conversion Method)

> **해설**
> 폴딩 방법에서는 주어진 키를 여러 개의 부분으로 나눈 다음, 이 부분들을 서로 더하거나 XOR 연산을 적용한다.

정답 ③

088 주어진 모든 키 값들에서 그 키를 구성하는 자릿수들의 분포를 조사하여 비교적 고른 분포를 보이는 자릿수들을 필요한 만큼 택하는 방법을 취하는 해시 함수 기법은?

① 제산 방법(Division Method)
② 중첩 방법(Folding Method)
③ 기수 변환법(Radix Conversion Method)
④ 계수 분석 방법(Digit Analysis Method)

> **해설**
> 계수 분석 방법은 키 값의 특정 자릿수를 사용하여 해시 주소를 생성한다. 이 방법은 키 값 내의 자릿수들이 무작위적이거나 균등하게 분포되어 있지 않은 경우에 유용하며, 그러한 자릿수들을 이용해 해시 충돌의 가능성을 줄이는 데 효과적이다.

정답 ④

089 해싱 테이블의 오버플로우 처리 기법이 아닌 것은?

① 개방 주소법
② 폐쇄 주소법
③ 로그 주소법
④ 재해싱

> **해설**
> '로그 주소법'이라는 것은 해싱 테이블의 오버플로우 처리 기법으로 존재하지 않는다.

정답 ③

090 해싱에서 충돌이 일어난 자리에서 그 다음 버킷들을 차례로 하나씩 검색하여 최초로 나오는 빈 버킷에 해당 데이터를 저장하는 방법은?

① 선형 개방 주소법
② 재해싱
③ 임의 조사법
④ 이차 조사법

> **해설**
> 선형 개방 주소법은 충돌이 발생하면, 해시 테이블 내에서 그 다음 위치를 순차적으로 검사하여 첫 번째로 나오는 빈 공간에 데이터를 저장한다.

정답 ①

091 ㄱ~ㄹ 중 해시 함수(Hash Function)의 충돌 해결 방안으로 옳은 것의 총 개수는?

ㄱ. 별도 체이닝(Separate Chaining)
ㄴ. 오픈 어드레싱(Open Addressing)
ㄷ. 선형 검사(Linear Probing)
ㄹ. 이중 해싱(Double Hashing)

① 1개
② 2개
③ 3개
④ 4개

> **해설**
> 별도 체이닝은 폐쇄 주소법에 해당하고, 오픈 어드레싱은 개방 주소법에 해당한다. 선형 검사는 개방 주소법의 한 방식이고, 이중 해싱은 재해싱의 한 예로 볼 수 있다.

정답 ④

092 해싱(Hashing)에 관한 설명 중 가장 적절하지 않은 것은?

① 이상적인 해시 함수는 모든 탐색키 값을 서로 다른 버킷에 대응시킨다.
② 해싱을 이용하여 특정 탐색 조건을 만족하는 레코드들을 빠르게 접근할 수 있다.
③ 해시 함수가 탐색키를 균등하게 분배하면 버킷 오버플로우가 발생할 확률이 증가한다.
④ 충돌(Collision)이란 2개의 상이한 레코드가 같은 버킷으로 해싱되는 것을 의미한다.

> **해설**
> 해시 함수가 탐색키를 균등하게 분배하면, 각 버킷에 레코드가 균등하게 분배되므로 버킷 오버플로우가 발생할 확률이 감소한다. 버킷 오버플로우는 특정 버킷에 너무 많은 데이터가 할당되어 더 이상 새로운 레코드를 수용할 수 없는 상황을 의미한다.

정답 ③

093 해싱(Hashing)에 대한 설명으로 옳지 않은 것은?

① 서로 다른 탐색키가 해시 함수를 통해 동일한 해시 주소로 사상될 수 있다.
② 충돌(Collision)이 발생하지 않는 해시 함수를 사용한다면 해싱의 탐색 시간 복잡도는 O(1)이다.
③ 선형 조사법(Linear Probing)은 연결 리스트(Linked List)를 사용하여 오버플로우 문제를 해결한다.
④ 폴딩 함수(Folding Function)는 탐색키를 여러 부분으로 나누어 이들을 더하거나 배타적 논리합을 하여 해시 주소를 얻는다.

> **해설**
> 선형 조사법은 해시 테이블 내의 다음 버킷으로 순차적으로 이동하면서 빈 버킷을 찾는 방법을 사용한다. 이 방법은 고정된 크기의 배열을 사용하여 구현되며, 연결 리스트를 사용하지 않는다. 연결 리스트를 사용하는 방법은 별도의 해싱 충돌 해결 방법인 체이닝(Chaining)에 해당한다.

정답 ③

Section 2. 데이터 조작 프로시저 작성

001 SQL문 저장 프로시저(Stored Procedure)의 역할로 틀린 것은?

① 오픈형 설계
② 데이터 무결성의 시행
③ 복잡한 비즈니스 규칙과 제약의 강화
④ 유지보수의 용이

> **해설**
> - 오픈형 설계는 시스템이나 소프트웨어가 확장 가능하고, 다른 시스템이나 애플리케이션과 통합할 수 있도록 설계되었다는 것을 의미한다.
> - 저장 프로시저는 특정 데이터베이스 시스템 내에서 실행되며, 오픈형 설계와 직접적인 관련이 있는 개념은 아니다.

정답 ①

002 저장 프로시저(Stored Procedure)의 설명 중 가장 적절하지 않은 것은?

① 응용 프로그램의 필요한 기능을 클라이언트의 버퍼에 저장하여 빠르게 실행할 목적으로 사용한다.
② 저장 프로시저에 포함된 SQL 명령들은 최적화되어 있기 때문에 빠르게 동작한다.
③ 저장 프로시저의 액세스 권한을 별도로 지정할 수 있기 때문에 높은 보안성을 제공할 수 있다.
④ 저장 프로시저의 정의 단계에서 필요에 따라 입력 매개변수, 출력 매개변수 및 지역변수를 정의할 수 있다.

> **해설**
> 저장 프로시저는 데이터베이스 서버에 저장되는 SQL 명령문의 집합으로, 클라이언트의 버퍼에 저장되어 실행되는 것이 아니다. 클라이언트에서 호출되지만, 실제 실행은 서버 측에서 이루어진다.

정답 ①

003 저장 프로시저(Stored Procedure) 범위에 속하지 않는 것은?

① Stored Function
② Stored Procedure
③ Stored Check
④ Stored Package

> **해설**
> Stored Check라는 용어는 데이터베이스 용어로 존재하지 않는다. 데이터베이스에서 'check'는 보통 제약조건을 의미하는데, 이는 저장 프로시저나 함수의 범주에 속하지 않는다.

정답 ③

004 트리거(Trigger)에 대한 설명으로 가장 적절하지 않은 것은?

① 조건이 만족될 때 자동으로 지정된 작업을 수행하게 만드는 일종의 프로시저이다.
② 테이블 정의 시 표현할 수 없는 기업의 비즈니스 규칙이나 복잡한 보안 요건들을 시행하는 역할을 수행할 수 있다.
③ 트리거는 무결성을 유지하기 위한 방법으로 사용된다.
④ 문장 트리거(Statement Trigger)는 조건을 만족하는 여러 개의 행에 대해 트리거를 반복적으로 여러 번 수행한다.

> **해설**
> 문장 트리거(Statement Trigger)는 특정 SQL문장(INSERT, UPDATE, DELETE 등)에 대해 한 번만 실행된다. 트리거가 실행되면 관련 테이블의 모든 행에 영향을 줄 수 있지만, 개별 행에 대해 여러 번 반복하여 실행되지는 않는다. 특정 행에 대한 작업이 필요한 경우, 행 트리거(Row Trigger)를 사용해야 한다.

정답 ④

005 트랜잭션을 취소하는 이외의 조치를 명세할 필요가 있는 경우 메시지를 보내 어떤 값을 자동적으로 갱신하도록 프로시저를 기동시키는 방법은?

① 트리거(Trigger) ② 무결성(Integrity)
③ 잠금(Lock) ④ 복귀(Rollback)

> **해설**
> 트리거는 데이터베이스 시스템에서 데이터의 생성, 수정, 삭제 같은 이벤트가 발생했을 때 자동적으로 동작하도록 설정된 데이터베이스 객체이다. 트리거는 특정 조건이 만족되었을 때 자동으로 실행되는 SQL문(프로시저)의 집합으로, 데이터베이스 시스템에서 자동적으로 특정 작업을 수행하도록 스케줄링할 수 있다.

정답 ①

006 데이터베이스 트리거(Trigger)에 대한 설명으로 옳지 않은 것은?

① 테이블에서 이벤트 발생 시 자동으로 반응해 실행되는 작업이다.
② 트리거는 데이터베이스의 무결성을 유지하기 위한 도구이다.
③ 행 - 수준 트리거(Row-Level Trigger)는 FOR EACH STATEMENT 절을 사용하여 표시한다.
④ 이벤트가 발생한 이후 실행되는 After 트리거와 이벤트가 발생하기 전에 실행되는 Before 트리거가 있다.

> **해설**
> 행 수준 트리거는 데이터베이스 테이블의 행 단위로 동작하며, 각각의 행에 대해 이벤트가 발생할 때마다 트리거가 실행된다. 이 트리거는 FOR EACH ROW 절을 사용하여 정의한다.

정답 ③

007 객체지향 프로그램에서 관계형 데이터베이스의 데이터를 자동으로 매핑해 주는 용도로 사용하는 프레임워크는?

① DRM　　　　　　　　　　② ORM
③ DBMS　　　　　　　　　 ④ JDBC

해설
ORM은 Object-Relational Mapping의 약자로, 객체지향 프로그래밍 언어를 사용하여 호환되지 않는 유형의 시스템 간에 데이터를 변환하는 프로그래밍 기법이다. 이는 객체지향 프로그램의 객체와 관계형 데이터베이스의 데이터 사이에서 자동으로 매핑을 생성하여, 데이터베이스의 데이터를 객체 형태로 다룰 수 있게 해준다.

정답 ②

Section 3. 데이터 조작 프로시저 최적화

001 SQL 처리 흐름에 포함되지 않는 과정은?

① 구문분석　　② 실행　　③ 조회　　④ 인출

해설
※ SQL 처리 흐름
- 구문분석: 사용자가 제출한 SQL 쿼리가 문법적으로 올바른지, 사용된 테이블이나 열이 실제로 데이터베이스에 존재하는지 등을 검사
- 실행: 구문분석 단계를 거친 SQL 쿼리에 대한 실행 계획을 수립하고, 필요한 데이터를 가져오기 위한 실제 작업을 시작
- 인출: 쿼리에 의해 반환된 데이터가 있으면, 그 결과를 클라이언트에게 보낸다.

정답 ③

002 SQL 처리 흐름 중 SELECT 문에서만 실행되고, UPDATE, INSERT, DELETE 문에서는 실행되지 않는 과정은?

① 구문분석　　② 실행　　③ 조회　　④ 인출

해설
인출 단계는 SELECT 쿼리에 주로 해당되며, UPDATE, INSERT, DELETE 같은 쿼리에서는 일반적으로 결과 데이터를 인출하지 않는다.

정답 ④

003 데이터베이스 성능 개선에 대한 설명으로 옳지 않은 것은?

① 데이터베이스의 성능을 높이기 위해 의도적으로 스키마를 중복이 발생하도록 변경할 수 있다.
② 성능이 저하될 때 이미 구축된 인덱스 대신 다른 종류의 인덱스를 선택할 수 있다. 하지만, 기존 인덱스를 단순히 재구성하는 것으로는 성능 향상에 영향을 줄 수 없다.
③ 성능 향상을 위해 릴레이션을 수직 또는 수평으로 분할할 수 있다.
④ 자주 수행되는 질의 형태의 경우 뷰를 생성하도록 한다.

> **해설**
> 인덱스의 재구성은 실제로 데이터베이스 성능 향상에 영향을 줄 수 있다. 인덱스를 재구성하면 데이터베이스에서 데이터를 더 효율적으로 접근할 수 있도록 인덱스 구조를 최적화할 수 있으며, 인덱스의 공간 사용을 줄이고 데이터 접근 속도를 높일 수 있다.

정답 ②

004 SQL 성능 관리를 위한 유틸리티가 아닌 것은?

① SQL Trace
② TKPROF
③ DBMS
④ EXPLAIN PLAN

> **해설**
> DBMS(DataBase Management System)는 데이터베이스를 관리하는 시스템이며, 데이터의 저장, 수정, 삭제, 조회 등을 관리하는 소프트웨어이다.

정답 ③

005 데이터베이스 성능 개선 절차의 순서로 옳은 것은?

㉠ 문제 있는 SQL 식별	㉡ SQL문 재구성
㉢ 실행 계획 유지 관리	㉣ 옵티마이저 통계 확인
㉤ 인덱스 재구성	

① ㉠ → ㉡ → ㉢ → ㉣ → ㉤
② ㉠ → ㉣ → ㉡ → ㉤ → ㉢
③ ㉠ → ㉣ → ㉡ → ㉢ → ㉤
④ ㉣ → ㉠ → ㉡ → ㉤ → ㉢

정답 ②

006 코드 인스펙션(Code Inspection)에 대한 설명으로 옳지 않은 것은?

① 품질 보증 활동으로 인식한다.
② 동적(Dynamic) 테스트의 하나이다.
③ 회의 전에 프로그램 코드, 분석, 설계 등의 문서를 배포한다.
④ 검사팀은 관련 전문가로 이루어지며 검사 목록(Checklist)을 제공한다.

> **해설**
> 코드 인스펙션은 정적(Static) 분석 방법에 속한다. 정적 분석은 코드를 실행하지 않고 코드 분석을 수행하는 방법으로, 코드의 구조, 문법, 코딩 표준 준수, 보안 취약점 등을 검사한다. 반면, 동적 테스트는 실제 코드를 실행하여 테스트하는 방법으로, 실행 중인 애플리케이션의 동작을 분석한다.

정답 ②

007 코드 인스펙션과 관련한 설명으로 틀린 것은?

① 프로그램을 수행시켜보는 것 대신에 읽어보고 눈으로 확인하는 방법으로 볼 수 있다.
② 코드 품질 향상 기법 중 하나이다.
③ 동적 테스트 시에만 활용하는 기법이다.
④ 결함과 함께 코딩 표준 준수 여부, 효율성 등의 다른 품질 이슈를 검사하기도 한다.

> **해설**
> 코드 인스펙션은 정적 분석 방법으로, 프로그램을 실제로 실행시키지 않고 코드를 검사하는 방식이다.

정답 ③

008 인터페이스 요구사항 검토 방법에 대한 설명이 옳은 것은?

① 리팩토링: 작성자 이외의 전문 검토 그룹이 요구사항 명세서를 상세히 조사하여 결함, 표준 위배, 문제점 등을 파악
② 동료 검토: 요구사항 명세서 작성자가 요구사항 명세서를 설명하고 이해관계자들이 설명을 들으면서 결함을 발견
③ 인스펙션: 자동화된 요구사항 관리 도구를 이용하여 요구사항 추적성과 일관성을 검토
④ CASE 도구: 검토 자료를 회의 전에 배포해서 사전 검토한 후 짧은 시간 동안 검토회의를 진행하면서 결함을 발견

> **해설**
> ① 리팩토링: 코드의 구조를 개선하는 과정으로, 요구사항 검토와는 직접적인 관련이 없다.
> ③ 인스펙션: 인스펙션은 자동화된 도구를 사용하는 것이 아니라, 사람이 직접 코드나 문서를 검토하는 과정이다.
> ④ CASE 도구: 이는 특정한 소프트웨어 공학 작업을 지원하기 위한 컴퓨터 기반 도구로, 자동화된 분석이나 설계 작업을 위해 사용된다.

정답 ②

009 프로그램 품질관리의 한 방법으로서 워크 스루(Walk-through)와 인스펙션(Inspection)이 있다. 워크 스루에 대한 설명으로 옳지 않은 것은?

① 소프트웨어 품질을 검토하기 위한 기술적 검토회의이다.
② 제품 개발자가 주최가 된다.
③ 오류 발견과 발견된 오류의 문제 해결에 중점을 둔다.
④ 검토 자료는 사전에 미리 배포한다.

> **해설**
> 워크 스루의 주요 목적은 문제점이나 결함을 식별하는 것이며, 이를 통해 팀 멤버들이 소프트웨어나 문서의 문제를 인식하고 이해할 수 있도록 하는 것이다. 실제 문제 해결은 워크 스루 과정 이후에 수행된다.

정답 ③

010 다음은 인스펙션(Inspection) 과정을 표현한 것이다. (가)~(마)에 들어갈 말을 〈보기〉에서 찾아 바르게 연결한 것은?

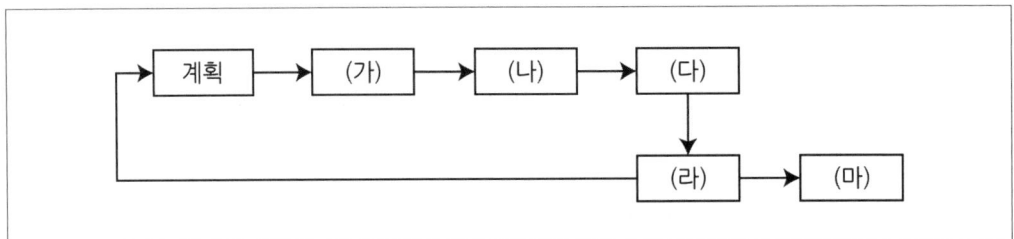

〈보기〉
㉠ 준비
㉡ 사전 교육
㉢ 인스펙션 회의
㉣ 수정
㉤ 후속 조치

① (가) - ㉡, (나) - ㉢
② (나) - ㉠, (다) - ㉢
③ (다) - ㉢, (라) - ㉤
④ (라) - ㉣, (마) - ㉢

> **해설**
> 코드 인스펙션 절차, 계획 → 개관(사전 교육) → 준비 → 검사(검토/인스펙션 회의) → 재작업 → 추적(후속 조치)

정답 ②

CHAPTER 02 통합 구현

Section 1. 모듈 구현

001 소프트웨어 공학의 기본 원칙이라고 볼 수 없는 것은?

① 품질 높은 소프트웨어 상품 개발
② 지속적인 검증 시행
③ 결과에 대한 명확한 기록 유지
④ 최대한 많은 인력 투입

> **해설**
> 많은 인력이 투입되면 프로젝트의 복잡성을 증가시키고, 비용을 불필요하게 증가시킬 수 있는 요인이 될 수 있다.

정답 ④

002 공학적으로 잘 된 소프트웨어(Well Engineered Software)의 설명 중 틀린 것은?

① 소프트웨어는 유지보수가 용이해야 한다.
② 소프트웨어는 신뢰성이 높아야 한다.
③ 소프트웨어는 사용자 수준에 무관하게 일관된 인터페이스를 제공해야 한다.
④ 소프트웨어는 충분한 테스팅을 거쳐야 한다.

> **해설**
> 효과적인 사용자 인터페이스 디자인은 종종 사용자의 능력과 경험에 맞춰져야 하며, 때로는 사용자 수준에 따라 다르게 조정될 수 있다. 초보 사용자와 고급 사용자가 서로 다른 인터페이스나 기능에 접근할 수 있도록 하는 것을 포함한다.

정답 ③

003 소프트웨어 개발에서 모듈(Module)이 되기 위한 주요 특징에 해당하지 않는 것은?

① 다른 것들과 구별될 수 있는 독립적인 기능을 가진 단위(Unit)이다.
② 독립적인 컴파일이 가능하다.
③ 유일한 이름을 가져야 한다.
④ 다른 모듈에서의 접근이 불가능해야 한다.

> **해설**
> 소프트웨어 모듈은 시스템의 나머지 부분과 통신하고 상호작용할 수 있도록 설계되어야 한다. 모듈이 다른 모듈에서 완전히 접근 불가능하다면, 시스템은 통합되어 작동할 수 없게 된다. 모듈은 재사용과 정보 은닉을 위한 경계를 제공하지만, 이것은 다른 모듈과의 상호작용이나 데이터 교환을 막는 것을 의미하지 않는다.

정답 ④

004 다음 설명에 부합하는 용어로 옳은 것은?

- 소프트웨어 구조를 이루며, 다른 것들과 구별될 수 있는 독립적인 기능을 갖는 단위이다.
- 하나 또는 몇 개의 논리적인 기능을 수행하기 위한 명령어들의 집합이라고도 할 수 있다.
- 서로 모여 하나의 완전한 프로그램으로 만들어질 수 있다.

① 통합 프로그램
② 저장소
③ 모듈
④ 데이터

> **해설**
> 모듈은 독립적인 기능 단위로, 특정 기능을 수행하기 위한 코드의 집합으로 구성된다. 이러한 모듈은 재사용 가능하며, 여러 모듈이 함께 결합되어 더 큰 프로그램이나 시스템을 구성할 수 있다.

정답 ③

005 하나의 프로그램을 몇 개의 작은 부분으로 분할하는 경우, 그 분할 단위를 일반적으로 모듈(Module)이라고 한다. 다음 중 모듈에 대한 설명으로 옳은 것은?

① 모듈의 독립성을 높여주기 위해서는 각 모듈 간의 관련성을 최소로 하며, 이 경우에 응집도(Cohesion)는 최소가 된다.
② 모듈 간의 관련성을 최대로 하면 모듈의 독립성은 저하되며, 이 경우에 모듈의 결합도(Coupling)는 최소가 된다.
③ 복잡성을 감소시키는 수단으로 독립성의 개념이 많이 적용되고 있으며, 모듈의 독립성 척도로서 결합도는 고려 대상이 아니며, 응집도만 적용된다.
④ 모듈의 결합도는 자료 결합도(Data Coupling)로 모듈의 응집도는 기능적 응집도(Functional Cohesion)로 하는 것이 가장 바람직하다.

> **해설**
> 응집도는 높고, 결합도는 낮게 설계하여 모듈의 독립성을 높여야 한다. 모듈의 독립성이 높아지면, 유지보수를 쉽게 하고, 시스템의 유연성과 재사용성을 향상시킨다.

정답 ④

006 바람직한 설계에 대한 설명으로 옳지 않은 것은?

① 모듈 간의 결합도를 강하게 유지한다.
② 유지관리를 잘할 수 있도록 설계한다.
③ 분할과 정복의 원리를 적용하여 복잡도를 감소시킨다.
④ 변경하기 쉽고 변경으로 인한 영향도 최소화되도록 한다.

> **해설**
> 바람직한 소프트웨어 설계의 목표 중 하나는 모듈 간의 결합도(Coupling)를 낮추는 것이다. 낮은 결합도는 각 모듈이 서로 독립적이고, 따라서 변경이나 오류가 다른 모듈에 미치는 영향을 최소화하는 데 도움이 된다. 이는 유지보수를 쉽게 하고, 시스템의 유연성과 재사용성을 향상시킨다.

정답 ①

007 모듈 설계 시 유의사항으로 거리가 먼 것은?

① 적절한 크기로 설계한다.
② 보기 쉽고 이해하기 쉬워야 한다.
③ 모듈은 다른 곳에서 재사용 할 수 있도록 표준화한다.
④ 자료 추상화와 정보 은닉의 성격은 배제한다.

> **해설**
> 자료 추상화와 정보 은닉은 소프트웨어 설계의 중요한 원칙이다. 자료 추상화는 데이터 구조의 복잡한 내부 구현을 감추고, 개발자들에게 간단한 인터페이스를 제공하여 시스템을 더 쉽게 이해할 수 있도록 돕는다. 정보 은닉은 시스템의 특정 부분이 어떻게 구현되었는지 외부로부터 숨기는 것을 의미한다. 모듈 내부의 변경이 외부에 영향을 미치지 않도록 하여, 모듈의 독립성을 높이고 유지보수를 용이하게 한다.

정답 ④

008 개별 모듈을 시험하는 것으로 모듈이 정확하게 구현되었는지, 예정한 기능이 제대로 수행되는지를 점검하는 것이 주요 목적인 테스트는?

① 통합 테스트(Integration Test)
② 단위 테스트(Unit Test)
③ 시스템 테스트(System Test)
④ 인수 테스트(Acceptance Test)

> **해설**
> 단위 테스트는 소프트웨어 개발의 초기 단계에서 수행되며, 개발자가 코드를 작성한 직후에 실시한다. 개별적인 컴포넌트, 함수, 클래스, 또는 모듈 등 소프트웨어의 가장 작은 단위를 테스트하는 과정이다. 코드의 특정 부분이 예상대로 작동하는지 확인하고, 함수와 메서드에 대한 정확성을 검증한다.

정답 ②

009 다음 중 단위 모듈 테스트 방법이 아닌 것은?

① 화이트박스 테스트
② 메서드(함수) 기반 테스트
③ 백본 테스트
④ 화면 기반 테스트

> **해설**
> 백본 테스트는 상향식과 하향식을 함께하는 통합 테스트이다.

정답 ③

010 다음 중 단위 테스트를 통해 발견할 수 있는 오류가 아닌 것은?

① 알고리즘 오류에 따른 원치 않는 결과
② 탈출구가 없는 반복문의 사용
③ 모듈 간의 비정상적 상호작용으로 인한 원치 않는 결과
④ 틀린 계산 수식에 의한 잘못된 결과

> **해설**
> 모듈 간의 상호작용은 통합 테스트(Integration Test)에서 주로 점검되는 영역으로, 각각의 모듈이 함께 작동할 때 발생할 수 있는 문제를 진단하기 위한 것이다.

정답 ③

011 다음 중 단위 테스트 도구로 사용될 수 없는 것은?

① CppUnit
② JUnit
③ HttpUnit
④ IgpUnit

> **해설**
> - CppUnit: C++용 단위 테스트 프레임워크
> - JUnit: 자바 환경에서 사용되는 단위 테스트 프레임워크
> - HttpUnit: 웹 애플리케이션과 상호작용하기 위한 자바 라이브러리로, 특히 HTTP 프로토콜을 사용하는 웹 서비스 테스트에 사용
> - IgpUnit은 표준적인 단위 테스트 도구 또는 프레임워크 이름이 아니다.

정답 ④

Section 2. 통합 구현 관리

001 IDE(Integrated Development Environment) 도구의 각 기능에 대한 설명으로 틀린 것은?

① Coding - 프로그래밍 언어를 가지고 컴퓨터 프로그램을 작성할 수 있는 환경을 제공
② Compile - 저급 언어의 프로그램을 고급 언어 프로그램으로 변환하는 기능
③ Debugging - 프로그램에서 발견되는 버그를 찾아 수정할 수 있는 기능
④ Deployment - 소프트웨어를 최종 사용자에게 전달하기 위한 기능

> **해설**
> 컴파일의 기능은 고급 언어의 프로그램을 저급 언어(주로 기계어나 어셈블리어)로 변환하는 기능이다.

정답 ②

002 소프트웨어 개발 도구에 대한 설명으로 옳지 않은 것은?

① 컴파일러(Compiler)는 원시 프로그램을 목적 프로그램 또는 기계어로 변환하는 번역기이다.
② 링커(Linker)는 각각 컴파일 된 목적 프로그램들과 라이브러리 프로그램들을 묶어서 로드 모듈이라는 실행 가능한 한 개의 기계어로 통합한다.
③ 프리프로세서(Preprocessor)는 고급 언어로 작성된 프로그램을 실행 가능한 기계어로 변환하는 번역기이다.
④ 디버거(Debugger)는 프로그램 오류의 추적, 탐지에 사용된다.

> **해설**
> - 프리프로세서(Preprocessor)는 컴파일러가 소스 코드를 컴파일하기 전에 처리되는 단계로, 주로 #include, #define 등의 지시자를 처리하여 실제 컴파일러가 처리할 소스 코드를 준비하는 역할을 한다.
> - 고급 언어를 기계어로 변환하는 역할은 컴파일러의 역할이다.

정답 ③

003 사용자가 작성한 프로그램 오류를 검토 및 수정할 수 있는 프로그램은?

① 링커(Linker)
② 편집기(Editor)
③ 디버거(Debugger)
④ 운영체제(Operating System)

> **해설**
> - 프로그램의 오류를 확인할 수 있게 해주는 도구는 디버거이다.
> - 링커(Linker)는 개별적으로 컴파일된 코드 조각들과 라이브러리를 연결하여 실행 가능한 프로그램을 생성하는 역할을 한다.

정답 ③

004 원시 프로그램을 컴파일러가 수행되고 있는 컴퓨터의 기계어로 번역하는 것이 아니라, 다른 기종에 맞는 기계어로 번역하는 것은?

① 디버거
② 인터프리터
③ 프리프로세서
④ 크로스 컴파일러

정답 ④

005 정보통신 기술을 이용해 시간과 장소의 제약 없이 동료 직원들과 원활하게 협업하고 끊김 없이 업무를 수행가능하게 하는 환경으로 옳은 것은?

① 원격 회의
② 스마트 워크
③ 영상 응답 시스템
④ 화상 회의 시스템

> **해설**
> 스마트 워크를 통해 업무 효율성을 높이고, 직원 만족도를 향상시켜 기업 경쟁력을 강화할 수 있다.

정답 ②

006 소프트웨어의 개발 과정에서 소프트웨어의 변경 사항을 관리하기 위해 개발된 일련의 활동을 뜻하는 것은?

① 복호화
② 형상 관리
③ 저작권
④ 크랙

> **해설**
> 형상 관리는 소프트웨어 개발 과정에서 소프트웨어의 변경 사항을 추적하고 통제하는 일련의 활동을 의미한다. 형상 관리를 통해 소프트웨어의 변경 사항을 관리하고, 소프트웨어의 품질을 향상시키며, 소프트웨어의 유지보수를 용이하게 할 수 있다.

정답 ②

007 소프트웨어 형상 관리의 의미로 적절한 것은?

① 비용에 관한 사항을 효율적으로 관리하는 것
② 개발 과정의 변경 사항을 관리하는 것
③ 테스트 과정에서 소프트웨어를 통합하는 것
④ 개발 인력을 관리하는 것

> **해설**
> 형상 관리는 소프트웨어 개발 과정에서 소프트웨어의 변경 사항을 추적하고 통제하는 일련의 활동을 의미한다. 소프트웨어 형상 관리의 의미로 가장 적절한 것은 개발 과정의 변경 사항을 관리하는 것이다.

정답 ②

008 제품 소프트웨어의 형상 관리 역할로 틀린 것은?

① 형상 관리를 통해 이전 리비전이나 버전에 대한 정보에 접근 가능하여 배포본 관리에 유용
② 불필요한 사용자의 소스 수정 제한
③ 프로젝트 개발 비용을 효율적으로 관리
④ 동일한 프로젝트에 대해 여러 개발자 동시 개발 가능

> **해설**
> 프로젝트 개발 비용을 효율적으로 관리하는 것은 형상 관리의 역할이 아니다. 프로젝트 개발 비용을 효율적으로 관리하기 위해서는 프로젝트 관리, 예산 관리, 인력 관리 등의 활동이 필요하다.

정답 ③

009 소프트웨어 형상 관리에서 관리 항목에 포함되지 않는 것은?

① 프로젝트 요구 분석서
② 소스 코드
③ 운영 및 설치 지침서
④ 프로젝트 개발 비용

> **해설**
> 프로젝트 개발 비용은 소프트웨어의 구성요소가 아니므로, 형상 관리의 관리 항목에 포함되지 않는다.

정답 ④

010 소프트웨어 형상 관리에 관한 설명으로 가장 거리가 먼 것은?

① 형상 식별 활동의 대상에 소스 코드와 데이터베이스는 포함되지만 문서 산출물 등은 제외된다.
② 소프트웨어 형상 관리는 산출물의 품질 향상에 기여한다.
③ 테스트에서 결함이 발견되면 프로그램은 수정되고 버전 통제를 받게 된다.
④ 대형 소프트웨어 시스템에서는 컴포넌트별로 각각 상이한 버전들이 존재할 수 있다.

> **해설**
> 소프트웨어 형상 관리의 대상은 소프트웨어의 모든 구성요소이다. 소스 코드와 데이터베이스뿐만 아니라 문서 산출물, 테스트 케이스, 사용자 설명서 등도 형상 관리의 대상이 된다.

정답 ①

011 소프트웨어 형상 관리(Configuration Management)에 관한 설명으로 틀린 것은?

① 소프트웨어에서 일어나는 수정이나 변경을 알아내고 제어하는 것을 의미한다.
② 소프트웨어 개발의 전체 비용을 줄이고, 개발 과정의 여러 방해 요인이 최소화되도록 보증하는 것을 목적으로 한다.
③ 형상 관리를 위하여 구성된 팀을 'Chief Programmer Team'이라고 한다.
④ 형상 관리의 기능 중 하나는 버전 제어 기술이다.

> **해설**
> 'Chief Programmer Team'은 특정 소프트웨어 개발 방식에서 사용되는 용어로, 핵심 개발자 주도 하에 팀이 구성되는 방식을 의미한다. 형상 관리를 위한 팀은 일반적으로 'Configuration Control Board(CCB)' 또는 형상 관리팀이라고 한다.

정답 ③

012 변경 관리에 관한 설명으로 가장 거리가 먼 것은?

① 변경 요청의 승인 또는 기각 여부는 보통 변경 통제 위원회에 의해 결정된다.
② 변경 통제 위원회는 전략적/조직적 관점보다는 기술적인 관점에서 변경의 영향을 평가하여야 한다.
③ 변경 관리는 필요한 변경을 기술한 변경 요청 양식을 작성함으로써 시작된다.
④ 변경 요청이 기각되었을 경우 변경 요청을 제안한 사람에게 그 이유를 통보해야 한다.

> **해설**
> 변경 통제 위원회는 기술적인 관점뿐만 아니라 전략적/조직적 관점에서도 변경의 영향을 평가할 필요가 있다.

정답 ②

013 소프트웨어 형상 관리에 대한 설명으로 거리가 먼 것은?

① 소프트웨어에 가해지는 변경을 제어하고 관리한다.
② 프로젝트 계획, 분석서, 설계서, 프로그램, 테스트 케이스 모두 관리 대상이다.
③ 대표적인 형상 관리 도구로 Ant, Maven, Gradle 등이 있다.
④ 유지 보수 단계뿐만 아니라 개발 단계에도 적용할 수 있다.

> **해설**
> Ant, Maven, Gradle은 빌드 도구이다. 형상 관리 도구로는 Git, Subversion, Mercurial 등이 있다.

정답 ③

014 형상 관리의 개념과 절차에 대한 설명으로 틀린 것은?

① 형상 식별은 형상 관리 계획을 근거로 형상 관리의 대상이 무엇인지 식별하는 과정이다.
② 형상 관리를 통해 가시성과 추적성을 보장함으로써 소프트웨어의 생산성과 품질을 높일 수 있다.
③ 형상 통제 과정에서는 형상 목록의 변경 요구를 즉시 수용 및 반영해야 한다.
④ 형상 감사는 형상 관리 계획대로 형상 관리가 진행되고 있는지, 형상 항목의 변경이 요구 사항에 맞도록 제대로 이뤄졌는지 등을 살펴보는 활동이다.

> **해설**
> 형상 통제는 변경 요구를 수용하기 전에 적절한 평가와 승인 과정을 거쳐야 한다. 모든 변경 요청을 즉시 수용하는 것은 형상 관리의 목적에 반하는 행위이다.

정답 ③

015 다음 형상 관리(Configuration Management) 설명에 가장 부합하는 용어는?

> 이는 시스템을 구성하는 컴포넌트 버전의 집합이다. 여기에 사용된 컴포넌트 버전은 변경되지 않도록 통제되어야 한다. 만약 이를 새롭게 재생성하고자 하면 구성된 컴포넌트 버전을 변경할 수 있다.

① Mainline   ② Baseline   ③ Branching   ④ Merging

> **해설**
> Baseline은 프로젝트의 특정 시점에서의 제품이나 프로세스의 상태를 나타내며, 이후의 변경을 기반으로 추적과 비교의 대상이 된다.

정답 ②

016 형상 관리의 형상 제어(Configuration Control) 활동에서 수행하는 작업으로만 묶은 것은?

> ㄱ. 형상 항목과 형상 식별자 선정
> ㄴ. 변경 요청사항에 대한 심사 및 변경 실시
> ㄷ. 변경 내용을 확인하고 베이스라인 수립
> ㄹ. 형상 관리 계획서대로 형상 관리가 진행되고 있는지 검증

① ㄱ, ㄴ   ② ㄴ, ㄷ   ③ ㄴ, ㄹ   ④ ㄷ, ㄹ

> **해설**
> 형상 제어(Configuration Control)는 변경 요청사항에 대한 처리와 관련된 활동을 의미한다. ㄱ은 형상 식별, ㄹ은 형상 감사에서 진행된다.

정답 ②

017 소프트웨어 형상 관리(SCM)의 기본 요소에 대한 설명으로 옳지 않은 것은?

① 형상 항목 식별 - 소프트웨어 형상의 조직적 구조를 정의하고 수정이 용이하거나 변경이 발생할 때 추적이 쉽도록 하는 작업이다.
② 형상 제어 - 식별된 형상 항목의 변경 요구를 검토, 승인하여 현재의 베이스라인이 적절히 반영될 수 있도록 하는 작업이다.
③ 형상 감사 - 설계된 것이 만들어지고 테스트한 후 형상 항목에 대해 요구사항이 만족하는지 검증하는 작업이다.
④ 형상 상태 보고 - 모든 문서가 소프트웨어 내용과 정확히 맞는지를 검사하며 소프트웨어 제품 명세 검토, 각 동작에 대한 메모, 원시 코드 등의 정보를 지원하는 작업이다.

> **해설**
> 형상 상태 보고는 형상 항목의 현재 상태, 변경 이력 등을 문서화하고 보고하는 활동이다.

정답 ④

018 형상 관리(Configuration Management)의 활동 중 형상 식별(Configuration Identification) 단계에서 수행되는 활동을 〈보기〉에서 모두 고른 것은?

― 〈보기〉 ―
ㄱ. 형상 관리 대상을 선정
ㄴ. 변경 사항 요청 및 심사
ㄷ. 형상 관리를 위한 식별자 규칙 선정
ㄹ. 변경을 완료하고 새로운 버전 번호 부여
ㅁ. 형상 관리가 계획서대로 관리되고 있는지 검사

① ㄱ, ㄷ
② ㄴ, ㄷ
③ ㄷ, ㄹ
④ ㄹ, ㅁ

> **해설**
> 형상 식별(Configuration Identification) 단계는 형상 관리 대상을 명확히 식별하고, 형상 항목들을 추적할 수 있도록 관리하는 것이 중요한 역할이다. 변경 사항 요청 및 심사는 형상 통제(Configuration Control) 단계에서 이루어진다. 변경을 완료하고 새로운 버전 번호 부여는 형상 기록 및 보고(Configuration Status Accounting) 단계에서 이루어진다. 형상 관리가 계획서대로 관리되고 있는지 검사는 형상 감사(Configuration Audit) 단계에서 수행된다.

정답 ①

제품 소프트웨어 패키징

Section 1. 제품 소프트웨어 패키징

001 소프트웨어 패키징에 대한 설명으로 틀린 것은?

① 패키징은 개발자 중심으로 진행한다.
② 신규 및 변경 개발 소스를 식별하고, 이를 모듈화하여 상용제품으로 패키징한다.
③ 고객의 편의성을 위해 매뉴얼 및 버전 관리를 지속적으로 한다.
④ 범용 환경에서 사용이 가능하도록 일반적인 배포 형태로 패키징이 진행된다.

> **해설**
> 소프트웨어 패키징은 사용자 중심으로 진행되어야 하며, 개발자 중심으로 진행될 경우, 사용자의 요구사항이나 편의성을 놓칠 수 있다.

정답 ①

002 SW 패키징 도구 활용 시 고려 사항과 거리가 먼 것은?

① 패키징 시 사용자에게 배포되는 SW이므로 보안을 고려한다.
② 사용자 편의성을 위한 복잡성 및 비효율성 문제를 고려한다.
③ 보안상 단일 기종에서만 사용할 수 있도록 해야 한다.
④ 제품 SW 종류에 적합한 암호화 알고리즘을 적용한다.

> **해설**
> 보안상 단일 기종에서만 사용할 수 있도록 제한하는 것은 보안만을 위한 한정적인 시각에서 바라본 것으로, 이러한 접근은 사용자 편의성 및 소프트웨어의 보편성을 떨어뜨릴 수 있다.

정답 ③

003 제품 소프트웨어 패키징 도구 활용 시 고려 사항이 아닌 것은?

① 제품 소프트웨어의 종류에 적합한 암호화 알고리즘을 고려한다.
② 추가로 다양한 이기종 연동을 고려한다.
③ 사용자 편의성을 위한 복잡성 및 비효율성 문제를 고려한다.
④ 내부 콘텐츠에 대한 보안은 고려하지 않는다.

> **해설**
> 소프트웨어의 기능이나 데이터를 보호하기 위해서는 해당 콘텐츠에 대한 보안 고려가 필수적이다.

정답 ④

004 애플리케이션 패키징 순서가 올바로 나열된 것은?

ㄱ. 기능 식별	ㄴ. 빌드 진행
ㄷ. 사용자 환경 분석	ㄹ. 모듈화
ㅁ. 패키징 변경 개선	ㅂ. 패키징 적용 시험

① ㄱ → ㄴ → ㄷ → ㄹ → ㅁ → ㅂ
② ㄹ → ㄱ → ㄴ → ㄷ → ㅂ → ㅁ
③ ㄹ → ㄱ → ㄴ → ㄷ → ㅁ → ㅂ
④ ㄱ → ㄹ → ㄴ → ㄷ → ㅂ → ㅁ

정답 ④

005 다음에 설명하는 용어는?

- 소프트웨어와 함께 배포되는 문서이다.
- 소프트웨어의 서비스 내용과 수정, 변경 또는 개선되는 내용들을 제공한다.

① 설치 매뉴얼
② 소프트웨어 설치 파일
③ 릴리즈 노트
④ 오류 매뉴얼

> **해설**
> 릴리즈 노트는 소프트웨어 또는 서비스가 출시 또는 업데이트 될 때마다 해당 상품의 배포와 함께 변경 사항, 기능 추가/삭제, 버그 개선 등 변경 사항을 체계적으로 정리하여 정보를 제공하는 문서이다.

정답 ③

006 릴리즈 노트 작성 시 릴리즈 노트 이름, 소프트웨어 이름, 릴리즈 버전, 릴리즈 날짜, 릴리즈 노트 날짜 등이 포함되는 항목은?

① 개요　　② 목적　　③ 면책조항　　④ Header

> **해설**
> 릴리즈 노트 헤더에는 문서 이름(릴리즈 노트 이름), 제품 이름, 버전 번호, 릴리즈 날짜, 참고 날짜, 노트 버전 등이 포함된다.

정답 ④

007 다음이 설명하는 IT 기술은?

- 컨테이너 응용 프로그램의 배포를 자동화하는 오픈 소스 엔진이다.
- 소프트웨어 컨테이너 안에 응용 프로그램들을 배치시키는 일을 자동화해 주는 오픈 소스 프로젝트이자 소프트웨어로 볼 수 있다.

① StackGuard
② Docker
③ Cipher Container
④ Scytale

해설
도커는 컨테이너 기술을 기반으로 하는 오픈 소스 프로젝트이자 소프트웨어이다. 컨테이너는 운영체제의 가상화 기술의 일종으로, 애플리케이션과 그에 필요한 모든 종속성을 하나의 패키지로 묶어 제공한다. 도커는 이러한 컨테이너를 생성, 관리, 실행하는 기능을 제공한다.

정답 ②

008 다음 중 프로그램의 종류에 대한 설명으로 틀린 것은?

① 베타 버전이란 개발자가 상용화하기 전에 테스트용으로 배포하는 것을 말한다.
② 쉐어웨어란 기간이나 기능 제한 없이 무료로 사용하는 것을 말한다.
③ 데모 버전이란 기간이나 기능의 제한을 두고 무료로 사용하는 것을 말한다.
④ 테스트 버전이란 데모 버전 이전에 오류를 찾기 위해 배포하는 것을 말한다.

해설
쉐어웨어는 유료 판매를 목적으로 사용자에게 무료로 써볼 수 있게 배포하는 프로그램이다. 보통 기간을 두거나 기능을 제한한다. 누구나 기간이나 기능 제한 없이 이용할 수 있는 프로그램은 공개 소프트웨어이다.

정답 ②

009 지속적 통합(Continuous Integration)은 통합이 빈번하게 이루어지고 통합 결과를 바로 알 수 있기 때문에 소프트웨어의 품질을 높이고 통합의 위험을 줄이는 대표적인 애자일 방법으로 요즘 널리 사용되고 있다. 이러한 지속적 통합을 효과적으로 지원하기 위해 다양한 오픈 소스 소프트웨어가 활용된다. 다음 중 지속적 통합에 밀접하게 사용될 수 있는 오픈 소스 소프트웨어로 가장 적절하지 않은 것은?

① Git
② JUnit
③ Jenkins
④ ProcessMaker

해설
지속적인 통합을 위해서 단위 테스트와 형상 관리, 빌드를 진행해야 한다.
ProcessMaker는 프로세스 관리 도구이다.

정답 ④

010 네트워크 자원들의 상태를 모니터링하고 이들에 대한 제어를 통해서 안정적인 네트워크 서비스를 제공하는 것을 무엇이라 하는가?

① 게이트웨이 관리
② 서버 관리
③ 네트워크 관리
④ 시스템 관리

> **해설**
> ※ 네트워크 관리 주요 기능
> • 네트워크 자원의 상태 모니터링
> • 네트워크 자원에 대한 제어
> • 네트워크의 성능 및 효율 개선
> • 네트워크 보안 강화

정답 ③

011 위험 모니터링의 의미를 가장 잘 설명한 것은?

① 위험을 이해하는 것
② 위험 요소들에 대하여 계획적으로 관리하는 것
③ 위험 요소 징후들에 대하여 계속적으로 인지하는 것
④ 첫 번째 조치로 위험을 피할 수 있도록 하는 것

> **해설**
> 위험 모니터링은 위험이 발생할 가능성과 영향을 지속적으로 파악하여 위험이 발생하거나 악화되는 것을 방지하거나 최소화하는 활동이다.

정답 ③

012 다음 문장에서 설명하는 디지털 멀티미디어 콘텐츠 보호 방법은?

> • 콘텐츠를 암호화한 후 배포하여 인증된 사용자만 사용
> • 무단 복제 시 인증되지 않은 사용자는 사용할 수 없도록 제어

① DRM
② Water Marking
③ DOI
④ INDECS

> **해설**
> DRM(Digital Rights Management)은 디지털 저작권 관리를 의미하며, 디지털 콘텐츠의 무단 복제 및 사용을 방지하기 위한 기술이다. DRM은 콘텐츠를 암호화하여 인증된 사용자만 사용할 수 있도록 하는 방법을 사용한다.

정답 ①

013 다음 중 DRM(Digital Rights Management)에 관한 설명 중 틀린 것은?

① 디지털 자산을 보호하는 기술로, 대표적으로 문서를 암호화하는 기술이 포함된다.
② 전자문서, 음악, SW, E-Book 등 모든 전자적 형태의 콘텐츠가 보호 대상에 포함된다.
③ 인가된 사용자만 접근할 수 있도록 자산을 암호화하거나 접근 통제를 적용한다.
④ 과거의 IP 기반 접근 통제가 확장되어 MAC 주소 기반으로 접근 제어가 이루어진다.

> **해설**
> DRM은 IP 기반 접근 통제뿐만 아니라, 사용자 인증, 사용 기간 제한, 복제 방지 등 다양한 기술을 사용하여 디지털 자산을 보호한다.

정답 ④

014 DRM(Digital Rights Management)에 대한 설명으로 옳지 않은 것은?

① 문서의 열람, 편집, 프린트 등에 대한 접근 권한을 설정한다.
② 문서 사용에 인가를 부여받은 사용자에게 접근을 허용한다.
③ DRM 모듈로 운영되는 시스템의 하드디스크는 도난당하더라도 정보 유출의 위험이 적다.
④ 사용하기 불편하므로 인증서를 전혀 사용하지 않는다.

> **해설**
> DRM은 디지털 콘텐츠의 무단 복제 및 사용을 방지하기 위한 기술이다. 이를 위해 인증서를 사용하여 사용자를 식별하고, 해당 사용자에게만 콘텐츠에 대한 접근 권한을 부여한다.

정답 ④

015 디지털 저작권 관리(DRM)의 기술 요소가 아닌 것은?

① 크랙 방지 기술
② 정책 관리 기술
③ 암호화 기술
④ 방화벽 기술

> **해설**
> 방화벽 기술은 네트워크 보안을 위해 사용되는 기술이다. DRM은 디지털 콘텐츠의 무단 복제 및 사용을 방지하기 위한 기술이므로, 방화벽 기술은 DRM의 기술 요소가 아니다.

정답 ④

016 디지털 저작권 관리(DRM) 기술과 거리가 먼 것은?

① 콘텐츠 암호화 및 키 관리
② 콘텐츠 식별체계 표현
③ 콘텐츠 오류 감지 및 복구
④ 라이선스 발급 및 관리

> **해설**
> 콘텐츠 오류 감지 및 복구는 디지털 콘텐츠의 손상을 감지하고 복구하는 기술이다. DRM은 디지털 콘텐츠의 무단 복제 및 사용을 방지하는 기술이므로, 콘텐츠 오류 감지 및 복구는 DRM의 기술 요소와 거리가 멀다.

정답 ③

017 DRM(Digital Right Management) 시스템에서 권리 표현에 관한 설명으로 가장 거리가 먼 것은?

① REL(Rights Expression Language)은 XML을 기반으로 이루어져 있다.
② XACML(eXtensible Access Control Markup Language)은 대표적인 DRM 권리 표현 언어이다.
③ 대부분의 REL은 일반 언어와 똑같이 어휘(Semantics)와 어휘에 대한 구조(Syntax)를 포함한다.
④ MPEG-21 REL에서는 리소스를 디지털 포맷으로 제한하나, ODRL(Open Digital Right Language)에서는 모든 포맷을 허용한다.

> **해설**
> XACML은 권한관리 및 접근 제어를 위한 정책 표현 언어로, DRM의 권리 표현 언어로 사용되기보다는 일반적인 접근 제어 시스템에서의 정책 정의와 평가를 위한 목적으로 설계되었다.

정답 ②

018 저작권 관리 구성요소에 대한 설명이 틀린 것은?

① 콘텐츠 제공자(Contents Provider): 콘텐츠를 제공하는 저작권자
② 콘텐츠 분배자(Contents Distributor): 콘텐츠를 메타 데이터와 함께 배포 가능한 단위로 묶는 기능
③ 클리어링 하우스(Clearing House): 키 관리 및 라이선스 발급 관리
④ DRM 컨트롤러: 배포된 콘텐츠의 이용 권한을 통제

> **해설**
> 콘텐츠 분배자는 콘텐츠를 배포하는 역할을 한다. 콘텐츠를 메타 데이터와 함께 배포 가능한 단위로 묶는 기능은 패키저가 수행한다.

정답 ②

019 저작권 관리 구성요소 중 패키저(Packager)의 주요 역할로 옳은 것은?

① 콘텐츠를 제공하는 저작권자를 의미한다.
② 콘텐츠를 메타 데이터와 함께 배포 가능한 단위로 묶는다.
③ 라이선스를 발급하고 관리한다.
④ 배포된 콘텐츠의 이용 권한을 통제한다.

> **해설**
> 패키저는 콘텐츠를 DRM 기술을 사용하여 암호화하고, 메타 데이터와 함께 배포 가능한 단위로 묶는 역할을 한다.

정답 ②

020 디지털 저작권 관리(DRM) 구성요소가 아닌 것은?

① Dataware House
② DRM Controller
③ Packager
④ Contents Distributor

> **해설**
> Dataware House는 데이터를 통합하고 분석하기 위한 시스템이다.
> 디지털 저작권 관리(DRM) 구성요소는 콘텐츠 제공자(Contents Provider), 콘텐츠 분배자(Contents Distributor), 패키저(Packager), DRM 컨트롤러(DRM Controller) 등이 있다.

정답 ①

021 DRM(Digital Rights Management)과 관련한 설명으로 틀린 것은?

① 디지털 콘텐츠와 디바이스의 사용을 제한하기 위해 하드웨어 제조업자, 저작권자, 출판업자 등이 사용할 수 있는 접근 제어 기술을 의미한다.
② 디지털 미디어의 생명주기 동안 발생하는 사용 권한관리, 과금, 유통 단계를 관리하는 기술로도 볼 수 있다.
③ 클리어링 하우스(Clearing House)는 사용자에게 콘텐츠 라이선스를 발급하고 권한을 부여해 주는 시스템을 말한다.
④ 원본을 안전하게 유통하기 위한 전자적 보안은 고려하지 않기 때문에 불법 유통과 복제의 방지는 불가능하다.

> **해설**
> DRM은 디지털 콘텐츠의 무단 복제 및 사용을 방지하기 위한 기술이다. 따라서 원본을 안전하게 유통하기 위한 전자적 보안을 고려한다.

정답 ④

022 저작권법에서 저작물의 원본 또는 그 복제물을 공중에게 대가를 받거나 받지 아니하고 양도 또는 대여하는 것을 의미하는 용어는?

① 발행
② 배포
③ 복제
④ 편집물

> **해설**
> 저작권법 제2조 제3호에 따르면, 배포란 저작물을 공중에게 대가를 받거나 받지 아니하고 양도 또는 대여하는 것을 말한다. 따라서 저작물의 원본 또는 그 복제물을 공중에게 대가를 받거나 받지 아니하고 양도 또는 대여하는 것은 배포에 해당한다.

정답 ②

023 다음에서 설명하는 DRM기술은 무엇인가?

> 인간의 감지 능력으로는 검출할 수 없도록 사용자의 정보를 멀티미디어 콘텐츠 내에 삽입하는 기술로 콘텐츠를 구매한 사용자의 정보를 삽입함으로써 이후에 발생하게 될 콘텐츠 불법 배포자를 추적하는 데 사용하는 기술이다.

① 워터마킹
② 핑거프린팅
③ 템퍼링 기술
④ DOI

> **해설**
> • 구매자의 정보도 같이 삽입하는 것은 핑거프린팅이다.
> • 템퍼링은 데이터를 위변조해서 보안 취약점을 공격하는 행위이다. DRM에서는 이런 템퍼링을 방지할 수 있도록 난독화, 화이트박스 암호화 등을 이용해 템퍼링을 방지해야 한다.

정답 ②

024 DRM(Digital Right Management)에 대한 설명으로 옳지 않은 것은?

① 디지털 콘텐츠의 불법 복제와 유포를 막고, 저작권 보유자의 이익과 권리를 보호해 주는 기술과 서비스를 말한다.
② DRM은 파일을 저장할 때, 암호화를 사용한다.
③ DRM 템퍼 방지(Tamper Resistance) 기술은 라이선스 생성 및 발급 관리를 처리한다.
④ DRM은 온라인 음악 서비스, 인터넷 동영상 서비스, 전자책, CD/DVD 등의 분야에서 불법 복제 방지 기술로 활용된다.

> **해설**
> DRM 템퍼 방지 기술은 콘텐츠가 무단으로 수정되지 않았는지 확인하는 기술이다.

정답 ③

025 디지털 콘텐츠 보호에 활용되는 저작권 기술에 대한 설명으로 가장 적절하지 않은 것은?

① 디지털 워터마킹(Digital Watermarking)은 원본의 내용을 왜곡하지 않는 범위 내에서 혹은 사용자가 인식하지 못하도록 저작권 정보를 디지털 콘텐츠에 삽입하는 기술이다.
② 핑거프린팅(Fingerprinting)은 디지털 콘텐츠를 구매할 때 판매자의 정보를 삽입하여 불법 배포 발견 시 최초의 배포자를 추적할 수 있게 하는 기술이다.
③ DRM(Digital Rights Management)은 디지털 콘텐츠의 불법복제와 유포를 막고 지적재산권 보유자의 이익과 권리를 보호해주는 기술과 서비스를 말한다.
④ DRM(Digital Rights Management) 구성요소 중 메타데이터(Metadata)는 콘텐츠 생명주기 범위 내에서 관리되어야 할 각종 데이터의 구조 및 정보를 의미한다.

> **해설**
> 핑거프린팅 기술은 디지털 콘텐츠를 구매한 사용자의 정보를 삽입하는 기술이다.

정답 ②

026 다음 중 DRM 권리 표현 종류가 아닌 것은?

① Render Permission
② Transport Permission
③ Derivative Permission
④ DRM Permission

> **해설**
> - Render Permission: 사용자에게 콘텐츠가 표현되고 이용되는 권리 형태를 정의
> - Transport Permission: 사용자들 간에 권리의 교환이 이루어지는 권리 형태를 정의
> - Derivative Permission: 콘텐츠의 추출 변형이 가능한 권리 형태를 정의

정답 ④

Section 2. 제품 소프트웨어 매뉴얼 작성

001 소프트웨어 설치 매뉴얼에 대한 설명으로 틀린 것은?
① 설치 과정에서 표시될 수 있는 예외 상황에 관련 내용을 별도로 구분하여 설명한다.
② 설치 시작부터 완료할 때까지의 전 과정을 빠짐없이 순서대로 설명한다.
③ 설치 매뉴얼은 개발자 기준으로 작성한다.
④ 설치 매뉴얼에는 목차, 개요, 기본사항 등이 기본적으로 포함되어야 한다.

> [해설]
> 소프트웨어 설치 매뉴얼은 사용자를 대상으로 작성되어야 한다. 개발자 기준으로 작성하면 사용자는 이해하기 어려울 수 있다.

정답 ③

002 소프트웨어 설치 매뉴얼에 포함될 항목이 아닌 것은?
① 제품 소프트웨어 개요
② 설치 관련 파일
③ 프로그램 삭제
④ 소프트웨어 개발 기간

> [해설]
> 소프트웨어의 개발 기간은 사용자에게 중요한 정보가 아니므로, 소프트웨어 설치 매뉴얼에 포함될 필요가 없다.

정답 ④

003 소프트웨어 유지보수의 부작용 중 자료 코드에 대한 변경이 설계 문서나 사용자가 사용하는 매뉴얼에 적용되지 않을 때 발생하는 부작용은 무엇인가?
① 코딩 부작용
② 자료 부작용
③ 문서화 부작용
④ 유지보수 부작용

> [해설]
> 변경된 코드와 관련 문서가 일치하지 않으면 이후 유지보수나 사용자 활용에 문제가 발생할 수 있다.

정답 ③

004 아래 제품 소프트웨어의 사용자 매뉴얼 작성 절차 중 (가)~(다)와 〈보기〉의 ㉠~㉢을 바르게 연결한 것은?

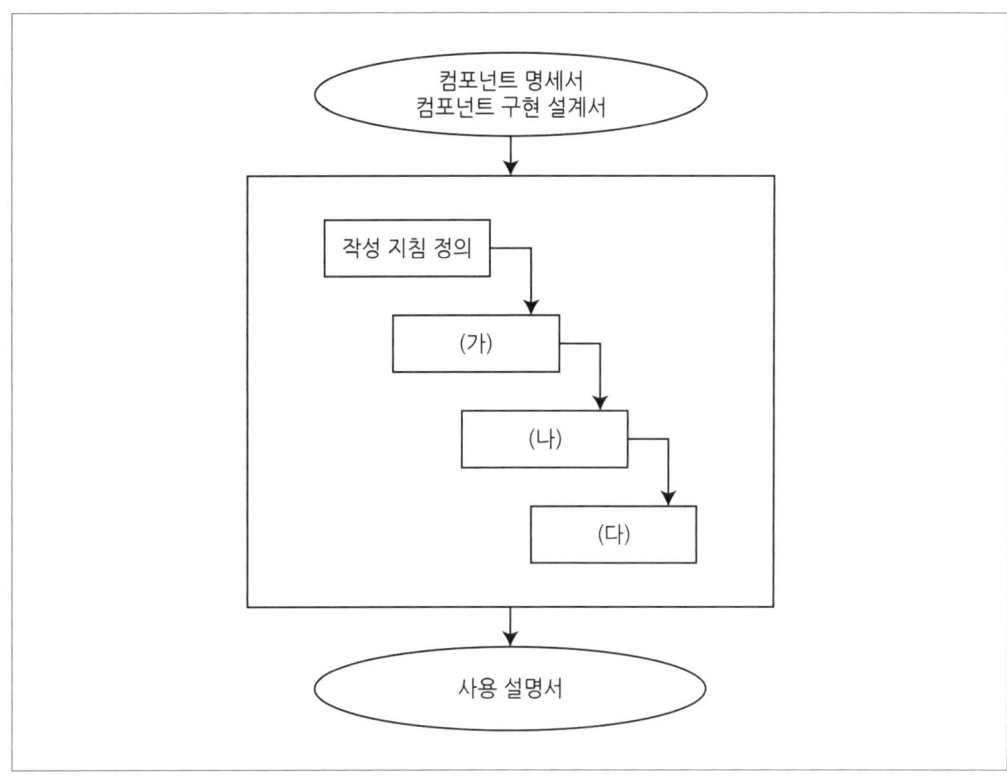

―〈보기〉―
㉠ 사용 설명서 검토
㉡ 구성 내용별 내용 작성
㉢ 사용 설명서 구성요소 정의

① (가)-㉠, (나)-㉡, (다)-㉢
② (가)-㉢, (나)-㉡, (다)-㉠
③ (가)-㉠, (나)-㉢, (다)-㉡
④ (가)-㉢, (나)-㉠, (다)-㉡

해설
- 사용자 매뉴얼 작성 절차
작성 지침 정의 → 사용자 매뉴얼 구성요소 정의 → 구성요소별 내용 작성 → 사용자 매뉴얼 검토

정답 ②

005 ISO 품질 평가 표준에 대한 설명으로 가장 옳지 않은 것은?

① ISO/IEC 9126: 소프트웨어 품질의 특성을 정의하고 품질 평가 메트릭을 정의
② ISO/IEC 12207: 설계, 생산, 설치 및 서비스 과정에 대한 품질보증 모델
③ ISO/IEC 14598: 소프트웨어 제품의 품질을 측정하거나 평가하기 위한 방법과 절차를 규정
④ ISO/IEC 15504: 소프트웨어 프로세스를 평가하고 개선함으로써 품질 및 생산성을 높이기 위한 표준

> **해설**
> ISO/IEC 12207은 소프트웨어 생명주기 프로세스에 대한 표준이다. 이 표준은 소프트웨어의 획득, 공급, 개발, 운영, 유지보수 등의 프로세스를 규정한다.

정답 ②

006 ISO 9126에 근거한 소프트웨어 품질 목표 중 명시된 조건 하에서 소프트웨어 제품의 일정한 성능과 자원 소요량의 관계에 관한 속성, 즉 요구되는 기능을 수행하기 위해 필요한 자원의 소요 정도를 의미하는 것은?

① Usability
② Reliability
③ Functionality
④ Efficiency

정답 ④

007 다음은 사용자 인터뷰 일부를 발췌한 것이다. 이와 관련된 ISO 9126 품질 특성으로 가장 적절한 것은?

> 요즘 컴퓨터가 재부팅하면 20초 내에 켜지는 것처럼 만약 시스템이 멈추게 되어도 20초 내에 정상 작동이 되도록 해주세요. 그리고 절대 저 이외에는 다른 사람들이 이 시스템을 껐다 켜지 못하게 해야 합니다. 아무나 껐다 켤 수 있다면 정말 큰일이 나니까요.

① 효율성, 신뢰성
② 기능성, 신뢰성
③ 기능성, 유지보수성
④ 사용성, 이식성

> **해설**
> 20초 내에 정상작동이 되도록 하는 것은 시스템이 멈춘 후 빠르게 복구되는 능력에 관한 부분이므로 '신뢰성'에 해당한다. 다른 사람들이 이 시스템을 껐다 켜지 못하게 해야 하는 부분은, 보안 기능에 관한 부분이므로 '기능성'에 해당한다.

정답 ②

008 어떤 웹 서비스 시스템은 다음과 같은 특징을 가지고 있다. 이 시스템과 관련하여 ISO/IEC 9126 품질 특성 중에서 개선할 필요가 있는 것은?

- 온라인/오프라인 도움말을 제공하지 않는다.
- 시스템이 제공하는 기능을 메뉴명으로 이해하기 어렵다.
- 모든 웹 페이지에서 홈페이지로 바로 가는 '홈 버튼'이 제공되지 않아 이전 페이지로 이동하는 '뒤로 가기 버튼'을 이용하여 여러 단계를 거쳐 홈페이지로 갈 수밖에 없다.

① 효율성(Efficiency)
② 사용성(Usability)
③ 이식성(Portability)
④ 유지보수성(Maintainability)

해설
사용성은 소프트웨어 제품이 사용자에게 얼마나 사용하기 쉬운지를 의미한다. 사용성이 높은 소프트웨어 제품은 사용자에게 편리하고, 만족도를 높인다.

정답 ②

009 소프트웨어 품질에 관한 국제 표준 규격인 ISO 9126의 품질 특성에 대한 설명으로 옳지 않은 것은?

① 유지보수성(Maintainability): 변경 및 오류 사항의 교정에 대한 노력을 최소화하는 정도
② 기능성(Functionality): 주어진 조건하에서 기능이 정상적으로 계속 동작하는 정도
③ 사용성(Usability): 사용에 필요한 노력을 최소화하고 쉽게 사용할 수 있는 정도
④ 효율성(Efficiency): 요구되는 기능을 수행하기 위해 필요한 자원의 소요 정도

해설
기능성은 소프트웨어가 요구되는 기능을 충족하는 정도를 의미한다. 정상적으로 계속 동작하는 정도는 신뢰성으로 볼 수 있다.

정답 ②

010 ISO/IEC 9126의 소프트웨어 품질 특성 중 기능성(Functionality)의 하위 특성으로 옳지 않은 것은?

① 학습성   ② 적합성   ③ 정확성   ④ 보안성

해설
기능성의 부특성은 적합성, 정확성, 상호 운용성, 보안성, 준수성이다. 학습성은 사용성의 부특성이다.

정답 ①

011 ISO/IEC 9126의 6가지 품질 특성 중 신뢰성(Reliability)을 구성하는 하위 특성에 대한 설명으로 가장 옳은 것은?

① 적응성(Adaptability)은 소프트웨어가 설치되어 있는 운영체제나 미들웨어 또는 하드웨어 환경에서 정상적으로 잘 작동할 수 있는 능력을 말한다.
② 안정성(Stability)은 소프트웨어 변경으로 인한 예상치 못한 결과를 최소화하는 능력을 말한다.
③ 정확성(Accuracy)은 사용자가 요구하는 정밀도를 유지하거나 허용 범위 내의 결과값을 제공할 수 있는 능력을 말한다.
④ 결함 수용성(Fault Tolerance)은 소프트웨어 일부에서 고장이 발생해도 요구되는 기능을 유지할 수 있는지를 나타낸다.

> **해설**
> 신뢰성 품질 특성의 하위 특성은, 성숙성, 결함 허용성, 복구성이다. 적응성은 이식성, 안정성은 유지보수성, 정확성은 기능성의 부특성이다.

정답 ④

012 패키지 소프트웨어의 일반적인 제품 품질 요구사항 및 테스트를 위한 국제 표준은?

① ISO/IEC 2196
② IEEE 19554
③ ISO/IEC 12119
④ ISO/IEC 14959

> **해설**
> ISO/IEC 12119는 패키지 소프트웨어의 품질을 평가하기 위한 요구사항과 테스트 방법을 담고 있다.

정답 ③

013 다음 설명에 해당하는 것은?

- 소프트웨어 품질을 평가하기 위한 국제 표준이다.
- 소프트웨어 제품 품질 관련 모델들을 통합하기 위한 모델로 제시되었다.
- 품질 관리, 품질 모델, 품질 측정, 품질 요구사항, 품질 평가 부문 등으로 구성된다.

① ISO 12207
② ISO 14764
③ ISO 25000
④ ISO 26262

정답 ③

014 소프트웨어 품질 관련 국제 표준인 ISO/IEC 25000에 관한 설명으로 옳지 않은 것은?

① 소프트웨어 품질 평가를 위한 소프트웨어 품질 평가 통합 모델 표준이다.
② System and Software Quality Requirements and Evaluation으로 줄여서 SQuaRE라고도 한다.
③ ISO/IEC 2501n에서는 소프트웨어의 내부 측정, 외부 측정, 사용품질 측정, 품질 측정 요소 등을 다룬다.
④ 기존 소프트웨어 품질 평가 모델과 소프트웨어 평가 절차 모델인 ISO/IEC 9126과 ISO/IEC 14598을 통합하였다.

> **해설**
> 내부 측정, 외부 측정, 사용품질 측정, 품질 측정 요소 등을 다루는 부분은 2502n이다.

정답 ③

---

015 소프트웨어 품질 측정을 위해 개발자 관점에서 고려해야 할 항목으로 거리가 먼 것은?

① 정확성 ② 무결성 ③ 사용성 ④ 간결성

> **해설**
> - 정확성: 소프트웨어가 사용자의 요구사항 및 기능적 명세에 부합하게 동작하는지를 의미
> - 무결성: 소프트웨어가 허용되지 않은 액세스로부터 자신을 보호하는 능력을 의미
> - 사용성: 소프트웨어를 편리하게 사용할 수 있는 능력을 의미

정답 ④

---

016 소프트웨어 품질 목표 중 주어진 시간 동안 주어진 기능을 오류 없이 수행하는 정도를 나타내는 것은?

① 직관성 ② 사용 용이성
③ 신뢰성 ④ 이식성

정답 ③

---

017 소프트웨어의 일부분을 다른 시스템에서 사용할 수 있는 정도를 의미하는 것은?

① 신뢰성(Reliability) ② 유지보수성(Maintainability)
③ 가시성(Visibility) ④ 재사용성(Reusability)

> **해설**
> 재사용성은 소프트웨어 개발의 효율성과 생산성을 향상시키기 위한 중요한 품질 특성이다. 재사용성을 높이기 위해서는 소프트웨어를 모듈화하고, 표준화된 인터페이스를 제공하는 등의 노력이 필요하다.

정답 ④

018 소프트웨어 품질 목표 중 쉽게 배우고 사용할 수 있는 정도를 나타내는 것은?
① Correctness
② Reliability
③ Usability
④ Integrity

> **해설**
> 사용성은 사용자에 의한 이해, 학습, 사용 및 선호되는 능력이다. 부특성으로 이해성, 학습성, 운영성, 선호도, 준수성 등이 있다.

정답 ③

019 소프트웨어 품질 목표 중 하나 이상의 하드웨어 환경에서 운용되기 위해 쉽게 수정될 수 있는 시스템 능력을 의미하는 것은?
① Portability
② Efficiency
③ Usability
④ Correctness

> **해설**
> 이식성(Portability)은 소프트웨어를 다양한 하드웨어 환경에서 사용할 수 있도록 개발하는 것이 중요하다.

정답 ①

020 소프트웨어에 대한 ISO/IEC 품질 표준 중에서 프로세스 품질 표준으로 옳은 것은?
① ISO/IEC 12119
② ISO/IEC 12207
③ ISO/IEC 14598
④ ISO/IEC 25010

> **해설**
> ISO/IEC 12207은 소프트웨어 생명주기 프로세스의 요구사항을 정의하는 국제 표준이다. ISO/IEC 12207은 소프트웨어 개발, 유지보수, 운용, 폐기 등의 모든 단계에 걸친 프로세스의 요구사항을 정의하고 있다.

정답 ②

021 소프트웨어 개발 작업에 일관적이고 체계적인 구조(Framework)를 제공하기 위하여 1995년에 ISO/IEC에서 제정한 소프트웨어 생명주기 공정 국제 표준은?
① ISO/IEC 9126
② ISO/IEC 12119
③ ISO/IEC 12207
④ ISO/IEC 25000

> **해설**
> ISO/IEC 12207은 소프트웨어 개발, 유지보수, 운용, 폐기 등의 모든 단계에 걸친 프로세스의 요구사항을 정의하고 있다.

정답 ③

022 ISO 12207 표준의 기본 생명주기의 주요 프로세스에 해당하지 않는 것은?

① 획득 프로세스
② 개발 프로세스
③ 성능평가 프로세스
④ 유지보수 프로세스

> **해설**
> ISO 12207 표준의 기본 생명주기의 주요 프로세스는 획득 프로세스, 개발 프로세스, 운영 프로세스, 유지보수 프로세스의 4가지이다. 성능평가는 지원 생명주기에 해당한다.

정답 ③

023 ISO 12207의 조직 생명주기 프로세스(Organizational Life Cycle Process)에 속하지 않는 것은?

① 공급 프로세스(Supply Process)
② 관리 프로세스(Management Process)
③ 개선 프로세스(Improvement Process)
④ 교육 프로세스(Training Process)

> **해설**
> 조직 생명주기 프로세스는 관리, 기반구조, 교육훈련, 개선의 4가지로 구성된다. 공급은 기본 생명주기 프로세스에 해당한다.

정답 ①

024 소프트웨어 프로세스에 대한 개선 및 능력 측정 기준에 대한 국제 표준은?

① ISO 14001
② IEEE 802.5
③ IEEE 488
④ SPICE

> **해설**
> 소프트웨어 개발 프로세스에 대한 측정 기준은 SPICE, CMM, CMMi이다.

정답 ④

025 SPICE 모델의 프로세스 수행 능력 수준의 단계별 설명이 틀린 것은?

① 수준 7 - 미완성 단계
② 수준 5 - 최적화 단계
③ 수준 4 - 예측 단계
④ 수준 3 - 확립 단계

> **해설**
>
> ※ SPICE 프로세스 능력 수준
> - 0: 불안정 단계(Incomplete) - 미구현 또는 목표 미달성
> - 1: 수행 단계(Performed) - 프로세스 수행 및 목적 달성
> - 2: 관리 단계(Managed) - 프로세스 수행 계획 및 관리
> - 3: 확립 단계(Established) - 표준 프로세스의 사용
> - 4: 예측 단계(Predictable) - 프로세스의 정량적 이해 및 통제
> - 5: 최적화 단계(Optimizing) - 프로세스의 지속적인 개선

정답 ①

026 SPICE의 성숙도 단계별 수준 중 프로세스가 정해진 절차에 따라 이루어져 산출물을 내며, 모든 작업이 계획되고 추적되는 단계는?

① 레벨 1 - 예측 단계
② 레벨 2 - 관리 단계
③ 레벨 3 - 최적화 단계
④ 레벨 4 - 확립 단계

> **해설**
>
> 관리 단계(Managed)는 프로세스 수행 계획 및 관리가 되는 단계이다.

정답 ②

027 다음은 어느 조직의 프로세스 수행 능력 수준을 조사한 것이다. 이 수준을 SPICE에서 정의한 프로세스 능력 수준으로 평가할 때, 해당하는 단계는?

> 프로세스가 소프트웨어 공학 원칙에 의하여 정의된 표준화 프로세스를 이용하여 수행되고 관리된다. 또한 프로세스의 달성이 철저하게 계획되고 추적되고 있다. 하지만, 프로세스 수행에 대한 상세한 측정치가 수집되고 분석되지는 않고 있다.

① 수준1
② 수준2
③ 수준3
④ 수준4

> **해설**
>
> - '프로세스가 소프트웨어 공학 원칙에 의하여 정의된 표준화 프로세스를 이용하여 수행되고 관리된다.'는 수준 3의 특징이다.
> - '프로세스의 달성이 철저하게 계획되고 추적되고 있다.'는 수준 2의 특징이다.
> - '프로세스 수행에 대한 상세한 측정치가 수집되고 분석되지는 않고 있다.'는 수준 4가 요구하는 측정과 분석이 이루어지지 않았음을 나타낸다.

정답 ③

028 소프트웨어 프로세스 품질보증에서 CMM의 성숙 단계로 맞는 것은?

① 초기 단계 - 정의 단계 - 반복 단계 - 관리 단계 - 최적화 단계
② 초기 단계 - 반복 단계 - 관리 단계 - 정의 단계 - 최적화 단계
③ 초기 단계 - 반복 단계 - 최적화 단계 - 관리 단계 - 정의 단계
④ 초기 단계 - 반복 단계 - 정의 단계 - 관리 단계 - 최적화 단계

> **해설**
> ※ CMM 성숙도 5단계
> - 1: 초기 단계(Initial)
> - 2: 반복 단계(Repeatable)
> - 3: 정의 단계(Defined)
> - 4: 관리 단계(Managed)
> - 5: 최적화 단계(Optimizing)

정답 ④

029 CMM(Capability Maturity Model) 모델의 레벨로 옳지 않은 것은?

① 최적 단계　　　　　　② 관리 단계
③ 계획 단계　　　　　　④ 정의 단계

정답 ③

030 CMM과 CMMI의 차이에 대한 설명으로 옳은 것은?

① CMM은 소프트웨어 개발 프로세스의 성숙도를 다루고, CMMI는 하드웨어, 네트워크 등 CMM에서 제외된 부분의 성숙도를 다룬다.
② CMM은 아날로그 타입이고, CMMI는 디지털 타입의 성숙도를 다룬다.
③ CMM과 CMMI는 같은 내용을 다루고, 단지 CMM의 최신 버전을 CMMI라고 한다.
④ CMM은 소프트웨어 개발 프로세스의 성숙도를 다루고, CMMI는 소프트웨어, 시스템, 프로덕트를 포함하는 세 분야를 통합 평가하는 모델이다.

> **해설**
> - CMM(Capability Maturity Model)은 소프트웨어 개발 프로세스의 성숙도를 단계별로 평가하는 모델이다.
> - CMMI(Capability Maturity Model Integration)는 CMM을 발전시킨 모델로, 소프트웨어, 시스템, 프로덕트를 포함하는 세 분야를 통합 평가하는 모델이다.

정답 ④

031 〈보기〉는 CMMI의 성숙도(Maturity) 5단계의 내용을 요약하고 있다. 이들을 초기 단계부터 최적화 단계까지 순서대로 바르게 나열한 것은?

〈보기〉
(가) 기본적인 프로젝트 관리 체계 수립
(나) 프로세스 최적화
(다) 조직 차원의 표준 프로세스를 통한 프로젝트 지원
(라) 정량적으로 프로세스가 측정/통제됨
(마) 예측/통제 불가능

① (라)-(다)-(가)-(마)-(나) ② (라)-(가)-(다)-(마)-(나)
③ (마)-(다)-(가)-(라)-(나) ④ (마)-(가)-(다)-(라)-(나)

해설
※ CMMI 성숙도 5단계
- 1: 초기 단계(Initial)
- 2: 관리 단계(Managed)
- 3: 정의 단계(Defined)
- 4: 정량적 관리 단계(Quantitatively Managed)
- 5: 최적화 단계(Optimizing)

정답 ④

032 다음에서 설명하는 CMMI의 성숙도 단계에 해당하는 것은?

표준 프로세스를 면밀히 검토하여 보완하고 최신 기술들을 반영하여 지속적으로 프로세스를 개선하고 이 개선된 프로세스를 전 조직이 사용하도록 한다.

① 관리(Managed) 단계
② 정의(Defined) 단계
③ 정량적 관리(Quantitatively Managed) 단계
④ 최적화(Optimizing) 단계

해설
최적화 단계는 프로세스가 최적화되어 있으며, 지속적으로 개선되고 있는 단계이다. 표준 프로세스를 면밀히 검토하여 보완하고 최신 기술들을 반영하여 지속적으로 프로세스를 개선하고 이 개선된 프로세스를 전 조직이 사용하도록 하는 것은 최적화 단계에 해당한다.

정답 ④

033 CMMI(Capability Maturity Model Integration)의 성숙도 모델에서 표준화된 프로젝트 프로세스가 존재하나 프로젝트 목표 및 활동이 정량적으로 측정되지 못하는 단계는?

① 관리(Managed) 단계
② 정의(Defined) 단계
③ 초기(Initial) 단계
④ 최적화(Optimizing) 단계

> **해설**
> 표준화된 프로젝트 프로세스가 존재하나 프로젝트 목표 및 활동이 정량적으로 측정되지 못하는 단계는 정의 단계이다.

정답 ②

034 다음에 해당하는 CMMI(Capability Maturity Model Integration) 모델의 성숙 단계로 옳은 것은? (단, 하위 성숙 단계는 모두 만족한 것으로 가정한다.)

- 요구사항 개발
- 조직 차원의 프로세스 정립
- 기술적 솔루션
- 조직 차원의 교육훈련
- 제품 통합
- 통합 프로젝트 관리
- 검증
- 위험관리
- 확인
- 의사 결정 분석 및 해결
- 조직 차원의 프로세스 개선

① 2단계
② 3단계
③ 4단계
④ 5단계

> **해설**
> 4단계는 조직적 프로세스 성과와 정량적인 프로젝트 관리가 있어야 한다. 5단계는 조직 혁신 및 이행 등이 있어야 한다.

정답 ②

Section 3. 제품 소프트웨어 버전 관리

001 동시에 소스를 수정하는 것을 방지하며 다른 방향으로 진행된 개발 결과를 합치거나 변경 내용을 추적할 수 있는 소프트웨어 버전 관리 도구는?

① RCS(Revision Control System)
② RTS(Reliable Transfer Service)
③ RPC(Remote Procedure Call)
④ RVS(Relative Version System)

> **해설**
> RCS는 소스 코드의 버전 관리를 위해 사용되는 도구이다. RCS는 체크아웃(Checkout) 및 체크인(Checkin) 기능을 사용하여 동시에 소스를 수정하는 것을 방지한다.

정답 ①

002 다음 설명의 소프트웨어 버전 관리 도구 방식은?

- 버전 관리 자료가 원격 저장소와 로컬 저장소에 함께 저장되어 관리된다.
- 로컬 저장소에서 버전 관리가 가능하므로 원격 저장소에 문제가 생겨도 로컬 저장소의 자료를 이용하여 작업할 수 있다.
- 대표적인 버전 관리 도구로 Git이 있다.

① 단일 저장소 방식
② 분산 저장소 방식
③ 공유 폴더 방식
④ 클라이언트·서버 방식

> **해설**
> 분산 저장소 방식은 버전 관리 자료가 원격 저장소와 로컬 저장소에 모두 저장되어 관리되는 방식이다. 대표적으로 Git, Betkeeper 등이 있다.

정답 ②

003 소프트웨어 버전 관리에 대한 다음 설명 중 가장 적절하지 않은 것은?

① Git과 Subversion 모두 Commit 명령으로 새로운 버전을 생성할 수 있다.
② 분산 버전 관리 시스템인 Git은 버전 저장소에서 컴포넌트 버전 간 차이인 델타를 이용하여 공간을 절약한다.
③ Subversion은 하나의 마스터 저장소에 모든 컴포넌트의 버전을 유지하는 중앙 집중 버전 관리 시스템이다.
④ 베이스라인은 시스템을 구성하는 컴포넌트 버전들의 집합을 의미한다. 소프트웨어 개발 과정 중 특정 시점이나 목적을 위하여 만들어진 산출물의 집합이다.

> **해설**
> Git의 주된 저장 방식은 델타가 아닌 파일의 스냅샷 방식이다.

정답 ②

004 다음 중 소프트웨어 형상 관리에 대한 설명으로 틀린 것은?

① 특정 컴포넌트의 일련의 버전을 코드라인(Codeline)이라고 하고, 시스템에 포함되는 컴포넌트들의 가장 최근 버전의 집합을 베이스라인(Baseline)이라고 한다.
② 버전 저장소로부터 개인 작업공간으로 가지고 오는 것을 체크아웃(Checkout)이라고 하고 변경된 컴포넌트들을 버전 저장소에 반영하는 것을 체크인(Checkin)이라고 한다.
③ 동일한 컴포넌트를 다른 목적으로 독립적인 개발을 하려면 분기(Branch)를 사용하고, 각 분기에서 변경된 내용을 합치는 것을 병합(Merge)이라고 하는데 병합 시 충돌(Conflict)이 발생할 수 있다.
④ 컴포넌트의 버전 간 차이를 델타(Delta)라고 하며, 어떤 버전으로부터 이전 버전을 생성하기 위한 규칙은 후향(Backward) 델타, 어떤 버전으로부터 이후 버전을 생성하기 위한 규칙은 전향(Forward) 델타라고 한다.

> **해설**
> 베이스라인(Baseline)은 특정 시점의 프로젝트 상태나 버전을 의미한다. 가장 최근 버전을 의미하진 않는다.

정답 ①

005 마스터 파일(Master File) 안의 정보 변동에 의해 추가, 삭제, 교환을 하고 새로운 내용의 마스터 파일을 작성하는 것을 무엇이라 하는가?

① 병합(Merge) ② 매칭(Matching)
③ 변환(Conversion) ④ 갱신(Update)

> **해설**
> 갱신은 기존의 정보를 새로운 정보로 대체하는 것을 의미한다. 마스터 파일의 정보가 변동되었을 경우, 새로운 정보로 대체하여 새로운 마스터 파일을 작성하는 것을 갱신이라고 한다.

정답 ④

006 형상 관리 도구의 주요 기능으로 거리가 먼 것은?

① 정규화(Normalization) ② 체크인(Check-in)
③ 체크아웃(Check-out) ④ 커밋(Commit)

CHAPTER 03. 제품 소프트웨어 패키징

> **해설**
> 정규화는 데이터베이스 설계에서 데이터의 중복을 제거하고, 데이터의 무결성을 보장하기 위해 수행하는 과정이다.

정답 ①

007 버전 관리 항목 중 저장소에 새로운 버전의 파일로 갱신하는 것을 의미하는 용어는?

① 형상 감사(Configuration Audit)
② 롤백(Rollback)
③ 단위 테스트(Unit Test)
④ 체크인(Check-in)

> **해설**
> 체크인은 버전 관리 시스템에 변경된 파일을 반영하는 과정이다. 따라서 저장소에 새로운 버전의 파일로 갱신하는 것을 의미하는 용어는 체크인이다.

정답 ④

008 IT 재해복구 체계 수립 시, 업무 영향 분석(BIA, Business Impact Analysis) 과정에서 고려하는 항목이 아닌 것은?

① MTD(Maximum Tolerable Downtime)
② MTU(Maximum Transfer Unit)
③ RTO(Recovery Time Objective)
④ RPO(Recovery Point Objective)

> **해설**
> MTU는 네트워크의 성능과 관련된 항목으로, 업무 영향 분석 과정에서 고려하는 항목이 아니다.
> MTU(Maximum Transfer Unit)는 네트워크에서 전송할 수 있는 최대 데이터 크기이다.

정답 ②

009 재해복구 수준별 핵심 지표에 대한 설명으로 가장 적절한 것은?

① RTO는 복구 완료가 필요한 기능의 우선순위이다.
② RPO는 서비스 중단에 따른 데이터 보호 계획이다.
③ RP는 실제 업무 기능 복구까지 걸리는 시간이다.
④ MTD는 서비스를 중단할 수 있는 최소시간이다.

> **해설**
> - RTO(Recovery Time Objective): 재해 발생 시 업무 기능을 복구하기 위한 목표 시간
> - RPO(Recovery Point Objective): 재해 발생 시 데이터를 복구하기 위한 목표 지점
> - MTD(Maximum Tolerable Downtime): 재해 발생 시 허용할 수 있는 최대 가동 중단 시간

정답 ③

010 백업 방식에 대한 설명으로 가장 적절한 것은?

① 증분(Incremental) 백업은 전체 백업 이후에 변경된 모든 데이터를 백업하는 방식이다.
② 차등(Differential) 백업은 최종 전체 백업 또는 최종 증분 백업 이후에 변경된 파일만을 백업하는 방식이다.
③ 합성(Synthetic) 백업은 기본 백업과 후속 차등 백업으로부터 전체 백업을 구성하거나 통합하는 방식이다.
④ 중복제거(Deduplication) 백업은 여러 개의 파일에서 동일한 부분은 하나만 저장하고 나머지 파일 구조는 메타데이터로 저장하는 방식이다.

> **해설**
> 중복제거 백업은 서로 다른 데이터(파일)들 간에 중복되는 부분을 검출해내고 백업 파일 저장 시 중복된 부분을 제거한 후 저장하는 기술이다.

정답 ④

011 다음 설명에 해당하는 명령으로 가장 알맞은 것은?

> 파일 시스템 전체를 백업할 때 사용하는 유틸리티로 보통 파티션 단위로 백업할 때 사용한다. 전체 백업과 증분 백업을 지원하고, 0~9단계의 레벨을 가지고 증분 백업을 지원한다.

① DD ② Cpio
③ Dump ④ Rsync

정답 ③

012 빌드 자동화 도구에 대한 설명으로 틀린 것은?

① Gradle은 실행할 처리 명령들을 모아 태스크로 만든 후 태스크 단위로 실행한다.
② 빌드 자동화 도구는 지속적인 통합 개발 환경에서 유용하게 활용된다.
③ 빌드 자동화 도구에는 Ant, Gradle, Jenkins 등이 있다.
④ Jenkins는 Groovy기반으로 한 오픈 소스로 안드로이드 앱 개발 환경에서 사용된다.

> **해설**
> Jenkins는 Java 기반의 오픈 소스로, 지속적인 통합(Continuous Integration) 서비스를 제공하는 도구이다. 안드로이드 앱 개발 환경에서 주로 사용되는 Groovy 기반의 오픈 소스 빌드 도구는 Gradle이다.

정답 ④

013 개발 환경 구성을 위한 빌드(Build) 도구에 해당하지 않는 것은?

① Ant
② Kerberos
③ Maven
④ Gradle

> **해설**
> Kerberos는 티켓 기반의 컴퓨터 네트워크 인증 프로토콜이다.

정답 ②

애플리케이션 테스트 관리

Section 1. 애플리케이션 테스트 케이스 설계

001 시스템 개발 단계 중 가장 마지막 단계에 수행해야 하는 것은?

① 업무 분석 및 요구사항 정의
② 코딩
③ 테스트 및 디버깅
④ 프로그램 설계

> 해설
> 테스트 및 디버깅은 시스템이 요구사항을 충족하는지, 오류가 없는지 확인하는 과정이다. 따라서 시스템 개발의 모든 과정이 완료된 이후에 수행해야 한다.

정답 ③

002 테스트와 디버그의 목적으로 옳은 것은?

① 테스트는 오류를 찾는 작업이고 디버깅은 오류를 수정하는 작업이다.
② 테스트는 오류를 수정하는 작업이고 디버깅은 오류를 찾는 작업이다.
③ 둘 다 소프트웨어의 오류를 찾는 작업으로 오류 수정은 하지 않는다.
④ 둘 다 소프트웨어 오류의 발견, 수정과 무관하다.

> 해설
> 테스트의 목적은 오류를 찾는 것이고, 디버깅은 테스트를 통해 발견된 오류를 수정하는 과정이다.

정답 ①

003 다음 설명의 소프트웨어 테스트의 기본원칙은?

- 파레토 법칙이 좌우한다.
- 애플리케이션 결함의 대부분은 소수의 특정한 모듈에 집중되어 존재한다.
- 결함은 발생한 모듈에서 계속 추가로 발생할 가능성이 높다.

① 살충제 패러독스
② 결함 집중
③ 오류 부재의 궤변
④ 완벽한 테스팅은 불가능

> **해설**
> 결함 집중 원칙은 애플리케이션 결함의 대부분이 소수의 특정한 모듈에 집중되어 존재한다는 원칙이다. 이 원칙은 파레토 법칙에 의해 좌우되고, 파레토 법칙은 전체의 80%는 20%의 요인에 의해 결정된다는 법칙이다.

정답 ②

004 소프트웨어 테스트에서 오류의 80%는 전체 모듈의 20% 내에서 발견된다는 법칙은?

① Brooks의 법칙
② Boehm의 법칙
③ Pareto의 법칙
④ Jackson의 법칙

> **해설**
> - Brooks의 법칙: 새로운 개발 인력이 진행 중인 프로젝트에 투입될 경우 작업 적응 기간과 부작용으로 인해 빠른 시간 내에 프로젝트는 완료될 수 없다.
> - Boehm의 법칙: 소프트웨어 개발은 일정, 예산, 품질 중 두 가지를 선택해야 한다.

정답 ③

005 테스트의 목표를 수립하고, 테스트의 범위를 선정하는 활동으로 가장 옳은 것은?

① 테스트 계획
② 테스트 설계
③ 테스트 실행
④ 테스트 평가

> **해설**
> 테스트 계획은 테스트의 목표를 수립하고, 테스트의 범위를 선정하는 활동이다. 테스트 계획은 테스트의 목적, 범위, 방법, 일정, 예산 등을 포함한다.

정답 ①

006 테스트 케이스에 일반적으로 포함되는 항목이 아닌 것은?

① 테스트 조건
② 테스트 데이터
③ 테스트 비용
④ 예상 결과

> **해설**
> 테스트 케이스는 입력값, 실행 조건, 기대 결과로 구성된다.

정답 ③

007 테스트 케이스와 관련한 설명으로 틀린 것은?

① 테스트의 목표 및 테스트 방법을 결정하기 전에 테스트 케이스를 작성해야 한다.
② 프로그램에 결함이 있더라도 입력에 대해 정상적인 결과를 낼 수 있기 때문에 결함을 검사할 수 있는 테스트 케이스를 찾는 것이 중요하다.
③ 개발된 서비스가 정의된 요구사항을 준수하는지 확인하기 위한 입력값과 실행 조건, 예상 결과의 집합으로 볼 수 있다.
④ 테스트 케이스 실행이 통과되었는지 실패하였는지 판단하기 위한 기준을 테스트 오라클(Test Oracle)이라고 한다.

> **해설**
> 테스트 케이스는 테스트 계획을 바탕으로 작성된다. 테스트의 목표 및 테스트 방법을 결정한 후에 테스트 케이스를 작성해야 한다.

정답 ①

008 테스트 오라클(Test Oracle)에 대한 설명으로 가장 옳은 것은?

① 테스트 케이스(Test Case)에 대해 프로그램의 실제 실행 결과가 올바른 결과인지를 판단하는 메커니즘(Mechanism)이다.
② 테스트하려는 모듈을 호출하는 시스템을 대신하여 간단히 구동하도록 작성한 것이다.
③ 테스트하려는 모듈에 의해 호출되는 가상 모듈이다.
④ 테스트를 수행한 후 관찰된 결과를 저장한 것이다.

> **해설**
> 테스트 오라클은 테스트의 결과가 참인지 거짓인지를 판단하기 위해서 사전에 정의된 참값을 입력하여 비교하는 기법 및 활동을 말한다.

정답 ①

009 다음이 설명하는 테스트 용어는?

- 테스트의 결과가 참인지 거짓인지를 판단하기 위해서 사전에 정의된 참값을 입력하여 비교하는 기법 및 활동을 말한다.
- 종류에는 참, 샘플링, 휴리스틱, 일관성 검사가 존재한다.

① 테스트 케이스
② 테스트 시나리오
③ 테스트 오라클
④ 테스트 데이터

정답 ③

010 테스트 오라클의 유형이 아닌 것은?

① 참 오라클
② 휴리스틱 오라클
③ 일관성 검사 오라클
④ 거짓 오라클

> **해설**
> 테스트 오라클은 참, 샘플링, 휴리스틱, 일관성 검사 오라클이 있다. 거짓 오라클은 테스트 오라클의 유형이 아니다.

정답 ④

011 테스팅에서 프로그램의 실제 실행 결과가 올바른 결과인지를 판단하는 메커니즘은?

① 테스트 하니스(Test Harness)
② 테스트 적합성 기준(Test Adequacy Criteria)
③ 테스트 오라클(Test Oracle)
④ 테스트 종료 기준(Test Completion Criteria)

> **해설**
> • 테스트 하니스: 테스트 케이스를 실행하기 위한 환경을 제공하는 도구
> • 테스트 적합성 기준: 테스트 케이스를 설계할 때 고려해야 하는 기준
> • 테스트 종료 기준: 테스트를 종료할 수 있는 기준

정답 ③

012 다음 중 단위 테스트를 통해 발견할 수 있는 오류가 아닌 것은?

① 알고리즘 오류에 따른 원치 않는 결과
② 탈출구가 없는 반복문의 사용
③ 모듈 간의 비정상적 상호작용으로 인한 원치 않는 결과
④ 틀린 계산 수식에 의한 잘못된 결과

> **해설**
> 단위 테스트는 하나의 모듈을 독립적으로 테스트하는 방법이다. 모듈 간의 상호작용으로 인한 오류는 단위 테스트를 통해 발견할 수 없다.

정답 ③

013 개별 모듈을 시험하는 것으로 모듈이 정확하게 구현되었는지, 예정한 기능이 제대로 수행되는지를 점검하는 것이 주요 목적인 테스트는?

① 통합 테스트(Integration Test)
② 단위 테스트(Unit Test)
③ 시스템 테스트(System Test)
④ 인수 테스트(Acceptance Test)

> **해설**
> 단위 테스트는 하나의 모듈을 독립적으로 테스트하는 방법이다.

정답 ②

014 다음 중 단위 테스트 도구로 사용될 수 없는 것은?

① CppUnit   ② JUnit   ③ HttpUnit   ④ IgpUnit

> **해설**
> - CppUnit: C++용 테스트 프레임워크
> - JUnit: 자바 프로그램 언어 테스트 프레임워크
> - HttpUnit: HTTP 서버와 프로그램을 통해 상호작용을 할 수 있는 오픈 소스 자바 라이브러리

정답 ④

015 알파, 베타 테스트와 가장 밀접한 연관이 있는 테스트 단계는?

① 단위 테스트
② 인수 테스트
③ 통합 테스트
④ 시스템 테스트

> **해설**
> 알파 테스트와 베타 테스트는 사용자 또는 고객이 테스트하는 인수 테스트 단계에 해당한다. 알파 테스트와 베타 테스트와 가장 밀접한 연관이 있는 테스트 단계는 인수 테스트이다.

정답 ②

016 검증 검사 기법 중 개발자의 장소에서 사용자가 개발자 앞에서 행하는 기법이며, 일반적으로 통제된 환경에서 사용자와 개발자가 함께 확인하면서 수행되는 검사는?

① 동치 분할 검사
② 형상 검사
③ 알파 검사
④ 베타 검사

정답 ③

017 필드 테스팅(Field Testing)이라고도 불리며 개발자 없이 고객의 사용 환경에 소프트웨어를 설치하여 검사를 수행하는 인수 검사 기법은?

① 베타 검사　　② 알파 검사　　③ 형상 검사　　④ 복구 검사

정답 ①

018 다음 중 검증 시험(Validation Test)과 거리가 먼 것은?

① 알파(Alpha) 테스트
② 베타(Beta) 테스트
③ 블랙박스(Black-Box) 테스트
④ 화이트박스(White-Box) 테스트

> **해설**
> 검증 시험(Validation Test)은 제품이 사용자의 요구사항과 목적에 맞게 제대로 작동하는지 확인하는 테스트이다. 화이트박스 테스트는 소프트웨어의 내부 로직과 구조에 초점을 맞춘 테스트 방식이기 때문에, 사용자의 요구사항과 제품의 적합성을 확인하는 검증 시험과는 거리가 멀다.

정답 ④

019 다음 중 소프트웨어 테스트에 대한 설명으로 가장 옳지 않은 것은?

① 스트레스 테스트(Stress Test)는 비정상적으로 과도한 분량 또는 빈도로 자원을 요청할 때의 영향을 감사한다.
② 시스템 테스트(System Test)는 모듈들이 통합된 후 넓이 우선 방식 또는 깊이 우선 방식을 사용하여 테스트한다.
③ 단위 테스트(Unit Test)는 개별적인 모듈에 대한 테스트이며 테스트 드라이버(Test Driver)와 테스트 스텁(Test Stub)을 사용할 수 있다.
④ 인수 테스트(Acceptance Test)는 인수 전에 사용자의 요구사항이 만족되었는지 테스트한다.

> **해설**
> 모듈들을 통합하여 진행하는 테스트는 통합 테스트이다.

정답 ②

020 소프트웨어 개발 단계와 테스트 전략이 옳게 연결된 항은?

① 설계 단계 - 시스템 테스트
② 요구사항 분석 단계 - 검증 테스트
③ 코딩 단계 - 통합 테스트
④ 시스템 엔지니어링 단계 - 단위 테스트

> **해설**
> 요구사항 분석 단계에서는 소프트웨어의 요구사항을 파악하고 검증하는 것이 목적이다. 요구사항 분석 단계에서 수행되는 테스트는 소프트웨어가 사용자의 요구사항을 충족하는지를 검사하는 검증 테스트이다.

정답 ②

021 소프트웨어 테스트에서 검증(Verification)과 확인(Validation)에 대한 설명으로 틀린 것은?

① 소프트웨어 테스트에서 검증과 확인을 구별하면 찾고자 하는 결함 유형을 명확하게 하는 데 도움이 된다.
② 검증은 소프트웨어 개발 과정을 테스트하는 것이고, 확인은 소프트웨어 결과를 테스트 것이다.
③ 검증은 작업 제품이 요구 명세의 기능, 비기능 요구사항을 얼마나 잘 준수하는지 측정하는 작업이다.
④ 검증은 작업 제품이 사용자의 요구에 적합한지 측정하며, 확인은 작업 제품이 개발자의 기대를 충족시키는지를 측정한다.

> **해설**
> - 검증(Verification): 작업 제품이 요구 명세의 기능, 비기능 요구사항을 얼마나 잘 준수하는지 측정하는 작업
> - 확인(Validation): 작업 제품이 사용자의 요구를 충족시키는지 측정하는 작업

정답 ④

022 화이트박스 테스트와 관련한 설명으로 틀린 것은?

① 화이트박스 테스트의 이해를 위해 논리 흐름도(Logic-flow Diagram)를 이용할 수 있다.
② 테스트 데이터를 이용해 실제 프로그램을 실행함으로써 오류를 찾는 동적 테스트(Dynamic Test)에 해당한다.
③ 프로그램의 구조를 고려하지 않기 때문에 테스트 케이스는 프로그램 또는 모듈의 요구나 명세를 기초로 결정한다.
④ 테스트 데이터를 선택하기 위하여 검증 기준(Test Coverage)을 정한다.

> **해설**
> - 화이트박스: 프로그램의 내부 구조와 작동 원리를 고려하여 테스트 케이스를 설계하고 검증하는 방법
> - 블랙박스 테스트: 프로그램의 내부 구조와 작동 원리를 고려하지 않고, 프로그램의 입력과 출력을 중심으로 테스트 케이스를 설계하고 검증하는 방법

정답 ③

023 소프트웨어의 화이트박스 테스트에 대한 설명으로 옳지 않은 것은?

① 글래스박스(Glass-box) 테스트라고 부른다.
② 소프트웨어의 내부 경로에 대한 지식을 보지 않고 테스트 대상의 기능이나 성능을 테스트하는 기술이다.
③ 문장 커버리지, 분기 커버리지, 조건 커버리지 등의 검증 기준이 있다.
④ 모듈의 논리적인 구조를 체계적으로 점검하기 때문에 구조적 테스트라고도 한다.

> **해설**
> 화이트박스 테스트는 소프트웨어의 내부 구조와 작동 원리를 고려하여 테스트 케이스를 설계하고 검증하는 방법이다. 기능이나 성능을 테스트하는 기술은 블랙박스 테스트이다.

정답 ②

---

024 화이트박스 테스트에 대한 설명으로 옳지 않은 것은?

① 조건 검사, 루프 검사, 데이터 흐름 검사 등이 있다.
② 설계 절차에 초점을 둔 구조적 테스트이다.
③ 인터페이스 오류, 행위 및 성능 오류, 초기화와 종료 오류 등을 발견하기 위하여 사용된다.
④ 원시 코드의 모든 문장을 한 번 이상 실행함으로써 수행된다.

> **해설**
> 인터페이스 오류, 행위 및 성능 오류, 초기화와 종료 오류 등을 발견하기 위하여 사용되는 것은 블랙박스 테스트이다.

정답 ③

---

025 화이트박스 검사 기법 중 프로그램 내의 변수 정의의 위치와 변수들의 사용에 따라 프로그램 검사 경로를 선택하는 구조 검사 방식은?

① Basic Path Test
② Data Flow Test
③ Condition Test
④ Loop Test

> **해설**
> 프로그램 내의 변수 정의의 위치와 변수들의 사용에 따라 프로그램 검사 경로를 선택하는 구조 검사 방식은 Data Flow Test이다. 변수는 데이터들을 담아두는 공간이고, 변수들의 변화를 검사하는 것은 Data Flow Test이다.

정답 ②

026 화이트박스 검사 기법에 해당하는 것으로만 짝지어진 것은?

┌───┐
│ ㉠ 데이터 흐름 검사   ㉡ 루프 검사   │
│ ㉢ 동치 분할 검사   ㉣ 경계값 분석   │
│ ㉤ 원인 효과 그래픽 기법   ㉥ 비교 검사   │
└───┘

① ㉠, ㉡
② ㉠, ㉣, ㉤, ㉥
③ ㉡, ㉣, ㉤, ㉥
④ ㉢, ㉣, ㉤, ㉥

해설
㉠, ㉡ 외의 다른 항목은 블랙박스 테스트 종류이다.

정답 ①

027 White Box Testing에 대한 설명으로 옳지 않은 것은?

① Base Path Testing, Boundary Value Analysis가 대표적인 기법이다.
② Source Code의 모든 문장을 한 번 이상 수행함으로써 진행된다.
③ 모듈 안의 작동을 직접 관찰할 수 있다.
④ 산출물의 각 기능별로 적절한 프로그램의 제어 구조에 따라 선택, 반복 등의 부분들을 수행함으로써 논리적 경로를 점검한다.

해설
Base Path Testing은 화이트박스 테스팅의 한 기법이지만, Boundary Value Analysis는 블랙박스 테스팅 기법 중 하나이다. Boundary Value Analysis는 입력값의 경계에서 테스트 케이스를 생성하는 방법을 중점으로 한다.

정답 ①

028 모듈 안의 작동을 자세히 관찰할 수 있으며, 프로그램 원시 코드의 논리적인 구조를 커버(Cover)하도록 테스트 케이스를 설계하는 프로그램 테스트 방법은?

① 블랙박스 테스트
② 화이트박스 테스트
③ 알파 테스트
④ 베타 테스트

해설
화이트박스 테스트는 소프트웨어의 내부 구조와 작동 원리를 고려하여 테스트 케이스를 설계하고 검증하는 방법이다. 모듈 안의 작동을 자세히 관찰할 수 있으며, 프로그램 원시 코드의 논리적인 구조를 커버하도록 테스트 케이스를 설계할 수 있다.

정답 ②

029 소프트웨어 테스팅 기법에 관한 설명으로 옳은 것은?

① 빅뱅 통합 테스팅은 모듈을 한꺼번에 통합하여 테스팅하는 방법이며 오류가 발생하였을 경우 어느 부분에서 오류가 났는지를 쉽게 찾을 수 있다.
② 인스펙션은 동적 테스팅 방법이다.
③ 블랙박스 테스팅은 프로그램의 제어 구조를 기반으로 테스트 케이스를 설계하는 방법이다.
④ 화이트박스 테스팅으로 프로그램에 존재하는 모든 경로를 테스팅하여도 오류가 발견되지 않는 경우가 있다.

> **해설**
> 화이트박스 테스팅은 프로그램의 모든 경로를 테스팅하는 것을 목표로 하지만, 그렇다고 모든 오류를 발견할 수 있는 것은 아니다.

정답 ④

030 코드 인스펙션(Code Inspection)에 대한 설명으로 옳지 않은 것은?

① 품질보증 활동으로 인식한다.
② 동적(Dynamic) 테스트의 하나이다.
③ 회의 전에 프로그램 코드, 분석, 설계 등의 문서를 배포한다.
④ 검사팀은 관련 전문가로 이루어지며 검사 목록(Checklist)을 제공한다.

> **해설**
> 코드 인스펙션은 코드 리뷰의 한 형태로, 일반적으로 개발 과정에서 발생할 수 있는 오류를 찾아내고 품질을 향상시키기 위한 정적 분석 방법이다.

정답 ②

031 McCabe의 순환 복잡도(CC, Cyclometic Complexity)에 대한 설명으로 옳지 않은 것은?

① 프로그램의 논리적인 복잡도를 정량적으로 측정하기 위한 척도(Metric)이다.
② 프로그램의 분기 노드의 수보다 항상 큰 값을 갖는다.
③ 프로그램의 모든 경로를 최소 한 번 이상 실행하도록 테스트하기 위한 입력의 개수에 해당한다.
④ 플로우 그래프(Flow Graph)에서 간선(Edge)의 수를 E, 노드의 수를 N이라고 하면 CC=E-N+2이다.

> **해설**
> McCabe의 순환 복잡도는 프로그램의 논리적인 복잡도를 측정하는 척도일 뿐, 테스트 케이스의 개수와는 직접적인 관련이 없다.

정답 ③

032 제어 흐름 그래프가 다음과 같을 때 McCabe의 Cyclomatic 수는 얼마인가?

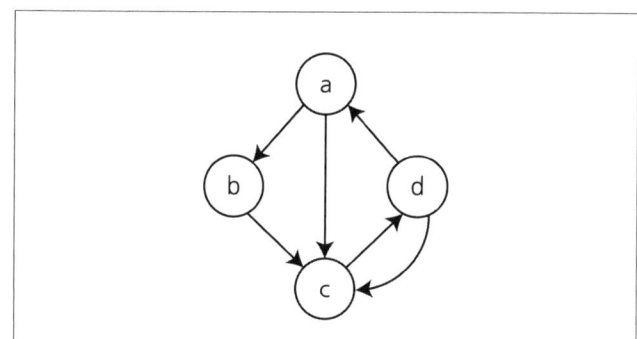

① 3
② 4
③ 5
④ 6

> **해설**
> McCabe의 순환 복잡도 계산식: V(G)=E-N+2

정답 ②

033 다음 제어 흐름 그래프에 대한 순환 복잡도(Cyclomatic Complexity)는?

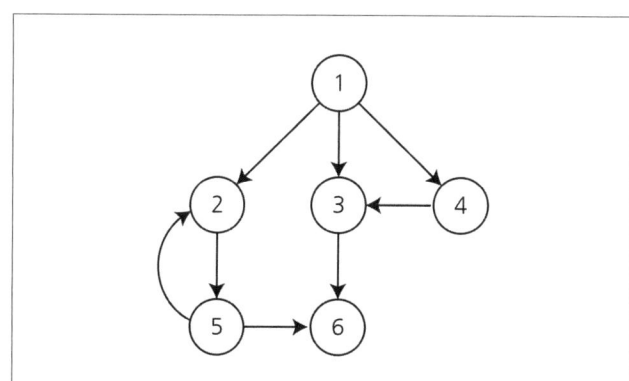

① 2
② 3
③ 4
④ 5

> **해설**
> McCabe의 순환 복잡도 계산식: V(G)=E-N+2

정답 ③

034 소프트웨어 테스트에 대한 설명으로 옳지 않은 것은?

① 통합 테스트는 단위 테스트가 끝난 모듈들을 통합하여 모듈 간의 인터페이스 관련 오류가 있는지를 찾는 검사이다.
② 테스트의 목적은 소프트웨어 요구사항의 만족도 및 예상 결과와 실제 결과의 차이점을 파악함으로써 소프트웨어의 오류를 찾아내는 것이다.
③ 화이트박스 테스트는 프로그램 원시 코드의 논리적 구조를 체계적으로 점검하며, 프로그램 구조에 의거하여 검사한다.
④ 블랙박스 테스트에는 기초 경로(Basic Path), 조건 기준(Condition Coverage), 루프(Loop) 검사, 논리 위주(Logic Driven) 검사 등이 있다.

> **해설**
> 블랙박스 테스트는 프로그램의 내부 구조나 작동 방식을 고려하지 않고, 입력에 대한 출력을 검사하는 테스트이다. 기초 경로(Basic Path), 조건 기준(Condition Coverage), 루프(Loop) 검사 등은 화이트박스 테스트의 영역이다.

정답 ④

035 소프트웨어 테스트와 관련한 설명으로 틀린 것은?

① 화이트박스 테스트는 모듈의 논리적인 구조를 체계적으로 점검할 수 있다.
② 블랙박스 테스트는 프로그램의 구조를 고려하지 않는다.
③ 테스트 케이스에는 일반적으로 시험 조건, 테스트 데이터, 예상 결과가 포함되어야 한다.
④ 화이트박스 테스트에서 기본 경로(Basis Path)란 흐름 그래프의 시작 노드에서 종료 노드까지의 서로 독립된 경로로 싸이클을 허용하지 않는 경로를 말한다.

> **해설**
> 기본 경로(Basis Path)는 프로그램의 흐름 그래프에서 시작 노드에서 종료 노드까지의 서로 독립된 경로를 나타낸다. 하지만 이 경로는 반드시 싸이클(Cycle)을 허용하지 않는다는 제약은 없다. 실제로 여러 가지 경로가 있을 수 있으며, 그 중 일부는 싸이클을 포함할 수 있다.

정답 ④

036 〈보기〉에서 블랙박스 테스트의 종류로 옳은 것을 모두 고른 것은?

―― 〈보기〉 ――
ㄱ. 비교 검사(Comparison Testing)
ㄴ. 조건 커버리지(Condition Coverage)
ㄷ. 문장 커버리지(Statement Coverage)
ㄹ. 경계값 분석(Boundary Value Analysis)

① ㄱ, ㄴ   ② ㄱ, ㄷ   ③ ㄱ, ㄹ   ④ ㄴ, ㄹ

> **해설**
>
> 조건 커버리지(Condition Coverage)와 문장 커버리지(Statement Coverage)는 화이트박스 테스트에 속한다. 이들은 코드의 내부 구조를 기반으로 테스트를 수행한다.

정답 ③

037 블랙박스 테스트 기법에 해당하는 내용 모두를 나열한 것은?

> ㉠ 소프트웨어 인터페이스에서 실시되는 검사로 설계된 모든 기능들이 정상적으로 수행되는지 확인한다.
> ㉡ 소프트웨어의 기능이 의도대로 작동하고 있는지, 입력은 적절하게 받아들였는지, 출력은 정확하게 생성되는지를 보여주는 데 사용된다.
> ㉢ Equivalence Partitioning Testing, Boundary Value Analysis 등이 이 기법에 해당한다.

① ㉠
② ㉠, ㉢
③ ㉡, ㉢
④ ㉠, ㉡, ㉢

> **해설**
>
> 모든 항목이 블랙박스 테스트에 해당하는 내용이다.

정답 ④

038 평가 점수에 따른 성적부여는 다음 표와 같다. 이를 구현한 소프트웨어를 경계값 분석 기법으로 테스트하고자 할 때 다음 중 테스트 케이스의 입력값으로 옳지 않은 것은?

평가 점수	성적
80 ~ 100	A
60 ~ 79	B
0 ~ 59	C

① 59
② 80
③ 90
④ 101

> **해설**
>
> 경계값 분석 기법은 테스트 데이터에 경계에 있는 값을 테스트한다.
> 79,80,81,99,100,101,59,60,61,78,79,80,-1,0,1,58,59,60의 값들이 경계에 있는 값들이다.

정답 ③

039 블랙박스 테스트 기법 중 다음 설명에 해당하는 것은?

검사 사례 설계를 프로그램의 입력 명세 조건에 따라 설정한다. 즉, 검사 사례는 일반적으로 입력 데이터에 해당하므로 프로그램의 입력 조건에 중점을 두고, 어느 하나의 입력 조건에 대하여 타당한 값과 그렇지 못한 값을 설정한다.

① Boundary Value Analysis
② Cause Effect Graphing Testing
③ Equivalence Partitioning Testing
④ Comparison Testing

해설
Equivalence Partitioning Testing은 입력 데이터를 유사한 동작을 할 것으로 예상되는 동등한 파티션(분할)로 나누는 방법이다. 각 파티션의 대표값만을 테스트함으로써 테스트의 효율성을 높인다.

정답 ③

040 블랙박스 테스트의 유형으로 틀린 것은?

① 경계값 분석
② 오류 예측
③ 동등 분할 기법
④ 조건, 루프 검사

해설
조건 및 루프 검사는 화이트박스 테스트의 방법론 중 하나로, 프로그램의 내부 논리와 구조에 기반하여 테스트를 수행한다.

정답 ④

041 블랙박스 테스트를 이용하여 발견할 수 있는 오류가 아닌 것은?

① 비정상적인 자료를 입력해도 오류 처리를 수행하지 않는 경우
② 정상적인 자료를 입력해도 요구된 기능이 제대로 수행되지 않는 경우
③ 반복 조건을 만족하는데도 루프 내의 문장이 수행되지 않는 경우
④ 경계값을 입력할 경우 요구된 출력 결과가 나오지 않는 경우

해설
블랙박스 테스트는 프로그램의 내부 구조나 로직을 고려하지 않고, 입력값에 대한 출력값만을 검증하는 테스트 방법이다. 루프 내부의 동작이 제대로 수행되는지 여부 같은 내부 로직의 문제는 화이트박스 테스트를 통해 확인해야 한다.

정답 ③

042 블랙박스 테스팅을 통해 발견하기 힘든 오류는?

① 성능 오류
② 부정확한 기능
③ 인터페이스 오류
④ 논리 구조상의 오류

> **해설**
> 내부의 논리 구조상의 오류를 발견하기 위해서는 화이트박스 테스팅과 같은 내부 로직을 기반으로 한 테스팅 방법이 필요하다.

정답 ④

043 블랙박스 테스트 기법에 관한 다음 설명과 가장 부합하는 것은?

> 여러 버전의 프로그램에 동일한 자료를 제공하여 동일한 결과가 출력되는지 검사하는 기법이다.

① Boundary Value Analysis
② Cause Effect Graphing Testing
③ Equivalence Partitioning Testing
④ Comparison Testing

> **해설**
> Comparison Testing은 여러 버전의 프로그램이나 다른 회사의 동일한 목적을 가진 프로그램들 간에 동일한 입력에 대해 동일한 출력을 제공하는지 비교하는 테스트 기법이다. 이를 통해 프로그램 간의 성능이나 출력 결과의 일관성을 확인할 수 있다.

정답 ④

044 동일한 입력에 대해서 엘리베이터 제어 시스템은 내부 상황에 따라서 다른 동작을 보인다. 예를 들어 "open door" 버튼이 선택된 경우, 엘리베이터가 이동 중이면 무시하여야 하고, 정지 중이면서 문이 닫혀있거나 닫히는 중인 경우에만 문을 열어야 한다. 이와 같은 동작 특성을 가지는 시스템을 테스트 할 때의 테스트 설계 기법으로 가장 적절한 기법은?

① 분기(Branch) 테스팅
② 경계값 분석(Boundary Value Analysis) 테스팅
③ 상태 전이(State Transition) 테스팅
④ 결정표(Decision Table) 테스팅

> **해설**
> 상태 전이 테스팅은 시스템이나 응용 프로그램의 다양한 상태들과 그 상태들 간의 전이를 테스트하는 방법이다. 주어진 시스템이 내부 상황에 따라 다른 동작을 보여주므로, 그러한 상태 변화와 상태에 따른 동작을 테스트하기 위해 상태 전이 테스팅이 가장 적절하다.

정답 ③

045 〈보기〉와 같은 특징을 갖는 테스트 기법은?

〈보기〉
- 프로그램의 소스 코드를 분석해 결함을 찾아내는 테스트 기법
- 시스템의 실행을 동반하지 않음
- 무한 루프, 초기화되지 않은 변수, 실행 불가능한 코드 등을 발견할 수 있음
- 소스 코드의 잠재적 오류를 찾아냄으로써 디버깅에 유용한 정보 생성

① 정적 분석(Static Analysis)
② 단위 테스트(Unit Test)
③ 스모크 테스트(Smoke Test)
④ 코드 스멜(Code Smell)

해설
정적 분석은 프로그램을 실행하지 않고 소스 코드나 바이너리 코드를 분석하여 결함을 찾는 테스트 기법이다.

정답 ①

046 소프트웨어 테스트 방법 중 한 모듈의 수정이 다른 부분에 영향을 끼칠 수도 있다고 생각하여 수정 전 모듈 뿐 아니라 관련된 모듈까지 문제가 없는지 검사하는 테스트 방법은?

① 회귀 테스트(Regression Test)
② 인수 테스트(Acceptance Test)
③ 통합 테스트(Integration Test)
④ 단위 테스트(Unit Test)

해설
회귀 테스트는 기존의 기능에 문제가 없었는데 새로운 기능을 추가하거나 기존 코드를 수정함으로써 발생할 수 있는 부작용(Side Effects)을 확인하기 위해 수행되는 테스트이다. 한 모듈의 변경이 다른 모듈에 영향을 미칠 수 있으므로, 해당 모듈뿐만 아니라 관련된 모듈까지도 영향이 없는지 검사하는 것이 회귀 테스트의 주요 목적이다.

정답 ①

047 다음은 테스트 방법에 관한 설명이다. 각 테스트 방법에 대한 설명과 해당되는 테스트 방법의 이름이 가장 잘 짝지어진 것은?

> 가. 개발된 소프트웨어를 사용자가 실제 운영환경에서 수행하는 테스트
> 나. 시스템의 변경된 부분이 기존 시스템에 부작용을 일으키는지 여부를 파악하기 위한 테스트
> 다. 개발자의 통제 하에 사용자가 개발 환경에서 수행하는 테스트
> 라. 시스템에 고장이 발생하더라도 시스템이 정상적으로 작동하는지 여부를 파악하기 위한 테스트

	가	나	다	라
①	알파 테스트	뮤테이션 테스트	베타 테스트	복구 테스트
②	베타 테스트	뮤테이션 테스트	알파 테스트	스트레스 테스트
③	알파 테스트	회귀 테스트	베타 테스트	스트레스 테스트
④	베타 테스트	회귀 테스트	알파 테스트	복구 테스트

해설
뮤테이션 테스트란 오류기반 테스트, 프로그램 변형 테스트이다.

정답 ④

048 다음 설명에 해당하는 테스팅은?

> - 소프트웨어의 설계 한계를 넘어서는 부하를 준다.
> - 시스템의 장애 행동을 테스트한다.
> - 시스템이 최대 부하가 걸렸을 때만 보일 수 있는 결함을 드러나게 한다.

① 보안(Security) 테스팅
② 회귀(Regression) 테스팅
③ 강도(Stress) 테스팅
④ 조합(Combinatorial) 테스팅

해설
시스템의 한계와 용량을 넘어서는 부하를 주어 시스템의 반응을 테스트하는 방법은 부하 테스트 혹은 강도 테스트라고 한다.

정답 ③

049 테스트를 목적에 따라 분류했을 때, 강도(Stress) 테스트에 대한 설명으로 옳은 것은?

① 시스템에 고의로 실패를 유도하고 시스템이 정상적으로 복귀하는지 테스트한다.
② 시스템에 과다 정보량을 부과하여 과부하 시에도 시스템이 정상적으로 작동되는지를 테스트한다.
③ 사용자의 이벤트에 시스템이 응답하는 시간, 특정 시간 내에 처리하는 업무량, 사용자 요구에 시스템이 반응하는 속도 등을 테스트한다.
④ 부당하고 불법적인 침입을 시도하여 보안 시스템이 불법적인 침투를 잘 막아내는지 테스트한다.

> **해설**
> 강도(Stress) 테스트는 시스템의 한계나 최대 용량을 넘어서는 부하를 주어 시스템의 반응을 테스트하는 방법이다. 따라서 시스템에 과다 정보량을 부과하거나 과도한 요청을 보내 시스템이 그런 상황에서도 어떻게 반응하는지를 테스트한다.

정답 ②

050 소스 코드 정적 분석(Static Analysis)에 대한 설명으로 틀린 것은?

① 소스 코드를 실행시키지 않고 분석한다.
② 코드에 있는 오류나 잠재적인 오류를 찾아내기 위한 활동이다.
③ 하드웨어적인 방법으로만 코드 분석이 가능하다.
④ 자료 흐름이나 논리 흐름을 분석하여 비정상적인 패턴을 찾을 수 있다.

> **해설**
> 정적 분석(Static Analysis)은 소스 코드를 실행시키지 않고 코드 자체를 분석하여 오류나 잠재적인 오류를 찾아내는 방법이다. 또한, 소프트웨어적인 방법을 사용하여 코드를 분석한다.

정답 ③

051 결정 명령문 내의 각 조건식이 참, 거짓을 한 번 이상 갖도록 조합하여 테스트 케이스를 설계하는 방법은?

① 문장 검증 기준(Statement Coverage)
② 조건 검증 기준(Condition Coverage)
③ 분기 검증 기준(Branch Coverage)
④ 다중 조건 검증 기준(Multiple Condition Coverage)

> **해설**
> - 문장 검증 기준(SC, Statement Coverage): 프로그램의 모든 문장을 한 번 이상 실행
> - 분기 검증 기준(BC, Branch Coverage): 모든 분기점에서 참과 거짓에 해당하는 경로를 한 번 이상 실행
> - 조건 검증 기준(CC, Condition Coverage): 모든 분기점에서 조건식을 구성하는 단일 조건의 참과 거짓을 한 번 이상 실행
> - 다중 조건 검증 기준(MCC, Multi Condition Coverage): 조건식을 구성하는 단일 조건식들의 모든 가능한 참/거짓 조합을 한 번 이상 실행

정답 ②

Section 2. 애플리케이션 통합 테스트

001 소프트웨어 개발 활동을 수행함에 있어서 시스템이 고장(Failure)을 일으키게 하며, 오류(Error)가 있는 경우 발생하는 것은?

① Fault   ② Testcase   ③ Mistake   ④ Inspection

> **해설**
> Fault는 소프트웨어의 내부 구조나 작동 원리에 존재하는 결함이기 때문에 실제 결과와 예상 결과가 일치하지 않는 Error가 발생할 수 있다.

정답 ①

002 결함을 관리하는 프로세스로 올바른 것은?

① 에러 발견	② 에러 분석	③ 에러 등록
④ 결함 할당	⑤ 결함 확정	⑥ 결함 조치
⑦ 결함 조치 검토 및 승인		

① ① → ③ → ② → ⑤ → ④ → ⑥ → ⑦
② ① → ② → ③ → ⑤ → ④ → ⑥ → ⑦
③ ① → ③ → ② → ④ → ⑤ → ⑥ → ⑦
④ ① → ② → ③ → ④ → ⑤ → ⑥ → ⑦

정답 ①

003 위험 모니터링의 의미로 옳은 것은?

① 위험을 이해하는 것
② 첫 번째 조치로 위험을 피할 수 있도록 하는 것
③ 위험 발생 후 즉시 조치하는 것
④ 위험 요소 징후들에 대하여 계속적으로 인지하는 것

> **해설**
> 위험 모니터링은 위험 요소 징후들을 계속적으로 인지하고, 위험이 발생할 가능성을 평가하는 활동을 의미한다. 위험 모니터링을 통해 위험이 발생할 가능성을 사전에 파악하고, 적절한 조치를 취함으로써 위험을 최소화할 수 있다.

정답 ④

004 소스 코드 품질 분석 도구 중 정적 분석 도구가 아닌 것은?

① Pmd
② Cppcheck
③ valMeter
④ Checkstyle

> **해설**
> 정적 분석 도구: Pmd, SonarQube, Cppcheck, Checkstyle 등

정답 ③

005 코드의 정적 분석 도구를 통하여 찾을 수 있는 오류에 해당하지 않는 것은?

① 특정 모듈의 실행시간 메모리 사용량 초과
② 데이터 정의의 충돌이나 잘못된 데이터 사용
③ 실행 경로가 없는 Dead Code
④ 원시 코드의 구조적 결함

> **해설**
> 정적 분석 도구는 소스 코드를 실행하지 않고, 소스 코드 자체를 분석하여 오류나 취약점을 발견하는 도구이다. 따라서 실행시간에 발생하는 오류는 정적 분석 도구를 통해 찾을 수 없다.

정답 ①

006 자동화 테스팅 도구의 정적 분석 도구에 대한 설명으로 옳은 것은?

① 프로그램의 실행 상태를 순간 포착하여 감시하는 프로그램 모니터링 도구
② 스텁(Stub)과 드라이버
③ 프로그램에서 오류 가능성이 있는 부분을 지적하는 코드분석 도구
④ 테스트 케이스에 의해 프로그램 각 문장이 실행된 횟수를 측정하는 도구

> **해설**
> 정적 분석 도구는 소스 코드를 실행하지 않고, 소스 코드 자체를 분석하여 오류나 취약점을 발견하는 도구이다. 따라서 실행 상태를 감시하거나 테스트 케이스를 생성하는 도구와는 다르다.

정답 ③

007 정적 분석(Static Analysis)이란 '프로그램을 실행시키지 않고 프로그램 텍스트의 구문을 분석해서 결함과 이상을 발견하는 작업'이다. 정적 분석에 대한 설명이 옳지 않은 것은?

① 제어 흐름 분석 - 여러 개의 출구나 입구를 갖는 반복문과 도달할 수 없는 코드를 식별
② 데이터 사용 분석 - 초기화하지 않고 사용된 변수, 중간에 값 배정 없이 두 번 기록된 변수, 선언만 하고 사용되지 않는 변수를 식별
③ 인터페이스 분석 - 입력 변수와 출력 변수 사이의 종속성을 식별
④ 경로 분석 - 프로그램상의 모든 가능한 경로를 식별하고, 그 경로에서 수행되는 문장을 나열

> **해설**
> 인터페이스 분석은 다른 모듈, 시스템, 컴포넌트와의 상호작용에 대한 것으로, 특히 인터페이스에 전달되는 데이터와 관련된 문제점을 찾아내는 작업이다.

정답 ③

008 애플리케이션의 처리량, 응답시간, 경과시간, 자원 사용률에 대해 가상의 사용자를 생성하고 테스트를 수행함으로써 성능 목표를 달성하였는지를 확인하는 테스트 자동화 도구는?

① 명세 기반 테스트 설계 도구
② 코드 기반 테스트 설계 도구
③ 기능 테스트 수행 도구
④ 성능 테스트 도구

> **해설**
> 성능 테스트 도구는 애플리케이션의 성능을 측정하고 평가하는 데 사용되는 도구로 애플리케이션의 처리량, 응답시간, 경과시간, 자원 사용률 등을 측정하여 성능 목표를 달성하였는지를 확인한다.

정답 ④

009 소프트웨어 테스트에 대한 설명으로 옳지 않은 것은?

① 단위(Unit) 테스트는 개별적인 모듈에 대한 테스트이며 테스트 드라이버(Driver)와 테스트 스텁(Stub)을 사용할 수 있다.
② 통합(Integration) 테스트는 모듈을 통합하는 방식에 따라 빅뱅(Big-bang) 기법, 하향식(Top-down) 기법, 상향식(Bottom-up) 기법을 사용한다.
③ 시스템(System) 테스트는 모듈들이 통합된 후 넓이 우선 방식 또는 깊이 우선 방식을 사용하여 테스트한다.
④ 인수(Acceptance) 테스트는 인수 전에 사용자의 요구사항이 만족되었는지 테스트한다.

> **해설**
> 시스템 테스트는 전체 시스템의 기능, 성능, 그리고 요구 사항이 충족되었는지를 확인하는 테스트이다. '넓이 우선 방식' 또는 '깊이 우선 방식'이라는 표현은 통합 테스트에서 방법이다.

정답 ③

010 통합 테스트는 모듈 간의 인터페이스에 존재할 수 있는 결함 검출을 목표로 한다. 다음 중에서 인터페이스 결함과 가장 거리가 먼 것은?

① 전달되는 매개변수들의 형이 잘못된 경우
② 정렬되지 않은 배열임에도 이진 탐색 루틴을 호출하는 경우
③ 데이터 생성자와 소비자의 수행 속도 차이에 따른 결함
④ 주어진 기능에 대한 알고리즘을 부정확하게 구현한 경우

> **해설**
> 알고리즘에 대한 분석은 모듈 내부의 알고리즘의 구현 문제로, 인터페이스와는 관련이 없다.

정답 ④

011 통합 테스트(Integration Test)와 관련한 설명으로 틀린 것은?

① 시스템을 구성하는 모듈의 인터페이스와 결합을 테스트하는 것이다.
② 하향식 통합 테스트의 경우 넓이 우선(Breadth First) 방식으로 테스트를 할 모듈을 선택할 수 있다.
③ 상향식 통합 테스트의 경우 시스템 구조도의 최상위에 있는 모듈을 먼저 구현하고 테스트한다.
④ 모듈 간의 인터페이스와 시스템의 동작이 정상적으로 잘 되고 있는지를 빨리 파악하고자 할 때 상향식보다는 하향식 통합 테스트를 사용하는 것이 좋다.

> **해설**
> 상향식 통합 테스트(Bottom-up Integration Test)에서는 시스템 구조도의 최하위에 있는 모듈(기본 모듈)을 먼저 구현하고 테스트하며, 그 후 점차적으로 상위 모듈로 테스트 범위를 확장해 나간다.

정답 ③

012 다음이 설명하는 애플리케이션 통합 테스트 유형은?

- 깊이 우선 방식 또는 너비 우선 방식이 있다.
- 상위 컴포넌트를 테스트 하고 점증적으로 하위 컴포넌트를 테스트한다.
- 하위 컴포넌트 개발이 완료되지 않은 경우 스텁(Stub)을 사용하기도 한다.

① 하향식 통합 테스트
② 상향식 통합 테스트
③ 회귀 테스트
④ 빅뱅 테스트

> **해설**
> 하향식 통합 테스트는 상위 모듈부터 하위 모듈로 점증적으로 통합하면서 테스트하는 방식이다. 상위 모듈을 먼저 테스트하고, 하위 모듈을 테스트할 때는 상위 모듈을 스텁으로 대체하기도 한다.

정답 ①

013 상향식(Bottom-Up) 통합 테스트에 대한 설명으로 가장 옳지 않은 것은?

① 프로그램 구조에서 가장 하위 레벨에 있는 컴포넌트부터 구축하고 테스트한다.
② 하위 레벨의 컴포넌트를 결합하여 특정 소프트웨어 하위 기능을 수행하는 클러스터(Cluster)를 만든다.
③ 테스트 케이스 입력과 출력을 조정하기 위한 드라이버(Driver)를 작성한다.
④ 테스트된 컴포넌트는 아직 테스트되지 않은 컴포넌트의 호출을 위하여 스텁(Stub)을 작성한다.

> **해설**
> 상향식 통합 테스트는 하위 모듈부터 상위 모듈로 점증적으로 통합하면서 테스트하는 방식이다. 하위 모듈부터 테스트를 시작하기 때문에 아직 테스트되지 않은 컴포넌트의 호출을 위하여 스텁을 작성할 필요가 없다.

정답 ④

014 상향식 통합 테스트(Bottom-Up Integration Test)의 과정이 옳게 나열된 것은?

```
① 드라이버(Driver)라는 제어 프로그램의 작성
② 낮은 수준의 모듈들을 클러스터(Cluster)로 결합
③ 클러스터의 검사
④ 드라이버를 제거하고 클러스터를 상위로 결합
```

① ① → ② → ③ → ④
② ② → ① → ③ → ④
③ ② → ③ → ① → ④
④ ① → ② → ④ → ③

> **해설**
> 하위 모듈들을 클러스터로 결합하여 상위로 결합하여 테스트하는 방법이 상향식 통합이다.

정답 ②

015 빈칸에 들어갈 내용을 순서대로 바르게 나열한 것은?

> 하나의 모듈을 테스트할 때 상위나 하위 모듈이 개발이 안 된 경우가 있다. 상위나 하위 모듈이 개발될 때까지 기다릴 수 없어 가상의 상위나 하위 모듈을 만들어 사용한다. 상위 모듈 역할을 하는 가상의 모듈을 (　　)(이)라 하고 그 역할은 테스트할 모듈을 (　　)하는 것이다. 반대로 하위 역할을 하는 모듈을 (　　)(이)라 하고 인자를 통해 받은 값을 가지고 수행한 후 그 결과를 테스트할 모듈에 넘겨주는 역할을 한다.

① 스텁(Stub) - 구현 - 드라이버(Driver)
② 드라이버(Driver) - 구현 - 스텁(Stub)
③ 스텁(Stub) - 호출 - 드라이버(Driver)
④ 드라이버(Driver) - 호출 - 스텁(Stub)

정답 ④

---

016 하향식 통합에 있어서 모듈 간의 통합 시험을 위해 일시적으로 필요한 조건만을 가지고 임시로 제공되는 시험용 모듈을 무엇이라고 하는가?

① Stub
② Driver
③ Procedure
④ Function

정답 ①

---

017 테스트 드라이버(Test Driver)에 대한 설명으로 틀린 것은?

① 시험대상 모듈을 호출하는 간이 소프트웨어이다.
② 필요에 따라 매개변수를 전달하고 모듈을 수행한 후의 결과를 보여줄 수 있다.
③ 상향식 통합 테스트에서 사용된다.
④ 테스트 대상 모듈이 호출하는 하위 모듈의 역할을 한다.

> **해설**
> 테스트 드라이버(Test Driver)는 상향식 통합 테스트에서 상위 모듈의 역할을 대신하는 임시 모듈이다.

정답 ④

018 단위 테스트에서 테스트의 대상이 되는 하위 모듈을 호출하고, 파라미터를 전달하는 가상의 모듈로 상향식 테스트에 필요한 것은?

① 테스트 스텁(Test Stub)
② 테스트 드라이버(Test Driver)
③ 테스트 슈트(Test Suites)
④ 테스트 케이스(Test Case)

> **해설**
> 상향식 테스트에서 상위 모듈이 아직 준비되지 않았을 때 해당 상위 모듈의 역할을 대신하는 가상의 모듈은 '테스트 드라이버(Test Driver)'이다.

정답 ②

019 단위 테스트(Unit Test)와 관련한 설명으로 틀린 것은?

① 구현 단계에서 각 모듈의 개발을 완료한 후 개발자가 명세서의 내용대로 정확히 구현되었는지 테스트한다.
② 모듈 내부의 구조를 구체적으로 볼 수 있는 구조적 테스트를 주로 시행한다.
③ 필요 데이터를 인자를 통해 넘겨주고, 테스트 완료 후 그 결과값을 받는 역할을 하는 가상의 모듈을 테스트 스텁(Stub)이라고 한다.
④ 테스트할 모듈을 호출하는 모듈도 있고, 테스트할 모듈이 호출하는 모듈도 있다.

> **해설**
> 단위 테스트(Unit Test)에서 테스트할 모듈을 호출하는 가상의 상위 모듈을 '테스트 드라이버(Test Driver)'라고 한다. 테스트할 모듈이 호출하는 가상의 하위 모듈을 '테스트 스텁(Stub)'이라고 한다.

정답 ③

020 테스트 케이스 자동 생성 도구를 이용하여 테스트 데이터를 찾아내는 방법이 아닌 것은?

① 스텁(Stub)과 드라이버(Driver)
② 입력 도메인 분석
③ 랜덤(Random) 테스트
④ 자료 흐름도

> **해설**
> 스텁과 드라이버는 테스트 환경에서 특정 모듈이 준비되지 않았을 때 해당 모듈의 역할을 대신 수행하게 해주는 가상의 모듈이다. 스텁과 드라이버는 테스트 데이터를 찾아내는 방법으로 사용되는 것은 아니다.

정답 ①

Section 3. 애플리케이션 성능 개선

001 컴퓨터를 이용하여 단계적인 문제를 해결하기 위한 단계적인 절차를 무엇이라 하는가?

① 객체지향
② 자료구조
③ 구조적 방법
④ 알고리즘

> **해설**
> 알고리즘은 어떤 문제를 해결하기 위한 일련의 절차나 방법을 의미한다. 알고리즘은 특정한 입력을 받아 명확하게 정의된 일련의 단계를 거쳐 결과물(출력)을 생성하는 것을 목적으로 한다.

정답 ④

002 컴퓨터 알고리즘의 조건에 대한 설명으로 옳지 않은 것은?

① 각 명령어의 의미는 모호하지 않고 명확해야 한다.
② 알고리즘 단계들에는 순서가 정해져 있지 않다.
③ 한정된 수의 단계 후에는 반드시 종료되어야 한다.
④ 각 명령어들은 실행 가능한 연산이어야 한다.

> **해설**
> 알고리즘은 문제를 해결하기 위한 절차를 의미한다. 따라서 알고리즘의 단계들에는 순서가 정해져 있어야 하고, 순서가 정해져 있지 않으면 알고리즘이 올바르게 수행될 수 없다.

정답 ②

003 알고리즘이 갖추어야 할 조건으로 옳지 않은 것은?

① 적어도 하나 이상의 출력 결과를 생성해야 한다.
② 각 명령어들은 명확하고 모호하지 않아야 한다.
③ 어떤 경우에도 유한 번의 수행 단계 후에는 반드시 종료해야 한다.
④ 직접 수행 가능한 컴퓨터 프로그래밍 언어로만 작성되어야 한다.

> **해설**
> 알고리즘의 표현은 자연어, 순서도, 의사 코드, 프로그래밍 언어 등을 이용할 수 있다.

정답 ④

004 알고리즘과 관련한 설명으로 틀린 것은?

① 주어진 작업을 수행하는 컴퓨터 명령어를 순서대로 나열한 것으로 볼 수 있다.
② 검색(Searching)은 정렬이 되지 않은 데이터 혹은 정렬이 된 데이터 중에서 키값에 해당되는 데이터를 찾는 알고리즘이다.
③ 정렬(Sorting)은 흩어져있는 데이터를 키값을 이용하여 순서대로 열거하는 알고리즘이다.
④ 선형 검색은 검색을 수행하기 전에 반드시 데이터의 집합이 정렬되어 있어야 한다.

> **해설**
> 선형 검색은 데이터의 집합을 순서대로 검색하는 알고리즘이다. 따라서 검색을 수행하기 전에 데이터의 집합이 정렬되어 있어야 할 필요는 없다.

정답 ④

005 알고리즘 설계 기법으로 거리가 먼 것은?

① Divide and Conquer
② Greedy
③ Static Block
④ Backtracking

> **해설**
> 알고리즘 설계 기법으로는 분할과 정복(Divide & Conquer), 동적 계획법(Dynamic Programming), 탐욕법(Greedy), 백트래킹(Backtracking)이 있다.

정답 ③

006 다음에서 설명하는 알고리즘 설계 기법으로 가장 알맞은 것은?

> 해결하고자 하는 문제의 최적해(Optimal Solution)가 부분 문제들의 최적해들로 구성되어 있을 경우, 이를 이용하여 문제의 최적해를 구하는 기법이다.

① 동적 계획법(Dynamic Programming)
② 탐욕적 알고리즘(Greedy Algorithm)
③ 재귀 프로그래밍(Recursive Programming)
④ 근사 알고리즘(Approximation Algorithm)

> **해설**
> 동적 계획법은 문제를 작은 문제로 나누어 해결하는 기법이다. 작은 문제의 최적해를 구하여 이를 저장하고, 이를 바탕으로 원래 문제의 최적해를 구하게 된다.

정답 ①

007 알고리즘 시간 복잡도 O(1)이 의미하는 것은?

① 컴퓨터 처리가 불가
② 알고리즘 입력 데이터 수가 한 개
③ 알고리즘 수행시간이 입력 데이터 수와 관계없이 일정
④ 알고리즘 길이가 입력 데이터보다 작음

> **해설**
> 시간 복잡도 O(1)은 입력 데이터의 수가 아무리 커져도 알고리즘의 수행시간은 일정하게 유지된다.

정답 ③

008 다음 중 데이터 값의 대소를 비교하여 정렬하는 문제에 대한 가장 빠른 알고리즘의 시간 복잡도는? (단, n은 정렬 대상의 입력 데이터 수이다.)

① $O(n)$
② $O(\log_2 n)$
③ $O(n\log_2 n)$
④ $O(n^2)$

> **해설**
> 시간 복잡도의 관계는 $O(\log_2 n) < O(n) < O(n\log_2 n) < O(n^2)$

정답 ③

009 빅오(big O) 표기법은 알고리즘의 시간 복잡도를 입력의 크기에 대한 함수로 나타내는 방법이다. 다음 중 빅오(big O) 표기법의 실행시간 크기를 비교한 것으로 가장 적절한 것은?

① $O(1) < O(\log n) < O(n) < O(n^2) < O(2^n)$
② $O(\log n) < O(1) < O(n) < O(n^2) < O(2^n)$
③ $O(1) < O(\log n) < O(n) < O(2^n) < O(n^2)$
④ $O(\log n) < O(1) < O(n) < O(2^n) < O(n^2)$

> **해설**
> 시간 복잡도의 관계는 $O(\log_2 n) < O(n) < O(n\log_2 n) < O(n^2) < O(2^n) < O(n!)$

정답 ①

010 정렬 알고리즘 선택 시 고려하여야 할 사항으로 거리가 먼 것은?

① 데이터의 양
② 초기 데이터의 배열 상태
③ 키 값들의 분포 상태
④ 운영체제의 종류

> **해설**
> 정렬 알고리즘은 데이터의 양, 초기 데이터의 배열 상태, 키 값들의 분포 상태에 따라 그 성능이 달라질 수 있다. 하지만, 운영체제의 종류는 정렬 알고리즘의 선택에 직접적인 영향을 미치는 요소는 아니다.

정답 ④

011 다음 중 정렬 알고리즘에 대한 설명으로 옳은 것은?

① 선택 정렬과 힙 정렬 알고리즘의 시간 복잡도는 O(nlogn)이다.
② 퀵 정렬과 합병 정렬은 분할정복 방법을 사용하는 알고리즘이다.
③ 선택 정렬과 버블 정렬은 제자리 정렬을 할 수 없다.
④ 최악의 경우 퀵 정렬의 성능은 O(nlogn)이다.

> **해설**
> 분할정복은 큰 문제를 작은 하위 문제로 나눈 다음, 각각의 하위 문제를 해결하고, 그 해결 방법을 조합하여 원래의 문제를 해결하는 전략이다.

정답 ②

012 정렬 알고리즘 중 최악의 경우를 가정할 때 시간 복잡도가 다른 것은?

① 삽입 정렬(Insertion sort)
② 쉘 정렬(Shell sort)
③ 버블 정렬(Bubble sort)
④ 힙 정렬(Heap sort)

> **해설**
> 힙 정렬의 최악의 경우, 평균의 경우 및 최선의 경우 시간 복잡도는 모두 O(nlogn)이다. 삽입, 쉘, 버블 정렬은 $O(n^2)$의 시간 복잡도를 가진다.

정답 ④

013 정렬된 N개의 데이터를 처리하는 데 $O(n \log_2 n)$의 시간이 소요되는 정렬 알고리즘은?

① 선택 정렬
② 삽입 정렬
③ 버블 정렬
④ 합병 정렬

> **해설**
> 퀵 정렬, 힙 정렬, 병합 정렬(합병 정렬)은 $O(n \log_2 n)$의 시간 복잡도를 가진다.

정답 ④

014 정렬 알고리즘 중 다음의 설명에 해당하는 것은?

> n개의 레코드 중에서 최소값을 찾아 첫 번째 레코드 위치에 놓고, 나머지 (n-1)개 중에서 다시 최소값을 찾아 두 번째 레코드 위치에 놓는 방식을 반복하여 정렬

① Selection Sort
② Insertion Sort
③ Bubble Sort
④ Heap Sort

해설
최소값을 찾아 해당하는 위치에 놓는 것은 선택 정렬이다.

정답 ①

---

015 다음 자료에 대하여 선택(Selection) 정렬을 이용하여 오름차순으로 정렬하고자 한다. 3회전 후의 결과로 옳은 것은?

> 37, 14, 17, 40, 35

① 14, 17, 37, 40, 35
② 14, 37, 17, 40, 35
③ 17, 14, 37, 35, 40
④ 14, 17, 35, 40, 37

해설
- 1회전: 14, 37, 17, 40, 35
- 2회전: 14, 17, 37, 40, 35
- 3회전: 14, 17, 35, 40, 37

정답 ④

---

016 다음 자료에 대하여 "Selection Sort"를 사용하여 오름차순으로 정렬한 경우 PASS 3의 결과는?

> 초기 자료: 8, 3, 4, 9, 7

① 3, 4, 7, 9, 8
② 3, 4, 8, 9, 7
③ 3, 8, 4, 9, 7
④ 3, 4, 7, 8, 9

해설
- 1회전: 3, 8, 4, 9, 7
- 2회전: 3, 4, 8, 9, 7
- 3회전: 3, 4, 7, 9, 8

정답 ①

017 시간 복잡도 자료가 다음과 같이 주어졌을 때 선택 정렬(Selection Sort)을 적용하여 오름차순으로 정렬할 경우 PASS 2를 진행한 후의 정렬된 값으로 옳은 것은?

9, 4, 5, 11, 8

① 4, 5, 9, 8, 11
② 4, 5, 9, 11, 8
③ 4, 5, 8, 11, 9
④ 4, 5, 8, 9, 11

해설
- 1회전: 4, 9, 5, 11, 18
- 2회전: 4, 5, 9, 11, 18

정답 ②

018 다음 수를 선택 정렬(Selection Sort)로 오름차순 정렬할 경우 Pass 2를 진행한 후의 결과로 옳은 것은?

10, 3, 5, 9, 6, 8

① 3 5 10 9 6 8
② 3 5 9 6 8 10
③ 3 5 6 8 9 10
④ 3 10 5 9 6 8

해설
- 1회전: 3, 10, 5, 9, 6, 8
- 2회전: 3, 5, 10, 9, 6, 8

정답 ①

019 다음 초기 자료에 대하여 삽입 정렬(Insertion Sort)을 이용하여 오름차순 정렬할 경우 1회전 후의 결과는?

초기 자료: 8, 3, 4, 9, 7

① 3, 4, 8, 7, 9
② 3, 4, 9, 7, 8
③ 7, 8, 3, 4, 9
④ 3, 8, 4, 9, 7

해설
- 1회전: 3, 8, 4, 9, 7
- 2회전: 3, 4, 8, 9, 7

정답 ④

020 다음 자료에 대하여 삽입 정렬을 사용하여 오름차순으로 정렬한 경우 Pass 2의 결과는?

초기 자료: 64, 28, 33, 76, 55, 12, 43

① 28, 33, 64, 76, 55, 12, 43
② 28, 64, 33, 76, 55, 12, 43
③ 12, 28, 64, 33, 76, 55, 43
④ 12, 28, 33, 55, 64, 76, 43

해설
- 1회전: 28, 64, 33, 76, 55, 12, 43
- 2회전: 28, 33, 64, 76, 55, 12, 43

정답 ①

021 다음 자료에 대하여 삽입(Insertion) 정렬 기법을 사용하여 오름차순으로 정렬하고자 한다. 1회전 후의 결과는?

초기 자료: 5, 4, 3, 2, 1

① 4, 3, 2, 1, 5
② 3, 4, 5, 2, 1
③ 4, 5, 3, 2, 1
④ 1, 2, 3, 4, 5

해설
- 1회전: 4, 5, 3, 2, 1
- 2회전: 3, 4, 5, 2, 1

정답 ③

022 다음 자료를 삽입 정렬을 이용하여 오름차순으로 정렬할 경우 "pass 5"의 결과는?

초기 자료: 32, 14, 15, 38, 27, 6, 21

① 14, 15, 27, 32, 38, 6, 21
② 14, 15, 32, 38, 27, 6, 21
③ 6, 14, 15, 27, 32, 38, 21
④ 6, 14, 15, 21, 27, 32, 38

해설
- 1회전: 14, 32, 15, 38, 27, 6, 21
- 2회전: 14, 15, 32, 38, 27, 6, 21
- 3회전: 14, 15, 32, 38, 27, 6, 21
- 4회전: 14, 15, 27, 32, 38, 6, 21
- 5회전: 6, 14, 15, 27, 32, 38, 21

정답 ③

023 다음 자료에 대하여 삽입(Insertion) 정렬을 이용하여 오름차순으로 정렬하고자 할 경우 3회전 후의 결과는?

초기 자료: 27, 5, 52, 43, 20, 14, 17

① 5, 27, 43, 52, 20, 14, 17
② 5, 27, 52, 43, 20, 14, 17
③ 5, 14, 27, 52, 43, 20, 17
④ 17, 27, 5, 52, 43, 20, 14

해설
- 1회전: 5, 27, 52, 43, 20, 14, 17
- 2회전: 5, 27, 52, 43, 20, 14, 17
- 3회전: 5, 27, 43, 52, 20, 14, 17

정답 ①

024 자료가 아래와 같을 때, 삽입(Insertion) 정렬 방법을 적용하여 오름차순으로 정렬할 경우 pass 1을 수행한 결과는?

초기 자료: 20, 19, 14, 16, 18

① 19, 20, 14, 16, 18
② 14, 20, 19, 16, 18
③ 14, 19, 20, 16, 18
④ 20, 14, 19, 16, 18

해설
- 1회전: 19, 20, 14, 16, 18
- 2회전: 14, 19, 20, 16, 18
- 3회전: 14, 16, 19, 20, 18

정답 ①

025 다음 자료를 버블 정렬을 이용하여 오름차순으로 정렬할 경우 Pass 2의 결과는?

9, 6, 7, 3, 5

① 3, 5, 6, 7, 9
② 6, 7, 3, 5, 9
③ 3, 5, 9, 6, 7
④ 6, 3, 5, 7, 9

해설
- 1회전: 6, 7, 3, 5, 9
- 2회전: 6, 3, 5, 7, 9
- 3회전: 3, 5, 6, 7, 9

정답 ④

026 다음 자료에 대하여 버블 정렬을 사용하여 오름차순 정렬할 경우 1회전 후의 결과는?

> 8, 5, 6, 2, 4

① 5, 8, 6, 2, 4
② 2, 8, 5, 6, 4
③ 5, 6, 2, 4, 8
④ 5, 2, 4, 6, 8

해설
- 1회전: 5, 6, 2, 4, 8
- 2회전: 5, 2, 4, 6, 8

정답 ③

027 다음 자료에 대하여 버블 정렬을 이용하여 오름차순으로 정렬할 경우 "pass 1"의 실행 결과는?

> 4, 7, 3, 1, 5, 8, 2, 6

① 3, 1, 4, 5, 2, 6, 7, 8
② 1, 3, 4, 2, 5, 6, 7, 8
③ 4, 3, 1, 5, 7, 2, 6, 8
④ 1, 3, 2, 4, 5, 6, 7, 8

해설
- 1회전: 4, 3, 1, 5, 7, 2, 6, 8
- 2회전: 3, 1, 4, 5, 2, 6, 7, 8
- 3회전: 1, 3, 4, 2, 5, 6, 7, 8

정답 ③

028 다음 자료에 대하여 버블 기법을 이용하여 오름차순으로 정렬하고자 한다. 2회전 후의 결과는?

> 37, 14, 17, 40, 35

① 14, 17, 37, 35, 40
② 14, 37, 17, 40, 35
③ 14, 17, 35, 37, 40
④ 14, 17, 37, 40, 35

해설
- 1회전: 14, 17, 37, 35, 40
- 2회전: 14, 17, 35, 37, 40

정답 ③

029 다음은 정렬 알고리즘을 이용해 초기 단계의 데이터를 완료 단계의 데이터로 정렬하는 과정을 보여 준다. 이 과정에 사용된 정렬 알고리즘으로 옳은 것은?

6	4	9	2	3	8	초기 단계
4	6	2	3	8	9	
4	2	3	6	8	9	
… (중 략) …						
2	3	4	6	8	9	완료 단계

① 퀵(Quick) 정렬
② 기수(Radix) 정렬
③ 버블(Bubble) 정렬
④ 합병(Merge) 정렬

해설
첫 번째 회전 시 인접한 데이터를 가지고 비교를 해서 9를 가장 마지막으로 보내는 정렬 방법은 버블 정렬이다.

정답 ③

030 퀵 정렬에 대한 설명으로 틀린 것은?

① 순환 알고리즘을 사용해야 하므로 스택 공간을 필요로 한다.
② 첫 번째 키만을 분할 원소로 정할 수 있다.
③ 키를 기준으로 작은 값은 왼쪽에, 큰 값은 오른쪽 서브 파일로 분해시키는 방식이다.
④ 최악의 시간 복잡도는 $O(n^2)$이다.

해설
퀵 정렬은 데이터를 임의의 키 값을 기준으로 두 부분으로 분할하여 각 부분을 재귀적으로 정렬하는 알고리즘이다.

정답 ②

031 퀵 정렬에 관한 설명으로 옳은 것은?

① 레코드의 키 값을 분석하여 같은 값끼리 그 순서에 맞는 버킷에 분배하였다가 버킷의 순서대로 레코드를 꺼내어 정렬한다.
② 주어진 파일에서 인접한 두 개의 레코드 키 값을 비교하여 그 크기에 따라 레코드 위치를 서로 교환한다.
③ 레코드의 많은 자료 이동을 없애고 하나의 파일을 부분적으로 나누어 가면서 정렬한다.
④ 임의의 레코드 키와 매개변수 (h) 값만큼 떨어진 곳의 레코드 키를 비교하여 서로 교환해 가면서 정렬한다.

> **해설**
> ① 기수 정렬, ② 버블 정렬, ④ 삽입 정렬에 대한 설명이다.
> 퀵 정렬은 평균적으로 O(nlogn)의 시간 복잡도를 갖는 효율적인 정렬 알고리즘이다. 그러나 데이터가 이미 역순으로 정렬되어 있는 경우 최악의 경우 시간 복잡도가 O(n2)로 떨어진다. 따라서 데이터의 분포 상태에 따라 성능이 크게 달라질 수 있다.

정답 ③

032 분할 정복(Divide and Conquer)에 기반한 알고리즘으로 피벗(Pivot)을 사용하며 최악의 경우 ⓐ 회의 비교를 수행해야 하는 정렬(Sort)은?

> ⓐ : $\dfrac{n(n-1)}{2}$

① Selection Sort
② Bubble Sort
③ Insert Sort
④ Quick Sort

> **해설**
> 퀵 정렬은 데이터를 임의의 키 값(피벗)을 기준으로 두 부분으로 분할하여 각 부분을 재귀적으로 정렬하는 알고리즘이다.

정답 ④

033 힙 정렬(Heap Sort)에 대한 설명으로 틀린 것은?

① 정렬할 입력 레코드들로 힙을 구성하고 가장 큰 키 값을 갖는 루트 노드를 제거하는 과정을 반복하여 정렬하는 기법이다.
② 평균 수행 시간은 $O(nlog_2 n)$이다.
③ 완전 이진 트리(Complete Binary Tree)로 입력 자료의 레코드를 구성한다.
④ 최악의 수행시간은 $O(2n^4)$이다.

> **해설**
> 힙 정렬은 데이터의 분포 상태에 관계없이 $O(nlog2n)$의 시간 복잡도를 갖는 효율적인 정렬 알고리즘이다.

정답 ④

034 정렬된 N개의 데이터를 처리하는 데 $O(nlog_2 n)$의 시간이 소요되는 정렬 알고리즘은?

① 합병 정렬
② 버블 정렬
③ 선택 정렬
④ 삽입 정렬

> **해설**
> 합병 정렬은 데이터를 두 개로 나누고, 각각을 재귀적으로 정렬한 후 합쳐서 정렬하는 알고리즘이다. 정렬된 N개의 데이터를 처리하는 데 O(nlog2n)의 시간이 소요되며, 나머지 알고리즘은 O(n²)의 시간 복잡도를 가진다.

정답 ①

035 비교가 아닌 분배에 의한 정렬(Sorting By Distribution) 방식으로 옳은 것은?

① 기수 정렬(Radix Sort)
② 버블 정렬(Bubble Sort)
③ 퀵 정렬(Quick Sort)
④ 히프 정렬(Heap Sort)

> **해설**
> 기수 정렬은 데이터의 각 자릿수를 기준으로 분배하여 정렬하는 알고리즘이다. 따라서 비교가 아닌 분배에 의한 정렬 방식이다.

정답 ①

036 정렬 기법 중 레코드의 키 값을 분석하여 같은 수 또는 같은 문자끼리 그 순서에 맞는 버킷에 분배 하였다가 버킷의 순서대로 레코드를 꺼내어 정렬하는 기법은?

① 퀵(Quick) 정렬
② 버블(Bubble) 정렬
③ 기수(Radix) 정렬
④ 합병(Merge) 정렬

> **해설**
> 기수 정렬은 분배를 통해 정렬을 하는 방식이다.

정답 ③

037 이진 검색 알고리즘에 대한 설명으로 틀린 것은?

① 탐색 효율이 좋고 탐색 시간이 적게 소요된다.
② 검색할 데이터가 정렬되어 있어야 한다.
③ 피보나치 수열에 따라 다음에 비교할 대상을 선정하여 검색한다.
④ 비교 횟수를 거듭할 때마다 검색 대상이 되는 데이터의 수가 절반으로 줄어든다.

> **해설**
> 이진 검색 알고리즘은 데이터를 중간값과 비교하여, 찾는 값이 중간값보다 크면 오른쪽 부분을, 작으면 왼쪽 부분을 검색하는 방식으로 진행된다. 이진 검색 알고리즘은 데이터가 정렬되어 있어야만 사용할 수 있고, 데이 터가 정렬이 되어 있지 않을 경우, O(n)의 시간 복잡도를 갖게 된다.
> 피보나치 수열을 이용하는 검색은 피보나치 검색(Fibonacci Search)이다.

정답 ③

038 검색 방법 중 찾고자 하는 레코드 키가 있음직한 위치를 추정하여 검색하는 방법은?

① 이진(Binary) 검색
② 보간(Interpolation) 검색
③ 피보나치(Fibonacci) 검색
④ 순차(Sequential) 검색

> **해설**
> 보간 검색은 찾고자 하는 레코드 키가 있음 법한 위치를 추정하여 검색하는 방법이다. 보간 검색은 데이터가 정렬되어 있어야만 사용할 수 있다.

정답 ②

039 리팩토링의 대상이 되는 코드 스멜(Code Smell)에 해당하지 않는 것은?

① 읽기 어려운 프로그램
② 중복된 로직을 가진 프로그램
③ 외부에서 보이는 기능을 변경해야 하는 프로그램
④ 복잡한 조건문이 포함된 프로그램

> **해설**
> 리팩토링은 코드의 품질을 향상시키기 위한 활동이지만, 코드의 기능을 변경해서는 안 된다. 따라서 코드의 기능을 변경해야 하는 프로그램은 리팩토링의 대상이 될 수 없다. 리팩토링의 목적은 가독성 향상, 유지보수성 향상, 코드 성능 향상 등이 있다.

정답 ③

040 리팩토링에 대한 설명으로 옳지 않은 것은?

① 리팩토링의 대상은 읽기 어려운 코드, 중복된 로직의 코드, 복잡한 조건문이 있는 코드 등이 대표적인 것이다.
② 리팩토링은 실행 중인 프로그램의 기능 변경이 수반되어야 한다.
③ 리팩토링을 통해서 프로그램의 이해가 쉬워진다.
④ 리팩토링은 결함을 찾는 데 도움을 준다.

> **해설**
> 리팩토링은 다음의 경우 수행된다.
> - 코드가 읽기 어렵거나 이해하기 어렵다.
> - 코드에 중복된 로직이 존재한다.
> - 코드가 복잡하다.
> 하지만, 코드의 기능이 변경되는 경우는 리팩토링 수행 대상이 아니다.

정답 ②

041 외계인 코드(Alien Code)에 대한 설명으로 옳은 것은?

① 프로그램의 로직이 복잡하여 이해하기 어려운 프로그램을 의미한다.
② 아주 오래되거나 참고문서 또는 개발자가 없어 유지보수 작업이 어려운 프로그램을 의미한다.
③ 오류가 없어 디버깅 과정이 필요 없는 프로그램을 의미한다.
④ 사용자가 직접 작성한 프로그램을 의미한다.

> **해설**
> 외계인 코드는 유지보수 작업이 어려울 뿐만 아니라, 새로운 기능을 추가하거나 버그를 수정하는 작업도 어렵다.

정답 ②

042 다음 중 클린 코드 작성 원칙으로 거리가 먼 것은?

① 누구든지 쉽게 이해하는 코드 작성
② 중복이 최대화 된 코드 작성
③ 다른 모듈에 미치는 영향 최소화
④ 단순, 명료한 코드 작성

> **해설**
> 클린 코드 작성 원칙은 코드의 가독성, 유지보수성, 성능을 향상시키는 것을 목표로 한다. 중복된 코드는 코드를 이해하고 유지보수하기 어렵게 만들 뿐만 아니라, 성능에도 부정적인 영향을 미칠 수 있다. 따라서 중복이 최대화된 코드는 클린 코드 작성 원칙과 거리가 멀다.

정답 ②

043 다음에서 설명하는 클린 코드 작성 원칙은?

- 한 번에 한 가지 처리만 수행한다.
- 클래스/메서드/함수를 최소 단위로 분리한다.

① 다형성
② 단순성
③ 추상화
④ 의존성

> **해설**
> 클린 코드 작성 원칙 중 단순성은 코드를 단순하고 명확하게 작성하여 이해하기 쉽게 하는 것을 의미한다. 단순성을 지키기 위해서는 한 번에 한 가지 처리만 수행하고, 클래스/메서드/함수를 최소 단위로 분리하는 것이 중요하다.

정답 ②

044 클린 코드 작성 원칙에 대한 설명으로 틀린 것은?

① 코드의 중복을 최소화한다.
② 코드가 다른 모듈에 미치는 영향을 최대화하도록 작성한다.
③ 누구든지 코드를 쉽게 읽을 수 있도록 작성한다.
④ 간단하게 코드를 작성한다.

> **해설**
> 코드가 다른 모듈에 미치는 영향을 최대화하는 것은 코드의 가독성, 유지보수성을 저하시키고, 성능에도 부정적인 영향을 미칠 수 있다. 코드가 다른 모듈에 미치는 영향을 최소화 하도록 모듈을 독립적으로 설계해야 한다.

정답 ②

045 클린 코드(Clean Code)를 작성하기 위한 원칙으로 틀린 것은?

① 추상화: 하위 클래스/메서드/함수를 통해 애플리케이션의 특성을 간략하게 나타내고, 상세 내용은 상위 클래스/메서드/함수에서 구현한다.
② 의존성: 다른 모듈에 미치는 영향을 최소화하도록 작성한다.
③ 가독성: 누구든지 읽기 쉽게 코드를 작성한다.
④ 중복성: 중복을 최소화할 수 있는 코드를 작성한다.

> **해설**
> 추상화는 복잡한 시스템을 단순화하여, 주요 기능만 강조하며 내부의 복잡한 세부 사항은 숨기는 방법을 의미한다. 상위 클래스가 간략한 특성과 기능을 나타내며, 구체적인 구현 내용은 하위 클래스에서 정의된다.

정답 ①

046 코드의 간결성을 유지하기 위해 사용되는 지침으로 틀린 것은?

① 공백을 이용하여 실행문 그룹과 주석을 명확히 구분한다.
② 복잡한 논리식과 산술식은 괄호와 들여쓰기(Indentation)를 통해 명확히 표현한다.
③ 빈 줄을 사용하여 선언부와 구현부를 구별한다.
④ 한 줄에 최대한 많은 문장을 코딩한다.

> **해설**
> 한 줄에 너무 많은 문장이나 코드를 작성하면 코드의 가독성이 떨어져 유지보수가 어렵게 된다. 코드를 작성할 때는 한 줄에 하나의 명령어나 문장만을 포함하는 것이 바람직하며, 가독성을 높이기 위해 적절한 줄바꿈과 들여쓰기를 활용하는 것이 좋다.

정답 ④

인터페이스 구현

Section 1. 인터페이스 설계 확인

001 소프트웨어 개발 영역을 결정하는 요소 중 다음 사항과 관계있는 것은?

- 소프트웨어에 의해 간접적으로 제어되는 장치와 소프트웨어를 실행하는 하드웨어
- 기존의 소프트웨어와 새로운 소프트웨어를 연결하는 소프트웨어
- 순서적 연산에 의해 소프트웨어를 실행하는 절차

① 기능(Function)
② 성능(Performance)
③ 제약조건(Constraint)
④ 인터페이스(Interface)

해설
소프트웨어 개발 영역은 소프트웨어의 기능, 성능, 제약조건, 인터페이스 등을 고려하여 결정된다.
- 소프트웨어의 기능은 소프트웨어가 제공하는 기능과 서비스를 의미한다.
- 소프트웨어의 성능은 소프트웨어의 처리 속도, 반응시간, 메모리 사용량 등과 관련이 있다.
- 소프트웨어의 제약조건은 개발 환경, 기술, 예산, 일정 등과 관련이 있다.
- 소프트웨어의 인터페이스는 소프트웨어와 하드웨어, 사용자, 다른 소프트웨어 등과의 연결과 관련이 있다.

정답 ④

002 명백한 역할을 가지고 독립적으로 존재할 수 있는 시스템의 부분으로 넓은 의미에서는 재사용되는 모든 단위라고 볼 수 있으며, 인터페이스를 통해서만 접근할 수 있는 것은?

① Model
② Sheet
③ Component
④ Cell

해설
컴포넌트는 명백한 역할을 가지고 독립적으로 존재하며, 재사용이 가능하다. 컴포넌트는 소프트웨어 개발에서 중요한 개념으로, 재사용성, 유지보수성, 확장성을 향상시키는 데 도움이 된다.

정답 ③

003 인터페이스 간의 통신을 위해 이용되는 데이터 포맷이 아닌 것은?

① AJTML
② JSON
③ XML
④ YAML

> **해설**
> 인터페이스 간 통신을 위해서는 다음과 같은 특징을 가져야 한다.
> - 인간이 읽고 쓸 수 있어야 한다.
> - 데이터를 구조화할 수 있어야 한다.
> - 다양한 프로그래밍 언어에서 지원되어야 한다.
> 이런 특징을 갖는 데이터 포맷은 JSON, XML, CSV, YAML 등이 있다.

정답 ①

004 인터페이스 구현 시 사용하는 기술로 속성-값 쌍(Attribute-Value Pairs)으로 이루어진 데이터 오브젝트를 전달하기 위해 사용하는 개방형 표준 포맷은?

① JSON ② HTML ③ AVPN ④ DOF

> **해설**
> JSON은 JavaScript Object Notation의 약자로, 속성-값 쌍(Attribute-Value Pairs)으로 이루어진 데이터 오브젝트를 전달하기 위해 사용하는 개방형 표준 포맷이다. JSON은 웹 애플리케이션, 모바일 애플리케이션, IoT 등 다양한 분야에서 데이터 전달을 위해 사용된다.

정답 ①

005 다음 중 XML과 JSON을 비교한 것으로 가장 올바르지 않은 것은?

① 둘 다 계층적인 데이터 구조로 이루어져 있다.
② 둘 다 종료 태그를 사용하지 않는다.
③ JSON 구문이 XML 구문보다 짧다.
④ XML은 배열을 사용할 수 없다.

> **해설**
> JSON은 종료 태그를 사용하지 않지만, XML은 종료 태그를 사용한다.

정답 ②

006 XML 문서를 해석하고 검색하는 기능을 제공하는 범용 XML 질의 언어는?

① Pascal ② Path ③ XSLT ④ XQuery

> **해설**
> XQuery는 XML 문서를 해석하고 검색하는 기능을 제공하는 범용 XML 질의 언어이다. XQuery는 XML 문서의 구조를 파악하고, 원하는 정보를 선택하거나 필터링할 수 있는 기능을 제공한다.

정답 ④

007 다음 중 아래의 보기에서 설명하는 인터넷 프로그래밍 언어로 옳은 것은?

〈보기〉
- HTML의 단점을 보완한 인터넷 언어로, SGML의 복잡한 단점을 개선한 언어
- 사용자가 새로운 태그와 속성을 정의할 수 있는 확장성을 가짐
- 유니코드를 사용하므로 전 세계의 모든 문자를 처리

① XML
② ASP
③ JSP
④ VRML

해설
XML은 웹 페이지의 구조와 내용을 분리하여, 구조화된 데이터를 표현할 수 있는 언어이다. XML은 웹 서비스, 웹 애플리케이션, 데이터베이스 등 다양한 분야에서 사용된다.

정답 ①

008 인터페이스 구현 시 사용하는 기술 중 다음 내용이 설명하는 것은?

JavaScript를 사용한 비동기 통신 기술로 클라이언트와 서버 간에 XML 데이터를 주고받는 기술

① Procedure
② Trigger
③ Greedy
④ AJAX

해설
AJAX(Asynchronous JavaScript And XML)는 JavaScript를 사용한 비동기 통신 기술로 클라이언트와 서버 간에 XML 데이터를 주고받는 기술이다. AJAX는 비동기 통신을 지원하여, 사용자의 웹 브라우저에서 페이지 전체를 새로고침하지 않고도 서버와 통신할 수 있다.

정답 ④

009 EAI(Enterprise Application Integration)의 구축 유형으로 옳지 않은 것은?

① Point-to-Point
② Hub&Spoke
③ Message Bus
④ Tree

해설
Tree는 EAI의 구축 유형이 아니다. Tree는 데이터 구조의 한 종류로, 트리 모양으로 데이터를 연결하는 방식이다. EAI는 애플리케이션을 연결하는 방식으로, 데이터 구조의 방식과는 관련이 없다.

정답 ④

010 기업 내의 컴퓨터 애플리케이션들을 현대화하고, 통합하고, 조정하는 것을 목표로 세운 계획, 방법 및 도구 등을 일컫는 것은?

① e-business
② BPR
③ EAI
④ ERP

> **해설**
> - EAI(Enterprise Application Integration)는 기업 내의 다양한 애플리케이션을 통합하여, 효율적인 업무 처리와 정보 공유를 가능하게 하는 기술이다. EAI는 기업 내의 컴퓨터 애플리케이션들을 현대화하고, 통합하고, 조정하는 것을 목표로 하는 계획, 방법 및 도구 등을 말한다.
> - e-business는 기업이 인터넷을 통해 비즈니스를 수행하는 것을 의미한다.
> - BPR(Business Process Reengineering)는 기업의 비즈니스 프로세스를 근본적으로 재설계하여 비즈니스 성과를 향상시키는 것을 의미한다.
> - ERP(Enterprise Resource Planning)는 기업의 재고, 생산, 판매, 회계 등 다양한 업무를 통합하여 관리하는 시스템을 의미한다.

정답 ③

011 EAI(Enterprise Application Integration) 구축 유형에서 애플리케이션 사이에 미들웨어를 두어 처리하는 것은?

① Message Bus
② Point-to-point
③ Hub &Spoke
④ Hybrid

> **해설**
> Message Bus는 EAI의 구축 유형 중 하나로, 애플리케이션 사이에 미들웨어를 두어 처리하는 방식이다. 미들웨어는 애플리케이션 간의 통신을 중계하고, 데이터 변환 및 보안 처리 등의 기능을 제공한다.

정답 ①

012 EAI(Enterprise Application Integration) 구축 유형 중 Hybrid에 대한 설명으로 틀린 것은?

① Hub & Spoke와 Message Bus의 혼합 방식이다.
② 필요한 경우 한 가지 방식으로 EAI 구현이 가능하다.
③ 데이터 병목현상을 최소화할 수 있다.
④ 중간에 미들웨어를 두지 않고 각 애플리케이션을 Point to Point로 연결한다.

> **해설**
> Hybrid는 Hub & Spoke와 Message Bus의 혼합 방식으로, 애플리케이션의 종류나 연결 방식에 따라 적절한 방식을 선택하여 구축하는 방식이다. 따라서 중간에 미들웨어를 두지 않고 각 애플리케이션을 Point to Point로 연결하는 것은 Hybrid의 특징이 아니다.

정답 ④

Section 2. 인터페이스 기능 구현

001 네트워크에서 발생하는 패킷을 수집하여 ID와 Password를 취득 후 서버에 접속하는 공격 형태는?

① Sniffing ② Fabricate ③ Modify ④ Spoofing

> **해설**
> Sniffing은 네트워크에서 전송되는 패킷을 수집하여 정보를 탈취하는 공격 기법이다. Sniffing을 통해 ID와 Password를 취득한 후, 서버에 접속하여 인증을 우회할 수 있다.

정답 ①

002 다음의 지문은 무엇을 설명한 것인가?

> 안전한 소프트웨어 개발을 위해 소스 코드 등에 존재할 수 있는 잠재적인 보안 취약점을 제거하고, 보안을 고려하여 기능을 설계 및 구현하는 등 소프트웨어 개발 과정에서 지켜야 할 보안 활동이다.

① 시큐어 코딩(Secure Coding) ② 스캐빈징(Scavenging)
③ 웨어하우스(Warehouse) ④ 살라미(Salami)

> **해설**
> - 스캐빈징: 본안에 민감한 정보를 얻으려고 허가 받지 않은 상태에서 잔여 자료를 뒤지는 행위
> - 데이터 웨어하우스: 데이터 웨어하우스는 분석을 위해 최적화된 중앙 레포지토리
> - 살라미: 많은 사람들로부터 적은 금액을 조금씩 빼는 해킹 기법

정답 ①

003 소프트웨어 보안 약점 유형에 대한 설명으로 가장 옳은 것은?

① 코드 오류: 의도하지 않은 방법으로 API를 사용하거나 보안에 취약한 API를 사용하여 발생할 수 있는 보안 약점(예: DNS lookup에 의존한 보안 결정)
② 에러 처리: 프로그램 입력값에 대한 검증 누락 또는 부적절한 검증, 데이터의 잘못된 형식 지정으로 인해 발생할 수 있는 보안 약점(예: SQL 삽입, XQuery 삽입, LDAP 삽입 등)
③ 시간 및 상태: 중요한 데이터 또는 기능성을 불충분하게 캡슐화하였을 때, 인가되지 않은 사용자에게 데이터 누출이 가능해지는 보안 약점(예: 잘못된 세션에 의한 데이터 또는 시스템 데이터 정보 노출 등)
④ 보안 기능: 인증, 접근 제어, 암호화 등의 기능을 부적절하게 구현 시 발생할 수 있는 보안 약점(예: 부적절한 인가, 하드코드 된 암호화키 등)

> **해설**
> 코드 오류는 개발자의 실수에 의한 것이고, 에러 처리는 부적절한 오류 표현에 관한 내용이다. 시간 및 상태는 병렬 시스템에서 시간 및 상태를 부적절하게 관리하여 발생할 수 있는 보안 약점이다.

정답 ④

004 데이터베이스 암호화 방법의 내용으로 가장 적절하지 않은 것은?

① Hybrid 방식은 Plug-In 방식의 단점인 배치 업무의 성능 저하를 보완하기 위해 API 방식을 이용하는 구성이다.
② Plug-In 방식은 암·복호화 모듈을 DB 서버 내에 설치하고 이곳에서 암·복호화를 수행하는 구조이다.
③ API 방식은 암·복호화 모듈을 애플리케이션 서버 내에 설치하고 이곳에서 암·복호화를 수행하는 구조로 애플리케이션의 수정을 동반한다.
④ 파일 암호화 방식은 DBMS에 추가 기능으로 제공되는 암호화 기능을 이용하여 DB 내부에서 데이터 파일 저장 시 암호화한다.

> **해설**
> 파일 암호화 방식은 데이터베이스 내의 데이터를 직접 암호화하는 것이 아니라, 데이터 파일 자체를 암호화하는 것을 의미한다.

정답 ④

005 다음에서 설명하는 데이터베이스 암호화 방식으로 가장 옳은 것은?

- DBMS에 내장 또는 옵션으로 제공되는 암호화 기능을 이용하는 방식이다.
- 응용 프로그램에 대한 수정이 없고 인덱스의 경우 DBMS 자체 인덱스 기능과 연동이 가능하다.
- DB 내부에서 암·복호 처리를 하는 방식이다.

① TDE 방식
② API 방식
③ Plug-In 방식
④ Hybrid 방식

> **해설**
> - API 방식은 애플리케이션 서버에 설치된 암호화 모듈을 사용하여 데이터를 암호화하는 방식이다.
> - Plug-In 방식은 DB 서버에 설치된 암호화 모듈을 사용하여 데이터를 암호화하는 방식이다.
> - Hybrid 방식은 Plug-In 방식과 API 방식을 함께 사용하는 방식이다.
> - Plug-In 방식도 프로그램에 대한 수정이 없고, DB 내부에서 처리하지만 DBMS에 내장된 형태는 아니다.

정답 ①

006 인터페이스 보안을 위해 네트워크 영역에 적용될 수 있는 솔루션과 거리가 먼 것은?

① IPSec ② SMTP ③ SSL ④ S-HTTP

> **해설**
> SMTP는 전자 메일을 전송하기 위한 프로토콜이다. SMTP는 데이터를 암호화하거나 인증하지 않는다.

정답 ②

007 다음 중 인터넷 보호 관련 표준 프로토콜에 대한 설명으로 맞는 것은?

> 안전에 취약한 인터넷에서 안전한 통신을 실현하는 통신규약이며, 데이터를 구성하고 관리하기 위한 인터넷 표준이다.

① IPSec ② MPLS ③ VPN ④ Fire Wall

> **해설**
> IPSec은 인터넷 프로토콜 보안(Internet Protocol Security)의 약자로, 인터넷에서 안전한 통신을 실현하기 위한 통신규약이다. IPSec은 패킷 단위로 데이터를 암호화하고 인증하는 기능을 제공한다.

정답 ①

008 IP 계층에서 보안 서비스를 제공하기 위한 IPsec에서 제공되는 보안 서비스로 옳지 않은 것은?

① 부인방지 서비스
② 무연결 무결성 서비스
③ 데이터 원천 인증
④ 기밀성 서비스

> **해설**
> IPsec의 주요 보안 서비스로는 데이터 기밀성, 데이터 무결성 및 데이터 원천 인증이 있다. IPsec 자체는 직접적으로 부인방지 서비스를 제공하지 않는다.

정답 ①

009 다음 중 연계 테스트 이후 결과를 검증하는 방법으로 옳지 않은 것은?

① 운영 DB 테이블의 건수를 확인한다.
② 시큐어 코딩을 적용하여 개발을 한다.
③ 연계 서버에서 제공하는 모니터링 현황을 확인한다.
④ 시스템에 기록되는 로그를 활용한다.

> **해설**
> 연계 테스트는 연계 시스템과 연계 시스템의 구성요소가 정상적으로 동작하는지 확인하는 테스트이다. 시큐어 코딩은 보안을 고려하여 개발하는 방법이고, 연계 테스트의 대상은 아니다.

정답 ②

Section 3. 인터페이스 구현 검증

001 인터페이스 구현 검증 도구 중 아래에서 설명하는 것은?

> - 서비스 호출, 컴포넌트 재사용 등 다양한 환경을 지원하는 테스트 프레임워크
> - 테스트 대상 분산 환경에 데몬을 사용하여 테스트 대상 프로그램을 통해 테스트를 수행하고, 통합하여 자동화하는 검증 도구

① xUnit
② STAF
③ FitNesse
④ RubyNode

해설
STAF(Software Testing Automation Framework)는 서비스 호출, 컴포넌트 재사용 등 다양한 환경을 지원하는 테스트 프레임워크이다. STAF는 테스트 대상 분산 환경에 데몬을 사용하여 테스트 대상 프로그램을 통해 테스트를 수행하고, 통합하여 자동화하는 검증 도구이다.

정답 ②

002 인터페이스 구현 검증 도구가 아닌 것은?

① ESB
② xUnit
③ STAF
④ NTAF

해설
ESB(Enterprise Service Bus)는 기업 내의 다양한 시스템을 연결하고 통합하기 위한 플랫폼이다. ESB는 인터페이스의 구현을 검증하는 기능을 제공하지 않는다.

정답 ①

003 인터페이스 구현 검증 도구가 아닌 것은?

① Foxbase
② STAF
③ watir
④ xUnit

해설
Foxbase는 관계형 데이터베이스 관리 시스템이다. Foxbase는 인터페이스의 구현을 검증하는 기능을 제공하지 않는다.

정답 ①

PART 03

데이터베이스 구축

CHAPTER 01 논리 데이터베이스 설계

Section 1. 데이터베이스(DB, DataBase) 개념

001 자료의 집중화를 통해 중복된 자료를 최소화시킴으로서 다양한 응용 분야를 효과적으로 컴퓨터에서 지원할 수 있도록 체계적으로 구성된 자료의 집합은?

① 데이터 통합
② 데이터 무결성
③ 데이터베이스
④ 데이터 효율화

> **해설**
> 데이터베이스는 여러 사용자에게 통합되어 저장되어 있는 공유 데이터의 집합으로서, 중복을 최소화하며 효율적으로 저장, 검색 및 수정할 수 있게 설계되어 있다. 이를 통해 다양한 응용 분야에서 자료를 체계적으로 관리할 수 있다. 데이터베이스의 목적은 신뢰성 있는 정보를 제공하고, 데이터의 무결성, 보안, 효율성 등을 보장하는 것이다.

정답 ③

002 파일 시스템(File System)과 비교하여 DBMS가 갖는 장점으로 옳지 않은 것은?

① 모든 데이터를 데이터베이스로 통합하여 관리하므로 중복성과 불일치가 감소된다.
② 프로그램과 데이터를 분리함으로써 데이터의 변경으로 인해 프로그램을 수정해야 하는 종속성(Dependency)이 감소된다.
③ 데이터의 일관성을 유지하기 위해 동시성 제어(Concurrency Control) 기법을 제공하므로 파일 시스템에 비해 응답시간이 단축된다.
④ 데이터 접근 시 시스템이 고장 나는 경우에도 고장 나기 이전의 일관된 데이터베이스 상태로 복구할 수 있다.

> **해설**
> 데이터베이스 관리 시스템(DBMS)은 데이터의 동시성 제어를 위해 동시성 제어 기법을 제공한다. 이 기능은 여러 사용자나 프로그램이 동시에 데이터베이스에 접근할 때 데이터의 일관성을 유지하기 위한 것이다. 그러나 동시성 제어 기법을 통해 응답시간이 단축된다고 할 수 없다. 복잡한 동시성 제어를 거치므로 파일 시스템에 비해 응답시간이 느려질 수 있다.

정답 ③

003 파일 처리 시스템(File Process System)과 비교한 데이터베이스 관리 시스템(DBMS)에 대한 설명으로 가장 옳지 않은 것은?

① 응용 프로그램과 데이터 간의 상호 의존성이 크다.
② 데이터 중복을 최소화한다.
③ 응용 프로그램의 요청을 수행한다.
④ 데이터 공유를 수월하게 한다.

> **해설**
> 데이터베이스 관리 시스템(DBMS)은 응용 프로그램과 데이터 간의 독립성을 확보하기 위해 설계되었다. 파일 처리 시스템에서는 데이터의 구조나 형식이 바뀔 경우 관련된 응용 프로그램도 수정해야 하는 경우가 많았지만, DBMS에서는 데이터와 응용 프로그램 간의 상호 의존성을 줄이기 위해 데이터의 논리적 구조와 물리적 구조를 분리했다. 따라서 응용 프로그램은 데이터의 논리적 구조에만 의존하고, 데이터의 물리적 구조는 DBMS에 의해 관리된다.

정답 ①

004 DBMS를 사용하는 것이 파일 시스템(File System)을 사용하는 것보다 더 적합한 경우는?

① 데이터와 응용이 단순하고 변경이 거의 일어나지 않는 경우
② 예약 시스템과 같이 최신 정보를 다수의 사용자가 공유해야 하는 경우
③ 응용 프로그램의 실시간 요구사항이 엄격한 경우
④ 내장형 시스템과 같이 저장 용량이 제한된 경우

> **해설**
> DBMS의 주요 장점 중 하나는 다수의 사용자가 데이터를 동시에 공유하고 접근할 수 있다는 것이다. 또한, 동시성 제어, 트랜잭션 관리, 무결성 유지와 같은 기능을 제공하여 여러 사용자가 동시에 데이터베이스에 접근하더라도 데이터의 일관성과 무결성을 유지할 수 있다. 따라서 예약 시스템과 같이 최신 정보를 다수의 사용자가 실시간으로 공유해야 하는 경우 DBMS를 사용하는 것이 파일 시스템보다 더 적합하다.

정답 ②

005 다음은 파일 시스템과 데이터베이스 시스템을 설명한 것이다. 틀린 설명은?

① 데이터베이스 시스템에서는 데이터의 구조가 변경되어도 변경항목과 관련이 없는 프로그램들은 변경할 필요가 없다.
② 데이터베이스 시스템에서는 전체적인 개념적 스키마에서 프로그래머에게 필요한 논리 스키마(혹은 서브스키마)만을 제공하기 때문에 보안이 강화된다.
③ 파일 시스템은 파일을 구성하는 레코드(Record)에 필드가 추가되거나 삭제되면 이 파일을 사용하는 모든 프로그램이 이를 반영하여 변경되어야 한다.
④ 파일 시스템은 파일 단위로 임계 구역(Critical Region)이 설정되기 때문에 파일의 동시 공유(Concurrent Sharing) 및 다중 접근(Multi Access)이 용이하다.

> **해설**
> 파일 시스템은 데이터베이스 시스템에 비해 동시 공유와 다중 접근을 처리하는 데 있어서 더 제한적이다. 파일 시스템은 각 파일이나 데이터에 대한 동시 접근을 제어하기 위해 더 복잡하고 엄격한 잠금 메커니즘을 필요로 할 수 있으며, 이는 동시성 관리에서 데이터베이스 시스템보다 더 제한적일 수 있다.

정답 ④

006 데이터베이스 정의에 해당되는 내용을 모두 나열한 것은?

| ㉠ Shared Data | ㉡ Distributed Data |
| ㉢ Stored Data | ㉣ Operational Data |

① ㉠, ㉡
② ㉠, ㉡, ㉢
③ ㉠, ㉢, ㉣
④ ㉠, ㉡, ㉢, ㉣

> **해설**
> 분산 데이터(Distributed Data)는 데이터베이스가 분산되어 여러 위치에 저장될 수 있다는 개념이다. 분산 데이터는 기본적인 데이터베이스의 정의와는 직접적으로 관련이 없다.

정답 ③

007 데이터베이스의 정의 중 최소의 중복 또는 통제된 중복과 관계되는 것은?

① 통합 데이터
② 공용 데이터
③ 저장 데이터
④ 운영 데이터

> **해설**
> 통합 데이터(Integrated Data)는 데이터베이스는 중복을 제거하거나 최소화하여 통합된 데이터를 가진다. 여러 응용 프로그램이나 사용자가 동일한 데이터를 중복으로 가지고 있을 필요가 없다.

정답 ①

008 데이터베이스의 정의 중 다음 설명에 해당하는 것은?

> 데이터베이스는 어떤 조직의 고유 기능을 수행하기 위해 반드시 필요한 데이터를 의미한다.

① 통합된 데이터(Integrated Data)
② 저장 데이터(Stored Data)
③ 운영 데이터(Operational Data)
④ 공용 데이터(Shared Data)

> **해설**
> 운영 데이터(Operational Data)는 조직의 일상적인 작업을 지원하기 위한 현재의 데이터를 의미하며, 조직의 주요 업무를 위해 필요한 데이터를 포함한다.
>
> 정답 ③

009 데이터베이스(Database) 처리의 특징이 아닌 것은?

① 중복 자료의 배제
② 저렴한 비용과 적은 기억장치
③ 자료의 통합 처리 가능
④ 프로그램과 자료의 독립성

> **해설**
> 데이터베이스 처리 시스템(DBMS)을 도입하고 운영하는 것은 비용이 발생하며, 많은 양의 데이터를 효율적으로 저장하고 처리하기 위해서는 충분한 저장 공간과 성능이 좋은 하드웨어가 필요하다.
>
> 정답 ②

010 다음에서 설명하는 스키마(Schema)는?

> 데이터베이스 전체를 정의한 것으로 데이터 개체, 관계, 제약조건, 접근 권한, 무결성 규칙 등을 명세한 것

① 개념 스키마
② 내부 스키마
③ 외부 스키마
④ 내용 스키마

> **해설**
> 개념 스키마(Conceptual Schema)는 데이터베이스의 전체적인 논리적 구조를 정의하는 스키마이다. 모든 응용 시스템들이 공통으로 사용하는 데이터를 통합하여 표현하며, 데이터 항목, 데이터의 관계, 데이터의 제약조건 등 전체적인 논리적 구조와 관련된 사항을 정의한다.
>
> 정답 ①

011 데이터베이스의 3층 스키마 중 모든 응용 시스템과 사용자들이 필요로 하는 데이터를 통합한 조직 전체의 데이터베이스 구조를 논리적으로 정의하는 스키마는?

① 개념 스키마
② 외부 스키마
③ 내부 스키마
④ 응용 스키마

> **해설**
> 조직 전체의 데이터베이스 구조를 논리적으로 정의하는 스키마는 개념 스키마이다.
>
> 정답 ①

012 개념 스키마(Conceptual Schema)에 대한 설명으로 옳지 않은 것은?

① 단순히 스키마(Schema)라고도 한다.
② 범기관적 입장에서 데이터베이스를 정의한 것이다.
③ 모든 응용 시스템과 사용자가 필요로 하는 데이터를 통합한 조직 전체의 데이터베이스로 하나만 존재한다.
④ 개개 사용자나 응용 프로그래머가 접근하는 데이터베이스를 정의한 것이다.

> **해설**
> ④의 설명은 외부 스키마(External Schema)를 나타낸다. 외부 스키마는 사용자나 응용 프로그램의 관점에서 보는 데이터베이스의 부분 또는 뷰(View)를 나타낸다.

정답 ④

013 데이터베이스의 3단계-스키마 구조에 대한 설명으로 〈보기〉에서 옳은 것만을 모두 고른 것은?

〈보기〉
ㄱ. 내부 스키마는 물리적 저장 장치의 관점에서 본 데이터베이스 구조이다.
ㄴ. 외부 스키마는 각 사용자의 관점에서 본 데이터베이스 구조로서 여러 개가 존재할 수 있다.
ㄷ. 개념 스키마는 모든 응용 시스템들이나 사용자들이 필요로 하는 데이터를 통합한 조직 전체의 데이터베이스를 기술한 것이다.

① ㄱ, ㄴ
② ㄱ, ㄷ
③ ㄴ, ㄷ
④ ㄱ, ㄴ, ㄷ

> **해설**
> 스키마는 데이터베이스의 구조, 제약조건, 속성, 개체, 관계를 포함한 전반적인 명세를 기술한 것이다. 3계층 스키마에는 내부 스키마, 외부 스키마, 개념 스키마가 있고, 보기에 있는 내용은 모두 맞는 설명이다.

정답 ④

014 데이터베이스 관리 시스템(DBMS)에 대한 설명으로 옳지 않은 것은?

① 하나의 데이터베이스 시스템에는 하나의 외부 스키마만 존재하며 하나의 외부 스키마를 여러 개의 응용 프로그램이나 여러 명의 사용자가 공용할 수도 있다.
② 개념 스키마는 개체 간의 관계와 제약조건을 나타낸다.
③ 내부 스키마는 데이터베이스의 물리적 저장 형태를 기술한 것으로 하나만 존재한다.
④ 외부 스키마는 프로그래머나 사용자가 각각의 입장에서 필요로 하는 데이터베이스의 논리적 구조를 정의한 것이다.

> **해설**
> 하나의 데이터베이스 시스템에는 여러 외부 스키마가 존재할 수 있다. 여러 사용자나 응용 프로그램마다 서로 다른 사용자의 관점(View)을 나타낼 수 있는 외부 스키마가 있기 때문이다.

정답 ①

015 다음 중 DBMS의 필수 기능으로 가장 옳지 않은 것은?

① 이식(Migration) 기능
② 정의(Definition) 기능
③ 조작(Manipulation) 기능
④ 제어(Control) 기능

> **해설**
> DBMS의 주요 기능은 정의(Definition) 기능, 조작(Manipulation) 기능, 제어(Control) 기능이다. 이식(Migration) 기능은 특정 DBMS나 시스템에서 다른 시스템으로 데이터베이스를 이전하는 기능을 의미한다.

정답 ①

016 DBMS를 사용하여 얻을 수 있는 장점으로 가장 적절하지 않은 것은?

① 데이터베이스 사용자들은 기술적인 지식의 보유 정도에 따라 다양한 그룹으로 나누어지므로 DBMS는 이들 각각에 적합한 인터페이스를 제공한다.
② 제어된 중복성(Controlled Redundancy) 기능을 통해 데이터 중복을 완전히 제거함으로써 변경 작업의 비효율성, 메모리 낭비, 정보의 불일치 문제 등을 해결할 수 있다.
③ DBMS의 보안(Security) 및 권한(Authorization) 서브 시스템을 통해 권한이 없는 사용자의 데이터베이스 접근을 통제할 수 있다.
④ DBMS는 데이터베이스에 대한 질의와 갱신을 효율적으로 수행하는 기능을 제공하기 위해 질의 처리와 최적화 모듈을 제공한다.

> **해설**
> DBMS를 사용하면 데이터 중복을 크게 줄일 수 있다. 그러나 '완전히 제거'하는 것은 현실적으로 불가능하다. 일부 중복 데이터가 성능 향상이나 특정 응용 프로그램의 요구사항을 지원하기 위해 중복은 허용이 될 수 있다.

정답 ②

017 다음 중 DBMS를 이용하여 데이터를 관리하고 활용함으로써 얻을 수 있는 장점으로 옳지 않은 것은?

① 데이터의 중복성을 제어하여 저장 공간의 낭비를 방지한다.
② 조직 내의 다양한 응용 사이의 데이터 일관성을 유지한다.
③ 효율적인 질의 처리를 위한 저장 구조와 탐색 기법을 제공한다.
④ 사용자가 데이터베이스의 모든 데이터를 자유롭게 액세스할 수 있다.

> **해설**
> DBMS는 사용자나 응용 프로그램에 데이터 접근 권한을 부여하거나 제한할 수 있는 보안 및 권한관리 기능을 제공한다. 이는 데이터의 무단 액세스나 무단 변경을 방지하기 위한 중요한 기능이다.

정답 ④

018 다음 중 DBMS의 단점에 대한 설명으로 옳지 않은 것은?

① 하드웨어나 DBMS 구입 비용, 전산화 비용 등이 증가함
② DBMS와 데이터베이스 언어를 조작할 수 있는 고급 프로그래머가 필요함
③ 데이터를 통합하는 중앙 집중 관리가 어려움
④ 데이터의 백업과 복구에 많은 비용과 시간이 소요됨

> **해설**
> DBMS의 주요 장점 중 하나는 데이터를 중앙에서 통합하여 관리하는 능력이다. 이를 통해 중복 데이터를 제어하고 데이터의 일관성을 유지할 수 있다.

정답 ③

019 데이터베이스 관리 시스템(Database Management System)을 구축함으로써 생기는 이점만을 모두 고른 것은?

ㄱ. 응용 소프트웨어가 데이터베이스에 관한 세부 사항에 자세히 관련할 필요가 없어져서 응용 소프트웨어 설계가 단순화될 수 있다.
ㄴ. 데이터베이스에 대한 접근 제어가 용이해진다.
ㄷ. 데이터 독립성을 제거할 수 있다.
ㄹ. 응용 소프트웨어가 데이터베이스를 직접 조작하게 된다.

① ㄱ, ㄴ
② ㄱ, ㄷ
③ ㄴ, ㄹ
④ ㄷ, ㄹ

> **해설**
> DBMS의 중요한 이점 중 하나는 데이터 독립성을 제공하는 것이고, 응용 프로그램은 데이터베이스를 직접 조작하기보다는 DBMS를 통해 데이터베이스와 상호작용한다.

정답 ①

020 데이터베이스와 데이터베이스 관리 시스템(DBMS)에 대한 설명으로 옳지 않은 것은?

① 데이터 종속성(Data Dependency)을 유지하여 데이터와 이를 이용하는 프로그램이 밀접하게 연결되어 동작하도록 도와준다.
② 데이터베이스 사용자들에게 공용 데이터에 대한 다양한 관점을 제공해 준다.
③ 데이터베이스 시스템의 자기 기술성은 데이터베이스 구조와 제약조건에 대한 정의를 가지고 있음을 의미한다.
④ 분산 데이터베이스 시스템에 포함된 각 지역의 DBMS는 지역 자치성(Local Autonomy)을 가질 수 있다.

해설
DBMS의 주요 목적 중 하나는 데이터와 응용 프로그램 간의 독립성을 제공하는 것이다. 이를 통해 데이터의 구조나 저장 방식이 변경되더라도 응용 프로그램에 영향을 미치지 않게 한다.

정답 ①

021 다음 중 데이터베이스의 장점으로 옳지 않은 것은?

① 무결성
② 통합된 자료
③ 복잡도 증가
④ 중복성 감소

해설
복잡도 증가는 장점이 아니라 단점으로 볼 수 있다. DBMS를 도입하고 운영하면 시스템의 복잡도가 증가할 수 있다.

정답 ③

022 데이터베이스에 대한 설명으로 옳지 않은 것은?

① 객체관계형 데이터베이스는 객체지향 개념과 관계 개념을 통합한 것이다.
② 객체지향형 데이터베이스는 데이터와 연산을 일체화한 객체를 기본 구성요소로 사용한다.
③ 관계형 데이터베이스는 레코드들을 그래프 구조로 연결한다.
④ 계층형 데이터베이스는 레코드들을 트리 구조로 연결한다.

해설
관계형 데이터베이스는 데이터를 테이블 형태로 저장하는 데이터베이스이다. 테이블은 행과 열로 구성되며, 특정한 그래프 구조로 연결되어 있지 않다.

정답 ③

023 데이터베이스 모델 중 계층적 데이터베이스의 특징에 해당하는 것은?

① 하나의 부노드(Parent Node)가 다수 개의 자노드(Child Node)를 갖는다.
② 데이터 상호 간의 유연성이 좋다.
③ 테이블을 이용해 데이터 상호 관계를 정의한다.
④ 다른 데이터베이스로 변환이 쉽다.

> **해설**
> 계층적 데이터베이스는 데이터를 트리 구조로 표현하며, 이러한 구조에서 하나의 부노드(Parent Node)가 여러 자노드(Child Node)를 가질 수 있다.

정답 ①

024 데이터 모델의 종류 중 CODASYL DBTG 모델과 가장 밀접한 관계가 있는 것은?

① 계층형 데이터 모델
② 네트워크형 데이터 모델
③ 관계형 데이터 모델
④ 스키마형 데이터 모델

> **해설**
> CODASYL DBTG(Conference on Data Systems Languages Data Base Task Group) 모델은 네트워크형 데이터베이스 모델과 밀접한 관련이 있으며, 네트워크형 데이터베이스 모델의 기준을 제시한 것으로 알려져 있다. 네트워크형 데이터 모델은 계층형 모델을 확장하여 다대다 관계를 허용한다.

정답 ②

025 개념 세계에서 표현된 각 개체와 개체 간의 관계들을 서로 독립된 2차원 테이블 즉 릴레이션으로 표현하며, 가장 널리 사용되는 데이터 모델은?

① 계층형 데이터 모델
② 관계형 데이터 모델
③ 네트워크형 데이터 모델
④ 스키마형 데이터 모델

> **해설**
> 관계형 데이터 모델은 데이터를 2차원 테이블(릴레이션) 형태로 표현한다. 각 테이블은 행(Row)과 열(Column)로 구성되며, 행은 개체(Entity)의 인스턴스를, 열은 속성(Attribute)을 나타낸다. 관계형 데이터 모델은 간단하면서도 강력한 데이터 조작 기능을 제공하므로 데이터베이스 시스템에서 가장 널리 사용되는 모델이다.

정답 ②

026 데이터베이스의 모형에 속하지 않는 것은?

① 계층형 데이터 모델
② 정규형 데이터 모델
③ 네트워크형 데이터 모델
④ 관계형 데이터 모델

> **해설**
> 정규형 자체는 데이터베이스의 모델이 아니다. 정규화는 관계형 데이터베이스 설계에서 사용되는 과정으로, 데이터의 중복성을 제거하고 무결성을 유지하기 위해 수행된다.

정답 ②

027 데이터베이스 데이터 모델에 대한 설명으로 옳지 않은 것은?

① 계층 데이터 모델은 트리 형태의 데이터 구조를 가진다.
② 관계 데이터 모델은 테이블로 데이터베이스를 나타낸다.
③ 네트워크 데이터 모델은 그래프 형태로 데이터베이스 구조를 표현한다.
④ 계층 데이터 모델, 관계 데이터 모델, 네트워크 데이터 모델은 개념적 데이터 모델이다.

> **해설**
> 개념적 데이터 모델은 사용자와 시스템 디자이너 간의 통신을 도와주는 고수준의 데이터 모델이다. E-R 다이어그램(Entity-Relationship Diagram)이 대표적인 예이다. 계층, 관계, 네트워크 데이터 모델은 물리적 또는 논리적 데이터 모델에 가깝다.

정답 ④

028 데이터 모델의 종류 중 오너-멤버(Owner-Member) 관계를 갖는 것은?

① 뷰 데이터 모델
② 네트워크 데이터 모델
③ 계층 데이터 모델
④ 관계 데이터 모델

> **해설**
> 네트워크 데이터 모델은 오너-멤버(Owner-Member) 관계를 갖는 것이 특징이다. 여러 오너가 동일한 멤버를 공유할 수 있고, 그래프 형태로 데이터 간의 관계를 표현한다.

정답 ②

029 NOSQL에 대한 설명으로 옳지 않은 것은?

① NOSQL은 샤딩(Sharding)을 지원한다.
② BigTable, Cassandra 등이 대표적인 NOSQL이다.
③ NOSQL은 RDBMS와 같이 스키마(Schema)를 필요로 한다.
④ NOSQL은 가용성(Availability)과 확장성(Scalability)을 중요시한다.

> **해설**
> NOSQL(Not Only SQL)은 관계형 데이터베이스 시스템이 아닌, 다양한 데이터 모델을 기반으로 한 데이터베이스 관리 시스템을 의미한다. 전통적인 관계형 데이터베이스(RDBMS)는 고정된 스키마를 가지지만, 대부분의 NOSQL 데이터베이스는 유연한 스키마를 제공하거나 스키마가 없다.

정답 ③

030 NoSQL의 설명으로 틀린 것은?

① Not Only SQL의 약자이다.
② 비정형 데이터의 저장을 위해 유연한 데이터 모델을 지원한다.
③ 전통적인 관계형 데이터베이스 관리 시스템과는 다른 비관계형(Non-relational) DBMS이다.
④ 정규화를 전제로 하고 있어 갱신 시에 저장 공간이 적게 든다.

> **해설**
> NoSQL은 데이터의 중복 저장을 허용할 수 있으며, 이로 인해 여러 상황에서 높은 성능과 확장성을 제공할 수 있다. ④ RDBMS의 특징 중 하나인 정규화와 관련된 내용이다.

정답 ④

Section 2. 데이터베이스 설계

001 데이터베이스 무결성과 보안의 차이점에 대한 설명으로 가장 적합한 것은?

① 무결성은 권한이 있는 사용자로부터 데이터베이스를 보호하는 것이고, 보안은 권한이 없는 사용자로부터 데이터베이스를 보호하는 것이다.
② 무결성은 권한이 없는 사용자로부터 데이터베이스를 보호하는 것이고, 보안은 권한이 있는 사용자로부터 데이터베이스를 보호하는 것이다.
③ 무결성과 보안은 모두 권한이 있는 사용자로부터 데이터베이스를 보호하는 것이지만, 보안은 사용자 계정과 비밀번호를 관리한다.
④ 무결성과 보안은 모두 권한이 없는 사용자로부터 데이터베이스를 보호하는 것이지만, 무결성은 DBMS가 자동적으로 보장해준다.

> **해설**
> 무결성은 데이터의 삽입, 삭제, 갱신 연산이 수행된 뒤에도 데이터 값은 제약조건을 만족해야 하는 조건, 보안은 불법적인 데이터의 변경이나 손실 또는 노출에 대한 보호이다.

정답 ①

002 데이터베이스 보안에 대한 설명으로 옳지 않은 것은?

① 보안을 위한 데이터 단위는 테이블 전체로부터 특정 테이블의 특정한 행과 열 위치에 있는 특정한 데이터 값에 이르기까지 다양하다.
② 각 사용자들은 일반적으로 서로 다른 객체에 대하여 다른 접근권리 또는 권한을 갖게 된다.
③ 불법적인 데이터의 접근으로부터 데이터베이스를 보호하는 것이다.
④ 보안을 위한 사용자들의 권한 부여는 관리자의 정책 결정보다는 DBMS가 자체 결정하여 제공한다.

> **해설**
> 데이터베이스 보안은 데이터베이스에 대한 접근을 통제하여 권한이 없는 사용자로부터 데이터를 보호하는 것을 말한다. 따라서 보안을 위한 사용자들의 권한 부여는 관리자의 정책 결정에 따라 이루어진다.

정답 ④

003 데이터베이스 설계 단계를 순서대로 바르게 나열한 것은?

① 요구사항 분석 → 개념적 설계 → 논리적 설계 → 물리적 설계 → 구현
② 요구사항 분석 → 개념적 설계 → 물리적 설계 → 논리적 설계 → 구현
③ 요구사항 분석 → 논리적 설계 → 물리적 설계 → 개념적 설계 → 구현
④ 요구사항 분석 → 논리적 설계 → 개념적 설계 → 물리적 설계 → 구현

정답 ①

004 데이터베이스 설계 과정과 각 과정에서 수행한 작업의 결과가 가장 적절하지 않은 것은?

① 논리적 설계 → 릴레이션 스키마
② 물리적 설계 → 인덱스 구조
③ 요구사항 분석 → 릴레이션 명세서
④ 개념적 설계 → ER 다이어그램

> **해설**
> 릴레이션 명세서는 테이블의 이름, 속성의 이름, 속성의 데이터 타입, 속성의 도메인, 속성의 키 등과 같은 정보를 포함하는 문서이다. 이러한 정보들은 데이터베이스의 논리적 구조를 설명하는 데 사용되며, 요구사항 분석이 끝난 이후에 만들어지게 된다.

정답 ③

005 데이터베이스에서 개념적 설계 단계에 대한 설명으로 틀린 것은?

① 산출물로 E-R Diagram을 만들 수 있다.
② DBMS에 독립적인 개념 스키마를 설계한다.
③ 트랜잭션 인터페이스를 설계 및 작성한다.
④ 논리적 설계 단계의 앞 단계에서 수행된다.

> **해설**
> 개념적 설계 단계에서는 데이터베이스의 개념적 구조를 설계하는 것이므로, 트랜잭션 인터페이스를 설계 및 작성하지 않는다. 트랜잭션 인터페이스는 데이터베이스에서 수행되는 트랜잭션을 제어하는 인터페이스로, 논리적 설계 단계에서 설계한다.

정답 ③

006 데이터베이스의 논리적 설계(Logical Design) 단계에서 수행하는 작업이 아닌 것은?

① 레코드 집중의 분석 및 설계
② 논리적 데이터베이스 구조로 매핑(Mapping)
③ 트랜잭션 인터페이스 설계
④ 스키마의 평가 및 정제

> **해설**
> 논리적 설계 단계에서는 데이터베이스의 논리적 구조를 설계하는 것이므로, 레코드 집중을 수행할 필요가 없다. 레코드 집중의 분석 및 설계는 물리적 설계 단계에서 수행하는 작업이다.

정답 ①

007 논리적 데이터 모델에 대한 설명으로 옳지 않은 것은?

① 개체 관계 모델은 개체와 개체 사이의 관계성을 이용하여 데이터를 모델링한다.
② 관계형 모델은 논리적 데이터 모델에 해당한다.
③ SQL은 관계형 모델을 따르는 DBMS의 표준 데이터 언어이다.
④ 네트워크 모델, 계층 모델은 레거시 데이터 모델로도 불린다.

> **해설**
> 개체 관계 모델은 데이터의 개체와 그 사이의 관계를 기반으로 데이터베이스를 모델링하는 방법이다.

정답 ①

008 데이터베이스 설계 과정에서 목표 DBMS의 구현 데이터 모델로 표현된 데이터베이스 스키마가 도출되는 단계는?

① 요구사항 분석 단계
② 개념적 설계 단계
③ 논리적 설계 단계
④ 물리적 설계 단계

> **해설**
> 논리적 설계 단계에서는 현실 세계의 데이터를 컴퓨터가 이해하고 처리할 수 있는 형태로 변환하기 위해 특정 데이터 모델(예: 관계형 모델)을 적용하여 설계한다.

정답 ③

009 데이터베이스 설계 시 물리적 설계 단계에서 수행하는 사항이 아닌 것은?

① 저장 레코드 양식 설계
② 레코드 집중의 분석 및 설계
③ 접근 경로 설계
④ 목표 DBMS에 맞는 스키마 설계

> **해설**
> 데이터베이스의 물리적 설계 단계는 데이터의 실제 저장 방식, 인덱스 구조, 데이터 접근 경로 등 물리적 특성에 초점을 맞춘다. 목표 DBMS에 맞는 스키마 설계는 논리적 설계 단계에서 수행되는 작업이다.

정답 ④

010 물리적 데이터베이스 설계에 대한 설명으로 거리가 먼 것은?

① 물리적 설계의 목적은 효율적인 방법으로 데이터를 저장하는 것이다.
② 트랜잭션 처리량과 응답시간, 디스크 용량 등을 고려해야 한다.
③ 저장 레코드의 형식, 순서, 접근 경로와 같은 정보를 사용하여 설계한다.
④ 트랜잭션의 인터페이스를 설계하며, 데이터 타입 및 데이터 타입들 간의 관계로 표현한다.

> **해설**
> - 물리적 설계는 데이터를 효율적으로 저장하는 것을 목적으로 한다.
> - 트랜잭션의 인터페이스는 논리적 단계에서 수행하는 작업이다.

정답 ④

011 데이터베이스 설계 단계 중 저장 레코드 양식 설계, 레코드 집중의 분석 및 설계, 접근 경로 설계와 관계되는 것은?

① 논리적 설계
② 요구조건 분석
③ 개념적 설계
④ 물리적 설계

> **해설**
> 저장 레코드 양식 설계, 레코드 집중의 분석 및 설계, 접근 경로 설계는 데이터베이스에서 데이터의 실제 저장 방식 및 데이터 접근 방법에 관한 설계 과정을 의미한다. 이러한 작업은 물리적 설계에서 수행하게 된다.

정답 ④

012 데이터베이스의 물리적 설계 옵션 선택 시 고려사항으로 거리가 먼 것은?

① 스키마의 평가
② 응답시간
③ 저장 공간의 효율화
④ 트랜잭션 처리도(Throughput)

> **해설**
> 스키마의 평가는 데이터베이스 설계의 전체적인 평가를 의미하는 것으로, 물리적 설계 옵션 선택 시 고려하는 사항은 아니다.

정답 ①

013 데이터베이스 설계 단계에서 필요한 작업에 대한 설명으로 가장 적절하지 않은 것은?

① 요구조건 분석 단계 - 데이터 처리 과정에서의 특별한 제약조건 수집
② 개념적 설계 - ER 다이어그램으로 특정 DBMS에서 제공되는 정보 구조 표현
③ 논리적 설계 - 트랜잭션의 전체적 골격을 개발하고 인터페이스 정의
④ 물리적 설계 - 인덱싱 기법, 레코드 집중화 및 파일 조직 방법 선택

> **해설**
> 개념적 설계 단계에서는 데이터베이스의 전체적인 구조를 독립적으로 나타내는데, 이때 사용되는 도구로 ER 다이어그램(Entity-Relationship Diagram)이 있다. 하지만 ER 다이어그램은 특정 DBMS에서 제공되는 정보 구조를 표현하는 것이 아니라, 현실 세계의 요구사항을 데이터의 관점에서 추상화하여 모델링하는 도구이다.

정답 ②

014 관계형 데이터베이스 관리 시스템(RDBMS)에 해당하지 않는 것은?

① Oracle
② IMS
③ MySQL
④ DB2

> **해설**
> IMS는 네트워크형 데이터베이스 관리 시스템(DBMS)이다. 관계형 데이터베이스 관리 시스템(RDBMS)은 데이터를 테이블로 표현하고, 테이블 간의 관계를 사용하여 데이터를 관리하는 DBMS이다. IMS는 데이터를 네트워크로 표현하고, 네트워크 간의 관계를 사용하여 데이터를 관리하는 DBMS이다.

정답 ②

Section 3. 데이터 모델링 및 설계

001 데이터 모델에 관한 설명으로 가장 적합한 것은?

① 현실 세계를 데이터베이스에 표현하는 중간 과정으로 데이터 구조를 논리적으로 표현하는 것이다.
② 논리적 데이터 모델의 대표적 모델로는 개체-관계 모델이 있다.
③ 데이터베이스 설계 과정에서 데이터의 논리적, 물리적 구조를 표현하는 도구이다.
④ 데이터 모델을 기술할 때는 구조만 기술하여야 한다.

> **해설**
> 데이터 모델은 현실 세계를 데이터베이스에 표현하기 위한 모델이다. 데이터 모델은 현실 세계의 개념을 데이터베이스에 반영하여 데이터의 구조를 논리적으로 표현한다.

정답 ①

002 관계 데이터 모델, 계층 데이터 모델, 네트워크 데이터 모델의 가장 큰 차이점은 무엇인가?

① 개체의 표현 방법
② 속성의 표현 방법
③ 관계의 표현 방법
④ 데이터 저장 방법

> **해설**
> • 관계 데이터 모델은 릴레이션(테이블) 간의 관계를 통해 데이터를 표현하며, 외래키를 사용하여 관계를 정의한다.
> • 계층 데이터 모델은 트리 구조를 가지며, 상위 레코드와 하위 레코드 간의 관계를 표현한다.
> • 네트워크 데이터 모델은 그래프 구조를 사용하여 데이터를 표현하며, 여러 부모를 가질 수 있는 관계를 표현한다.

정답 ③

003 데이터 모델에 표시해야 할 요소로 거리가 먼 것은?

① 논리적 데이터 구조
② 출력 구조
③ 연산
④ 제약조건

> **해설**
> 데이터 모델에 표시해야 하는 중요 요소는 구조, 연산, 제약조건이다.

정답 ②

004 데이터 모델에 대한 다음 설명 중 ( ) 안에 들어갈 내용으로 가장 타당한 것은?

> 데이터 모델은 일반적으로 3가지 구성요소를 포함하고 있다. 첫째, 논리적으로 표현된 데이터 구조, 둘째, 이 구조에서 허용될 수 있는 연산, 셋째, 이 구조와 연산에서의 ( )에 대한 명세를 기술한 것이다.

① 개체 ② 속성
③ 도메인 ④ 제약조건

해설
- 데이터 구조는 데이터의 저장 방법을 논리적으로 표현한다.
- 연산은 데이터 구조에 대한 조작 방법을 정의한 것이다.
- 제약조건은 데이터의 무결성을 보장하기 위해 데이터 구조와 연산에 적용되는 제한 사항을 정의한 것이다.

정답 ④

005 데이터 모델의 구성요소 중 데이터베이스에 표현될 대상으로서의 개체 타입과 개체 타입들 간의 관계를 기술한 것은?

① Structure ② Operations
③ Constraints ④ Mapping

정답 ①

006 아래에서 설명하는 생년월일, 주소의 속성 종류는?

> - 고객 개체의 생년월일 속성은 연, 월, 일로 의미를 세분화할 수 있다.
> - 고객 개체의 주소 속성은 시(도), 구(군), 동, 우편번호 등으로 의미를 세분화할 수 있다.

① 단일 값 속성 ② 다중 값 속성
③ 단순 속성 ④ 복합 속성

해설
생년월일 속성과 주소 속성은 각각 여러 개의 세분화된 속성들로 구성될 수 있다. 예를 들어, 생년월일은 연, 월, 일로 세분화될 수 있고, 주소는 시(도), 구(군), 동, 우편번호 등으로 세분화될 수 있다. 이러한 속성을 구성하는 여러 개의 다른 속성들을 가질 때 그 속성은 '복합 속성'으로 분류된다.

정답 ④

007 개체-관계(E-R) 모델에 대한 설명으로 옳지 않은 것은?

① E-R 다이어그램으로 표현하며 P.Chen이 제안했다.
② 일대일(1:1) 관계 유형만을 표현할 수 있다.
③ 개체 타입과 이들 간의 관계 타입을 이용해 현실 세계를 개념적으로 표현한 방법이다.
④ E-R 다이어그램은 E-R 모델을 그래프 방식으로 표현한 것이다.

> **해설**
> E-R(개체-관계) 모델은 다양한 관계 유형을 표현할 수 있다. 여기에는 일대일(1:1), 일대다(1:N), 다대다(M:N) 관계 유형이 모두 포함된다.

정답 ②

008 E-R 모델의 표현 방법으로 옳지 않은 것은?

① 개체 타입: 사각형
② 관계 타입: 마름모
③ 속성: 오각형
④ 연결: 선

> **해설**
> 속성은 동그라미로 표현한다.

정답 ③

009 E-R 다이어그램의 표기법으로 옳지 않은 것은?

① 사각형 - 개체 타입
② 삼각형 - 속성
③ 선 - 개체 타입과 속성을 연결
④ 마름모 - 관계 타입

> **해설**
> 속성은 동그라미로 표현한다.

정답 ②

010 개체-관계 모델(E-R)의 그래픽 표현으로 옳지 않은 것은?

① 개체 타입 - 사각형
② 속성 - 원형
③ 관계 타입 - 마름모
④ 연결 - 삼각형

> **해설**
> 연결은 선으로 표현한다.

정답 ④

011 개체 관계도(ERD)에 표현할 수 있는 요소에 대한 설명으로 잘못된 것은?

① 참조 관계: 개체와 속성들 간의 관련성
② 속성: 개체의 성질이나 상태
③ 기본키: 개체를 구별할 수 있는 식별자
④ 관계 종류: 일대일, 일대다, 다대일, 다대다 관계

> 해설
> 참조 관계는 릴레이션 간의 연결을 의미한다. 특히 외래키를 통한 연결을 의미하는 경우가 많다. ERD에서는 개체 타입과 속성 간의 연결을 단순히 '연결'이라고 표현한다.

정답 ①

012 E-R 모델에서 다중 값 속성의 표기법은?

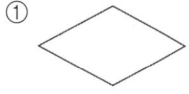

> 해설
> 다중 값 속성은 이중 타원으로 표시한다.

정답 ③

013 다음 E-R다이어그램을 관계형 스키마로 올바르게 변환한 것은? (단, 속성명의 밑줄은 해당 속성이 기본키임을 의미한다.)

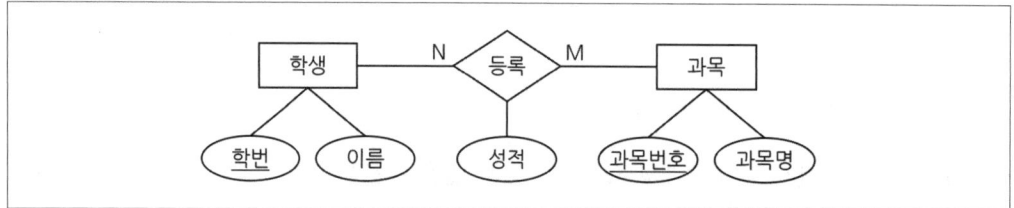

① 학생(학번, 이름)
  등록(성적)
  과목(과목번호, 과목명)

② 학생(학번, 이름)
  등록(과목번호, 성적)
  과목(과목번호, 과목명, 성적)

③ 학생(학번, 이름)
  등록(학번, 성적)
  과목(과목번호, 과목명)

④ 학생(학번, 이름)
  등록(학번, 과목번호, 성적)
  과목(과목번호, 과목명)

> **해설**
> - 학생 릴레이션은 학번과 이름으로 구성되어 있고, 기본키는 학번이다.
> - 과목은 과목번호와 과목명으로 구성되어 있고, 기본키는 과목번호이다.
> - 학생은 과목을 등록하는 관계가 형성되어 있고, 관계형 데이터베이스는 관계도 릴레이션으로 구성된다.
> - 등록이라는 관계는 각 테이블의 기본키를 가지며, 성적을 가지고 있다.

정답 ④

014 다음 중 테이블의 관계 설정에 관한 내용으로 옳지 않은 것은?

① 두 테이블을 직접 다대다 관계로 설정할 수 있다.
② 일대다 관계는 하나의 테이블에 저장된 대표 값을 다른 테이블에서 여러 번 참조하는 작업에 적합하다.
③ 일대일 관계에서 한 테이블의 각 레코드는 다른 테이블의 한 레코드에만 대응된다.
④ 참조 무결성 유지를 설정하면 기본 테이블의 기본키 필드에 없는 값은 관련된 테이블의 외래 키 필드에 입력할 수 없다.

> **해설**
> 관계형 데이터베이스에서 두 테이블 간의 직접적인 다대다 관계는 허용되지 않는다. 다대다 관계를 구현하기 위해서는 중간 테이블(간접 테이블, 링크 테이블)을 사용하여 두 테이블 간의 관계를 일대다와 다대일 관계로 분해해야 한다.

정답 ①

015 관계형 데이터베이스에서 불필요한 정보 중복으로 인한 문제점이 없도록 릴레이션(Relation)을 작게 분해하는 과정을 의미하는 것은?

① 조인(Join)
② 인덱싱
③ 정규화(Normalization)
④ 스키마 변환

> **해설**
> 관계형 데이터베이스에서 불필요한 정보 중복으로 인한 문제점을 없도록 릴레이션을 작게 분해하는 과정을 정규화라고 한다. 정규화는 데이터베이스의 무결성을 보장하고, 데이터베이스의 성능을 향상시키기 위해 수행된다.

정답 ③

016 정규화에 대한 설명으로 적절하지 않은 것은?

① 데이터베이스의 개념적 설계 단계 이전에 수행한다.
② 데이터 구조의 안정성을 최대화한다.
③ 중복을 배제하여 삽입, 삭제, 갱신 이상의 발생을 방지한다.
④ 데이터 삽입 시 릴레이션을 재구성할 필요성을 줄인다.

> **해설**
> 정규화는 논리적 설계 단계에서 수행한다.

정답 ①

017 정규화의 목적으로 옳지 않은 것은?

① 어떠한 릴레이션이라도 데이터베이스 내에서 표현 가능하게 만든다.
② 데이터 삽입 시 릴레이션을 재구성할 필요성을 줄인다.
③ 중복을 배제하여 삽입, 삭제, 갱신 이상의 발생을 야기한다.
④ 효과적인 검색 알고리즘을 생성할 수 있다.

> **해설**
> 정규화는 데이터베이스의 무결성을 보장하기 위해 수행된다. 데이터 무결성은 데이터의 정확성, 일관성, 완결성 등을 의미한다. 정규화는 데이터의 중복을 제거하여 데이터 무결성을 보장한다.

정답 ③

018 정규화의 필요성으로 거리가 먼 것은?

① 데이터 구조의 안정성 최대화
② 중복 데이터의 활성화
③ 수정, 삭제 시 이상 현상의 최소화
④ 테이블 불일치 위험의 최소화

> **해설**
> 정규화의 주목적은 데이터 중복을 최소화하고 이로 인한 이상 현상을 방지하는 것이다.

정답 ②

019 관계 데이터베이스에서 정규화를 수행하여 얻을 수 있는 목적으로 가장 적절하지 않은 것은?

① 데이터베이스 연산에서 발생하는 여러 가지 이상(Anomaly) 현상을 제거할 수 있다.
② 개체들 간의 관계를 파악하기 용이하다.
③ 정규화를 통해 릴레이션을 분해하면 릴레이션의 수가 증가하므로, 조인 연산으로 인해 검색 성능이 보다 좋아진다.
④ 데이터의 중복성을 줄일 수 있다.

> **해설**
> 정규화를 통해 릴레이션을 분해하게 되면 데이터 중복성을 줄일 수 있고, 여러 이상 현상을 제거할 수 있다. 그러나 릴레이션의 수가 증가함에 따라 필요한 정보를 얻기 위해서는 더 많은 조인 연산이 필요하게 되므로, 실제로 검색 성능이 떨어질 수 있다.

정답 ③

020 정규화의 원칙으로 거리가 먼 것은?

① 하나의 스키마에서 다른 스키마로 변환시킬 때 정보의 손실이 있어서는 안 된다.
② 이상 현상 제거를 위해 데이터의 종속성이 많아야 한다.
③ 하나의 독립된 관계성은 하나의 독립된 릴레이션으로 분리시켜 표현한다.
④ 데이터의 중복성이 감소되어야 한다.

> **해설**
> 정규화의 주요 목적 중 하나는 이상 현상을 제거하는 것이지만, 이를 위해 데이터의 종속성이 많아져야 하는 것은 아니다. 오히려 정규화는 종속성을 올바르게 관리하여 이상 현상을 최소화하고, 데이터의 중복성을 줄이는 것을 목표로 한다.

정답 ②

021 관계형 데이터베이스 설계에서의 정규화에 대한 설명으로 옳지 않은 것은?

① 질의처리 성능 향상을 위해 비효율적인 릴레이션들을 병합하는 과정이다.
② 데이터 중복을 감소시켜 저장 공간의 효율성을 향상시킨다.
③ 삽입, 삭제, 수정 시 발생할 수 있는 이상(Anomaly) 현상을 제거한다.
④ 정규형에는 1NF, 2NF, 3NF, BCNF, 4NF, 5NF 등이 있다.

> **해설**
> 정규화는 릴레이션의 중복성을 최소화하기 위해 릴레이션을 분해하는 과정이다. 비효율적인 릴레이션들을 병합하는 것은 역정규화(De-normalization)의 개념에 가깝다.

정답 ①

022 데이터의 중복으로 인하여 관계 연산을 처리할 때 예기치 못한 곤란한 현상이 발생하는 것을 무엇이라 하는가?

① 이상(Anomaly)
② 제한(Restriction)
③ 종속성(Dependency)
④ 변환(Translation)

> **해설**
> 데이터 중복으로 인해 릴레이션 조작 시 예상하지 못한 곤란한 현상이 발생하는 것은 이상 현상이다. 이상 현상은 삽입 이상, 삭제 이상, 갱신 이상이 있다.

정답 ①

023 정규화를 거치지 않아 발생하게 되는 이상(Anomaly) 현상의 종류에 대한 설명으로 옳지 않은 것은?

① 삭제 이상이란 릴레이션에서 한 튜플을 삭제할 때 의도와는 상관없는 값들도 함께 삭제되는 연쇄 삭제 현상이다.
② 삽입 이상이란 릴레이션에서 데이터를 삽입할 때 의도와는 상관없이 원하지 않는 값들도 함께 삽입되는 현상이다.
③ 갱신 이상이란 릴레이션에서 튜플에 있는 속성값을 갱신할 때 일부 튜플의 정보만 갱신되어 정보에 모순이 생기는 현상이다.
④ 종속 이상이란 하나의 릴레이션에 하나 이상의 함수적 종속성이 존재하는 현상이다.

해설
함수적 종속성은 릴레이션의 속성들 간의 종속 관계를 나타내는 것으로, 이를 기반으로 정규화를 진행한다. 그러나 '종속 이상'이라는 특정한 이상 현상은 존재하지 않는다.

정답 ④

024 데이터 속성 간의 종속성에 대한 엄밀한 고려 없이 잘못 설계된 데이터베이스에서는 데이터 처리 연산 수행 시 각종 이상 현상이 발생할 수 있는데, 이러한 이상 현상이 아닌 것은?

① 검색 이상
② 삽입 이상
③ 삭제 이상
④ 갱신 이상

해설
이상 현상은 삽입 이상, 삭제 이상, 갱신 이상이 있다.

정답 ①

025 이행적 함수 종속 관계를 의미하는 것은?

① A→B이고 B→C일 때, A→C를 만족하는 관계
② A→B이고 B→C일 때, C→A를 만족하는 관계
③ A→B이고 B→C일 때, B→A를 만족하는 관계
④ A→B이고 B→C일 때, C→B를 만족하는 관계

해설
이행적 함수 종속 관계의 정의에 따라, A→B와 B→C가 성립할 때 A→C가 성립하는 경우를 말한다.

정답 ①

026 어떤 릴레이션 R에서 X와 Y를 각각 R의 애트리뷰트 집합의 부분 집합이라고 할 경우 애트리뷰트 X의 값 각각에 대해 시간에 관계없이 항상 애트리뷰트 Y의 값이 오직 하나만 연관되어 있을 때 Y는 X에 함수 종속이라고 한다. 이 함수 종속의 표기로 옳은 것은?

① Y → X
② Y ⊂ X
③ X → Y
④ X ⊂ Y

> **해설**
> Y가 X에 함수 종속을 표현하기 위해서는 X → Y 이런 형태로 표현한다.

정답 ③

027 다음은 정규화 과정을 도식화한 것이다. 정규화 과정 중 (가)~(라)에 해당되는 과정을 〈보기〉에서 골라 알맞게 나열한 것은?

〈보기〉
㉠ 후보키를 통하지 않은 조인 종속 제거
㉡ 결정자가 후보키가 아닌 함수 종속 제거
㉢ 이행 함수 종속 제거
㉣ 함수 종속이 아닌 다치 종속 제거

① (가) ㉢ (나) ㉡ (다) ㉣ (라) ㉠
② (가) ㉡ (나) ㉠ (다) ㉢ (라) ㉣
③ (가) ㉡ (나) ㉣ (다) ㉢ (라) ㉠
④ (가) ㉢ (나) ㉣ (다) ㉠ (라) ㉡

> **해설**
> 정규화 과정, 도메인이 원자값 → 부분적 함수 종속 제거 → 이행적 함수 종속 제거 → 결정자이면서 후보키가 아닌 것 제거 → 다치 종속 제거 → 조인 종속성 이용

정답 ①

028 <보기>는 관계형 데이터베이스의 정규화 작업을 설명한 것이다. 제1정규형, 제2정규형, 제3정규형, BCNF를 생성하는 정규화 작업을 순서대로 나열한 것은?

― <보기> ―
ㄱ. 결정자가 후보키가 아닌 함수 종속성을 제거한다.
ㄴ. 부분 함수 종속성을 제거한다.
ㄷ. 속성을 원자값만 갖도록 분해한다.
ㄹ. 이행적 함수 종속성을 제거한다.

① ㄱ → ㄴ → ㄷ → ㄹ
② ㄱ → ㄷ → ㄹ → ㄴ
③ ㄷ → ㄱ → ㄴ → ㄹ
④ ㄷ → ㄴ → ㄹ → ㄱ

> **해설**
> 1정규형은 도메인이 원자값, 2정규형은 부분 함수 종속 제거, 3정규형은 이행적 함수 종족 제거, BCNF는 결정자가 후보키가 아닌 함수 종속성을 제거한다.

정답 ④

029 정규화를 할 때 발생하는 이상 현상(Anomaly)의 원인은?

① 데이터 중복
② 데이터 독립성
③ 릴레이션의 차수가 높을 때
④ 데이터의 일관성

> **해설**
> 정규화를 할 때 발생하는 이상 현상(Anomaly)의 주요 원인은 데이터 중복이다. 데이터 중복으로 인해 데이터 삽입, 삭제, 수정 시 의도치 않은 문제들이 발생할 수 있다.

정답 ①

030 다음 정의에서 말하는 기본 정규형은?

어떤 릴레이션 R에 속한 모든 도메인이 원자값(Atomic Value)만으로 되어 있다.

① 제1정규형(1NF)
② 제2정규형(2NF)
③ 제3정규형(3NF)
④ 보이스/코드 정규형(BCNF)

정답 ①

031 다음과 같이 위쪽 릴레이션을 아래쪽 릴레이션으로 정규화를 하였을 때 어떤 정규화 작업을 한 것인가?

국가	도시
대한민국	서울, 부산
미국	워싱턴, 뉴욕
중국	베이징

↓

국가	도시
대한민국	서울
대한민국	부산
미국	워싱턴
미국	뉴욕
중국	베이징

① 제1정규형
② 제2정규형
③ 제3정규형
④ 제4정규형

해설
국가 속성이 가지는 도시가 여러 개가 있기 때문에 도시를 원자값으로 분리한다. 도메인이 원자값이 되는 정규형은 제1정규형이다.

정답 ①

032 어떤 릴레이션 R(A, B, C, D)이 복합 애트리뷰트 (A, B)를 기본키로 가지고, 함수 종속이 다음과 같을 때 이 릴레이션 R은 어떤 정규형에 속하는가?

{A, B} → C, D
B → C
C → D

① 제1정규형
② 제2정규형
③ 제3정규형
④ 보이스/코드 정규형(BCNF)

해설
{A, B} → C, D에서 D는 완전 함수 종속이나, C는 B → C를 만족시키므로 부분 함수 종속이다. B → C, C → D에서 B → D가 성립하므로 이행적 함수 종속이다. 부분 함수 종속과 이행적 함수 종속이 존재하므로 제1정규형에 해당한다.

정답 ①

033 부분 함수 종속 제거가 이루어지는 정규화 단계는?

① 1NF → 2NF
② 2NF → 3NF
③ 3NF → BCNF
④ BCNF → 4NF

> **해설**
> 부분 함수 종속을 제거하여 완전 함수 종속을 만들게 되면 2정규형이 된다.

정답 ①

034 정규화 과정 중 1NF에서 2NF가 되기 위한 조건은?

① 1NF를 만족하는 모든 도메인이 원자값이어야 한다.
② 1NF를 만족하고 키가 아닌 모든 애트리뷰트들이 기본키에 이행적으로 함수 종속되지 않아야 한다.
③ 1NF를 만족하고 다치 종속이 제거되어야 한다.
④ 1NF를 만족하고 키가 아닌 모든 속성이 기본키에 대하여 완전 함수적 종속 관계를 만족해야 한다.

정답 ④

035 정규화 과정 중 2NF에서 3NF로 진행 시 작업에 해당하는 것은?

① 부분적 함수 종속 제거
② 결정자이면서 후보키가 아닌 것 제거
③ 이행적 함수 종속 제거
④ 다치 종속 제거

정답 ③

036 정규화 과정에서 A → B이고 B → C일 때, A → C인 관계를 제거하는 단계는?

① 1NF → 2NF
② 2NF → 3NF
③ 3NF → BCNF
④ BCNF → 4NF

> **해설**
> A → B이고 B → C일 때, A → C인 관계는 이행적 함수 종속 관계이다. 이행적 함수 종속을 제거하는 단계는 2NF에서 3NF로의 전이이다.

정답 ②

037 관계 데이터베이스의 정규화에 대한 설명이다. 괄호의 내용으로 옳은 것은?

> 어떤 릴레이션 R이 (㉠)이고, 릴레이션의 키가 아닌 속성 모두가 R의 어떤 키에도 이행적 함수 종속이 아닐 때 R은 (㉡)에 속한다.

① ㉠ 1NF ㉡ 2NF
② ㉠ 3NF ㉡ 2NF
③ ㉠ 2NF ㉡ 3NF
④ ㉠ 3NF ㉡ 1NF

해설
이행적 함수 종속을 제거하면 3NF가 되고, 2NF 이후 3NF를 수행한다.

정답 ③

038 릴레이션 R의 모든 결정자(Determinant)가 후보키이면 그 릴레이션 R은 어떤 정규형에 속하는가?

① 제1정규형
② 제2정규형
③ 보이스/코드 정규형
④ 제4정규형

정답 ③

039 제3정규형에서 보이스/코드 정규형(BCNF)으로 정규화하기 위한 작업은?

① 원자값이 아닌 도메인을 분해
② 부분 함수 종속 제거
③ 이행 함수 종속 제거
④ 결정자가 후보키가 아닌 함수 종속 제거

정답 ④

040 정규화 과정 중 BCNF에서 4NF가 되기 위한 조건은?

① 조인 종속성 이용
② 다치 종속 제거
③ 이행적 함수 종속 제거
④ 결정자이면서 후보키가 아닌 함수 종속 제거

정답 ②

041 이전 단계의 정규형을 만족하면서 후보키를 통하지 않는 조인 종속(JD, Join Dependency)을 제거해야 만족하는 정규형은?

① 제3정규형 ② 제4정규형
③ 제5정규형 ④ 제6정규형

정답 ③

042 어떤 릴레이션 R의 모든 조인 종속성의 만족이 R의 후보키를 통해서만 만족될 때, 이 릴레이션 R이 해당하는 정규형은?

① 제5정규형 ② 제4정규형
③ 제3정규형 ④ 제1정규형

정답 ①

043 정규화에 대한 설명으로 옳은 내용 모두를 나열한 것은?

> ㉠ 정규화하는 것은 테이블을 결합하여 종속성을 증가시키는 것이다.
> ㉡ 제2정규형은 반드시 제1정규형을 만족해야 한다.
> ㉢ 제1정규형은 릴레이션에 속한 모든 도메인이 원자값만으로 되어 있는 릴레이션이다.
> ㉣ BCNF는 강한 제3정규형이라고도 한다.

① ㉠, ㉡ ② ㉠, ㉡, ㉢
③ ㉡, ㉢, ㉣ ④ ㉠, ㉡, ㉢, ㉣

해설
정규화의 목적은 데이터 중복을 줄이기 위해 테이블을 분해하는 것이며, 테이블을 결합하여 종속성을 증가시키는 것이 아니다.

정답 ③

044 논리 데이터 모델의 품질 검증 시 기준이 되지 않는 항목은?

① 완전성 ② 최신성 ③ 일관성 ④ 반복성

해설
데이터 모델 품질 기준은 정확성, 완전성, 준거성, 최신성, 일관성, 활용성이다.

정답 ④

Section 4. 관계 데이터베이스 모델

001 릴레이션에 대한 설명으로 거리가 먼 것은?

① 튜플들의 삽입, 삭제 등의 작업으로 인해 릴레이션은 시간에 따라 변한다.
② 한 릴레이션에 포함된 튜플들은 모두 상이하다.
③ 애트리뷰트는 논리적으로 쪼갤 수 없는 원자값으로 저장한다.
④ 한 릴레이션에 포함된 튜플 사이에는 순서가 있다.

> **해설**
> 릴레이션은 시간에 따라 변할 수 있다. 튜플의 삽입, 삭제 등의 작업으로 릴레이션 내용이 바뀔 수 있다. 릴레이션 내의 튜플들은 기본적으로 유일해야 하며, 중복된 튜플을 포함할 수 없다. 관계형 데이터베이스에서는 애트리뷰트 값을 원자값으로 다룬다. 즉, 더 이상 쪼갤 수 없는 값으로 저장된다. 하지만 릴레이션에서는 튜플 간에 순서가 정의되어 있지 않다.

정답 ④

002 관계 데이터 모델에서 릴레이션(Relation)에 관한 설명으로 옳은 것은?

① 릴레이션의 각 행을 스키마(Schema)라 하며, 예로 도서 릴레이션을 구성하는 스키마에는 도서번호, 도서명, 저자, 가격 등이 있다.
② 릴레이션의 각 열을 튜플(Tuple)이라 하며, 하나의 튜플은 각 속성에서 정의된 값을 이용하여 구성된다.
③ 도메인(Domain)은 하나의 속성이 가질 수 있는 같은 타입의 모든 값의 집합으로 각 속성의 도메인은 원자값을 갖는다.
④ 속성(Attribute)은 한 개의 릴레이션의 논리적인 구조를 정의한 것으로 릴레이션의 이름과 릴레이션에 포함된 속성들의 집합을 의미한다.

> **해설**
> • 릴레이션의 각 행은 '튜플(Tuple)'이라고 하며, 각 열은 '속성(Attribute)'이라고 한다.
> • 도메인(Domain)은 한 속성이 가질 수 있는 동일한 타입의 모든 값의 집합을 의미한다.
> • 스키마(Schema)는 릴레이션의 구조나 뼈대를 나타내며, 릴레이션의 이름과 그 릴레이션에 포함된 속성들의 집합으로 구성된다.

정답 ③

003 관계형 데이터 모델의 릴레이션에 대한 설명으로 틀린 것은?

① 모든 속성값은 원자값을 갖는다.
② 한 릴레이션에 포함된 튜플은 모두 상이하다.
③ 한 릴레이션에 포함된 튜플 사이에는 순서가 없다.
④ 한 릴레이션을 구성하는 속성 사이에는 순서가 존재한다.

> **해설**
> 관계형 데이터 모델에서 속성의 순서는 중요하지 않다. 즉, 릴레이션을 구성하는 속성 사이에는 순서가 존재하지 않는다.

정답 ④

004 관계 데이터 모델의 용어에 대한 설명으로 가장 옳은 것은?

① 도메인: 하나의 속성이 가질 수 있는 값들의 집합
② 차수: 하나의 릴레이션에서 튜플의 전체 개수
③ 카디널리티: 하나의 릴레이션에서 속성의 전체 개수
④ 튜플: 하나의 개체에 관한 데이터를 2차원 테이블의 구조로 저장한 것

> **해설**
> - 차수는 릴레이션에서 속성의 개수를 의미한다.
> - 카디널리티는 릴레이션에서 튜플의 전체 개수를 의미한다.
> - 튜플은 릴레이션의 한 행을 의미하며, 하나의 개체에 대한 정보나 속성 값을 나타낸다.

정답 ①

005 속성(Attribute)에 대한 설명으로 틀린 것은?

① 속성은 개체의 특성을 기술한다.
② 속성은 데이터베이스를 구성하는 가장 작은 논리적 단위이다.
③ 속성은 파일 구조상 데이터 항목 또는 데이터 필드에 해당된다.
④ 속성의 수를 'Cardinality'라고 한다.

> **해설**
> 속성의 수는 '차수(Degree)'라고 한다. '카디널리티(Cardinality)'는 릴레이션에 있는 튜플의 개수를 나타낸다.

정답 ④

006 관계형 데이터 모델에서 테이블의 열(Column)을 일컫는 또 다른 용어는?

① 도메인(Domain) ② 릴레이션(Relation)
③ 튜플(Tuple) ④ 속성(Attribute)

정답 ④

007 관계 데이터베이스 모델에서 차수(Degree)의 의미는?

① 튜플의 수 ② 테이블의 수
③ 데이터베이스의 수 ④ 애트리뷰트의 수

정답 ④

008 하나의 애트리뷰트가 가질 수 있는 원자값들의 집합을 의미하는 것은?

① 도메인 ② 튜플
③ 엔티티 ④ 다형성

정답 ①

009 관계 데이터 모델에서 릴레이션(Relation)에 포함되어 있는 튜플(Tuple)의 수를 무엇이라고 하는가?

① Degree ② Cardinality
③ Attribute ④ Cartesian Product

정답 ②

010 다음 관계형 데이터 모델에 대한 설명으로 옳은 것은?

고객ID	고객이름	거주도시
S1	홍길동	서울
S2	이정재	인천
S3	신보라	인천
S4	김흥국	서울
S5	도요새	용인

① Relation 3개, Attribute 3개, Tuple 5개
② Relation 3개, Attribute 5개, Tuple 3개
③ Relation 1개, Attribute 5개, Tuple 3개
④ Relation 1개, Attribute 3개, Tuple 5개

> **해설**
> 속성은 고객ID, 고객이름, 거주도시 3개이고, 튜플은 5개의 행이 있다.

정답 ④

011 다음 릴레이션의 카디널리티와 차수가 옳게 나타낸 것은?

아이디	성명	나이	등급	적립금	가입년도
yuyu01	원유철	36	3	2000	2008
sykim10	김성일	29	2	3300	2014
kshan4	한경선	45	3	2800	2009
namsu52	이남수	33	5	1000	2016

	카디널리티	차수		카디널리티	차수
①	4	4	②	4	6
③	6	4	④	6	6

> **해설**
> 카디널리티는 튜플의 수이고, 차수는 속성의 수이다.

정답 ②

012 A1, A2, A3 3개 속성을 갖는 한 릴레이션에서 A1의 도메인은 3개 값, A2의 도메인은 2개 값, A3의 도메인은 4개 값을 갖는다. 이 릴레이션에 존재할 수 있는 가능한 튜플(Tuple)의 최대 수는?

① 24　　② 12　　③ 8　　④ 9

> **해설**
> 한 릴레이션에서 각 속성의 도메인에 따른 가능한 튜플의 최대 수를 계산하려면 각 속성의 도메인 값을 모두 곱한다. 가능한 튜플의 최대 수 = A1의 도메인 값 × A2의 도메인 값 × A3의 도메인 값

정답 ①

013 한 릴레이션 스키마가 4개 속성, 2개 후보키 그리고 그 스키마의 대응 릴레이션 인스턴스가 7개 튜플을 갖는다면 그 릴레이션의 차수(Degree)는?

① 1　　② 2　　③ 4　　④ 7

> **해설**
> 한 릴레이션 스키마가 4개의 속성을 갖는다고 했으므로, 그 릴레이션의 차수는 4이다.

정답 ③

014 릴레이션 R의 차수가 4이고 카디널리티가 5이며, 릴레이션 S의 차수가 6이고 카디널리티가 7일 때, 두 개의 릴레이션을 카티션 프로덕트한 결과의 새로운 릴레이션의 차수와 카디널리티는 얼마인가?

① 24, 35 ② 24, 12 ③ 10, 35 ④ 10, 12

> **해설**
> - 차수(Degree)의 계산: 릴레이션 R의 차수는 4, 릴레이션 S의 차수는 6이므로 두 릴레이션을 카티션 프로덕트할 때 새로운 릴레이션의 차수는 두 릴레이션의 속성들을 모두 포함하게 된다. 따라서 새로운 릴레이션의 차수는 4 + 6 = 10이다.
> - 카디널리티(Cardinality)의 계산: 릴레이션 R의 카디널리티는 5, 릴레이션 S의 카디널리티는 7이므로 두 릴레이션을 카티션 프로덕트할 때 새로운 릴레이션의 카디널리티는 두 릴레이션의 튜플 조합의 수가 된다. 따라서 새로운 릴레이션의 카디널리티는 5 x 7 = 35이다.

정답 ③

015 관계대수에 대한 설명으로 틀린 것은?

① 주어진 릴레이션 조작을 위한 연산의 집합이다.
② 일반 집합 연산과 순수 관계 연산으로 구분된다.
③ 질의에 대한 해를 구하기 위해 수행해야 할 연산의 순서를 명시한다.
④ 원하는 정보와 그 정보를 어떻게 유도하는가를 기술하는 비절차적 방법이다.

> **해설**
> 관계대수는 관계형 데이터베이스의 릴레이션을 조작하기 위한 연산의 집합으로, 목표 데이터를 얻기 위해 수행해야 하는 연산의 순서와 방식을 명시하는 절차적 언어이다.

정답 ④

016 관계대수에 대한 설명으로 틀린 것은?

① 원하는 릴레이션을 정의하는 방법을 제공하며 비절차적 언어이다.
② 릴레이션 조작을 위한 연산의 집합으로 피연산자와 결과가 모두 릴레이션이다.
③ 일반 집합 연산과 순수 관계 연산으로 구분된다.
④ 질의에 대한 해를 구하기 위해 수행해야 할 연산의 순서를 명시한다.

> **해설**
> 관계대수는 절차적 언어이다. 원하는 결과를 얻기 위해 어떻게 연산을 수행할지 명시하는 언어이다. 반면, 비절차적 언어는 원하는 결과만을 명시하고 어떻게 그 결과를 얻을지는 명시하지 않는데, 이는 관계해석에 해당한다.

정답 ①

017 관계대수에 대한 설명으로 옳지 않은 것은?

① 릴레이션을 처리하기 위한 연산의 집합으로 피연산자가 릴레이션이고 결과도 릴레이션이다.
② 원하는 정보와 그 정보를 어떻게 유도하는가를 기술하는 절차적 특징을 가지고 있다.
③ 일반 집합 연산과 순수 관계 연산이 있다.
④ 수학의 Predicate Calculus에 기반을 두고 있다.

> **해설**
> ④번은 관계해석에 해당하는 내용이다.

정답 ④

018 관계 데이터 모델의 연산에 대한 설명으로 가장 적절하지 않은 것은?

① 관계해석은 원하는 정보와 그 정보를 어떻게 유도하는가를 기술하는 절차적 언어이다.
② 관계해석과 관계대수는 관계 데이터베이스를 처리하는 기능과 능력 면에서 동등하다.
③ 관계해석은 수학의 Predicate Calculus에 기반을 두고 있다.
④ 관계해석에는 튜플 관계해석과 도메인 관계해석이 있다.

> **해설**
> 관계해석은 원하는 결과만을 명시하며, 그 결과를 얻기 위한 구체적인 방법이나 순서를 명시하지 않는 비절차적 언어이다. 반면, 관계대수는 절차적 언어로서 릴레이션을 조작하는 연산의 순서와 방법을 명시적으로 표현한다.

정답 ①

019 관계해석에 대한 설명으로 옳지 않은 것은?

① 수학의 프레디킷 해석에 기반을 두고 있다.
② 관계 데이터 모델의 제안자인 코드(Codd)가 관계 데이터베이스에 적용할 수 있도록 설계하여 제안하였다.
③ 튜플 관계해석과 도메인 관계해석이 있다.
④ 원하는 정보와 그 정보를 어떻게 유도하는가를 기술하는 절차적 특성을 가진다.

> **해설**
> 관계해석은 원하는 결과만을 명시하며, 그 결과를 얻기 위한 구체적인 방법이나 순서를 명시하지 않는 비절차적 언어이다.

정답 ④

020 관계해석(Relational Calculus)을 옳게 설명한 것은?

① 연산들의 절차(Sequence)를 사용하여 데이터를 가져온다.
② 계산 수식을 사용하여 어떤 데이터를 가져올지 명시한다.
③ 기본적인 연산자로 UNION, INTERSECTION, DIFFERENCE를 사용한다.
④ 전체 관계를 조작하는 데 사용되는 연산들의 집합이다.

> **해설**
> 원하는 정보가 무엇이라는 것만 정의하는 비절차적인 특성을 가지는 것은 관계해석이다.

정답 ②

021 관계대수 및 관계해석에 대한 옳은 설명을 모두 나열한 것은?

> ㉠ 관계해석은 원하는 정보와 그 정보를 어떻게 유도하는가를 기술하는 특성을 지닌다.
> ㉡ 관계해석은 원래 수학의 프레디킷 해석에 기반을 두고 있다.
> ㉢ 관계대수는 릴레이션을 처리하기 위한 연산의 집합으로 피연산자가 릴레이션이고 결과도 릴레이션이다.
> ㉣ 관계해석과 관계대수는 관계 데이터베이스를 처리하는 기능과 능력 면에서 동등하다.

① ㉠, ㉡
② ㉠, ㉢, ㉣
③ ㉡, ㉢, ㉣
④ ㉠, ㉡, ㉢, ㉣

> **해설**
> 원하는 정보와 그 정보를 어떻게 유도하는가를 기술하는 특성을 지닌 것은 관계대수이다.

정답 ③

022 다음 설명의 괄호 안 내용으로 옳게 짝지어진 것은?

> (①)은(는) 원하는 정보와 그 정보를 어떻게 유도하는가를 기술하는 절차적인 특징을 가지며, (②)은(는) 원하는 정보가 무엇이라는 것만 정의하는 비절차적인 특징을 가진다. 그러나 (②)와(과) (①)은(는) 관계 데이터베이스를 처리하는 기능과 능력 면에서 동등하다. (②)은(는) 원래 수학의 프레디킷 해석에 기반을 두고 있으며, 관계 데이터 모델의 제안자인 Codd가 특별히 관계 데이터베이스에 적용할 수 있도록 설계, 제안하였다.

① ① 관계형 데이터 모델 ② 계층형 데이터 모델
② ① 계층형 데이터 모델 ② 관계형 데이터 모델
③ ① 관계대수 ② 관계해석
④ ① 관계해석 ② 관계대수

> **해설**
> 관계대수는 절차적 특징을 가지고, 관계해석은 비절차적 특징을 가진다.

정답 ③

023 관계대수의 순수 관계 연산자가 아닌 것은?

① Select
② Cartesian Product
③ Division
④ Project

> **해설**
> Cartesian Product는 집합 연산자이다.

정답 ②

024 다음 관계대수 중 순수 관계 연산자가 아닌 것은?

① 차집합(Difference)
② 프로젝트(Project)
③ 조인(Join)
④ 디비전(Division)

> **해설**
> 차집합(Difference)은 일반 집합 연산자로 순수 관계 연산자에 포함되지 않는다.

정답 ①

025 관계 데이터베이스에 있어서 관계대수 연산이 아닌 것은?

① 디비전(Division)
② 프로젝트(Project)
③ 조인(Join)
④ 포크(Fork)

> **해설**
> 포크(Fork)는 프로세스를 생성하는 명령이다.

정답 ④

026 조건을 만족하는 릴레이션의 수평적 부분집합으로 구성하며, 연산자의 기호는 그리스 문자 시그마(σ)를 사용하는 관계대수 연산은?

① Select
② Project
③ Join
④ Division

정답 ①

027 테이블에서 특정 속성에 해당하는 열을 선택하는 데 사용되며 결과로는 릴레이션의 수직적 부분 집합에 해당하는 관계대수 연산자는?

① Project ② Join ③ Division ④ Select

정답 ①

028 다음 SQL문을 관계대수적으로 표현할 때 필요한 관계 연산자로 가장 적절한 것은?

> SELECT 학번, 이름 FROM 학생 WHERE 학번 = 20003

① JOIN과 SELECT
② SELECT와 PROJECT
③ DIVISION과 SELECT
④ JOIN과 PROJECT

해설
조건을 이용해 값을 가져와야 하기 때문에 SELECT 연산이 필요하고, 학번과 이름 속성을 가져오기 때문에 PROJECT 연산이 필요하다.

정답 ②

029 고객 릴레이션에서 등급이 gold이고 나이가 25 이상인 고객들을 검색하기 위해 기술한 관계대수 표현으로 옳은 것은?

① σ 고객(등급 = 'gold'∧나이≥25)
② σ 등급 = 'gold' ∧나이 ≥25(고객)
③ π 고객(등급 = 'gold'∧나이≥25)
④ π 등급 = 'gold' ∧나이 ≥25(고객)

해설
쿼리문으로 변경하게 되면 아래와 같다.
SELECT * FROM 고객 WHERE 등급 = 'gold' AND 나이 >= 20

정답 ②

030 관계대수식을 SQL 질의로 옳게 표현한 것은?

> π이름(σ학과='교육'(학생))

① SELECT 학생 FROM 이름 WHERE 학과='교육';
② SELECT 이름 FROM 학생 WHERE 학과='교육';
③ SELECT 교육 FROM 학과 WHERE 이름='학생';
④ SELECT 학과 FROM 학생 WHERE 이름='교육';

> **해설**
> 학생 릴레이션에서 학과가 교육학과인 튜플의 이름을 가져온다.

정답 ②

031 다음의 관계대수를 SQL로 옳게 나타낸 것은?

$$\pi_{\text{이름, 학년}}(\sigma_{\text{학과}=\text{'컴퓨터'}}(\text{학생}))$$

① SELECT 이름, 학년 FROM 학과 WHERE 학생 = '컴퓨터' ;
② SELECT 학과, 컴퓨터 FROM 학생 WHERE 이름 = '학년' ;
③ SELECT 이름, 학과 FROM 학년 WHERE 학과 = '컴퓨터' ;
④ SELECT 이름, 학년 FROM 학생 WHERE 학과 = '컴퓨터' ;

> **해설**
> 학생 릴레이션에서 학과가 컴퓨터인 튜플의 이름과 학년을 가져온다.

정답 ④

032 다음 관계대수의 의미로 가장 타당한 것은?

$$\pi_{\text{이름}}(\sigma_{\text{학과}=\text{'물리학과'}}(\text{학생}))$$

① 이름, 학과 물리학과를 속성으로 하는 전공 테이블 생성
② 학생 테이블에서 물리학과인 학생 이름 삭제
③ 학생 테이블에서 물리학과인 학생 이름 조회
④ 전공 테이블에서 학과의 이름을 물리학과로 변경

> **해설**
> 관계대수는 절차적 언어이기 때문에 괄호 안에 있는 것을 먼저 수행한다. 따라서 학생 테이블에서 학과가 물리학과인 것을 가져오고, 그 이후에 이름 속성만 출력한다.

정답 ③

033 관계 데이터베이스 스키마 STUDENT(SNO, NAME, AGE)에 대하여 다음과 같은 SQL 질의 문장을 사용한다고 할 때, 이 SQL문장과 동일한 의미의 관계대수식은? (단, STUDENT 스키마에서 밑줄 친 속성은 기본키 속성을, 관계대수식에서 사용하는 관계대수 연산자 기호 π는 프로젝트 연산자를, σ는 셀렉트 연산자를 나타낸다.)

```
SELECT SNO, NAME
FROM STUDENT
WHERE AGE > 20;
```

① σSNO,NAME(πAGE>20(STUDENT))
② πSNO,NAME(σAGE>20(STUDENT))
③ σAGE>20(πSNO,NAME(STUDENT))
④ πAGE>20(σSNO,NAME(STUDENT))

해설

먼저, STUDENT 테이블에서 AGE가 20 초과인 것을 가져와야 하기 때문에 σAGE>20(STUDENT) 관계대수 연산을 먼저 수행한다. 그 후에 SNO, NAME 속성을 가져와야 하기 때문에 프로젝트 연산을 이용하게 된다.

정답 ②

034 관계대수 연산에서 두 릴레이션이 공통으로 가지고 있는 속성을 이용하여 두 개의 릴레이션을 하나로 합쳐서 새로운 릴레이션을 만드는 연산은?

① ⋈
② ⊃
③ π
④ σ

해설

두 릴레이션을 공통 속성을 기준으로 합치는 연산은 '조인(Join)' 연산이다. 관계대수에서 조인 연산의 기호는 ⋈를 사용한다.

정답 ①

035 관계대수의 조인 연산에서 결과가 동일한 애트리뷰트는 하나만 나타내는 연산을 무엇이라고 하는가?

① 택일 조인
② 자연 조인
③ 완전 조인
④ 2차 조인

정답 ②

036 다음이 설명하는 관계대수 연산자의 기호는?

> 두 릴레이션 A, B에 대해 B 릴레이션의 모든 조건을 만족하는 튜플들을 릴레이션 A에서 분리해 내어 프로젝션하는 연산

① ⋈
② ⊃
③ π
④ ÷

정답 ④

---

037 다음 릴레이션 A, B, C에 대한 관계대수의 연산 결과로 옳지 않은 것은? (단, 속성명이 동일하면 같은 도메인이다.)

A

Name	Dept
강감찬	국어
안중근	영어
윤동주	과학
이순신	영어

B

Name	Dept
강감찬	국어
안창호	과학
윤동주	과학
이순신	영어

C

Name
강감찬
이순신

① A ∪ B

Name	Dept
강감찬	국어
안중근	영어
윤동주	과학
이순신	영어
안창호	과학

② A ∩ B

Name	Dept
강감찬	국어
윤동주	과학
이순신	영어

③ A - B

Name	Dept
안중근	영어

④ A ÷ C

Dept
국어
영어

해설
DIVISION 연산을 수행하게 되면 강감찬과 이순신을 모두 만족시키는 튜플이 없기 때문에 출력 결과가 없다.

정답 ④

038 다음 R과 S 두 릴레이션에 대한 Division 연산의 수행 결과는?

R

D1	D2	D3
a	1	A
b	1	A
a	2	A
c	2	B

S

D2	D3
1	A

①
D3
A
B

②
D2
2
2

③
D3
A

④
D1
a
b

해설
D2 컬럼에 1, D3컬럼에 A가 모두 있는 것은 a, b이다.

정답 ④

039 다음의 릴레이션 R1과 R2에 대한 관계대수 R1 ÷ R2의 결과 릴레이션으로 옳은 것은? (단, 릴레이션 R1.C2와 R2.C2는 동일한 도메인에서 정의되었다.)

R1(C1, C2)

C1	C2
1	A
2	C
1	E
1	B
3	J
4	R
3	B
2	B
5	R
3	A
4	A

R2(C2)

C2
A
B

①
C1
3
4

②
C1	C2
1	A
2	B

③
C1
1
3

④
C1
2
3

해설
DIVISION 연산을 수행하게 되면 C1 속성만 출력이 되고, C2 속성이 A, B를 모두 가지고 있는 것은 1과 3이다.

정답 ③

040 다음 두 릴레이션 R1과 R2의 카티션 프로덕트(Cartesian Product) 수행 결과는?

R1	학년
	1
	2
	3

R2	학과
	컴퓨터
	국문
	수학

①

학년	학과
1	컴퓨터
2	국문
3	수학

②

학년	학과
2	컴퓨터
2	국문
2	수학

③

학년	학과
3	컴퓨터
3	국문
3	수학

④

학년	학과
1	컴퓨터
1	국문
1	수학
2	컴퓨터
2	국문
2	수학
3	컴퓨터
3	국문
3	수학

해설

카티션 프로덕트를 하게 되면 모든 튜플들을 곱하게 된다.

정답 ④

041 관계대수(Relational Algebra)의 연산자 중에서 두 릴레이션(Relation)의 교차곱을 수행하기 때문에 두 릴레이션의 공통 튜플 수와 관계가 없는 것은?

① UNION
② INTERSECTION
③ DIFFERENCE
④ CARTESIAN PRODUCT

> **해설**
> 두 릴레이션의 교차곱을 수행하는 연산자는 'CARTESIAN PRODUCT'이다. 이 연산자는 두 릴레이션의 각각의 튜플 사이의 모든 조합을 생성한다.

정답 ④

042 관계해석에서 '모든 것에 대하여'의 의미를 나타내는 논리 기호는?

① ∃
② ∈
③ ∀
④ ⊂

정답 ③

043 다음 중 데이터베이스에 저장되어 있는 모든 데이터 개체들에 대한 정보를 유지, 관리하는 시스템으로 '시스템 카탈로그'라고도 불리는 것은?

① 데이터 사전(Data Dictionary)
② 스키마(Schema)
③ SQL
④ 관계대수(Relational Algebra)

> **해설**
> 데이터 사전은 데이터베이스에 저장되어 있는 모든 데이터 개체들에 대한 정보를 유지, 관리하는 시스템이다. 데이터베이스에서 사용되는 테이블, 뷰, 프로시저, 함수, 인덱스, 사용자, 권한 등과 같은 모든 데이터 개체에 대한 정보를 저장한다. 데이터 사전은 데이터베이스 관리 시스템(DBMS)에 의해 자동으로 생성되며, 일반적으로 읽기 전용으로만 접근할 수 있다.

정답 ①

044 관계형 데이터베이스에서 기본 테이블, 뷰, 인덱스, 데이터베이스, 응용 계획, 패키지, 접근 권한 등을 가지고 있는 것은?

① 사전(Dictionary)
② 카탈로그(Catalog)
③ 레포지토리(Repository)
④ 스키마(Schema)

> **해설**
> 카탈로그는 데이터베이스에 저장된 모든 데이터 개체들에 대한 정보를 저장하는 시스템이다. 기본 테이블, 뷰, 인덱스, 데이터베이스, 응용 계획, 패키지, 접근 권한 등과 같은 모든 데이터 개체에 대한 정보를 저장한다.

정답 ②

045 다음 시스템 카탈로그(System Catalog)에 대한 설명으로 옳은 것으로만 묶은 것은?

> ㄱ. 시스템 그 자체에 관련이 있는 다양한 객체에 관한 정보를 포함하는 시스템 데이터베이스이기 때문에 일반 사용자는 SQL을 이용하여 내용을 검색해 볼 수 없다.
> ㄴ. 개체들은 기본 테이블, 뷰, 인덱스, 데이터베이스, 패키지, 접근 권한 등이 있다.
> ㄷ. 모든 데이터베이스에서 요구하는 정보는 동일하므로 데이터베이스의 종류에 관계없이 동일한 구조로 필요한 정보를 제공한다.
> ㄹ. 카탈로그에 저장된 정보를 메타데이터(Meta-Data)라고도 한다.
> ㅁ. 트랜잭션 관리자를 통하여 사용자의 요구를 효율적인 형태로 변환하고 질의를 처리하는 좋은 전략을 모색할 수 있다.

① ㄱ, ㄴ
② ㄱ, ㄷ
③ ㄴ, ㄹ
④ ㄴ, ㅁ

해설
ㄱ. 사용자는 시스템 카탈로그의 내용을 볼 수는 있다.
ㄷ. 데이터베이스에 따라 달리 표현된다.
ㅁ. 옵티마이저가 하는 역할이다.

정답 ③

046 시스템 카탈로그에 대한 설명으로 틀린 것은?

① 시스템 카탈로그의 갱신은 무결성 유지를 위하여 SQL을 이용하여 사용자가 직접 갱신하여야 한다.
② 데이터베이스에 포함되는 데이터 객체에 대한 정의나 명세에 대한 정보를 유지 관리한다.
③ DBMS가 스스로 생성하고 유지하는 데이터베이스 내의 특별한 테이블의 집합체이다.
④ 카탈로그에 저장된 정보를 메타데이터라고도 한다.

해설
시스템 카탈로그는 데이터베이스 관리자가 데이터베이스의 구조와 내용을 관리하기 위한 시스템 데이터베이스이다. 따라서 시스템 카탈로그의 갱신은 데이터베이스 관리자가 수행한다. 사용자는 시스템 카탈로그를 읽기 전용으로만 사용할 수 있다.

정답 ①

047 시스템 카탈로그에 대한 설명으로 틀린 것은?

① 데이터베이스에 포함된 다양한 데이터 객체에 대한 정보들을 유지, 관리하기 위한 시스템 데이터베이스이다.
② 시스템 카탈로그를 데이터 사전이라고도 한다.
③ 시스템 카탈로그에 저장된 정보를 메타데이터라고도 한다.
④ 시스템 카탈로그는 시스템을 위한 정보를 포함하는 시스템 데이터베이스이므로 일반 사용자는 내용을 검색할 수 없다.

> **해설**
> 일반 사용자는 시스템 카탈로그의 정보를 직접 수정하거나 삭제할 수는 없지만, 데이터베이스의 메타데이터를 조회하기 위해서는 시스템 카탈로그를 검색할 수 있다.

정답 ④

048 시스템 카탈로그에 관한 설명으로 옳지 않은 것은?

① 가상 테이블이며 메타데이터라고도 한다.
② 시스템 카탈로그 내의 각 테이블은 DBMS에서 지원하는 개체들에 관한 정보를 포함한다.
③ 시스템의 사용자들에 관한 정보를 포함하고 있다.
④ DBMS가 스스로 생성하고 유지하는 데이터베이스 내의 특별한 테이블들의 집합체이다.

> **해설**
> 시스템 카탈로그는 메타데이터를 저장하는 테이블들의 집합체이지만, 가상 테이블은 아니다. 메타데이터는 데이터에 대한 데이터를 의미하며, 시스템 카탈로그는 DBMS에 관한 정보, 객체 정보, 권한 설정 등을 저장하고 있다.

정답 ①

049 데이터베이스 시스템 카탈로그의 구성요소가 아닌 것은?

① SYSCOLUMNS
② SYSTABLES
③ SYSCONTENTS
④ SYSVIEW

> **해설**
> 시스템 카탈로그의 구성요소는 SYSTABLES, SYSCOLUMNS, SYSVIEW, SYSTABAUTH, SYSCOLAUTH 이다.

정답 ③

CHAPTER 02. 물리 데이터베이스 설계

Section 1. 물리 요소 조사 분석

001 데이터베이스 설계 단계 중 응답시간, 저장 공간의 효율화, 트랜잭션 처리도와 가장 밀접한 관계가 있는 것은?

① 물리적 설계
② 논리적 설계
③ 개념적 설계
④ 요구 조건 분석

> **해설**
> 응답시간, 저장 공간의 효율화, 트랜잭션 처리 등의 성능 관련 이슈는 데이터베이스의 물리적 구조와 관련이 있다.

정답 ①

002 물리적 데이터베이스 구조의 기본 데이터 단위인 저장 레코드의 양식을 설계할 때 고려 사항이 아닌 것은?

① 데이터 타입
② 데이터 값의 분포
③ 트랜잭션 모델링
④ 접근 빈도

> **해설**
> 물리적 데이터베이스 구조의 기본 데이터 단위인 저장 레코드의 양식을 설계할 때, 특히 레코드의 물리적 구성 및 저장 방법을 결정할 때는 데이터의 타입, 값의 분포, 접근 빈도 등이 중요한 고려 사항이다. 트랜잭션 모델링은 주로 트랜잭션의 흐름과 처리 방법에 관련된 설계 단계에서 고려되는 사항이다.

정답 ③

003 데이터베이스 설계 단계 중 물리적 설계 시 고려 사항으로 적절하지 않은 것은?

① 스키마의 평가 및 정제
② 응답시간
③ 저장 공간의 효율화
④ 트랜잭션 처리량

> **해설**
> 스키마의 평가 및 정제는 물리적 설계 이전의 논리적 설계 단계에서 주로 이루어지는 작업이다. 이 단계에서는 엔티티, 관계, 속성 등의 논리적 구조를 정의하고, 정규화를 통해 데이터 중복을 제거하며, 논리적 스키마를 평가하고 정제한다.

정답 ①

004 데이터베이스 설계 단계 중 물리적 설계에 해당하는 것은?

① 데이터 모형화와 사용자 뷰들을 통합한다.
② 트랜잭션의 인터페이스를 설계한다.
③ 파일 조직 방법과 저장 방법 그리고 파일 접근 방법 등을 선정한다.
④ 사용자들의 요구사항을 입력으로 하여 응용 프로그램의 골격인 스키마를 작성한다.

> **해설**
> 물리적 설계는 데이터베이스의 물리적 특성을 고려하여 실제로 데이터가 어떻게 저장되고, 어떻게 접근될 것 인지를 결정하는 단계이다. 이 단계에서는 데이터의 저장 방법, 파일의 조직 방법, 인덱스 구조, 접근 경로 등 을 결정한다.

정답 ③

005 데이터베이스 설계 단계 중 물리적 설계에 대한 설명으로 옳지 않은 것은?

① 개념적 설계 단계에서 만들어진 정보 구조로부터 특정 목표 DBMS가 처리할 수 있는 스키마를 생성한다.
② 다양한 데이터베이스 응용에 대해서 처리 성능을 얻기 위해 데이터베이스 파일의 저장 구조 및 액세스 경로를 결정한다.
③ 물리적 저장 장치에 저장할 수 있는 물리적 구조의 데이터로 변환하는 과정이다.
④ 물리적 설계에서 옵션 선택 시 응답시간, 저장 공간의 효율화, 트랜잭션 처리율 등을 고려하여 야 한다.

> **해설**
> • 개념적 설계 단계에서 만들어진 정보 구조로부터 특정 목표 DBMS가 처리할 수 있는 스키마를 생성하는 것은 논리적 설계의 과정이다.
> • 물리적 설계는 논리적 설계에서 결정된 스키마를 실제 저장 장치에 저장할 수 있는 물리적 구조로 변환하는 과정이다.

정답 ①

006 다음 중 논리적 데이터베이스 설계를 물리적 데이터베이스 설계로 변환하는 과정에 대한 설명으로 옳지 않은 것은?

① 엔티티(Entity)가 테이블(Table)로 변환된다.
② 애트리뷰트(Attribute)가 컬럼(Column)으로 변환된다.
③ 논리적 모델의 N:M의 관계는 물리적 모델의 인덱스(Index)로 변환된다.
④ 1:1 관계는 외래키를 릴레이션에 추가해서 변환한다.

> **해설**
> 논리적 모델의 N:M의 관계는 물리적 모델의 조인 테이블(Join Table)로 변환된다. 인덱스는 데이터베이스에서 검색 성능을 향상시키기 위해 사용되는 구조이다. N:M 관계는 두 테이블의 데이터를 조인하여 처리해야 하므로, 물리적 모델에서는 별도의 조인 테이블을 생성하여 두 테이블을 연결한다.

정답 ③

007 분산 데이터베이스 시스템에 대한 설명으로 옳지 않은 것은?

① 사용자나 응용 프로그램이 접근하려는 데이터나 사이트의 위치를 알아야 한다.
② 중앙의 컴퓨터에 장애가 발생하더라도 전체 시스템에 영향을 끼치지 않는다.
③ 중앙 집중 시스템보다 구현하는 데 복잡하고 처리 비용이 증가한다.
④ 중앙 집중 시스템보다 시스템 확장이 용이하다.

> **해설**
> 분산 데이터베이스 시스템은 여러 개의 연결된 컴퓨터들 간에 데이터베이스를 분산시켜 관리하는 시스템이다. 데이터와 사이트의 위치에 대한 투명성을 제공하고, 사용자나 응용 프로그램은 접근하려는 데이터의 실제 위치를 몰라도 된다.

정답 ①

008 분산 데이터베이스 시스템과 관련한 설명으로 틀린 것은?

① 물리적으로 분산된 데이터베이스 시스템을 논리적으로 하나의 데이터베이스 시스템처럼 사용할 수 있도록 한 것이다.
② 물리적으로 분산되어 지역별로 필요한 데이터를 처리할 수 있는 지역 컴퓨터(Local Computer)를 분산 처리기(Distributed Processor)라고 한다.
③ 분산 데이터베이스 시스템을 위한 통신 네트워크 구조가 데이터 통신에 영향을 주므로 효율적으로 설계해야 한다.
④ 데이터베이스가 분산되어 있음을 사용자가 인식할 수 있도록 분산 투명성(Distribution Transparency)을 배제해야 한다.

> **해설**
> 분산 투명성(Distribution Transparency)은 사용자나 응용 프로그램이 데이터베이스가 물리적으로 여러 위치에 분산되어 있다는 것을 인식하지 못하도록 하며, 논리적으로는 하나의 통합된 데이터베이스처럼 보이게 하는 특성이다.

정답 ④

009 분산 데이터베이스 시스템(Distributed Database System)에 대한 설명으로 틀린 것은?

① 분산 데이터베이스는 논리적으로는 하나의 시스템에 속하지만 물리적으로는 여러 개의 컴퓨터 사이트에 분산되어 있다.
② 위치 투명성, 중복 투명성, 병행 투명성, 장애 투명성을 목표로 한다.
③ 데이터베이스의 설계가 비교적 어렵고, 개발 비용과 처리 비용이 증가한다는 단점이 있다.
④ 분산 데이터베이스 시스템의 주요 구성요소는 분산 처리기, P2P 시스템, 단일 데이터베이스 등이 있다.

> **해설**
> 분산 데이터베이스의 구성요소는 분산 처리기, 분산 데이터베이스, 통신 네트워크이다.

정답 ④

010 분산 데이터베이스 목표 중 '데이터베이스의 분산된 물리적 환경에서 특정 지역의 컴퓨터 시스템이나 네트워크에 장애가 발생해도 데이터 무결성이 보장된다'는 것과 관계있는 것은?

① 장애 투명성
② 병행 투명성
③ 위치 투명성
④ 중복 투명성

> **해설**
> 장애 투명성은 특정 지역의 컴퓨터 시스템이나 네트워크에 장애가 발생하더라도 데이터 무결성이 보장되는 것을 의미한다.

정답 ①

011 분산 데이터베이스의 투명성(Transparency)에 해당하지 않는 것은?

① Location Transparency
② Replication Transparency
③ Failure Transparency
④ Media Access Transparency

> **해설**
> 분산 데이터베이스의 투명성(Transparency): 위치 투명성(Location), 분할 투명성(Division), 지역사상 투명성(Local Mapping), 중복 투명성(Replication), 병행 투명성(Concurrency), 장애 투명성(Failure)

정답 ④

012 분산 데이터베이스 관리 시스템에서 복수의 분할된 물리적 데이터베이스를 논리적으로 단일화된 데이터베이스처럼 인식하게 하기 위한 투명성(Transparency)에 대한 설명으로 옳지 않은 것은?

① 단편화(Fragmentation) 투명성은 사용자들이 릴레이션이 어떻게 단편화되어 있는지 알 필요가 없다.
② 장애(Failure) 투명성은 다수의 트랜잭션이 동시에 수행되는 경우에도 오류 없이 결과의 일관성이 유지되어야 하는 성질이다.
③ 중복(Replication) 투명성은 중복된 데이터가 무엇인지 저장 위치 등에 대한 정보를 사용자가 별도로 인지할 필요가 없어야 하는 성질이다.
④ 위치(Location) 투명성은 사용자나 애플리케이션에서 작업을 수행하기 위해 데이터의 물리적인 위치도 알 필요가 없어야 하는 성질이다.

> **해설**
> 장애 투명성은 특정 부분의 시스템에 문제가 발생했을 때, 사용자나 애플리케이션이 그 문제를 인식하지 않아도 되는 성질을 의미한다.

정답 ②

013 분산 데이터베이스에서 사용자는 데이터가 물리적으로 저장되어 있는 곳을 알 필요 없이 논리적인 입장에서 데이터가 모두 자신의 사이트에 있는 것처럼 처리하는 특성을 무엇이라 하는가?

① 지역 자치성(Local Autonomy)
② 위치 독립성(Location Independence)
③ 단편 독립성(Fragmentation Independence)
④ 중복 독립성(Replication Independence)

정답 ②

014 데이터베이스 이중화의 유형 중 트랜잭션 수행 데이터 변경이 발생하면 이중화된 모든 데이터베이스에 즉시 전달하여 변경 내용을 즉시 적용하는 기법은?

① LAZY 기법
② Eager 기법
③ Mirror 기법
④ Hybrid 기법

정답 ②

015 데이터베이스 이중화 구성 방법 중 한 DB가 활동 상태로 서비스하고 있으면 다른 DB는 대기하고 있다가 활동 DB에 장애 발생 시 서비스를 대신하는 방법은?

① Active-Standby
② Active-Active
③ Active-Wait
④ Wait-Standby

> **해설**
> 활동 상태의 DB가 서비스하고 있고, 다른 DB가 대기 상태로 활동 DB에 문제가 발생하면 서비스를 대신하는 방법은 Active-Standby이다.

정답 ①

016 데이터베이스 암호화 방식 중 API 방식에 대한 설명으로 옳지 않은 것은?

① API 방식은 암·복호화 모듈을 애플리케이션 서버에 설치한다.
② 플러그인 방식보다 암·복호화 속도가 상대적으로 빠르다.
③ 플러그인 방식보다 응용 프로그램의 수정이 필요 없어 사용이 편리하다.
④ 플러그인 방식보다 데이터베이스 서버의 부하가 거의 발생하지 않는다.

> **해설**
> API 방식은 암·복호화 모듈을 애플리케이션 서버에 설치하여 직접 암·복호화 기능을 호출하여 사용하는 방식이다. API 방식을 사용할 때는 응용 프로그램의 수정이 필요하다.

정답 ③

017 데이터베이스 암호화 방법의 내용으로 가장 적절하지 않은 것은?

① Hybrid 방식은 Plug-In 방식의 단점인 배치 업무의 성능 저하를 보완하기 위해 API 방식을 이용하는 구성이다.
② Plug-In 방식은 암·복호화 모듈을 DB 서버 내에 설치하고 이곳에서 암·복호화를 수행하는 구조이다.
③ API 방식은 암·복호화 모듈을 애플리케이션 서버 내에 설치하고 이곳에서 암·복호화를 수행하는 구조로 애플리케이션의 수정을 동반한다.
④ 파일 암호화 방식은 DBMS에 추가 기능으로 제공되는 암호화 기능을 이용하여 DB 내부에서 데이터 파일 저장 시 암호화한다.

> **해설**
> 파일 암호화 방식은 일반적으로 OS 레벨에서 제공되는 기능을 이용하여 데이터 파일 자체를 암호화한다. 따라서 DBMS에 '추가 기능으로 제공되는 암호화 기능'이라는 표현은 적절하지 않을 수 있다.

정답 ④

018 다음에서 설명하는 데이터베이스 암호화 방식으로 가장 옳은 것은?

- DBMS에 내장 또는 옵션으로 제공되는 암호화 기능을 이용하는 방식이다.
- 응용 프로그램에 대한 수정이 없고 인덱스의 경우 DBMS 자체 인덱스 기능과 연동이 가능하다.
- DB 내부에서 암·복호 처리를 하는 방식이다.

① TDE 방식
② API 방식
③ Plug-In 방식
④ Hybrid 방식

해설
TDE는 데이터베이스의 파일 자체를 암호화하는 방법으로, DBMS에 내장된 기능을 사용하여 데이터베이스 내부에서 암호화와 복호화를 수행한다.

정답 ①

019 다음은 데이터베이스 보안에 대한 설명이다. 보기 중에서 옳지 않은 것은?

① 데이터베이스에 대한 모든 접근에 대한 감사 기록이 생성되어야 한다.
② 인가되지 않은 사용자에 의한 데이터의 변경과 파괴와 시스템 오류로부터 데이터베이스를 보호해야 한다.
③ 기밀성과 무결성을 보장하기 위해 데이터에 대한 등급 분류는 필요 없다.
④ 데이터베이스의 물리적 보호는 자연재해나 컴퓨터 시스템에 손상을 주는 위험으로부터 데이터베이스를 보호하는 것을 의미한다.

해설
기밀성과 무결성을 보장하기 위해 데이터에 대한 등급 분류는 매우 중요하다. 등급 분류는 데이터에 접근하거나 수정할 수 있는 사용자의 권한을 제한하거나 허용하기 위한 기준을 제공한다. 따라서 데이터의 등급 분류는 데이터베이스 보안에 있어 필수적인 요소로 간주된다.

정답 ③

020 다음 중 데이터베이스 보안 유형이 아닌 것은?

① 접근 제어(Access Control)
② 허가 규칙(Authorization)
③ 암호화(Encryption)
④ 집합(Aggregation)

해설
집합(Aggregation)은 일반적으로 객체지향 프로그래밍에서 한 클래스가 다른 클래스를 포함하는 관계를 나타내는 용어이다. 데이터베이스 보안과는 직접적인 연관이 없다.

정답 ④

021 데이터베이스의 데이터 보안을 제공하기 위해 사용되는 네 가지 주요 통제 수단으로 옳지 않은 것은?

① 접근 제어
② 위험 제어
③ 흐름 제어
④ 데이터 암호화

> **해설**
> 일반적으로 데이터베이스의 데이터 보안과 관련하여 '위험 제어'라는 특정 통제 수단은 언급되지 않는다.

정답 ②

Section 2. 데이터베이스 물리 속성 설계

001 물리적 데이터베이스 설계에 대한 설명으로 거리가 먼 것은?

① 물리적 설계의 목적은 효율적인 방법으로 데이터를 저장하는 것이다.
② 트랜잭션 처리량과 응답시간, 디스크 용량 등을 고려해야 한다.
③ 저장 레코드의 형식, 순서, 접근 경로와 같은 정보를 사용하여 설계한다.
④ 트랜잭션의 인터페이스를 설계하며, 데이터 타입 및 데이터 타입들 간의 관계로 표현한다.

> **해설**
> 물리적 데이터베이스 설계는 데이터베이스의 물리적인 구조를 결정하는 과정으로, 데이터의 저장 방식, 접근 방식, 저장될 위치 등에 중점을 둔다. ④번은 논리적 데이터베이스 설계와 관련이 있다.

정답 ④

002 물리적 데이터베이스 설계 시 고려해야 할 사항으로 가장 적절하지 않은 것은?

① 저장 레코드 형식 설계 및 저장 레코드 집중화
② 수행될 질의와 트랜잭션의 예상 빈도
③ 질의문의 조건절에서 자주 사용하는 애트리뷰트에 대한 인덱스 생성
④ 클러스터 인덱스를 여러 개의 인덱스로 정의

> **해설**
> 클러스터 인덱스는 테이블에 대해 하나만 정의될 수 있다.

정답 ④

003 병렬 데이터베이스 환경 중 수평 분할에서 활용되는 분할 기법이 아닌 것은?

① 라운드-로빈
② 범위 분할
③ 예측 분할
④ 해시 분할

> **해설**
> 병렬 데이터베이스 환경에서의 수평 분할에서 주로 활용되는 분할 기법에는 라운드-로빈, 범위 분할, 해시 분할 등이 있다.

정답 ③

004 물리 데이터 저장소의 파티션 설계에서 파티션 유형으로 옳지 않은 것은?

① 범위 분할(Range Partitioning)
② 해시 분할(Hash Partitioning)
③ 조합 분할(Composite Partitioning)
④ 유닛 분할(Unit Processing)

> **해설**
> 물리 데이터 저장소의 파티션 설계에서 주로 사용되는 파티션 유형은 범위 분할(Range Partitioning), 해시 분할(Hash Partitioning), 조합 분할(Composite Partitioning) 등이 있다.

정답 ④

005 하나의 DB에 데이터가 늘어나면 용량 이슈도 생기고, 느려지는 CRUD는 자연스레 서비스 성능에 영향을 주게 된다. 그래서 DB 트래픽을 분산할 목적으로 수행하는 기법은?

① 샤딩(Sharding)
② 비잔틴 장애 허용(Byzantine Fault Tolerance)
③ 지분증명(Proof of Stake)
④ 인덱스(Index)

> **해설**
> - 샤딩은 하나의 DB에 저장된 데이터를 여러 개의 DB로 분산 저장하는 기법이다. 이렇게 하면 하나의 DB에 집중되는 트래픽을 분산시켜 성능을 향상시킬 수 있다.
> - 비잔틴 장애 허용(Byzantine Fault Tolerance)은 분산 시스템에서 일부 노드가 장애가 발생하더라도 시스템이 정상적으로 작동하도록 하는 기법이다.
> - 지분증명(Proof of Stake)은 블록체인에서 거래를 검증하는 노드가 보유한 지분에 따라 검증 권한을 부여하는 합의 알고리즘이다.

정답 ①

006 클러스터의 대상 테이블이 아닌 것은?

① 분포도가 넓은 테이블
② 대량의 범위를 자주 조회하는 테이블
③ 입력, 수정, 삭제가 빈번하게 발생하는 테이블
④ 자주 JOIN 되어 사용되는 테이블

> **해설**
> 클러스터링은 데이터를 미리 정렬하여 저장하는 기법이다. 입력, 수정, 삭제가 빈번하게 발생하는 테이블은 클러스터링을 하면 오히려 성능이 저하될 수 있다.

정답 ③

007 데이터베이스 성능에 많은 영향을 주는 DBMS의 구성요소로 테이블과 클러스터에 연관되어 독립적인 저장 공간을 보유하며, 데이터베이스에 저장된 자료를 더욱 빠르게 조회하기 위하여 사용되는 것은?

① 인덱스(Index)
② 트랜잭션(Transaction)
③ 역정규화(Denormalization)
④ 트리거(Trigger)

> **해설**
> 인덱스는 데이터베이스에서 검색 성능을 향상시키기 위해 데이터를 미리 정렬해 놓는 기법이다. 인덱스는 테이블과 클러스터에 연관되어 독립적인 저장 공간을 보유하며, 테이블의 특정 열이나 열 집합에 대한 빠른 검색을 가능하게 한다.

정답 ①

008 관계형 데이터베이스에서의 인덱스에 대한 설명으로 옳지 않은 것은?

① 하나의 테이블에는 인덱스가 여러 개 존재할 수 있다.
② 한 테이블에 속한 두 개 이상의 속성으로 하나의 인덱스를 만들 수 있다.
③ 인덱스는 조인의 조건으로 자주 사용되는 속성에 대하여 매우 유용하다.
④ 인덱스를 생성하면 검색, 삽입, 삭제, 갱신 연산의 처리 속도가 향상된다.

> **해설**
> 인덱스는 검색 성능을 향상시키기 위한 기법이다. 인덱스를 생성하면 검색 연산의 처리 속도가 향상되지만, 삽입, 삭제, 갱신 연산의 경우, 인덱스를 갱신해야 하기 때문에 오히려 성능이 저하될 수 있다.

정답 ④

009 다음 중 SQL에 대한 설명으로 가장 적절하지 않은 것은?

① SQL은 비절차적 언어이며 다른 언어에 삽입되어 내장 SQL로도 사용 가능하다.
② SQL 뷰(View)는 하나 이상의 테이블로부터 만들어진 가상 테이블이다.
③ SQL ALTER 문을 사용하여 테이블을 변경할 수 있다.
④ SQL 뷰가 정의된 기본 테이블이 변경되어도 뷰는 변경되지 않는다.

> **해설**
> SQL 뷰는 하나 이상의 테이블로부터 만들어진 가상 테이블로, 기본 테이블이 변경되면 뷰의 결과도 영향을 받는다. 뷰 자체의 정의는 변경되지 않지만, 뷰가 보여주는 데이터는 기본 테이블의 변경에 따라 달라질 수 있다.

정답 ④

010 다음은 색인(Index)에 대한 설명으로 가장 옳지 않은 것은?

① 하나의 필드나 필드 조합에 인덱스를 만들어 레코드 찾기와 정렬을 효율적으로 수행할 수 있게 한다.
② 색인을 많이 설정하면 테이블의 변경 속도가 저하될 수 있다.
③ 인덱스를 삭제하면 필드나 필드 데이터도 함께 삭제된다.
④ 레코드를 변경하거나 추가할 때마다 자동으로 업데이트된다.

> **해설**
> 인덱스를 삭제하면 해당 필드나 필드 조합에 대한 검색 성능이 저하되기는 하지만, 필드나 필드 데이터는 삭제되지 않는다.

정답 ③

011 다음 중 데이터베이스에서 인덱스를 사용하는 목적으로 가장 적절한 것은?

① 레코드 검색 속도 향상　　② 데이터 독립성 유지
③ 중복성 제거　　　　　　　④ 일관성 유지

> **해설**
> 인덱스를 사용하면 테이블의 모든 레코드를 순차적으로 검색하지 않고, 인덱스를 통해 빠르게 원하는 레코드를 찾을 수 있다.

정답 ①

012 다음 중 테이블에서 필드 속성으로 인덱스를 지정할 수 없는 것은?

① 검색을 자주 하는 필드　　② OLE 개체 형식의 필드
③ 정렬의 기준이 자주 되는 필드　　④ 기본키로 설정된 필드

> **해설**
> OLE 개체 형식의 필드와 같이 데이터의 크기가 크거나, 데이터가 복잡한 경우에는 인덱스를 생성할 수 없다.

정답 ②

013 다음 중 테이블의 필드 속성 설정 시 사용하는 인덱스에 관한 설명으로 옳지 않은 것은?

① 인덱스를 설정하면 레코드의 검색과 정렬 속도가 빨라진다.
② 인덱스를 설정하면 레코드의 추가, 수정, 삭제 속도는 느려진다.
③ 데이터 형식이 OLE 개체인 필드에는 인덱스를 설정할 수 없다.
④ 인덱스는 한 개의 필드에만 설정 가능하므로 주로 기본키에 설정한다.

> **해설**
> 인덱스는 하나의 필드나 필드 조합에 대해 생성할 수 있다.

정답 ④

014 데이터베이스의 인덱스와 관련한 설명으로 틀린 것은?

① 문헌의 색인, 사전과 같이 데이터를 쉽고 빠르게 찾을 수 있도록 만든 데이터 구조이다.
② 테이블에 붙여진 색인으로 데이터 검색 시 처리 속도 향상에 도움이 된다.
③ 인덱스의 추가, 삭제 명령어는 각각 ADD, DELETE이다.
④ 대부분의 데이터베이스에서 테이블을 삭제하면 인덱스도 같이 삭제된다.

> **해설**
> 인덱스의 추가, 삭제 명령어는 각각 CREATE INDEX, DROP INDEX이다.
> • 인덱스 추가: CREATE INDEX idx_name ON table(name);
> • 인덱스 삭제: DROP INDEX idx_name;

정답 ③

015 데이터베이스에서 인덱스(Index)와 관련한 설명으로 틀린 것은?

① 인덱스의 기본 목적은 검색 성능을 최적화하는 것으로 볼 수 있다.
② B-트리 인덱스는 분기를 목적으로 하는 Branch Block을 가지고 있다.
③ BETWEEN 등 범위(Range) 검색에 활용될 수 있다.
④ 시스템이 자동으로 생성하여 사용자가 변경할 수 없다.

> **해설**
> 인덱스는 시스템이 자동으로 생성하는 경우도 있지만, 사용자가 필요에 따라 생성하거나 삭제할 수 있다.

정답 ④

016 다음 중 표(Table) 및 배열(Array) 구조의 데이터를 처리하고자 할 경우 명령어들의 유용한 주소 지정 방식은?

① 간접 주소 지정
② 메모리 참조 주소 지정
③ 인덱스 주소 지정
④ 직접 주소 지정

해설

인덱스 주소 지정 방식은 배열의 요소에 접근할 때 특히 유용하다. 이 방식을 사용하면 기본 주소와 함께 오프셋 또는 인덱스를 결합하여 원하는 데이터의 위치를 찾을 수 있다.

정답 ③

017 관계 데이터베이스의 인덱스(Index)에 대한 설명으로 옳은 것의 총 개수는?

> ㄱ. 기본키의 경우, 자동으로 인덱스가 생성되며 인덱스 구축 시 두 개 이상의 컬럼(Column)을 결합하여 인덱스를 생성할 수 있다.
> ㄴ. SQL 명령문의 검색 결과는 인덱스 사용 여부와 관계없이 동일하며 인덱스는 검색 속도에 영향을 미친다.
> ㄷ. 데이터베이스의 전체적인 성능을 향상시키기 위해서는 테이블의 모든 컬럼(Column)에 대하여 인덱스를 생성해야 한다.
> ㄹ. 인덱스는 컬럼(Column)에 대하여 생성되며 테이블 내의 데이터를 순차적으로 접근하여 검색 결과를 제공한다.

① 1개
② 2개
③ 3개
④ 4개

해설

ㄱ, ㄴ은 옳은 설명이다. 테이블의 모든 컬럼에 인덱스를 생성하게 되면, 성능을 저하시킬 수 있다. 인덱스는 컬럼에 대하여 생성되지만, 데이터를 순차적으로 접근하는 것이 아니라, 인덱스 구조를 사용하여 데이터에 빠르게 접근한다.

정답 ②

018 다음은 파일 내의 레코드들에 대한 인덱스 생성 방법을 설명하고 있다. 괄호 안에 들어갈 말로 옳은 것은?

- (㉠)는 인덱스의 엔트리 순서가 레코드의 물리적 순서와 동일하게 유지되는 인덱스이다.
- (㉡)는 탐색키 값에 따라 정렬되지 않은 데이터 파일에 대하여 정의되는 인덱스이다.
- (㉢)는 각 레코드마다 하나의 인덱스 엔트리를 갖도록 만드는 인덱스이다.

	㉠	㉡	㉢
①	기본 인덱스	희소 인덱스	클러스터링 인덱스
②	보조 인덱스	밀집 인덱스	희소 인덱스
③	희소 인덱스	클러스터링 인덱스	기본 인덱스
④	클러스터링 인덱스	보조 인덱스	밀집 인덱스

> **해설**
> - 클러스터링 인덱스(Clustering Index): 인덱스의 엔트리 순서가 레코드의 물리적 순서와 동일하게 유지되는 인덱스이다. 인덱스에 따라 데이터 파일이 정렬된다.
> - 희소 인덱스(Sparse Index): 모든 레코드에 대한 엔트리를 가지지 않는 인덱스이다. 일정 간격이나 키의 일부만을 대상으로 한다.
> - 밀집 인덱스(Dense Index): 각 레코드마다 하나의 인덱스 엔트리를 가지는 인덱스이다.

정답 ④

019 인덱스 부분과 모든 키 값들을 저장하고 있는 리프(Leaves)들의 순차 세트(Sequence Set) 부분으로 구성된 인덱스 구조는?

① B-트리 ② B*트리 ③ B+트리 ④ 트라이

> **해설**
> - B+트리는 인덱스 부분과 모든 키 값들을 저장하고 있는 리프(Leaves)들의 순차 세트(Sequence set) 부분으로 구성된 인덱스 구조이다.
> - B-트리는 인덱스 부분과 리프(Leaves) 부분으로 구성된 인덱스 구조이다. 리프 부분은 순차적으로 저장되지 않는다.
> - B*트리는 B-트리의 확장된 버전으로, 리프 부분을 여러 개의 리프 블록으로 구성할 수 있다.

정답 ③

020 인덱스 컬럼 선정에 필요한 고려 사항이 아닌 것은?

① 분포도가 좋은(10%~15%) 컬럼
② 수정이 자주 발생하는 컬럼
③ 자주 조합되어 사용되는 경우 결합 인덱스를 생성
④ 검색 시 사용하는 컬럼

> **해설**
> 컬럼의 데이터가 자주 수정될 경우, 인덱스 유지비용이 높아진다. 매번 데이터가 수정될 때마다 해당 인덱스도 함께 갱신되어야 하기 때문이다. 따라서 수정이 자주 발생하는 컬럼을 인덱싱하는 것은 권장되지 않는다.

정답 ②

021 뷰(View)에 대한 설명으로 옳지 않은 것은?

① 뷰는 CREATE 문을 사용하여 정의한다.
② 뷰는 데이터의 논리적 독립성을 제공한다.
③ 뷰를 제거할 때에는 DROP 문을 사용한다.
④ 뷰는 저장 장치 내에 물리적으로 존재한다.

> **해설**
> 뷰는 물리적으로 저장되는 데이터가 아니라 특정 데이터베이스 쿼리의 결과로 나타나는 가상의 테이블이다. 실제 데이터는 기본 테이블에 저장되며, 뷰는 그 데이터를 특정 조건이나 구조로 보여주기만 한다.

정답 ④

022 뷰(View)의 장점이 아닌 것은?

① 뷰 자체로 인덱스를 가짐
② 데이터 보안 용이
③ 논리적 독립성 제공
④ 사용자 데이터 관리 용이

> **해설**
> 기본적으로 뷰는 가상의 테이블로 실제 데이터를 저장하고 있지 않다. 따라서 뷰 자체에 인덱스를 가지지 않는다.

정답 ①

023 뷰(View)에 대한 설명으로 틀린 것은?

① 뷰 위에 또 다른 뷰를 정의할 수 있다.
② 뷰에 대한 조작에서 삽입, 갱신, 삭제 연산은 제약이 따른다.
③ 뷰의 정의는 기본 테이블과 같이 ALTER문을 이용하여 변경한다.
④ 뷰가 정의된 기본 테이블이 제거되면 뷰도 자동적으로 제거된다.

> **해설**
> 뷰의 정의를 변경하기 위해 일반적으로는 ALTER문이 아닌, 뷰를 DROP(제거)한 다음 다시 CREATE로 정의하는 방식을 사용한다.

정답 ③

024 SQL에서 뷰(View)의 역할에 대한 설명으로 옳지 않은 것은?

① 기본 테이블(Base Table)들만으로 작성된 질의를 간소화시킬 수 있다.
② 사용자의 접근 권한에 따라 동일한 기본 테이블의 속성들을 선택적으로 제공할 수 있다.
③ 기본 테이블들만으로 작성된 질의 처리 성능을 향상시키기 위해 개발되었다.
④ 기본 테이블들의 물리적 구조를 변경시키지 않고 사용자가 원하는 새로운 가상 테이블을 생성시킬 수 있다.

> **해설**
> 뷰는 성능 향상을 위해 개발된 것이 아니다. 뷰는 데이터의 논리적 표현, 보안 및 간소화 등의 목적으로 사용된다. 실제로 뷰를 사용하면 질의의 성능이 떨어질 수도 있다.

정답 ③

025 뷰(View)에 대한 설명으로 옳지 않은 것은?

① DBA는 보안 측면에서 뷰를 활용할 수 있다.
② 뷰 위에 또 다른 뷰를 정의할 수 있다.
③ 뷰에 대한 삽입, 갱신, 삭제 연산 시 제약사항이 따르지 않는다.
④ 독립적인 인덱스를 가질 수 없다.

> **해설**
> 뷰는 테이블의 일부 데이터에 대한 가상 테이블이다. 따라서 뷰에 대한 삽입, 갱신, 삭제 연산은 기본 테이블에 대한 연산이 수행된다. 뷰에 대한 삽입, 갱신, 삭제 연산 시 기본 테이블의 제약사항이 따른다.

정답 ③

026 데이터베이스에서의 뷰(View)에 대한 설명으로 틀린 것은?

① 뷰는 다른 뷰를 기반으로 새로운 뷰를 만들 수 있다.
② 뷰는 일종의 가상 테이블이며, Update에는 제약이 따른다.
③ 뷰는 기본 테이블을 만드는 것처럼 Create View를 사용하여 만들 수 있다.
④ 뷰는 논리적으로 존재하는 기본 테이블과 다르게 물리적으로만 존재하며 카탈로그에 저장된다.

> **해설**
> 뷰는 하나 이상의 테이블에서 가져온 데이터를 조합하여 만든 가상의 테이블이다. 뷰는 물리적으로 존재하는 테이블이 아니라 논리적으로 존재하는 테이블이며, 기본 테이블과 달리 카탈로그에 저장되지 않는다.

정답 ④

027 뷰(View)에 대한 설명으로 옳지 않은 것은?

① 생성된 뷰는 새로운 독립적인 테이블로 물리 저장소에 저장된다.
② 데이터베이스 질의 시 사용자 편의성 및 재사용성, 보안성을 높이기 위한 기술이다.
③ 뷰의 질의 연산은 제한을 받지 않지만 갱신 연산은 제한을 받는다.
④ 하나의 테이블로 여러 개의 상이한 뷰를 정의하여 사용자의 요구에 따라 활용할 수 있다.

해설
생성된 뷰는 새로운 독립적인 테이블로 물리 저장소에 저장되는 것이 아니라 논리적으로 존재하는 테이블이다.

정답 ①

028 SQL 뷰(View)에 대한 다음 설명 중 옳은 것으로만 이루어진 것은?

㉠ 뷰는 데이터의 접근을 제어함으로써 보안을 제공할 수 있다.
㉡ 뷰는 데이터 독립성 제공과 무관하다.
㉢ 두 개 이상의 테이블을 조인하여 뷰를 생성할 수 있다.
㉣ ALTER VIEW 구문을 이용하여 뷰 정의를 변경한다.
㉤ 뷰에 대한 검색 및 갱신 연산은 아무런 제약이 없다.

① ㉠ ㉢
② ㉠ ㉡
③ ㉡ ㉣
④ ㉢ ㉤

해설
뷰는 논리적 독립성을 제공하고, ALTER를 이용할 수 없다. 뷰는 갱신 연산에 제약이 따른다.

정답 ①

029 SQL에서 VIEW를 삭제할 때 사용하는 명령은?

① ERASE
② KILL
③ DROP
④ DELETE

해설
SQL에서 VIEW를 삭제할 때 사용하는 명령은 DROP VIEW이다.
DROP VIEW view_name;

정답 ③

030 데이터베이스 뷰를 정의하기 위한 명령 형태는?

① create view v from 〈query expression〉
② insert view v to 〈query expression〉
③ create view v as 〈query expression〉
④ create view v into 〈query expression〉

해설
뷰의 생성은 CREATE VIEW로 시작하고, VIEW명 뒤에 AS, 그 뒤에 쿼리문이 온다.

정답 ③

031 테이블 두 개를 조인하여 뷰 V_1을 정의하고, V_1을 이용하여 뷰 V_2를 정의하였다. 다음 명령 수행 후 결과로 옳은 것은?

```
DROP VIEW V_1 CASCADE;
```

① V_1만 삭제된다.
② V_2만 삭제된다.
③ V_1과 V_2 모두 삭제된다.
④ V_1과 V_2 모두 삭제되지 않는다.

해설
CASCADE 옵션은 해당 뷰에 의존하는 다른 객체들까지 함께 삭제하도록 한다. 뷰 V_2가 V_1에 의존하므로, 'DROP VIEW V_1 CASCADE;' 명령을 실행하면 V_1과 V_2 모두 삭제된다.

정답 ③

032 기본 테이블 R을 이용하여 뷰 V1을 정의하고, 뷰 V1을 이용하여 다시 뷰 V2가 정의되었다. 그리고 기본 테이블 R과 뷰 V2를 조인하여 뷰 V3를 정의하였다. 이때 다음과 같은 SQL문이 실행되면 어떤 결과가 발생하는지 올바르게 설명한 것은?

```
DROP VIEW V1 RESTRICT
```

① V1만 삭제된다.
② R, V1, V2, V3 모두 삭제된다.
③ V1, V2, V3만 삭제된다.
④ 하나도 삭제되지 않는다.

해설
RESTRICT 옵션은 해당 뷰를 삭제할 때 다른 객체가 해당 뷰에 의존하고 있으면 삭제를 방지한다. V1에 의존하는 V2와 V2에 의존하는 V3가 있으므로, 'DROP VIEW V1 RESTRICT' 명령을 실행하면 V1은 다른 뷰에 의존하고 있기 때문에 삭제되지 않는다.

정답 ④

Section 3. 물리 데이터베이스 모델링

001 다음 중 관계형 데이터 모델에서 데이터의 정확성과 일관성을 보장하기 위한 것은?

① 릴레이션
② 관계 연산자
③ 무결성 제약조건
④ 속성의 집합

> 해설
> 무결성 제약조건은 데이터베이스에 저장된 데이터가 정확하고 신뢰할 수 있는 상태를 유지하도록 돕는 규칙이나 조건들을 말한다.

정답 ③

002 데이터베이스의 무결성 규정(Integrity Rule)과 관련한 설명으로 틀린 것은?

① 무결성 규정에는 데이터가 만족해야 될 제약조건, 규정을 참조할 때 사용하는 식별자 등의 요소가 포함될 수 있다.
② 무결성 규정의 대상으로는 도메인, 키, 종속성 등이 있다.
③ 정식으로 허가 받은 사용자가 아닌 불법적인 사용자에 의한 갱신으로부터 데이터베이스를 보호하기 위한 규정이다.
④ 릴레이션 무결성 규정(Relation Integrity Rules)은 릴레이션을 조작하는 과정에서의 의미적 관계(Semantic Relationship)를 명세한 것이다.

> 해설
> 무결성 규정은 데이터가 만족해야 하는 구조적이고 논리적인 제약조건을 의미하며, 불법적인 사용자의 접근으로부터 데이터베이스를 보호하기 위한 것이 아니라, 데이터 자체의 정확성과 일관성을 유지하기 위한 규칙을 말한다. 불법적인 사용자의 접근을 막는 것은 보안 규정의 영역이다.

정답 ③

003 데이터 무결성 제약조건 중 '개체 무결성 제약' 조건에 대한 설명으로 맞는 것은?

① 릴레이션 내의 튜플들이 각 속성의 도메인에 지정된 값만을 가져야 한다.
② 기본키에 속해 있는 애트리뷰트는 널 값이나 중복 값을 가질 수 없다.
③ 릴레이션은 참조할 수 없는 외래키 값을 가질 수 없다.
④ 외래키 값은 참조 릴레이션의 기본키 값과 동일해야 한다.

> 해설
> 개체 무결성은 모든 릴레이션의 기본키가 유일하며 각 튜플을 구별할 수 있는 고유한 값이어야 함을 요구한다.

정답 ②

004 관계 데이터 모델의 무결성 제약 중 기본키 값의 속성값이 널(Null) 값이 아닌 원자값을 갖는 성질은?

① 개체 무결성
② 참조 무결성
③ 도메인 무결성
④ 튜플의 유일성

> **해설**
> 개체 무결성은 기본키가 모든 릴레이션에서 각 튜플을 유일하게 식별해야 하며, NULL 값을 가질 수 없다는 제약을 의미한다.

정답 ①

005 학생 테이블에 튜플들이 아래와 같이 저장되어 있을 때, 〈NULL, '김영희', '서울'〉 튜플을 삽입하고자 한다. 해당 연산에 대한 [결과]와 [원인]으로 옳은 것은? (단, 학생 테이블의 기본키는 학번이다.)

학번	이름	주소
1	김철희	경기
2	이철수	천안
3	박민수	제주

　　　　[결과]　　　　　　[원인]
① 삽입 가능　　　무결성 제약조건 만족
② 삽입 불가　　　관계 무결성 위반
③ 삽입 불가　　　개체 무결성 위반
④ 삽입 불가　　　참조 무결성 위반

> **해설**
> 해당 연산은 기본키인 '학번'에 NULL 값을 삽입하려고 하므로 개체 무결성을 위반한다.

정답 ③

006 다음은 학생이라는 개체의 속성을 나타내고 있다. 데이터베이스 구축 시 "성명"을 기본키로 사용하기 곤란한 이유로 가장 타당한 것은?

> 학생(성명, 학번, 전공, 주소, 우편번호)

① 동일한 성명을 가진 학생이 두 명 이상 존재할 수 있다.
② 성명은 기억하기 어렵다.
③ 성명을 정렬하는 데 많은 시간이 소요된다.
④ 성명은 기억 공간을 많이 필요로 한다.

> **해설**
> 성명은 중복될 수 있고, 이러한 중복은 같은 이름을 가진 두 명 이상의 학생이 존재할 때 각 학생을 유일하게 식별하는 데 실패하게 만든다.

정답 ①

007 릴레이션은 참조할 수 없는 외래키 값을 가질 수 없음을 의미하는 제약조건은?

① 널 무결성
② 도메인 무결성
③ 참조 무결성
④ 보안 무결성

> **해설**
> 참조 무결성은 외래키 값이 참조하는 릴레이션의 기본키 값과 일치하거나 NULL이어야 한다는 규칙이다.

정답 ③

008 릴레이션 R1에 속한 애튜리뷰트의 조합인 외래키를 변경하려면 이를 참조하고 있는 릴레이션 R2의 기본키도 변경해야 하는 이를 무엇이라 하는가?

① 정보 무결성
② 고유 무결성
③ 널 제약성
④ 참조 무결성

> **해설**
> 참조 무결성은 한 릴레이션의 외래키가 다른 릴레이션의 기본키를 올바르게 참조하고 있어야 한다는 제약이다.

정답 ④

009 참조 무결성을 유지하기 위하여 DROP문에서 부모 테이블의 항목 값을 삭제할 경우 자동적으로 자식 테이블의 해당 레코드를 삭제하기 위한 옵션은?

① CLUSTER
② CASCADE
③ SET-NULL
④ RESTRICTED

> **해설**
> CASCADE 옵션은 부모 테이블에서 레코드가 삭제될 때, 해당 외래키를 참조하고 있는 자식 테이블의 레코드도 함께 삭제

정답 ②

010 관계형 데이터베이스에서 참조 무결성 제약조건을 만족하도록 외래키를 생성하고자 한다. 이와 관련된 SQL 명령문의 제약조건에 대한 설명으로 옳지 않은 것은?

① 'on delete set null'은 참조되는 테이블의 행이 삭제되면, 참조하는 테이블의 행에 있는 외래키 열에 null을 저장한다.
② 'on delete cascade'는 참조되는 테이블의 행이 삭제되면, 참조하는 테이블의 행에 있는 외래키 열을 삭제한다.
③ 'on delete set default'는 참조되는 테이블의 행이 삭제되면, 참조하는 테이블의 행에 있는 외래키 열에 사전에 정의된 default 값을 저장한다.
④ 'on delete no action'은 참조되는 테이블의 행을 삭제하려고 할 때, 참조하는 테이블의 행이 존재할 경우 삭제 명령이 수행되지 못하도록 한다.

> **해설**
> delete cascade 옵션은 참조되는 테이블의 행이 삭제되면 참조하는 테이블의 행을 삭제한다.

정답 ②

011 다음 데이터베이스가 만족하지 않는 제약조건은? (단, STUDENT 릴레이션의 Dept_No는 DEPARTMENT 릴레이션의 Dept_Number를 참조한다.)

STUDENT

ID	Name	Dept_No	Birth_Data
20120011	이지연	1	1993-01-23
20130023	김병수	3	1994-11-05
20140101	김남현	3	1995-08-21
20144006	차기현	2	1995-04-19
20105789	안정민	4	1991-01-03

DEPARTMENT

Dept_Name	Dept_Number	Quota	Dean
컴퓨터공학과	1	35	김지연
전자공학과	2	40	정주현

① 유일성 제약조건
② 참조 무결성 제약조건
③ 엔티티 무결성 제약조건
④ 함수적 종속성 제약조건

> **해설**
> STUDENT 릴레이션의 Dept_No 중, 3과 4 데이터는 DEPARTMENT 릴레이션에 없다. 참조하는 릴레이션의 기본키 값과 다르기 때문에 참조 무결성 조건에 위배된다.

정답 ②

012 다음 중 관계형 데이터 모델의 무결성 제약조건에 대한 설명으로 가장 옳지 않은 것은?

① 개체 무결성 제약조건(Entity Integrity Constraint)은 기본키 제약조건(Primary Key Constraint)으로 개체의 유일성을 선언하는 제약조건이다.
② 참조 무결성 제약조건(Referential Integrity Constraint)은 외래키 제약조건(Foreign Key Constraint)으로 개체의 참조 관계를 선언하는 제약조건이다.
③ 도메인 무결성 제약조건(Domain Integrity Constraint)은 튜플의 모든 속성값이 각 속성의 도메인에 속한 값만을 가져야 한다는 제약조건이다.
④ 유일성 제약조건(Uniqueness Constraint)은 모든 키 속성값이 서로 중복되지 않고 유일해야 한다는 키 제약조건(Key Constraint)으로 기본키와 밀접한 연관성이 있다.

> **해설**
> ④번은 유일성이 모든 키 속성에 적용되는 것처럼 잘못 표현할 수 있는 여지가 있기 때문에 옳지 않은 설명이다. 실제로 유일성 제약조건은 기본키 뿐만 아니라 후보키에도 적용되며, 모든 후보키는 중복될 수 없는 유일한 값을 가져야 한다.

정답 ④

013 무결성 규정(Integrity Rule)에 대한 설명으로 가장 옳지 않은 것은?

① 널(NULL) 무결성 제약조건이란 릴레이션의 특정 속성값이 널(NULL)이 될 수 없다는 규정이다.
② 엔티티(Entity) 무결성 제약조건이란 어떠한 기본키(Primary Key) 값도 널(NULL)이 될 수 없다는 규정이다.
③ 참조 무결성 제약조건이란 외래키 값은 널(NULL)이거나 참조 릴레이션의 기본키(Primary Key) 값과 달라야 한다는 규정이다.
④ 키 무결성 제약조건이란 하나의 테이블에는 적어도 하나의 키가 존재해야 한다는 규정이다.

> **해설**
> 참조 무결성 제약조건은 외래키가 널(NULL)이거나 참조 릴레이션의 기본키(Primary Key) 값과 일치해야 한다는 규정이다.

정답 ③

014 관계형 데이터 모델에서 무결성 제약조건(Integrity Constraints)에 대한 설명으로 옳지 않은 것은?

① NOT NULL 제약조건은 자료를 입력할 때 속성값을 반드시 요구한다.
② Primary Key 컬럼은 NULL 값을 가질 수 없다.
③ Unique 컬럼은 NULL 또는 유일한 값을 가질 수 있다.
④ Foreign Key 컬럼은 참조되는 속성값이 반드시 존재해야 하고 NULL 값을 가질 수 없다.

> **해설**
> 외래키(Foreign Key) 컬럼은 참조되는 테이블의 기본키(Primary Key) 값과 일치하거나 NULL 값을 가질 수 있다. 반드시 참조되는 속성값이 존재해야 하는 것은 아니다.

정답 ④

015 데이터베이스 무결성에 관한 설명으로 옳지 않은 것은?

① 개체 무결성 규정은 한 릴레이션의 기본키를 구성하는 어떠한 속성값도 널(NULL) 값이나 중복 값을 가질 수 없음을 규정하는 것이다.
② 무결성 규정에는 규정 이름, 검사 시기, 제약조건 등을 명시한다.
③ 도메인 무결성 규정은 주어진 튜플의 값이 그 튜플이 정의된 도메인에 속한 값이어야 한다는 것을 규정하는 것이다.
④ 트리거는 트리거 조건이 만족되는 경우에 취해야 하는 조치를 명세한다.

> **해설**
> 도메인 무결성 제약조건은 튜플이 아닌 속성(컬럼)에 대한 규정이다.

정답 ③

016 다음 중 아래 데이터베이스 모델링에 대한 설명으로 가장 적절한 것은?

> 국방전자는 배터리를 이용하는 다양한 전자제품을 생산하고 있다. 각 제품이 동작하는 전압은 배터리 사용 개수에 따라 달려 있으므로, 제품의 동작 전압 규격은 배터리 연결로 만들어지는 특정 전압 값으로만 가능하다. 제품과 동작 전압을 데이터베이스화할 때 전압값이 가질 수 있는 제한 조건을 정의하는 것이다.

① 시스템 카탈로그(System Catalog)
② 도메인(Domain)
③ 일반 집합 연산자
④ 엔터티(Entity)

> **해설**
> 도메인은 데이터베이스에서 특정 열이 가질 수 있는 값의 범위를 정의하는 것이다. 예를 들어, 전압값이 특정 범위 내에서만 가능하도록 제한하는 것처럼, 도메인은 열의 값에 대한 제한 조건을 설정할 때 사용된다. 이 설명은 주어진 설명에 가장 적절하다.

정답 ②

017 다음 설명의 (   )안에 들어갈 내용으로 적합한 것은?

> 후보키는 릴레이션에 있는 모든 튜플에 대해 유일성과 (   )을 모두 만족시켜야 한다.

① 중복성
② 최소성
③ 참조성
④ 동일성

> **해설**
> 후보키는 릴레이션에서 모든 튜플에 대해 유일성과 최소성을 모두 만족시켜야 한다. 후보키는 가장 적은 수의 속성으로 구성되어야 하며, 그 속성들로만으로도 튜플을 유일하게 식별할 수 있어야 한다.

정답 ②

018 릴레이션에 있는 모든 튜플에 대해 유일성은 만족시키지만 최소성은 만족시키지 못하는 키는?

① 후보키
② 기본키
③ 슈퍼키
④ 외래키

정답 ③

019 다음 중 관계 데이터 모델에 대한 설명으로 가장 옳지 않은 것은?

① 한 릴레이션에 포함된 모든 튜플(Tuple)은 상이하다.
② 한 릴레이션에 포함된 튜플 사이에는 순서가 없다.
③ 모든 릴레이션은 적어도 하나의 후보키를 반드시 갖는다.
④ 슈퍼키(Super Key)는 유일성과 최소성을 모두 만족하여야 한다.

> **해설**
> 슈퍼키는 유일성을 만족시키지만, 필요 이상의 속성을 포함할 수 있기 때문에 반드시 최소성을 만족시키지는 않는다. 최소성을 만족시키는 것은 후보키의 특성이다.

정답 ④

020 후보키에 대한 설명으로 옳지 않은 것은?

① 릴레이션의 기본키와 대응되어 릴레이션 간의 참조 무결성 제약조건을 표현하는 데 사용되는 중요한 도구이다.
② 릴레이션의 후보키는 유일성과 최소성을 모두 만족해야 한다.
③ 하나의 릴레이션에 속하는 모든 튜플들은 중복된 값을 가질 수 없으므로 모든 릴레이션은 반드시 하나 이상의 후보키를 갖는다.
④ 릴레이션에서 튜플을 유일하게 구별해 주는 속성 또는 속성들의 조합을 의미한다.

해설
①의 설명은 외래키(Foreign Key)에 해당하는 설명이며, 후보키(Candidate Key)가 아니다.

정답 ①

021 관계형 데이터베이스에 대한 설명으로 옳은 것만을 모두 고르면?

ㄱ. 관계형 데이터베이스 스키마(Schema)는 릴레이션 스키마의 집합과 무결성 제약조건(Integrity Constraint)으로 구성된다.
ㄴ. 개체(Entity) 무결성 제약조건은 기본키(Primary Key)를 구성하는 모든 속성은 널(Null) 값을 가지면 안 된다는 규칙이다.
ㄷ. 참조(Referential) 무결성 제약조건이란 외래키(Foreign Key)는 참조할 수 없는 값을 가질 수 없다는 규칙이다.
ㄹ. 후보키(Candidate Key)가 되기 위해서는 유일성(Uniqueness)과 효율성(Efficiency)을 항상 만족해야 한다.

① ㄱ, ㄴ, ㄷ   ② ㄱ, ㄴ, ㄹ   ③ ㄱ, ㄷ, ㄹ   ④ ㄴ, ㄷ, ㄹ

해설
후보키가 되기 위해서는 유일성을 만족해야 하지만 효율성이라는 용어 대신 최소성을 만족해야 한다. 효율성은 후보키의 속성으로 일반적으로 언급되지 않는다.

정답 ①

022 다음 중 기본키(Primary Key)와 외부키(Foreign Key)에 관한 설명으로 잘못된 것은?

① 기본키와 외부키는 동일한 테이블에 동시에 존재할 수 없다.
② 외부키 필드의 값은 이 필드가 참조하는 필드의 값들 중 하나와 일치하거나 널(Null)이어야 한다.
③ 기본키를 이루는 필드의 값은 Null이 될 수 없다.
④ 기본키는 개체 무결성의 제약조건을, 외부키는 참조 무결성의 제약조건을 가진다.

> **해설**
> 기본키와 외부키가 동일한 테이블에 존재할 수 있다. 외부키는 다른 테이블의 기본키를 참조하는 키이며, 하나의 테이블이 다른 테이블을 참조하는 동시에 자신의 기본키를 가질 수 있다.

정답 ①

023 다음 두 릴레이션에서 외래키로 사용된 것은? (단, 밑줄 친 속성은 기본키이다.)

```
과목(과목번호, 과목명)
수강(수강번호, 학번, 과목번호, 학기)
```

① 수강번호　　② 과목번호　　③ 학번　　④ 과목명

> **해설**
> 외래키(Foreign Key)는 한 릴레이션에서 다른 릴레이션의 기본키를 참조하는 속성이다. '수강' 릴레이션에서 '과목번호'는 '과목' 릴레이션의 기본키인 '과목번호'를 참조하고 있다. 이는 '과목' 릴레이션과 '수강' 릴레이션 사이의 관계를 설정하는 데 사용된다.

정답 ②

024 속성의 분류 중 다른 속성에 영향을 받아 발생하는 속성은?

① 기본 속성　　② 설계 속성　　③ 파생 속성　　④ 개체 속성

> **해설**
> 파생 속성은 다른 속성의 값에 기초하여 계산되거나 유도되는 속성을 말한다. 예를 들어, '나이'는 '생년월일'에서 파생될 수 있는 속성이다.

정답 ③

025 데이터베이스 설계 중 속성명 부여 원칙에 적합하지 않은 것은?

① 해당 업무에서 사용하는 이름을 부여한다.
② 서술식 속성명을 사용한다.
③ 약어 사용은 가급적 제한한다.
④ 전체 데이터 모델에서 유일성을 확보하는 것이 좋다.

> **해설**
> 데이터베이스 설계 시 속성명은 간결하고 명확해야 하며, 서술식보다는 짧고 구체적인 이름을 사용하는 것이 좋다.

정답 ②

026 정규화된 엔티티, 속성, 관계를 시스템의 성능 향상과 개발 운영의 단순화를 위해 중복, 통합, 분리 등을 수행하는 데이터 모델링 기법은?

① 인덱스 정규화　② 반정규화　③ 집단화　④ 머징

> **해설**
> 반정규화는 정규화의 엄격한 규칙을 완화하여 데이터 접근의 효율성을 높이고, 관리를 단순화하기 위해 사용된다.

정답 ②

027 반정규화(Denormalization) 유형 중 중복 테이블을 추가하는 방법에 해당하지 않는 것은?

① 빌드 테이블의 추가
② 집계 테이블의 추가
③ 진행 테이블의 추가
④ 특정 부분만을 포함하는 테이블의 추가

> **해설**
> 반정규화는 빠르게 데이터를 가져와야 하기 때문에 수행한다. 빌드는 개발 소스를 묶어서 배포할 때 사용한다.

정답 ①

028 관계형 데이터베이스 역정규화(Denormalization)에 대한 설명으로 옳지 않은 것만을 모두 고르면?

> ㄱ. 릴레이션들은 역정규화한 후 정규형 수준이 높아진다.
> ㄴ. 데이터베이스의 데이터 무결성을 강화할 목적으로 개발되었다.
> ㄷ. 릴레이션들의 데이터 중복을 줄임으로써 데이터베이스의 크기를 감소시킨다.
> ㄹ. 둘 이상의 릴레이션들에 대하여 조인한 결과를 빈번하게 이용하는 경우, 역정규화를 함으로써 질의응답 시간이 단축될 수 있다.

① ㄱ, ㄴ, ㄷ　② ㄱ, ㄴ, ㄹ　③ ㄱ, ㄷ, ㄹ　④ ㄴ, ㄷ, ㄹ

> **해설**
> ㄱ. 역정규화는 정규화 과정을 일부 되돌려 정규형 수준을 낮추기 때문에, 릴레이션들은 역정규화 후 정규형 수준이 높아지는 것이 아니라 낮아진다.
> ㄴ. 역정규화는 데이터베이스의 데이터 무결성을 강화하기 위해 개발된 것이 아니라, 성능 향상, 특히 조회 성능을 개선하기 위한 목적으로 사용된다. 데이터 무결성을 희생할 수 있다.
> ㄷ. 역정규화는 데이터 중복을 줄이기 위한 것이 아니라, 오히려 특정 상황에서 성능을 향상시키기 위해 데이터 중복을 의도적으로 허용한다.

정답 ①

Section 4. 물리 데이터 모델 품질 검토

001 데이터 품질 관리 대상이 아닌 것은?

① 데이터 값　　　　　　　　　② 데이터 구조
③ 데이터 관리 프로세스　　　　④ 데이터 변환

> **해설**
> 데이터 품질 관리의 대상으로는 데이터 값, 데이터 구조, 데이터 관리 프로세스이다. 이들은 데이터의 정확성, 일관성, 유용성, 접근성, 적시성, 보안성을 보장하기 위한 관리의 초점이 된다.

정답 ④

002 데이터 품질에 관한 다음 설명 중 옳지 않은 것은?

① 데이터 품질은 조직의 목적 달성을 위하여 관리되는 데이터가 이용자의 만족을 충족시킬 수 있는 수준을 말한다.
② 데이터 품질 관리는 조직이 운영하는 정보시스템을 활용하는 이용자의 기대를 만족시키기 위하여 수행하는 데이터 관리 활동이다.
③ 데이터 품질 진단의 종류 중 데이터 구조 진단은 데이터 관리 프로세스를 분석하여 문제점을 도출하고, 이를 개선할 수 있는 핵심 업무 프로세스를 최적화한다.
④ 데이터 품질 진단을 위한 데이터 프로파일링은 데이터의 중요 정보와 통계값을 수집하는 정보 분석 기법이다.

> **해설**
> 데이터 품질 진단의 종류 중 데이터 구조 진단은 데이터 구조 자체를 분석하여 문제점을 도출하는 것을 의미한다.

정답 ③

003 데이터베이스에 영향을 주는 생성, 읽기, 갱신, 삭제 연산으로 프로세스와 테이블 간에 매트릭스를 만들어서 트랜잭션을 분석하는 것은?

① CASE 분석　　　　　　　　② 일치 분석
③ CRUD 분석　　　　　　　　④ 연관성 분석

> **해설**
> CRUD 분석은 시스템의 각 기능(프로세스)이 데이터베이스의 어떤 테이블을 어떻게 사용하는지를 시각적으로 나타내어, 시스템 설계의 일관성과 완전성을 검증하는 데 사용된다.

정답 ③

004 CRUD 매트릭스 활용이 아닌 것은?

① 정규화 작업
② 모델링 작업 검증
③ 테스트 시 사용
④ 인터페이스 현황 파악

> **해설**
> - CRUD 매트릭스는 주로 시스템의 프로세스와 데이터베이스 간의 상호작용을 분석하는 데 사용된다. 이를 통해 모델링 작업 검증, 시스템 테스트, 인터페이스 현황 파악 등에 활용된다.
> - 정규화는 데이터베이스의 설계 과정에서 데이터 중복을 최소화하고 무결성을 확보하기 위해 데이터를 구조화하는 과정이다.

정답 ①

005 데이터베이스 설계 단계의 튜닝 과정에서 고려해야 할 사항에 대한 설명으로 가장 적절하지 않은 것은?

① 성능 향상을 위해 릴레이션을 수직 또는 수평으로 분할할 수 있다.
② 성능 향상을 위해 롤백 세그먼트를 하나로 통합하여 구성할 수 있다.
③ 자주 함께 조인되는 테이블들을 역정규화하여 조인 경로를 줄일 수 있다.
④ 분산 데이터베이스를 적용했을 경우, 원격 데이터베이스를 이용할 때 성능 저하가 예상된다면 스냅샷을 이용한 복제 테이블 생성을 고려할 수 있다.

> **해설**
> 롤백 세그먼트는 데이터베이스 트랜잭션이 실패했을 때 이전 상태로 복구하기 위한 정보를 저장하는 영역이다.

정답 ②

006 데이터베이스 튜닝에 대한 설명으로 옳지 않은 것은?

① 데이터베이스의 성능을 높이기 위해 의도적으로 스키마를 중복이 발생하도록 변경할 수 있다.
② 성능이 저하될 때 이미 구축된 인덱스 대신 다른 종류의 인덱스를 선택할 수 있다. 하지만, 기존 인덱스를 단순히 재구성하는 것으로는 성능 향상에 영향을 줄 수 없다.
③ 성능 향상을 위해 릴레이션을 수직 또는 수평으로 분할할 수 있다.
④ 자주 수행되는 질의 형태의 경우 뷰를 생성하도록 한다.

> **해설**
> 기존 인덱스를 재구성하는 것은 분명히 성능 향상에 영향을 줄 수 있다. 인덱스 재구성은 인덱스가 파편화된 경우에 유용하며, 이는 인덱스의 검색 효율을 향상시키고 디스크 공간을 절약하는 데 도움을 줄 수 있다.

정답 ②

007 데이터베이스 성능 향상을 위한 물리적인 데이터베이스 설계 및 튜닝을 수행할 때 고려할 사항으로 옳지 않은 것은?

① 색인을 생성할 릴레이션을 정하는 것
② 테이블에 대한 입력, 수정, 삭제 작업의 발생 빈도를 고려하여 색인의 유형을 정하는 것
③ 사용자의 접근 제어 권한을 정하는 것
④ 실체화될 뷰(Materialized Views)를 선정하는 것

> **해설**
> 접근 제어는 사용자가 데이터에 접근하고 조작할 수 있는 권한을 관리하는 것으로, 데이터베이스의 보안 정책의 일부이다.

정답 ③

008 데이터베이스 시스템의 성능을 향상시키기 위한 튜닝 방법으로 옳지 않은 것은?

① 디스크 I/O 성능 개선을 위하여 레코드 크기와 버퍼블록 크기를 조정한다.
② 하나의 레코드에 과도하게 다양한 정보가 수록되어 검색 효율을 저하시킬 경우 이를 해결하기 위하여 테이블을 수직 분할한다.
③ 자주 함께 조인되는 테이블들을 역정규화하여 조인 경로를 줄인다.
④ '성별'과 같이 값의 종류가 적은 속성은 해시 인덱스를 생성한다.

> **해설**
> 해시 인덱스는 값이 고유하고 분포가 균일한 경우에 유용하지만, 값의 종류가 매우 제한적인 경우(예: 성별과 같이 몇 가지 값만을 가짐)에는 해시 인덱스보다 다른 인덱싱 기법(예: 비트맵 인덱스)이 더 적합할 수 있다.

정답 ④

009 다음과 같이 가 ~ 바에 데이터베이스 설계의 주요 과정들이 나열되어 있다. 데이터베이스 설계 과정의 순서로 가장 적절한 것은?

가. 논리적 설계	나. 데이터베이스 튜닝
다. 요구사항 수집 및 분석	라. 물리적 설계
마. 정규화	바. 개념적 설계

① 다, 바, 마, 가, 나, 라
② 다, 바, 가, 마, 라, 나
③ 다, 가, 바, 마, 라, 나
④ 다, 바, 가, 라, 마, 나

> 해설
>
> 1. 요구사항 수집 및 분석(다): 이 단계에서는 시스템의 필요 조건과 사용자의 요구사항을 수집하고 분석한다.
> 2. 개념적 설계(바): 수집된 요구사항을 바탕으로 데이터베이스의 전체적인 구조를 개념적인 수준에서 정의한다.
> 3. 논리적 설계(가): 개념적 모델을 바탕으로 구체적인 데이터 모델을 생성하며, 논리적인 데이터 구조를 설계한다.
> 4. 정규화(마): 논리적 설계 과정에서 생성된 데이터 모델에서 중복을 제거하고 데이터 무결성을 확보하기 위해 정규화를 수행한다.
> 5. 물리적 설계(라): 논리적으로 설계된 데이터 모델을 실제 데이터베이스 관리 시스템(DBMS)에 맞게 변환하며, 데이터가 저장될 물리적인 구조를 설계한다.
> 6. 데이터베이스 튜닝(나): 설계된 데이터베이스의 성능을 향상시키기 위해 튜닝을 수행한다.

정답 ②

010 사용자가 질의한 SQL문에 대한 최적화 작업을 수행하는 옵티마이저에 대한 설명으로 가장 적절하지 않은 것은?

① 규칙 기반 옵티마이저는 일반적으로 인덱스를 이용한 액세스를 우선시한다.
② 비용 기반 옵티마이저는 정확한 통계 정보가 없더라도 비용 예측이 가능하여 효율적인 실행 계획을 세울 수 있다.
③ 실행 계획을 구성하는 요소에는 조인 순서, 조인 기법, 액세스 기법, 최적화 정보 등이 있다.
④ 테이블 내의 많은 수의 행을 읽어야 하는 경우라면 전체 테이블 스캔 방식이 인덱스 스캔 방식보다 더 나은 결과가 나올 수 있다.

> 해설
>
> 비용 기반 옵티마이저(CBO, Cost-Based Optimizer)는 SQL문을 실행하는 데 필요한 비용을 최소화하는 실행 계획을 결정하기 위해 데이터베이스의 통계 정보를 사용한다. 정확한 통계 정보 없이는 CBO가 효율적인 실행 계획을 세우는 데 어려움을 겪을 수 있으며, 때로는 비효율적인 실행 계획을 선택할 가능성이 있다.

정답 ②

CHAPTER 03 SQL 활용

Section 1. 기본 SQL 작성

001 아래의 설명 중 SQL문의 특징을 모두 고르시오.

> ㄱ) 여러 줄에 나누어 입력이 가능하다.
> ㄴ) 문장 끝에는 콜론(:)을 붙인다.
> ㄷ) Keyword는 대문자로 입력해야 한다.
> ㄹ) Select 질의 시 정렬 순서의 기본값은 오름차순이다.

① ㄱ, ㄴ   ② ㄴ, ㄷ, ㄹ   ③ ㄱ, ㄹ   ④ ㄱ, ㄷ

해설

※ SQL문의 특징
- 여러 줄에 나누어 입력이 가능하다.
- 문장 끝에는 세미콜론(;)을 붙인다.
- 키워드는 대소문자를 구분하지 않는다.
- 정렬 순서의 기본값은 오름차순이다.

정답 ③

002 SQL의 분류 중 DDL에 해당하지 않는 것은?

① UPDATE   ② ALTER   ③ DROP   ④ CREATE

해설

UPDATE는 DDL이 아니라 DML(Data Manipulation Language)에 해당한다. DML은 데이터를 삽입, 조회, 수정, 삭제하는 데 사용되는 명령어들을 포함한다.

정답 ①

003 다음 중 SQL에서의 DDL문이 아닌 것은?

① CREATE   ② DELETE   ③ ALTER   ④ DROP

해설

DDL(Data Definition Language)은 데이터베이스 구조를 정의하기 위한 명령어들로 CREATE, ALTER, DROP 등이 포함된다.

정답 ②

004 SQL에서 스키마(Schema), 도메인(Domain), 테이블(Table), 뷰(View), 인덱스(Index)를 정의하거나 변경 또는 삭제할 때 사용하는 언어는?

① DML(Data Manipulation Language)
② DDL(Data Definition Language)
③ DCL(Data Control Language)
④ IDL(Interactive Data Language)

> **해설**
> DDL(Data Definition Language)은 데이터베이스의 구조를 정의하는 데 사용한다.

정답 ②

005 DDL(Data Definition Language)의 명령어 중 스키마, 도메인, 인덱스 등을 정의할 때 사용하는 SQL문은?

① ALTER
② SELECT
③ CREATE
④ INSERT

정답 ③

006 다음 SQL 명령어 중 데이터 정의어(DDL)만을 고르면?

ㄱ. ALTER	ㄴ. DROP
ㄷ. TRUNCATE	ㄹ. GRANT
ㅁ. COMMIT	

① ㄱ, ㅁ
② ㄴ, ㄷ
③ ㄷ, ㄹ
④ ㄹ, ㅁ

> **해설**
> • DDL문은 CREATE, ALTER, DROP, RENAME, TRUNCATE
> • DML문은 INSERT, UPDATE, DELETE, SELECT
> • DCL문은 GRANT, REVOKE, COMMIT, ROLLBACK, SAVEPOINT

정답 ②

007 학생 테이블을 생성한 후, 성별 필드가 누락되어 이를 추가하려고 한다. 이에 적합한 SQL 명령어는?

① INSERT
② ALTER
③ DROP
④ MODIFY

> **해설**
> ALTER 명령어는 기존의 데이터베이스 구조를 변경하는 데 사용되며, 특히 테이블에 새로운 열을 추가하거나 기존 열을 수정 또는 삭제할 때 사용한다.

정답 ②

008 DDL(Data Definition Language)의 기능이 아닌 것은?

① 데이터베이스의 생성 기능
② 병행 처리 시 Lock 및 Unlock 기능
③ 테이블의 삭제 기능
④ 인덱스(Index) 생성 기능

> **해설**
> 병행 처리 시의 Lock 및 Unlock 기능은 트랜잭션 관리와 동시성 제어에 관련된 기능으로, 이는 DDL의 범주에 속하지 않는다. 이러한 기능은 데이터베이스의 동시성 제어를 위한 것으로, 데이터 제어어(DCL, Data Control Language)에 해당한다.

정답 ②

009 다음 중 데이터베이스 내의 정보를 검색, 추가, 삭제, 수정할 수 있는 데이터베이스 언어를 의미하는 것은?

① DCL
② DBA
③ DDL
④ DML

정답 ④

010 DML에 해당하는 SQL 명령으로만 나열된 것은?

① DELETE, UPDATE, CREATE, ALTER
② INSERT, DELETE, UPDATE, DROP
③ SELECT, INSERT, DELETE, UPDATE
④ SELECT, INSERT, DELETE, ALTER

> **해설**
> DML(Data Manipulation Language)에 해당하는 SQL 명령은 데이터를 검색하고, 추가하며, 삭제하고, 수정하는 데 사용된다. DML에는 SELECT, INSERT, DELETE, UPDATE 명령어가 포함된다.

정답 ③

011 DML(Data Manipulation Languge) 명령어가 아닌 것은?

① INSERT
② UPDATE
③ ALTER
④ DELETE

> **해설**
> ALTER는 DDL문에 해당한다.

정답 ③

012 DBMS을 통해 사용할 수 있는 데이터 언어 중 불법적인 사용자로부터 데이터를 보호하기 위한 데이터 보안, 시스템 장애에 대비한 회복을 제어하는 명령어는?

① 데이터 정의어(DDL)
② 데이터 제어어(DCL)
③ 데이터 조작어(DML)
④ 데이터 부속어(DSL)

> **해설**
> DCL은 데이터베이스 시스템의 보안과 무결성을 유지하기 위한 명령어로 GRANT와 REVOKE 등의 명령어를 사용하여 사용자에게 특정 데이터에 대한 권한을 부여하거나 철회한다.

정답 ②

013 데이터 제어 언어(DCL)의 기능으로 옳지 않은 것은?

① 데이터 보안
② 논리적, 물리적 데이터 구조 정의
③ 무결성 유지
④ 병행 수행 제어

> **해설**
> 논리적, 물리적 데이터 구조 정의는 데이터 정의 언어(DDL, Data Definition Language)의 기능이다. DDL은 데이터베이스의 구조를 만들고, 수정하며, 삭제하는 명령어(CREATE, ALTER, DROP 등)를 포함한다.

정답 ②

014 DCL(Data Control Language) 명령어가 아닌 것은?

① COMMIT
② ROLLBACK
③ GRANT
④ SELECT

> **해설**
> SELECT는 데이터를 조회하는 데 사용되며, 이는 DML(Data Manipulation Language)의 일부이다.

정답 ④

015 테이블 student에 대한 권한을 부여하는 ㉠과 회수하는 ㉡을 SQL로 바르게 표현한 것은?

> ㉠ 테이블 student에 대한 SELECT, INSERT 권한을 Kim과 Lee에게 부여한다.
> ㉡ 테이블 student에 대한 SELECT, INSERT 권한을 Lee로부터 회수한다.

① ㉠ GRANT SELECT, INSERT ON student TO Kim, Lee;
　㉡ REVOKE SELECT, INSERT ON student FROM Lee;
② ㉠ AUTHORIZE SELECT, INSERT ON student TO Kim, Lee;
　㉡ CANCEL SELECT, INSERT ON student FROM Lee;
③ ㉠ AUTHORIZE student TO Kim, Lee ON SELECT, INSERT;
　㉡ CANCEL student TO Lee ON SELECT, INSERT;
④ ㉠ GRANT student TO Kim, Lee ON SELECT, INSERT;
　㉡ REVOKE student TO Lee ON SELECT, INSERT;

해설
GRANT [주고자 하는 권한] ON [오브젝트] TO [사용자]
REVOKE [회수하고자 하는 권한] ON [오브젝트] FROM [사용자]

정답 ①

016 DBA가 사용자 PARK에게 테이블 [STUDENT]의 데이터를 갱신할 수 있는 시스템 권한을 부여하고자 하는 SQL문을 작성하고자 한다. 다음에 주어진 SQL문의 빈칸을 알맞게 채운 것은?

> SQL > GRANT ＿＿㉠＿＿ ＿＿㉡＿＿ STUDENT TO PARK;

	㉠	㉡		㉠	㉡
①	INSERT	IN TO	②	ALTER	TO
③	UPDATE	ON	④	REPLACE	IN

해설
GRANT [주고자 하는 권한] ON [오브젝트] TO [사용자]

정답 ③

017 사용자 X1에게 department 테이블에 대한 검색 연산을 회수하는 명령은?

① delete select on department to X1;
② remove select on department from X1;
③ revoke select on department from X1;
④ grant select on department from X1;

> **해설**
> REVOKE [회수하고자 하는 권한] ON [오브젝트] FROM [사용자]

정답 ③

018 관계 데이터베이스에서 테이블 조작을 위한 권한 부여 명령을 다음과 같이 수행하였다. 명령을 수행한 후의 테이블에 대한 권한을 설명한 것 중 가장 적절하지 않은 것은? (단, [ ]은 사용자를 의미한다.)

```
[DBA] GRANT SELECT ON T1 TO USER1
        WITH GRANT OPTION;
[USER1] GRANT SELECT ON T1 TO USER2
        WITH GRANT OPTION;
[USER2] GRANT SELECT ON T1 TO USER3
        WITH GRANT OPTION;
[USER3] GRANT SELECT ON T1 TO USER4;
[USER2] REVOKE SELECT ON T1 FROM USER3
        CASCADE;
```

① USER1은 T1 테이블에 대해 SELECT 연산을 수행할 수 있다.
② USER2는 T1 테이블에 대해 SELECT 연산을 수행할 수 있다.
③ USER3은 T1 테이블에 대해 SELECT 연산을 수행할 수 없다.
④ USER4는 T1 테이블에 대해 SELECT 연산을 수행할 수 있다.

> **해설**
> USER1에게 SELECT 권한을 주면서 USER1이 다른 사람에게도 권한을 줄 수 있게 설정한다.
> USER1은 SELECT 권한을 USER2에게 주고 다른 사람에게도 권한을 줄 수 있게 설정한다.
> USER2는 USER3에게 SELECT 권한을 주고 다른 사람에게도 권한을 줄 수 있게 설정한다.
> USER3은 USER4에게 SELECT 권한만 준다.
> USER2가 USER3에게 주었던 SELECT 권한을 회수하면서 연쇄 회수하는 CASCADE 옵션을 줬기 때문에, USER4의 권한도 같이 회수가 된다.

정답 ④

019 SQL의 명령을 DDL, DML, DCL로 구분할 경우, 이를 바르게 짝지은 것은?

	DDL	DML	DCL
①	RENAME	SELECT	COMMIT
②	UPDATE	SELECT	GRANT
③	RENAME	ALTER	COMMIT
④	UPDATE	ALTER	GRANT

> **해설**
> - DDL문은 CREATE, ALTER, DROP, RENAME, TRUNCATE
> - DML문은 INSERT, UPDATE, DELETE, SELECT
> - DCL문은 GRANT, REVOKE, COMMIT, ROLLBACK, SAVEPOINT

정답 ①

020 SQL 언어에 대한 설명으로 옳지 않은 것은?

① SQL은 관계 데이터베이스 시스템의 표준 언어이다.
② SQL은 포괄적인 데이터베이스 언어로서 데이터 정의, 질의, 갱신을 위한 문들을 가지고 있다.
③ 트랜잭션의 시작, 철회, 완료 등을 표현하기 위해 SQL에서는 COMMIT, ROLLBACK 등을 사용한다.
④ 데이터 조작어는 데이터베이스에 데이터를 검색하여 추가하고 삭제하는 데 사용하며 SELECT, REVOKE가 이에 해당된다.

> **해설**
> 데이터 조작어(DML, Data Manipulation Language)는 데이터베이스에 데이터를 검색, 추가, 삭제, 갱신하는 데 사용되며 SELECT, INSERT, UPDATE, DELETE가 이에 해당한다.

정답 ④

021 데이터베이스에서 하나의 논리적 기능을 수행하기 위한 작업의 단위 또는 한꺼번에 모두 수행되어야 할 일련의 연산들을 의미하는 것은?

① 트랜잭션 ② 뷰 ③ 튜플 ④ 카디널리티

> **해설**
> 트랜잭션은 데이터베이스 상태를 변화시키기 위해 수행하는 작업의 단위로, 여러 연산들을 묶어서 하나의 작업으로 처리한다. 이들 연산은 모두 성공적으로 수행되거나 아니면 전혀 수행되지 않아야 하는 '원자성'을 가진다.

정답 ①

022 트랜잭션을 수행하는 도중 장애로 인해 손상된 데이터베이스를 손상되기 이전의 정상적인 상태로 복구시키는 작업은?

① Recovery ② Commit ③ Abort ④ Restart

> **해설**
> Recovery 작업은 시스템이 실패한 후 이전의 일관된 상태로 데이터베이스를 복구하는 과정이다.

정답 ①

023 트랜잭션의 실행이 실패하였음을 알리는 연산자로 트랜잭션이 수행한 결과를 원래의 상태로 원상복구시키는 연산은?

① COMMIT 연산
② BACKUP 연산
③ LOG 연산
④ ROLLBACK 연산

> **해설**
> ROLLBACK 연산은 트랜잭션 중 발생한 변경 사항을 취소하고, 트랜잭션 시작 이전의 상태로 데이터베이스를 되돌리는 데 사용된다.

정답 ④

024 트랜잭션의 특성(ACID)에 대한 설명으로 옳지 않은 것은?

① 지속성(Durability): 트랜잭션이 실행을 성공적으로 완료하면 결과는 영속적이다.
② 일관성(Consistency): 트랜잭션이 실행을 성공적으로 완료하면 언제나 일관성 있는 데이터베이스 상태로 변환한다.
③ 원자성(Atomicity): 트랜잭션은 전체 또는 일부 실행만으로도 트랜잭션의 기능을 갖는다.
④ 고립성(Isolation): 트랜잭션 실행 중에 있는 연산의 중간 결과는 다른 트랜잭션이 접근할 수 없다.

> **해설**
> 원자성(Atomicity)는 트랜잭션은 전부 수행되거나 전혀 수행되지 않아야 한다. 즉, 트랜잭션의 모든 작업이 완료되거나 전혀 이루어지지 않아야 한다.

정답 ③

025 트랜잭션의 특성 중 다음 설명에 해당하는 것은?

"트랜잭션의 연산은 데이터베이스에 모두 반영되든지 아니면 전혀 반영되지 않아야 한다."

① Durability
② Share
③ Consistency
④ Atomicity

> **해설**
> Atomicity(원자성)는 트랜잭션의 작업들이 전부 완료되거나, 하나도 처리되지 않아야 함을 의미한다. 즉, 트랜잭션의 연산들은 중간 단계에서 멈출 수 없으며, 모두 성공적으로 실행되거나 실패할 경우 이전 상태로 롤백되어야 한다.

정답 ④

026 Commit과 Rollback 명령어에 의해 보장받는 트랜잭션의 특성은?

① 병행성
② 보안성
③ 원자성
④ 로그

해설
Commit 명령어는 트랜잭션이 성공적으로 마무리되었을 때 모든 변경 사항을 데이터베이스에 영구적으로 반영하라는 것을 의미하고, Rollback 명령어는 트랜잭션이 실패했을 경우 또는 중간에 취소될 필요가 있을 때, 트랜잭션의 모든 연산을 취소하고, 데이터베이스를 트랜잭션 이전 상태로 되돌린다.

정답 ③

027 다음과 같은 트랜잭션의 특성은?

> 시스템이 가지고 있는 고정 요소는 트랜잭션 수행 전과 트랜잭션 수행 완료 후의 상태가 같아야 한다.

① 원자성(Atomicity)
② 일관성(Consistency)
③ 격리성(Isolation)
④ 영속성(Durability)

해설
일관성(Consistency)은 트랜잭션이 데이터베이스의 모든 제약조건을 만족시키며, 일관된 상태에서 다른 일관된 상태로 변화되어야 함을 의미한다. 데이터베이스의 무결성 제약조건이 유지되어야 한다는 것을 포함한다.

정답 ②

028 트랜잭션의 주요 특성 중 하나로 둘 이상의 트랜잭션이 동시에 병행 실행되는 경우 어느 하나의 트랜잭션 실행 중에 다른 트랜잭션의 연산이 끼어들 수 없음을 의미하는 것은?

① Log
② Consistency
③ Isolation
④ Durability

정답 ③

029 트랜잭션의 상태 중 트랜잭션의 마지막 연산이 실행된 직후의 상태로, 모든 연산의 처리는 끝났지만 트랜잭션이 수행한 최종 결과를 데이터베이스에 반영하지 않은 상태는?

① Active
② Partially Committed
③ Committed
④ Aborted

> **해설**
> - Active 상태는 트랜잭션이 실행 중이지만 아직 완료되지 않은 상태를 말한다.
> - Committed 상태는 트랜잭션이 성공적으로 완료되어 변경 사항이 데이터베이스에 영구적으로 반영된 상태를 의미한다.
> - Aborted 상태는 트랜잭션이 실패하여 롤백이 이루어진 상태를 말하며, 이후 시스템은 트랜잭션을 다시 시작할 수 있다.

정답 ②

030 트랜잭션의 상태 중 트랜잭션의 수행이 실패하여 Rollback 연산을 실행한 상태는?

① 철회(Aborted)
② 부분 완료(Partially Committed)
③ 완료(Commit)
④ 실패(Fail)

> **해설**
> Aborted 상태는 트랜잭션이 중단되고, 모든 작업이 취소되며, 데이터베이스가 트랜잭션 실행 이전의 상태로 복구된 상태를 의미한다.

정답 ①

031 트랜잭션이 부분 완료(Partial Commit) 상태에 도달하였다가 실패(Fail) 상태로 가는 경우에 해당하는 것은?

① 사용자의 인터럽트
② 교착상태(Deadlock) 발생
③ 트랜잭션 프로그램의 논리 오류
④ 디스크 출력 도중의 하드웨어 장애

> **해설**
> 부분 완료 상태에 도달한 후에 일반적으로 발생할 수 있는 실패는 하드웨어 장애나 다른 시스템 오류로 인한 것이다. 부분 완료 상태는 모든 명령문이 정상적으로 실행되었으나, 아직 최종적으로 데이터베이스에 반영되지 않은 상태를 의미한다. 이 시점에서 디스크 출력 도중 하드웨어의 장애가 발생하면, 트랜잭션은 실패 상태로 전환될 수 있다.

정답 ④

032 데이터베이스에서 Foreign Key와 관련된 옵션 중 Master 삭제 시 해당 값을 NULL로 세팅하는 것은?

① Cascaded Option
② Restricted Option
③ Trigger Option
④ Nullified Option

> **해설**
> Foreign Key와 관련된 옵션 중에서 Master(부모 테이블)의 데이터가 삭제될 때 해당 Foreign Key 값을 NULL로 설정하는 옵션은 'SET NULL'이다. 보기에는 없지만 가장 가까운 Nullified Option이 정답이다.
>
> 정답 ④

033 다음은 Foreign Key를 정의하는 SQL CREATE 구문 중 일부이다. 다음 중 옵션 위치에 명시할 수 없는 것은?

```
FOREIGN KEY (열_이름_리스트)
REFERENCES 기본테이블 [ (열_이름_리스트) ]
[ ON DELETE 옵션 ]
[ ON UPDATE 옵션 ]
```

① NO ACTION
② CHECK
③ CASCADE
④ SET NULL

> **해설**
> SQL에서 Foreign Key 제약조건을 정의할 때 ON DELETE 및 ON UPDATE 옵션으로 사용할 수 있는 옵션은 NO ACTION, CASCADE, SET NULL 등이다. CHECK 제약조건은 열이나 테이블에 대해 특정 조건을 충족하는지 확인하는 데 사용되며, Foreign Key의 참조 무결성을 관리하는 옵션이 아니다.
>
> 정답 ②

034 다음은 테이블을 생성하는 SQL 구문이다. 이 테이블에 대한 연산을 설명하는 것으로 옳지 않은 것은?

```
CREATE TABLE 직원 (
  직원번호 NUMBER NOT NULL,
  직원이름 CHAR(10) UNIQUE,
  부서번호 NUMBER CHECK(부서번호 IN (1,2,3,4)) DEFAULT 1,
  PRIMARY KEY(직원번호),
  FOREIGN KEY(부서번호) REFERENCES 부서(부서번호) ON DELETE CASCADE
);
```

① 동명이인의 직원 이름을 추가했더니 입력되지 않았다.
② 부서가 없는 신입사원을 입력했더니 부서번호가 널값이 되었다.
③ 부서 테이블에서 특정 부서를 삭제했더니 해당 부서에 속한 직원들도 삭제되었다.
④ 직원번호에 동일한 번호를 입력했더니 처리되지 않았다.

> **해설**
> 부서 번호 필드는 DEFAULT 값으로 1을 가지며, NULL을 허용하지 않는데, CHECK 제약조건에 따라 1, 2, 3, 4 중 하나의 값만을 가져야 한다. 부서번호가 없는 신입사원을 입력하는 경우, NULL이 아니라 기본값인 1로 설정된다.

정답 ②

035 다음 두 릴레이션을 외래키(Foreign Key)로 연결하고자 할 때 외래키 설정으로 적절한 것은?

〈학생〉

학번	이름	과목번호	학년	주소
1	이재현	101	1	서울
2	박상현	101	2	경기
3	이재현	102	4	충북

〈과목〉

과목번호	과목명	담당교수
101	JAVA	김교수
102	C++	이교수

① 학생 테이블의 학번
② 학생 테이블의 과목번호
③ 과목 테이블의 과목번호
④ 과목 테이블의 과목명

> **해설**
> 외래키(Foreign Key)는 한 테이블의 필드가 다른 테이블의 기본키(Primary Key)를 참조하는 것을 의미한다. 이를 통해 릴레이션 간에 참조 무결성을 보장한다. 학생 테이블의 과목번호는 과목 테이블의 과목번호를 참조할 수 있는 필드이므로, 외래키로 설정하는 것이 적절하다.

정답 ②

036 다음의 데이터베이스에서 Students 릴레이션의 sid가 53666인 튜플이 삭제되면 Enrolled 릴레이션의 sid가 53666인 튜플도 같이 삭제되도록 하는 방법으로 가장 적절한 것은? (단, Students, Enrolled 릴레이션 각각의 기본키는 밑줄 친 속성이다.)

Students

sid	name	age
53666	Jones	18
53688	Smith	18
53650	Smith	19

Enrolled

sid	cid	grade
53666	Carnatic101	C
53666	Reggae203	B
53650	Topology112	A
53666	History105	B

① Students 릴레이션을 생성할 때 FOREIGN KEY(sid) REFERENCES Enrolled(sid) ON DELETE SET DEFAULT 명령어를 추가한다.
② Enrolled 릴레이션을 생성할 때 FOREIGN KEY(sid) REFERENCES Students(sid) ON DELETE SET DEFAULT 명령어를 추가한다.
③ Students 릴레이션을 생성할 때 FOREIGN KEY(sid) REFERENCES Enrolled(sid) ON DELETE CASCADE 명령어를 추가한다.
④ Enrolled 릴레이션을 생성할 때 FOREIGN KEY(sid) REFERENCES Students(sid) ON DELETE CASCADE 명령어를 추가한다.

해설
Enrolled 릴레이션에 Students 릴레이션의 'sid'를 참조하는 외래키를 추가하고, 'ON DELETE CASCADE'를 사용하여 Students 릴레이션에서 해당 'sid'를 가진 튜플이 삭제될 때 Enrolled 릴레이션에서도 해당 'sid'를 가진 튜플들이 삭제되도록 설정하는 것으로 문제에서 요구하는 동작을 수행하는 가장 적절한 방법이다.

정답 ④

037 (가)의 SQL문은 어느 회사 데이터베이스의 직원과 부서 테이블 정의 중 일부를 보인 것이며, (나)는 부서 테이블의 부서장ID에 대한 제약조건 요구사항을 설명한 것이다. (가)의 SQL문에서 ⊙에 들어갈 제약조건 표현으로 가장 적절한 것은?

```
(가)
CREATE TABLE 직원 (
    ..........
    PRIMARY KEY(직원ID));

CREATE TABLE 부서 (
    ..........
    PRIMARY KEY(부서번호),
    FOREIGN KEY(부서장ID) REFERENCES 직원(직원ID)
                                                    ⊙
);
```
(나) 부서 테이블의 제약조건
- 부서의 부서장인 직원이 퇴사하여 해당 직원 레코드를 삭제하게 되면 후임 부서장이 임명될 때까지 해당 부서 레코드의 부서장ID는 NULL 값을 가져야 한다.
- 부서장인 직원의 직원ID가 변경되면 해당 부서 레코드의 부서장ID 값도 같이 변경되어야 한다.

① ON DELETE SET NULL ON UPDATE CASCADE
② ON DELETE CASCADE ON UPDATE SET NULL
③ ON DELETE CASCADE ON UPDATE SET DEFAULT
④ ON DELETE SET NULL ON UPDATE SET DEFAULT

해설
부서장이 퇴사하면 해당 부서장의 ID를 NULL로 설정해야 한다는 것을 의미하고, 'ON DELETE SET NULL' 조건이 필요하다. 부서장의 ID가 변경될 경우, 해당 부서 레코드의 부서장ID도 자동으로 업데이트 되어야 한다는 것을 의미하고, 'ON UPDATE CASCADE' 조건이 필요하다.

정답 ①

038 다음 '사원' 테이블을 생성하는 SQL문에서 부서의 속성값을 '인사', '연구', '영업'으로 제한하고자 한다. ㉠, ㉡에 들어갈 내용으로 옳은 것은?

```
CREATE TABLE 사원 (
   사번 NUMBER NOT NULL,
   이름 CHAR(10),
   직급 CHAR(10),
   부서 CHAR(10)  __㉠__  (부서 __㉡__ ('인사', '연구', '영업'))
);
```

① ㉠ UNIQUE ㉡ ON
② ㉠ CHECK   ㉡ ON
③ ㉠ UNIQUE ㉡ IN
④ ㉠ CHECK   ㉡ IN

해설
부서의 속성값을 '인사', '연구', '영업'으로 제한하려면, 'CHECK' 제약조건을 사용하여 해당 필드의 값이 주어진 목록 중 하나와 일치해야 함을 지정해야 한다. ㉠의 위치에는 'CHECK'가 들어가야 하며, ㉡의 위치에는 이 값들 중에서 선택해야 한다는 의미의 'IN' 키워드를 사용해야 한다.

정답 ④

039 다음 중 SELECT 문의 선택된 필드에서 중복 데이터를 포함하는 레코드를 제외시키는 조건자로 옳은 것은?

① DISTINCT
② UNIQUE
③ ONLY
④ *

해설
DISTINCT 키워드는 SELECT 문에 지정된 필드의 중복 값을 제거하고 유일한 값들만 반환하도록 한다.

정답 ①

040 다음 중 SQL에 대한 설명으로 가장 옳지 않은 것은?

① 조건을 만족하는 결과가 존재하는지만 알고 싶거나 그 중 일부만 검색하고자 하는 경우 LIMIT 키워드를 사용한다.
② 집계 함수는 그룹 함수와 밀접한 관련성이 있으며 SELECT 절이나 HAVING 절에만 사용할 수 있다.
③ 중첩 질의문 중에서 내부 질의의 WHERE 절 검색 조건식이 외부 질의에 선언된 테이블의 일부 열을 참조하는 질의를 상호 연관 질의라고 한다.
④ IN 연산자는 부 질의문의 실행 결과로 반환되는 행의 존재 유무를 확인하는 연산자이다.

> **해설**
> IN 연산자는 주로 부 질의(SubQuery)의 결과로 나온 여러 값 중 하나를 포함하는지를 확인할 때 사용된다. 행의 존재 유무를 확인하는 연산자는 EXISTS이다.

정답 ④

041 SQL문에서 SELECT에 대한 설명으로 옳지 않은 것은?

① FROM 절에는 질의에 의해 검색될 데이터들을 포함하는 테이블명을 기술한다.
② 검색 결과에 중복되는 레코드를 없애기 위해서는 WHERE 절에 'DISTINCT'키워드를 사용한다.
③ HAVING 절은 GROUP BY 절과 함께 사용되며, 그룹에 대한 조건을 지정한다.
④ ORDER BY 절은 특정 속성을 기준으로 정렬하여 검색할 때 사용한다.

> **해설**
> DISTINCT 키워드는 SELECT 문 바로 다음에 위치하여 중복된 결과를 제거하는 데 사용되며, WHERE 절이 아닌 SELECT 절에서 사용된다.

정답 ②

042 SQL의 논리 연산자가 아닌 것은?

① AND ② OTHER
③ OR   ④ NOT

> **해설**
> OTHER는 SQL 표준 논리 연산자가 아니다.

정답 ②

043 SQL문에서 HAVING을 사용할 수 있는 절은?

① LIKE 절   ② WHERE 절
③ GROUP BY 절   ④ ORDER BY 절

> **해설**
> HAVING 절은 SQL에서 GROUP BY 절과 함께 사용된다. GROUP BY 절은 행 집합에서 요약 행 집합(그룹)을 만들 때 사용되고, HAVING 절은 그룹화된 결과에 조건을 적용하기 위해 사용된다. HAVING은 보통 집계 함수를 포함한 조건을 그룹에 적용하기 위해 사용되며, WHERE 절에서는 사용할 수 없는 집계 조건을 필터링하는 데 사용된다.

정답 ③

044 다음 중 SQL의 집계 함수(Aggregation Function)가 아닌 것은?

① AVG
② COUNT
③ SUM
④ CREATE

> **해설**
> SQL의 집계 함수는 여러 행의 값을 집계하여 단일 값으로 반환하는 함수이다. SUM, AVG, MAX, MIN, COUNT 등이 포함된다.

정답 ④

045 다음의 SQL에서 명령어 짝의 사용이 적절하지 않은 것을 모두 고른 것은?

㉠ UPDATE ... / AS ...
㉡ CREATE VIEW ... / SET ...
㉢ SELECT.../FROM.../WHERE.../GROUP BY... /HAVING ...

① ㉠
② ㉠ ㉡
③ ㉡ ㉢
④ ㉠ ㉢

> **해설**
> UPDATE문은 데이터를 수정할 때 사용되며, 보통 SET 키워드와 함께 사용된다. CREATE VIEW문은 새로운 뷰를 생성할 때 사용된다. SET 키워드는 UPDATE문에서 사용되며 CREATE VIEW문과는 함께 사용되지 않는다.

정답 ②

046 [성적] 테이블에서 '언어' 필드와 '수리' 필드를 더한 후 합계라는 이름으로 표시하고자 한다. 다음 중 SQL문의 괄호 안에 들어갈 내용으로 옳은 것은?

SELECT 언어+수리 (   ) FROM 성적;

① NAME IS 합계
② ALIAS 합계
③ AS 합계
④ TO 합계

> **해설**
> SQL에서는 AS 키워드를 사용하여 열 이름을 별칭으로 지정할 수 있다. 따라서 주어진 SQL문에서 '언어' 필드와 '수리' 필드의 합을 '합계'라는 이름으로 표시하려면 AS 합계를 사용해야 한다.

정답 ③

047 직원(사번,이름,입사년도,부서) 테이블에 대한 SQL문 중 문법적으로 옳은 것은?

① SELECT COUNT (부서) FROM 직원 GROUP 부서;
② SELECT * FROM 직원 WHERE 입사년도 IS NULL;
③ SELECT 이름, 입사년도 FROM 직원 WHERE 이름 ='최%';
④ SELECT 이름, 부서 FROM 직원 WHERE 입사년도 = (2014, 2015);

> **해설**
> ① GROUP BY 절이 필요하다. 여기서 GROUP 부서는 올바른 구문이 아니다.
> ③ SQL에서 LIKE 연산자를 사용하지 않고는 와일드카드 문자 '%'를 사용할 수 없다. 이름이 '최'로 시작하는 직원을 찾으려면 LIKE '최%'를 사용해야 한다.
> ④ IN 연산자를 사용하여 여러 값을 비교할 수 있다. = 연산자는 단일 값에만 사용된다.

정답 ②

048 다음 중 아래의 〈급여〉 테이블에 대한 SQL 명령과 실행 결과로 옳지 않은 것은? (단, 빈칸은 Null임)

사원번호	성명	가족수
1	가	2
2	나	4
3	다	

① SELECT COUNT(성명) FROM 급여;를 실행한 결과는 3이다.
② SELECT COUNT(가족수) FROM 급여;를 실행한 결과는 3이다.
③ SELECT COUNT(*) FROM 급여;를 실행한 결과는 3이다.
④ SELECT COUNT(*) FROM 급여 WHERE 가족수 Is Null;을 실행한 결과는 1이다.

> **해설**
> COUNT 함수는 SQL에서 행의 수를 계산하는 데 사용된다. NULL 값을 포함하지 않고 특정 열에 있는 값의 수를 계산할 때 열 이름을 사용하고, 모든 행을 계산할 때는 *를 사용한다.
> ②번의 명령은 '가족수' 열에 있는 값의 수를 계산한다. NULL 값은 포함되지 않으므로, '가족수' 열에 값이 있는 행은 두 개뿐이다. 결과는 2가 나와야 한다.

정답 ②

049 학생(학번, 이름, 학과) 릴레이션에 수학과 학생이 60명, 화학과 학생이 40명, 물리과 학생이 30명, 학과가 정해지지 않은(NULL) 학생이 10명으로 구성되어 있을 때, 각각의 실행 결과 튜플 수로 옳은 것은? (단, 밑줄 속성은 기본키를 표시한다.)

> 가. SELECT 학과 FROM 학생;
> 나. SELECT DISTINCT 학과 FROM 학생;
> 다. SELECT COUNT(*) FROM 학생 GROUP BY 학과;

① 가 130, 나 3, 다 3
② 가 130, 나 4, 다 4
③ 가 140, 나 3, 다 3
④ 가 140, 나 4, 다 4

해설
가. 모든 학생의 학과를 선택한다. '학과'가 NULL인 학생을 포함하여 총 학생의 수는 60(수학과) + 40(화학과) + 30(물리과) + 10(NULL) = 140명이다.
나. 중복을 제거한 고유한 '학과'를 선택한다. 수학과, 화학과, 물리과, 그리고 NULL(고유한 값으로 취급됨)을 포함하여 총 4개의 고유한 학과가 있다.
다. '학과'별로 그룹화된 학생의 수를 세어준다. 각 '학과'별로 하나의 결과(튜플)를 가지며, NULL 값도 하나의 그룹으로 취급되므로 결과는 4개의 그룹(튜플)이 된다.

정답 ④

050 STUDENT 테이블에 독일어과 학생 50명, 중국어과 학생 30명, 영어영문학과 학생 50명의 정보가 저장되어 있을 때, 다음 두 SQL문의 실행 결과 튜플의 수는? (단, DEPT 컬럼은 학과명)

> ⓐ SELECT DEPT FROM STUDENT;
> ⓑ SELECT DISTINCT DEPT FROM STUDENT;

① ⓐ: 3 ⓑ: 3
② ⓐ: 50 ⓑ: 3
③ ⓐ: 130 ⓑ: 3
④ ⓐ: 130 ⓑ: 130

해설
ⓐ 'STUDENT' 테이블의 모든 행에서 'DEPT' 컬럼(학과명)을 선택한다. 학과명이 언급된 모든 행을 반환하기 때문에, 독일어과 학생 50명, 중국어과 학생 30명, 영어영문학과 학생 50명을 모두 포함하여 총 130개의 튜플이 결과로 나온다.
ⓑ 중복 없이 고유한 'DEPT' 값을 반환한다. 독일어과, 중국어과, 영어영문학과 총 3개의 고유한 학과명이 있다.

정답 ③

051 관계 데이터베이스인 테이블 R1에 대한 아래 SQL문의 실행 결과로 옳은 것은?

학번	이름	학년	학과	주소
1000	홍길동	1	컴퓨터공학	서울
2000	김철수	1	전기공학	경기
3000	강남길	2	전자공학	경기
4000	오말자	2	컴퓨터	경기
5000	장미화	3	전자공학	서울

[SQL문]
SELECT DISTINCT 학년 FROM R1;

①
학년
1
1
2
2
3

②
학년
1
2
3

③
이름	학년
홍길동	1
김철수	1
강남길	2
오말자	2
장미화	3

④
이름	학년
홍길동	1
강남길	2
장미화	3

해설

DISTINCT 문은 지정된 컬럼에서 중복을 제거한 고유한 값을 선택한다. 학년은 1, 2, 3 세 개의 고유한 값이 있고, 실행 결과는 학년 1, 2, 3의 세 개의 튜플을 가진다.

정답 ②

052 다음 7개의 SQL문장이 성공적으로 수행되었다고 하자. 다음 세 개의 SQL문장이 성공적으로 실행되었을 때, Select 문장의 결과는 각각 무엇인가?

```
create table 학과
(
    학과번호 char(10) primary key,
    학과명 char(10)
);
create table 학생
(
    학번 char(10) primary key,
    소속학과 char(10),
    foreign key (소속학과) references 학과(학과번호)
    on delete cascade
    on update set null
);
insert into 학과 values ('1', '전산과');
insert into 학과 values ('2', '전기과');
insert into 학생 values ('100', '1');
insert into 학생 values ('200', '2');
insert into 학생 values ('300', '2');

select count(학번) from 학생;
delete from 학과 where 학과번호 = '2';
select count(학번) from 학생;
```

① 3, 1
② 3, 2
③ 3, 3
④ 3, NULL

해설

첫 번째 select count(학번) from 학생; 문은 학생 테이블에 있는 학생의 수를 카운트한다. 3명의 학생이 있으므로 결과는 3이 된다.
delete from 학과 where 학과번호 = '2'; 문은 '2' (전기과)를 학과 테이블에서 제거한다. 이때, on delete cascade가 정의되어 있으므로 '2' (전기과)에 속한 학생들은 학생 테이블에서 삭제된다.
select count(학번) from 학생; 문은 이제 학생 테이블에 남은 학생의 수를 카운트한다. 전기과에 속한 두 학생이 삭제되었으므로, 남은 학생은 1명이다.

정답 ①

053 다음 테이블을 보고 강남지점의 판매량이 많은 제품부터 출력되도록 할 때 다음 중 가장 적절한 SQL 구문은? (단, 출력은 제품명과 판매량이 출력되도록 한다.)

<푸드> 테이블

지점명	제품명	판매량
강남지점	비빔밥	500
강북지점	도시락	300
강남지점	도시락	200
강남지점	미역국	550
수원지점	비빔밥	600
인천지점	비빔밥	800
강남지점	잡채밥	250

① SELECT 제품명, 판매량 FROM 푸드 ORDER BY 판매량 ASC ;
② SELECT 제품명, 판매량 FROM 푸드 ORDER BY 판매량 DESC ;
③ SELECT 제품명, 판매량 FROM 푸드 WHERE 지점명='강남지점' ORDER BY 판매량 ASC ;
④ SELECT 제품명, 판매량 FROM 푸드 WHERE 지점명='강남지점' ORDER BY 판매량 DESC ;

해설

문제의 목적은 강남지점에서 판매된 제품들을 판매량이 많은 순서로 정렬하여 출력하는 것이다.
1. 지점명이 강남지점인 행만을 필터링한다.
2. 결과는 제품명과 판매량을 포함해야 한다.
3. 결과는 판매량에 따라 내림차순으로 정렬되어야 한다.
이 조건을 모두 포함하는 SQL문은 ④번이다.

정답 ④

054 다음 구조실적 테이블에서 중부지방청 구조건수를 오름차순으로 모든 행을 출력하고자 한다. 가장 적절한 SQL 구문은?

<구조실적> 테이블

지방청	해양경찰서	구조건수
동해지방청	동해해양경찰서	24
동해지방청	속초해양경찰서	14
서해지방청	목포해양경찰서	34
서해지방청	완도해양경찰서	21
중부지방청	인천해양경찰서	54
중부지방청	평택해양경찰서	34

① SELECT * FROM 구조실적 WHERE 해양경찰서='중부지방청' ORDER BY 구조건수 DESC ;
② SELECT * FROM 구조실적 ORDER BY 구조건수 ASC ;
③ SELECT * FROM 구조실적 WHERE 지방청='중부지방청' ORDER BY 구조건수 ASC ;
④ SELECT FROM 해양경찰서, 구조건수 WHEN 구조실적 ORDER BY 구조건수 DESC ;

해설
문제의 목적은 '중부지방청'에 해당하는 행들을 구조건수에 따라 오름차순으로 정렬하여 출력하는 것이다.
1. 지방청이 '중부지방청'인 행만을 필터링한다.
2. 결과는 지방청, 해양경찰서, 그리고 구조건수를 모두 포함해야 한다.
3. 결과는 구조건수에 따라 오름차순으로 정렬되어야 한다.
이 조건을 모두 포함하는 SQL문은 ③번이다.

정답 ③

055 [평균성적] 테이블에서 '평균' 필드 값이 90 이상인 학생들을 검색하여 '학년' 필드를 기준으로 내림차순, '반' 필드를 기준으로 오름차순 정렬하여 표시하고자 한다. 다음 중 아래 SQL문의 각 괄호 안에 넣을 예약어로 옳은 것은?

> SELECT 학년, 반, 이름
> FROM 평균성적
> WHERE 평균 >= 90
> (㉠) 학년 (㉡) 반 (㉢);

① ㉠ GROUP BY　㉡ DESC　㉢ ASC
② ㉠ GROUP BY　㉡ ASC　㉢ DESC
③ ㉠ ORDER BY　㉡ DESC　㉢ ASC
④ ㉠ ORDER BY　㉡ ASC　㉢ DESC

해설
정렬을 위해서는 ORDER BY 절을 사용해야 하며, 각 필드에 대한 정렬 순서를 명시해야 한다. 학년 필드는 내림차순으로 정렬되어야 한다(DESC). 반 필드는 오름차순으로 정렬되어야 한다(ASC).

정답 ③

056 다음 중 직원(사원번호, 부서명, 이름, 나이, 근무년수, 급여) 테이블에서 '근무년수'가 3 이상인 직원들을 나이가 많은 순서대로 조회하되, 같은 나이일 경우 급여의 오름차순으로 모든 필드를 표시하는 SQL문은?

① select * from 직원 where 근무년수 >= 3 order by 나이, 급여
② select * from 직원 order by 나이, 급여 where 근무년수 >= 3
③ select * from 직원 order by 나이 desc, 급여 asc where 근무년수 >= 3
④ select * from 직원 where 근무년수 >= 3 order by 나이 desc, 급여 asc

해설
문제에서 요구되는 것은 '근무년수'가 3 이상인 직원들을 나이가 많은 순서대로 조회하되(내림차순), 같은 나이일 경우 급여의 오름차순으로 모든 필드를 표시하는 것이다.
1. 근무년수가 3 이상인 직원들만 필터링 (WHERE 근무년수 >= 3)
2. 나이를 기준으로 내림차순 정렬 (나이 DESC)
3. 같은 나이일 경우, 급여를 기준으로 오름차순 정렬 (급여 ASC)
이 조건을 모두 포함하는 SQL문은 ④번이다.

정답 ④

057 다음 SQL문에서 사용된 BETWEEN 연산의 의미와 동일한 것은?

```
SELECT *
FROM 성적
WHERE (점수 BETWEEN 90 AND 95)
AND 학과 = '컴퓨터공학과'
```

① 점수 >= 90 AND 점수 <= 95
② 점수 > 90 AND 점수 < 95
③ 점수 > 90 AND 점수 <= 95
④ 점수 >= 90 AND 점수 < 95

해설
SQL에서 BETWEEN 연산자는 지정된 두 값 사이의 값들을 포함하여 선택하는 데 사용된다. 주어진 문장 WHERE (점수 BETWEEN 90 AND 95)는 '점수'가 90 이상이고 95 이하인 모든 값을 선택한다. 이는 점수 >= 90 AND 점수 <= 95와 동일한 의미를 가진다.

정답 ①

058 사원(사번, 성명, 거주지, 기본급, 부서명) 테이블에서 거주지가 '서울'이나 '인천'이 아닌 사원 중에 기본급의 최대값을 구하는 SQL 명령으로 맞는 것은?

① SELECT MAX(기본급) AS [최대값] FROM 사원 WHERE 거주지 NOT IN ('서울', '인천');
② SELECT [최대값] AS MAX(기본급) FROM 사원 WHERE(거주지 <> '서울') OR (거주지 <> '인천');
③ SELECT MAX(기본급) AS [최대값] FROM WHERE(거주지 <> '서울') OR (거주지 <> '인천');
④ SELECT [최대값] AS MAX(기본급) FROM 사원 WHERE 거주지 NOT IN('서울','인천');

해설
②번은 SQL 구문의 구조가 올바르지 않다 [최대값] AS MAX(기본급)는 올바른 구문이 아니다.
③번은 FROM 키워드 뒤에 테이블 이름이 누락되었다.
④번은 구문 자체가 잘못되었다. ([최대값] AS MAX(기본급) 부분)

정답 ①

059 직원(사원번호, 이름, 나이, 주소, 직급) 테이블에서 주소 필드에는 '서울', '서울시', '서울특별시', '경기', '경기도'와 같은 방식으로 데이터가 저장되어 있다. 다음 중 주소가 서울이나 경기로 시작하는 직원을 검색하는 질의문으로 가장 옳은 것은?

① select * from 직원 where 주소 between "서울%" and "경기%"
② select * from 직원 where 주소 Like "서울%" and 주소 Like "경기%"
③ select * from 직원 where 주소 in ("서울%", "경기%")
④ select * from 직원 where 주소 Like "서울%" or 주소 Like "경기%"

> **해설**
> 주소 필드가 '서울'이나 '경기'로 시작하는 직원들을 검색하는 것이다. 이를 위해서는 LIKE 연산자를 사용해야 하고, LIKE 연산자는 패턴 매칭에 사용되며, '%'는 0개 이상의 임의의 문자를 나타낸다.
> ① BETWEEN 연산자는 범위 검색에 사용되며, LIKE 연산자와 함께 사용될 수 없다.
> ② AND를 사용하면 주소가 동시에 '서울'과 '경기'로 시작하는 레코드를 찾게 된다.
> ③ IN 연산자는 정확한 값들의 목록에 대한 검색에 사용되며, LIKE 연산자와 함께 사용될 수 없다.

정답 ④

060 player 테이블에는 player_name, team_id, height 컬럼이 존재한다. 아래 SQL문에서 문법적 오류가 있는 부분은?

```
(1) SELECT player_name, height
(2) FROM player
(3) WHERE team_id = 'Korea'
(4) AND height BETWEEN 170 OR 180;
```

① (1)　　　　　　　　　　② (2)
③ (3)　　　　　　　　　　④ (4)

> **해설**
> BETWEEN 연산자를 사용할 때는 AND를 사용해야 한다. 올바른 구문은 AND height BETWEEN 170 AND 180; 이어야 한다.

정답 ④

061 다음 주문 테이블에서 결과 테이블을 나타내는 가장 적절한 SQL 구문은?

[주문] 테이블

주문번호	주문고객	주문제품	수량
A001	apple	P03	10
A002	melon	P01	5
A003	banana	P06	45
A004	carrot	P04	10
A005	apple	P03	35
A006	melon	P06	25
A007	banana	P06	20

[결과] 테이블

주문고객	주문제품	수량
apple	P03	35
apple	P03	10
carrot	P04	10
banana	P06	45
melon	P06	25
banana	P06	20

① SELECT 주문고객, 주문제품, 수량 FROM 주문
   WHERE 수량 >= 10 ORDER BY 주문제품
   ASC, 수량 DESC ;
② SELECT 주문고객, 주문제품, 수량 FROM 주문
   WHERE 수량 > 10 ORDER BY 주문제품
   DESC, 수량 ASC ;
③ SELECT 주문고객, 주문제품, 수량 FROM 주문
   WHERE 수량 <= 10 ORDER BY 주문제품
   DESC, 수량 ASC ;
④ SELECT 주문번호, 주문제품, 수량 FROM 주문
   WHERE 수량 >= 10 ORDER BY 주문제품
   ASC, 수량 DESC ;

해설

결과 테이블의 내용을 보면, 수량이 5인 주문내역은 빠져있다. 조건으로 수량이 10 이상인 것을 구하고, 주문제품 오름차순 정렬, 수량으로 내림차순 정렬을 수행하게 되면 결과 테이블의 내용이 출력된다.

정답 ①

062 다음의 관계형 데이터베이스에서 정보학개론의 저자를 검색하기 위한 SQL 구문으로 옳은 것은?

Table name : BIB

AU	TI	PU	YEAR
김대한	정보학개론	한국도서관협회	2010
김민국	디지털도서관 운영론	홍릉과학	20008
김국회	문헌정보학개론	태일사	2013
김도서	정보검색론	구미무역	2019

① select AU from BIB where TI = '정보학개론'
② retrieve AU from BIB where TI = '정보학개론'
③ select AU in BIB where TI = '정보학개론'
④ retrieve '김대한' where AU from BIB

해설

정보학개론의 저자를 찾기 위한 SQL 구문을 찾기 위해서 다음 요소를 고려해야 한다.
SELECT 명령어: 데이터베이스에서 데이터를 검색할 때 사용된다.
FROM 키워드: 어떤 테이블에서 데이터를 검색할 것인지 지정한다.
WHERE 조건: 특정 조건에 맞는 데이터를 필터링하는 데 사용된다.
② retrieve AU from BIB where TI = '정보학개론': SQL에서는 retrieve라는 명령어가 없다.
③ select AU in BIB where TI = '정보학개론': 이 구문은 문법적으로 올바르지 않다. in 대신 from을 사용해야 한다.
④ retrieve '김대한' where AU from BIB: 이 구문도 문법적으로 올바르지 않으며, retrieve라는 명령어는 SQL에서 사용되지 않는다.

정답 ①

063 학적 테이블에서 전화번호가 Null 값이 아닌 학생명을 모두 검색할 때, SQL 구문으로 옳은 것은?

① SELECT FROM 07 WHERE 전화번호 DON'T NULL;
② SELECT FROM WHERE 전화번호 != NOT NULL;
③ SELECT 학생명 FROM 학적 WHERE 전화번호 IS NOT NULL;
④ SELECT FROM WHERE 전화번호 IS NULL;

해설

학적 테이블에서 전화번호가 Null이 아닌 학생명을 검색하는 SQL 구문을 올바르게 작성하기 위해서 다음 요소를 고려해야 한다.
1. SELECT 명령어: 데이터베이스에서 데이터를 검색할 때 사용된다.
2. FROM 키워드: 어떤 테이블에서 데이터를 검색할 것인지 지정한다.
3. WHERE 조건: 특정 조건에 맞는 데이터를 필터링하는 데 사용된다.
4. IS NOT NULL: 필드의 값이 Null이 아닌 경우를 검사하는 조건이다.

정답 ③

064 결과값이 아래와 같을 때 SQL 질의로 옳은 것은?

[공급자] 테이블

공급자 번호	공급자명	위치
16	대신공업사	수원
27	삼진사	서울
39	삼양사	인천
62	진아공업사	대전
70	신촌상사	서울

[결과]

공급자 번호	공급자명	위치
16	대신공업사	수원
70	신촌상사	서울

① SELECT * FROM 공급자 WHERE 공급자명 LIKE '%신%';
② SELECT * FROM 공급자 WHERE 공급자명 LIKE '대%';
③ SELECT * FROM 공급자 WHERE 공급자명 LIKE '%사';
④ SELECT * FROM 공급자 WHERE 공급자명 IS NOT NULL;

해설

결과 테이블을 보면, 공급자명이 '대신공업사'와 '신촌상사'인 두 행이 선택되었다.
② SELECT * FROM 공급자 WHERE 공급자명 LIKE '대%': 이 질의문은 공급자명이 '대'로 시작하는 모든 행을 선택한다.
③ SELECT * FROM 공급자 WHERE 공급자명 LIKE '%사': 이 질의문은 공급자명이 '사'로 끝나는 모든 행을 선택한다.
④ SELECT * FROM 공급자 WHERE 공급자명 IS NOT NULL: 이 질의문은 공급자명이 NULL이 아닌 모든 행을 선택한다.

정답 ①

065 아래 SQL문에서 WHERE 절의 조건이 의미하는 것은?

SELECT 이름, 과목, 점수
FROM 학생
WHERE 이름 NOT LIKE '박__';

① '박'으로 시작하는 모든 문자 이름을 검색한다.
② '박'으로 시작하지 않는 모든 문자 이름을 검색한다.
③ '박'으로 시작하는 세 글자의 문자 이름을 검색한다.
④ '박'으로 시작하지 않는 세 글자의 문자 이름을 검색한다.

> **해설**
> 박__는 '박'으로 시작하고 그 뒤에 어떤 두 개의 문자가 오는 문자열과 일치한다. NOT LIKE '박__'는 이러한 패턴과 일치하지 않는 모든 문자열을 찾는다. 즉, '박'으로 시작하지만 세 글자가 아닌 이름, 또는 '박'으로 시작하지 않는 모든 이름을 찾는다.

정답 ④

066 다음 중 [회원] 테이블에서 '나이' 필드의 값이 20 이상 30 이하이고, '이름' 필드에서 성이 김씨인 회원을 검색하는 SQL문으로 옳은 것은?

① SELECT * FROM 회원 WHERE 나이 <= 30 And 나이 >=20 And 이름 = "김";
② SELECT * FROM 회원 WHERE 나이 <= 30 And >= 20 Or 이름 like "%김%";
③ SELECT * FROM 회원 WHERE 나이 <= 30 Or 나이>=20 And 이름 = "김%";
④ SELECT * FROM 회원 WHERE 나이 Between 20 And 30 And 이름 like "김%";

> **해설**
> ① SELECT * FROM 회원 WHERE 나이 <= 30 And 나이 >=20 And 이름 = "김": 이 구문은 나이 조건은 맞지만, 이름이 '김'으로 시작하는 것이 아니라 정확히 '김'인 사람만을 찾는다.
> ② SELECT * FROM 회원 WHERE 나이 <= 30 And >= 20 Or 이름 like "%김%": 이 구문은 문법적으로 올바르지 않으며, 나이 조건과 이름 조건 사이에 And 대신 Or이 사용되었다.
> ③ SELECT * FROM 회원 WHERE 나이 <= 30 Or 나이 >=20 And 이름 = "김%": 이 구문은 나이 조건 사이에 Or가 사용되었으며, 이름 조건이 정확하지 않다.

정답 ④

067 다음의 성적 테이블에서 학생별 점수 평균을 구하기 위한 SQL문으로 옳은 것은?

성명	과목	점수
홍길동	국어	80
홍길동	영어	68
홍길동	수학	97
강감찬	국어	58
강감찬	영어	97
강감찬	수학	65

① SELECT 성명, (AVG)점수 FROM 성적 ORDER BY 성명;
② SELECT 성명, AVG(점수) FROM 성적 ORDER BY 성명;
③ SELECT 성명, (AVG)점수 FROM 성적 GROUP BY 성명;
④ SELECT 성명, AVG(점수) FROM 성적 GROUP BY 성명;

> **해설**
>
> 학생별 점수 평균을 구하기 위한 SQL문을 올바르게 작성하기 위해서는, AVG() 함수와 GROUP BY 절을 적절히 사용해야 한다. AVG() 함수는 지정된 컬럼의 평균값을 계산하고, GROUP BY 절은 특정 컬럼의 값에 따라 행을 그룹화한다.
> ① SELECT 성명, (AVG)점수 FROM 성적 ORDER BY 성명;: 이 구문은 AVG 함수의 사용 방법이 잘못되었으며, GROUP BY 절이 누락되었다.
> ② SELECT 성명, AVG(점수) FROM 성적 ORDER BY 성명;: 이 구문은 AVG 함수를 올바르게 사용했지만, 여기에도 GROUP BY 절이 누락되었다.
> ③ SELECT 성명, (AVG)점수 FROM 성적 GROUP BY 성명;: 이 구문은 AVG 함수의 사용 방법이 잘못되었지만, GROUP BY 절은 올바르게 사용되었다.
>
> 정답 ④

068 다음의 tbl_student 테이블을 이용하여 아래의 SQL을 수행하였을 때 예상되는 결과로 옳은 것은?

id	name	grade	subject	score
2017001	Ryu	2	math	60
2017002	Cho	1	kor	80
2019006	Kim	1	kor	55
2018002	Yang	3	eng	85
2018004	Park	2	math	45
2016003	Choi	3	eng	55
2016003	Kang	3	eng	60

SELECT count(*) FROM tbl_student
GROUP BY subject HAVING count(*) > 2;

① 0   ② 1   ③ 2   ④ 3

> **해설**
>
> 이 SQL 질의문은 tbl_student 테이블에서 과목별(subject)로 그룹화된 학생의 수를 세고(count(*)), 그 학생의 수가 2명을 초과하는 과목의 수를 반환한다.
> math 과목에는 2명의 학생(Ryu, Park)이 있다.
> kor 과목에는 2명의 학생(Cho, Kim)이 있다.
> eng 과목에는 3명의 학생(Yang, Choi, Kang)이 있다.
> HAVING count(*) > 2 조건에 해당하는 과목은 2명 이상의 학생이 있는 과목만 포함되어야 하고, eng 과목만 조건에 부합한다. eng 과목의 3을 출력하게 된다.
>
> 정답 ④

069 다음 EMP 테이블에 ㉠~㉣의 SQL문을 차례대로 모두 실행한 최종 결과로 가장 적절한 것은?

NAME	DEPT	SALARY
김직원	1	200
이직원	2	100
박지원	2	300

㉠ INSERT INTO EMP VALUES ('정직원', 2, 200);
㉡ UPDATE EMP SET DEPT = 1 WHERE NAME LIKE '박%';
㉢ INSERT INTO EMP VALUES ('최직원', 3, 400);
㉣ SELECT DEPT, AVG(SALARY) AS ASAL FROM EMP GROUP BY DEPT HAVING COUNT(*) >= 2 ORDER BY DEPT ASC;

①
DEPT	ASAL
1	250
2	150

②
DEPT	ASAL
2	150
1	250

③
DEPT	ASAL
1	250
2	150
3	400

④
DEPT	ASAL
3	400
2	150
1	250

해설

㉠ INSERT INTO EMP VALUES ('정직원', 2, 200);: 이 명령은 '정직원', 부서 2, 연봉 200을 가진 새로운 행을 EMP 테이블에 추가한다.
㉡ UPDATE EMP SET DEPT = 1 WHERE NAME LIKE '박%';: 이 명령은 이름이 '박'으로 시작하는 직원의 부서를 1로 변경한다. 따라서 '박지원'의 부서가 2에서 1로 변경된다.
㉢ INSERT INTO EMP VALUES ('최직원', 3, 400);: 이 명령은 '최직원', 부서 3, 연봉 400을 가진 새로운 행을 EMP 테이블에 추가한다.
㉣ 이후의 테이블의 상태는 아래와 같다.

NAME	DEPT	SALARY
김직원	1	200
이직원	2	100
박지원	1	300
정직원	2	200
최직원	3	400

㉣ SELECT DEPT, AVG(SALARY) AS ASAL FROM EMP GROUP BY DEPT HAVING COUNT(*) >= 2 ORDER BY DEPT ASC; 이 명령은 각 부서별로 두 명 이상의 직원이 있는 경우, 그 부서의 평균 연봉을 계산하여 오름차순으로 나열한다.
- 부서 1의 평균 연봉 = (200 + 300) / 2 = 250
- 부서 2의 평균 연봉 = (100 + 200) / 2 = 150
- 부서 3은 직원 수가 1명이므로 'HAVING COUNT(*) >= 2' 조건에 부합하지 않는다.

정답 ①

070 데이터베이스의 EMP 테이블에서 부서별로 급여의 평균을 구하되 평균이 20000 이상인 부서만 조회하는 SQL 명령으로 옳은 것은? (단, 부서: DEPTNO, 급여: SALARY이다.)

① SELECT DEPTNO, AVG(SALARY) FROM EMP GROUP BY DEPTNO HAVING AVG(SALARY)>=20000;
② SELECT DEPTNO, AVG(SALARY) FROM EMP WHERE AVG(SALARY)>=20000 GROUP BY DEPTNO;
③ SELECT DEPTNO, AVG(SALARY) FROM EMP WHERE AVG(SALARY)>=20000;
④ SELECT DEPTNO, AVG(SALARY) FROM EMP HAVING AVG(SALARY)>=20000;

> **해설**
> ② WHERE 절에서 집계 함수(AVG)를 사용할 수 없다.
> ③ WHERE 절에 집계 함수를 사용하고 있으며, GROUP BY 절이 누락되었다.
> ④ GROUP BY 절이 누락되었다. HAVING 절은 GROUP BY 절과 함께 사용되어야 한다.

정답 ①

071 다음 중 아래 〈학생〉 테이블에 대한 SQL문의 실행 결과로 옳은 것은?

〈학생〉 테이블

학번	전공	학년	나이
1002	영문	SO	19
1004	통계	SN	23
1005	영문	SN	21
1008	수학	JR	20
1009	영문	FR	18
1010	통계	SN	25

SELECT AVG ([나이]) FROM 학생
WHERE 학년 = "SN" GROUP BY 전공
HAVING COUNT(*) >= 2;

① 21 ② 22 ③ 23 ④ 24

> **해설**
> 이 SQL문은 '학년'이 'SN'인 학생들에 대해 '전공'별로 그룹화한 후, 각 그룹에서 평균 '나이'를 계산하고, 각 그룹의 학생의 수가 2명 이상인 경우에 대한 결과를 반환하는 것이다. 주어진 학생 테이블에서 '학년'이 'SN' 인 학생들을 확인해보면,
> 1004, 통계, SN, 23

1005, 영문, SN, 21
1010, 통계, SN, 25
이 결과를 '전공'별로 그룹화하고 각 그룹의 학생의 수와 평균 '나이'를 계산하면,
영문: 1명, 평균 나이 = 21 (하지만 이 그룹은 학생의 수가 2명 미만이므로 제외된다.)
통계: 2명, 평균 나이 = (23 + 25) / 2 = 24
따라서 SQL 질의의 결과는 통계 전공 학생들의 평균 나이, 즉 24가 된다.

정답 ④

072 다음과 같은 student 테이블의 스키마가 주어졌을 때, 주어진 요구에 대한 SQL 질의어로 옳지 않은 것은?

> student(studno, name, grade, score, deptno)
> (단, studno는 학번, name은 학생 이름, grade는 학년, score는 성적, deptno는 학생이 속한 학과 번호를 의미하며, studno는 기본키이다.)

① student 테이블에서 각 학과별 평균 성적, 최고 성적, 최저 성적 검색
  SELECT deptno, AVG(score), MAX(score), MIN(score)
  FROM student
  GROUP BY deptno

② student 테이블에서 각 학과의 각 학년별 인원수와 평균 성적 검색
  SELECT deptno, grade, COUNT(*), AVG(score)
  FROM student
  GROUP BY deptno, grade

③ student 테이블에서 학과 번호가 100번 이상인 학과들의 평균 성적 검색
  SELECT deptno, AVG(score)
  FROM student
  WHERE deptno >= 100
  GROUP BY deptno

④ student 테이블에서 각 학년별로 학생 수가 10명 이상인 학년, 학생 수, 평균 성적 검색
  SELECT grade, COUNT(*), AVG(score)
  FROM student
  WHERE COUNT(*) >= 10
  GROUP BY grade

해설
④ WHERE 절에서 COUNT(*)를 사용할 수 없다. 대신 HAVING 절을 사용해야 한다.
정확한 구문은 SELECT grade, COUNT(*), AVG(score) FROM student GROUP BY grade HAVING COUNT(*) >= 10이어야 한다.

정답 ④

073 다음 테이블 인스턴스(Instance)들에 대하여 오류 없이 동작하는 SQL(Structured Query Language) 문장은?

STUDENT

컬럼 이름	데이터 타입	키 타입	설명
studno	숫자	기본키	학번
name	문자열		이름
grade	숫자		학년
height	숫자		키
deptno	숫자		학과 번호

PROFESSOR

컬럼 이름	데이터 타입	키 타입	설명
profno	숫자	기본키	번호
name	문자열		이름
position	문자열		직급
salary	숫자		급여
deptno	숫자		학과 번호

① SELECT deptno, position, AVG(salary) FROM PROFESSOR GROUP BY deptno;
② (SELECT studno, name FROM STUDENT WHERE deptno = 101)
   UNION
   (SELECT profno, name FROM PROFESSOR WHERE deptno = 101);
③ SELECT grade, COUNT(*), AVG(height) FROM STUDENT
   WHERE COUNT(*) > 2 GROUP BY grade;
④ SELECT name, grade, height FROM STUDENT
   WHERE height > (SELECT height, gradeFROM STUDENT WHERE name = '홍길동');

해설

① 이 질의어는 PROFESSOR 테이블에서 학과 번호(deptno)별로 평균 급여를 계산한다. 그러나 GROUP BY 절이 deptno에만 적용되어 있는데 SELECT문에서 position 컬럼도 조회하려고 했기 때문에, 이는 문법적 오류이다. position은 GROUP BY 절에 포함되거나 집계 함수의 일부가 되어야 한다.
③ WHERE 절에서 COUNT(*)를 사용할 수 없다. 대신 HAVING 절을 사용해야 한다.
④ 서브쿼리(SELECT height, grade FROM STUDENT WHERE name = '홍길동')는 두 개의 컬럼을 반환한다. 그러나 WHERE 절의 비교 연산자는 단일 값을 대상으로 한다.

정답 ②

074 다음 과제 테이블은 학년별 동아리에 가입한 학생의 수와 제출한 과제의 수를 저장하고 있다. '학생이 10명 이상 가입한 동아리에 대하여 동아리와 제출한 총 과제의 수를 출력하시오'를 수행하기 위한 SQL문으로 옳은 것은?

과제			
학년	동아리	학생수	과제수
1	A	20	20
1	B	10	20
1	C	5	8
2	A	15	10
2	B	15	20
3	A	5	15
3	B	12	20
3	C	8	15

① SELECT 동아리, SUM(과제수) FROM 과제 GROUP BY 동아리 HAVING SUM(학생수) >= 10 ;
② SELECT 동아리, SUM(과제수) FROM 과제 WHERE SUM(학생수) >= 10 ;
③ SELECT 동아리, SUM(과제수) FROM 과제 HAVING SUM(학생수) >= 10 ;
④ SELECT 동아리, SUM(과제수) FROM 과제 WHERE 학생수 >= 10 GROUP BY 동아리 ;

해설
② WHERE 절에서 SUM()과 같은 집계 함수를 사용할 수 없다.
③ HAVING 절을 사용하기 전에 GROUP BY 절을 사용해야 한다.
④ 각 레코드의 학생 수가 10명 이상인 경우에 대해 동아리별로 과제의 수를 합산한다. 그러나 여기서는 각 동아리별 총 학생의 수가 아닌, 각 레코드의 학생의 수를 기준으로 계산하므로, 문제의 요구사항을 정확히 충족하지 않는다.

정답 ①

075 다음 중 아래 〈R〉 테이블에 대한 SQL문의 실행 결과로 옳은 것은?

〈R〉 테이블

A	B
3	1
2	4
3	2
2	5
3	3
1	5

```
SELECT SUM(B) FROM R
GROUP BY A
HAVING COUNT(B) = 2;
```

① 9　　② 5　　③ 6　　④ 2

해설

이 SQL문은 A 컬럼을 기준으로 그룹핑을 수행하고, 그룹된 행의 개수가 2인 결과의 합계를 구하게 된다. 먼저, GROUP BY를 수행하여 COUNT와 SUM을 구하게 되면 아래 표와 같다.

A	COUNT(B)	SUM(B)
3	3	6
2	2	9
1	1	5

COUNT가 2인 행은 A 컬럼의 2를 가진 행이고, 이 행의 SUM은 9가 된다.

정답 ①

076 다음 중 SQL의 Insert문에 대한 설명으로 옳지 않은 것은?

① 여러 테이블에 동시에 데이터를 추가할 수 없고, 하나의 테이블에만 추가할 수 있다.
② insert ... select 문을 이용하여 한 개의 테이블에 여러 개의 레코드를 동시에 추가할 수 있다.
③ insert into 거래처 (거래처명, 연령) set ('홍길동', 32)과 같은 방식으로 사용한다.
④ 테이블의 모든 필드에 대해 값을 입력할 때는 필드 이름을 생략할 수 있다.

해설

INSERT문의 정확한 구문은 INSERT INTO 테이블명 (컬럼1, 컬럼2, ...) VALUES (값1, 값2, ...)이다. SET 절은 INSERT문에 사용되지 않으며, 주로 UPDATE문에서 사용된다.

정답 ③

077 다음 SQL문에서 (   ) 안에 들어갈 내용으로 옳은 것은?

> UPDATE 회원 (   ) 전화번호 = '010-14'
> WHERE 회원번호 = 'N4';

① SET   ② FROM   ③ INTO   ④ IN

해설
UPDATE에서는 수정할 컬럼의 값을 지정할 때 SET 키워드를 사용한다. 올바른 구문은 UPDATE 회원 SET 전화번호 = '010-14' WHERE 회원번호 = 'N4';가 된다.

정답 ①

078 학생 테이블에서 학번이 "1144077"인 학생의 학년을 "2"로 수정하기 위한 SQL 질의어는?

① UPDATE 학년='2' FROM 학생 WHERE 학번='1144077'
② UPDATE 학생 SET 학년='2' WHERE 학번='1144077'
③ UPDATE FROM 학생 SET 학년='2' WHERE 학번='1144077'
④ UPDATE 학년='2' SET 학생 WHEN 학번='1144077'

해설
UPDATE의 정확한 구문은, UPDATE 테이블명 SET 컬럼명 = 새로운 값 WHERE 조건;의 형태를 가진다.
① FROM은 UPDATE 구문에 사용되지 않는다.
③ FROM은 여기서 필요하지 않는다.
④ WHEN은 UPDATE 구문에 사용되지 않는다.

정답 ②

079 다음 문장을 만족하는 SQL문장은?

> 학번이 1000번인 학생을 학생 테이블에서 삭제하시오.

① DELETE FROM 학생 WHERE 학번=1000;
② DELETE FROM 학생 IF 학번=1000;
③ SELECT * FROM 학생 WHERE 학번=1000;
④ SELECT * FROM 학생 CONDITION 학번=1000;

해설
② IF는 DELETE 구문에 사용되지 않는다.
③ 이 구문은 데이터를 삭제하지 않고, '학번'이 1000인 학생의 정보를 조회한다.
④ 이 구문도 데이터를 삭제하지 않으며, CONDITION은 SQL에서 사용되지 않는다.

정답 ①

080 다음 SQL문장 중 구문이 옳은 것은?

① DELETE FROM STUDENT, ENROL WHERE SNO = 100;
② SELECT COUNT(DISTINCT CNO) FROM ENROL WHERE SNO = 100;
③ SELECT SNO, SNAME FROM STUDENT WHERE DEPT = NULL;
④ INSERT STUDENT INTO VALUES(100, '홍길동', 2, '전산과')

> **해설**
> ① SQL의 DELETE문은 한 번에 하나의 테이블에서만 데이터를 삭제할 수 있다.
> ③ SQL에서 NULL 값 비교는 IS NULL 또는 IS NOT NULL을 사용해야 한다. = 연산자는 NULL 값에 대해 사용할 수 없다.
> ④ 올바른 INSERT 구문은 INSERT INTO 테이블명(필드명) VALUES(값) 형태여야 한다.

정답 ②

081 SQL문장의 기술이 적당치 않은 것은?

① select... from... where...
② insert... on... values...
③ update... set... where...
④ delete... from... where...

> **해설**
> ② 올바른 INSERT문의 형식은 INSERT INTO 테이블명(컬럼명) VALUES(값)이다. ON 키워드는 INSERT문에 사용되지 않는다.

정답 ②

082 다음 중 쿼리문의 구문 형식이 옳지 않은 것은?

① insert into member(id, password, name, age) values('a001', '1234', 'kim', 20);
② update member set age=17 where id='a001';
③ select * distinct from member where age=17;
④ delete from member where id='a001';

> **해설**
> ③ SELECT 구문에서 DISTINCT는 컬럼명 바로 앞에 위치해야 하며, 모든 컬럼을 고유하게 선택하려면 SELECT DISTINCT * FROM 의 형태를 취해야 한다.

정답 ③

083 다음과 같은 [member] 테이블을 이용한 쿼리문으로 옳지 않은 것은?

[member] 테이블

필드 이름	데이터 형식
id	텍스트
password	텍스트
name	텍스트
age	숫자
gender	텍스트

① 회원 등록 insert into member(id, password, name, age, gender) values ('id','123','lee','43','M');
② 회원 정보 수정 update member set age=18 where id='apple';
③ 회원 정보 조회 select * where age=18 from member;
④ 회원 정보 삭제 delete from member where id='apple';

> **해설**
> ③ SELECT 구문의 올바른 형식은 SELECT * FROM 테이블명 WHERE 조건;이다. 여기서는 FROM member가 WHERE 구문 이전에 와야 한다.

정답 ③

Section 2. 고급 SQL 작성

001 다음 중 '학번', '이름', '전화번호' 필드로 동일하게 구성되어 있는 [재학생] 테이블과 [졸업생] 테이블을 통합하여 나타내는 쿼리문으로 옳은 것은?

① Select 학번, 이름, 전화번호 From 재학생, 졸업생 Where 재학생.학번 = 졸업생.학번;
② Select 학번, 이름, 전화번호 From 재학생 JOIN Select 학번, 이름, 전화번호 From 졸업생;
③ Select 학번, 이름, 전화번호 From 재학생 OR Select 학번, 이름, 전화번호 From 졸업생;
④ Select 학번, 이름, 전화번호 From 재학생 UNION Select 학번, 이름, 전화번호 From 졸업생;

> **해설**
> UNION은 두 개 이상의 SELECT 쿼리 결과를 결합하는 데 사용되며, 중복된 행은 제거된다. ④ 재학생 테이블과 졸업생 테이블의 데이터를 하나의 결과로 통합한다.

정답 ④

002 '갑' 테이블의 속성 A가 1, 2, 3, 4, 5의 도메인을 가지고 있고, '을' 테이블의 속성 A가 0, 2, 3, 4, 6의 도메인을 가지고 있다고 가정할 때 다음 SQL 구문의 실행 결과는?

```
SELECT A FROM 갑 UNION SELECT A FROM 을;
```

① 2, 3, 4
② 0, 1, 2, 3, 4, 5, 6
③ 1, 5, 6
④ 0

> **해설**
> UNION 연산은 두 쿼리의 결과를 결합하되 중복된 값을 제거한다.
> • 갑 테이블의 속성 A의 도메인: 1, 2, 3, 4, 5
> • 을 테이블의 속성 A의 도메인: 0, 2, 3, 4, 6
> • 두 도메인의 합집합을 구하면 0, 1, 2, 3, 4, 5, 6이 된다.

정답 ②

003 다음 SQL문을 실행한 결과는?

1) 테이블: 성적

학번	과목번호	과목이름	학점	점수
10	A10	컴퓨터구조	A	91
20	A20	DB	A+	99
30	A10	컴퓨터구조	B+	88
30	A20	DB	B	85
40	A20	DB	A	94
40	A30	운영체제	B+	89
50	A30	운영체제	B	88

2) SQL문

```
SELECT 과목이름, 점수
FROM 성적
WHERE 점수 >= 90
UNION
SELECT 과목이름, 점수
FROM 성적
WHERE 과목이름 LIKE '컴퓨터%';
```

①
과목이름	점수
컴퓨터구조	91
DB	94
DB	99

②
과목이름	점수
컴퓨터구조	91
DB	94

③
과목이름	점수
컴퓨터구조	91
DB	94
운영체제	88

④
과목이름	점수
컴퓨터구조	88
컴퓨터구조	91
DB	94
DB	99

> **해설**
> 첫 번째 쿼리 결과는 아래와 같다.
>
> | 과목이름 | 점수 |
> |---|---|
> | 컴퓨터구조 | 91 |
> | DB | 99 |
> | DB | 94 |
>
> 두 번째 쿼리 결과는 아래와 같다.
>
> | 과목이름 | 점수 |
> |---|---|
> | 컴퓨터구조 | 91 |
> | 컴퓨터구조 | 88 |
>
> 중복된 행인 컴퓨터구조, 91점은 중복을 제거하여 하나의 튜플만 남기고, 나머지는 모두 합치게 된다.

정답 ④

004 테이블 R과 S에 대한 SQL문이 실행되었을 때, 실행 결과로 옳은 것은?

R	
A	B
1	A
3	B

S	
A	B
1	A
3	B

```
SELECT A FROM R
UNION ALL
SELECT A FROM S;
```

① 1

② 3
2

③ 1
3

④ 1
3
1
3

> **해설**
> UNION ALL 연산은 중복된 값을 제거하지 않고 모든 결과를 포함한다.
> - R의 A: 1, 3
> - S의 A: 1, 3
> - UNION ALL을 사용하여 이 두 결과를 결합하면, 1, 3, 1, 3의 결과가 나오게 된다.

정답 ④

005 다음 중 성적(학번, 이름, 학과, 점수) 테이블의 레코드 수가 10개, 평가(학번, 전공, 점수) 테이블의 레코드 수가 5개일 때, 아래 SQL의 결과에 대한 설명으로 옳은 것은?

> SELECT 학번, 학과, 점수 FROM 성적 UNION ALL
> SELECT 학번, 전공, 점수 FROM 평가 ORDER BY 학번

① 쿼리 실행 결과의 필드 수는 모든 테이블의 필드를 더한 개수만큼 검색된다.
② 쿼리 실행 결과의 총 레코드 수는 15개이다.
③ 쿼리 실행 결과의 필드는 평가.학번, 평가.전공, 평가.점수이다.
④ 쿼리 실행 결과는 학번의 내림차순으로 정렬되어 표시된다.

해설
① UNION ALL은 각 SELECT 문의 결과를 단순히 나열할 뿐, 필드의 수를 더하지는 않는다.
③ UNION ALL은 첫 번째 SELECT 문의 필드명을 기준으로 한다. 따라서 결과 필드는 성적.학번, 성적.학과, 성적.점수가 된다.
④ ORDER BY 학번은 기본적으로 오름차순 정렬을 의미한다. 내림차순 정렬을 하려면 ORDER BY 학번 DESC를 사용해야 한다.

정답 ②

006 테이블 R1, R2에 대하여 다음 SQL문의 결과는?

```
(SELECT 학번 FROM R1)
EXCEPT
(SELECT 학번 FROM R2)
```

[R1 테이블]

학번	점수
20201111	15
20202222	20

[R2 테이블]

학번	과목번호
20202222	CS200
20203333	CS300

①

학번	점수	과목번호
20202222	20	CS200

②

학번
20201111

③

학번
20201111
20202222
20203333

④

학번	점수	과목번호
20201111	15	NULL
20202222	20	CS200
20203333	NULL	CS300

해설

주어진 SQL문 (SELECT 학번 FROM R1) EXCEPT (SELECT 학번 FROM R2)는 테이블 R1과 R2에서 학번을 선택하고, R1에는 있지만 R2에는 없는 학번을 찾는 쿼리이다. EXCEPT 연산은 첫 번째 쿼리 결과에서 두 번째 쿼리 결과를 제외한 결과를 반환한다.

정답 ②

007 테이블 R1, R2에 대하여 다음 SQL문의 결과는?

```
(SELECT 학번 FROM R1)
INTERSECT
(SELECT 학번 FROM R2)
```

[R1 테이블]

학번	점수
20201111	15
20202222	20

[R2 테이블]

학번	과목번호
20202222	CS200
20203333	CS300

①
학번	점수	과목번호
20202222	20	CS200

②
학번
20202222

③
학번
20201111
20202222
20203333

④
학번	점수	과목번호
20201111	15	NULL
20202222	20	CS200
20203333	NULL	CS300

해설

주어진 SQL문 (SELECT 학번 FROM R1) INTERSECT (SELECT 학번 FROM R2)는 테이블 R1과 R2에서 학번을 선택하고, R1과 R2에 공통으로 존재하는 학번을 찾는 쿼리이다. INTERSECT 연산은 두 쿼리 결과의 교집합을 반환한다.

정답 ②

008 다음 중 관계형 데이터베이스의 조인(Join)에 대한 설명으로 옳지 않은 것은?

① 쿼리에 여러 테이블을 포함할 때는 조인을 사용하여 원하는 결과를 얻을 수 있다.
② 내부 조인은 조인되는 두 테이블에서 조인하는 필드가 일치하는 행만을 반환하려는 경우에 사용한다.
③ 외부 조인은 조인되는 두 테이블에서 공통 값이 없는 데이터를 포함할지 여부를 지정할 수 있다.
④ 조인에 사용되는 기준 필드의 데이터 형식은 다르거나 호환되지 않아도 가능하다.

> **해설**
> ④ 조인을 수행할 때 사용되는 기준 필드(즉, 조인하는 필드)는 데이터 형식이 동일하거나 호환 가능해야 한다. 데이터 형식이 다르거나 호환되지 않으면, 조인 연산은 올바르게 수행될 수 없다.

정답 ④

009 다음 중 조인(Join)에 대한 설명으로 옳지 못한 것은?

① 두 개 이상의 테이블로부터 원하는 데이터를 검색하는 방법이다.
② 조인에 사용되는 기준 필드는 동일하거나 호환되는 데이터 형식을 가져야 한다.
③ 조인되는 두 테이블의 필드 수가 동일할 필요는 없다.
④ 관계가 설정되지 않은 두 테이블은 조인을 수행할 수 없다.

> **해설**
> 관계형 데이터베이스에서 테이블 간에 명시적인 관계(예: 외래키 관계)가 설정되어 있지 않더라도 조인을 수행할 수 있다. 중요한 것은 조인 조건을 만족하는 것이며, 이는 테이블 간의 논리적인 관계를 기반으로 한다.

정답 ④

010 조인(Join) 연산 알고리즘의 종류가 아닌 것은?

① Sort-merge 방법
② Hash-join 방법
③ Nested Loop 방법
④ Cartesian Loop 방법

> **해설**
> 카테시안 조인(Cartesian Join) 또는 카테시안 곱(Cartesian Product)은 두 테이블 간의 조건 없는 조인을 의미한다. Cartesian Loop라는 용어는 표준 조인 알고리즘이 아니다.

정답 ④

011 동일 조인의 결과 릴레이션에서 중복되는 조인 애트리뷰트를 제거하는 연산은?

① Union Join
② Intersect Join
③ Natural Join
④ Difference Join

> **해설**
> ① UNION은 두 쿼리의 결과를 결합하는 집합 연산자이지만, 조인 연산자는 아니다.
> ② INTERSECT는 두 쿼리 결과의 교집합을 반환하는 집합 연산자이다.
> ④ EXCEPT 또는 MINUS와 같은 집합 연산자는 두 쿼리 결과의 차집합을 반환하지만, 조인 연산자는 아니다.

정답 ③

012 다음 지문에서 설명하고 있는 조인(Join) 방법은?

- 두 개의 테이블 간에 컬럼 값들이 서로 정확하게 일치하지 않는 경우에 사용하는 Join 명령
- 연산자로 〉, 〉=, 〈, 〈=을 사용하여 연산 수행

① Equi Join
② Internal Join
③ External Join
④ None Equi Join

> **해설**
> - Equi Join은 두 개의 테이블 간에 컬럼 값들이 서로 정확하게 일치하는 경우에 사용되는 방법이다.
> - None Equi Join은 두 개의 테이블 간에 컬럼 값들이 서로 정확하게 일치하지 않는 경우에 사용된다.

정답 ④

013 다음 중 아래 쿼리에서 두 테이블에 조인된 필드가 일치하는 레코드만 결합하기 위해 괄호 안에 넣어야 할 조인 유형으로 옳은 것은?

SELECT 필드목록 FROM 테이블1 (   ) 테이블2 ON 테이블1.필드=테이블2.필드;

① INNER JOIN
② OUTER JOIN
③ LEFT JOIN
④ RIGHT JOIN

> **해설**
> 두 테이블에 조인된 필드가 일치하는 레코드만 결합하기 위한 쿼리에서는 'INNER JOIN'을 사용한다. 'INNER JOIN'은 두 테이블에서 매칭되는 행만을 결과로 반환하는 조인 방식이다.

정답 ①

014 결과 테이블 T를 구하기 위해 테이블 R과 테이블 S에 적용한 연산으로 가장 적절한 것은?

R

A	B	C
a1	b1	c1
a2	b2	c2
a3	b3	c3
a4	b4	c4
a5	b5	c5

S

A	D	E
a1	d1	e1
a1	d2	e2
a2	d3	e3
a3	d1	e4
a3	d4	e5
a3	d2	e6
a4	d2	e7

T

A	B	C	D	E
a1	b1	c1	d1	e1
a1	b1	c1	d2	e2
a2	b2	c2	d3	e3
a3	b3	c3	d1	e4
a3	b3	c3	d4	e5
a3	b3	c3	d2	e6
a4	b4	c4	d2	e7

① 외부 조인(Outer Join)
② 자연 조인(Natural Join)
③ 세미 조인(Semi Join)
④ 셀프 조인(Self Join)

해설
자연 조인은 동등 조인의 한 유형으로 조인 구문이 조인된 테이블에서 동일한 컬럼명을 가진 2개의 테이블에서 모든 컬럼들을 비교함으로써 결과값을 리턴한다.

정답 ②

015 다음 중 동호회 테이블과 사원 테이블을 조인하여 질의한 결과가 아래의 그림과 같이 나타나게 하기 위한 질의로 옳은 것은?

[동호회] 테이블

회원ID	사번	이름
M101	B117	이상태
M102	K230	강칠구
M103	K300	박차고

[사원] 테이블

사번	이름	주소
K230	강칠구	서울
K300	박차고	부산
K400	김치국	대전

질의 결과

회원ID	동호회.사번	동호회.이름	사원.사번	사원.이름	주소
M102	K230	강칠구	K230	강칠구	서울
M103	K300	박차고	K300	박차고	부산

① SELECT 동호회.*, 사원.* FROM 동호회 INNER JOIN 사원 ON 동호회.사번 = 사원.사번;
② SELECT 동호회.*, 사원.* FROM 동호회 LEFT JOIN 사원 ON 동호회.사번 = 사원.사번;
③ SELECT 동호회.*, 사원.* FROM 동호회 RIGHT JOIN 사원 ON 동호회.사번 = 사원.사번;
④ SELECT 동호회.*, 사원.* FROM 동호회 OUTER JOIN 사원 ON 동호회.사번 = 사원.사번;

해설

INNER JOIN은 두 테이블에서 일치하는 행만 반환한다. 동호회 테이블과 사원 테이블 양쪽에서 공통으로 존재하는 회원 정보만 결과에 포함되기 때문에 INNER JOIN을 사용한 ①번이 정답이다.

정답 ①

016 다음 R1과 R2의 테이블에서 아래의 실행 결과를 얻기 위한 SQL문은?

[R1] 테이블

학번	이름	학년	학과	주소
1000	홍길동	1	컴퓨터공학	서울
2000	김철수	1	전기공학	경기
3000	강남길	2	전자공학	경기
4000	오말자	2	컴퓨터공학	경기
5000	장미화	3	전자공학	서울

[R2] 테이블

학번	과목번호	과목이름	학점	점수
1000	C100	컴퓨터구조	A	91
2000	C200	데이터베이스	A+	99
3000	C100	컴퓨터구조	B+	89
3000	C200	데이터베이스	B	85
4000	C200	데이터베이스	A	93
4000	C300	운영체제	B+	88
5000	C300	운영체제	B	82

[실행결과]

과목번호	과목이름
C100	컴퓨터구조
C200	데이터베이스

① SELECT 과목번호, 과목이름 FROM R1, R2 WHERE R1.학번 = R2.학번 AND R1.학과='전자공학'
   AND R1.이름 = '강남길';
② SELECT 과목번호, 과목이름 FROM R1, R2 WHERE R1.학번 = R2.학번 OR R1.학과='전자공학'
   OR R1.이름 = '홍길동';
③ SELECT 과목번호, 과목이름 FROM R1, R2 WHERE R1.학번 R2.학번 AND R1.학과='컴퓨터공학'
   AND R1.이름 '강남길';
④ SELECT 과목번호, 과목이름 FROM R1, R2 WHERE R1.학번 = R2.학번 OR R1.학과='컴퓨터공학'
   OR R1.이름 = '홍길동';

> **해설**
> 실행 결과는 '강남길' 데이터에 대한 과목번호와 과목이름을 출력하게 된다. 두 테이블 Join 후 '강남길'이 속한 학과와 이름으로 검색하여 결과를 출력한다.

정답 ①

017 다음 두 릴레이션 R과 S를 애트리뷰트 B로 조인(Join), 애트리뷰트 B로 완전 외부 조인(Full Outer Join), 외부 합집합(Outer Union)하였다. 각 결과 릴레이션의 카디널리티(Cardinality)로 가장 적절한 것은?

R

A	B
w	2
x	2
y	3
z	4

S

C	D
1	p
2	q

	조인	완전 외부 조인	외부 합집합
①	1	5	4
②	2	5	6
③	2	3	4
④	2	3	6

> **해설**
> 조인은 두 릴레이션에서 애트리뷰트 B가 일치하는 행만 결합한다.
> R에는 B=2인 행이 2개, S에는 B=2인 행이 1개 있다.
> B=2에 해당하는 행들이 조인되므로 결과의 카디널리티는 2이다.
> 완전 외부 조인은 양쪽 릴레이션의 모든 행을 포함하고, 일치하는 행이 없는 경우 NULL 값을 가진다.
> R에는 4개의 행, S에는 2개의 행이 있으며, B=2인 행이 일치한다.
> 결과적으로 R의 4개 행과 S의 나머지 1개 행이 포함되므로 총 5개의 행이 된다.
> 외부 합집합은 두 릴레이션의 모든 행을 결합하며, 중복되는 행은 하나만 포함한다.
> R과 S의 모든 행을 포함하되, 중복을 제거하지 않으므로 R의 4개 행과 S의 2개 행이 모두 포함하여 총 6개의 행이 된다.

정답 ②

018 릴레이션 E, W가 아래와 같을 때, 완전 외부 조인(Full Outer Join) E, W의 실행 결과 중 옳은 것은?

E

Member	City	Country
Kim	Seoul	Korea
Susan	London	England
Smith	Austin	USA
Nakamura	Tokyo	Japan

W

Member	Gender	Age
Kim	Female	39
Susan	Female	32
Gates	Male	53
Nakamura	Male	39

①

Member	City	Country	Gender	Age
Kim	Seoul	Korea	Female	39
Susan	London	England	Female	32
Nakamura	Tokyo	Japan	Male	39

②

Member	City	Country	Gender	Age
Kim	Seoul	Korea	Female	39
Susan	London	England	Female	32
Nakamura	Tokyo	Japan	Male	39
Smith	Austin	USA	null	null

③

Member	City	Country	Gender	Age
Kim	Seoul	Korea	Female	39
Susan	London	England	Female	32
Nakamura	Tokyo	Japan	Male	39
Gates	null	null	Male	53

④

Member	City	Country	Gender	Age
Kim	Seoul	Korea	Female	39
Susan	London	England	Female	32
Nakamura	Tokyo	Japan	Male	39
Smith	Austin	USA	null	null
Gates	null	null	Male	53

> **해설**
> 완전 외부 조인(Full Outer Join)은 두 릴레이션의 모든 행을 포함한다. 두 릴레이션에서 일치하는 행은 하나의 행으로 결합되며, 일치하지 않는 행은 각각의 릴레이션에서 해당 필드가 NULL 값으로 채워진 채 포함된다.
> 1. 'Kim', 'Susan', 'Nakamura'는 두 릴레이션 모두에 존재하여 해당 필드가 결합된다.
> 2. 'Smith'는 릴레이션 E에만 존재하므로, W의 'Gender'와 'Age' 필드는 NULL로 채워진다.
> 3. 'Gates'는 릴레이션 W에만 존재하므로, E의 'City'와 'Country' 필드는 NULL로 채워진다.

정답 ④

019 두 릴레이션 R1(A, B, C), R2(B, C, D)를 오른쪽 외부 조인(Right Outer Join)을 한 결과에 나타나는 튜플의 수는?

R1		
A	B	C
1	2	3
4	2	3
7	8	9

R2		
B	C	D
2	3	10
2	3	11
6	7	12

① 3개 ② 4개 ③ 5개 ④ 6개

> **해설**
> 오른쪽 외부 조인(Right Outer Join)은 오른쪽 테이블(R2)의 모든 행을 포함하며, 왼쪽 테이블(R1)에서 일치하는 행이 있는 경우 해당 행을 결합한다. 왼쪽 테이블에서 일치하는 행이 없는 경우, 해당 필드는 NULL로 채워진다.
>
> | A | B | C | B | C | D |
> |---|---|---|---|---|---|
> | 1 | 2 | 3 | 2 | 3 | 10 |
> | 4 | 2 | 3 | 2 | 3 | 10 |
> | 1 | 2 | 3 | 2 | 3 | 11 |
> | 4 | 2 | 3 | 2 | 3 | 11 |
> | (NULL) | (NULL) | (NULL) | 6 | 7 | 12 |

정답 ③

020 다음은 테이블 조인(Join)에 대한 설명으로 가장 적절한 것은?

- 가능한 모든 행들의 조합이 표시된다.
- 첫 번째 테이블의 모든 행들은 두 번째 테이블의 모든 행들과 조인된다.
- 첫 번째 테이블의 행수를 두 번째 테이블의 행수로 곱한 것만큼의 행을 반환한다.
- 조인 조건이 없는 조인이라고 할 수 있다.

① INNER JOIN ② LEFT JOIN ③ RIGHT JOIN ④ CROSS JOIN

> **해설**
> CROSS JOIN은 두 테이블의 가능한 모든 행의 조합을 생성한다. 조인 조건을 명시하지 않고, 첫 번째 테이블의 모든 행이 두 번째 테이블의 모든 행과 조합된다.

정답 ④

021 두 릴레이션 T1, T2을 이용하여 SQL을 실행하였을 때, 나타나는 결과는?

```
SELECT COUNT(*) AS CNT FROM T1 CROSS JOIN T2
WHERE T1.NAME LIKE T2.RULE
```

[T1]

NAME
ALLEN
SCOTT
SMITH

[T2]

RULE
S%
%T%

① 3 ② 4 ③ 5 ④ 6

> **해설**
> T1과 T2 테이블을 크로스 조인(CROSS JOIN)하여 T1.NAME이 T2.RULE 패턴과 일치하는 행의 수를 계산한다. 크로스 조인은 두 테이블의 모든 가능한 행 조합을 생성하고, 크로스 조인만 수행했을 때의 결과는 아래와 같다.
>
> | NAME | RULE |
> |---|---|
> | ALLEN | S% |
> | ALLEN | %T% |
> | SCOTT | S% |
> | SCOTT | %T% |
> | SMITH | S% |
> | SMITH | %T% |
>
> 여기서 ALLEN은 S로 시작하지도 않고, T가 중간에 없기 때문에 ALLEN을 NAME으로 하는 두 행은 결과에서 제외가 되고, SCOTT과 SMITH는 S로 시작되고, T가 중간에 있기 때문에 결과에 포함된다.

정답 ②

022 다음 중 주어진 [Customer] 테이블을 참조하여 아래의 SQL문을 실행한 결과로 옳은 것은?

[Customer] 테이블

City	Age	Hobby
부산	30	축구
서울	26	영화감상
부산	45	낚시
서울	25	야구
대전	21	축구
서울	19	음악감상
광주	19	여행
서울	38	야구
인천	53	배구

```
SELECT Count(*)
FROM(SELECT Distinct City From Customer)
```

① 3　　　　　　　　　　② 5
③ 7　　　　　　　　　　④ 9

해설

Customer 테이블에서 도시명(City)을 고유하게 선택한 후, 그 결과의 행의 수를 계산한다. SELECT DISTINCT City FROM Customer는 Customer 테이블에서 중복 없이 도시명을 선택하고, 나열된 도시는 부산, 서울, 대전, 광주, 인천이다. 그 다음 SELECT Count(*)는 이 고유한 도시명의 수를 계산하여 5가 출력된다.

정답 ②

023 다음 SQL문의 실행 결과는?

```
SELECT 가격 FROM 도서가격
  WHERE 책번호 = (SELECT 책번호
    FROM 도서 WHERE 책명='자료구조');
```

[도서]

책번호	책명
111	운영체제
222	자료구조
333	컴퓨터구조

[도서가격]

책번호	가격
111	20,000
222	25,000
333	10,000
444	15,000

① 10,000
② 15,000
③ 20,000
④ 25,000

해설

먼저, 서브쿼리 (SELECT 책번호 FROM 도서 WHERE 책명='자료구조')는 '자료구조'라는 책명의 책번호를 찾는다. 도서 테이블에서, '자료구조'의 책번호는 222이다. 그런 다음 메인 쿼리 SELECT 가격 FROM 도서가격 WHERE 책번호 = 222는 책번호 222에 해당하는 가격을 도서가격 테이블에서 찾는다. 도서가격 테이블에서 책번호 222의 가격은 25,000이다.

정답 ④

024 다음 [조건]에 부합하는 SQL문을 작성하고자 할 때, [SQL문]의 빈칸에 들어갈 내용으로 옳은 것은? (단, '팀코드' 및 '이름'은 속성이며, '직원'은 테이블이다.)

[조건]
이름이 '정도일'인 팀원이 소속된 팀코드를 이용하여 해당 팀에 소속된 팀원들의 이름을 출력하는 SQL문 작성

[SQL문]
SELECT 이름
FROM 직원
WHERE 팀코드=(   );

① WHERE 이름='정도일'
② SELECT 팀코드 FROM 이름 WHERE 직원='정도일'
③ WHERE 직원='정도일'
④ SELECT 팀코드 FROM 직원 WHERE 이름='정도일'

해설
주어진 조건에 따라 SQL문을 작성하려면, 먼저 '정도일'이 속한 팀코드를 찾은 다음, 그 팀코드에 해당하는 모든 팀원들의 이름을 조회해야 한다.
- 서브 쿼리: '정도일'이라는 이름을 가진 직원의 팀코드를 찾는다.
- 메인 쿼리: 서브 쿼리에서 찾은 팀코드에 속한 모든 직원들의 이름을 조회한다.

정답 ④

---

025 다음 질의에 대한 SQL문은?

「프로젝트번호(PNO) 1, 2, 3에서 일하는 사원의 주민등록번호(JUNO)를 검색하라.」
(단, 사원 테이블(WORKS)은 프로젝트번호(PNO), 주민등록번호(JUNO) 필드로 구성된다.)

① SELECT WORKS FROM JUNO WHERE PNO IN 1, 2, 3;
② SELECT WORKS FROM JUNO WHERE PNO ON 1, 2, 3;
③ SELECT JUNO FROM WORKS WHERE PNO IN (1, 2, 3);
④ SELECT JUNO FROM WORKS WHERE PNO ON (1, 2, 3);

해설
WORKS라는 테이블에서 프로젝트 번호(PNO)가 1, 2, 3인 사원의 주민등록번호(JUNO)를 선택해야 한다. 이를 위해 WHERE 절과 IN 연산자를 사용하여 해당하는 PNO 값을 필터링해야 한다.

정답 ③

026 다음 중 아래와 같은 테이블 구조를 가진 데이터베이스에서 부서명이 '인사부'인 직원들의 정보를 조회하는 SQL문으로 가장 적절한 것은?

> 부서(<u>부서번호</u>, 부서명)
> 직원(<u>사번</u>, 사원명, 부서번호)

① SELECT * FROM 부서 WHERE 부서번호 IN (SELECT 부서번호 FROM 직원)
② SELECT * FROM 직원 WHERE 부서번호 IN (SELECT 부서번호 FROM 부서 WHERE 부서명='인사부')
③ SELECT 직원.* FROM 직원, 부서 WHERE 부서.부서명 = '인사부'
④ SELECT * FROM 부서 WHERE 부서명='인사부' ORDER BY 부서번호

해설
① 직원 테이블에 있는 모든 부서번호에 해당하는 부서 테이블의 레코드를 반환한다. 부서명이 '인사부'인 직원의 정보를 조회하는 요구사항에 부합하지 않는다.
③ 직원과 부서 테이블을 조인하지만, 부서번호를 기준으로 매칭하는 조건이 없으므로, 잘못된 결과를 반환할 수 있다.
④ 부서 테이블에서 부서명이 인사부인 레코드를 반환한다. 하지만 이는 직원의 정보를 포함하지 않아 요구사항에 부합하지 않는다.

정답 ②

027 다음 SQL문의 실행 결과로 옳은 것은?

> select 사원명 from 사원
>   where 부서 = '영업부' and 거주지
>   in (select 거주지 from 사원
>   where 부서 = '개발부');

① 영업부 사원들과 다른 거주지에 사는 개발부 사원명
② 개발부 사원들과 다른 거주지에 사는 영업부 사원명
③ 영업부 사원들과 같은 거주지에 사는 개발부 사원명
④ 개발부 사원들과 같은 거주지에 사는 영업부 사원명

해설
SQL문은 먼저 사원 테이블에서 부서가 영업부인 사원들을 찾고, 그들의 거주지가 개발부의 사원들과 같은 거주지인 사원의 이름을 선택한다.

정답 ④

028 다음 중 주어진 [학생] 테이블을 참조하여 아래의 SQL문을 실행한 결과로 옳은 것은?

```
SELECT AVG(나이) FROM 학생
WHERE 전공 NOT IN ('수학', '회계');
```

[학생] 테이블

학번	전공	학년	나이
100	국사	4	21
150	회계	2	19
2000	수학	3	30
250	국사	3	31
300	회계	4	25
350	수학	2	19
400	국사	1	23

① 25 ② 23 ③ 21 ④ 19

해설

SQL문은 학생 테이블에서 전공이 수학이나 회계가 아닌 학생들의 나이 평균을 계산하는 쿼리이다. 학생 테이블에서 수학과 회계 전공을 제외한 학생들의 나이는 다음과 같다.
- 국사, 4학년, 21세
- 국사, 3학년, 31세
- 국사, 1학년, 23세
- 이 학생들의 나이 평균을 계산하면 (21 + 31 + 23) / 3 = 25가 된다.

정답 ①

029 다음 테이블(COURSE, STUDENT, ENROLL)을 참조하여 과목 번호 'C413'에 등록하지 않은 학생의 이름을 검색하려고 한다. 〈SQL문 결과값〉을 도출하기 위한 SQL문으로 옳은 것은?

[COURSE]

Cno	Cname	Credit	Dept	PRname
C123	프로그래밍	3	컴퓨터	김성국
C312	자료구조	3	컴퓨터	황수관
C324	파일구조	3	컴퓨터	이규찬
C413	데이터베이스	3	컴퓨터	이일로
E412	반도체	3	전자	홍봉진

[STUDENT]

Sno	Sname	Syear	Dept
100	나수영	4	컴퓨터
200	이찬수	3	전기
300	정기태	1	컴퓨터
400	송병길	4	컴퓨터
500	박종화	2	산업공학

[ENROLL]

Sno	Cno	Grade	Midterm	Final
100	C413	A	90	95
100	E412	A	95	95
200	C123	B	85	80
300	C312	A	90	95
300	C324	C	75	75
300	C413	A	95	90
400	C312	A	90	95
400	C324	A	95	90
400	C413	B	80	85
400	E412	C	65	75
500	C312	B	85	80

[결과값]

Sname
이찬수
박종화

① SELECT Sname FROM STUDENT
　WHERE Sno NOT IN (SELECT Sno FROM ENROLL WHERE Cno = 'C413');
② SELECT Sname FROM STUDENT
　WHERE Sno NOT IN (SELECT Cno FROM ENROLL WHERE Cno = 'C413');
③ SELECT Sname FROM STUDENT
　WHERE Sno NOT EXISTS (SELECT Sno FROM ENROLL WHERE Cno = 'C413');
④ SELECT Sname FROM STUDENT
　WHERE Sno NOT EXISTS (SELECT Cno FROM ENROLL WHERE Cno = 'C413');

해설

ENROLL 테이블에서 'C413'에 등록된 학생들의 Sno를 조회한 다음, 이 Sno가 아닌 학생들의 이름을 STUDENT 테이블에서 조회하면 된다. 이 작업을 수행하기 위해서는 NOT IN 서브쿼리를 사용할 수 있다.

정답 ①

030 아래의 SQL문을 실행한 결과는?

[R1 테이블]

학번	이름	학년	학과	주소
1000	홍길동	4	컴퓨터	서울
2000	김철수	3	전기	경기
3000	강남길	1	컴퓨터	경기
4000	오말자	4	컴퓨터	경기
5000	장미화	2	전자	서울

[R2 테이블]

학번	과목번호	성적	점수
1000	C100	A	91
1000	C200	A	94
2000	C300	B	85
3000	C400	A	90
3000	C500	C	75
3000	C100	A	90
4000	C400	A	95
4000	C500	A	91
4000	C100	B	80
4000	C200	C	74
5000	C400	B	85

[SQL문]

```
SELECT 이름
FROM R1
WHERE 학번 IN
      (SELECT 학번
       FROM R2
       WHERE 과목번호 = 'C100');
```

① 이름: 홍길동, 강남길, 장미화
② 이름: 홍길동, 강남길, 오말자
③ 이름: 홍길동, 김철수, 강남길, 오말자, 장미화
④ 이름: 홍길동, 김철수

해설

먼저, 서브쿼리 SELECT 학번 FROM R2 WHERE 과목번호 = 'C100'는 과목번호 'C100'을 수강하는 학생들의 학번을 찾는다. R2 테이블에 따르면, 과목번호 C100을 수강하는 학생의 학번은 1000, 3000, 4000이다. 그런 다음, 메인 쿼리는 이 학번에 해당하는 학생들의 이름을 R1 테이블에서 찾는다. R1 테이블에 따르면, 학번 1000, 3000, 4000에 해당하는 학생의 이름은 각각 홍길동, 강남길, 오말자이다.

정답 ②

031 다음 SQL문의 실행 결과는?

```
SELECT 과목이름
FROM 성적
WHERE EXISTS (
    SELECT 학번
    FROM 학생
    WHERE 학생.학번=성적.학번
    AND 학생.학과 IN ('전산', '전기')
    AND 학생.주소='경기'
);
```

[학생] 테이블

학번	이름	학년	학과	주소
1000	김철수	1	전산	서울
2000	고영준	1	전기	경기
3000	유진호	2	전자	경기
4000	김영진	2	전산	경기
5000	정한영	3	전자	서울

[성적] 테이블

학번	과목번호	과목이름	학점	점수
1000	A100	자료구조	A	91
2000	A200	DB	A+	99
3000	A100	자료구조	B+	88
3000	A200	DB	B	85
4000	A200	DB	A	94
4000	A300	운영체제	B+	89
5000	A300	운영체제	B	88

①
과목이름
DB

②
과목이름
DB
DB

③
과목이름
DB
DB
운영체제

④
과목이름
DB
운영체제

> **해설**
> 서브쿼리에서 가져온 행은 학번이 2000과 4000이 들어간 행이다. 해당 행이 포함된 성적 테이블의 과목이름을 검색하면 DB, DB, 운영체제이다. EXISTS는 중복 제거의 기능이 없기 때문에 모든 행이 다 출력된다.

정답 ③

032 다음 과일 테이블에 대한 SQL문장 내의 비교 조건을 해석한 것으로 옳지 않은 것은? (단, 밑줄은 기본키를 의미한다.)

과일	
과일코드	과일명
10	오렌지
15	키위
19	파인애플

① "21 NOT IN (SELECT 과일코드 FROM 과일)"은 참이다.
② "19 < ANY (SELECT 과일코드 FROM 과일)"은 거짓이다.
③ "15 < ALL (SELECT 과일코드 FROM 과일)"은 참이다.
④ "19 = ALL (SELECT 과일코드 FROM 과일)"은 거짓이다.

> **해설**
> ALL은 주어진 값이 서브쿼리 결과의 모든 값보다 작아야 참이 된다. 15는 테이블에 있는 과일코드 중 가장 큰 값인 19보다 작으므로, 이 조건은 거짓이다.

정답 ③

033 상품 테이블에서 B 제조사 전체 제품의 단가보다 더 큰 단가를 가진 제품을 모두 출력하는 SQL문의 빈칸에 들어갈 명령은?

[상품] 테이블

제품번호	단가	제조사
100	1000	A
200	1500	B
300	3000	C
400	900	D
500	2000	B
600	1000	C

```
CSELECT *
FROM 상품
WHERE 단가 > (    ) (
    SELECT 단가 FROM 상품
    WHERE 제조사 = 'B'
);
```

① ALL ② ANY ③ EXISTS ④ IN

> **해설**
>
> 주어진 SQL문의 요구사항은 '상품' 테이블에서 B 제조사의 모든 제품의 단가보다 큰 단가를 가진 제품을 선택하는 것이다. 여기서, 서브쿼리는 B 제조사의 제품들의 단가를 반환한다. 메인 쿼리는 이 서브쿼리의 결과보다 큰 단가를 가진 제품을 선택해야 하기 때문에, ALL이 정답이다.

정답 ①

034 다음 쿼리문의 실행 결과는?

[상품] 테이블

제품번호	단가	제조사
100	1000	A
200	1500	B
300	3000	C
400	900	D
500	2000	B
600	1000	C

```
SELECT COUNT(*)
FROM 상품
WHERE 단가 > ALL (
    SELECT 단가 FROM 상품
    WHERE 제조사 = 'B'
);
```

① 1
② 2
③ 3
④ 4

> **해설**
>
> 주어진 SQL문은 상품 테이블에서 B 제조사의 모든 제품의 단가보다 큰 단가를 가진 제품의 수를 세는 쿼리이다. ALL 연산자를 사용하여 B 제조사의 모든 제품의 단가보다 큰 단가를 가진 제품을 찾는다.
> 먼저, 서브쿼리 SELECT 단가 FROM 상품 WHERE 제조사 = 'B'는 B 제조사의 모든 제품의 단가를 반환한다.
> 상품 테이블에 따르면, B 제조사의 제품 단가는 1500과 2000이다.
> 그런 다음, 메인 쿼리는 이 서브쿼리의 결과보다 큰 단가를 가진 제품의 수를 계산한다.
> 이 경우, 3000인 제품 1개(제품번호 300)만이 B 제조사의 모든 제품의 단가보다 크다.

정답 ①

035 다음 쿼리문의 실행 결과는?

[상품] 테이블

제품번호	단가	제조사
100	1000	A
200	1500	B
300	3000	C
400	900	D
500	2000	B
600	1000	C

```
SELECT COUNT(*)
FROM 상품
WHERE 단가 > ANY (
    SELECT 단가 FROM 상품
    WHERE 제조사 = 'B'
);
```

① 1　　② 2　　③ 3　　④ 4

해설

이 SQL문은 상품 테이블에서 B 제조사의 어떤 제품의 단가보다 큰 단가를 가진 제품의 수를 계산한다. ANY 연산자를 사용하여 B 제조사의 어떤 제품의 단가보다도 큰 단가를 가진 제품을 찾는다.
먼저, 서브쿼리 SELECT 단가 FROM 상품 WHERE 제조사 = 'B'는 B 제조사의 모든 제품의 단가를 반환한다. 상품 테이블에 따르면, B 제조사의 제품 단가는 1500과 2000이다.
그런 다음, 메인 쿼리는 이 서브쿼리의 결과 중 하나라도 초과하는 단가를 가진 제품의 수를 계산한다.
이 경우, 2000보다 큰 단가를 가진 제품은 3000인 제품 1개(제품번호 300)이며, 1500보다 큰 단가를 가진 제품은 2000과 3000인 제품 2개(제품번호 500과 300)이다.
따라서 SQL문의 실행 결과는 B 제조사의 어떤 제품의 단가보다도 큰 단가를 가진 제품의 수인 2이다.

정답 ②

036 SQL에서는 데이터베이스 검색의 성능 및 편의 향상을 위하여 내장 함수를 제공한다. 다음 중 SQL의 내장 집계 함수(Aggregate Function)가 아닌 것은?

① COUNT　　② SUM　　③ TOTAL　　④ MAX

해설

SQL의 내장 집계 함수는 데이터 세트에 대해 통계적 계산을 수행하고 단일 값을 반환한다. SQL의 내장 집계 함수가 아닌 것은 ③ TOTAL이다.

정답 ③

037 데이터 웨어하우스의 기본적인 OLAP(On-Line Analytical Processing) 연산이 아닌 것은?

① Translate　　② Roll-Up　　③ Dicing　　④ Drill-Down

> **해설**
> 데이터 웨어하우스에서 사용되는 OLAP(On-Line Analytical Processing) 연산은 다차원 데이터 셋에 대한 다양한 분석을 수행하는 기능을 제공한다. Translate는 일반적으로 데이터 변환 또는 언어 번역과 관련된 연산을 의미한다.

정답 ①

038 OLAP(On-Line Analytical Processing) 시스템이 갖추어야 할 요건으로 가장 옳지 않은 것은?

① 사용자는 OLAP 데이터에 대해 다차원 뷰를 가질 수 있어야 한다.
② 사용자는 차원의 수와 관계없이 같은 연산을 실행시킬 수 있어야 한다.
③ 주제 지향적이고, 통합적이고, 비소멸성이며, 시간에 따라 변화하는 데이터베이스로서 의사결정 지원을 제공해야 한다.
④ 차원의 수가 증가하더라도 검색 성능이 저하되어서는 안 된다.

> **해설**
> ① OLAP 데이터에 대해 다차원 뷰를 가질 수 있어야 하는 것은 OLAP의 핵심 기능 중 하나이다. 사용자는 데이터를 여러 차원에서 볼 수 있어야 하며, 이는 OLAP 시스템의 중요한 특성이다.
> ③ 설명은 데이터웨어하우스의 특성을 설명이다. OLAP 시스템은 데이터웨어하우스의 데이터를 기반으로 분석을 수행하지만, 이 자체가 데이터웨어하우스의 정의는 아니다.
> ④ OLAP 시스템은 다차원 데이터 분석에 최적화되어 있어야 하며, 차원 수 증가에 따른 성능 저하를 최소화하는 것이 중요하다. 그러나 실제로는 차원의 수가 증가함에 따라 성능 저하가 발생할 수 있다.

정답 ③

039 OLAP(On-Line Analytical Processing)의 다차원 모델에서의 연산에 대한 설명으로 가장 적절하지 않은 것은?

① 드릴다운(Drill-down)은 요약된 형태의 데이터 수준에서 더 자세한 자료를 보고자 할 때 사용하는 연산이다.
② 피보팅(Pivoting)은 하나의 차원 구조로부터 다른 차원 구조로 변환하는 연산이다.
③ 슬라이싱(Slicing)은 한 차원을 잘라보고 동시에 다른 차원을 자르면서 데이터의 범위를 좁혀가는 연산이다.
④ 드릴스루(Drill-through)는 상세 데이터에서 요약 데이터를 보고자 할 때 사용하는 연산이다.

> **해설**
> 드릴스루(Drill-through): 이 연산은 요약된 데이터에서 상세한 데이터로 들어가는 것을 의미한다. 즉, 데이터 웨어하우스의 상세 데이터로 들어가서 더 자세한 분석을 수행하는 것이다.

정답 ④

040 다음은 OLAP 연산에 대한 설명이다. (가)와 (나)에 들어갈 OLAP 연산으로 바르게 짝지어진 것은?

> 작은 단위(예: day)에서 큰 단위(예: month, year)로 집계를 수행하는 OLAP 연산을 (가)이라 한다. 큰 단위(예: year)에서 작은 단위(예: month, day)로 집계를 수행하는 OLAP 연산을 (나)이라 한다.

① (가) 드릴다운(Drill-down) (나) 롤업(Roll-up)
② (가) 롤업(Roll-up) (나) 드릴다운(Drill-down)
③ (가) 슬라이싱(Slicing) (나) 다이싱(Dicing)
④ (가) 다이싱(Dicing) (나) 슬라이싱(Slicing)

해설
- 롤업(Roll-up): 이 연산은 데이터를 더 높은 수준(예: 더 큰 단위)으로 집계하는 것을 의미한다. 예를 들어, 일별 데이터를 월별 또는 연별 데이터로 집계하는 것이다. 따라서 롤업은 작은 단위에서 큰 단위로 집계를 수행하는 연산이다.
- 드릴다운(Drill-down): 이 연산은 반대로 데이터를 더 낮은 수준(예: 더 작은 단위)으로 분해하는 것을 의미한다. 예를 들어, 연별 데이터를 월별 또는 일별 데이터로 분해하는 것이다. 따라서 드릴다운은 큰 단위에서 작은 단위로 집계를 수행하는 연산이다.

정답 ②

041 다음 표는 다차원 데이터 모델에서의 OLAP 연산들을 설명한 것이다. 표의 ㉮, ㉯에 들어갈 연산들이 바르게 짝지어진 것은?

연산 이름	연산 설명
(가)	하나 혹은 그 이상의 축을 중심으로 셀들을 선택
(나)	속성 값의 범위를 명시하여 셀들의 부분집합(부분큐브)을 선택
롤업(Roll-up)	작은 단위(예: day)에서 큰 단위(예: month, year)로 집계 수행
드릴다운(Drill-down)	큰 단위(예: year)에서 작은 단위(예: month, day)로 집계 수행

① (가) 다이싱(Dicing) (나) 슬라이싱(Slicing)
② (가) 슬라이싱 (나) 다이싱
③ (가) 피벗팅(Pivoting) (나) 다이싱
④ (가) 다이싱 (나) 피벗팅

해설
- 슬라이싱(Slicing): 이 연산은 데이터 큐브의 특정 부분(즉, 하나 혹은 그 이상의 축을 중심으로 한 셀들)을 선택한다. 예를 들어, 특정 지역의 판매 데이터만을 선택하는 것과 같다. 따라서 슬라이싱은 연산 (가)에 해당한다.
- 다이싱(Dicing): 이 연산은 데이터 큐브에서 속성 값의 범위를 기준으로 셀들의 부분집합(부분큐브)을 선택한다. 예를 들어, 특정 지역과 특정 기간의 판매 데이터를 선택하는 것과 같다. 따라서 다이싱은 연산 (나)에 해당한다.

정답 ②

CHAPTER 04. SQL 응용

Section 1. 절차형 SQL 작성

001 다음 중 저장 프로시저, 트리거, 사용자 정의 함수의 특징에 대한 설명으로 가장 옳지 않은 것은?

① 저장 프로시저(Stored Procedure)는 미리 작성하여 데이터베이스 안에 저장한 독립된 프로그램을 데이터베이스 안에 하나의 객체로 저장한다.
② 트리거(Trigger)는 데이터 변경 등 명세된 이벤트가 발생할 때 자동 실행되는 사용자 정의 프로시저이다.
③ 사용자 정의 함수(User Defined Function)는 DBMS 안에 독립된 데이터베이스 객체로 저장된 함수로, SELECT문이나 프로시저 안에서 호출되어 수행되고 결과를 반환하기 위한 용도로 사용된다.
④ 저장 프로시저, 트리거, 사용자 정의 함수 모두 비절차적인 언어로 작성된다.

> **해설**
> 저장 프로시저, 트리거, 사용자 정의 함수는 절차적 언어로 작성된다. 절차적 언어는 데이터를 어떻게 처리할지를 단계별로 기술하며, 이는 저장 프로시저나 트리거의 특성에 더 부합한다.

정답 ④

002 SQL문 저장 프로시저(Stored Procedure)의 역할로 틀린 것은?

① 오픈형 설계
② 데이터 무결성의 시행
③ 복잡한 비즈니스 규칙과 제약의 강화
④ 유지보수의 용이

> **해설**
> 오픈형 설계는 유연하고 확장 가능한 시스템 설계를 의미하는데, 저장 프로시저는 이보다는 특정한 로직이나 작업을 데이터베이스 내에서 캡슐화하고 재사용하는 데 중점을 둔다.

정답 ①

003 저장 프로시저(Stored Procedure)의 설명 중 가장 적절하지 않은 것은?

① 응용 프로그램의 필요한 기능을 클라이언트의 버퍼에 저장하여 빠르게 실행할 목적으로 사용한다.
② 저장 프로시저에 포함된 SQL 명령들은 최적화되어 있기 때문에 빠르게 동작한다.
③ 저장 프로시저의 액세스 권한을 별도로 지정할 수 있기 때문에 높은 보안성을 제공할 수 있다.
④ 저장 프로시저의 정의 단계에서 필요에 따라 입력 매개변수, 출력 매개변수 및 지역변수를 정의할 수 있다.

> **해설**
> 저장 프로시저는 데이터베이스 서버에 저장되며, 클라이언트의 버퍼에 저장되어 실행되는 것이 아니다.

정답 ①

004 다음 관계형 데이터베이스의 세 가지 기능적 요소에 대한 설명에서 ㉠~㉢에 들어갈 용어를 바르게 연결한 것은?

- (㉠)는(은) SQL에서 삽입, 삭제, 갱신과 같은 데이터 변경문을 실행할 때 미리 명시된 조건을 만족하는 경우 특정한 동작을 자동으로 수행할 수 있도록 한다.
- (㉡)는(은) 데이터베이스 내에 존재하는 작업 순서가 정해진 수행 단위로서 DBMS에서 컴파일된 후 실행된다.
- (㉢)는(은) 데이터베이스에서 데이터를 신속하게 탐색할 수 있도록 만든 데이터 구조이다.

	㉠	㉡	㉢
①	인덱스	트리거(Trigger)	주장(Assertion)
②	주장	인덱스	저장 프로시저(Stored Procedure)
③	주장	인덱스	트리거(Trigger)
④	트리거	저장 프로시저	인덱스

> **해설**
> 주장(Assertion)은 관계형 데이터베이스에서 사용되는 개념으로, 데이터베이스의 무결성을 유지하기 위해 사용된다. 주장은 데이터베이스에 저장된 데이터가 특정 조건을 만족해야 한다는 규칙을 정의하는 데 사용된다.

정답 ④

005 데이터베이스 시스템에서 삽입, 갱신, 삭제 등의 이벤트가 발생할 때마다 관련 작업이 자동으로 수행되는 절차형 SQL은?

① 트리거(Trigger) ② 무결성(Integrity)
③ 잠금(Lock) ④ 복귀(Rollback)

> **해설**
> 데이터베이스에서 특정 이벤트(예: 삽입, 갱신, 삭제)가 발생할 때 자동으로 실행되는 절차형 SQL 코드이다. 트리거(Trigger)는 데이터 무결성을 유지하고, 자동화된 로직 실행에 사용된다.

정답 ①

006 트랜잭션을 취소하는 이외의 조치를 명세할 필요가 있는 경우 메시지를 보내 어떤 값을 자동적으로 갱신하도록 프로시저를 기동시키는 방법은?

① 트리거(Trigger) ② 무결성(Integrity)
③ 잠금(Lock) ④ 복귀(Rollback)

> **해설**
> ② 무결성(Integrity): 데이터베이스의 무결성은 데이터의 정확성과 일관성을 유지하는 것을 의미한다.
> ③ 잠금(Lock): 데이터베이스에서 동시성 제어를 위해 사용되는 메커니즘이다.
> ④ 복귀(Rollback): 트랜잭션이 실패했을 때 이전 상태로 데이터를 되돌리는 과정이다.

정답 ①

007 SQL 트리거(Trigger)에 대한 설명으로 가장 적절하지 않은 것은?

① 트리거는 데이터베이스의 일관성을 유지하는 데 유용하지만, 과도하게 사용하면 복잡한 상호 의존성을 초래할 수 있다.
② 트리거는 어떤 이벤트가 일어날 때 조건이 참이면 트리거에 정의된 명령문이 수행되고, 그렇지 않으면 아무 동작도 하지 않는다.
③ 테이블 수준의 트리거와 열 수준의 트리거로 구분한다.
④ 트리거는 데이터의 변경(삽입, 삭제, 수정) 작업이 일어날 때 작업을 수행한다.

> **해설**
> 일반적으로 트리거는 테이블 수준에서 동작하는 것으로 분류된다. 열 수준의 트리거라는 개념은 표준 SQL에서 일반적으로 사용되지 않는 분류 방식이다. 트리거는 특정 테이블의 행에 대한 변경 사항에 반응하여 작동한다.

정답 ③

008 트리거(Trigger)에 대한 설명으로 가장 적절하지 않은 것은?

① 조건이 만족될 때 자동으로 지정된 작업을 수행하게 만드는 일종의 프로시저이다.
② 테이블 정의 시 표현할 수 없는 기업의 비즈니스 규칙이나 복잡한 보안 요건들을 시행하는 역할을 수행할 수 있다.
③ 트리거는 무결성을 유지하기 위한 방법으로 사용된다.
④ 문장 트리거(Statement Trigger)는 조건을 만족하는 여러 개의 행에 대해 트리거를 반복적으로 여러 번 수행한다.

> **해설**
> 문장 트리거는 트리거가 정의된 SQL문장이 실행될 때 한 번만 수행된다. 즉, 조건을 만족하는 여러 행이 있더라도 문장 트리거는 한 번만 실행된다. 반면, 행 트리거는 각각의 행에 대해 개별적으로 실행된다.

정답 ④

009 SQL 트리거(Trigger)에 대한 설명으로 옳지 않은 것은?

① SQL 트리거는 사건(Event), 조건(Condition), 그리고 동작(Action) 부분으로 구성된다.
② 트리거의 동작은 사건의 전(Before)이나 후(After)에 실행될 수 있다.
③ 동작은 트리거 사건 발생 시 조건이 만족될 때 실행된다.
④ 트리거의 가능한 이벤트로는 SELECT, UPDATE, INSERT, DELETE 등이 있다.

> **해설**
> 일반적으로 트리거는 INSERT, UPDATE, DELETE 같은 데이터 변경 이벤트에 반응하여 동작한다. SELECT문은 데이터를 변경하지 않는 조회 작업이므로, 트리거의 이벤트로는 일반적으로 사용되지 않는다.

정답 ④

010 할인율 누계 평균이 30%를 초과했을 경우, 신규 주문을 입력할 때 주문 제품에 대한 할인율을 10% 하향 설정하려고 한다. 아래 주문 테이블의 정의를 참조하여, 그 아래 SQL 트리거 문장의 빈칸 (ㄱ), (ㄴ)에 각각 들어갈 내용으로 가장 적절한 내용은?

```
CREATE TABLE 주문(
    OrderID INT PRIMARY KEY,
    날짜 DATE,
    제품ID INT,
    가격 INT,
    할인율 NUMERIC,
    DEFAULT 0.0
);
CREATE TRIGGER Check_Discount_Rate (ㄱ) ON 주문
FOR EACH ROW
BEGIN
    SET @value=(SELECT AVG(할인율) FROM 주문);
    IF @value>0.3 THEN
        SET (ㄴ)
    END IF;
END
```

① (ㄱ) BEFORE INSERT   (ㄴ) NEW.할인율 = OLD.할인율 * 0.9;
② (ㄱ) BEFORE INSERT   (ㄴ) NEW.할인율 = NEW.할인율 * 0.9;
③ (ㄱ) AFTER INSERT   (ㄴ) NEW.할인율 = OLD.할인율 * 0.9
④ (ㄱ) AFTER INSERT   (ㄴ) NEW.할인율 = NEW.할인율 * 0.9;

해설
- 트리거 시점: 할인율을 신규 주문 입력 시 조정해야 하므로, 이는 BEFORE INSERT 시점에 해당한다. 이 시점에서는 주문 데이터가 실제로 데이터베이스에 입력되기 전에 할인율을 조정할 수 있다.
- 할인율 조정 로직: 할인율을 10% 하향 조정해야 하므로, NEW.할인율 = NEW.할인율 * 0.9;가 적절하다. 이는 신규로 입력되는 주문의 할인율을 현재 값의 90%로 조정한다는 의미한다. OLD.할인율은 이전 데이터를 참조하는 것으로, INSERT 트리거에서는 사용할 수 없다.

정답 ②

Section 2. 병행제어와 회복

001 데이터베이스에서 병행제어의 목적으로 틀린 것은?

① 시스템 활용도 최대화
② 사용자에 대한 응답시간 최소화
③ 데이터베이스 공유 최소화
④ 데이터베이스 일관성 유지

> **해설**
> 병행제어는 데이터베이스 리소스의 공유를 효율적으로 관리하여, 동시에 여러 사용자나 트랜잭션이 데이터에 접근할 수 있게 하는 것을 목적으로 한다.

정답 ③

002 병행제어 기법의 종류가 아닌 것은?

① 로킹 기법
② 시분할 기법
③ 타임 스탬프 기법
④ 다중 버전 기법

> **해설**
> 병행제어 기법으로는 로킹, 2단계 로킹 규약, 타임 스탬프, 낙관적 병행제어, 다중 버전 병행제어가 있다. 시분할 기법은 컴퓨팅 자원을 여러 사용자나 프로세스 간에 분배하는 방식이다.

정답 ②

003 병행제어의 로킹(Locking) 단위에 대한 설명으로 옳지 않은 것은?

① 데이터베이스, 파일, 레코드 등은 로킹 단위가 될 수 있다.
② 로킹 단위가 작아지면 로킹 오버헤드가 감소한다.
③ 로킹 단위가 작아지면 데이터베이스 공유도가 증가한다.
④ 한꺼번에 로킹할 수 있는 객체의 크기를 로킹 단위라고 한다.

> **해설**
> 로킹 단위가 작아질수록 관리해야 할 잠금의 수가 증가하므로 로킹 오버헤드가 증가한다. 작은 단위로 잠금을 관리하면 더 많은 잠금과 잠금 해제 연산이 필요하게 된다.

정답 ②

004 병행제어에 영향을 주는 요소로 한 번에 로크(Lock)되어야 할 데이터의 크기를 로킹 단위라고 한다. 이 단위가 클 경우에 대한 설명으로 가장 옳지 않은 것은?

① 로킹 단위가 크면 로크의 수가 적어진다.
② 로킹 단위가 크면 병행성 수준이 높아진다.
③ 로킹 단위가 크면 병행 제어가 간단해진다.
④ 극단적인 경우 순차처리를 하는 것과 같다.

> **해설**
> 로킹 단위가 클 경우, 한 번에 많은 데이터가 잠금 상태에 들어가므로 다른 트랜잭션들이 그 데이터에 접근할 기회가 줄어들어 병행성 수준이 낮아진다.

정답 ②

005 병행제어 기법 중 로킹에 대한 설명으로 옳지 않은 것은?

① 로킹의 대상이 되는 객체의 크기를 로킹 단위라고 한다.
② 데이터베이스, 파일, 레코드 등은 로킹 단위가 될 수 있다.
③ 로킹의 단위가 작아지면 로킹 오버헤드가 증가한다.
④ 로킹의 단위가 커지면 데이터베이스 공유도가 증가한다.

> **해설**
> 로킹 단위가 커지면 한 번에 많은 데이터에 대한 접근이 제한되므로, 실제로는 데이터베이스의 공유도가 감소한다. 작은 로킹 단위는 더 많은 병행성을 가능하게 하지만, 큰 로킹 단위는 병행성을 제한한다.

정답 ④

006 동시성 제어를 위한 직렬화 기법으로 트랜잭션 간의 처리 순서를 미리 정하는 방법은?

① 로킹 기법
② 타임 스탬프 기법
③ 검증 기법
④ 배타 로크 기법

> **해설**
> ① 로킹 기법: 데이터에 접근하기 전에 잠금을 설정하여 동시성을 제어하는 방법이다.
> ② 타임 스탬프 기법: 타임 스탬프는 트랜잭션이 시스템에 들어온 순서를 나타내며, 이를 통해 트랜잭션의 실행 순서를 결정한다.
> ③ 검증 기법: 트랜잭션이 완료되기 전에 다른 트랜잭션과의 충돌을 검증하여 직렬화 가능성을 확인한다.
> ④ 배타 로크 기법: 특정 데이터에 대해 하나의 트랜잭션만 접근할 수 있도록 배타적 잠금(Exclusive Lock)을 사용하는 방법이다.

정답 ②

007 트랜잭션의 병행제어를 위해 사용하는 로킹(Locking) 기법에 대한 설명 중 가장 적절하지 않은 것은?

① 데이터 A에 대하여 트랜잭션 T의 배타 잠금(Lock)이 설정되어 있다면 그 잠금이 해제될 때까지는 다른 어떤 트랜잭션도 데이터 A에 대하여 잠금을 설정하지 못하고 대기해야 한다.
② 특정 스케줄에 참여하고 있는 모든 트랜잭션들이 2단계 로킹 기법(2PL, 2Phase Locking)을 준수한다면, 그 스케줄은 직렬 가능하므로 항상 옳다고 간주할 수 있다.
③ 엄격한 2PL 기법의 경우 엄격한 관리를 통하여 교착상태(Deadlock)를 막을 수 있다.
④ 2PL은 크게 확장 단계(Growing Phase)와 수축 단계(Shrinking Phase)로 구성된다.

> **해설**
> 엄격한 2단계 로킹(Strict 2PL)은 일관성은 유지하지만, 교착상태를 예방하는 메커니즘을 제공하지는 않는다. 실제로 엄격한 2PL은 교착상태의 발생 가능성을 높일 수 있다.

정답 ③

008 동시성 제어(Concurrency Control) 수단을 제공하지 않는 데이터베이스 시스템에서 아무런 제약 없이 트랜잭션들이 데이터베이스를 동시에 접근하는 것을 허용할 때 발생될 수 있는 문제들을 기술한 것으로 옳지 않은 것은?

① 데이터베이스 모순성 문제
② 트랜잭션 장애 문제
③ 트랜잭션 갱신 분실 문제
④ 트랜잭션 연쇄 복귀 문제

> **해설**
> 트랜잭션 장애는 시스템 자체의 문제나 트랜잭션의 논리적 오류 등으로 발생하는 것이지, 동시성 제어의 부재와 직접적인 연관이 있는 문제는 아니다.

정답 ②

009 DBMS에서의 병행 수행 및 병행 제어에 대한 설명으로 옳은 것은?

① 2단계 로킹 규약을 적용하면 트랜잭션 스케줄의 직렬 가능성을 보장할 수 있으나 교착상태가 발생할 수도 있다.
② 트랜잭션이 데이터에 공용 Lock 연산을 수행하면 해당 데이터에 Read, Write 연산을 모두 수행할 수 있다.
③ 연쇄 복귀는 하나의 트랜잭션이 여러 개의 데이터 변경 연산을 수행할 때 일관성 없는 상태의 데이터베이스에서 데이터를 가져와 연산을 수행함으로써 모순된 결과가 발생하는 것이다.
④ 갱신 분실은 트랜잭션이 완료되기 전에 장애가 발생하여 Rollback 연산을 수행하면, 이 트랜잭션이 장애 발생 전에 변경한 데이터를 가져가 변경 연산을 수행한 또 다른 트랜잭션에도 Rollback 연산을 수행하여야 한다는 것이다.

> **해설**
> ② 공용 락(Shared Lock)을 획득한 경우에는 읽기(Read) 연산만 수행할 수 있고, 쓰기(Write) 연산은 불가능하다.
> ③ 연쇄 복귀(복귀 연쇄, Cascading Rollback)는 하나의 트랜잭션이 롤백되면 그 트랜잭션에 의존하는 다른 트랜잭션들도 연쇄적으로 롤백되는 현상을 의미한다.
> ④ 갱신 분실(Lost Update)은 두 개 이상의 트랜잭션이 같은 데이터를 동시에 갱신할 때, 한 트랜잭션의 갱신 결과가 다른 트랜잭션의 갱신 결과에 의해 덮어 쓰여지는 현상을 의미한다.

정답 ①

010 여러 트랜잭션을 병행수행(Concurrency)하였을 때, 발생할 수 있는 문제 가운데 갱신 분실(Lost Update)에 대한 설명으로 옳은 것은?

① 두 개의 트랜잭션은 서로 상대 트랜잭션이 완료되기만을 기다리고 있는 상태로 두 트랜잭션은 영원히 완료될 수 없는 문제이다.
② 장애가 발생한 트랜잭션에 대한 롤백(Rollback)이 수행되기 전에 변경된 데이터를 가져가 사용하는 다른 트랜잭션의 수행이 완료되어 롤백이 실행될 수 없는 문제이다.
③ 하나의 트랜잭션이 수행한 데이터 변경 연산의 결과를 다른 트랜잭션이 덮어써서 기존 트랜잭션의 변경 연산 결과가 손실되는 것이다.
④ 하나의 트랜잭션이 여러 개의 데이터에 대해 변경 연산을 실행했을 때, 일관성이 유지되지 않는 데이터베이스로부터 데이터를 가져와 연산을 실행함으로 발생될 수 있다.

> **해설**
> 갱신 분실은 여러 트랜잭션이 동시에 같은 데이터를 수정할 때, 한 트랜잭션의 변경 결과가 다른 트랜잭션에 의해 덮어 쓰여 손실되는 현상이다.

정답 ③

011 병행제어 기법을 적용하지 않을 경우의 문제점 중 하나의 트랜잭션 수행이 실패한 후 회복되기 전에 다른 트랜잭션이 실패한 갱신 결과를 참조하는 현상은?

① Lost Update
② Inconsistency
③ Cascading Rollback
④ Uncommitted Dependency

> **해설**
> Uncommitted Dependency(비완료 의존성): 이 현상은 한 트랜잭션이 아직 커밋되지 않은(즉, 최종적으로 완료되지 않은) 다른 트랜잭션의 결과를 참조하는 경우 발생한다. 이는 트랜잭션이 실패하고 롤백되었을 때, 참조한 트랜잭션의 결과도 무효가 되어야 하므로, 데이터의 일관성을 손상시킬 수 있다.

정답 ④

012 다음 트랜잭션의 무제어 동시 공용 사례 (가)와 (나)에서, 각각에 해당하는 문제점을 옳게 짝지은 것은?

(가)

T_1	T_2
read(x)	
x←x+300	
	read(x)
	x←x*5
write(x)	
	write(x)

(나)

T_1	T_2
read(x)	
x←x+300	
write(x)	
	read(x)
	x←x*5
	write(x)
read(y)	
rollback T_1	

　　　　　(가)　　　　　　　　　　　(나)
① 갱신 분실(Lost Update)　　모순성(Inconsistency)
② 모순성(Inconsistency)　　　연쇄 복귀(Cascading Rollback)
③ 갱신 분실(Lost Update)　　연쇄 복귀(Cascading Rollback)
④ 모순성(Inconsistency)　　　갱신 분실(Lost Update)

> **해설**
> (가) T_1과 T_2가 같은 데이터 x를 읽고 수정한다. T_1은 x를 읽고 300을 더한 후, T2가 x를 읽기 전에 x에 대한 변경을 저장한다. 그 후, T_2는 T_1에 의해 변경된 x를 읽고, 그 값에 5를 곱한 다음 그 결과를 다시 x에 저장한다. 이 사례에서는 갱신 분실(Lost Update) 문제가 발생한다.
> (나) T_1은 x를 읽고 수정한 후 저장한다. T_2는 다른 데이터 y를 읽고, T_1을 롤백한다. T_2는 이후 x를 다시 읽고, 그 값을 변경한 다음 저장한다. 이 사례에서는 연쇄 복귀(Cascading Rollback) 문제가 발생한다.

정답 ③

013 트랜잭션을 수행하는 도중 장애로 인해 손상된 데이터베이스를 손상되기 이전의 정상적인 상태로 복구시키는 작업은?

① Recovery　　　　② Commit
③ Abort　　　　　　④ Restart

> **해설**
> Recovery(회복): 이는 데이터베이스 시스템에서 매우 중요한 기능 중 하나로, 장애가 발생한 후 데이터베이스를 안정적이고 일관된 상태로 되돌리는 과정을 의미한다. 회복 작업은 데이터베이스의 무결성을 보장하고 시스템 장애나 다른 문제들로부터 데이터를 보호하는 데 필수적이다.

정답 ①

014 데이터베이스 로그(Log)를 필요로 하는 회복 기법은?

① 즉각 갱신 기법
② 대수적 코딩 방법
③ 타임 스탬프 기법
④ 폴딩 기법

> **해설**
> 즉각 갱신 기법(Immediate Update): 이 기법은 트랜잭션이 수행되는 동안 발생한 변경사항을 즉시 데이터베이스에 반영한다. 만약 트랜잭션이 실패하거나 중단되면, 로그 파일에 기록된 정보를 사용하여 데이터베이스를 이전 상태로 되돌린다.

정답 ①

015 데이터베이스 로그(Log)를 이용한 회복(Recovery) 기법에 대한 설명 중 가장 적절하지 않은 것은?

① 지연 갱신 회복 기법은 UNDO와 REDO 연산이 필요하지 않다.
② 지연 갱신 회복 기법을 사용하면 로그 레코드에 변경 이전 값(Old Value)을 저장할 필요 없다.
③ 즉시 갱신 회복 기법은 UNDO 연산이 필요하다.
④ 즉시 갱신 회복 기법을 사용하면 로그 레코드에 변경 이전 값(Old Value)이 저장된다.

> **해설**
> 지연 갱신 회복 기법(Deferred Update)에서는 트랜잭션이 커밋되기 전까지 변경사항을 데이터베이스에 반영하지 않는다. 그러나 장애가 발생한 경우, 이미 로그에 기록된 변경사항을 데이터베이스에 반영하기 위해 REDO 연산이 필요하다. UNDO 연산은 필요하지 않지만, REDO는 필요하다.

정답 ①

016 데이터베이스 시스템의 고장 회복(Recovery)과 관련된 내용으로 옳지 않은 것은?

① 로그를 사용한 고장 회복 기법에서 로그 레코드는 반드시 안정한 저장 장치에 기록되어야 한다.
② 검사점(Checkpoint)을 사용하면 정상 동작 중에 오버헤드를 발생하나 고장 회복에 소요되는 시간을 단축시킬 수 있다.
③ 그림자 페이지(Shadow Paging) 기법은 로그를 사용한 고장 회복 기법에 비해 구현이 단순하나 트랜잭션 완료 시에 디스크 기록에 따른 오버헤드가 더 큰 경향이 있다.
④ 그림자 페이지 기법은 로그 기법에 연관된 레코드들끼리 디스크상에서도 이웃하게 위치하도록 유지하기에 유리하다.

> **해설**
> 그림자 페이지 기법은 페이지 전체의 복사본을 유지하는 방식이며, 로그 레코드의 물리적 위치에 대한 고려는 주로 로그 기반 회복 기법에서 중요한 요소이다. 그림자 페이지 기법은 로그 레코드의 위치나 이들 간의 물리적 인접성과는 관련이 없다.

정답 ④

017 트랜잭션(Transaction)의 복구(Recovery) 진행 시 복구 대상을 제외, 재실행(Redo), 실행취소(Undo)로 구분하였을 때 옳은 것은?

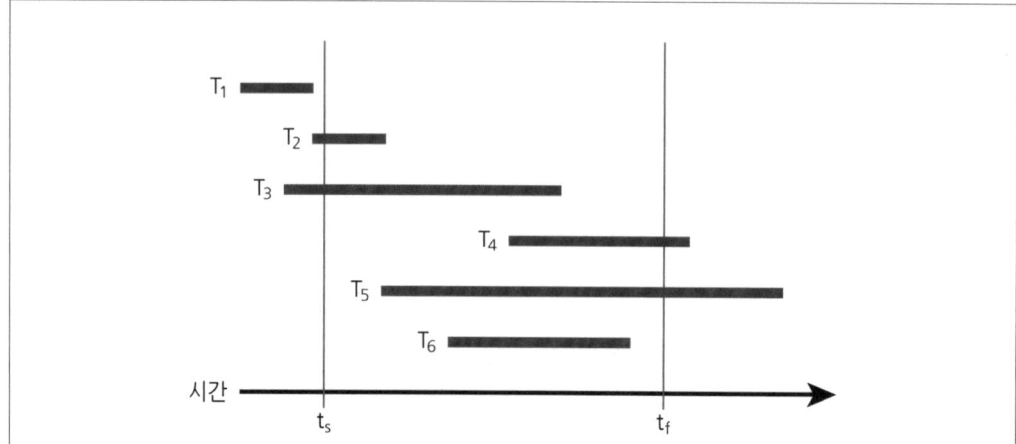

T_1, T_2, T_3, T_4, T_5, T_6 선분은 각각 해당 트랜잭션의 시작과 끝 시점을, t_s는 검사점(Checkpoint)이 이루어진 시점을, t_f는 장애(Failure)가 발생한 시점을 의미한다.

	제외	재실행	실행취소
①	T_1	T_2, T_3	T_4, T_5, T_6
②	T_1	T_2, T_3, T_6	T_4, T_5
③	T_2, T_3	T_1, T_6	T_5, T_5
④	T_4, T_5	T_6	T_1, T_2, T_3

해설

T_1은 검사점 이전에 완료된 상태이기 때문에 제외된다. T_2, T_3, T_6는 장애시점 이전에 완료가 된 상태이고, 검사점 이후의 트랜잭션 결과이기 때문에, 재실행(Redo)을 수행한다. T_4, T_5는 트랜잭션이 종료되기 전에 장애가 발생했기 때문에 취소처리(Undo)를 해준다.

정답 ②

데이터 전환

001 데이터 검증 방법에 대한 설명이 틀린 것은?

① 응용 프로그램을 통한 데이터 전환의 정합성을 검증한다.
② 로그 검증 외에 별도로 요청된 검증 항목은 검증하지 않는다.
③ 데이터 전환 과정에서 작성하는 추출, 전환, 적재 로그를 검증한다.
④ 사전에 정의된 업무 규칙을 기준을 데이터 전환의 정합성을 검증한다.

> **해설**
> 데이터 전환 프로젝트에서는 로그 검증뿐만 아니라 별도로 요청된 검증 항목도 중요하며, 이러한 항목들도 검증 과정에 포함되어야 한다.

정답 ②

002 데이터 전환 순서를 올바로 나열한 것은?

> ㉠ 데이터 전환 계획 및 요건 정의
> ㉡ 데이터 전환 개발
> ㉢ 데이터 전환 설계
> ㉣ 데이터 전환
> ㉤ 데이터 전환 테스트 및 검증

① ㉠ → ㉢ → ㉡ → ㉤ → ㉣
② ㉠ → ㉡ → ㉢ → ㉤ → ㉣
③ ㉡ → ㉠ → ㉢ → ㉣ → ㉤
④ ㉡ → ㉠ → ㉢ → ㉤ → ㉣

> **해설**
> 1. 데이터 전환 계획 및 요건 정의(㉠): 프로젝트의 범위, 목표, 요구사항을 정의
> 2. 데이터 전환 설계(㉢): 데이터가 어떻게 변환될지, 어떤 도구와 방법이 사용될지 설계
> 3. 데이터 전환 개발(㉡): 실제 변환을 수행할 프로그램이나 스크립트를 개발
> 4. 데이터 전환 테스트 및 검증(㉤): 개발된 솔루션을 테스트하고 데이터의 정확성을 검증
> 5. 데이터 전환(㉣): 검증된 솔루션을 사용하여 실제 데이터 전환을 실행

정답 ①

003 다음 중 데이터 전환이 필요한 이유가 아닌 것은?

① 시스템 통합
② 조직의 합병·인수 또 축소
③ 성능 향상·안정성
④ 신규 비즈니스 계획

> **해설**
> 신규 비즈니스 계획 자체는 데이터 전환의 직접적인 필요성을 구체적으로 명시하지 않는다.

정답 ④

004 조직의 내부나 외부에 분산된 여러 데이터 소스로부터 필요로 하는 데이터를 검색하여 수동 혹은 자동으로 수집하는 과정과 관련된 기술에 해당하지 않는 것은?

① ETL(Extraction, Transformation, Loading)
② 로그 수집기
③ 맵리듀스(MapReduce)
④ 크롤링(Crawling)

> **해설**
> 맵리듀스는 대규모 데이터 처리를 위한 프로그래밍 모델이며, 병렬 처리 기술이다. 데이터 처리와 관련이 있지만, 데이터를 검색하고 수집하는 데 직접적으로 사용되는 기술은 아니다.

정답 ③

005 데이터 웨어하우징(Data Warehousing)에 대한 설명 중 가장 옳지 않은 것은?

① 데이터 웨어하우징은 방대한 과거 데이터에 대해 실시간으로 다양한 삽입, 삭제, 변경 작업을 통하여 데이터를 분석한다.
② 데이터 웨어하우징에서 ETL이란 데이터를 추출(Extract), 변형(Transform), 적재(Load)하는 업무를 의미한다.
③ 운영계 시스템으로부터 데이터 웨어하우스(Data Warehouse)로 데이터를 저장하기 전에 임시로 운영계 데이터를 보관하는 장소를 ODS(Operational Data Store)라고 한다.
④ 데이터 마트(Data Mart)는 데이터 웨어하우스(Data Warehouse)의 데이터를 소규모 주제별, 업무별로 구성한 저장소이다.

> **해설**
> 데이터 웨어하우스는 주로 과거의 데이터를 저장하고 분석하는 데 사용되지만, 일반적으로 실시간으로 데이터에 대한 삽입, 삭제, 변경 작업을 수행하는 것은 아니다. 데이터 웨어하우스는 대규모 데이터를 저장하고, 분석에 용이하도록 설계되었으나, 실시간 트랜잭션 처리에는 최적화되어 있지 않다.

정답 ①

006 파일 관리자는 파일 구조에 따라 각기 다른 접근 방법으로 관리한다. 다음 중 저장 공간의 효율성이 가장 높은 파일 구조는 어느 것인가?

① 직접 파일(Direct File)
② 순차 파일(Sequential File)
③ 색인 순차 파일(Indexed Sequential File)
④ 분할 파일(Partitioned File)

> **해설**
> ① 직접 파일(Direct File): 직접 파일 구조는 해싱 기법을 사용하여 레코드에 직접 접근한다. 빠른 접근 속도를 제공하지만, 해시 충돌이 발생할 경우 추가 저장 공간이 필요하며, 공간 사용 효율성이 떨어질 수 있다.
> ② 순차 파일(Sequential File): 순차 파일은 데이터를 순서대로 저장한다. 이 구조는 공간 효율성이 높지만, 레코드 삽입이나 삭제 시에는 효율이 떨어질 수 있다.
> ③ 색인 순차 파일(Indexed Sequential File): 색인 순차 파일은 데이터를 순차적으로 저장하면서, 색인을 통해 빠른 접근을 가능하게 한다. 그러나 색인 구조 때문에 추가적인 저장 공간이 필요하며, 이는 공간 효율성을 감소시킬 수 있다.
> ④ 분할 파일(Partitioned File): 분할 파일 구조는 파일을 여러 부분으로 나누어 관리한다. 특정 상황에서는 효율적일 수 있으나, 일반적으로 공간 효율성에 관해서는 가장 높다고 보기 어렵다.

정답 ②

007 입력되는 데이터들을 논리적인 순서에 따라 물리적 연속 공간에 기록하는 방식으로 주로 자기테이프에 사용되며, 일괄 처리 중심의 업무처리에 많이 이용되는 파일 편성 방법은?

① 색인 순차 편성　　　　　② 순차 편성
③ 리스트 편성　　　　　　④ 랜덤 편성

> **해설**
> 입력되는 데이터들을 논리적인 순서에 따라 물리적 연속 공간에 기록하는 방식은 순차 편성(Sequential Organization)에 해당한다. 이 방식은 데이터를 입력 순서대로 기록하며, 주로 자기 테이프와 같은 순차적 접근이 가능한 저장 매체에 사용된다. 순차 편성 방식은 특히 일괄 처리 중심의 업무처리에 적합하며, 데이터를 순서대로 읽거나 쓸 때 매우 효율적이다.

정답 ②

008 색인 순차 파일의 색인 구역에 해당하지 않는 것은?

① Track Index Area　　　　② Cylinder Index Area
③ Overflow Index Area　　　④ Master Index Area

> **해설**
> • Track Index Area: 파일의 트랙(Track)에 위치한 레코드들을 가리키는 인덱스가 포함된다.
> • Cylinder Index Area: 실린더(Cylinder)에 위치한 레코드들을 가리키는 인덱스가 포함된다.
> • Master Index Area: 전체 파일에서 레코드들을 찾는 데 사용되는 주 인덱스가 포함된다.

정답 ③

009 색인 순차 파일에 대한 설명으로 옳지 않은 것은?

① 레코드를 참조할 때 색인을 탐색한 후 색인이 가리키는 포인터를 사용하여 직접 참조할 수 있다.
② 레코드를 추가 및 삽입하는 경우, 파일 전체를 복사할 필요가 없다.
③ 인덱스를 저장하기 위한 공간과 오버플로우 처리를 위한 별도의 공간이 필요 없다.
④ 색인 구역은 트랙 색인 구역, 실린더 색인 구역, 마스터 색인 구역으로 구성된다.

> **해설**
> 색인 순차 파일에서는 인덱스를 저장하기 위한 별도의 공간(색인 구역)과 오버플로우 레코드를 처리하기 위한 별도의 공간(오버플로우 구역)이 필요하다.

정답 ③

010 색인 순차 편성에서의 각 구역에 대한 설명으로 옳지 않은 것은?

① 트랙 인덱스 구역: 기본 데이터 구역의 한 트랙상에 기록되어 있는 데이터 레코드 중에서 최대 키 값과 그 주소가 기록되어 있다.
② 실린더 인덱스 구역: 처리해야 할 레코드가 어느 실린더에 기록되어 있는지를 판별할 수 있는 자료를 갖고 있다.
③ 마스터 인덱스 구역: 실린더 오버플로우 구역에 다시 오버플로우가 발생할 경우를 대비하여 만들어 놓은 공간이다.
④ 기본 데이터 구역: 실제 데이터 레코드가 기록된 구역이다.

> **해설**
> 마스터 인덱스 구역은 실린더 오버플로우를 위한 공간이 아니라, 파일 전체의 레코드를 찾기 위한 가장 상위 수준의 인덱스를 포함하는 구역이다.

정답 ③

011 인덱스 순차 파일의 인덱스 영역 중 다음 설명에 해당하는 것은?

> 인덱스 영역의 첫 번째 테이블로서 실린더 인덱스 정보가 많을 때 그것을 효율적으로 탐색하기 위하여 만든 인덱스 순차 파일에서의 최상위 인덱스로서 일정한 크기의 블록으로 블록화하여 처리하고자 하는 데이터 레코드가 어느 실린더 인덱스 영역에 기록되어 있는지를 나타낸다.

① 기본 데이터 영역
② 트랙 인덱스 영역
③ 실린더 인덱스 영역
④ 마스터 인덱스 영역

해설
마스터 인덱스는 인덱스 순차 파일의 최상위 인덱스로, 처리하고자 하는 데이터 레코드가 어느 실린더 인덱스 영역에 기록되어 있는지를 나타낸다. 이는 일정한 크기의 블록으로 구성되어 있어 데이터 레코드의 위치를 효과적으로 찾을 수 있게 해준다.

정답 ④

012 해싱을 이용한 파일 구조에 해당하는 것은?

① 순차(Sequential) 파일
② 직접(Direct) 파일
③ 색인 순차(Indexed Sequential) 파일
④ 다중 키(Multi-Key) 파일

해설
직접(Direct) 파일 구조에서는 해싱 알고리즘을 사용하여 데이터 레코드에 직접 접근한다. 각 레코드는 해시 함수를 이용하여 계산된 주소에 저장되므로, 특정 레코드를 빠르게 찾을 수 있다.

정답 ②

PART 04

프로그래밍 언어 활용

CHAPTER 01 서버 프로그램 구현

Section 1. 개발 환경 구축

001 소프트웨어, 하드웨어, 데이터베이스, 테스트 등을 통합하여 소프트웨어를 개발하는 환경을 조성한다는 의미를 가진 용어는?

① CAD ② CAI ③ CAM ④ CASE

> **해설**
> CASE는 컴퓨터 지원 소프트웨어 공학을 의미하며, 소프트웨어 개발 과정을 자동화하고 효율화하기 위한 도구 및 시스템의 집합을 말한다. 이는 소프트웨어 설계, 개발, 테스트 등의 과정을 지원하며, 개발 과정의 생산성과 품질을 향상시키기 위해 사용된다.

정답 ④

002 프로그램 개발 환경에 대한 설명으로 옳지 않은 것은?

① 문서편집기는 프로그램 소스 코드를 작성하고 수정하는 데 사용된다.
② 컴파일러는 고급 언어를 실행하고자 하는 컴퓨터에서 실행 가능한 형태로 번역한다.
③ 링커는 컴파일된 프로그램을 특정 메모리에 위치시킨다.
④ 선행처리기(Preprocessor)는 컴파일하기 전에 프로그램 소스 코드를 변환한다.

> **해설**
> 링커의 주요 역할은 여러 개의 컴파일된 코드(오브젝트 파일)를 하나로 결합하여 실행 가능한 프로그램을 생성하는 것이다.

정답 ③

003 소프트웨어 개발을 위한 프로그래밍 언어의 선정 기준으로 거리가 먼 것은?

① 개발 담당자의 경험과 지식
② 대상 업무의 성격
③ 과거의 개발 실적
④ 4세대 언어 여부

> **해설**
> 프로그래밍 언어가 4세대 언어인지 여부는 중요한 선택 기준이 아니다. 소프트웨어 개발에 필요한 기능, 성능, 유연성 등이 더 중요한 고려 사항이다.

정답 ④

004 WAS(Web Application Server)가 아닌 것은?

① JEUS ② JVM ③ Tomcat ④ WebSphere

> **해설**
> JVM은 자바 가상 머신으로, 자바 애플리케이션을 실행하기 위한 환경을 제공한다. 이는 WAS가 아니라 자바 프로그램을 실행하는 런타임 환경이다.

정답 ②

005 개발 환경 구성을 위한 빌드(Build) 도구에 해당하지 않는 것은?

① Ant ② Kerberos ③ Maven ④ Gradle

> **해설**
> Kerberos는 인증 및 권한 부여를 위한 프로토콜이다. 개발 환경 구성을 위한 빌드 도구는 Ant, Maven, Gradle 등이 있다.

정답 ②

006 빌드 자동화 도구에 대한 설명으로 틀린 것은?

① Gradle은 실행할 처리 명령들을 모아 태스크로 만든 후 태스크 단위로 실행한다.
② 빌드 자동화 도구는 지속적인 통합 개발 환경에서 유용하게 활용된다.
③ 빌드 자동화 도구에는 Ant, Gradle, Jenkins 등이 있다.
④ Jenkins는 Groovy 기반으로 한 오픈 소스로 안드로이드 앱 개발 환경에서 사용된다.

> **해설**
> Jenkins는 Groovy 기반으로 한 오픈 소스 CI/CD 도구이다. CI/CD는 지속적인 통합 및 지속적인 배포의 약자로, 소스 코드 변경 사항을 빠르고 안정적으로 배포하는 것을 목표로 한다. Gradle은 안드로이드 앱 개발 환경뿐만 아니라 다양한 개발 환경에서 사용된다.

정답 ④

007 라이브러리의 개념과 구성에 대한 설명 중 틀린 것은?

① 라이브러리란 필요할 때 찾아서 쓸 수 있도록 모듈화되어 제공되는 프로그램을 말한다.
② 프로그래밍 언어에 따라 일반적으로 도움말, 설치 파일, 샘플 코드 등을 제공한다.
③ 외부 라이브러리는 프로그래밍 언어가 기본적으로 가지고 있는 라이브러리를 의미하며, 표준 라이브러리는 별도의 파일 설치를 필요로 하는 라이브러리를 의미한다.
④ 라이브러리는 모듈과 패키지를 총칭하며, 모듈이 개별 파일이라면 패키지는 파일들을 모아 놓은 폴더라고 볼 수 있다.

> **해설**
> 외부 라이브러리는 프로그래밍 언어가 기본적으로 가지고 있지 않은 라이브러리를 의미한다. 외부 라이브러리는 일반적으로 개발자가 직접 다운로드하여 설치해야 하며, 설치 방법은 라이브러리의 종류에 따라 다르다.

정답 ③

008 다음 설명에 해당하는 소프트웨어는?

- 개발해야 할 애플리케이션의 일부분이 이미 내장된 클래스 라이브러리로 구현이 되어 있다.
- 따라서 그 기반이 되는 이미 존재하는 부분을 확장 및 이용하는 것으로 볼 수 있다.
- JAVA 기반의 대표적인 소프트웨어로는 스프링(Spring)이 있다.

① 전역 함수 라이브러리
② 소프트웨어 개발 프레임워크
③ 컨테이너 아키텍처
④ 어휘 분석기

> **해설**
> 프레임워크는 재사용 가능한 여러 클래스와 인터페이스, 모듈 등을 제공하여 개발자가 더 효율적으로 소프트웨어를 개발할 수 있도록 지원한다.

정답 ②

009 프레임워크(Framework)에 대한 설명으로 옳은 것은?

① 소프트웨어 구성에 필요한 기본 구조를 제공함으로써 재사용이 가능하게 해준다.
② 소프트웨어 개발 시 구조가 잡혀 있기 때문에 확장이 불가능하다.
③ 소프트웨어 아키텍처(Architecture)와 동일한 개념이다.
④ 모듈화(Modularity)가 불가능하다.

> **해설**
> ② 프레임워크는 일반적으로 확장 가능하게 설계되며, 개발자가 특정 부분을 맞춤형으로 확장할 수 있도록 지원한다.
> ③ 아키텍처는 소프트웨어의 전체적인 구조와 디자인에 대한 지침을 제공하는 반면, 프레임워크는 실제 구현에 사용되는 구체적인 클래스와 라이브러리를 제공한다.
> ④ 프레임워크는 모듈화를 장려하며, 개발자가 모듈 방식으로 컴포넌트를 개발하고 통합할 수 있도록 설계되었다.

정답 ①

010 소프트웨어 개발 프레임워크의 적용 효과로 볼 수 없는 것은?

① 공통 컴포넌트 재사용으로 중복 예산 절감
② 기술 종속으로 인한 선행 사업자 의존도 증대
③ 표준화된 연계 모듈 활용으로 상호 운용성 향상
④ 개발 표준에 의한 모듈화로 유지보수 용이

> **해설**
> 기술 종속으로 인한 선행 사업자 의존도 증대는 소프트웨어 개발 프레임워크의 적용 효과로 볼 수 없다. 이는 소프트웨어 개발 프레임워크의 특성상 특정 기술에 종속될 수 있다는 단점을 의미한다.

정답 ②

011 소프트웨어 개발 프레임워크를 적용할 경우 기대효과로 거리가 먼 것은?

① 품질보증
② 시스템 복잡도 증가
③ 개발 용이성
④ 변경 용이성

> **해설**
> 소프트웨어 개발 프레임워크는 개발자들이 공통적으로 사용할 수 있는 컴포넌트, 구조, 기능 등을 제공하는 것을 목적으로 한다. 따라서 소프트웨어 개발 프레임워크를 적용하면 개발 용이성, 변경 용이성, 품질보증 등의 효과를 얻을 수 있다.

정답 ②

012 소프트웨어 개발 프레임워크와 관련한 설명으로 가장 적절하지 않은 것은?

① 반제품 상태의 제품을 토대로 도메인별로 필요한 서비스 컴포넌트를 사용하여 재사용성 확대와 성능을 보장 받을 수 있게 하는 개발 소프트웨어이다.
② 라이브러리와는 달리 사용자 코드에서 프레임워크를 호출해서 사용하고, 그에 대한 제어도 사용자 코드가 가지는 방식이다.
③ 설계 관점에 개발 방식을 패턴화시키기 위한 노력의 결과물인 소프트웨어 디자인 패턴을 반제품 소프트웨어 상태로 집적화시킨 것으로 볼 수 있다.
④ 프레임워크의 동작 원리를 그 제어 흐름의 일반적인 프로그램 흐름과 반대로 동작한다고 해서 IoC(Inversion of Control)라고 설명하기도 한다.

> **해설**
> 소프트웨어 개발 프레임워크는 개발자가 애플리케이션을 개발할 때 필요한 컴포넌트, 구조, 기능 등을 제공하는 것을 목적으로 한다. 따라서 프레임워크는 개발자가 제어하는 방식이 아니라, 프레임워크가 개발자를 제어하는 방식으로 동작한다.

정답 ②

013 다음에서 설명하는 프레임워크 기술로 가장 적합한 것은?

- 자바 엔터프라이즈 애플리케이션(Java Enterprise Application) 개발에 사용되는 프레임워크다.
- 자바 객체가 생성되고 동작하는 방식에 대한 틀을 제공하고 애플리케이션 코드를 어떻게 작성하는지에 대한 설계 원칙과 기준도 제시한다.
- IoC(Inversion of Control)/DI(Dependency Injection)로 불리는 객체의 생명주기와 의존 관계에 대한 프로그래밍 모델을 지원한다.
- 대한민국 전자정부 표준 프레임워크로 선정되어 활용하고 있다.

① 닷넷(.NET)
② 스프링(Spring)
③ EJB(Enterprise Javabeans)
④ 스트럿츠(Struts)

정답 ②

014 Python 기반의 웹 크롤링(Web Crawling) 프레임워크로 옳은 것은?

① Li-fi ② Scrapy
③ CrawlCat ④ SBAS

해설
Scrapy는 Python으로 작성된 오픈 소스 웹 크롤링 및 스크레이핑 프레임워크로, 데이터 추출 및 크롤링을 위해 널리 사용된다. 이 프레임워크는 매우 강력하고 유연하며, 다양한 웹 크롤링 및 데이터 수집 작업에 적합하게 설계되어 있다.

정답 ②

015 객체지향 프로그래밍에서 객체(Object)와 관계형 데이터베이스의 데이터를 연결하는 기술로 옳은 것은?

① ORM ② JDBC
③ RDB ④ ODBC

해설
ORM(Object Relational Mapping)은 객체지향 프로그래밍에서 객체와 관계형 데이터베이스의 데이터를 연결하는 기술을 말한다. ORM은 객체와 데이터베이스의 관계를 매핑하여, 객체와 데이터베이스 간의 데이터를 쉽게 처리할 수 있도록 해준다.

정답 ①

016 다음 중 ORM 프레임워크의 종류로 옳지 않은 것은?

① iBatis
② myBatis
③ Hibernate
④ ODBC

> **해설**
> ODBC는 데이터베이스에 접근하기 위한 인터페이스를 제공하는 기술이다. ORM 프레임워크는 객체와 데이터베이스 간의 데이터를 연결하는 기술이다. 따라서 ODBC는 ORM 프레임워크의 종류가 아니다.

정답 ④

Section 2. 서버 프로그램 구현

001 취약점 관리를 위한 응용 프로그램의 보안 설정과 가장 거리가 먼 것은?

① 서버 관리실 출입 통제
② 실행 프로세스 권한 설정
③ 운영체제의 접근 제한
④ 운영체제의 정보 수집 제한

> **해설**
> 서버 관리실 출입 통제는 물리적 보안 조치에 해당하며, 서버나 네트워크 장비가 있는 공간의 물리적 출입을 관리한다. 응용 프로그램의 보안 설정과는 직접적인 관련이 적다.

정답 ①

002 다음 글상자에서 설명하고 있는 웹의 주요 취약점으로 가장 올바른 것은?

> 공격자가 작성한 스크립트가 다른 사용자에게 전달되는 것으로, 다른 사용자의 웹 브라우저 안에서 적절한 검증 없이 실행되어 세션 탈취나 사이트 변조 등의 행위가 가능하다.

① Injection
② Cross Site Scripting
③ Broken Access Control
④ Cross-Site Request Forgery

> **해설**
> XSS 공격에서는 공격자가 악의적인 스크립트를 웹 페이지에 삽입하고, 이 스크립트가 다른 사용자의 브라우저에서 실행된다. 이를 통해 공격자는 사용자의 세션을 탈취하거나 웹 사이트를 변조할 수 있다.

정답 ②

003 컴퓨터와 온라인의 보안 취약점을 연구해 해킹을 방어하거나 퇴치하는 민·관에서 활동하는 보안 전문가는?

① 화이트 해커　② 블랙 해커　③ 크래커　④ 그리드

> **해설**
> 화이트 해커(White Hacker) 또는 윤리적 해커(Ethical Hacker)는 보안 취약점 연구, 해킹 방어 및 퇴치, 민·관 활동의 특징을 가진다. 이와 대비되는 개념으로, 블랙 해커(Black Hacker)와 크래커(Cracker)가 있다.

정답 ①

004 오픈소스 웹 애플리케이션 보안 프로젝트로서 주로 웹을 통한 정보 유출, 악성 파일 및 스크립트, 보안 취약점 등을 연구하는 곳은?

① WWW　② OWASP　③ WBSEC　④ ITU

> **해설**
> OWASP는 오픈소스로 운영되는 비영리 단체로, 웹 애플리케이션의 보안을 개선하는 데 초점을 맞추고 있다. 웹을 통한 정보 유출, 악성 파일 및 스크립트, 보안 취약점 등 웹 애플리케이션 보안과 관련된 다양한 문제를 연구한다. OWASP는 보안 취약점을 줄이는 방법, 안전한 코드 작성 방법 등에 대한 교육 자료와 가이드라인을 제공한다.

정답 ②

005 다음에서 설명하는 웹 취약점은?

- OWASP에서 2017년에 발표한 웹 관련 주요 10대 취약점 중 하나이다.
- 이 취약점은 인증된 사용자가 수행할 수 있는 것에 대한 제한이 제대로 적용되지 않는다는 것이다.
- 공격자는 다른 사용자의 계정 접근, 민감한 파일 보기, 다른 사용자의 데이터 수정, 접근 권한 변경 등의 불법 행위가 가능하다.

① Broken Authentication
② Broken Access Control
③ Insufficient Logging & Monitoring
④ Sensitive Data Exposure

> **해설**
> Broken Access Control 취약점은 인증된 사용자에 대한 행위 제한이 제대로 적용되지 않는 상황을 나타낸다. 사용자들이 할 수 있는 것들에 대한 제한이 허술하여, 인증된 사용자가 권한을 넘어서는 행동을 할 수 있게 된다. 결과적으로 공격자는 다른 사용자의 계정에 접근하거나, 민감한 파일을 조회, 다른 사용자의 데이터를 수정하거나 접근 권한을 변경하는 등의 불법적인 행위를 할 수 있다.

정답 ②

006 OWASP(Open Web Application Security Project) 2020에서 발표된 10가지 보안 위협에 속하지 않는 것은?

① Abuse of Cloud Computing
② Injection
③ Broken Authentication
④ Sensitive Data Exposure

해설
Abuse of Cloud Computing은 클라우드 컴퓨팅 환경에서 발생할 수 있는 보안 문제 중 하나이다.

정답 ①

007 다음 내용이 설명하는 소프트웨어 취약점은?

메모리를 다루는데 오류가 발생하여 잘못된 동작을 하는 프로그램 취약점

① FTP 바운스 공격
② SQL 삽입
③ 버퍼 오버플로우
④ 디렉토리 접근 공격

해설
버퍼 오버플로우 취약점은 메모리 관리 오류, 버퍼 오버플로우 취약점을 이용하여 임의 코드 실행 등이 있다.

정답 ③

008 데이터를 제공하는 측에서 공개적으로 데이터를 주고받을 수 있는 규칙을 미리 정의해 두면 외부의 컴퓨터들이 데이터를 가져다 쓸 수 있게 하는 Web 2.0 기술에 해당하는 것은?

① Open API
② 위키(WiKi)
③ 트랙백(Trackback)
④ RSS(Really Simple Syndication)

해설
Open API는 외부 개발자나 프로그램이 소프트웨어 애플리케이션의 데이터와 기능에 접근할 수 있도록 허용한다. 이를 통해 외부 컴퓨터들이 해당 데이터를 쉽게 가져다 사용할 수 있다.

정답 ①

009 HTML5에서 사용자의 위치 정보를 알려주는 API는?

① Publication
② Geolocation
③ Localizatin
④ Weblocation

> **해설**
> Geolocation API는 웹 애플리케이션에 사용자의 지리적 위치 정보를 제공하는 기능을 한다. 이 API를 통해 웹 애플리케이션은 사용자의 현재 위치를 얻을 수 있으며, 이를 다양한 서비스에 활용할 수 있다. 예를 들어, 지역 기반 서비스, 지도 표시, 근처 상점 찾기 등에 사용된다.

정답 ②

010 공공데이터에 대한 다음 설명 중 가장 거리가 먼 것은?

① Open API를 활용하려면 정보제공자에게 활용 신청을 해야 하며, 승인을 받은 후 인증키를 받아 사용한다.
② 공공데이터 또는 Open API로 제공되는 데이터는 특별한 사유가 존재하지 않는 한 상업적으로 이용이 가능하다.
③ 공공데이터는 공공기관 등에서 데이터의 공개 여부를 판단하여 제공하며, 미제공 데이터에 대해 일반 사용자가 공개를 신청하는 것은 허용되지 않는다.
④ 공공데이터 서비스 유형은 SOAP, REST, RSS, LINK 등이 있다.

> **해설**
> 일반 사용자가 공공데이터의 추가적인 공개를 요구하거나 제안할 수 있는 시스템이 존재한다.

정답 ③

011 SOAP 기반 웹 서비스와 RESTful 웹 서비스를 비교한 설명으로 가장 적절한 것은?

① SOAP 기반 웹 서비스는 RESTful 웹 서비스에 비해 구현하기 쉽고 확장성이 우수하다.
② SOAP 기반 웹 서비스에서 요청 및 응답은 모두 XML 형식으로 수행하는 반면, RESTful 웹 서비스에서는 JSON, XML, 일반 텍스트 등을 사용한다.
③ SOAP 기반 웹 서비스는 서비스 품질이나 신뢰성 관리를 위해 자신의 기반 구조를 구현해야 하지만, RESTful 웹 서비스는 WS-Reliability나 WS-Transaction과 같은 기반 구조의 지원 표준이 있다.
④ SOAP 기반 웹 서비스는 리소스 지향적인데 반해, RESTful 웹 서비스는 RPC 메커니즘의 서비스 지향적이다.

> **해설**
> ① SOAP은 일반적으로 RESTful보다 구현이 복잡하며, RESTful이 더 확장성이 뛰어나다.
> ③ SOAP은 WS-Reliability, WS-Transaction 등의 표준을 지원하지만, RESTful은 이러한 복잡한 서비스 품질 표준을 필요로 하지 않는다.
> ④ 실제로는 SOAP이 서비스 지향적이며 RPC 메커니즘을 사용할 수 있고, RESTful은 리소스 지향적이다.

정답 ②

012 다음 중 XML 기반 Web 기술과 관련성이 가장 적은 것은?

① OCSP   ② UDDI   ③ WSDL   ④ SOAP

> **해설**
> OCSP는 인증서의 유효성을 실시간으로 확인하는 프로토콜로, 주로 디지털 인증서의 상태를 확인하는 데 사용된다.

정답 ①

013 서비스 지향 아키텍처인 XML 웹 서비스에 대한 다음 설명에서 (가)~(다)에 들어갈 내용을 순서대로 나열한 것은?

(가)은(는) 서비스 인터페이스 정의를 위한 표준, 즉 서비스 오퍼레이션과 서비스 바인딩이 정의되는 방식을 결정한다. (나)은(는) 서비스 메서드 호출과 데이터 전달 등 메시징을 위해 사용되는 표준이다. 웹 서비스 메시지 전송은 (다) 등의 프로토콜이 사용된다.

① (가) UDDI   (나) SOAP   (다) HTTP
② (가) UDDI   (나) HTTP   (다) TCP/IP
③ (가) WSDL   (나) SOAP   (다) HTTP
④ (가) WSDL   (나) HTTP   (다) TCP/IP

> **해설**
> - WSDL은 웹 서비스의 인터페이스를 XML 형식으로 기술하는 언어이다.
> - SOAP는 XML 기반의 프로토콜로, 웹 서비스의 메시징과 데이터 교환에 사용된다.
> - 웹 서비스는 일반적으로 HTTP 프로토콜을 통해 메시지를 전송한다.

정답 ③

014 서비스 지향 아키텍처(SOA, Service Oriented Architecture)에 대한 설명으로 옳지 않은 것은?

① 네트워크상에서 사용할 수 있는 서비스를 이용하여 소프트웨어 애플리케이션을 구성하는 아키텍처 스타일이다.
② Find-Bind-Execute 패러다임을 사용한다.
③ SOA는 새로운 개념으로 노후한 정보시스템을 버리고 새로운 프레임워크에 맞춰 기업 정보시스템을 혁신하기 위한 방법이다.
④ WSDL, SOAP, UDDI는 SOA를 구현하는 데 사용되는 핵심 기술이다.

> **해설**
> SOA는 기존 시스템을 완전히 대체하기 위한 것이 아니라, 기존 시스템과 새로운 시스템을 유연하게 통합하고, 서비스를 재사용할 수 있도록 하는 아키텍처이다. SOA의 목적은 기존 시스템의 재활용 및 통합을 통해 비즈니스 유연성과 효율성을 높이는 데 있다. 기존 시스템을 완전히 폐기하고 새로운 시스템으로 전환하는 것이 아닌, 기존 시스템을 활용하여 새로운 서비스 지향적 아키텍처를 구축하는 것이 SOA의 핵심 원칙 중 하나이다.

정답 ③

015 XML 문서의 처리 방법으로 이벤트 기반의 처리 방식을 제공하는 것은?

① SAX ② XSL ③ CSS ④ SOAP

> **해설**
> SAX는 XML 문서를 순차적으로 읽으면서 발생하는 이벤트(예: 태그 열림, 태그 닫힘)에 대해 처리하는 방식을 제공한다. 이 방법은 문서의 일부분만 메모리에 올리기 때문에, 큰 XML 문서를 효율적으로 처리할 수 있다.

정답 ①

016 XML 파일로 된 웹 페이지를 읽어 원하는 정보를 수집하는 기능으로, 웹 페이지를 만드는 사람은 주기적으로 내용을 개정하고 사용자는 그 페이지의 URL만 알면 웹 브라우저로 읽어 정보를 얻을 수 있는 기술은?

① OWL ② REST ③ GIS ④ PAN

> **해설**
> REST는 Representational State Transfer의 약자로, 웹 서비스를 구현하는 데 사용되는 아키텍처 스타일이다. REST는 HTTP 프로토콜을 기반으로 하며, 웹 페이지의 URL을 통해 리소스에 접근하고, GET, POST, PUT, DELETE 등의 HTTP 메서드를 사용하여 리소스를 조작할 수 있다.

정답 ②

017 다음은 http 또는 https를 사용하는 RESTful 서비스에서의 기본적인 네 가지 메서드에 대한 설명이다. (가)~(라)에 가장 적절한 메서드는?

> (가) 자원 값을 갱신하는 데 쓰인다.
> (나) 자원을 삭제하는 데 쓰인다.
> (다) 자원을 생성하는 데 사용된다.
> (라) 자원 값을 읽어오는 데 사용된다.

	(가)	(나)	(다)	(라)
①	PUT	DELETE	POST	GET
②	SET	REMOVE	CREATE	PULL
③	POST	REMOVE	NEW	READ
④	POST	DELETE	NEW	PULL

> **해설**
> RESTful 서비스에서의 기본적인 네 가지 메서드는 다음과 같다.
> • GET: 자원 값을 읽어오는 데 사용된다.
> • POST: 자원을 생성하는 데 사용된다.
> • PUT: 자원 값을 갱신하는 데 사용된다.
> • DELETE: 자원을 삭제하는 데 사용된다.

정답 ①

Section 3. 배치 프로그램 구현

001 일정시간 모여진 변동 자료를 어느 시기에 일괄적으로 처리하는 방법은?

① 리얼 타임 프로세싱(Real Time Processing) 방식
② 배치 프로세싱(Batch Processing) 방식
③ 타임 셰어링 시스템(Time Sharing System) 방식
④ 멀티 프로그래밍(Multi Programming) 방식

> **해설**
> 배치 프로세싱은 많은 양의 데이터를 모아둔 후, 일정 시간이나 조건이 충족되었을 때 일괄적으로 처리하는 방식을 말한다. 이 방식은 특히 대량의 데이터를 효율적으로 처리할 필요가 있을 때 사용된다.

정답 ②

002 데이터 발생 즉시 또는 데이터 처리 요구가 있는 즉시 처리하여 결과를 산출하는 방식으로 정해진 시간 내에 결과를 도출하는 시스템은?

① 분산 처리 시스템
② 실시간 처리 시스템
③ 배치 처리 시스템
④ 시분할 처리 시스템

> **해설**
> 실시간 처리 시스템은 반드시 특정 시간 제약 내에서 데이터를 처리하고 반응해야 하는 시스템으로, 이러한 특성 때문에 항공 교통 제어, 의료 시스템, 산업 자동화 시스템 등에서 주로 사용된다.

정답 ②

003 원거리에서 일괄 처리하는 시스템의 터미널은?

① 인텔리전트 터미널
② 더미(Dummy) 터미널
③ 리모트 배치 터미널
④ 키보드 터미널

> **해설**
> ① 인텔리전트 터미널: 인텔리전트 터미널은 데이터 처리 기능을 갖춘 터미널이다.
> ② 더미(Dummy) 터미널: 더미 터미널은 단순히 입력과 출력을 전달하는 터미널이다.
> ③ 리모트 배치 터미널: 사용자 입력을 받아 일괄 처리 작업을 수행하는 데 필요한 데이터를 원격 컴퓨터에 전송하고, 작업 결과를 사용자에게 다시 전송한다.
> ④ 키보드 터미널: 키보드 터미널은 사용자가 텍스트를 입력하고 출력하는 데 사용되는 터미널이다.

정답 ③

004 배치 프로그램의 필수 요소에 대한 설명으로 틀린 것은?

① 자동화는 심각한 오류 상황 외에는 사용자의 개입 없이 동작해야 한다.
② 안정성은 어떤 문제가 생겼는지, 언제 발생했는지 등을 추적할 수 있어야 한다.
③ 대용량 데이터는 대용량의 데이터를 처리할 수 있어야 한다.
④ 무결성은 주어진 시간 내에 처리를 완료할 수 있어야 하고, 동시에 동작하고 있는 다른 애플리케이션을 방해하지 말아야 한다.

> **해설**
> 무결성(Integrity)은 데이터의 정확성과 일관성을 유지하는 것을 의미하며, 이는 데이터가 변경, 손상, 무단 수정 없이 온전하게 유지되어야 함을 나타낸다. 배치 프로세싱의 맥락에서 무결성은 처리 과정에서 데이터가 정확하게 유지되고 변조되지 않는 것을 의미한다.

정답 ④

005 Linux에서 사용자가 지정한 프로그램을 특정 시간에 주기적으로 실행할 수 있도록 해주는 데몬은?

① crond
② atd
③ gpm
④ amd

> **해설**
> Crond는 크론(Cron) 서비스를 관리하는 데몬으로, Cron 테이블(Crontab)에 정의된 스케줄에 따라 사용자가 지정한 스크립트나 명령을 주기적으로 실행한다. 이를 통해 시스템 백업, 로그 정리 등과 같은 주기적인 작업을 자동화할 수 있다.

정답 ①

006 다음 중 Cron을 이용해서 해당 스크립트를 5분 주기로 실행하려고 할 때 ( ) 안에 들어갈 내용으로 알맞은 것은?

```
(   ) /etc/heartbeat.sh
```

① 5 * * * *
② */5 * * * *
③ 5/* * * * *
④ * * * * 5

> **해설**
> 5분 주기를 나타내려면 분 부분에 '*/5'를 사용하여 5분마다 실행되도록 설정해야 한다. */5 * * * * /etc/heartbeat.sh 스크립트를 이용해야 한다.

정답 ②

007 다음 중 백업 스크립트가 일주일에 1회만 실행되도록 Crontab에 설정하는 내용으로 알맞은 것은?

① 1 1 1 * * /etc/backup.sh
② 1 1 * 1 * /etc/backup.sh
③ 1 1 * 5 * /etc/backup.sh
④ 1 1 * * 5 /etc/backup.sh

> **해설**
> Crontab의 구조: 분(0-59) 시(0-23) 일(1-31) 월(1-12) 요일(0-6)
> ① 매월 1일 1시 1분에 수행된다.
> ② 1월에 매일 1시 1분에 수행된다.
> ③ 5월에 매일 1시 1분에 수행된다.

정답 ④

008 다음 조건으로 Cron을 이용해서 일정을 등록할 때 알맞은 것은?

매주 월요일 오전 10시에 점검 스크립트인 /etc/check.sh가 실행되도록 설정한다.

① 10 0 1 * * /etc/check.sh
② 0 10 1 * * /etc/check.sh
③ 10 0 * * 1 /etc/check.sh
④ 0 10 * * 1 /etc/check.sh

> **해설**
> ① 매월 1일 0시 10분에 수행된다.
> ② 매월 1일 10시 0분에 수행된다.
> ③ 매주 월요일 0시 10분에 수행된다.

정답 ④

CHAPTER 02 운영체제 기초 활용

001 기억된 내용의 일부를 이용하여 기억되어 있는 데이터에 직접 접근하여 정보를 읽어내는 장치는?

① 가상기억장치(Virtual Memory)
② 연관기억장치(Associative Memory)
③ 캐시 메모리(Cache Memory)
④ 보조기억장치(Auxiliary Memory)

> **해설**
> 연관기억장치 또는 연관 메모리는 특정 데이터 값이나 태그를 기반으로 전체 메모리 내에서 해당 데이터를 빠르게 찾아내는 기능을 가진 메모리 유형이다. 이는 데이터의 내용에 따라 접근이 이루어지는 내용 주소 지정 방식(CAM, Content-Addressable Memory)을 사용한다. 이러한 특성은 빠른 검색과 데이터 처리에 유용하게 활용된다.

정답 ②

002 다음의 설명과 가장 관계가 깊은 것은?

> - 컴퓨터를 구성하는 장치 간의 속도의 차이 때문에 그대로 운영하면 저속의 장치에 성능이 종속되게 된다.
> - 이러한 현상이 CPU와 주기억장치 사이에서도 발생한다. 즉, 주기억장치의 읽기/쓰기 속도가 CPU의 명령어 처리 속도보다 현저히 느리기 때문에 고가의 초 고성능의 CPU를 사용해도 성능은 속도가 느린 주기억장치 읽기/쓰기 속도에 종속된다.
> - 이러한 문제해결을 위해 두 장치 사이에 CPU 명령어 처리 속도와 유사한 속도의 메모리를 장착하여 CPU가 이로부터 명령어나 데이터를 처리하도록 하여 CPU 명령어 처리 성능을 향상시켰다.

① 메모리 버퍼
② SSD(Solid State Disk) 버퍼
③ 캐시(Cache) 메모리
④ PC(Program Counter) 메모리

> **해설**
> ① 메모리 버퍼: 일반적인 용어로, 데이터 전송과 처리를 일시적으로 돕는 메모리이다.
> ② SSD 버퍼: SSD의 데이터 처리를 임시로 저장하는 버퍼이다.
> ④ PC(Program Counter) 메모리: 프로그램 카운터는 CPU 내부의 레지스터로, 다음에 실행될 명령어의 위치를 가리킨다.

정답 ③

003 대표적인 반도체 메모리인 DRAM과 SRAM에 대한 설명으로 옳지 않은 것은?

① DRAM은 휘발성이지만 SRAM은 비휘발성이어서 전원이 공급되지 않아도 기억을 유지할 수 있다.
② DRAM은 축전기(Capacitor)의 충전 상태로 비트를 저장한다.
③ SRAM은 주로 캐시 메모리로 사용된다.
④ 일반적으로 SRAM의 접근 속도가 DRAM보다 빠르다.

> **해설**
> DRAM과 SRAM 모두 휘발성 메모리로, 전원이 공급되지 않으면 저장된 데이터를 잃게 된다.

정답 ①

004 캐시 메모리는 PC의 내부에서 어디에 위치하는가?

① CPU와 메인 메모리 사이
② CPU와 주변 장치 사이
③ 메인 메모리와 보조 메모리 사이
④ CPU와 보조 메모리 사이

> **해설**
> 캐시 메모리의 목적은 CPU와 메인 메모리 간의 데이터 전송 속도 차이를 줄이는 것이다. 캐시 메모리는 CPU에 의해 자주 사용되는 데이터를 저장하여 빠른 접근을 가능하게 함으로써 시스템의 전반적인 성능을 향상시키기 때문에, CPU와 메인 메모리 사이에 위치한다.

정답 ①

005 언어 번역 과정 중 원시 프로그램(Source Program)을 컴파일하고 기계어로 번역한 뒤 링킹 과정을 거쳐 로더(Loader)에 의해 로드 모듈 프로그램을 주기억장치로 옮겨서 실행하도록 한다. 다음 중 로더의 기능이 아닌 것은 무엇인가?

① 할당(Allocation)
② 연결(Linking)
③ 재배치(Relocation)
④ 번역(Translator)

> **해설**
> 로더(Loader)의 기능은 주로 할당(Allocation), 재배치(Relocation) 및 실행 가능한 프로그램을 주기억 장치로 로드하는 것이다. 로더는 컴파일된 코드를 메모리에 적재하고, 필요한 메모리 주소를 할당하며, 필요에 따라 주소를 재배치한다. 번역은 컴파일러나 인터프리터의 역할이다.

정답 ④

006 로더의 기능 중 재배치(Relocation)에 대한 설명으로 옳은 것은?

① 기억 장소 내의 공간을 할당한다.
② 주소 상수(Address Constant)와 같이 주소에 의존하는 위치를 할당된 기억 장소와 일치하도록 조정한다.
③ 실질적으로 기계 명령어와 자료를 주기억장치에 배치한다.
④ 목적 프로그램들 간의 연결을 통해 기호적 참조를 해결한다.

> **해설**
> 재배치 과정은 프로그램이 컴파일 시에 사용한 주소와 실제 메모리에서 할당받은 주소가 다를 때, 프로그램 내의 주소를 실제 메모리의 주소에 맞게 조정하는 과정이다. 이는 프로그램이 메모리 어디에 로드되어도 올바르게 작동할 수 있도록 보장한다.

정답 ②

007 로더(Loader)의 종류 중 별도의 로더 없이 언어 번역 프로그램이 로더의 기능까지 수행하며, 연결 기능은 수행하지 않고 할당, 재배치, 적재 작업을 모두 언어 번역 프로그램이 담당하는 것은?

① Relocating Loader
② Dynamic Loading Loader
③ Absolute Loader
④ Compile And Go Loader

> **해설**
> - Compile and Go Loader: 별도의 로더 없이 언어 번역 프로그램이 로더의 역할까지 담당한다.
> - 절대 로더(Absolute Loader): 프로그램을 지정된 장소(절대 주소)에 적재만 하는 로더이다.
> - 동적 적재 로더(Dynamic Loading Loader): CPU가 현재 사용 중인 부분만 로드하고 미사용 중인 프로그램은 보조기억장치에 저장해 두는 방식이다.

정답 ④

008 프로그램 구현 시 목적 파일(Object File)을 실행 파일(Execute File)로 변환해 주는 프로그램은?

① 링커(Linker)
② 프리프로세서(Preprocessor)
③ 인터프리터(Interpreter)
④ 컴파일러(Comipler)

> **해설**
> ① 링커: 컴파일 과정에서 생성된 하나 이상의 목적 파일들을 결합하여 실행 가능한 파일로 만드는 역할을 한다.
> ② 프리프로세서: 소스 코드에서 지시자를 처리하고, 컴파일 전 처리를 담당한다.
> ③ 인터프리터: 소스 코드를 한 줄씩 읽으면서 바로 실행하는 프로그램이다.
> ④ 컴파일러: 소스 코드를 목적 코드로 변환하는 프로그램이다.

정답 ①

009 다음 괄호 안에 들어갈 용어로 옳은 것은?

> 원시 프로그램을 (㉠)이/가 목적 프로그램으로 번역해 주며, 번역된 프로그램을 (㉡)이/가 실행 가능한 형태의 모듈로 만드는 역할을 한다.

① ㉠: 컴파일러　㉡: 어셈블러　　② ㉠: 링커　㉡: 컴파일러
③ ㉠: 컴파일러　㉡: 링커　　　　④ ㉠: 링커　㉡: 어셈블러

정답 ③

---

010 다음 중 시스템 소프트웨어가 아닌 것은?

① Compiler　　② Flash　　③ Linker　　④ Loader

> **해설**
> 시스템 소프트웨어는 운영체제의 구성요소로 컴퓨터 하드웨어와 직접 상호작용하여 기본적인 시스템 기능과 서비스를 제공하는 소프트웨어를 말한다. 컴파일러(Compiler), 링커(Linker), 로더(Loader)는 모두 시스템 소프트웨어에 해당한다. 반면, Flash는 어도비사에서 개발한 응용 프로그램이다.

정답 ②

---

011 프로세서의 상호 연결 구조 중 하이퍼큐브 구조에서 각 CPU가 3개의 연결점을 가질 경우 총 CPU의 개수는?

① 2　　② 3　　③ 4　　④ 8

> **해설**
> 하이퍼큐브(Hypercube) 연결 구조에서 각 CPU가 가지는 연결점의 개수는 하이퍼큐브의 차원을 결정한다. 하이퍼큐브의 차원이 n일 때, 각 노드는 n개의 연결점을 가지며, 총 노드(즉, CPU)의 개수는 2^n개가 된다. 문제에서 각 CPU가 3개의 연결점을 가진다고 하였으므로, 이는 3차원 하이퍼큐브를 의미한다. 따라서 총 CPU의 개수는 2^3 즉, 8개가 된다.

정답 ④

---

012 파일 보호 기법 중 다음 설명에 해당하는 것은?

> 사용자에 따라 접근할 수 있는 파일이나 디렉토리의 목록을 정해서 사용자의 신원에 따라 서로 다른 접근 권한을 허용한다.

① Cryptography　　② Password
③ Naming　　　　　④ Access Control

> **해설**
> ① Cryptography: 데이터를 암호화하여 보호하는 방법
> ② Password: 파일이나 시스템에 접근하기 위해 비밀번호를 사용하는 방법
> ③ Naming: 파일이나 리소스에 특정 이름을 부여하여 보호하는 방법

정답 ④

013 파일 시스템에 대한 설명으로 옳지 않은 것은?

① 사용자가 파일을 생성하고 수정하며 제거할 수 있도록 한다.
② 한 파일을 여러 사용자가 공동으로 사용할 수 있도록 한다.
③ 사용자가 적합한 구조로 파일을 구성할 수 없도록 제한한다.
④ 사용자와 보조기억장치 사이에서 인터페이스를 제공한다.

> **해설**
> 파일 시스템은 사용자에게 파일을 생성하고, 수정하며, 제거할 수 있는 유연성을 제공한다. 사용자는 파일 시스템을 사용하여 자신의 필요에 맞게 파일을 구성하고 관리할 수 있다. 따라서 사용자가 파일을 적합한 구조로 구성하는 것을 제한하는 것은 파일 시스템의 목적에 부합하지 않다.

정답 ③

014 여러 사용자들이 공유하고자 하는 파일들을 하나의 디렉토리 또는 일부 서브트리에 저장해 놓고 여러 사용자들이 이를 같이 사용할 수 있도록 지원하기 위한 가장 효율적인 디렉토리 구조는?

① 비순환 그래프 디렉토리 구조
② 트리 디렉토리 구조
③ 1단계 디렉토리 구조
④ 2단계 디렉토리 구조

> **해설**
> ① 비순환 그래프 디렉토리 구조: 다양한 사용자들이 공유하는 파일들을 효과적으로 관리할 수 있게 해준다. 파일이나 디렉토리에 여러 경로를 제공할 수 있어, 여러 사용자가 서로 다른 경로를 통해 동일한 파일에 접근할 수 있고, 공유 및 접근성을 극대화하는 데 유용하다.
> ② 트리 디렉토리 구조: 계층적인 구조로, 각 사용자에게 고유한 경로를 제공한다.
> ③ 1단계 디렉토리 구조: 모든 파일이 단일 디렉토리에 저장된다.
> ④ 2단계 디렉토리 구조: 각 사용자마다 별도의 디렉토리를 가지며, 사용자 간의 파일 공유가 제한적이다.

정답 ①

015 파일의 디스크 공간 할당 방법 중 다음 설명에 해당되는 것으로 가장 적절한 것은?

- 순차 접근과 직접 접근이 모두 가능하다.
- 외부 단편화 문제가 없다.

① 연속 할당
② 연결 할당
③ 고정 할당
④ 색인(Index) 할당

> **해설**
> ① 연속 할당: 파일이 연속된 공간에 저장되므로 순차 접근에는 유리하지만, 외부 단편화 문제가 발생하고 파일 크기 변경이 어렵다.
> ② 연결 할당: 각 데이터 블록이 다음 블록의 주소를 저장하는 방식으로, 순차 접근에는 유리하지만 직접 접근이 어렵고 신뢰성이 낮다.
> ③ 고정 할당: 파일 생성 시 할당할 블록의 수를 미리 정하는 방식으로, 외부 단편화는 없지만 내부 단편화가 발생하고 파일 크기 변경이 어렵다.

정답 ④

016 운영체제를 기능에 따라 분류할 경우 제어 프로그램이 아닌 것은?

① 데이터 관리 프로그램
② 서비스 프로그램
③ 작업 제어 프로그램
④ 감시 프로그램

> **해설**
> 제어 프로그램은 감시 프로그램, 작업 제어 프로그램, 데이터 관리 프로그램이다. 서비스 프로그램은 처리 프로그램이다.

정답 ②

017 운영체제를 기능상 분류했을 때, 제어 프로그램 중 다음 설명에 해당하는 것은?

> 주기억장치와 보조기억장치 사이의 자료 전송, 파일의 조작 및 처리, 입출력 자료와 프로그램 간의 논리적 연결 등 시스템에서 취급하는 파일과 데이터를 표준적인 방법으로 처리할 수 있도록 관리한다.

① 문제 프로그램(Problem Program)
② 감시 프로그램(Supervisor Program)
③ 작업 제어 프로그램(Job Control Program)
④ 데이터 관리 프로그램(Data Management Program)

> **해설**
> 데이터 관리 프로그램은 운영체제의 기능 중 하나로, 데이터의 저장, 검색, 유지 보수 등을 담당하는 프로그램이다. 따라서 주기억장치와 보조기억장치 사이의 자료 전송, 파일의 조작 및 처리, 입출력 자료와 프로그램 간의 논리적 연결 등 시스템에서 취급하는 파일과 데이터를 표준적인 방법으로 처리할 수 있도록 관리하는 기능은 데이터 관리 프로그램의 기능에 해당한다.

정답 ④

018 운영체제에 대한 설명으로 거리가 먼 것은?

① 다중 사용자와 다중 응용 프로그램 환경 하에서 자원의 현재 상태를 파악하고 자원 분배를 위한 스케줄링을 담당한다.
② CPU, 메모리 공간, 기억 장치, 입출력 장치 등의 자원을 관리한다.
③ 운영체제의 종류로는 매크로 프로세서, 어셈블러, 컴파일러 등이 있다.
④ 입출력 장치와 사용자 프로그램을 제어한다.

> **해설**
> 매크로 프로세서, 어셈블러, 컴파일러는 프로그램 언어 변환 도구로서, 운영체제의 구성요소가 아니며 운영체제의 종류도 아니다. 이들은 프로그램 소스 코드를 목적 코드나 실행 가능한 코드로 변환하는 데 사용되는 프로그램이다.

정답 ③

019 운영체제의 목적이 아닌 것은?

① 처리 능력의 향상
② 반환시간의 최대화
③ 사용 가능도 증대
④ 신뢰도 향상

> **해설**
> 반환시간의 최대화는 운영체제의 목적과 반대되는 개념이다. 운영체제는 반환시간(Turnaround Time)을 최소화하려고 노력한다. 반환시간은 작업이 시스템에 들어와서 완료되기까지 걸리는 총 시간을 의미하며, 이를 최소화하는 것이 시스템의 효율성과 사용자 만족도를 높이는 데 중요하다.

정답 ②

020 운영체제의 성능 평가 요인 중 다음 설명에 해당하는 것은?

> "이것은 컴퓨터 시스템 내의 한정된 각종 자원을 여러 사용자가 요구할 때, 어느 정도 신속하고 충분히 지원해 줄 수 있는지의 정도이다. 이는 사용 가능한 하드웨어 자원의 수나 다중 프로그래밍 정도 등의 요소가 좌우하는 것으로 같은 종류의 시스템 자원 수가 많을 경우에는 이것이 높아질 수 있다."

① Throughput
② Reliability
③ Turn around Time
④ Availability

> **해설**
> Availability는 시스템이 사용자의 요구에 신속하고 효과적으로 응답할 수 있는 능력을 나타낸다. 시스템 자원의 수나 다중 프로그래밍 정도가 높을수록 시스템의 사용 가능도는 향상된다.

정답 ④

021 운영체제의 발달 과정을 순서대로 옳게 나열한 것은?

> 가. 일괄 처리 시스템
> 나. 분산 처리 시스템
> 다. 다중 모드(Mode) 시스템
> 라. 시분할 시스템

① 가 - 라 - 다 - 나
② 다 - 나 - 라 - 가
③ 가 - 다 - 라 - 나
④ 다 - 라 - 나 - 가

해설

가. 일괄 처리 시스템(Batch Processing System): 초기 컴퓨터 시스템에서 사용되었으며, 작업들을 일정량 모아서 한 번에 처리하는 방식
라. 시분할 시스템(Time-Sharing System): 사용자가 여러 명일 경우 각 사용자에게 CPU 시간을 일정한 시간 단위로 할당하여, 여러 사용자가 동시에 컴퓨터를 사용할 수 있도록 하는 시스템
다. 다중 모드(Mode) 시스템: 보다 복잡한 작업 처리를 위해 다양한 운영 모드(예: 사용자 모드와 커널 모드)를 지원하는 시스템
나. 분산 처리 시스템(Distributed Processing System): 여러 대의 컴퓨터가 네트워크를 통해 연결되어, 작업을 분산하여 처리하는 시스템

정답 ①

022 시분할 시스템(Time Sharing System)에 대한 설명으로 옳지 않은 것은?

① 대화식 처리가 가능하다.
② 시분할 시스템에 사용되는 처리기를 Time Slice라고 한다.
③ 실제로 많은 사용자들이 하나의 컴퓨터를 공유하고 있지만 마치 자신만이 컴퓨터 시스템을 독점하여 사용하고 있는 것처럼 느끼게 된다.
④ H/W를 보다 능률적으로 사용할 수 있는 시스템이다.

해설

시분할 시스템에서 Time Slice는 각 사용자나 작업에게 할당되는 CPU 사용시간의 정해진 단위를 말한다. Time Slice는 CPU의 시간을 작은 단위로 나누어 여러 작업이나 사용자들이 거의 동시에 작업을 수행하는 것처럼 만드는 방식이고, 처리기(Processor)는 시스템에서 중앙처리장치(CPU)를 의미한다.

정답 ②

023 운영체제에서 일괄 처리 시스템(Batch Processing System)에 대한 설명으로 옳은 것은?

① 사용자로부터 작업이 요구되는 즉시 처리한다.
② 일정량 또는 일정 기간의 작업을 모아 한꺼번에 처리한다.
③ 네트워크로 연결된 여러 대의 컴퓨터에서 작업을 분산하여 처리한다.
④ CPU 운영시간을 골고루 할당하여 여러 사용자가 순환하며 작업을 수행한다.

> **해설**
> 일괄 처리 시스템은 여러 작업을 모아서 한 번에 처리하는 시스템이다. 사용자는 작업을 제출하면, 시스템은 이러한 작업들을 모아서 일괄적으로 처리한다. 이는 시스템 자원의 효율적인 사용을 목적으로 하며, 주로 대량의 데이터 처리에 적합하다.

정답 ②

024 운영체제의 운영 기법 중 동시에 프로그램을 수행할 수 있는 CPU를 두 개 이상 두고 각각 그 업무를 분담하여 처리할 수 있는 방식을 의미하는 것은?

① 시분할 처리 시스템(Time-Sharing System)
② 실시간 처리 시스템(Real-Time System)
③ 다중 처리 시스템(Multi-Processing System)
④ 다중 프로그래밍 시스템(Multi-Programming System)

> **해설**
> 다중 처리 시스템은 여러 개의 CPU를 사용하여 여러 작업을 동시에 처리할 수 있으며, 이를 통해 시스템의 처리 능력을 향상시킬 수 있다.

정답 ③

025 하나의 컴퓨터 시스템에서 여러 개의 애플리케이션(Application)들이 함께 주기억장치에 적재되어 하나의 CPU 자원을 번갈아 사용하는 형태로 수행되게 하는 기법으로 옳은 것은?

① 다중 프로그래밍(Multi-Programming)
② 다중 프로세싱(Multi-Processing)
③ 병렬 처리(Parallel Processing)
④ 분산 처리(Distributed Processing)

> **해설**
> 다중 프로그래밍은 CPU가 유휴 상태에 있지 않도록 하기 위해 여러 프로그램을 메모리에 적재해 두고, 하나의 프로그램이 입출력 작업 등으로 대기해야 할 때 다른 프로그램을 실행하여 CPU가 계속 작업을 수행할 수 있도록 하는 기법이다.

정답 ①

026 분산 운영체제의 도입 취지로 거리가 먼 것은?

① 자원 공유
② 연산 속도 향상
③ 신뢰성 증대
④ 보안성 향상

> **해설**
> 분산 운영체제는 여러 컴퓨터가 네트워크를 통해 연결되어 있으며, 이를 통해 자원 공유, 연산 속도 향상, 신뢰성 증대 등을 목적한다. 분산 시스템은 네트워크를 통해 여러 시스템이 연결되어 있기 때문에, 오히려 보안 문제가 더 복잡해질 수 있다. 분산 환경에서는 데이터가 네트워크를 통해 전송되므로 보안성이 중요한 이슈가 되지만, 이는 분산 운영체제의 도입 목적 자체라기보다는 고려해야 할 중요한 문제 중 하나이다.

정답 ④

027 분산 운영체제의 구조 중 완전 연결(Fully Connection)에 대한 설명으로 옳지 않은 것은?

① 모든 사이트는 시스템 안의 다른 모든 사이트와 직접 연결된다.
② 사이트들 간의 메시지 전달이 매우 빠르다.
③ 기본 비용이 적게 든다.
④ 사이트 간의 연결은 여러 회선이 존재하므로 신뢰성이 높다.

> **해설**
> 완전 연결 구조에서는 시스템 내의 모든 사이트가 서로 직접 연결되어 있으며, 이로 인해 사이트 간 메시지 전달이 빠르고, 연결의 신뢰성이 높다. 하지만 완전 연결 구조에서는 모든 노드가 서로 직접 연결되어야 하므로 많은 수의 연결선이 필요하며, 이는 상당한 네트워크 비용을 수반한다.

정답 ③

028 운영체제 유형에 대한 설명으로 옳지 않은 것은?

① 다중 프로그래밍은 여러 개의 프로그램을 주기억장치에 동시에 저장하고 하나의 CPU로 실행하는 방식이다.
② 분산 처리 시스템은 여러 사용자가 하나의 컴퓨터를 동시에 이용할 수 있도록 하기 위해 CPU 운영 시간을 잘게 쪼개어서 처리 시간을 여러 사용자에게 공평하게 제공하는 방식이다.
③ 실시간 시스템은 정해진 시간 내에 응답하는 시스템 방식으로 예약 시스템, 은행 업무 처리 서비스 등에 활용하는 방식이다.
④ 대화 처리 시스템은 여러 사용자가 컴퓨터와 직접 대화하면서 처리하는 방식으로 사용자 위주의 처리 방식이다.

> **해설**
> 분산 처리 시스템은 여러 대의 독립된 컴퓨터를 네트워크로 연결하여 작업을 분산 처리하는 시스템이다. 여러 사용자가 하나의 컴퓨터를 동시에 이용하는 것은 시분할 시스템(Time-Sharing System)에 대한 설명이다.

정답 ②

029 운영체제에서 커널의 기능이 아닌 것은?

① 프로세스 생성, 종료
② 사용자 인터페이스
③ 기억장치 할당, 회수
④ 파일 시스템 관리

> **해설**
> 운영체제의 커널은 시스템의 핵심 기능을 담당하는 부분으로, 프로세스 관리, 기억장치 관리, 파일 시스템 관리 등의 기능을 수행한다. 사용자 인터페이스는 운영체제와 사용자와의 상호작용을 위한 부분으로, 커널과는 별도의 계층에서 구현되며, 사용자에게 시스템의 기능을 쉽게 접근하고 사용할 수 있도록 도와준다.

정답 ②

030 다음 중 운영체제가 아닌 것은?

① Prezi
② Windows
③ Unix
④ Linux

> **해설**
> 운영체제는 컴퓨터 시스템의 기본적인 소프트웨어로, 하드웨어를 관리하고 응용 프로그램을 실행하는 기본적인 환경을 제공한다. Prezi는 운영체제가 아니며, 프레젠테이션 소프트웨어이다.

정답 ①

031 Microsoft의 Windows 운영체제의 특징이 아닌 것은?

① GUI기반 운영체제이다.
② 트리 디렉토리 구조를 가진다.
③ 선점형 멀티태스킹 방식을 사용한다.
④ 소스가 공개된 개방형(Open) 시스템이다.

> **해설**
> Microsoft의 Windows는 소스 코드가 공개되지 않은 폐쇄형(Proprietary) 운영체제이다. 반면, 소스 코드가 공개된 개방형 운영체제의 예로는 Linux가 있다.

정답 ④

032 UNIX의 특징으로 옳지 않은 것은?

① 하나 이상의 작업에 대하여 백그라운드에서 수행 가능하다.
② Multi-User는 지원하지만 Multi-Tasking은 지원하지 않는다.
③ 트리 구조의 파일 시스템을 갖는다.
④ 이식성이 높으며 장치 간의 호환성이 높다.

> **해설**
> UNIX는 멀티유저와 멀티태스킹을 모두 지원하는 운영체제이다. 여러 사용자가 동시에 시스템에 접근할 수 있으며, 시스템은 여러 작업을 동시에 처리할 수 있다.

정답 ②

033 UNIX의 특징으로 옳은 내용 모두를 나열한 것은?

> ⓐ 트리 구조의 파일 시스템을 갖는다.
> ⓑ 이식성이 높으며, 장치, 프로세스 간의 호환성이 높다.
> ⓒ 대화식 운영체제이다.
> ⓓ Multi-User 및 Multi-Tasking을 지원한다.

① ⓐ, ⓒ
② ⓐ, ⓑ, ⓒ
③ ⓐ, ⓒ, ⓓ
④ ⓐ, ⓑ, ⓒ, ⓓ

> **해설**
> ⓐ UNIX 파일 시스템은 계층적 트리 구조로 되어 있어, 파일과 디렉토리를 효율적으로 관리할 수 있다.
> ⓑ UNIX는 다양한 하드웨어와 장치에서 호환되도록 설계되었으며, 이식성이 뛰어나다.
> ⓒ UNIX는 사용자와의 상호작용을 중시하는 대화식 운영체제이다. 사용자는 명령어를 입력하여 시스템과 상호작용할 수 있다.
> ⓓ UNIX는 여러 사용자가 동시에 접근하고, 여러 작업을 동시에 처리할 수 있는 멀티유저, 멀티태스킹 운영체제이다.

정답 ④

034 UNIX의 쉘(Shell)에 관한 설명으로 옳지 않은 것은?

① 명령어 해석기이다.
② 시스템과 사용자 간의 인터페이스를 담당한다.
③ 여러 종류의 쉘이 있다.
④ 프로세스, 기억장치, 입출력 관리를 수행한다.

> **해설**
> 프로세스, 기억장치, 입출력 관리는 운영체제의 핵심 컴포넌트인 커널이 담당한다. 쉘은 이러한 관리 작업을 직접 수행하지 않고, 사용자의 명령어를 커널에 전달하여 해당 작업을 수행하도록 한다.

정답 ④

035 UNIX에서 새로운 프로세스를 생성하는 명령어는?

① ls
② cat
③ fork
④ chmod

> **해설**
> - ls: 디렉토리 내의 파일과 서브 디렉토리를 나열하는 명령어
> - cat: 파일의 내용을 표시하거나 파일을 결합하는 데 사용하는 명령어
> - chmod: 파일이나 디렉토리의 권한을 변경하는 명령어

정답 ③

036 UNIX에서 파일 내용을 화면에 표시하는 명령과 파일의 소유자를 변경하는 명령을 순서적으로 옳게 나열한 것은?

① dir, chown
② cat, chown
③ type, chmod
④ type, cat

> **해설**
> - dir: 이 명령어는 UNIX 시스템에서 사용되지 않는다. 대신, ls 명령어가 디렉토리 내용을 나열하는 데 사용된다.
> - cat: 이 명령어는 UNIX에서 파일의 내용을 화면에 표시하는 데 사용된다.
> - type: 이 명령어는 파일의 타입을 확인하는 데 사용되지만, UNIX에서는 file 명령어가 이 역할을 한다.
> - chown: 이 명령어는 UNIX에서 파일의 소유자를 변경하는 데 사용된다.
> - chmod: 이 명령어는 파일의 권한을 변경하는 데 사용된다.

정답 ②

037 Unix에서 다음의 작업을 수행하는 명령어들을 나열한 것 중 가장 옳은 것은?

> ㉠ 디렉토리 내의 파일 목록 확인
> ㉡ 현재 실행 중인 프로세스들의 정보를 확인
> ㉢ 현재 실행 중인 특정 프로세스 종료
> ㉣ 파일 또는 디렉토리의 디스크 사용량 확인

① ㉠ ls   ㉡ netstat ㉢ bg   ㉣ wc
② ㉠ dir   ㉡ ps   ㉢ bg   ㉣ wc
③ ㉠ ls   ㉡ netstat ㉢ kill ㉣ du
④ ㉠ ls   ㉡ ps   ㉢ kill ㉣ du

> **해설**
> - ls: 유닉스 및 유닉스 계열 시스템에서 디렉토리 내의 파일 목록을 표시한다.
> - ps: 현재 실행 중인 프로세스의 목록을 보여준다.
> - kill: 지정한 프로세스 ID(PID)를 가진 프로세스를 종료시키는 데 사용된다.
> - du: 디렉토리의 디스크 사용량을 확인하는 데 사용된다.

정답 ④

038 UNIX 파일 시스템에서 파일 소유자의 사용자 번호 및 그룹 번호, 파일의 보호 권한, 파일 타입, 생성 시기, 파일 링크 수 등 각 파일이나 디렉토리에 대한 모든 정보를 저장하고 있는 블록은?

① 부트 블록
② I-node 블록
③ 슈퍼 블록
④ 데이터 블록

> **해설**
> - I-node(Index node): UNIX 파일 시스템의 핵심적인 부분으로, 파일의 메타데이터를 저장한다. 이 메타데이터에는 파일의 타입, 권한, 소유자 정보, 파일 크기, 데이터 블록의 위치, 생성 및 수정시간 등이 포함된다.
> - 부트 블록: 시스템 부팅에 필요한 정보를 포함하는 블록이다.
> - 슈퍼 블록: 파일 시스템의 전체 구조와 상태에 대한 정보를 포함한다.
> - 데이터 블록: 실제 파일 데이터를 저장하는 블록이다.

정답 ②

039 UNIX 파일 시스템의 블록 구조에 포함되지 않은 것은?

① USER BLOCK
② BOOT BLOCK
③ INODE LIST
④ SUPER BLOCK

> **해설**
> 파일 시스템은 일반적으로 데이터 블록을 사용하여 사용자 파일과 데이터를 저장하지만, USER BLOCK이라는 특정 용어는 표준 용어가 아니다.

정답 ①

040 UNIX 시스템에서 사용자와 운영체제 서비스를 연결해 주는 인터페이스로 상위 수준의 소프트웨어가 커널의 기능을 이용할 수 있도록 지원해 주는 것은?

① 시스템 호출
② 하드웨어 제어 루틴
③ 프로세스 제어 서브 시스템
④ 파일 서브 시스템

> **해설**
> 시스템 호출(System Call)은 사용자 공간의 프로그램이 운영체제의 커널 서비스를 요청할 수 있는 방법을 제공한다. 이를 통해 프로그램은 안전하게 파일 시스템 접근, 프로세스 관리, 통신 등의 커널 수준의 작업을 요청할 수 있다. 시스템 호출은 프로그램과 운영체제 커널 간의 인터페이스 역할을 하며, 사용자 모드에서 커널 모드로의 전환을 가능하게 한다.

정답 ①

041 다음은 UNIX 명령어 중 Permission 변경을 위한 "chmod"의 실행 예이다. "chmod" 명령어를 실행한 후 "1s" 명령을 사용하여 결과를 확인하고자 할 때 (Ⓐ) 부분에 출력될 결과로 가장 옳은 것은?

```
$chmod 755 text1
$ls -al text1
( ⓐ ) 1 vian class1 0 Jun 15 17:34 text1
```

① -rwxr-xr-x   ② -rwxrwxrwx   ③ -r--rwxrwx   ④ -rw-r-xr-x

> **해설**
> chmod 755 명령어는 파일의 권한을 다음과 같이 설정한다.
> • 소유자(Owner)에게 읽기(Read), 쓰기(Write), 실행(Execute) 권한을 부여(rwx)
> • 그룹(Group)과 다른 사용자(Others)에게는 읽기(Read)와 실행(Execute) 권한을 부여(r-x)
> ls -al text1 명령을 실행한 후 결과로 출력될 권한 설정은 -rwxr-xr-x가 된다.

정답 ①

---

042 유닉스 운영체제에서 다음과 같은 파일의 접근 권한을 세 자리 숫자로 표기한 것으로 옳은 것은?

> 파일의 소유자는 읽고 쓰고 실행할 수 있지만 파일의 소유자를 제외한 사용자는 실행만 할 수 있다.

① 711   ② 722   ③ 744   ④ 644

> **해설**
> • 파일의 소유자(Owner)는 읽고(Read), 쓰고(Write), 실행(Execute)할 수 있다. 유닉스 권한에서 읽기는 4, 쓰기는 2, 실행은 1로 표현된다. 따라서 소유자에게 부여된 권한은 4(Read) + 2(Write) + 1(Execute) = 7 이 된다.
> • 파일의 소유자를 제외한 사용자(Group and Others)는 실행만 할 수 있다. 실행 권한은 1로 표현된다.

정답 ①

---

043 다음 중 파일의 허가권을 설정하는 리눅스 명령어에 대한 설명으로 가장 적절한 것은?

> chmod 640 sample

① chmod 명령어는 루트 사용자만이 사용할 수 있다.
② sample 파일의 소유자는 sample 파일에 대해 읽기, 쓰기, 실행하기가 가능하다.
③ sample 파일의 그룹에 속한 사용자는 sample 파일에 대해 읽기만 가능하다.
④ sample 파일의 모든 사용자는 읽기가 가능하다.

> **해설**
> - chmod 640 sample은 sample 파일의 권한을 설정한다. 이때 각 숫자는 파일 소유자, 그룹, 기타 사용자에 대한 권한을 나타낸다.
> - 6(소유자 권한): 읽기(4) + 쓰기(2) = 6
> - 4(그룹 권한): 읽기(4) = 4
> - 0(기타 사용자 권한): 없음(0) = 0

정답 ③

044 리눅스에서 설정된 umask 값이 027일 때, 생성된 디렉토리의 기본 접근 권한으로 옳은 것은?

① drw-r-----
② d---r--rw-
③ drwxr-x---
④ d---r-xrwx

> **해설**
> 기본적으로 디렉토리의 접근 권한은 777이다(rwxrwxrwx). umask 값은 생성된 파일이나 디렉토리에서 제거할 권한을 나타낸다. 따라서 umask 값을 777에서 빼면 기본 접근 권한을 구할 수 있다.

정답 ③

045 파일 디스크립터(File Descriptor)에 대한 설명으로 틀린 것은?

① 파일 관리를 위해 시스템이 필요로 하는 정보를 가지고 있다.
② 보조기억장치에 저장되어 있다가 파일이 개방(Open)되면 주기억장치로 이동된다.
③ 사용자가 파일 디스크립터를 직접 참조할 수 있다.
④ 파일 제어 블록(File Control Block)이라고도 한다.

> **해설**
> 파일 디스크립터를 사용하여 파일에 대한 읽기, 쓰기, 닫기 등의 작업을 수행할 수 있지만, 이러한 작업은 운영체제의 API를 통해서만 수행할 수 있다. 즉, 사용자가 직접 파일 디스크립터를 사용하여 이러한 작업을 수행할 수는 없다.

정답 ③

046 파일 디스크립터(File Descriptor)에 대한 설명으로 틀린 것은?

① 파일 디스크립터 내용에는 파일의 ID 번호, 디스크 내 주소, 파일 크기 등에 대한 정보가 수록된다.
② 파일이 액세스되는 동안 운영체제가 관리 목적으로 알아야 할 정보를 모아 놓은 자료구조이다.
③ 해당 파일이 Open되면 FCB(File Control Block)가 메모리에 올라와야 한다.
④ 모든 시스템에 동일한 자료구조를 갖는다.

> **해설**
> 파일 디스크립터의 자료구조는 운영체제마다 다를 수 있다. 예를 들어, UNIX에서는 파일 디스크립터가 32비트 정수로 표현되며, Windows에서는 파일 디스크립터가 64비트 정수로 표현된다.

정답 ④

047 고가의 자원은 최적의 이용을 위해 집중적인 관리를 필요로 한다. 주기억장치의 효율적인 이용과 관리를 위한 OS에서의 기억장치 관리 기법이 아닌 것은?

① Fetch Strategy
② Placement Strategy
③ Cycle Strategy
④ Replacement Strategy

> **해설**
> 기억장치 관리 전략은 반입(Fetch) 전략, 배치(Placement) 전략, 교체(Replacement) 전략이다.

정답 ③

048 메모리 관리 방안에 대한 설명으로 옳은 것만을 모두 고르면?

> ㄱ. Worst-fit 할당은 가장 큰 공간에 프로세스를 배치하는 방식이다.
> ㄴ. Best-fit 할당 방식은 요청하는 메모리 크기에 가장 일치하는 크기의 메모리 블록을 할당함으로써 외부 단편화를 최소화할 수 있다.
> ㄷ. First-fit 할당 방식은 탐색 시 요청한 메모리 크기를 할당할 수 있는 메모리 블록을 찾았을 때 바로 할당함으로써 탐색 시간을 줄일 수 있다.
> ㄹ. Buddy 할당 방식은 메모리를 2의 거듭제곱 단위의 크기로 할당하여 내부 단편화를 최소화할 수 있다.

① ㄱ, ㄷ ② ㄱ, ㄹ ③ ㄴ, ㄹ ④ ㄱ, ㄴ, ㄷ

> **해설**
> ㄴ. Best-fit 할당 방식은 요청하는 메모리 크기에 가장 잘 맞는 크기의 메모리 블록을 할당하여 내부 단편화를 최소화할 수 있다.
> ㄹ. Buddy 할당 방식은 메모리를 2의 거듭제곱 단위의 크기로 할당하기 때문에, 메모리 블록이 2의 거듭제곱 단위의 크기로 나누어지지 않는 경우 외부 단편화가 발생할 수 있다.

정답 ①

049
주기억장치 배치 전략 기법으로 First Fit 방법을 사용할 경우, 다음과 같은 기억장소 리스트에서 10K 크기의 작업은 어느 영역에 할당되는가? (단, 탐색은 위에서 아래로 한다.)

영역 번호	영역 크기	상태
A	11K	사용 중
B	5K	공백
C	15K	공백
D	30K	공백
E	12K	사용 중
F	25K	공백

① A ② C ③ E ④ F

해설
위에서 아래로 탐색할 때, 10K 크기의 작업을 수용할 수 있는 첫 번째 공백 영역은 'C'이다. A는 사용 중이고, B의 크기는 10K 요청을 충족시키지 못한다. 따라서 10K 크기의 작업은 영역 C에 할당된다.

정답 ②

050
메모리 관리 기법 중 Worst Fit 방법을 사용할 경우 10K 크기의 프로그램 실행을 위해서는 어느 부분에 할당되는가?

영역번호	메모리크기	사용여부
NO.1	8K	FREE
NO.2	12K	FREE
NO.3	10K	IN USE
NO.4	20K	IN USE
NO.5	16K	FREE

① NO.2 ② NO.3
③ NO.4 ④ NO.5

해설
Worst Fit 방법은 사용 가능한 영역 중 가장 큰 영역을 선택해야 한다. 이 리스트에서 가장 큰 사용 가능한 영역은 NO.5(16K, FREE)이다. 따라서 10K 크기의 프로그램은 NO.5 영역에 할당된다.

정답 ④

051 기억공간이 15K, 23K, 22K, 21K 순으로 빈 공간이 있을 때 기억장치 배치 전략으로 "First Fit"을 사용하여 17K의 프로그램을 적재할 경우 내부 단편화의 크기는 얼마인가?

① 5K
② 6K
③ 7K
④ 8K

> **해설**
> 'First Fit' 기억장치 배치 전략을 사용할 때, 프로그램은 리스트에서 처음으로 만나는 충분한 크기의 공간에 할당된다. 주어진 기억공간 리스트는 15K, 23K, 22K, 21K 순서이고 17K 크기의 프로그램을 적재하기 위해서는 이 중 처음으로 17K 이상의 크기를 가진 공간인 23K에 적재된다. 23K에 17K를 할당한 나머지 빈 공간(내부 단편화)은 6K이다.

정답 ②

052 다음 표는 고정 분할에서의 기억장치 Fragmentation 현상을 보이고 있다. External Fragmentation은 총 얼마인가?

작업	분할 크기	작업 크기
A	20K	10K
B	50K	60K
C	120K	160K
D	200K	100K
E	300K	150K

① 480K
② 430K
③ 260K
④ 170K

> **해설**
> 외부 단편화는 기억장치 공간보다 프로그램이 커서 프로그램을 할당받지 못해 사용되지 않고 남아있는 공간을 말한다. B 작업 50K, C 작업 120K의 외부 단편화가 발생한다.

정답 ④

053 가상기억장치 구현 기법에 대한 설명으로 가장 옳지 않은 것은?

① 가상기억장치 기법은 말 그대로 가상적인 것으로 현재 실무에서는 실현되는 방법이 아니다.
② 가상기억장치를 구현하는 일반적 방법에는 Paging과 Segmentation 기법이 있다.
③ 주기억장치의 이용률과 다중 프로그래밍의 효율을 높일 수 있다.
④ 주기억장치의 용량보다 큰 프로그램을 실행하기 위해 사용한다.

> **해설**
> 가상기억장치는 현대 컴퓨팅 시스템에서 널리 사용되는 실제 기술이다. 이는 주기억장치와 보조기억장치를 효율적으로 사용하기 위한 방법으로, 프로그램이 실제로 사용하는 메모리 공간보다 더 큰 메모리 공간을 가지고 있는 것처럼 작동하게 한다.

정답 ①

054 Virtual Memory에서 Main Memory로 페이지를 옮겨 넣을 때 주소를 조정해 주어야 하는데 이를 무엇이라 하는가?

① Mapping
② Scheduling
③ Matching
④ Loading

> **해설**
> Virtual Memory에서 Main Memory로 페이지를 옮겨 넣을 때 주소를 조정하는 과정은 매핑(Mapping)이라고 한다. 이 과정에서 시스템은 가상 주소를 실제 물리적 주소로 변환한다. 이 매핑 과정은 페이지 테이블을 통해 수행되며, 컴퓨터의 CPU가 메모리에 액세스할 때 필요한 주소 변환을 가능하게 한다.

정답 ①

055 페이징 기법에서 페이지 크기가 작아질수록 발생하는 현상이 아닌 것은?

① 기억장소 이용 효율이 증가한다.
② 입·출력 시간이 늘어난다.
③ 내부 단편화가 감소한다.
④ 페이지 맵 테이블의 크기가 감소한다.

> **해설**
> 페이지 크기가 작아지면 더 많은 페이지가 필요하게 되고, 이에 따라 페이지 맵 테이블의 크기도 커지게 된다.

정답 ④

056 페이지 기억장치 할당 기법에서 한 페이지의 크기가 512바이트이고 페이지 번호는 0부터 시작한다면 논리적인 주소 1224번지는 어디로 변환되는가?

① 페이지 1, 변위 200
② 페이지 200, 변위 1
③ 페이지 2, 변위 200
④ 페이지 200, 변위 2

> **해설**
> 페이지 크기가 512바이트이므로, 각 페이지는 512바이트의 메모리 공간을 차지한다. 페이지 번호는 논리적 주소를 페이지 크기로 나눈 몫으로, 변위는 논리적 주소를 페이지 크기로 나눈 나머지로 계산된다.
> • 페이지 번호 = 1224 / 512 = 2 (정수 나눗셈)
> • 변위 = 1224 % 512 = 200

정답 ③

057 페이징 기법을 사용하는 64비트 컴퓨터에서 페이지의 크기가 4,096바이트일 때, 논리주소를 구성하는 페이지 번호의 비트 수와 페이지 변위(Offset)의 비트 수로 올바른 것은?

① 40, 24
② 12, 52
③ 42, 12
④ 52, 12

> **해설**
> - 페이지 크기(Page Size): 페이지 크기가 4,096바이트(4KB)이다. 4,096은 2^{12}이므로, 페이지 변위(Offset)를 표현하기 위해서는 12비트가 필요하다.
> - 논리 주소(Logical Address): 64비트 컴퓨터에서는 논리 주소가 64비트이다.
> - 페이지 번호(Page Number): 전체 주소 비트 수는 64비트이고, 그 중 12비트가 페이지 변위(Offset)에 사용되므로, 페이지 번호를 표현하는 데는 64-12=52비트가 필요하다.

정답 ④

058 다음 조건을 만족하는 가상기억장치에서 가상 페이지 번호(Virtual Page Number)와 페이지 오프셋의 비트 수를 바르게 연결한 것은?

- 페이징 기법을 사용하며, 페이지 크기는 2,048바이트이다.
- 가상 주소는 길이가 32비트이고, 가상 페이지 번호와 페이지 오프셋으로 구분된다.

	가상 페이지 번호	페이지 오프셋
①	11	21
②	13	19
③	19	13
④	21	11

> **해설**
> 페이지 크기가 2,048바이트(2KB)이므로, 페이지 오프셋을 나타내기 위한 비트 수를 결정해야 한다. 2KB는 2^{11} 바이트와 같다. 이는 페이지 오프셋을 나타내기 위해 11비트가 필요함을 의미한다. 가상 주소의 길이가 32비트이며, 이 중 페이지 오프셋이 11비트를 차지하므로, 나머지 32 - 11 = 21비트가 가상 페이지 번호를 나타내는 데 사용된다.

정답 ④

059 페이징 기법과 세그먼테이션 기법에 대한 설명으로 옳지 않은 것은?

① 페이징 기법에서는 주소 변환을 위한 페이지 맵 테이블이 필요하다.
② 페이지 크기로 일정하게 나누어진 주기억장치의 단위를 페이지 프레임이라고 한다.
③ 페이징 기법에서는 하나의 작업을 다양한 크기의 논리적인 단위로 나눈 후 주기억장치에 적재시켜 실행한다.
④ 세그먼테이션 기법을 이용하는 궁극적인 이유는 기억 공간을 절약하기 위해서이다.

> **해설**
> 페이징 기법에서는 작업을 고정된 크기의 페이지로 나눈다. 다양한 크기가 아니라 동일한 크기의 페이지로 분할하는 방법이 페이징 기법이다.

정답 ③

060 다음 설명의 ㉠과 ㉡에 들어갈 내용으로 옳은 것은?

> 가상기억장치의 일반적인 구현 방법에는 프로그램을 고정된 크기의 일정한 블록으로 나누는 (㉠) 기법과 가변적인 크기의 블록으로 나누는 (㉡) 기법이 있다.

① ㉠ Paging ㉡ Segmentation
② ㉠ Segmentation ㉡ Allocation
③ ㉠ Segmentation ㉡ Compaction
④ ㉠ Paging ㉡ Linking

> **해설**
> 가상기억장치의 일반적인 구현 방법에는 프로그램을 고정된 크기의 일정한 블록으로 나누는 페이징 기법과 가변적인 크기의 블록으로 나누는 세그먼테이션 기법이 있다.

정답 ①

061 가상기억장치 구현에서 세그먼테이션(Segmentation) 기법의 설명으로 옳지 않은 것은?

① 주소 변환을 위해서 페이지 맵 테이블(Page Map Table)이 필요하다.
② 세그먼테이션은 프로그램을 여러 개의 블록으로 나누어 수행한다.
③ 각 세그먼트는 고유한 이름과 크기를 갖는다.
④ 기억장치 보호키가 필요하다.

> **해설**
> 세그먼테이션 기법에서는 세그먼트 맵 테이블을 사용하여 주소 변환을 수행한다. 페이지 맵 테이블은 페이징 기법에서 사용되는 개념이다.

정답 ①

062 다음과 같은 세그먼트 테이블을 가지는 시스템에서 논리 주소(2, 176)에 대한 물리 주소는?

세그먼트 번호	시작 주소	길이(바이트)
0	670	248
1	1752	422
2	222	198
3	996	604

① 398　　② 400　　③ 1928　　④ 1930

해설
물리 주소는 세그먼트의 시작 주소 + 오프셋이다. 2번 세그먼트 번호를 가진 시작 주소 222에 176을 더해서 398이 실제 물리 주소이다.

정답 ①

063 다음 중 페이지 교체(Page Replacement) 알고리즘이 아닌 것은?

① FIFO(First-In-First-Out)
② LUF(Least Used First)
③ Optimal
④ LRU(Least Recently Used)

해설
페이지 교체 알고리즘은 FIFO(First In First Out), OPT(Optimal replacement), LRU(Least Recently Used), LFU(Least Frequently Used), NUR(Not Used Recently), SCR(Second Chance Replacement)이 있다.

정답 ②

064 3개의 페이지 프레임을 갖는 시스템에서 페이지 참조 순서가 1, 2, 1, 0, 4, 1, 3일 경우 FIFO 알고리즘에 의한 페이지 대치의 최종 결과는?

① 1, 2, 0　　② 2, 4, 3　　③ 1, 4, 2　　④ 4, 1, 3

해설
FIFO 페이지 교체 기법은 가장 오랫동안 상주한 페이지를 교체하는 기법이다.

참조 페이지	1	2	1	0	4	1	3
페이지 프레임	1	1	1	1	4	4	4
		2	2	2	2	1	1
				0	0	0	3
페이지 부재	O	O	X	O	O	O	O

정답 ④

065 다음의 페이지 참조 열(Page Reference String)에 대해 페이지 교체 기법으로 선입선출 알고리즘을 사용할 경우 페이지 부재(Page Fault) 횟수는? (단, 할당된 페이지 프레임 수는 3이고, 처음에는 모든 프레임이 비어 있다.)

```
<페이지 참조 열>
7, 0, 1, 2, 0, 3, 0, 4, 2, 3, 0, 3, 2, 1, 2, 0, 1, 7, 0
```

① 13 ② 14
③ 15 ④ 20

해설

FIFO 페이지 교체 기법은 가장 먼저 메모리에 적재된 페이지를 가장 먼저 교체하는 기법이다.

참조 페이지	7	0	1	2	0	3	0	4	2	3	0	3	2	1	2	0	1	7	0
페이지 프레임	7	7	7	2	2	2	2	4	4	4	0	0	0	0	0	0	0	7	7
		0	0	0	0	3	3	3	2	2	2	2	1	1	1	1	1	1	0
			1	1	1	1	0	0	0	3	3	3	3	2	2	2	2	2	2
페이지 부재	O	O	O	O	X	O	O	O	O	O	O	X	X	O	O	X	X	O	O

정답 ②

066 4개의 페이지를 수용할 수 있는 주기억장치가 있으며, 초기에는 모두 비어 있다고 가정한다. 다음의 순서로 페이지 참조가 발생할 때, FIFO 페이지 교체 알고리즘을 사용할 경우 페이지 결함의 발생 횟수는?

```
페이지 참조 순서 : 1, 2, 3, 1, 2, 4, 5, 1
```

① 6회 ② 7회
③ 8회 ④ 9회

해설

FIFO 페이지 교체 기법은 가장 먼저 메모리에 적재된 페이지를 가장 먼저 교체하는 기법이다.

참조 페이지	1	2	3	1	2	4	5	1
페이지 프레임	1	1	1	1	1	1	5	5
		2	2	2	2	2	2	1
			3	3	3	3	3	3
						4	4	4
페이지 부재	O	O	O	X	X	O	O	O

정답 ①

067. 4개의 페이지를 수용할 수 있는 주기억장치가 있으며, 초기에는 모두 비어 있다고 가정한다. 다음의 순서로 페이지 참조가 발생할 때, LRU 페이지 교체 알고리즘을 사용할 경우 몇 번의 페이지 결함이 발생하는가?

> 페이지 참조 순서 : 1, 2, 3, 1, 2, 4, 1, 2, 5

① 5회 ② 6회 ③ 7회 ④ 8회

해설

LRU(Least Recently Used)는 현 시점에서 가장 오랫동안 참조되지 않았던 페이지를 먼저 교체하는 기법이다.

참조 페이지	1	2	3	1	2	4	1	2	5
페이지 프레임	1	1	1	1	1	1	1	1	1
		2	2	2	2	2	2	2	2
			3	3	3	3	3	3	5
						4	4	4	4
페이지 부재	O	O	O	X	X	O	X	X	O

정답 ①

068. LRU 교체 기법에서 페이지 프레임이 3일 경우 페이지 호출 순서가 3인 곳(화살표 부분)의 빈칸을 위에서부터 아래쪽으로 옳게 나열된 것은?

	4	2	0	5	2	1	7	↓3
	4	4	4	5	5	5	7	
		2	2	2	2	2	2	
			0	0	0	1	1	

① 3, 2, 1 ② 7, 3, 1
③ 7, 2, 3 ④ 5, 2, 3

해설

LRU(Least Recently Used)는 현 시점에서 가장 오랫동안 참조되지 않았던 페이지를 먼저 교체하는 기법이다.

참조 페이지	4	2	0	5	2	1	7	3
페이지 프레임	4	4	4	5	5	5	7	7
		2	2	2	2	2	2	3
			0	0	0	1	1	1
페이지 부재	O	O	O	O	X	O	O	O

정답 ②

069 3개의 페이지 프레임으로 구성된 기억장치에서 다음과 같은 참조열 순으로 페이지가 참조될 때, 페이지 부재 발생 횟수가 가장 적은 교체 방법은? (단, 초기 페이지 프레임은 비어 있으며, 페이지 교체 과정에서 사용 빈도수가 동일한 경우는 가장 오래된 것을 먼저 교체한다.)

> 참조열: 2 1 2 3 1 4 5 1 4 3

① FIFO(First In First Out)
② LFU(Least Frequently Used)
③ LRU(Least Recently Used)
④ MFU(Most Frequently Used)

해설
LRU 외에 사용되는 교체 방법은 7회의 페이지 부재가 발생하고, LRU는 6회의 페이지 부재가 발생한다.

정답 ③

070 운영체제에서 다음 설명에 해당하는 페이지 교체 알고리즘은?

> 페이지 교체가 필요한 시점에서 최근 가장 오랫동안 사용되지 않은 페이지를 제거하여 교체한다.

① 최적(Optimal) 교체 알고리즘
② FIFO(First In First Out) 교체 알고리즘
③ LRU(Least Recently Used) 교체 알고리즘
④ LFU(Least Frequently Used) 교체 알고리즘

해설
LRU 알고리즘은 최근에 가장 적게 사용된 페이지를 추적하여, 메모리가 가득 찼을 때 해당 페이지를 교체한다.

정답 ③

071 페이지 교체 기법 중 최근에 사용하지 않은 페이지를 교체하는 기법으로 각 페이지마다 참조 비트와 변형 비트가 사용되는 것은?

① NUR   ② FIFO   ③ SCR   ④ OPT

해설
NUR(Not Used Recently)은 각 페이지에 대해 참조 비트(Reference Bit)와 변형 비트(Modified Bit 또는 Dirty Bit)를 사용하여 페이지의 사용 상태를 추적한다. 참조 비트는 페이지가 최근에 참조되었는지 여부를 나타내고, 변형 비트는 페이지가 수정되었는지 여부를 나타내고, 이 정보를 바탕으로 시스템은 어떤 페이지를 교체할지 결정한다.

정답 ①

072 NUR 기법은 호출 비트와 변형 비트를 가진다. 다음 중 가장 나중에 교체될 페이지는?

① 호출 비트: 0, 변형 비트: 0
② 호출 비트: 0, 변형 비트: 1
③ 호출 비트: 1, 변형 비트: 0
④ 호출 비트: 1, 변형 비트: 1

> **해설**
> ④번은 참조와 변형을 모두 했기 때문에 가장 나중에 교체된다.

정답 ④

073 프로세스들 간의 메모리 경쟁으로 인하여 지나치게 페이지 폴트가 발생하여 전체 시스템의 성능이 저하되는 현상은?

① Fragmentation
② Thrashing
③ Locality
④ Prepaging

> **해설**
> 스레싱(Thrashing) 현상은 시스템에 너무 많은 프로세스가 동시에 실행되거나, 사용 가능한 메모리가 부족할 때 발생한다. 이 상황에서 시스템은 지속적으로 페이지 교체 작업을 수행하게 되며, 대부분의 시간을 페이지 교체에 사용하게 되어 실제 유용한 작업 처리 시간이 줄어들게 된다.

정답 ②

074 다음 중 스레싱(Thrashing)에 대한 설명으로 가장 옳은 것은?

① 두 개 이상의 작업이 서로 상대방의 작업이 끝나기만을 기다리고 있기 때문에 결과적으로 아무것도 완료되지 못하는 현상을 의미한다.
② CPU 버스트가 짧은 프로세스에게 우선순위를 항상 부여한다면, 상대적으로 CPU 버스트가 긴 프로세스가 계속해서 지연되는 것을 의미한다.
③ CPU가 프로그램을 실행하고 있을 때 입출력 하드웨어 등의 장치나 예외 상황이 발생하여 처리가 필요한 경우 CPU에게 알려 처리할 수 있도록 하는 것을 의미한다.
④ 페이지 부재가 너무 자주 일어나 프로세스 실행에 보내는 시간보다 페이지 교체에 더 많은 시간을 소비하는 현상을 의미한다.

> **해설**
> ① 데드락(Deadlock)을 설명하는 것으로, 서로가 서로의 자원을 필요로 하여 무한히 기다리는 상황을 의미한다.
> ② 스타베이션(Starvation) 또는 기아 상태를 의미하는 것으로, 특정 프로세스들이 계속해서 우선순위가 낮아 실행되지 못하는 상황이다.
> ③ 인터럽트(Interrupt) 처리에 관한 것으로, 하드웨어나 예외 상황이 발생했을 때 이를 CPU가 처리하도록 알리는 메커니즘을 설명한다.

정답 ④

075 운영체제의 가상기억장치 관리에서 프로세스가 일정 시간 동안 자주 참조하는 페이지들의 집합을 의미하는 것은?

① Locality   ② Deadlock   ③ Thrashing   ④ Working Set

> **해설**
> 워킹 셋은 특정 시간 동안 프로세스에 의해 활발하게 사용되는 페이지들의 그룹을 나타내며, 이 개념은 메모리 관리 및 페이지 교체 전략에 있어 중요한 역할을 한다.

정답 ④

076 워킹 셋(Working Set)에 대한 설명으로 옳지 않은 것은?

① 주기억장치에 적재되지 않으면 스레싱이 발생할 수 있다.
② 실행 중인 프로세스가 일정 시간 동안 참조하는 페이지의 집합이다.
③ 주기억장치에 적재되어야 효율적인 실행이 가능하다.
④ 프로세스 실행 중에는 크기가 변하지 않는다.

> **해설**
> 워킹 셋은 프로세스 실행 중에 그 크기가 변할 수 있다. 프로세스의 작업 부하에 따라 필요한 페이지의 집합이 변하므로, 워킹 셋의 크기도 동적으로 변한다.

정답 ④

077 가상 메모리에 대한 아래의 설명 중 옳은 것을 모두 고른 것은?

> ㄱ. 인위적 연속성이란 프로세스의 가상주소 공간상의 연속적인 주소가 실제 기억장치에서도 연속성이 보장되어야 함을 의미한다.
> ㄴ. 다중 프로그래밍 정도가 높은 경우, 프로세스가 프로그램 수행시간보다 페이지 교환시간에 더 많은 시간을 소요하고 있다면 스레싱(Thrashing) 현상이 발생한 것이다.
> ㄷ. 프로세스를 실행하는 동안 일부 페이지만 집중적으로 참조하는 경우를 지역성(Locality)이라 하며, 배열 순회는 공간 지역성의 예이다.
> ㄹ. 프로세스가 자주 참조하는 페이지의 집합을 작업 집합(Working set)이라 하며, 작업 집합은 최초 한번 결정되면 그 이후부터는 변하지 않는다.

① ㄱ, ㄴ   ② ㄱ, ㄹ   ③ ㄴ, ㄷ   ④ ㄴ, ㄷ, ㄹ

> **해설**
> ㄱ. 인위적 연속성: 가상 메모리 시스템에서는 논리적 주소 공간이 연속적이지만, 실제 물리적 메모리상에서의 연속성은 보장되지 않는다. 가상 메모리는 물리적 메모리의 비연속적인 부분에 데이터를 저장할 수 있다.
> ㄹ. 작업 집합(Working Set): 작업 집합은 프로세스가 일정 시간 동안 참조하는 페이지의 집합을 의미하며, 이 집합은 프로세스 실행 중 동적으로 변할 수 있다.

정답 ③

078 운영체제상의 프로세스(Process)에 관한 설명으로 옳지 않은 것은?

① 프로세스의 영역 중 스택 영역은 동적 메모리 할당에 활용된다.
② 디스패치(Dispatch)는 CPU 스케줄러가 준비 상태의 프로세스 중 하나를 골라 실행 상태로 바꾸는 작업을 말한다.
③ 프로세스 제어 블록(Process Control Block)은 프로세스 식별자, 메모리 관련 정보, 프로세스가 사용했던 중간값을 포함한다.
④ 문맥 교환(Context Switching)은 CPU를 점유하고 있는 프로세스를 CPU에서 내보내고 새로운 프로세스를 받아들이는 작업이다.

> **해설**
> 스택 영역은 주로 함수의 호출과 반환, 지역 변수의 저장 등에 사용되며, 동적 메모리 할당은 주로 힙 영역에서 수행된다.

정답 ①

079 프로세스 적재 정책과 관련한 설명으로 틀린 것은?

① 반복, 스택, 부프로그램은 시간 지역성(Temporal Locality)과 관련이 있다.
② 공간 지역성(Spatial Locality)은 프로세스가 어떤 페이지를 참조했다면 이후 가상 주소 공간상 그 페이지와 인접한 페이지들을 참조할 가능성이 높음을 의미한다.
③ 일반적으로 페이지 교환에 보내는 시간보다 프로세스 수행에 보내는 시간이 더 크면 스레싱(Thrashing)이 발생한다.
④ 스레싱(Thrashing) 현상을 방지하기 위해서는 각 프로세스가 필요로 하는 프레임을 제공할 수 있어야 한다.

> **해설**
> 스레싱은 프로세스가 페이지 교환에 보내는 시간이 프로세스 수행에 보내는 시간보다 커지면 발생한다. 즉, 시스템이 페이지 교체 작업에 너무 많은 시간을 소비하여, 실제 유용한 작업 수행시간이 감소하는 현상을 말한다.

정답 ③

080 시간적 구역성(Temporal Locality)과 거리가 먼 것은?

① 루프
② 서브루틴
③ 배열 순회
④ 스택

> **해설**
> - 시간 구역성(Temporal Locality): 루프, 서브루틴, 스택, 집계에 사용되는 변수 등
> - 공간 구역성(Spatial Locality): 배열 순회, 프로그램의 순차적 수행 등

정답 ③

081 프로세스 제어 블록을 갖고 있으며, 현재 실행 중이거나 곧 실행 가능하며, CPU를 할당받을 수 있는 프로그램으로 정의할 수 있는 것은?

① 워킹 셋
② 세그먼테이션
③ 모니터
④ 프로세스

> **해설**
> 프로세스는 현재 실행 중이거나 곧 실행 가능하며, CPU를 할당받을 수 있는 프로그램이다. 프로세스는 프로세스 제어 블록(PCB)을 가지고 있으며, PCB에는 프로세스의 상태, 메모리 정보, 자원 정보 등이 저장되어 있다.
>
> 정답 ④

082 운영체제를 자원 관리자(Resource Manager)라는 관점으로 접근했을 때, 자원들을 관리하는 과정을 순서대로 가장 옳게 나열한 것은?

㉮ 프로세스에 배당된 자원을 회수하는 과정
㉯ 어떤 프로세스에게 언제, 어떤 자원을 할당할 것인가를 결정하는 분배 정책 수립 과정
㉰ 시스템 내 모든 자원들의 상태를 파악하는 과정
㉱ 자원을 배당하고 운영함으로써 수립된 정책을 수행하는 과정

① ㉮ → ㉯ → ㉰ → ㉱
② ㉮ → ㉰ → ㉱ → ㉯
③ ㉰ → ㉯ → ㉱ → ㉮
④ ㉰ → ㉱ → ㉯ → ㉮

> **해설**
> 가장 먼저 시스템 내의 모든 자원들의 상태를 파악하는 것이 필요하다. 이후 자원 분배 정책을 수립하고, 이 정책에 따라 자원을 배당하고 운영한다. 마지막으로 프로세스가 종료되거나 자원이 더 이상 필요하지 않을 때, 배당된 자원을 회수한다.
>
> 정답 ③

083 프로세스와 관련한 설명으로 틀린 것은?

① 프로세스가 준비 상태에서 프로세서가 배당되어 실행 상태로 변화하는 것을 디스패치(Dispatch)라고 한다.
② 프로세스 제어 블록(PCB, Process Control Block)은 프로세스 식별자, 프로세스 상태 등의 정보로 구성된다.
③ 이전 프로세스의 상태 레지스터 내용을 보관하고 다른 프로세스의 레지스터를 적재하는 과정을 문맥 교환(Context Switching)이라고 한다.
④ 프로세스는 스레드(Thread) 내에서 실행되는 흐름의 단위이며, 스레드와 달리 주소 공간에 실행 스택(Stack)이 없다.

> **해설**
> 프로세스는 스레드 내에서 실행되는 흐름의 단위가 아니라, 독립적인 실행 단위이다. 프로세스마다 별도의 주소 공간이 있으며, 이 주소 공간에는 실행 스택이 포함되어 있다. 스레드는 프로세스 내에서 실행되는 흐름의 단위로, 프로세스의 주소 공간을 공유한다. 따라서 스레드는 실행 스택을 공유하지만, 프로세스는 독립적인 실행 스택을 가지고 있다.

정답 ④

084 준비 상태에 있는 프로세스 중에서 실행될 프로세스를 선정하여 CPU에 할당하는 것은?

① Job Scheduler
② Process Scheduler
③ Spooler
④ Traffic Controller

> **해설**
> ① Job Scheduler: 작업을 준비 상태로 이동시키는 역할을 한다.
> ③ Spooler: 입출력 장치와 프로세스 간의 입출력 대기시간을 줄이기 위해 입출력 데이터를 저장하는 역할을 한다.
> ④ Traffic Controller: 네트워크 트래픽을 관리하는 역할을 한다.

정답 ②

085 프로세스 상태의 종류가 아닌 것은?

① Ready
② Running
③ Request
④ Exit

> **해설**
> 프로세스의 상태 종류: 제출(Submit), 접수(Hold), 준비(Ready), 실행(Running), 대기(Wait), 종료(Exit)

정답 ③

086 프로세스의 상태 전이에 속하지 않는 것은?

① Dispatch
② Spooling
③ Wake up
④ Workout

> **해설**
> ① Dispatch: 준비 상태에 있는 프로세스를 CPU에 할당하는 과정이다.
> ② Spooling: 입출력 장치와 프로세스 간의 입출력 대기시간을 줄이기 위해 입출력 데이터를 저장하는 과정이다.
> ③ Wake up: 대기 상태에 있는 프로세스를 준비 상태로 전환하는 과정이다.

정답 ④

087 스레드(Thread)에 대한 설명으로 옳지 않은 것은?

① 한 개의 프로세스는 여러 개의 스레드를 가질 수 없다.
② 커널 스레드의 경우 운영체제에 의해 스레드를 운용한다.
③ 사용자 스레드의 경우 사용자가 만든 라이브러리를 사용하여 스레드를 운용한다.
④ 스레드를 사용함으로써 하드웨어, 운영체제의 성능과 응용 프로그램의 처리율을 향상시킬 수 있다.

> **해설**
> 한 개의 프로세스는 멀티 스레딩을 통해 여러 개의 스레드를 가질 수 있다. 멀티 스레딩은 프로세스 내에서 다수의 스레드가 동시에 실행되도록 하는 기능이다.

정답 ①

088 스레드(Thread)에 대한 설명으로 옳지 않은 것은?

① 프로세스 내부에 포함되는 스레드는 공통적으로 접근 가능한 기억장치를 통해 효율적으로 통신한다.
② 다중 스레드 개념을 도입하면 자원의 중복 할당을 방지하고 훨씬 작은 자원만으로도 작업을 처리할 수 있다.
③ 하나의 프로세스를 구성하고 있는 여러 스레드들은 공통적인 제어 흐름을 가지며, 각종 레지스터 및 스택 공간들은 모든 스레드들이 공유한다.
④ 하나의 프로세스를 여러 개의 스레드로 생성하여 병행성을 증진시킬 수 있다.

> **해설**
> 스레드는 프로세스 내에서 독립적으로 실행되는 흐름의 단위이다. 따라서 각 스레드는 자신의 제어 흐름을 가지고 있으며, 레지스터 및 스택 공간도 독립적으로 사용한다.

정답 ③

089 사용자 수준에서 지원되는 스레드(Thread)가 커널에서 지원되는 스레드에 비해 가지는 장점으로 옳은 것은?

① 한 프로세스가 운영체제를 호출할 때 전체 프로세스가 대기할 필요가 없으므로 시스템 성능을 높일 수 있다.
② 동시에 여러 스레드가 커널에 접근할 수 있으므로 여러 스레드가 시스템 호출을 동시에 사용할 수 있다.
③ 각 스레드를 개별적으로 관리할 수 있으므로 스레드의 독립적인 스케줄링이 가능하다.
④ 커널 모드로의 전환 없이 스레드 교환이 가능하므로 오버헤드가 줄어든다.

> **해설**
> 사용자 수준 스레드는 커널 수준 스레드와 달리 커널에서 관리되지 않는다. 따라서 스레드 교환 시 커널 모드로의 전환이 필요하지 않으므로 오버헤드가 줄어든다.

정답 ④

090 프로세서의 상태 정보를 갖고 있는 PCB(Process Control Block)의 내용이 아닌 것은?

① 프로세스 식별 정보
② 프로세스 제어 정보
③ 프로세스(CPU) 상태 정보
④ 프로세스 생성 정보

> **해설**
> ※ PCB에 저장되는 정보
> - 프로세스의 현재 상태
> - 포인터(부모 프로세스, 자식 프로세스 등)
> - 프로세스 고유 식별자
> - 스케줄링, 프로세스 우선순위
> - CPU 레지스터 정보
> - 주기억장치 관리 정보
> - I/O 상태 정보
> - 계정 정보(CPU 사용시간, 실제 사용시간, 한정된 시간)

정답 ④

091 다중 프로그래밍 시스템에서 OS에 의해 CPU가 할당되는 프로세스를 변경하기 위한 목적으로 현재 CPU를 사용하여 실행되고 있는 프로세스의 상태 정보를 저장하고 제어 권한을 ISR에게 넘기는 작업을 무엇이라 하는가?

① Context Switching
② Monitor
③ Mutual Exclusion
④ Semaphore

> **해설**
> 다중 프로그래밍 시스템에서 OS에 의해 CPU 할당이 변경될 때, 현재 CPU를 사용하여 실행되고 있는 프로세스의 상태 정보를 저장하고 제어 권한을 인터럽트 서비스 루틴(ISR)에게 넘기는 작업은 Context Switching이라고 한다. 컨텍스트 스위칭은 현재 실행 중인 프로세스의 상태(컨텍스트)를 저장하고, 다음에 실행할 프로세스의 상태를 복원하는 과정이다.

정답 ①

092 프로세스가 자원을 기다리고 있는 시간에 비례하여 우선순위를 부여함으로써 무기한 문제를 방지하는 기법은?

① Aging
② Reusable
③ Circular wait
④ Deadly embrace

해설
프로세스가 자원을 기다리는 시간에 비례하여 우선순위를 부여함으로써 무기한 대기(또는 기아 상태) 문제를 방지하는 기법은 에이징(Aging)이다. 에이징은 시간이 지남에 따라 대기 중인 프로세스의 우선순위를 점진적으로 높여주는 방법으로, 이를 통해 오랫동안 대기하는 프로세스가 서비스를 받을 수 있는 기회를 보장한다. 이 방법은 무기한 대기 상태를 예방하고 시스템의 공정성을 증진시키는 데 사용된다.

정답 ①

093 스케줄링의 목적으로 가장 거리가 먼 것은?

① 모든 작업들에 대해 공평성을 유지하기 위하여
② 단위 시간당 처리량을 최대화하기 위하여
③ 응답시간을 빠르게 하기 위하여
④ 운영체제의 오버헤드를 최대화하기 위하여

해설
스케줄링의 목적은 효율성을 높이고 오버헤드를 최소화하는 것이다. 시스템은 가능한 한 작업을 효과적으로 관리하면서 오버헤드를 줄여야 한다.

정답 ④

094 CPU 스케줄링 기법에 대한 설명으로 옳지 않은 것은?

① 라운드 로빈(Round-Robin) 스케줄링 기법은 선점 방식의 스케줄링 기법이다.
② HRN(Highest Response ratio Next) 스케줄링 기법은 우선순위에 대기시간(Waiting Time)을 고려하여 기아(Starvation) 문제를 해결한다.
③ 다단계 큐 스케줄링 기법은 프로세스들을 위한 준비 큐를 다수 개로 구분하며, 각 준비 큐는 자신만의 스케줄링 알고리즘을 별도로 가질 수 있다.
④ 우선순위 스케줄링 기법은 항상 선점 방식으로 구현되기 때문에 특정 프로세스에 대하여 무한 대기 또는 기아(Starvation) 현상 발생의 위험이 있다.

해설
우선순위 스케줄링은 선점 방식과 비선점 방식 모두에서 구현될 수 있다. 선점 방식에서는 높은 우선순위의 프로세스가 도착하면 현재 실행 중인 프로세스를 중단시키고 CPU를 점유할 수 있으며, 비선점 방식에서는 현재 실행 중인 프로세스가 완료될 때까지 기다린다. 그리고 우선순위 스케줄링은 보통 비선점으로 분류를 한다.

정답 ④

095 선점 기법과 대비하여 비선점 스케줄링 기법에 대한 설명으로 옳지 않은 것은?

① 모든 프로세스들에 대한 요구를 공정히 처리한다.
② 응답시간의 예측이 용이하다.
③ 많은 오버헤드(Overhead)를 초래할 수 있다.
④ CPU의 사용 시간이 짧은 프로세스들이 사용 시간이 긴 프로세스들로 인하여 오래 기다리는 경우가 발생할 수 있다.

> **해설**
> 일반적으로 비선점 스케줄링은 선점 스케줄링에 비해 오버헤드가 적다. 문맥 교환(Context Switching)이 덜 발생하기 때문이다.

정답 ③

096 다음 운영체제의 프로세스 스케줄링 방법에 대한 설명 중 가장 적절하지 않은 것은?

① 라운드 로빈(Round Robin) 스케줄링은 여러 프로세스를 일정 순서에 따라 단위시간씩 실행시킨다.
② FCFS(First Come First Serve) 스케줄링은 프로세스의 평균 대기시간을 최적화하는 실행 방법이다.
③ 우선순위 스케줄링은 프로세스별 등급에 따라 높은 순위를 먼저 실행시킨다.
④ 다단계 큐 스케줄링은 상위 단계 큐의 프로세스를 하위 단계 큐의 프로세스보다 먼저 실행시킨다.

> **해설**
> FCFS 스케줄링은 먼저 도착한 프로세스를 먼저 실행하는 방식으로, 공평성은 높지만 짧은 작업이 긴 작업을 기다려야 하는 문제가 발생하여 평균 대기시간이 길어질 수 있다.

정답 ②

097 FIFO 스케줄링에서의 3개의 작업 도착시간과 CPU 사용시간(Burst Time)이 다음 표와 같다. 이때 모든 작업들의 평균 반환시간(Turn Around Time)은? (단, 소수점 이하는 반올림 처리한다.)

작업	도착시간	CPU 사용시간(Burst Time)
JOB 1	0	13
JOB 2	3	35
JOB 3	8	2

① 16 ② 17 ③ 20 ④ 33

> **해설**
> FIFO는 준비 상태 큐에 도착한 순서대로 CPU를 할당하게 된다.
> - JOB1의 반환시간: 13 - 0 = 13
> - JOB2의 반환시간: (35 + 13) - 3 = 45
> - JOB3의 반환시간: (2 + 35 + 13) - 8 = 42
> - 평균 반환시간: (13 + 45 + 42) / 3 = 33.33

정답 ④

098 SJF(Shortest-Job-First) 스케줄링 방법에 대한 설명으로 가장 거리가 먼 것은?

① 작업이 끝날 때까지의 실행시간 추정치가 가장 작은 작업을 먼저 실행시킨다.
② 작업 시간이 큰 경우 오랫동안 대기하여야 한다.
③ 각 프로세스의 프로세스 요구시간을 미리 예측하기 쉽다.
④ FIFO 기법보다 평균 대기시간이 감소된다.

> **해설**
> 프로세스의 정확한 실행시간을 미리 예측하는 것은 매우 어려운 작업이다. SJF는 이론적으로는 효율적이지만, 실제 시스템에서는 각 작업의 정확한 실행시간을 예측하기 어렵다.

정답 ③

099 스케줄링 기법 중 SJF 기법과 SRT 기법에 관한 설명으로 가장 옳지 않은 것은?

① SJF는 비선점(Nonpreemptive) 기법이다.
② SJF는 작업이 끝나기까지의 실행시간 추정치가 가장 작은 작업을 먼저 실행시킨다.
③ SRT는 실행시간을 추적해야 하므로 오버헤드가 증가한다.
④ SRT에서는 이미 할당된 CPU를 다른 프로세스가 강제로 빼앗아 사용할 수 없다.

> **해설**
> SRT(Shortest Remaining Time)는 선점형 스케줄링 방식으로, 남은 실행시간이 더 짧은 새로운 프로세스가 도착하면 현재 실행 중인 프로세스를 중단하고 CPU를 새로운 프로세스에게 할당한다.

정답 ④

100 다음과 같은 프로세스가 차례로 큐에 도착하였을 때, SJF(Shortest Job First) 정책을 사용할 경우 가장 먼저 처리되는 작업은?

프로세스 번호	실행시간
P1	6
P2	8
P3	4
P4	3

① P1　　② P2
③ P3　　④ P4

해설
SJF(Shortest Job First) 정책은 프로세스들 중에서 실행시간이 가장 짧은 작업을 먼저 처리한다. 주어진 프로세스 목록에 대해 각 프로세스의 실행시간이 가장 짧은 작업은 P4이다.

정답 ④

101 스케줄링하고자 하는 세 작업의 도착시간과 실행시간이 다음 〈표〉와 같다. 이 작업을 SJF로 스케줄링하였을 때, 작업 2의 종료시간은? (단, 여기서 오버헤드는 무시한다.)

〈표〉

작업	도착시간	실행시간
1	0	6
2	1	3
3	2	4

① 3　　② 6
③ 9　　④ 13

해설
SJF 스케줄링은 비선점형 스케줄링이기 때문에 1번 작업이 모두 수행되어야 2번 작업을 수행할 수 있다. 2번 작업은 1번 작업의 6을 기다린 후, 3을 실행했기 때문에 9의 종료시간이 된다.

정답 ③

102 프로세스의 반환시간은 프로세스의 도착부터 종료까지 걸린 시간이다. 다음과 같은 프로세스들의 선점식 SJF로 스케줄링할 때, 프로세스의 평균 반환시간으로 옳은 것은?

프로세스	도착시간	실행시간
1	0.0	7
2	1.0	3
3	5.0	2
4	7.0	4

① 6.25
② 6.75
③ 6.5
④ 6.35

해설

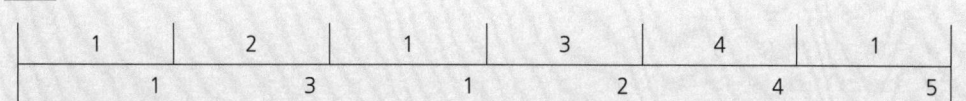

- 1의 반환시간: 16 - 0 = 16
- 2의 반환시간: 4 - 1 = 3
- 3의 반환시간: 7 - 5 = 2
- 4의 반환시간: 11 - 7 = 4
- 4의 반환시간: (16+3+2+4) / 4 = 6.25

정답 ①

103 RR(Round-Robin) 스케줄링에 대한 설명으로 옳지 않은 것은?

① Time Slice가 작을 경우 문맥 교환이 자주 일어난다.
② Time Sharing System을 위해 고안된 방식이다.
③ FCFS 알고리즘을 선점 형태로 변형한 기법이다.
④ 우선순위는 "(대기시간 + 서비스 시간) / 서비스 시간"의 계산으로 처리한다.

해설

RR 스케줄링에서, 모든 프로세스는 동일한 타임 슬라이스를 가지고 순서대로 CPU를 할당받는다. (대기시간 + 서비스 시간) / 서비스 시간 이 공식은 HRN(Highest Response Ratio Next) 스케줄링 알고리즘에서 사용된다.

정답 ④

104 준비 상태 큐에 프로세스 A, B, C가 차례로 도착하였다. 라운드 로빈(Round Robin)으로 스케줄링할 때 타임 슬라이스를 4초로 한다면 평균 반환시간은?

프로세스	A	B	C
실행시간(초)	17	4	5

① 12초 ② 14초
③ 17초 ④ 18초

해설

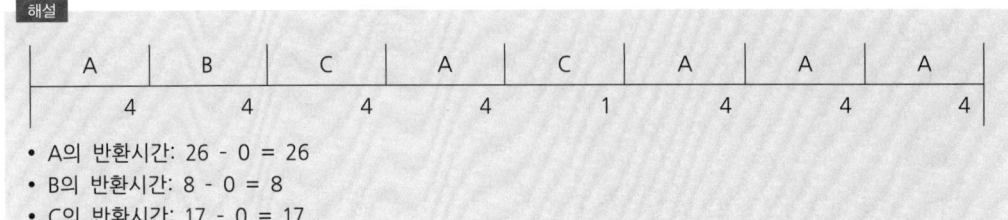

- A의 반환시간: 26 - 0 = 26
- B의 반환시간: 8 - 0 = 8
- C의 반환시간: 17 - 0 = 17
- 평균 반환시간: (26+8+17) / 3 = 17

정답 ③

105 다음 표에서 보인 4개의 프로세스들을 시간 할당량(Time Quantum)이 5인 라운드 로빈(Round-Robin) 스케줄링 기법으로 실행시켰을 때 평균 반환시간으로 옳은 것은?

프로세스	도착시간	실행시간
P1	0	10
P2	1	15
P3	3	6
P4	6	9

① 24.0 ② 29.0
③ 29.75 ④ 30.25

해설

P1	P2	P3	P1	P4	P2	P3	P4	P2
5	5	5	5	5	5	1	4	5

프로세스	대기시간(대기-도착)	반환시간(대기+실행)
P1	10	20
P2	24	39
P3	22	28
P4	20	29

평균 반환시간: (20+39+28+29) / 4 = 29

정답 ②

106 스케줄링 방식 중 라운드 로빈 방식에서 시간 간격을 무한히 크게 하면 어떤 방식과 동일하게 되는가?

① LIFO 방식
② FIFO 방식
③ HRN 방식
④ Multilevel Queue 방식

해설

라운드 로빈(Round-Robin) 스케줄링 방식에서 시간 간격(타임 슬라이스 또는 타임 퀀텀)을 무한히 크게 설정하면, 이는 실질적으로 각 프로세스가 CPU를 할당받아 작업을 완료할 때까지 계속 실행되는 것과 동일한 상황이 된다. 이러한 경우, 라운드 로빈 스케줄링은 FIFO(First In, First Out) 방식, 즉 FCFS(First-Come, First-Served) 방식과 동일하게 작동한다.

정답 ②

107 HRN(Highest Response-ratio Next) 스케줄링 방식에 대한 설명으로 옳지 않은 것은?

① 대기시간이 긴 프로세스의 경우 우선순위가 높아진다.
② SJF 기법을 보완하기 위한 방식이다.
③ 긴 작업과 짧은 작업 간의 지나친 불평 등을 해소할 수 있다.
④ 우선순위를 계산하여 그 수치가 가장 낮은 것부터 높은 순으로 우선순위가 부여된다.

해설

HRN에서는 우선순위 계산 시, 대기시간과 서비스(실행) 시간을 포함하는 수식을 사용한다. 이 수식의 결과가 높은 프로세스부터 우선순위가 부여된다.

정답 ④

108 HRN 방식으로 스케줄링할 경우, 입력된 작업이 다음과 같을 때 처리되는 작업 순서로 옳은 것은?

작업	대기시간	서비스(실행)시간
A	5	20
B	40	20
C	15	45
D	20	2

① A → B → C → D
② A → C → B → D
③ D → B → C → A
④ D → A → B → C

> **해설**
> - 작업 A: (5 + 20) / 20 = 1.25
> - 작업 B: (40 + 20) / 20 = 3
> - 작업 C: (15 + 45) / 45 = 1.33
> - 작업 D: (20 + 2) / 2 = 11

정답 ③

109 적응 기법(Adaptive Mechanism)이란 시스템이 유동적인 상태 변화에 적절히 반응하도록 하는 기법을 의미한다. 다음 스케줄링 기법 중 적응 기법의 개념을 적용하고 있는 것은?

① FIFO
② HRN
③ MFQ
④ RR

> **해설**
> 적응 기법(Adaptive Mechanism)을 스케줄링에 적용한 경우, 시스템은 프로세스의 특성이나 시스템 상태의 변화에 따라 스케줄링 방식을 변경한다.
> MFQ(Multi-level Feedback Queue) 방식은 여러 대기열을 사용하고, 프로세스의 실행 특성에 따라 다른 대기열로 이동시킨다. 예를 들어, 프로세스가 CPU 시간을 많이 소비하면 낮은 우선순위의 대기열로 이동한다. 이는 시스템 상태나 프로세스의 행동에 따라 스케줄링 전략을 변경하는 적응적 접근 방식이다.

정답 ③

110 상호 배제(Mutual Exclusion) 기법을 사용하여 임계 영역(Critical Region)을 보호하였다. 다음 설명 중 가장 옳지 않은 것은?

① 어떤 프로세스가 임계 영역 내의 명령어 실행 중 인터럽트(Interrupt)가 발생하면 이 프로세스는 실행을 멈추고, 다른 프로세스가 이 임계 영역 내의 명령어를 실행한다.
② 임계 영역 내의 프로그램 수행 중에 교착상태(Deadlock)가 발생하면 교착상태가 해제될 때까지 임계 영역을 벗어 날 수 없다. 따라서 임계 영역 내의 프로그램에서는 교착상태가 발생하지 않도록 해야 한다.
③ 임계 영역 내의 프로그램에서 무한 반복(Endless Loop)이 발생하면 임계 영역을 탈출할 수 없다. 따라서 임계 영역 내의 프로그램에서는 무한 반복이 발생하지 않도록 해야 한다.
④ 여러 프로세서들 중에 하나의 프로세스만이 임계 영역을 사용할 수 있도록 하여 임계 영역에서 공유 변수 값의 무결성을 보장한다.

해설
상호 배제(Mutual Exclusion) 기법은 여러 프로세스나 스레드가 동시에 공유 데이터에 접근하는 것을 막아 데이터의 일관성을 유지하는 방법이다. 임계 영역(Critical Region)은 이러한 공유 데이터에 접근하는 코드의 부분을 말한다. 상호 배제를 사용하는 경우, 한 프로세스가 임계 영역에 들어가 있을 때는 다른 프로세스가 해당 임계 영역에 들어갈 수 없다. 즉, 한 프로세스가 임계 영역에서 작업을 수행 중일 때 인터럽트가 발생해도, 다른 프로세스는 그 임계 영역에 진입할 수 없다.

정답 ①

111 다음과 같은 형태로 임계 구역의 접근을 제어하는 상호 배제 기법은?

```
P(S) : while S <= 0 do skip;
S : = S - 1;
V(S) : S : = S + 1;
```

① Dekker Algorithm
② Lamport Algorithm
③ Peterson Algorithm
④ Semaphore

해설
위의 코드는 세마포어(Semaphore)를 사용한 임계 구역(Critical Section)의 접근 제어 방법을 나타낸다. 세마포어는 프로세스 간 동기화와 상호 배제를 위해 사용되는 변수로, 일반적으로 P(S)와 V(S) 연산을 통해 임계 구역의 접근을 제어한다.

정답 ④

112 세마포어를 사용해서 상호 배제를 구현할 수 있다. 세마포어를 2로 초기화하였다면, 그 의미는 무엇인가?

① 임계 구역에 2개의 프로세스가 들어갈 수 있다.
② 두 개의 임계 구역이 존재한다.
③ 모든 세마포어의 기본 값은 2이다.
④ 생산자/소비자를 구현하는 세마포어의 초기 값은 2이다.

> **해설**
> 세마포어의 값은 동시에 임계 구역에 들어갈 수 있는 프로세스의 수를 나타낸다. 세마포어 값이 2라는 것은 동시에 두 개의 프로세스가 임계 구역에 진입할 수 있음을 의미한다.

정답 ①

113 모니터에 대한 설명으로 옳지 않은 것은?

① 모니터의 경계에서 상호 배제가 시행된다.
② 자료 추상화와 정보 은폐 기법을 기초로 한다.
③ 공유 데이터와 이 데이터를 처리하는 프로시저로 구성된다.
④ 모니터 외부에서도 모니터 내의 데이터를 직접 액세스할 수 있다.

> **해설**
> 모니터는 운영체제에서 동시성을 제어하기 위한 고급 동기화 메커니즘이다. 모니터의 주요 목적 중 하나는 공유 데이터에 대한 접근을 제어하는 것이다. 따라서 모니터 내의 데이터는 모니터 외부에서 직접 액세스할 수 없다. 데이터에 대한 모든 접근은 모니터가 제공하는 프로시저를 통해서만 가능하다.

정답 ④

114 교착상태 발생의 필요 충분 조건이 아닌 것은?

① 상호 배제(Mutual Exclusion)   ② 점유와 대기(Hold and Wait)
③ 환형 대기(Circular Wait)   ④ 선점(Preemption)

> **해설**
> ※ 교착상태 발생 조건
> • 상호 배제(Mutual Exclusion): 시스템 내의 자원 중 일부는 한 번에 하나의 프로세스만 사용할 수 있어야 한다.
> • 점유와 대기(Hold and Wait): 프로세스가 최소한 하나의 자원을 점유하고 있으면서, 다른 프로세스가 점유하고 있는 자원을 추가로 얻기 위해 대기하는 상태이다.
> • 환형 대기(Circular Wait): 프로세스의 집합 {P1, P2, ..., Pn}에서 P1은 P2가 점유한 자원을 대기하고, P2는 P3가 점유한 자원을 대기하는 등, 마지막 Pn은 P1이 점유한 자원을 대기하는 환형 구조가 형성된다.
> • 비선점(Non-Preemption): 한 번 자원을 얻은 프로세스는 그 자원을 스스로 해제할 때까지 다른 프로세스에 의해 강제로 빼앗길 수 없다.

정답 ④

115 교착상태(Deadlock)의 회복 기법에 대한 설명으로 가장 옳지 않은 것은?

① 교착상태에 있는 모든 프로세스를 중지시킨다.
② 교착상태가 없어질 때까지 교착상태에 포함된 자원을 하나씩 비선점시킨다.
③ 교착상태가 없어질 때까지 교착상태에 포함된 프로세스를 하나씩 종료시킨다.
④ 교착상태 회복 기법은 시스템 내에 존재하는 교착상태를 제거하기 위하여 사용된다.

> **해설**
> 교착상태 회복을 위해서는 자원을 비선점하는 것이 아니라, 오히려 선점(즉, 강제로 회수)하는 방법을 사용한다. 교착상태에서 자원을 비선점하는 것은 교착상태의 조건 중 하나이다.

정답 ②

116 은행가 알고리즘(Banker's Algorithm)은 교착상태의 해결 방법 중 어떤 기법에 해당하는가?

① Avoidance
② Detection
③ Prevention
④ Recovery

> **해설**
> • Avoidance 기법은 시스템이 위험 상태에 빠지지 않도록 자원 할당을 신중하게 관리함으로써 교착상태가 발생하는 것을 회피한다.(은행가 알고리즘)
> • Detection 기법은 교착상태가 발생한 후 이를 탐지하고 해결하는 데 초점을 맞춘다.
> • Prevention 기법은 교착상태가 발생할 수 있는 조건 자체를 제거함으로써 교착상태를 예방한다.
> • Recovery 기법은 교착상태가 발생한 후 이를 해결하는 방법을 제공한다.

정답 ①

117 교착상태(Deadlock)와 은행원 알고리즘(Banker's Algorithm)에 대한 설명으로 옳은 것은?

① 교착상태는 불안전한 상태(Unsafe State)에 속한다.
② 은행원 알고리즘은 교착상태 회복(Recovery) 알고리즘이다.
③ 불안전한 상태(Unsafe State)는 항상 교착상태로 빠지게 된다.
④ 은행원 알고리즘은 불안전한 상태(Unsafe State)에서 교착상태로 전이되는 것을 거부한다.

> **해설**
> ① 교착상태는 시스템이 더 이상 전진하지 못하는 상태로, 자원 할당과 관련하여 불안전한 상태(Unsafe State)에 해당한다.
> ② 은행원 알고리즘은 교착상태 예방(Avoidance) 알고리즘이다.
> ③ 불안전한 상태는 교착상태로 이어질 수 있는 잠재성을 가지고 있지만, 반드시 교착상태가 발생한다는 것을 의미하지는 않는다.
> ④ 은행원 알고리즘의 목적은 불안전한 상태를 인식하고 이를 피하는 데 초점을 맞춘다.

정답 ①

118 교착상태의 해결 방법 중 점유 및 대기 조건 방지, 비선점 조건 방지, 환형 대기 조건 방지와 가장 밀접한 관계가 있는 것은?

① Prevention
② Avoidance
③ Detection
④ Recovery

> **해설**
> 교착상태(Deadlock)의 해결 방법 중 점유 및 대기 조건 방지(Hold and Wait Prevention), 비선점 조건 방지(No Preemption Prevention), 환형 대기 조건 방지(Circular Wait Prevention)는 모두 교착상태 예방(Prevention) 전략에 속한다.

정답 ①

119 데커(Dekker) 알고리즘에 대한 설명으로 틀린 것은?

① 교착상태가 발생하지 않음을 보장한다.
② 프로세스가 임계 영역에 들어가는 것이 무한정 지연될 수 있다.
③ 공유 데이터에 대한 처리에 있어서 상호 배제를 보장한다.
④ 별도의 특수 명령어 없이 순수하게 소프트웨어로 해결된다.

> **해설**
> 데커 알고리즘은 상호 배제뿐만 아니라 진행(Progress)을 보장하는 알고리즘이다. 이는 어떤 프로세스도 임계 영역에 진입하려고 할 때 무한정 대기하지 않는다는 것을 의미한다.

정답 ②

120 임계 영역(Critical Section)에 대한 설명으로 가장 옳은 것은?

① 프로세스들의 상호 배제(Mutual Exclusion)가 일어나지 않도록 주의해야 한다.
② 임계 영역에서 수행 중인 프로세스는 인터럽트가 가능한 상태로 만들어야 한다.
③ 어떤 하나의 프로세스가 임계 영역 내에 진입한 후 다른 프로세스들은 일제히 임계 영역으로 진입할 수 있다.
④ 임계 영역에서의 작업은 최대한 빠른 속도로 수행되어야 한다.

> **해설**
> 한 순간에는 반드시 하나의 프로세스에 의해서만 자원 또는 데이터가 사용되도록 한 영역이 임계 영역이다. 임계 영역에서의 작업은 빠르게 수행되고 나와야 한다.

정답 ④

121. 디스크 스케줄링의 목적과 거리가 먼 것은?

① 처리율 극대화
② 평균 반응시간의 단축
③ 응답시간의 최소화
④ 디스크 공간 확보

해설
디스크 스케줄링은 I/O 작업의 효율성과 성능 최적화에 중점을 두는 반면, 디스크 공간 확보는 저장 공간 관리와 관련된 문제이다.

정답 ④

122. 디스크 스케줄링에서 SSTF(Shortest Seek Time First)에 대한 설명으로 가장 적합하지 않은 것은?

① 탐색 거리가 가장 짧은 요청이 먼저 서비스를 받는다.
② 일괄처리 시스템보다는 대화형 시스템에 적합하다.
③ 가운데 트랙이 안쪽이나 바깥쪽 트랙보다 서비스 받을 확률이 높다.
④ 헤드에서 멀리 떨어진 요청은 기아상태(Starvation)가 발생할 수 있다.

해설
SSTF는 가까운 요청을 처리하기 때문에 실시간으로 들어오는 먼 거리의 요청을 처리하는 데 지연을 초래할 수 있다.

정답 ②

123. 사용자가 요청한 디스크 입·출력 내용이 다음과 같은 순서로 큐에 들어있을 때 SSTF 스케줄링을 사용한 경우의 처리 순서는? (단, 현재 헤드 위치는 53이고, 제일 안쪽이 1번, 바깥쪽이 200번 트랙이다.)

큐의 내용 : 98, 183, 37, 122, 14, 124, 65, 67

① 53-65-67-37-14-98-122-124-183
② 53-98-183-37-122-14-124-65-67
③ 53-37-14-65-67-98-122-124-183
④ 53-67-65-124-14-122-37-183-98

해설
SSTF(Shortest Seek Time First)는 탐색 거리가 가장 짧은 요청을 먼저 서비스하는 기법이다. 큐의 내용을 정렬한 후 가까운 순으로 처리하게 된다.

정답 ①

124 초기 헤드 위치가 50이며 트랙 0 방향으로 이동 중이다. 디스크 대기 큐에 다음과 같은 순서의 액세스 요청이 대기 중일 때, SSTF 스케줄링을 사용하여 모든 처리를 완료하고자 한다. 가장 먼저 처리되는 트랙은? (단, 가장 안쪽 트랙 0, 가장 바깥쪽 트랙 200)

> 대기 큐 : 100, 180, 40, 120, 0, 130, 55, 80, 51, 200

① 0   ② 4   ③ 51   ④ 200

> **해설**
> 현재 위치가 50이므로 50에서 가장 가까운 51을 먼저 처리한다.

정답 ③

125 디스크 스케줄링에서 SCAN 기법을 사용할 경우, 다음과 같은 작업 대기 큐의 작업들을 수행하기 위한 헤드의 총 트랙 이동 거리는? (단, 초기 헤드의 위치는 30이고, 현재 0번 트랙으로 이동 중이다.)

> 작업 대기 Queue: 7, 46, 15, 38, 3

① 39   ② 59   ③ 70   ④ 151

> **해설**
> 헤드의 위치에서 0번 방향으로 가까운 처리를 수행해 준다.
> • 처리 순서: 30 → 15 → 7 → 3 → 38 → 46
> • 이동 거리: 15 + 8 + 4 + 35 + 8 = 70

정답 ③

126 현재 헤드의 위치가 50에 있고, 요청 대기열의 순서가 다음과 같을 경우, C-scan 스케줄링 알고리즘에 의한 헤드의 총 이동거리는 얼마인가? (단, 현재 헤드의 이동 방향은 안쪽이며, 안쪽의 위치는 0으로 가정한다.)

> <요청 대기열의 순서>
> 100, 180, 40, 120, 0 ,130, 70, 80, 150, 200

① 790   ② 380   ③ 370   ④ 250

> **해설**
> 현재 위치가 50이므로, 0번 방향으로 처리하여 먼저 40을 처리한다. 그 다음 0번을 처리한 후, 마지막 200까지 이동을 한다. 이동하는 거리도 포함을 시켜야 하기 때문에, 10 + 40 + 200 + 20 + 30 + 20 + 10 + 20 + 20 + 10 = 380

정답 ②

127 다음 설명에 가장 부합하는 디스크 스케줄링 기법은?

> 입출력 헤드가 디스크의 양쪽 끝을 왕복하면서 동작시키지만, 움직이고 있는 방향 쪽으로 더 이상의 트랙 요청이 있는가를 검사하여 그 방향으로 더 이상의 트랙 요청이 없으면, 그 쪽 끝까지 가지 않고 그 자리에서 방향을 바꾸어 다른 한쪽으로 움직여 나가게 된다.

① SLTF
② Eschenbach
③ LOOK
④ SSTF

해설
LOOK 스케줄링은 입출력 헤드가 디스크의 양쪽 끝을 왕복하면서 동작한다. 이 과정에서 현재 이동 방향으로 더 이상의 트랙 요청이 없을 경우, 헤드는 그 방향으로 끝까지 가지 않고 중간에서 방향을 바꾸어 다른 쪽으로 이동하게 된다. 이 방식은 디스크 헤드의 불필요한 이동을 줄여주며, 디스크 헤드의 이동 거리를 최적화한다.

정답 ③

128 UNIX SHELL 환경변수를 출력하는 명령어가 아닌 것은?

① configenv
② printenv
③ env
④ setenv

해설
- env, set, printenv 명령어들을 사용하여 환경변수와 그에 따른 모든 값을 볼 수 있다.
- export 명령을 이용하여 사용자 환경변수를 전역변수로 설정할 수 있다.

정답 ①

129 다음 내용이 설명하는 로그 파일은?

> - 리눅스 시스템에서 사용자의 성공한 로그인/로그아웃 정보 기록
> - 시스템의 종료/시작 시간 기록

① tapping
② xtslog
③ linuxer
④ wtmp

해설
- wtmp 파일은 시스템에 로그인하고 로그아웃하는 사용자의 기록을 포함하며, 시스템의 부팅과 종료 시간도 기록한다. 이를 통해 시스템 관리자는 사용자의 로그인 패턴, 시스템 사용 시간, 부팅 및 종료 이벤트 등을 모니터링할 수 있다. 이 외에 로그인 관련 정보를 기록하는 로그 파일은 utmp와 btmp가 있다.
- utmp 파일은 현재 로그인한 사용자의 정보를 저장한다.
- btmp 파일은 실패한 로그인 시도에 대한 정보를 기록한다.

정답 ④

130 리눅스 시스템에서 FTP에 대한 불법적인 접속을 감시하기 위해 로그를 검토하고자 한다. 어떤 로그를 보는 것이 가장 적절한지 고르시오.

① sulog
② wtmp
③ utmp
④ xferlog

해설

xferlog 파일은 FTP 전송에 대한 로그를 기록한다. FTP 서버를 통한 파일 업로드 및 다운로드, 접속 시도, 접속 종료 등의 정보를 포함하고 있어 FTP 접속 감시에 가장 적합하다.

정답 ④

131 리눅스 시스템에서 사용자 로그인 실패 정보가 저장되는 파일은?

① btmp
② extmp
③ wtmp
④ utmp

해설

btmp 파일은 사용자의 실패한 로그인 시도에 대한 정보를 기록한다. 이를 통해 시스템 관리자는 비정상적인 로그인 시도, 잘못된 패스워드 입력 등의 보안 관련 문제를 조사할 수 있다.

정답 ①

132 다음 중 bash 쉘 스크립트에서 사용할 수 있는 제어문이 아닌 것은?

① if
② for
③ repeat_do
④ while

해설

- if: 조건에 따라 실행할 명령어를 결정하는 기본적인 조건문이다.
- for: 반복문 중 하나로, 주어진 범위 또는 리스트에 대해 반복 실행한다.
- while: 조건이 참인 동안 반복해서 명령어를 실행하는 반복문이다.
- repeat_do: 쉘 스크립트에서 사용하는 제어문이 아니다.

정답 ③

133 다음 쉘 스크립트의 의미로 옳은 것은?

```
until who | grep wow
do
sleep 5
done
```

① wow 사용자가 로그인한 경우에만 반복문을 수행한다.
② wow 사용자가 로그인할 때까지 반복문을 수행한다.
③ wow 문자열을 복사한다.
④ wow 사용자에 대한 정보를 무한 반복하여 출력한다.

해설
- until who | grep wow: who 명령어의 출력에서 wow 사용자를 찾는다. until 반복문은 이 명령어의 결과가 참이 될 때까지(즉, wow 사용자가 로그인할 때까지) 반복된다.
- do sleep 5 done: wow 사용자가 로그인할 때까지 5초 간격으로 대기하면서 반복문을 수행한다.

정답 ②

134 리눅스 Bash 쉘(Shell)에서 export와 관련한 설명으로 틀린 것은?

① 변수를 출력하고자 할 때는 export를 사용해야 한다.
② export가 매개변수 없이 쓰일 경우 현재 설정된 환경변수들이 출력된다.
③ 사용자가 생성하는 변수는 export 명령어 표시하지 않는 한 현재 쉘에 국한된다.
④ 변수를 export시키면 전역(Global)변수처럼 되어 끝까지 기억된다.

해설
export는 변수를 환경변수로 설정하는 데 사용되며, 단순히 변수를 출력하고자 할 때는 사용되지 않는다. 변수를 출력하려면 echo 또는 다른 명령어를 사용한다.

정답 ①

CHAPTER 03 네트워크 기초 활용

001 통신사업자의 회선을 임차하여 단순한 전송 기능 이상의 부가가치를 부여한 데이터 등 복합적인 서비스를 제공하는 정보통신망은?

① MAN
② LAN
③ ISDN
④ VAN

> **해설**
> VAN(Value Added Network)은 기존의 통신망에 여러 가지 부가 서비스를 더해 제공하는 네트워크로, 단순한 데이터 전송 이상의 가치를 제공한다. 예를 들어 데이터 저장, 변환, 보안 서비스 등이 이에 포함된다.

정답 ④

002 망(Network) 구조의 기본 유형이 아닌 것은?

① 버스형
② 링형
③ 트리형
④ 십자형

> **해설**
> 버스형(Bus), 링형(Ring), 트리형(Tree)은 전형적인 네트워크 구조 유형이지만, 십자형(Cross) 구조는 일반적인 네트워크망 구조의 기본 유형으로 분류되지 않는다.

정답 ④

003 중앙에 호스트 컴퓨터가 있고 이를 중심으로 터미널들이 연결되는 네트워크 구성 형태(Topology)는?

① 버스형(Bus)
② 링형(Ring)
③ 성형(Star)
④ 그물형(Mesh)

> **해설**
> 성형 토폴로지는 중앙 집중식 구조로, 중앙의 호스트(일반적으로 스위치나 허브)에 여러 개의 노드(컴퓨터나 다른 네트워크 장비)가 연결되어 있다. 이 구조는 중앙 호스트에 대한 의존도가 높으며, 중앙 호스트가 고장 나면 네트워크 전체가 영향 받을 수 있다.

정답 ③

004 다음 LAN의 네트워크 토폴로지는 어떤 형인가?

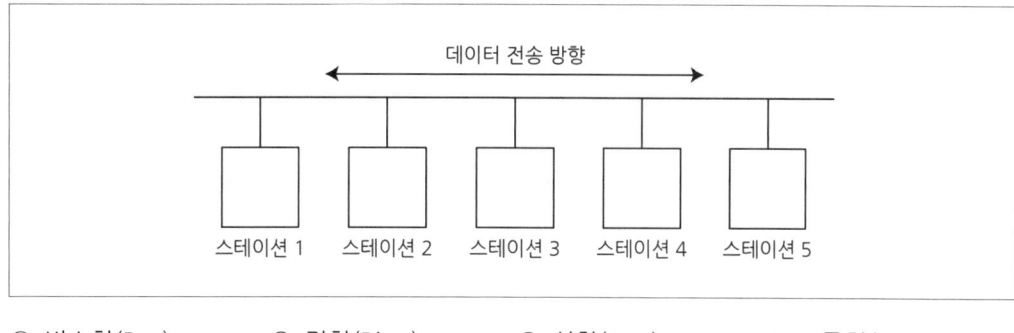

① 버스형(Bus)　　② 링형(Ring)　　③ 성형(Star)　　④ 그물형(Mesh)

해설
버스형(Bus) 네트워크 토폴로지는 모든 네트워크 장치가 하나의 중앙 통신선인 버스에 연결되는 구조이다.

정답 ①

005 네트워크 접속 형태 중 트리형 토폴로지(Topology)에 대한 설명으로 옳지 않은 것은?

① 네트워크의 확장이 용이하다.
② 병목 현상이 나타나지 않는다.
③ 분산 처리 방식을 구현할 수 있다.
④ 중앙의 서버 컴퓨터에 장애가 발생하면 전체 네트워크에 영향을 준다.

해설
트리형 토폴로지는 계층 구조로 이루어진 네트워크 토폴로지로, 각 노드가 하나의 부모 노드와 여러 자식 노드를 가지는 형태이다. 이 토폴로지에서는 특정 노드나 경로에 트래픽이 집중될 경우 병목 현상이 발생할 수 있다.

정답 ②

006 자료 흐름의 방향과 동시성 여부에 따라 분류한 통신 방식 중 다음에서 설명하는 통신 방식으로 옳은 것은? (단, DTE(Data Terminal Equipment)는 컴퓨터, 휴대폰, 단말기 등과 같이 통신망에서 네트워크의 끝에 연결된 장치들을 총칭하는 용어이다.)

> 통신하는 두 DTE가 시간적으로 교대로 데이터를 교환하는 방식의 통신으로, 한 DTE가 명령을 전송하면 다른 DTE가 이를 처리하여 그에 대한 응답을 전송하는 트랜잭션(Transaction) 처리 시스템에서 볼 수 있다.

① 단방향 통신　　　　　　　　② 반이중 통신
③ 전이중 통신　　　　　　　　④ 원거리 통신

> **해설**
> 한 번에 한 쪽만 전송할 수 있으며, 전송 방향이 번갈아 가면서 바뀌는 특징을 가지고 있는 것은 반이중 통신이다.

정답 ②

007 데이터 통신 회선의 이용 방식에 의한 분류에 포함되지 않는 것은?
① Simplex Communication
② Half Duplex Communication
③ Full Duplex Communication
④ Multi Access Communication

> **해설**
> Multi Access Communication은 데이터 통신 회선의 이용 방식에 의한 분류보다는 네트워크 접근 방식이나 네트워크의 구성 방식과 관련된 용어이다.

정답 ④

008 데이터 전송제어 절차를 순서대로 옳게 나열한 것은?
① 회선 접속 → 데이터링크 확립 → 정보 전송 → 회선 절단 → 데이터링크 해제
② 데이터링크 확립 → 회선 접속 → 정보 전송 → 데이터링크 해제 → 회선 절단
③ 회선 접속 → 데이터링크 확립 → 정보 전송 → 데이터링크 해제 → 회선 절단
④ 데이터링크 확립 → 회선 접속 → 정보 전송 → 회선 절단 → 데이터링크 해제

> **해설**
> 데이터 전송제어 절차에서는 일반적으로 먼저 물리적인 회선 연결이 이루어지고(회선 접속), 그 다음에 데이터 링크가 확립된다. 정보 전송 후, 데이터링크가 해제되고 마지막으로 물리적 회선이 해제(회선 절단)된다.

정답 ③

009 다음 그림과 같은 전송 방식으로 옳은 것은?

| SYN | SYN | STX | TEXT | TEXT |

① 문자위주 동기 방식
② 비트지향형 동기 방식
③ 조보식 동기 방식
④ 프레임 동기 방식

> **해설**
> 문자 동기 방식은 SYN, STX 등의 전송 제어 문자로 동기화하는 전송 방식이다.

정답 ①

010 동기식 문자지향 프로토콜 프레임에서 전송될 문자의 시작을 나타내는 제어 문자는?

① SYN ② DLE ③ STX ④ CRC

해설
- SYN(SYNchronous idle): 동기 문자
- SOH(Start of Heading): 헤딩 시작
- STX(Start of Text): 본문 시작
- DLE(Data Link Escape): 데이터 투과성을 위해 삽입(전송제어 문자와 전송 데이터 구분하기 위한 보조적인 제어의 목적)
- ETX(End of Text): TEXT 종료
- ENQ(ENQuiry): 상대국의 응답을 요구
- EOT(End Of Transmission): 전송 종료
- ACK(ACKnowledge): 긍정 응답
- NAK(Negative AcKnowledge): 부정 응답

정답 ③

011 비동기 전송에 대한 설명으로 틀린 것은?

① 어떤 문자도 전송되지 않을 때는 통신 회선은 예비(Reserve) 상태가 된다.
② 한 문자를 전송할 때마다 동기화시킨다.
③ 각 비트 블록의 앞뒤에 각각 시작과 정지 비트를 덧붙여 전송한다.
④ 일반적으로 패리티 비트를 추가해서 전송한다.

해설
어떤 문자라도 전송되지 않을 때는 통신 회선은 휴지(Idle) 상태가 된다.

정답 ①

012 다음 내용이 설명하는 전송 방식은?

> 많은 데이터를 보내면 Framing Error의 가능성이 높아지고, 약 2Kbps 이하의 저속, 단거리 전송에 사용된다.

① 비동기식 전송 ② 동기식 전송 ③ 아날로그 전송 ④ 디지털 전송

해설
비동기식 전송은 각 문자를 독립적으로 전송하는 방식이다. 따라서 문자 사이에 시작 비트와 정지 비트를 삽입하여 동기를 유지한다. 시작 비트와 정지 비트는 데이터 전송에 사용되는 비트이기 때문에, 많은 데이터를 전송하면 Framing Error의 가능성이 높아진다. 비동기식 전송은 문자 단위로 동기를 유지하기 때문에, 전송 속도가 빠르면 Framing Error의 가능성이 높아진다. 비동기식 전송은 약 2Kbps 이하의 저속, 단거리 전송에 주로 사용된다.

정답 ①

013 직류 신호를 변조하지 않고 디지털 형태 그대로 전송하는 방식으로 근거리 통신망에 사용되는 전송 방식은?

① 펄스코드 변조
② 디지털 변조
③ 브로드 밴드
④ 베이스 밴드

> **해설**
> 베이스 밴드 전송은 직류 신호를 변조하지 않고 디지털 형태 그대로 전송하는 방식이다. 베이스 밴드 전송은 근거리 통신망에 주로 사용된다.

정답 ④

014 다음이 설명하고 있는 디지털 전송 신호의 부호화 방식은?

- CSMA/CD LAN에서의 전송 부호로 사용된다.
- 신호 준위 천이가 매 비트 구간의 가운데서 비트 1에 대해서는 고 준위에서 저 준위로 천이하며, 비트 0은 저 준위에서 고 준위로 천이한다.

① Alternating Mark Inversion 코드
② Manchester 코드
③ Bipolar 코드
④ Non Return to Zero 코드

> **해설**
> 맨체스터 코드는 매 비트 구간의 가운데서 신호 준위가 바뀌는 코드이다. 맨체스터 코드는 CSMA/CD LAN에서의 전송 부호로 사용된다. CSMA/CD LAN은 충돌 감지 및 회피(CSMA/CD) 기법을 사용하여 충돌을 방지하는 근거리 통신망이다. 맨체스터 코드는 충돌 감지 및 회피를 위한 타이밍 신호를 제공하기 때문에 CSMA/CD LAN에서 사용된다.

정답 ②

015 IEEE에서 규정한 무선 LAN 규격은?

① IEEE 802.3
② IEEE 802.5
③ IEEE 802.11
④ IEEE 801.99

> **해설**
> IEEE 802.11은 무선 랜, 와이파이(Wi-Fi)라고 부르는 무선 근거리 통신망(LAN) 또는 무선 네트워크에 사용되는 표준 규격이다.

정답 ③

016 IEEE 802.11 워킹 그룹의 무선 LAN 표준화 현황 중 QoS 강화를 위해 MAC 지원 기능을 채택한 것은?

① 802.22a
② 802.11b
③ 802.11g
④ 802.11e

> **해설**
> - 802.11b: 802.11 규격을 기반으로 더욱 발전시킨 기술로, 최고 전송 속도는 11Mbps이다.
> - 802.11a: 5GHz 대역의 전파를 사용하는 규격으로, 54Mbps까지의 전송 속도를 지원한다.
> - 802.11g: 802.11a와 같은 54Mbps의 속도를 지원하지만, 2.4GHz 주파수를 사용한다.
> - 802.11n: 2.4GHz, 5GHz 주파수 모두 사용하며, 600Mbps까지 지원한다.

정답 ④

017 다음 무선 전송 규격 중 2.4GHz와 5GHz 주파수 대역을 모두 지원하는 것은?

① 802.11a
② 802.11g
③ 802.11n
④ 802.11ac

> **해설**
> - 802.11a: 5GHz 대역만 지원
> - 802.11b/g: 2.4GHz 대역만 지원
> - 802.11ac: 5GHz 대역만 지원

정답 ③

018 IEEE 802.3 LAN에서 사용되는 전송매체 접속제어(MAC) 방식은?

① CSMA/CD
② Token Bus
③ Token Ring
④ Slotted Ring

> **해설**
> - 802.1: LAN의 전체 구성, OSI 참조 모델과의 관계, 네트워크 관리에 관한 표준 규약
> - 802.2: LLC(논리 링크 제어)에 관한 규약
> - 802.3: CSMA/CD 방식에 기반한 이더넷 규약
> - 802.4: 토큰 버스 네트워크에 관한 규약
> - 802.5: 토큰 링 네트워크에 관한 규약
> - 802.11: 무선 랜(Wi-Fi)에 관한 규약
> - 802.15: 무선 개인 영역 네트워크(WPAN)를 위한 표준으로, 블루투스 등이 포함된다.

정답 ①

019 다음 중 자유경쟁으로 채널 사용권을 확보하는 방법으로 노드 간의 충돌을 허용하는 네트워크 접근 방법은?

① Slotted Ring ② Token Passing ③ CSMA/CD ④ Polling

> **해설**
> - Slotted Ring과 Token Passing은 토큰을 사용하여 채널 사용권을 관리하는 방식이다.
> - Polling은 중앙 제어 장치가 각 노드에 차례로 전송 기회를 부여하는 방식이다.
> - 자유경쟁으로 채널 사용권을 확보하는 방법으로 노드 간의 충돌을 허용하는 네트워크 접근 방법은 CSMA/CD이다. CSMA/CD는 Carrier Sense Multiple Access with Collision Detection의 약자로, 전송 매체가 사용 중인지 확인한 후 사용 중이면 잠시 기다렸다가 다시 전송하는 방식이다. 전송 중 충돌이 발생하면 충돌 신호를 보내고 재전송을 시도한다.

정답 ③

020 IEEE 802.5는 무엇에 대한 표준인가?

① 이더넷 ② 토큰링 ③ 토큰버스 ④ FDDI

> **해설**
> - IEEE 802.5는 토큰링(Token Ring)에 대한 표준이다. 토큰링은 링 형태의 물리적 네트워크에서 토큰을 사용하여 채널 사용권을 관리하는 근거리 통신망(LAN) 기술이다.
> - IEEE 802.3은 이더넷에 대한 표준, IEEE 802.4는 토큰버스에 대한 표준이다.
> - FDDI는 FDDI(Fiber Distributed Data Interface)에 대한 표준이다. FDDI는 광섬유를 사용하는 고속 근거리 통신망이다.

정답 ②

021 다음 설명에 해당하는 방식은?

- 무선 랜에서 데이터 전송 시, 매체가 비어 있음을 확인한 뒤 충돌을 회피하기 위해 임의 시간을 기다린 후 데이터를 전송하는 방법이다.
- 네트워크에 데이터 전송이 없는 경우라도 동시 전송에 의한 충돌에 대비하여 확인 신호를 전송한다.

① STA ② Collision Domain
③ CSMA/CA ④ CSMA/CD

> **해설**
> CSMA/CA는 Carrier Sense Multiple Access with Collision Avoidance의 약자로, 충돌 감지 및 회피(CSMA/CD)의 확장된 방식이다. CSMA/CA는 매체가 비어 있음을 확인한 뒤 충돌을 회피하기 위해 임의의 시간을 기다린 후 데이터를 전송하는 방식이다. 네트워크에 데이터 전송이 없는 경우라도 동시 전송에 의한 충돌에 대비하여 확인 신호를 전송한다.

정답 ③

022 현재 많이 사용되고 있는 LAN 방식인 "10BASE-T"에서 "10"이 가리키는 의미는?

① 데이터 전송 속도가 10Mbps
② 케이블 굵기가 10밀리미터
③ 접속할 수 있는 단말의 수가 10대
④ 배선할 수 있는 케이블의 길이가 10미터

> **해설**
> 10BASE-T는 이더넷의 표준 규격 중 하나로, 데이터 전송 속도가 10Mbps이다.

정답 ①

023 1000BaseT 규격에 대한 설명으로 틀린 것은?

① 최대 전송 속도는 1000Kbps이다.
② 베이스 밴드 전송 방식을 사용한다.
③ 전송 매체는 UTP(꼬임쌍선)이다.
④ 주로 이더넷(Ethernet)에서 사용된다.

> **해설**
> 1000BaseT 규격은 최대 전송 속도가 1Gbps(1000Mbps)이다. 1000BaseT 규격은 다음과 같은 특징을 가지고 있다.
> - 최대 전송 속도: 1Gbps
> - 전송 방식: 베이스 밴드
> - 전송 매체: UTP(꼬임쌍선)
> - 주로 사용되는 기술: 이더넷

정답 ①

024 100 BASE T라고도 불리는 이더넷의 고속 버전으로 CSMA/CD 방식을 사용하며, 100Mbps의 전송 속도를 지원하는 이더넷은?

① Fast Ethernet
② Thick Ethernet
③ Thin Ethernet
④ Gigabit Ethernet

> **해설**
> Fast Ethernet은 100Mbps의 전송 속도를 지원하는 이더넷의 고속 버전이다. CSMA/CD 방식을 사용하며, UTP(꼬임쌍선)을 전송 매체로 사용한다.

정답 ①

025 데이터 교환 방식 중 축적 교환 방식이 아닌 것은?

① 메시지 교환
② 회선 교환
③ 가상회선
④ 데이터그램

해설
축적 교환 방식은 데이터를 교환하기 전에 교환기에 저장하는 방식이다. 메시지 교환, 가상회선, 데이터그램은 모두 축적 교환 방식이다.

정답 ②

026 메시지 교환 방식에 대한 설명으로 거리가 먼 것은?

① 송신 데이터 순서와 수신 순서 불일치
② 고정적인 대역폭을 가진 전용 전송로 필요
③ 전송 도중 오류 발생 시 메모리에 축적되어 있는 복사본 재전송 가능
④ 각 메시지마다 수신 주소를 붙여서 전송

해설
메시지 교환 방식은 데이터를 메시지 단위로 나누어 전송하는 방식이다. 메시지는 크기가 다양할 수 있으며, 전송 도중 중간에 분할될 수도 있다. 따라서 메시지 교환 방식은 고정적인 대역폭을 가진 전용 전송로를 필요로 하지 않는다. 메시지 교환 방식의 특징은 다음과 같다.
- 데이터를 메시지 단위로 나누어 전송한다.
- 메시지는 크기가 다양할 수 있으며, 전송 도중 중간에 분할될 수도 있다.
- 전송 도중 오류 발생 시 메모리에 축적되어 있는 복사본 재전송이 가능하다.
- 각 메시지마다 수신 주소를 붙여서 전송한다.

정답 ②

027 패킷 교환 방식에 대한 설명으로 틀린 것은?

① 데이터그램과 가상회선 방식이 있다.
② 메시지를 1개 복사하여 여러 노드로 전송하는 방식이다.
③ 가상회선 방식은 연결 지향 서비스라고도 한다.
④ 축적 교환이 가능하다.

해설
패킷 교환 방식은 데이터를 작은 단위로 나누어 전송하는 방식이다. 패킷은 각각 독립적으로 전송되며, 각 패킷은 목적지를 지정한다. 따라서 패킷 교환 방식은 메시지를 1개 복사하여 여러 노드로 전송하는 방식이 아니다.

정답 ②

028 패킷 교환에 대한 설명으로 틀린 것은?

① 전송 데이터를 패킷이라 부르는 일정한 길이의 전송 단위로 나누어 교환 및 전송한다.
② 패킷 교환은 저장-전달 방식을 사용한다.
③ 가상회선 패킷 교환은 비연결형 서비스를 제공하고, 데이터그램 패킷 교환은 연결형 서비스를 제공한다.
④ 메시지 교환이 갖는 장점을 그대로 취하면서 대화형 데이터 통신에 적합하도록 개발된 교환 방식이다.

> **해설**
> 가상회선 패킷 교환은 연결형 서비스를 제공하고, 데이터그램 패킷 교환은 비연결형 서비스를 제공한다.

정답 ③

029 패킷 교환의 가상회선 방식과 회선 교환 방식의 공통점은?

① 전용 회선을 이용한다.
② 별도의 호(Call) 설정 과정이 있다.
③ 회선 이용률이 낮다.
④ 데이터 전송 단위 규모를 가변으로 조정할 수 있다.

> **해설**
> • 패킷 교환의 가상회선 방식은 데이터를 패킷 단위로 나누어 전송하지만, 데이터를 전송하기 전에 두 단말장치 간에 논리적인 회선을 설정한다.
> • 회선 교환 방식은 데이터를 전송하기 전에 두 단말장치 간에 물리적인 회선을 설정한다. 따라서 별도의 호 설정 과정이 있다는 것이 공통점이다.

정답 ②

030 회선 교환 방식에 대한 설명으로 틀린 것은?

① 고정된 대역폭으로 데이터 전송
② 회선이 설정되어 통신이 완료될 때까지 회선을 물리적으로 접속
③ 수신 노드에서 패킷을 재순서화하는 과정 필요
④ 실시간 대화용에 적합

> **해설**
> 회선 교환 방식에서는 고정된 대역폭으로 데이터를 전송하고 회선이 설정되어 통신이 완료될 때까지 회선을 물리적으로 접속하는 것이다. 패킷을 재순서화하는 과정은 회선 교환 방식과는 관련이 없다. 패킷을 재순서화하는 과정은 패킷 교환 방식에서 주로 발생하며, 이 방식에서는 패킷들이 서로 다른 경로로 전달되어 순서가 뒤섞일 수 있기 때문에 수신 측에서 재순서화 과정이 필요하다.

정답 ③

031 패킷 교환 네트워크에 대한 설명으로 옳지 않은 것은?

① 패킷 크기는 옥텟(Octet) 단위로 사용한다.
② 네트워크로 전송되는 모든 데이터는 송·수신지 정보를 포함하는 패킷들로 구성된다.
③ 패킷 교환 방식은 접속 방식에 따라 데이터그램 방식과 가상회선 방식이 있다.
④ 패킷 교환 네트워크에서는 동시에 2쌍 이상의 통신이 불가능하다.

> **해설**
> 패킷 교환 네트워크에서는 여러 쌍의 통신이 동시에 이루어질 수 있다. 패킷 교환의 주요 장점 중 하나는 다수의 통신이 네트워크 자원을 공유하면서 동시에 이루어질 수 있다는 것이다.

정답 ④

032 효율적인 전송을 위하여 넓은 대역폭(혹은 고속 전송 속도)을 가진 하나의 전송 링크를 통하여 여러 신호(혹은 데이터)를 동시에 실어 보내는 기술은?

① 집중화
② 다중화
③ 부호화
④ 변조화

> **해설**
> 다중화 기술을 사용하면 여러 개의 신호를 하나의 전송 링크를 통해 전송할 수 있으므로 대역폭을 효율적으로 활용할 수 있다.

정답 ②

033 다음 중 정보 전송의 다중화(Multiplexing)에 대한 설명으로 가장 적절하지 않은 것은?

① 주파수 분할 다중화(FDM)는 정보를 같은 시간에 전송하기 위해 별도의 주파수 채널을 설정해야 하고, 채널 간의 상호 간섭을 막기 위해 보호 대역이 필요하다.
② 동기식 시분할 다중화(STDM)는 전송로 대역폭 하나를 시간 슬롯으로 나눈 채널에 할당하여 채널 여러 개가 전송로의 시간을 분할하여 사용한다.
③ 비동기식 시분할 다중화(ATDM)는 STDM과 유사한 방법이지만, 전송 요구가 없을 때는 시간 슬롯 낭비가 발생한다.
④ 코드분할 다중화(CDMA)는 대역확산 기법을 사용한다.

> **해설**
> 비동기식 시분할 다중화(ATDM)는 실제로 전송 요구가 있을 때만 시간 슬롯을 할당하여 시간 슬롯의 낭비를 줄이는 방식이다. 시간 슬롯 낭비가 발생하는 것은 동기식 시분할 다중화(STDM)에서 나타나는 문제이다.

정답 ③

034 다음이 설명하고 있는 다중화 방식은?

> 전송 시간을 일정한 간격의 시간 슬롯(Time Slot)으로 나누고, 이를 주기적으로 각 채널에 할당하는 다중화 방식

① 주파수 분할 다중화
② 동기식 시분할 다중화
③ 코드 분할 다중화
④ 파장 분할 다중화

정답 ②

035 시분할 다중화(Time Division Multiplexing)의 설명으로 틀린 것은?

① 시분할 다중화에는 동기식 시분할 다중화와 통계적 시분할 다중화 방식이 있다.
② 동기식 시분할 다중화 방식은 전송 프레임마다 각 시간 슬롯이 해당 채널에게 고정적으로 할당된다.
③ 통계적 시분할 다중화 방식은 전송할 데이터가 있는 채널만 차례로 시간 슬롯을 이용하여 전송한다.
④ 통계적 시분할 다중화보다 동기식 시분할 다중화 방식이 전송 대역폭을 더욱더 효율적으로 사용할 수 있다.

해설
시분할 다중화는 전송로를 시간적으로 분할하여 여러 개의 채널을 구성하는 방식이다. 동기식 시분할 다중화 방식은 전송 프레임마다 각 시간 슬롯이 해당 채널에게 고정적으로 할당되므로, 모든 채널이 데이터를 전송할 준비가 되어 있는 상태에서만 전송 대역폭을 효율적으로 사용할 수 있다. 반면, 통계적 시분할 다중화 방식은 전송할 데이터가 있는 채널만 차례로 시간 슬롯을 이용하여 전송하므로, 데이터 전송량이 변하는 경우에 전송 대역폭을 더욱더 효율적으로 사용할 수 있다.

정답 ④

036 주파수 분할 방식의 특징으로 틀린 것은?

① 사람의 음성이나 데이터가 아날로그 형태로 전송된다.
② 인접 채널 사이의 간섭을 막기 위해 보호대역을 둔다.
③ 터미널의 수가 동적으로 변할 수 있다.
④ 주로 유선방송에서 많이 사용하고 있다.

해설
주파수 분할 방식은 전송로의 주파수 대역폭을 여러 개의 채널로 분할하여 여러 개의 사용자를 동시에 사용하는 방식이다. 따라서 각 채널은 고정된 주파수 대역을 사용하며, 터미널의 수가 동적으로 변할 수 없다.

정답 ③

037 주파수 분할 다중화기(FDM)에서 부채널 간의 상호 간섭을 방지하기 위한 것은?

① 가드 밴드(Guard Band)
② 채널(Channel)
③ 버퍼(Buffer)
④ 슬롯(Slot)

> **해설**
> 주파수 분할 다중화기(FDM)는 전송로의 주파수 대역폭을 여러 개의 채널로 분할하여 여러 개의 사용자를 동시에 사용하는 방식이다. 부채널 간의 상호 간섭을 방지하기 위해 각 채널 사이에 보호대역을 두어 채널의 주파수 대역을 분리한다. 이 보호대역을 가드 밴드(Guard Band)라고 한다.

정답 ①

038 하나의 정보를 여러 개의 반송파로 분할하고, 분할된 반송파 사이의 주파수 간격을 최소화하기 위해 직교 다중화해서 전송하는 통신 방식으로, 와이브로 및 디지털 멀티미디어 방송 등에 사용되는 기술은?

① TDM
② DSSS
③ OFDM
④ FHSS

> **해설**
> 직교 분할 다중화(OFDM, Orthogonal Frequency Division Multiplexing)는 하나의 정보를 여러 개의 반송파로 분할하고, 분할된 반송파 사이의 주파수 간격을 최소화하기 위해 직교 다중화해서 전송하는 통신 방식이다. OFDM은 와이브로 및 디지털 멀티미디어 방송 등에 사용되는 기술이다.

정답 ③

039 다중 접속 방식에 해당하지 않는 것은?

① FDMA
② QDMA
③ TDMA
④ CDMA

> **해설**
> - 시분할 다중 접속(TDMA): 한 전송로의 데이터 전송 시간을 일정한 시간 폭으로 나누어 차례로 분배하는 방식
> - 주파수 분할 다중 접속(FDMA): 하나의 물리적 통신 채널을 여러 주파수 채널로 나누어 사용하는 다중화 방식
> - 코드 분할 다중 접속(CDMA): 고유의 코드를 이용한 다중화 방식

정답 ②

040 다음이 설명하는 다중화 기술은?

- 광섬유를 이용한 통신기술의 하나를 의미함
- 파장이 서로 다른 복수의 광신호를 동시에 이용하는 것으로 광섬유를 다중화하는 방식임
- 빛의 파장 축과 파장이 다른 광선은 서로 간섭을 일으키지 않는 성질을 이용함

① Wavelength Division Multiplexing
② Frequency Division Multiplexing
③ Code Division Multiplexing
④ Time Division Multiplexing

정답 ①

041 프로토콜의 기본 구성요소가 아닌 것은?

① 개체(Entity)
② 구문(Syntax)
③ 의미(Semantic)
④ 타이밍(Timing)

> **해설**
> 프로토콜의 기본 구성요소는 구문(Syntax), 의미(Semantic), 타이밍(Timing)이다. 개체(Entity)는 프로토콜을 사용하는 시스템이나 장치를 의미한다.

정답 ①

042 슬라이딩 윈도우(Sliding Window)제어 방식에 대한 설명으로 옳지 않은 것은?

① X.25 패킷 레벨의 프로토콜에서도 사용되고 있으며, 수신 통지를 이용하여 송신 데이터의 양을 조절하는 방식이다.
② 송신 측과 수신 측 실체(Entity) 간 호출 설정 시 연속적으로 송신 가능한 데이터 단위의 최대치를 절충하는 방식이다.
③ 수신 측으로부터의 수신 통지에 의해 윈도우는 이동하고 새로운 데이터 단위의 송신이 가능하다.
④ 하나의 데이터 블록을 전송한 후 응답이 올 때까지 다음 데이터 블록을 전송하지 않고 대기하는 방식이다.

> **해설**
> 슬라이딩 윈도우 제어 방식은 송신 측과 수신 측 간에 일정한 윈도우 크기 내에서 데이터를 전송하고 수신 확인을 기다리는 방식이다. 송신 측은 윈도우 내의 데이터를 모두 전송하고, 수신 측은 이를 수신하고 확인 응답을 보낸다. 이후에는 윈도우가 이동하면서 새로운 데이터를 전송하고 수신 확인을 기다린다. 따라서 슬라이딩 윈도우 방식은 연속적으로 데이터를 전송하며 응답을 기다리는 방식이다.

정답 ④

043 TCP 흐름 제어 기법 중 프레임이 손실되었을 때, 손실된 프레임 1개를 전송하고 수신자의 응답을 기다리는 방식으로 한 번에 프레임 1개만 전송할 수 있는 기법은?

① Slow Start
② Sliding Window
③ Stop and Wait
④ Congestion Avoidance

정답 ③

044 피기백(Piggyback) 응답이란 무엇인가?

① 송신 측이 대기시간을 설정하기 위한 목적으로 보낸 테스터 프레임용 응답을 말한다.
② 송신 측이 일정한 시간 안에 수신 측으로부터 ACK가 없으면 오류로 간주하는 것이다.
③ 수신 측이 별도의 ACK를 보내지 않고 상대편으로 향하는 데이터 전문을 이용하여 응답하는 것이다.
④ 수신 측이 오류를 검출한 후 재전송을 위한 프레임 번호를 알려주는 응답이다.

> **해설**
> 피기백 응답은 데이터 전송과 함께 수신 측이 송신 측에게 ACK(확인응답)을 보내는 방식이다. 이러한 방식을 사용하면 데이터 전송과 동시에 ACK를 보내므로 효율적인 통신을 할 수 있다. 주로 TCP/IP 프로토콜에서 사용되며, ACK를 별도로 보내는 대신 데이터 프레임에 ACK 정보를 실어서 보내는 것이 특징이다.

정답 ③

045 자동 재전송 요청(ARQ) 기법 중 데이터 프레임을 연속적으로 전송해 나가다가 NAK를 수신하게 되면, 오류가 발생한 프레임 이후에 전송된 모든 데이터 프레임을 재전송하는 것은?

① Selective-Repeat
② Stop-and-wait
③ Go-back-N
④ Turbo Code

> **해설**
> - Selective-Repeat은 오류가 발생한 프레임만을 재전송한다.
> - Stop-And-Wait은 한 번에 하나의 프레임만 전송한 후, 그 프레임에 대한 확인 응답을 받기 전까지 다음 프레임을 전송하지 않는다.
> - Adaptive ARQ: 데이터 블록의 길이를 채널의 상태에 따라 동적으로 변경하는 방식

정답 ③

046 Go-Back-N ARQ에서 7번째 프레임까지 전송하였는데 수신 측에서 6번째 프레임에 오류가 있다고 재전송을 요청해 왔다. 재전송되는 프레임의 개수는?

① 1
② 2
③ 3
④ 4

해설
Go-Back-N ARQ(Automatic Repeat Request) 프로토콜에서, 수신 측이 특정 프레임에 대해 오류가 있음을 감지하고 재전송을 요청하면, 송신 측은 오류가 발견된 프레임부터 모든 이후의 프레임들을 다시 전송한다. 문제의 경우, 7번째 프레임까지 전송되었고, 6번째 프레임에서 오류가 발생했다고 가정하면, 송신 측은 6번째, 7번째 프레임을 다시 전송해야 한다.

정답 ②

047 오류 제어에 사용되는 자동 반복 요청 방식(ARQ)이 아닌 것은?

① Stop-And-Wait ARQ
② Go-Back-N ARQ
③ Selective-Repeat ARQ
④ Non-Acknowledge ARQ

해설
자동 반복 요청 방식(ARQ)은 전송 중 오류가 발생한 데이터 패킷을 감지하고 재전송하는 데 사용된다. Stop-and-Wait ARQ, Go-Back-N ARQ, Selective-Repeat ARQ, Adaptive ARQ 방식이 사용된다.

정답 ④

048 다음은 데이터 통신 시스템에서 발생하는 잡음에 대한 설명이다. 어떤 잡음에 대한 설명인가?

- 비연속적이고 불규칙한 진폭을 가지며, 순간적으로 높은 진폭이 발생하는 잡음이다.
- 외부의 전자기적 충격이나 기계적인 통신 시스템에서의 결함 등이 원인이다.
- 디지털 데이터를 전송하는 경우 중요한 오류 발생의 원인이 된다.

① 열 잡음
② 누화 잡음
③ 충격 잡음
④ 상호변조 잡음

해설
- 열 잡음: 전자 장비의 열적 활동으로 인해 발생하는 연속적인 잡음
- 누화 잡음: 다른 통신 채널로부터의 신호 유출로 인해 발생하는 잡음
- 상호변조 잡음: 여러 신호가 상호작용하여 발생하는 잡음

정답 ③

049 순방향 오류 정정(Forward Error Correction)에 사용되는 오류 검사 방식은?

① 수평 패리티 검사 ② 군 계수 검사
③ 수직 패리티 검사 ④ 해밍 코드 검사

> **해설**
> 전진 오류 수정은 송신 측에서 미리 오류 정정 코드를 데이터에 추가하여, 수신 측에서 오류를 발견하고 정정할 수 있도록 하는 방식이다. 이러한 방식에 사용되는 대표적인 오류 검사 방식은 해밍 코드, 상승 코드가 있다.

정답 ④

050 전진 오류 정정(FEC) 방식에 대한 설명으로 거리가 먼 것은?

① 재전송 요구 없이 수신 측에서 스스로 오류 검사 및 수정을 하는 방식이다.
② 역채널이 필요 없고, 연속적인 데이터 흐름이 가능하다.
③ 데이터 전송 과정에서 오류가 발생하면 송신 측에 재전송을 요구하는 방식이다.
④ 블록 코드와 콘볼루션 코드도 FEC 코드의 종류이다.

> **해설**
> FEC는 재전송 요구 없이 수신 측에서 오류를 자체적으로 검사하고 수정할 수 있도록 설계되었다.

정답 ③

051 데이터 전송 중 한 비트에 에러가 발생했을 경우 이를 수신 측에서 정정할 목적으로 사용되는 것은?

① P/F ② HRC ③ Checksum ④ Hamming code

> **해설**
> 해밍 코드는 전진 오류 정정(FEC, Forward Error Correction) 방식의 일부로, 수신 측에서 단일 비트 오류를 자동으로 감지하고 정정할 수 있게 설계되었다.

정답 ④

052 다음이 설명하고 있는 에러 체크 방식은?

> 프레임 단위로 오류 검출을 위한 코드를 계산하여 프레임 끝에 부착하며, 이를 FCS라 한다.

① LRC(Longitudinal Redundancy Check)
② VRC(Vertical Redundancy Check)
③ CRC(Cyclic Redundancy Check)
④ ARQ(Automatic Repeat Request)

> **해설**
> CRC는 데이터 전송 과정에서 오류를 검출하는 데 널리 사용되는 방식으로, 특정 다항식을 기반으로 한 계산을 통해 오류 검출 코드를 생성한다. 이 코드는 전송되는 데이터와 함께 보내지며, 수신 측에서 같은 계산을 수행하여 오류의 유무를 확인한다.
>
> 정답 ③

053 IP Address에 대한 설명으로 틀린 것은?

① 5개의 클래스(A, B, C, D, E)로 분류되어 있다.
② A, B, C 클래스만이 네트워크 주소와 호스트 주소 체계의 구조를 가진다.
③ D 클래스 주소는 멀티캐스팅(Multicasting)을 사용하기 위해 예약되어 있다.
④ E 클래스는 실험적 주소로 공용으로 사용된다.

> **해설**
> 클래스 E는 예약된 주소 범위이며, 일반적으로 실험적 용도로 사용되지만 공용으로 사용되지는 않는다.
>
> 정답 ④

054 IP 주소에서 1개의 C-class는 32비트의 길이로 8비트 호스트 식별자를 갖는다. 이 때 최대 몇 개의 호스트 주소를 가질 수 있는가?

① 128개   ② 254개   ③ 1024개   ④ 4096개

> **해설**
> C 클래스 IP 주소는 32비트 길이를 가지며, 이 중 마지막 8비트가 호스트 식별자로 사용된다. 8비트는 총 2^8=256개의 가능한 조합을 만들 수 있지만, 이 중 두 개의 주소는 특별한 용도로 예약되어 있다. 두 개의 주소는 네트워크 주소와 브로드캐스트 주소로, 두 개를 제외한 254개의 호스트 주소를 가질 수 있다.
>
> 정답 ②

055 C Class에 속하는 IP Address는?

① 200.168.30.1
② 10.3.2.1 4
③ 225.2.4.1
④ 172.16.98.3

> **해설**
> - A Class: 0 ~ 127
> - B Class: 128 ~ 191
> - C Class: 192 ~ 223
> - D Class: 224 ~ 239
> - E Class: 240 ~ 255
>
> 정답 ①

056 IPv4 주소를 클래스별로 분류했을 때, B 클래스에 해당하는 것은?

① 12.23.34.45
② 111.111.11.11
③ 128.128.128.128
④ 222.111.222.111

> 해설
> - A Class: 0 ~ 127
> - B Class: 128 ~ 191
> - C Class: 192 ~ 223
> - D Class: 224 ~ 239
> - E Class: 240 ~ 255

정답 ③

057 IPv4 주소 체계의 A 클래스 주소에서 호스트 ID의 비트 수는?

① 8
② 16
③ 24
④ 32

> 해설
> A 클래스 주소는 첫 번째 옥텟(8비트)이 네트워크 부분을 나타내며, 나머지 세 개의 옥텟(24비트)이 호스트 부분을 나타낸다. 따라서 A 클래스 주소에서 호스트 ID의 비트 수는 24비트이다.

정답 ③

058 IP(Internet Protocol) 데이터그램 구조에 포함되지 않는 것은?

① Version
② Reserved Len
③ Protocol
④ Identification

> 해설
> IP 헤더에 들어가는 내용은 아래와 같다.
> - Version(버전): IP 프로토콜의 버전
> - Header Length(헤더 길이): IP 헤더의 길이
> - Type of Service(서비스 유형): 데이터 패킷의 처리 우선순위와 품질 서비스(QoS)를 지정
> - Total Length(총 길이): 전체 IP 패킷의 길이(헤더와 데이터 포함)
> - Identification(식별자): 각각의 IP 패킷을 구별하기 위한 고유한 식별자
> - Flags(플래그): 주로 데이터 패킷의 분할 관련 플래그
> - Fragment Offset(조각 오프셋): 분할된 패킷의 각 조각이 원본 데이터에서 어느 위치에 해당하는지 표현
> - Time to Live(TTL): 패킷이 네트워크상에서 살아있을 수 있는 최대 시간(홉 카운트)
> - Protocol(프로토콜): 상위 계층 프로토콜
> - Header Checksum(헤더 체크섬): 헤더의 오류 검사를 위한 체크섬
> - Source IP Address(출발지 주소): 패킷을 보내는 장치의 IP 주소
> - Destination IP Address(목적지 주소): 패킷이 도달해야 하는 목적지 장치의 IP 주소
> - Options(옵션): 필요에 따라 추가 정보를 제공

정답 ②

059 IPv6에 대한 설명으로 틀린 것은?

① 128비트의 주소 공간을 제공한다.
② 인증 및 보안 기능을 포함하고 있다.
③ 패킷 크기가 64Kbyte로 고정되어 있다.
④ IPv6 확장 헤더를 통해 네트워크 기능 확장이 용이하다.

해설
IPv6에서 패킷의 최대 크기는 고정되어 있지 않으며, 이론적으로는 4GB까지 가능하다(그러나 실제 네트워크 환경에서는 MTU(Maximum Transmission Unit)에 의해 제한된다). 특히, IPv6에서는 페이로드 길이 필드가 16비트로 설정되어 있어 최대 64KB를 넘는 크기의 패킷도 지원한다.

정답 ③

060 IPv6에 대한 설명으로 틀린 것은?

① 32비트의 주소 체계를 사용한다.
② 멀티미디어의 실시간 처리가 가능하다.
③ IPv4보다 보안성이 강화되었다.
④ 자동으로 네트워크 환경 구성이 가능하다.

해설
IPv6는 128비트 주소 체계를 사용한다. 이는 IPv4의 32비트 주소 체계보다 훨씬 더 많은 주소를 할당할 수 있게 해 준다.

정답 ①

061 IPv6에 대한 설명으로 틀린 것은?

① 멀티캐스트(Multicast) 대신 브로드캐스트(Broadcast)를 사용한다.
② 보안과 인증 확장 헤더를 사용함으로써 인터넷 계층의 보안기능을 강화하였다.
③ 애니캐스트(Anycast)는 하나의 호스트에서 그룹 내의 가장 가까운 곳에 있는 수신자에게 전달하는 방식이다.
④ 128비트 주소 체계를 사용한다.

해설
IPv6는 유니캐스트(Unicast), 멀티캐스트(Multicast), 애니캐스트(Anycast)를 사용한다.

정답 ①

062 IPv6의 주소 체계로 거리가 먼 것은?

① Unicast
② Anycast
③ Broadcast
④ Multicast

> **해설**
> Broadcast는 IPv4에서 사용하는 주소 체계이다.

정답 ③

063 IPv6의 헤더 항목이 아닌 것은?

① Flow label
② Payload length
③ HOP limit
④ Section

> **해설**
> ※ IPv6 헤더 구성요소
> - Version(버전): IP 프로토콜의 버전
> - Traffic Class(트래픽 클래스): 패킷의 우선순위 및 QoS(Quality of Service)를 위한 것
> - Flow Label(플로우 레이블): 특정 흐름의 패킷들이 동일한 경로를 따라 전송되도록 하는 데 사용
> - Payload Length(페이로드 길이): 헤더 다음에 오는 데이터(페이로드)의 길이를 바이트 단위로 나타냄
> - Next Header(다음 헤더): 다음에 오는 헤더의 타입을 식별
> - Hop Limit(홉 제한): 패킷이 네트워크를 통과하는 동안 각 노드에서 감소시키는 카운터
> - Source Address(출발지 주소): 송신자의 IPv6 주소
> - Destination Address(목적지 주소): 수신자의 IPv6 주소

정답 ④

064 IPv4에서 IPv6로 천이하는 데 사용되는 IETF에서 고안한 천이 전략 3가지에 해당하지 않는 것은?

① Dual Stack
② Tunneling
③ Header Translation
④ IP Control

> **해설**
> - 듀얼 스택(Dual Stack): 장비들이 IPv4 및 IPv6 모두 지원, 동시 처리 가능
> - 터널링(Tunneling): IPv6 패킷을 IPv4 패킷 속에 캡슐화하여 사용하는 기술
> - 헤더 변환(Header Translation): IPv6 시스템이 IPv4 수신자가 이해할 수 있는, 또는 그 반대로 헤더 변환하는 기술

정답 ④

065 10.0.0.0 네트워크 전체에서 마스크 값으로 255.240.0.0를 사용할 경우 유효한 서브넷 ID는?

① 10.16.0.0
② 10.0.0.32
③ 10.1.16.3
④ 10.29.240.0

> **해설**
> 10.0.0.0 네트워크 전체를 사용한다면, 10.0.0.0 ~ 10.255.255.255까지 사용되는 네트워크 범위이다. 이때, 서브넷 마스크를 255.240.0.0을 준다고 했기 때문에 네트워크 아이디를 두 번째 옥텟의 4자리까지 할당하여 서브넷을 진행하게 된다. 서브넷 ID는 서브넷을 하고 첫 번째 아이피를 의미하고, 유효한 서브넷 ID는 10.16.0.0, 10.32.0.0, 10.48.0.0, 10.64.0.0 이런 아이피가 서브넷 ID가 된다.

정답 ①

066 200.1.1.0/24 네트워크를 FLSM 방식을 이용하여 10개의 Subnet으로 나누고 IP Subnet-zero를 적용했다. 이때 서브네팅된 네트워크 중 10번째 네트워크의 Broadcast IP 주소는?

① 200.1.1.159
② 201.1.5.175
③ 202.1.11.254
④ 203.1.255.245

> **해설**
> 10개의 서브넷으로 나누기 위해서는 4개의 비트가 필요하다.
> 맨 뒤의 옥텟을 이용하여 4개의 비트로 서브넷을 수행할 경우
>
> | 번호 | 구분 | 범위 | 네트워크 주소 | 브로드캐스트 주소 |
> |---|---|---|---|---|
> | 1 | 0000 | 200.1.1.0~200.1.1.15 | 200.1.1.0 | 200.1.1.15 |
> | 2 | 0001 | 200.1.1.16~200.1.1.31 | 200.1.1.16 | 200.1.1.31 |
> | 3 | 0010 | 200.1.1.32~200.1.1.47 | 200.1.1.32 | 200.1.1.47 |
> | 4 | 0011 | 200.1.1.48~200.1.1.63 | 200.1.1.48 | 200.1.1.63 |
> | 5 | 0100 | 200.1.1.64~200.1.1.79 | 200.1.1.64 | 200.1.1.79 |
> | 6 | 0101 | 200.1.1.80~200.1.1.95 | 200.1.1.80 | 200.1.1.95 |
> | 7 | 0110 | 200.1.1.96~200.1.1.111 | 200.1.1.96 | 200.1.1.111 |
> | 8 | 0111 | 200.1.1.112~200.1.1.127 | 200.1.1.112 | 200.1.1.127 |
> | 9 | 1000 | 200.1.1.128~200.1.1.143 | 200.1.1.128 | 200.1.1.143 |
> | 10 | 1001 | 200.1.1.144~200.1.1.159 | 200.1.1.144 | 200.1.1.159 |

정답 ①

067 192.168.1.0/24 네트워크를 FLSM 방식 네트워크를 이용하여 4개의 Subnet으로 나누고 IP Subnet-zero를 적용했다. 이 때 Subnetting 된 네트워크 중 4번째 네트워크의 4번째 사용 가능한 IP는 무엇인가?

① 192.168.1.192
② 192.168.1.195
③ 192.168.1.196
④ 192.168.1.198

CHAPTER 03. 네트워크 기초 활용 **489**

> 해설
>
> 4개의 서브넷으로 나누기 위해서는 2개의 비트가 필요하다.
> 맨 뒤의 옥텟을 이용하여 2개의 비트로 서브넷을 수행할 경우
>
> | 번호 | 구분 | 범위 | 네트워크 주소 | 브로드캐스트 주소 |
> |---|---|---|---|---|
> | 1 | 00 | 192.168.1.0~192.168.1.0.63 | 192.168.1.0 | 192.168.1.0.63 |
> | 2 | 01 | 192.168.1.64~192.168.1.127 | 192.168.1.64 | 192.168.1.127 |
> | 3 | 10 | 192.168.1.128~192.168.1.191 | 192.168.1.128 | 192.168.1.191 |
> | 4 | 11 | 192.168.1.192~192.168.1.255 | 192.168.1.192 | 192.168.1.255 |
>
> 4번째 네트워크는 192.168.1.192부터 표현되지만 처음 시작 주소는 사용할 수 없기 때문에, 4번째 사용 가능한 IP는 192.168.1.196이다.

정답 ③

068 CIDR(Classless Inter-Domain Routing) 표기로 203.241.132.82/27과 같이 사용되었다면, 해당 주소의 서브넷 마스크(Subnet Mask)는?

① 255.255.255.0
② 255.255.255.224
③ 255.255.255.240
④ 255.255.255.248

> 해설
>
> CIDR 표기법으로 27이면, 27비트를 1로 만든 11111111.11111111.11111111.11100000이 서브넷 마스크가 된다. 10진수로 변경하게 되면, 255.255.255.224가 된다.

정답 ②

069 IP 주소가 117.17.23.253/27인 호스트에 대한 설명으로 옳은 것은?

① 이 주소의 네트워크 주소는 117.17.23.0이다.
② 이 주소의 서브넷 마스크는 255.255.255.224이다.
③ 이 주소는 클래스 기반의 주소 지정으로 C클래스 주소이다.
④ 이 주소가 포함된 네트워크에서 사용될 수 있는 IP 주소는 254개이다.

> 해설
>
> ① /27은 서브넷 마스크가 27비트의 네트워크 부분을 나타내고, 5비트의 호스트 부분을 가짐을 의미한다.
> ③ IP 주소 117.17.23.253는 첫 번째 옥텟 117은 A클래스에 속한다.
> ④ 사용 가능한 호스트 수는 2^5-2개, 30개이다.

정답 ②

070 외부 네트워크에서 알려진 공인 IP 주소와 사설 IP 주소를 사용하는 내부 네트워크에서 IP 주소를 변환하는 것은?

① NAT　　② FTP　　③ SMTP　　④ SNMP

> **해설**
> NAT는 일반적으로 라우터와 같은 네트워크 장비에서 구현되며, 여러 개의 사설 IP 주소를 단일 공인 IP 주소로 변환하거나 그 반대로 변환하는 데 사용된다. 이를 통해 내부 네트워크의 장치들이 인터넷과 상호작용할 수 있게 해준다.

정답 ①

071 인터넷 통신에서 IP 주소를 동적으로 할당하는 데 사용되는 것은?

① TCP　　② DNS　　③ SOAP　　④ DHCP

> **해설**
> DHCP(Dynamic Host Configuration Protocol)는 네트워크에 연결된 장치에게 IP 주소, 서브넷 마스크, 게이트웨이 주소, DNS 서버 주소 등을 자동으로 할당하는 프로토콜이다.

정답 ④

072 OSI-7 Layer의 데이터 링크 계층에서 사용하는 데이터 전송 단위는?

① 바이트　　② 프레임　　③ 레코드　　④ 워드

> **해설**
> - 전송 계층: 세그먼트
> - 네트워크 계층: 패킷
> - 데이터 링크 계층: 프레임

정답 ②

073 OSI 7 계층 중 응용 프로세스 간에 데이터 표현상의 차이에 상관없이 통신이 가능하도록 독립성을 제공(코드변환, 데이터 압축 등)하는 계층은?

① 물리 계층　　② 표현 계층
③ 데이터 링크 계층　　④ 세션 계층

> **해설**
> 표현 계층의 주요 역할은 데이터 형식을 변환하는 것으로, 다양한 형식의 데이터를 네트워크에서 통신 가능한 표준 형식으로 변환하거나, 그 반대의 역할을 수행한다. 이 계층은 데이터 압축, 암호화, 코드 변환 등을 처리하여 응용 계층이 통신상의 데이터 표현 방식에 구애받지 않도록 한다.

정답 ②

074 OSI-7계층에서 종단 간 신뢰성 있고 효율적인 데이터를 전송하기 위해 오류 검출과 복구, 흐름 제어를 수행하는 계층은?

① 전송 계층　　② 세션 계층　　③ 표현 계층　　④ 응용 계층

> **해설**
> 전송 계층은 네트워크의 서로 다른 끝에 위치한 호스트 간의 데이터 전송을 관리하고, 이를 위해 세그먼트나 데이터그램을 사용한다. 이 계층은 데이터의 정확한 전송을 보장하기 위해 오류 검출 및 복구 메커니즘과 흐름 제어 기능을 제공한다.

정답 ①

075 OSI-7 Layer에서 링크의 설정과 유지 및 종료를 담당하며, 노드 간의 오류 제어와 흐름 제어 기능을 수행하는 계층은?

① 데이터 링크 계층　　② 물리 계층
③ 세션 계층　　　　　④ 응용 계층

> **해설**
> 데이터 링크 계층의 주요 역할은 물리적 링크를 통한 데이터의 신뢰성 있는 전송을 보장하는 것으로, 이를 위해 프레임 단위의 데이터 전송, 오류 검출 및 복구, 흐름 제어를 제공한다.

정답 ①

076 OSI 7계층에서 물리적 연결을 이용해 신뢰성 있는 정보를 전송하려고 동기화, 오류 제어, 흐름 제어 등의 전송에러를 제어하는 계층은?

① 데이터 링크 계층　　② 물리 계층
③ 응용 계층　　　　　④ 표현 계층

> **해설**
> 양 종단 간의 신뢰성 있는 정보 전송은 전송 계층이고, 인접한 노드 간의 신뢰성 있는 정보 전송은 데이터 링크 계층이다.

정답 ①

077 다음 OSI 7계층 중 물리 계층에 해당하는 장치를 모두 고른 것은?

ㄱ. 리피터(Repeater)	ㄴ. 더미허브(Dummy Hub)
ㄷ. 라우터(Router)	ㄹ. 게이트웨이(Gateway)
ㅁ. 브릿지(Bridge)	

① ㄱ, ㄴ　　② ㄱ, ㄷ　　③ ㄴ, ㄹ　　④ ㄹ, ㅁ

> **해설**
> ㄱ. 리피터(Repeater): 신호를 강화하여 더 멀리 전송할 수 있게 하는 장치로, 물리 계층에 속한다.
> ㄴ. 더미허브(Dummy Hub): 네트워크상의 신호를 증폭하고 다른 포트로 신호를 재전송하는 간단한 기능을 수행하는 장치로, 물리 계층에 속한다.
> ㄷ. 라우터(Router): 네트워크 계층(3계층)에서 작동하여 네트워크 간 라우팅과 데이터 전달을 담당한다.
> ㄹ. 게이트웨이(Gateway): 서로 다른 네트워크 프로토콜, 데이터 형식, 구조 등을 사용하는 네트워크 사이에서 데이터를 변환하고 전달하는 장치로, 여러 계층에서 작동한다.
> ㅁ. 브릿지(Bridge): 데이터 링크 계층(2계층)에서 작동하여 두 개의 네트워크 세그먼트를 연결한다.

정답 ①

078 다음 중 네트워크 장비에 대한 설명으로 가장 옳지 않은 것은?

① 라우터(Router)는 데이터 전송을 위한 최선의 경로를 설정한다.
② 브리지(Bridge)는 한 네트워크 세그먼트에서 들어온 데이터를 그의 물리적 주소와 관계없이 무조건 다른 세그먼트로 전달한다.
③ 스위치(Switch)는 보안(Security) 및 트래픽(Traffic) 관리 기능도 제공할 수 있다.
④ 허브(Hub)는 전달받은 신호를 그와 연결된 모든 노드들에 전달한다.

> **해설**
> 브리지는 두 개 이상의 네트워크 세그먼트를 연결하고, 데이터 패킷이 이동할 때 물리적 주소, 즉 MAC 주소를 기반으로 필터링하여 필요한 세그먼트로만 데이터를 전송한다. 브리지는 필터링 기능을 수행하기 때문에, 물리적 주소에 관계없이 무조건 다른 세그먼트로 전달한다는 옳지 않다.

정답 ②

079 다음 중 TCP/UDP 포트(Port)를 기반으로 사용자의 요구를 여러 대의 서버로 부하를 분산하는 기능을 하는 스위치 장비는?

① L1 스위치　② L2 스위치　③ L3 스위치　④ L4 스위치

> **해설**
> ① L1 스위치(Layer 1): 물리 계층에서 작동하며 주로 허브와 유사한 기능을 수행한다.
> ② L2 스위치(Layer 2): 데이터 링크 계층에서 작동하며 MAC 주소를 기반으로 데이터 프레임을 전달한다.
> ③ L3 스위치(Layer 3): 네트워크 계층에서 작동하며, IP 주소를 기반으로 라우팅 기능을 수행한다.

정답 ④

080 OSI 7계층 중 네트워크 계층에 대한 설명으로 틀린 것은?

① 패킷을 발신지로부터 최종 목적지까지 전달하는 책임을 진다.
② 한 노드로부터 다른 노드로 프레임을 전송하는 책임을 진다.
③ 패킷에 발신지와 목적지의 논리 주소를 추가한다.
④ 라우터 또는 교환기는 패킷 전달을 위해 경로를 지정하거나 교환 기능을 제공한다.

> **해설**
> 네트워크 계층은 프레임을 전송하는 것이 아니라 패킷을 전송한다. 프레임의 전송은 데이터 링크 계층에서 담당한다.

정답 ②

081 OSI 7계층과 해당 프로토콜을 연결한 것으로 옳지 않은 것은?

① 응용 계층 - HTTP, SMTP
② 표현 계층 - MPEG, SSL
③ 전송 계층 - TCP, TELNET
④ 데이터 링크 계층 - Ethernet, FDDI

> **해설**
> 전송 계층에서는 TCP, UDP 프로토콜이 사용되지만, TELNET은 응용 계층 프로토콜이다.

정답 ③

082 OSI 모형의 네트워크 계층 프로토콜에 속하지 않는 것은?

① ICMP　　　　　② IGMP
③ IP　　　　　　④ SLIP

> **해설**
> SLIP(Serial Line Internet Protocol)은 데이터 링크 계층에서 사용하는 프로토콜로, 주로 직렬 포트나 전화 접속 네트워크를 통해 IP 패킷을 전송하는 데 사용된다.

정답 ④

083 TCP/IP 프로토콜에서 IP(Internet Protocol)에 대한 설명으로 거리가 먼 것은?

① 비연결형 전송 서비스 제공　　② 비신뢰성 전송 서비스 제공
③ 데이터그램 전송 서비스 제공　④ 스트림 전송 계층 서비스 제공

> **해설**
> ※ IP의 특징
> • 호스트 간의 통신만을 담당
> • 송신 호스트와 수신 호스트가 패킷 교환 네트워크에서 정보를 주고받는 데 사용하는 정보 위주의 규약
> • 비신뢰성(Unreliability)과 비연결성(Connectionlessness)
> • 흐름 제어, 오류 복구 기능은 없음

정답 ④

084 TCP/IP 통신 방식에 대한 설명으로 가장 적절하지 않은 것은?

① TCP는 연결 생성, 데이터 전송, 연결 종료의 세 단계 절차로 진행된다.
② 데이터그램(Datagram) 방식은 목적지까지 고정된 경로 없이 패킷 단위로 전송하는 방식이다.
③ 가상회선(Virtual Circuit)과 데이터그램 방식은 전송 계층(Transport Layer)의 프로토콜이다.
④ IP는 TCP보다 상위에 위치하여 패킷의 전송에 대응하는 계층이다.

> **해설**
> IP는 네트워크 계층(Network Layer)에 속하고, TCP는 전송 계층(Transport Layer)에 속한다. 따라서 IP는 TCP보다 하위에 위치한다.

정답 ④

085 TCP/IP 네트워크에서 IP 주소를 MAC 주소로 변환하는 프로토콜은?

① UDP
② ARP
③ TCP
④ ICMP

> **해설**
> ARP의 주요 기능은 네트워크상의 장치가 IP 주소를 기반으로 해당 장치의 물리적 주소인 MAC 주소를 찾는 것이다. 이 프로토콜은 네트워크상에서 IP 주소를 가진 대상의 MAC 주소를 요청하여, IP 주소와 MAC 주소 간의 매핑을 가능하게 한다.
> ① UDP(User Datagram Protocol): 연결이 없는 데이터 전송을 위한 프로토콜
> ③ TCP(Transmission Control Protocol): 신뢰성 있는 연결 지향적 데이터 전송을 위한 프로토콜
> ④ ICMP(Internet Control Message Protocol): 네트워크 상태 정보 및 오류 메시지를 전달하는 데 사용

정답 ②

086 다음은 TCP/IP 인터넷 프로토콜에서 사용되는 주소들이다. 거리가 가장 먼 것은?

① 포트(Port) 주소
② IP(Internet Protocol) 주소
③ MAC(Media Access Control) 주소
④ 상대(Relative) 주소

> **해설**
> 일반적으로 상대 주소는 메모리 주소처럼 프로그램 내부에서의 위치를 나타내는 주소이다. 이 주소는 컴퓨팅의 다른 영역에서 사용되는 주소로, 네트워크와는 다소 거리가 있다.

정답 ④

087 ARP(Address Resolution Protocol)에 대한 설명으로 틀린 것은?

① 네트워크에서 두 호스트가 성공적으로 통신하기 위하여 각 하드웨어의 물리적인 주소 문제를 해결해 줄 수 있다.
② 목적이 호스트의 IP 주소를 MAC 주소로 바꾸는 역할을 한다.
③ ARP 캐시를 사용하므로 캐시에서 대상이 되는 IP 주소의 MAC 주소를 발견하면 이 MAC 주소가 통신을 위해 바로 사용된다.
④ ARP 캐시를 유지하기 위해서는 TTL 값이 0이 되면 이 주소는 ARP 캐싱에서 영구히 보존된다.

> **해설**
> ARP 캐시를 유지하기 위해 사용되는 TTL(Time To Live) 값은 주소의 유효 시간을 나타내며, 이 값이 0이 되면 해당 주소 정보는 ARP 캐시에서 삭제된다. ARP 캐시에 있는 주소 정보는 영구적으로 보존되지 않고, TTL 값이 만료되면 삭제되거나 갱신된다.

정답 ④

088 인터넷 프로토콜로 사용되는 TCP/IP의 계층화 모델 중 Transport 계층에서 사용되는 프로토콜은?

① FTP
② IP
③ ICMP
④ UDP

> **해설**
> Transport 계층의 주요 목적은 호스트 간의 신뢰성 있는 데이터 전송을 보장하는 것이며, 이 계층에서는 주로 TCP(Transmission Control Protocol)와 UDP 같은 프로토콜이 사용된다.

정답 ④

089 TCP 프로토콜에 대한 설명으로 거리가 먼 것은?

① 신뢰성 있는 연결 지향형 전달 서비스이다.
② 기본 헤더 크기는 100Byte이고 160Byte까지 확장 가능하다.
③ 스트림 전송 기능을 제공한다.
④ 순서 제어, 오류 제어, 흐름 제어 기능을 제공한다.

> **해설**
> TCP 헤더의 기본 크기는 20Byte이며, 옵션을 포함하여 최대 60Byte까지 확장될 수 있다.

정답 ②

090 TCP(Transmission Control Protocol)에 대한 설명으로 옳은 것만을 모두 고르면?

> ㄱ. 네트워크 계층에서 사용되는 프로토콜이다.
> ㄴ. 흐름 제어와 혼잡 제어를 수행한다.
> ㄷ. 연결지향형 프로토콜이다.
> ㄹ. IP 주소를 이용하여 데이터그램을 목적지 호스트까지 전송하는 역할을 한다.

① ㄱ, ㄴ
② ㄱ, ㄹ
③ ㄴ, ㄷ
④ ㄷ, ㄹ

해설
ㄱ. TCP는 전송 계층(Transport Layer)의 프로토콜이다.
ㄹ. 데이터그램을 목적지 호스트까지 전송하는 것은 IP의 역할이다. TCP는 데이터의 신뢰성 있는 전송에 초점을 맞추고 있다.

정답 ③

091 TCP 프로토콜을 사용하는 응용 계층의 서비스가 아닌 것은?

① SNMP
② FTP
③ Telnet
④ HTTP

해설
① SNMP(Simple Network Management Protocol): 이 프로토콜은 주로 UDP를 사용하여 네트워크 장비를 관리하고 모니터링하는 데 사용된다.
② FTP(File Transfer Protocol): 이는 파일 전송을 위해 TCP를 사용하는 프로토콜이다.
③ Telnet: 이 서비스는 원격 터미널 접속을 위해 TCP를 사용한다.
④ HTTP(Hypertext Transfer Protocol): 웹 페이지 전송을 위해 사용되는 프로토콜로, TCP를 기반으로 한다.

정답 ①

092 TCP 프로토콜과 관련한 설명으로 틀린 것은?

① 인접한 노드 사이의 프레임 전송 및 오류를 제어한다.
② 흐름 제어(Flow Control)의 기능을 수행한다.
③ 전이중(Full Duplex) 방식의 양방향 가상회선을 제공한다.
④ 전송 데이터와 응답 데이터를 함께 전송할 수 있다.

해설
인접한 노드 사이의 프레임 전송 및 오류의 제어는 데이터 링크 계층(DataLink Layer)에서 수행한다. TCP는 종단 간(End-to-End) 통신에서 신뢰성 있는 데이터 전송을 제공한다.

정답 ①

093 TCP헤더와 관련한 설명으로 틀린 것은?

① 순서 번호(Sequence Number)는 전달하는 바이트마다 번호가 부여된다.
② 수신 번호 확인(Acknowledgement Number)은 상대편 호스트에서 받으려는 바이트의 번호를 정의한다.
③ 체크섬(Checksum)은 데이터를 포함한 세그먼트의 오류를 검사한다.
④ 윈도우 크기는 송수신 측의 버퍼 크기로 최대 크기는 32,767bit이다.

> **해설**
> 윈도우 크기는 송수신 측의 버퍼 크기를 나타내지만, 최대 크기는 32,767bit가 아닌 65,535byte(16비트 필드)이다. 윈도우 크기는 데이터 흐름 제어에 사용되며, 한 번에 얼마만큼의 데이터를 전송할 수 있는지를 나타낸다.

정답 ④

094 UDP 특성에 해당되는 것은?

① 데이터 전송 후, ACK를 받는다.
② 송신 중에 링크를 유지 관리하므로 신뢰성이 높다.
③ 흐름 제어나 순서 제어가 없어 전송 속도가 빠르다.
④ 제어를 위한 오버헤드가 크다.

> **해설**
> UDP는 흐름 제어나 순서 제어가 없어 오버헤드가 낮고, 이로 인해 전송 속도가 빠르지만 신뢰성은 낮다.

정답 ③

095 UDP(User Datagram Protocol)에 대한 설명으로 거리가 먼 것은?

① 데이터 전달의 신뢰성을 확보한다.
② 비연결형 프로토콜이다.
③ 복구 기능을 제공하지 않는다.
④ 수신된 데이터의 순서 재조정 기능을 지원하지 않는다.

> **해설**
> UDP는 비연결형 프로토콜로, 데이터 전달의 신뢰성을 확보하지 않는다. 즉, 데이터가 손실되거나 순서가 바뀌어도 이를 자동으로 복구하지 않는다.

정답 ①

096 UDP 프로토콜에 대한 설명으로 옳지 않은 것은?

① 흐름 제어가 필요 없는 비신뢰적 통신에 사용한다.
② 순차적인 데이터 전송을 통해 전송을 보장한다.
③ 비연결지향으로 송신자와 수신자 사이에 연결 설정 없이 데이터 전송이 가능하다.
④ 전송되는 데이터 중 일부가 손실되는 경우 손실 데이터에 대한 재전송을 요구하지 않는다.

> **해설**
> UDP는 전송 순서를 보장하지 않으며, 데이터가 도착할 것이라는 보장도 제공하지 않는다. TCP와는 달리, UDP는 순서가 보장되는 신뢰성 있는 데이터 전송을 제공하지 않는다.

정답 ②

097 다음 내용이 설명하고 있는 프로토콜은?

> 멀티캐스트나 유니캐스트 통신서비스를 통하여 비디오와 오디오 스트림 또는 시뮬레이션 같은 실시간 특성을 가지는 데이터의 종단 간 전송을 제공해주는 UDP 기반의 프로토콜이다.

① IP ② TCP ③ RTP ④ FTP

> **해설**
> RTP는 실시간 오디오 및 비디오 스트리밍을 위해 설계된 프로토콜로, UDP 위에서 작동하여 낮은 지연 시간과 오버헤드를 유지하는 것을 목표로 한다.

정답 ③

098 다음이 설명하는 프로토콜은?

> - ITU-T에서 정의한 패킷 교환 표준
> - DTE(Data Terminal Equipment)와 DCE(Data Circuit-terminating Equipment) 사이의 인터페이스
> - 물리 계층, 링크 계층, 패킷 계층을 기반으로 하여 광역 네트워크에서 널리 사용

① ATM ② TCP/IP ③ UDP ④ X.25

> **해설**
> X.25는 전통적인 전화 네트워크를 사용하여 패킷 교환 네트워크를 구현하기 위해 고안된 ITU-T의 표준이다. 이는 DTE와 DCE 사이의 인터페이스를 제공하고, 물리 계층, 링크 계층, 그리고 패킷 계층을 포함한다.

정답 ④

099 X.25 프로토콜의 계층 구조에 포함되지 않는 것은?

① 패킷 계층 ② 링크 계층
③ 물리 계층 ④ 네트워크 계층

> **해설**
> X.25 프로토콜의 계층 구조는 패킷 계층, 링크 계층, 그리고 물리 계층으로 구성되어 있다. 이 프로토콜은 특히 패킷 기반의 데이터 전송을 위해 설계되었으며, 이러한 계층 구조를 통해 데이터링크와 물리적 연결을 관리한다. 네트워크 계층은 TCP/IP 모델의 일부로, 데이터의 라우팅과 전달을 담당하는 계층이다.

정답 ④

100 IP 프로토콜에서는 오류 보고와 오류 수정 기능, 호스트와 관리 질의를 위한 메커니즘이 없기 때문에 이를 보완하기 위해 설계된 것은?

① SMTP ② TFTP ③ SNMP ④ ICMP

> **해설**
> ICMP는 인터넷 프로토콜 스위트(Internet Protocol Suite)의 일부이며, 주로 네트워크 장치 간의 오류 메시지와 운영 정보를 전달하는 데 사용된다. 예를 들어 목적지에 도달할 수 없는 경우, 패킷이 너무 큰 경우, 라우팅 루프 문제 등 다양한 네트워크 문제에 대한 피드백을 제공한다.

정답 ④

101 IP 계층의 프로토콜에 해당되지 않는 것은?

① PMA ② ICMP ③ ARP ④ IP

> **해설**
> IP 계층은 주로 네트워크 간의 데이터 전송과 라우팅을 관리한다. 여기에 포함되는 주요 프로토콜은 IP, ICMP, IGMP, ARP, RARP가 있다.

정답 ①

102 다음에서 설명하는 것은?

- 인터넷이나 네트워크상에서 일정 정도 이하의 지연 시간이나 데이터 손실률 등의 보장을 일컫는 말이다.
- 데이터를 목적지까지 빠르게, 일정한 속도로, 신뢰성 있게 보내기 위해 대역폭, 우선순위 등 네트워크 자원을 할당해 주어진 네트워크 자원에 각종 응용 프로그램의 송신 수요를 지능적으로 맞춰주는 여러 가지 기술을 총칭하는 용어이다.

① NTP ② QoS ③ RADIUS ④ SMTP

> **해설**
> ① NTP(Network Time Protocol): 네트워크상의 컴퓨터들 간 시간을 동기화하는 프로토콜이다.
> ③ RADIUS(Remote Authentication Dial-In User Service): 네트워크 접근을 위한 사용자 인증 및 계정 관리를 제공하는 프로토콜이다.
> ④ SMTP(Simple Mail Transfer Protocol): 이메일을 전송하기 위한 표준 프로토콜이다.
>
> 정답 ②

103 라우팅 프로토콜이 아닌 것은?

① RIP ② OSPF ③ BGP ④ PPP

> **해설**
> PPP(Point-to-Point Protocol)는 두 지점 간의 직접 연결을 설정하고 관리하기 위한 데이터 링크 프로토콜이다. 경로 결정이나 라우팅 정보 교환과는 관련이 없다.
>
> 정답 ④

104 다음이 설명하고 있는 라우팅 프로토콜은?

> 내부 라우팅 프로토콜이며 링크 상태 알고리즘을 사용하는 대규모 네트워크에 적합하다.

① BGP ② RIP ③ OSPF ④ EGP

> **해설**
> ① BGP(Border Gateway Protocol): 외부 라우팅 프로토콜로, 주로 서로 다른 네트워크 도메인 간의 라우팅 정보를 교환하는 데 사용된다.
> ② RIP(Routing Information Protocol): 내부 라우팅 프로토콜이지만, 거리 벡터 알고리즘을 사용하며 작은 네트워크에 적합하다.
> ③ OSPF(Open Shortest Path First): 링크 상태 알고리즘을 사용하는 내부 라우팅 프로토콜로, 특히 대규모 네트워크에 적합하다.
> ④ EGP(Exterior Gateway Protocol): 초기의 외부 라우팅 프로토콜로, 현재는 BGP에 의해 대체되었다.
>
> 정답 ③

105 라우팅 프로토콜인 OSPF(Open Shortest Path First)에 대한 설명으로 옳지 않은 것은?

① 멀티캐스팅을 지원한다.
② 거리 벡터 라우팅 프로토콜이라고도 한다.
③ 네트워크 변화에 신속하게 대처할 수 있다.
④ 최단 경로 탐색에 Dijkstra 알고리즘을 사용한다.

> **해설**
> OSPF는 링크 상태 라우팅 프로토콜이다. 거리 벡터 라우팅 프로토콜의 예로는 RIP(Routing Information Protocol)가 있다.
>
> 정답 ②

106 RIP(Routing Information Protocol)에 대한 설명으로 틀린 것은?

① RIP은 거리 벡터 기반 라우팅 프로토콜로 홉 수를 기반으로 경로를 선택한다.
② 계층적 주소 체계를 기반으로 링크 상태 정보의 갱신 비용을 줄인 방법이다.
③ 최대 15홉 이하 규모의 네트워크를 주요 대상으로 하는 라우팅 프로토콜이다.
④ 최적의 경로를 산출하기 위한 정보로서 홉(거리 값)만을 고려하므로, RIP를 선택한 경로가 최적의 경로가 아닌 경우가 많이 발생할 수 있다.

해설
RIP는 링크 상태 정보를 기반으로 라우팅 결정을 내리는 OSPF와는 달리, 단순히 홉 카운트만을 고려한다. 계층적 주소 체계와 링크 상태 정보 갱신은 RIP의 특성이 아니다.

정답 ②

107 RIP(Routing Information Protocol)에 대한 설명으로 틀린 것은?

① 거리 벡터 라우팅 프로토콜이라고도 한다.
② 최대 홉 카운트를 115홉 이하로 한정하고 있다.
③ 최단 경로 탐색에는 Bellman-Ford 알고리즘을 사용한다.
④ 소규모 네트워크 환경에 적합하다.

해설
RIP는 최대 홉 카운트를 15로 제한한다.

정답 ②

108 라우팅 테이블이 가지고 있는 경로 정보의 세 가지 요소가 아닌 것은?

① 다음 홉
② 메트릭
③ 수신지 네트워크 주소
④ 디폴트 게이트웨이

해설
라우팅 테이블에 포함된 주요 정보는 아래와 같다.
- 목적지 네트워크 주소: 이 필드는 데이터 패킷이 도달해야 하는 네트워크의 주소
- 서브넷 마스크: 네트워크 주소와 호스트 주소를 구분하는 데 사용
- 다음 홉: 패킷이 목적지로 가기 위해 통과해야 하는 다음 네트워크 장치(예: 라우터)의 주소
- 메트릭(Metric): 경로의 비용이나 선호도를 나타내는 값
- 인터페이스(Interface): 패킷이 목적지로 전송되기 위해 나가는 네트워크 인터페이스를 지정
- 경로 타입(Route Type): 경로가 어떻게 학습되었는지를 나타내는 정보(정적, 동적, 직접 연결 등)

정답 ④

109 점-대-점 링크뿐만 아니라 멀티 포인트 링크를 위하여 ISO에서 개발한 국제 표준 프로토콜은?

① HDLC(High Level Data Link Control)
② BSC(Binary Synchronous Control)
③ SWFC(Sliding Window Flow Control)
④ LLC(Logic Link Control)

해설

HDLC는 고수준 데이터 링크 제어 프로토콜로, 데이터 링크 계층에서 안정적이고 효율적인 데이터 전송을 보장하는 표준 프로토콜이다. 점-대-점 및 멀티포인트 네트워크 환경 모두에서 사용될 수 있으며, 패킷 교환 네트워크에서 매우 중요한 역할을 한다.

정답 ①

110 HDLC(High-Level Data Link Control) 프레임 형식으로 옳은 것은?

① | 플래그 | 제어 영역 | 주소 영역 | 정보 영역 | FCS | 플래그 |
② | 플래그 | 주소 영역 | 제어 영역 | 정보 영역 | FCS | 플래그 |
③ | 플래그 | 주소 영역 | 정보 영역 | 제어 영역 | FCS | 플래그 |
④ | 플래그 | 정보 영역 | 제어 영역 | 주소 영역 | FCS | 플래그 |

해설

HDLC 프레임 구조는 아래와 같다.
- 플래그(Flag): 프레임의 시작과 끝
- 주소 영역(Address Field): 프레임이 전송되는 노드 또는 장치의 주소를 지정
- 제어 영역(Control Field): 프레임의 유형(정보, 감독 또는 비동기식 감독 프레임)과 순서 번호
- 정보 영역(Information Field): 실제로 전송되는 사용자 데이터
- FCS(Frame Check Sequence): 프레임의 오류 검출을 위한 필드

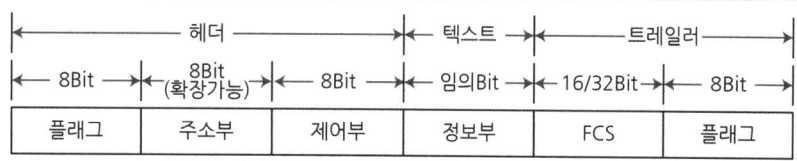

정답 ②

111 HDLC 프레임 형식 중 프레임의 종류를 식별하기 위해 사용되는 것은?

① 정보 영역
② 제어 영역
③ 주소 영역
④ 플래그

> **해설**
> 제어 영역은 프레임이 정보 프레임, 감독 프레임 또는 비동기식 감독 프레임 중 어떤 유형에 해당하는지를 나타낸다. 이 영역은 또한 프레임의 순서 번호와 같은 추가적인 제어 정보를 제공한다.

정답 ②

112 HDLC 프레임 중 전송되는 정보 프레임에 대한 흐름 제어와 오류 제어를 위해 사용되는 것은?

① Information Frame
② Control Frame
③ Supervisory Frame
④ Unnumbered Frame

> **해설**
> HDLC의 프레임 종류는 아래와 같다.
> - 정보 프레임(Information Frame): 실제 사용자 데이터를 전송하는 데 사용
> - 감독 프레임(Supervisory Frame): 흐름 제어 및 오류 검출을 위한 확인(ACK) 및 재전송 요청(NACK) 메시지를 전송하는 데 사용
> - 무번호 프레임(Unnumbered Frame): 추가적인 제어 목적과 관리 목적의 메시지를 전송하는 데 사용(연결 설정 및 해제, 모드 설정 등)

정답 ③

113 HDLC(High level Data Link Control)에 대한 설명이 틀린 것은?

① 문자 지향형 전송 프로토콜이다.
② 정보 프레임, 감독 프레임, 비번호 프레임이 존재한다.
③ 감독 프레임은 정보(데이터) 필드를 포함하지 않는다.
④ CRC 방식을 위한 2바이트 또는 4바이트 FCS를 포함한다.

> **해설**
> HDLC는 비트 지향형 프로토콜이다. 즉, 데이터를 비트 단위로 전송한다. 문자 지향 프로토콜은 문자 단위로 데이터를 처리하고 전송하는 프로토콜을 말한다. HDLC는 ①번과는 달리 프레임을 비트의 연속으로 취급한다.

정답 ①

114 HDLC 프레임 구성에서 프레임 검사 시퀀스(FCS) 영역의 기능으로 옳은 것은?

① 전송 오류 검출
② 데이터 처리
③ 주소 인식
④ 정보 저장

> **해설**
> HDLC 프레임 구성에서 프레임 검사 시퀀스(FCS) 영역의 주요 기능은 전송 오류 검출이다. FCS는 프레임 내의 데이터가 전송 도중 오류 없이 잘 전송되었는지를 확인하기 위해 사용된다. 이를 위해 일반적으로 순환 중복 검사(CRC, Cyclic Redundancy Check) 방식이 사용된다.
>
> 정답 ①

115 데이터 링크 계층의 프로토콜인 HDLC(High-level Data Link Control)에 대한 설명으로 가장 적절하지 않은 것은?

① 바이트 단위로 전송하는 동기 방식이다.
② 전이중(Full Duplex) 방식을 사용한다.
③ 비트 스터핑(Bit Stuffing) 기능으로 투명성을 제공한다.
④ HDLC 프레임의 플래그는 프레임 시작과 끝을 나타내며 동기화에 사용한다.

> **해설**
> HDLC는 비트 단위로 전송하는 동기 방식이다. 바이트 단위로 전송하는 프로토콜은 예를 들어, ASCII를 사용하는 프로토콜들이 있다. HDLC는 데이터 링크 계층에서 비트 단위의 동기화와 에러 검출을 통해 신뢰성 있는 전송을 제공하는 프로토콜이다.
>
> 정답 ①

116 〈보기〉에서 전자우편에 대한 설명으로 옳은 것을 모두 고른 것은?

―――――――〈보기〉―――――――
ㄱ. 전자우편을 보낼 때 사용되는 일반적인 프로토콜은 POP3이다.
ㄴ. SMTP 프로토콜은 TCP/IP 계층의 네트워크 계층에 포함된 서비스이다.
ㄷ. 전자우편을 보낼 때 사용되는 일반적인 프로토콜은 SMTP(Simple Mail Transfer Protocol)이다.
ㄹ. 전자우편은 Web 기반 전자우편과 POP3(Post Office Protocol, Version 3)를 사용하는 전자우편으로 나눌 수 있다.

① ㄱ, ㄴ   ② ㄱ, ㄹ   ③ ㄴ, ㄷ   ④ ㄷ, ㄹ

> **해설**
> ㄱ. POP3는 전자우편을 받을 때 사용하는 프로토콜이다. 전자우편을 보낼 때는 SMTP를 사용한다.
> ㄴ. SMTP는 응용 계층에 포함된 서비스이다.
>
> 정답 ④

CHAPTER 04 프로그래밍 언어 활용

001 프로그래밍 언어 번역 프로그램에 대한 설명으로 옳지 않은 것은?

① 인터프리터(Interpreter)는 고급 언어로 작성된 원시 프로그램을 함수 단위로 읽어 기계어로 번역하는 프로그램이다.
② 컴파일러(Compiler)는 고급 언어로 작성된 원시 프로그램을 기계어나 어셈블리어로 된 목적 프로그램으로 바꾸는 프로그램이다.
③ 어셈블러(Assembler)는 어셈블리어로 작성된 원시 프로그램을 기계어로 번역하는 프로그램이다.
④ 프리프로세서(Preprocessor)는 컴파일러가 컴파일을 수행하기 전에 원시 프로그램의 내용을 변경하는 것이다.

> **해설**
> 인터프리터(Interpreter)는 고급 언어로 작성된 프로그램을 한 줄씩 읽으면서 즉시 기계어로 번역하고 실행하는 프로그램이다. 인터프리터는 일반적으로 명령문 단위로 코드를 읽고 실행한다.

정답 ①

002 다음 중 C언어에 대한 일반적인 설명으로 잘못된 것은?

① 구조적으로 함축된 프로그램을 쉽게 작성할 수 있는 언어
② 하드웨어 제어는 쉬우나 프로그램의 이식성이 낮은 언어
③ 저급 언어 특성의 논리적 구조를 갖는 고급 언어
④ 시스템 프로그램을 작성하기에 적합한 언어

> **해설**
> C언어는 하드웨어 제어가 용이하면서도 이식성이 높은 언어이다. C언어는 다양한 플랫폼에서 사용될 수 있도록 설계되었으며, 표준화된 C언어 코드는 다양한 시스템에서 호환성을 가지고 실행될 수 있다.

정답 ②

003 입력 안내에 따라 두 사람의 나이를 입력받고, 그 합을 구하는 C 프로그램을 작성하려고 한다. 프로그램이 정상적으로 동작하도록 다음의 코드 조각을 올바른 순서로 나열하시오.

```
ㄱ. scanf("%d%d", &age1, &age2);
ㄴ. result = age1 + age2;
ㄷ. int age1, age2, result
ㄹ. printf("나이의 합은 %d살입니다.₩n", result);
ㅁ. printf("철수와 영희의 나이를 입력하세요:");
```

> [해설]
> 프로그램 작성을 할 때는 선언, 입력, 처리, 출력 순으로 진행된다.
>
> 정답 ㄷ → ㅁ → ㄱ → ㄴ → ㄹ

004 C 프로그램을 컴파일하면 다음과 같은 것들이 실행된다. 이 중 3번째로 실행되는 것은?

| ㄱ. 링커(Linker) | ㄴ. 어셈블러(Assembler) |
| ㄷ. 전처리기(Preprocessor) | ㄹ. 컴파일러(Compiler) |

① ㄱ ② ㄴ ③ ㄷ ④ ㄹ

> [해설]
> ※ C 프로그램을 컴파일하는 과정
> 1. 전처리기(Preprocessor): 소스 코드 파일에서 지시자(#include, #define 등)를 처리한다.
> 2. 컴파일러(Compiler): 전처리된 코드를 어셈블리 언어로 변환한다.
> 3. 어셈블러(Assembler): 어셈블리 언어를 오브젝트 코드(기계어 코드)로 변환한다.
> 4. 링커(Linker): 여러 오브젝트 파일들을 하나의 실행 파일로 결합한다.
>
> 정답 ②

005 프로그램 구현 시 목적 파일(Object File)을 실행 파일(Execute File)로 변환해 주는 프로그램은?

① 링커(Linker) ② 프리프로세서(Preprocessor)
③ 인터프리터(Interpreter) ④ 컴파일러(Compiler)

> [해설]
> ① 링커(Linker): 컴파일러에 의해 생성된 하나 이상의 목적 파일들을 결합하여 실행 가능한 파일(Execute File)을 생성한다.
> ② 프리프로세서(Preprocessor): 컴파일 과정 전에 소스 코드의 지시문을 처리하는 프로그램이다.
> ③ 인터프리터(Interpreter): 소스 코드를 한 줄씩 읽어 바로 실행하는 프로그램으로, 목적 파일을 생성하거나 실행 파일로 변환하지 않는다.
> ④ 컴파일러(Compiler): 고급 프로그래밍 언어로 작성된 소스 코드를 기계어로 된 목적 파일로 변환하는 프로그램이다.
>
> 정답 ①

006 목적 프로그램을 생성하지 않고 필요할 때마다 기계어로 번역하여 실행하는 방식의 언어를 무엇이라 하는가?

① 어셈블러 ② 컴파일러 ③ 인터프리터 ④ 마이크로 어셈블러

> **해설**
> 인터프리터(Interpreter)는 소스 코드를 한 줄씩 읽어서 즉시 기계어로 번역하고 실행하는 프로그램이다. 이 과정에서 별도의 목적 파일(Object File)을 생성하지 않는다.

정답 ③

007 인터프리터 방식의 고급 언어인 것은?
① GWBASIC　　② ANSI C　　③ COBOL　　④ FORTRAN

> **해설**
> 인터프리터(Interpreter) 언어는 소스 코드를 한 줄씩 읽어 즉시 실행하는 방식의 프로그래밍 언어이다. 대표적으로 Python, Ruby, Perl, JavaScript, PHP, Basic, Lisp 등이 있다.

정답 ①

008 컴파일러와 인터프리터에 대한 설명으로 틀린 것은?
① 일반적으로 컴파일러는 한 번 번역한 후 다시 번역하지 않으므로 실행 속도가 빠르다.
② 컴파일러는 고급 언어로 작성된 프로그램 전체를 목적 프로그램으로 번역한다.
③ 인터프리터는 줄 단위로 번역 및 실행되기 때문에 원시 프로그램의 변화에 대한 반응이 비교적 빠르다.
④ 인터프리터는 고급 언어로 작성된 프로그램을 한 줄 단위로 받아들여 목적 프로그램으로 번역한다.

> **해설**
> 인터프리터는 소스 코드를 한 줄씩 읽고 즉시 실행하지만, 별도의 목적 파일(Object File)을 생성하지 않는다. 대신, 실행 시점에 소스 코드를 기계어로 번역하고 실행한다.

정답 ④

009 다음 중 언어 번역 프로그램인 컴파일러와 인터프리터의 차이점에 대한 설명으로 옳지 않은 것은?
① 컴파일러는 프로그램 전체를 번역하고, 인터프리터는 한 줄씩 번역한다.
② 컴파일러는 목적 프로그램을 생성하고, 인터프리터는 생성하지 않는다.
③ 컴파일러는 실행 속도가 빠르고, 인터프리터는 실행 속도가 느리다.
④ 컴파일러는 번역 속도가 빠르고, 인터프리터는 번역 속도가 느리다.

> **해설**
> 컴파일러의 번역 속도는 인터프리터보다 느릴 수 있다. 컴파일러는 전체 프로그램을 분석하고 최적화하기 때문에 더 많은 시간이 필요할 수 있다. 반면, 인터프리터는 프로그램을 한 줄씩 즉시 실행하기 때문에 전체 프로그램을 분석하는 시간이 덜 소요된다.

정답 ④

010 다음 중 원시 언어로 작성한 프로그램을 컴퓨터가 실행할 수 있는 기계어 프로그램으로 바꾸어 주는 언어 번역 프로그램이 아닌 것은?

① 어셈블러 ② 컴파일러 ③ 매크로 처리기 ④ 인터프리터

> **해설**
> 매크로 처리기(선행처리기)는 매크로 명령어를 처리하는 프로그램으로, 원시 언어를 기계어로 직접 변환하는 기능을 수행하지는 않는다. 주로 프로그램 내에서 반복되는 코드나 명령어를 간소화하기 위해 사용된다.

정답 ③

011 원시 프로그램을 컴파일러가 수행되고 있는 컴퓨터의 기계어로 번역하는 것이 아니라, 다른 기종에 맞는 기계어로 번역하는 것은?

① 디버거 ② 인터프리터
③ 프리프로세서 ④ 크로스 컴파일러

> **해설**
> 크로스 컴파일러(Cross Compiler)는 다른 환경(예: 다른 아키텍처, 운영체제)에서 실행되도록 기계어 코드를 생성하는 컴파일러이다.

정답 ④

012 귀도 반 로섬(Guido van Rossum)이 발표한 언어로 인터프리터 방식이자 객체지향적이며, 배우기 쉽고 이식성이 좋은 것이 특징인 스크립트 언어는?

① C++ ② JAVA ③ C# ④ Python

> **해설**
> Python은 네덜란드 출신의 프로그래머 귀도 반 로섬에 의해 개발되었으며, 스크립트 언어, 동적 타이핑, 플랫폼 독립적, 간결한 문법, 확장성 및 이식성, 많은 라이브러리를 가지고 있는 것이 특징이다.

정답 ④

013 스크립트 언어가 아닌 것은?

① PHP ② Cobol ③ Basic ④ Python

> **해설**
> ① PHP: 서버 측에서 주로 사용되는 스크립트 언어이다. 웹 개발에 주로 사용된다.
> ② Cobol: 고급 프로그래밍 언어이며, 주로 비즈니스, 금융 및 행정 시스템의 데이터 처리에 사용된다. 전통적인 컴파일 언어이다.
> ③ Basic: 초보자를 위해 설계된 간단한 스크립트 언어이다. 교육 목적으로 널리 사용된다.
> ④ Python: 인터프리터 방식의 스크립트 언어로, 그 사용 용도가 매우 다양하다.

정답 ②

014 프로그래밍 언어와 관련한 설명으로 틀린 것은?

① 기계어는 0과 1의 2진수 형태로 표현되며 수행시간이 빠른 편이다.
② 어셈블리 언어는 기계어와 1:1로 대응되는 기호로 이루어진 언어이다.
③ 기계어는 기종에 따라 기계어가 동일하므로 호환성이 높다.
④ 고급 언어는 기계어로 번역하기 위해 컴파일러나 인터프리터를 사용한다.

> **해설**
> 기계어는 특정 프로세서 또는 컴퓨터 아키텍처에 특화되어 있기 때문에, 다른 기종 간의 호환성은 낮다.

정답 ③

015 소프트웨어에 대한 설명으로 옳지 않은 것은?

① 하드웨어에 대응하는 개념으로 우리가 원하는 대로 컴퓨터를 작동하게 만드는 논리적인 바탕을 제공한다.
② 운영체제 등 컴퓨터 시스템을 가동시키는 데 사용되는 소프트웨어를 시스템 소프트웨어라 한다.
③ 문서 작성이나 게임 등 특정 분야의 업무를 처리하는 데 사용되는 소프트웨어를 응용 소프트웨어라 한다.
④ 고급 언어로 작성된 프로그램을 한꺼번에 번역한 후 실행하는 것이 인터프리터 방식이다.

> **해설**
> 고급 언어로 작성된 프로그램을 한꺼번에 번역한 후 실행하는 것은 컴파일러 방식의 특징이다. 반면, 인터프리터 방식은 프로그램을 한 줄씩 읽으면서 즉시 실행한다.

정답 ④

016 소프트웨어 개발 언어에 대한 설명으로 옳지 않은 것은?

① C#은 마이크로소프트 닷넷 프레임워크를 지원하는 객체지향 언어이다.
② Python은 인터프리터 방식의 객체지향 언어로서 실행시점에 데이터 타입을 결정하는 동적 타이핑 기능을 갖는다.
③ Kotlin은 그래픽 요소를 강화한 게임 개발 전용 언어이다.
④ Java는 컴파일된 프로그램이 JVM상에서 인터프리터 방식으로 실행되는 플랫폼 독립적 프로그래밍 언어이다.

> **해설**
> Kotlin은 JVM 기반의 언어로, 자바와의 호환성을 가지며, 모바일 개발(특히 안드로이드) 및 서버 사이드 애플리케이션 개발에 주로 사용된다.

정답 ③

017 고급 프로그래밍 언어에 관한 설명 중 옳지 않은 것은?

① COBOL 언어는 회사의 사무용 자료처리 언어로 개발되었으며, 기계 독립적인 부분과 기계 종속적인 부분을 분리하는 데 성공한 언어이다.
② PASCAL 언어는 간결하면서도 강력한 언어로 손꼽히고 있으며, 교육용 언어로는 뛰어나다는 평가를 받고 있다.
③ C-언어는 고급 언어 프로그래밍과 저급 언어 프로그래밍도 가능한 언어이며, 인터프리터 방식의 대표적 언어이다.
④ FORTRAN은 계산용 언어로서, 뛰어난 실행 효율성으로 성공한 언어이며, 번역기를 구현한 최초의 고급 언어로 평가된다.

> **해설**
> C언어는 고급 언어와 저급 언어의 특성을 모두 갖춘 언어이지만, 일반적으로 인터프리터 방식이 아닌 컴파일러 방식의 언어로 분류된다.

정답 ③

018 다음 중 객체지향 프로그래밍 특징으로 옳은 것은?

① 객체에 대하여 절차적 프로그래밍의 장점을 사용할 수 있다.
② 객체지향 프로그램은 주로 인터프리터 번역 방식을 사용한다.
③ 객체지향 프로그램은 코드의 재사용과 유지보수가 용이하다.
④ 프로그램의 구조와 절차에 중점을 두고 작업을 진행한다.

> **해설**
> 객체지향 프로그래밍은 코드의 모듈화와 재사용성을 높이며, 유지보수를 용이하게 한다.

정답 ③

019 다음 중 JavaScript에 대한 설명으로 가장 올바르지 않은 것은?

① 서버 측 위치에서 수행되며 동적인 웹 서버 애플리케이션을 생성하는 언어이다.
② HTML이 구조를, CSS가 디자인을 한다면 JavaScript는 활동을 지원해주는 기능을 한다.
③ HTML, 상호작용성과 동적 시각효과를 나타내기 위해 필요한 객체 기반의 스크립트 언어이며 웹 사이트에서 많이 사용된다.
④ 인터프리터 언어이며 객체 기반 언어이다.

> **해설**
> JavaScript는 주로 클라이언트 측에서 실행되며, 웹 브라우저 상에서 동작하는 스크립트 언어이다. 하지만 Node.js의 등장으로 서버 측에서도 JavaScript를 사용할 수 있게 되었다.

정답 ①

020 다음 중 자바스크립트 언어의 특징으로 가장 거리가 먼 것은?

① 자바스크립트는 인터프리터 언어이다.
② 자바스크립트는 클라이언트 스크립트 언어이다.
③ 자바스크립트는 객체 기반 언어이다.
④ 자바스크립트는 라이브러리를 활용하는 데 극히 제한적이다.

> **해설**
> 자바스크립트는 다양한 외부 라이브러리와 프레임워크를 활발하게 활용한다. 예를 들어 jQuery, React, Angular, Vue.js 등이 자바스크립트 생태계에서 중요한 역할을 한다.

정답 ④

021 자바스크립트(JavaScript)와 관련한 설명으로 틀린 것은?

① 프로토타입(Prototype)의 개념이 존재한다.
② 클래스 기반으로 객체 상속을 지원한다.
③ Prototype Link와 Prototype Object를 활용할 수 있다.
④ 객체지향 언어이다.

> **해설**
> 전통적으로 자바스크립트는 프로토타입 기반의 상속을 사용했으나, ECMAScript 6(ES6)에서는 클래스 기반의 문법도 도입되어 클래스 기반 상속을 지원하게 되었다.

정답 ②

022 자바스크립트에 대한 설명으로 틀린 것은?

① 플랫폼에 의존적이다.
② 인터렉티브한 홈페이지를 제작할 수 있다.
③ 역동적인 홈페이지를 제작할 수 있다.
④ 컴파일을 거치지 않고 웹 브라우저에서 인식해서 동작한다.

> **해설**
> 자바스크립트는 다양한 플랫폼과 브라우저에서 동작하는 플랫폼 독립적 언어이다.

정답 ①

023 다음 중 자바스크립트의 역할로 가장 올바르지 않은 것은?

① 폼의 유효성 검증
② 개발자와의 상호작용
③ CSS 및 HTML 요소의 스타일 변경
④ 웹 브라우저 제어 및 쿠키 등의 설정과 조회

> **해설**
> 자바스크립트는 개발자가 작성하여 사용자와의 상호작용을 가능하게 하는 언어이다.

정답 ②

024 다음에서 설명하는 용어로 가장 올바른 것은?

- 대화식 웹 응용 프로그램을 제작하는 데 조합을 이용하는 웹 개발 기법
- 비동기 자바스크립트와 XML을 의미
- DHTML, CSS, XML, 마이크로소프트 객체인 XMLHttpRequest 등의 다양한 기술을 활용

① SGML ② HTML5 ③ HTML ④ AJAX

> **해설**
> AJAX(Asynchronous JavaScript and XML)는 웹 페이지가 서버와 통신하기 위해 XMLHttpRequest 객체를 사용하는 웹 개발 기술로, 페이지 전체를 새로 고치지 않고도 페이지의 일부만을 갱신할 수 있게 해준다. 이를 통해 사용자 경험을 개선하고 웹 애플리케이션의 효율성을 높일 수 있다.

정답 ④

025 C언어에서 사용할 수 없는 변수명은?

① student2019 ② text-color
③ _korea ④ amount

> **해설**
> C언어의 변수명 지정 규칙은 아래와 같다.
> - 변수명은 문자, 숫자, 밑줄(_)로만 구성될 수 있다.
> - 변수명은 숫자로 시작할 수 없다.
> - 공백, 하이픈(-), 기타 특수문자는 사용할 수 없다.
> - 예약어를 변수명으로 사용할 수 없다.

정답 ②

026 C언어에서 변수로 사용할 수 없는 것은?

① data02 ② int01 ③ _sub ④ short

> **해설**
> short는 C언어에서 자료형으로 사용되는 예약어이기 때문에 변수로 사용할 수 없다.

정답 ④

027 파이썬의 변수 작성 규칙 설명으로 옳지 않은 것은?

① 첫 자리에 숫자를 사용할 수 없다.
② 영문 대문자/소문자, 숫자, 밑줄(_)의 사용이 가능하다.
③ 변수 이름의 중간에 공백을 사용할 수 있다.
④ 이미 사용되고 있는 예약어는 사용할 수 없다.

> **해설**
> 파이썬에서 변수명에 공백을 사용하는 것은 허용되지 않는다. 변수명은 공백 없이 연속된 문자들로 이루어져야 한다.

정답 ③

028 C언어에서 비트 논리 연산자에 해당하지 않는 것은?

① ^   ② ?   ③ &   ④ ~

> **해설**
> ① ^: XOR(배타적 논리합) 연산자로, 비트 논리 연산에 사용된다.
> ② ?: 이것은 삼항 조건 연산자이다. 비트 논리 연산자가 아니다.
> ③ &: AND(논리곱) 연산자로, 비트 논리 연산에 사용된다.
> ④ ~: NOT(부정) 연산자로, 비트 논리 연산에 사용된다.

정답 ②

029 C언어에서 산술 연산자가 아닌 것은?

① %   ② *   ③ /   ④ =

> **해설**
> =은 대입연산자에 해당한다.

정답 ④

030 C언어에서 두 개의 논리 값 중 하나라도 참이면 1을, 모두 거짓이면 0을 반환하는 연산자는?

① || ② &&   ③ **   ④ !=

> **해설**
> ||는 둘 중 하나만 참이면 참을 리턴하고, &&는 둘 다 참이어야 참을 리턴하게 된다.

정답 ①

031 다음 중 JAVA에서 우선순위가 가장 낮은 연산자는?

① --   ② %   ③ &   ④ =

해설
연산자 우선순위에서 대입 연산자가 가장 낮다.

정답 ④

032 C언어에서 연산자 우선순위가 높은 것에서 낮은 것으로 바르게 나열된 것은?

| ㉠ ( ) | ㉡ == | ㉢ < |
| ㉣ << | ㉤ \|\| | ㉥ / |

① ㉠, ㉥, ㉣, ㉢, ㉡, ㉤
② ㉠, ㉣, ㉥, ㉢, ㉡, ㉤
③ ㉠, ㉣, ㉥, ㉢, ㉤, ㉡
④ ㉠, ㉥, ㉣, ㉤, ㉡, ㉢

해설
연산자 우선순위는 괄호가 가장 높고, 대입 연산자가 가장 낮다.

정답 ①

033 C언어에서 정수 자료형으로 옳은 것은?

① int   ② float   ③ char   ④ double

해설
C언어의 정수 자료형은 short, int, long, long long이 있다.

정답 ①

034 C언어에서 배열 b[5]의 값은?

```
static int b[9]={1, 2, 3};
```

① 0   ② 1   ③ 2   ④ 3

해설
static int b[9]={1, 2, 3};로 배열이 선언되었다. 이는 배열 b의 첫 번째, 두 번째, 세 번째 요소가 각각 1, 2, 3으로 초기화되고, 나머지 요소들은 0으로 초기화된다는 의미이다.

정답 ①

035 C언어에서 구조체를 사용하여 데이터를 처리할 때 사용하는 것은?

① for
② scanf
③ struct
④ abstract

> **해설**
> ① for: 반복문을 구현할 때 사용하는 키워드이다.
> ② scanf: 사용자로부터 입력을 받을 때 사용하는 표준 입력 함수이다.
> ④ abstract: C언어에는 abstract 키워드가 존재하지 않는다. 이는 주로 객체지향 언어에서 추상 클래스나 메서드를 정의할 때 사용되는 키워드이다.

정답 ③

036 C언어에서 문자열을 정수형으로 변환하는 라이브러리 함수는?

① atoi()
② atof()
③ itoa()
④ ceil()

> **해설**
> - atof: 문자열을 실수로 변환하기 위해 사용
> - itoa: 정수형을 문자열로 변환하는 함수이지만, 비주얼 스튜디오에서만 정의된 함수이다.
> - ceil: 올림 함수
> - floor: 내림 함수

정답 ①

037 C언어 라이브러리 중 stdlib.h에 대한 설명으로 옳은 것은?

① 문자열을 수치 데이터로 바꾸는 문자 변환 함수와 수치를 문자열로 바꿔주는 변환 함수 등이 있다.
② 문자열 처리 함수로 strlen()이 포함되어 있다.
③ 표준 입출력 라이브러리이다.
④ 삼각 함수, 제곱근, 지수 등 수학적인 함수를 내장하고 있다.

> **해설**
> ① stdlib.h에는 atoi(), atof()와 같은 문자열을 수치 데이터로 변환하는 함수와 itoa()와 같은 수치를 문자열로 변환하는 함수가 포함되어 있다.
> ② strlen() 함수는 문자열의 길이를 측정하는 함수이지만, 이는 string.h 라이브러리에 포함되어 있다.
> ③ 표준 입출력 함수는 stdio.h 라이브러리에 포함되어 있다.
> ④ 수학적 함수는 math.h 라이브러리에 포함되어 있다.

정답 ①

038 JAVA에서 힙(Heap)에 남아있으나 변수가 가지고 있던 참조값을 잃거나 변수 자체가 없어짐으로써 더 이상 사용되지 않는 객체를 제거해 주는 역할을 하는 모듈은?

① Heap Collector
② Garbage Collector
③ Memory Collector
④ Variable Collector

> **해설**
> Garbage Collector는 더 이상 사용되지 않는 객체를 자동으로 감지하고 메모리에서 제거한다. 이 과정을 통해 프로그램이 메모리 누수 없이 효율적으로 실행될 수 있도록 돕는다.

정답 ②

039 JAVA에서 변수와 자료형에 대한 설명으로 틀린 것은?

① 변수는 어떤 값을 주기억장치에 기억하기 위해서 사용하는 공간이다.
② 변수의 자료형에 따라 저장할 수 있는 값의 종류와 범위가 달라진다.
③ char 자료형은 나열된 여러 개의 문자를 저장하고자 할 때 사용한다.
④ boolean 자료형은 조건이 참인지 거짓인지 판단하고자 할 때 사용한다.

> **해설**
> JAVA에서 char 자료형은 단일 문자를 저장하는 데 사용된다. 나열된 여러 개의 문자, 즉 문자열을 저장하고자 할 때는 String 자료형을 사용한다.

정답 ③

040 Java 프로그래밍 언어의 정수 데이터 타입 중 'long'의 크기는?

① 1byte
② 2byte
③ 4byte
④ 8byte

> **해설**
>
> | 자료형 | 데이터 | 크기 |
> | --- | --- | --- |
> | boolean | 참, 거짓 | 1Byte |
> | char | 문자 | 2Byte |
> | byte | 정수 | 1Byte |
> | short | 정수 | 2Byte |
> | int | 정수 | 4Byte |
> | long | 정수 | 8Byte |
> | float | 실수 | 4Byte |
> | double | 실수 | 8Byte |

정답 ④

041 JAVA 언어에서 접근 제한자가 아닌 것은?

① public
② protected
③ package
④ private

> **해설**
> package는 접근 제한자가 아니라 패키지를 선언할 때 사용하는 키워드이다. public, protected, private, default가 접근 지정자이다.

정답 ③

042 Java에서 사용되는 출력 함수가 아닌 것은?

① System.out.print( )
② System.out.println( )
③ System.out.printing( )
④ System.out.printf( )

> **해설**
> Java에서도 printf 함수를 사용할 수 있다. print 메서드는 개행을 포함하지 않고, println은 개행을 포함한다.

정답 ③

043 JAVA의 예외(Exception)와 관련한 설명으로 틀린 것은?

① 문법 오류로 인해 발생한 것
② 오동작이나 결과에 악영향을 미칠 수 있는 실행 중에 발생한 오류
③ 배열의 인덱스가 그 범위를 넘어서는 경우 발생하는 오류
④ 존재하지 않는 파일을 읽으려고 하는 경우에 발생하는 오류

> **해설**
> 문법 오류는 컴파일 시간에 발견되는 오류로, 예외가 아닌 컴파일 에러에 해당한다. 예외는 프로그램 실행 중에 발생하는 오류를 말한다.

정답 ①

044 다음 C언어 프로그램의 출력 결과는 무엇인가?

```
int main(int argc, char *argv[])    {
    int i = 0;
    while(1){
        if(i==4){
            break;
        }
        ++i;
    }
    printf("i = %d", i);
    return 0;
}
```

① i = 0
② i = 1
③ i = 3
④ i = 4

해설
while의 조건은 1이므로 무조건 참이 된다. i 값이 4와 같으면 break 명령어를 수행해서 while 블록을 탈출한다.

정답 ④

045 다음 C프로그램의 결과 값은?

```
main(void){
    int i;
    int sum = 0;
    for(i=1 ; i<=10; i=i+2)
        sum = sum + i;
    printf("%d", sum);
}
```

① 15
② 19
③ 25
④ 27

해설
for 반복문에서, i 초기값은 1이고, 2씩 증가하면서 10보다 작거나 같을 때까지 반복한다.
i = 1, sum = 1
i = 3, sum = 4
i = 5, sum = 9
i = 7, sum = 16
i = 9, sum = 25
i = 11, 반복문 탈출하여, sum 값을 출력하게 되면 25가 출력된다.

정답 ③

046 다음 C언어 프로그램이 실행되었을 때의 결과는?

```c
#include <stdio.h>
int main(int argc, char *argv[]) {
    int a = 4;
    int b = 7;
    int c = a | b;

    printf("%d", c);
    return 0;
}
```

① 3 ② 4
③ 7 ④ 10

> **해설**
> 4를 2진수로 변경하면 0100, 7을 2진수로 변경하면 0111, 두 2진수를 OR 연산을 하게 되면 0111, 10진수로 변경해서 출력하게 되면 7이 출력된다.

정답 ③

047 다음 C언어 프로그램이 실행되었을 때의 결과는?

```c
#include <stdio.h>
int main(int argc, char *argv[]) {
    char a;
    a = 'A' + 1;
    printf("%d", a);
    return 0;
}
```

① 1   ② 11
③ 66 ④ 98

> **해설**
> A는 ASCII 코드로 65이다. 여기에 1을 증가시켜 66(B)을 a 변수에 저장한다. 정수형으로 a에 있는 값을 출력하게 되면 66이 출력된다.

정답 ③

048 다음 C언어 프로그램이 실행되었을 때의 결과는?

```
#include <stdio.h>
int main(int argc, char *argv[]) {
    int a[2][2] = {{11, 22},{44, 55}};
    int i, sum = 0;
    int *p;
    p= a[0];
    for(i = 1;i <4; i++)
        sum += *(p + i);
    printf("%d", sum);
    return 0;
}
```

① 55
② 77
③ 121
④ 132

해설

2행 2열의 2차원 배열을 선언하고 초기값을 대입한다. 2차원 배열의 구조는 행의 대표 주소값이 있는데, 이 구조를 보면 아래와 같다.(괄호는 임의의 주소값을 나타낸다.)

a (100)	a[0] (100)	11 (100)	22 (101)
	a[1] (102)	44 (102)	55 (103)

포인터 변수 p에 a[0], 0행의 행 대표주소 100번지를 대입한다. for 반복문을 만나서 sum의 변화를 보면 아래와 같다.
i = 1, *(100+1)을 sum에 누적산을 하게 되고, sum에는 22가 대입된다.
i = 2, *(100+2)를 sum에 누적산을 하게 되고, sum에는 22 +44 = 66이 대입된다.
i = 3, *(100+3)를 sum에 누적산을 하게 되고, sum에는 66 +55 = 121이 대입된다.

정답 ③

049 다음 C언어 프로그램이 실행되었을 때의 결과는?

```c
#include <stdio.h>
#include <string.h>
int main(void) {
    char str[50] = "nation";
    char *p2 = "alter";
    strcat(str, p2);
    printf("%s", str);
    return 0;
}
```

① nation
② nationalter
③ alter
④ alternation

해설
str 배열에는 nation을 포인터 변수 p2에는 alter를 대입한다. strcat은 두 문자열을 합치는 함수로, nation과 alter를 합쳐 str 배열에 대입한다. 출력 결과는 nationalter가 출력된다.

정답 ②

050 다음 C언어 프로그램이 실행되었을 때의 결과는?

```c
#include <stdio.h>
int main(void) {
    int a = 3, b = 4, c = 2;
    int r1, r2, r3;

    r1 = b <= 4 || c == 2;
    r2 = a > 0 && b < 5;

    printf("%d", r1+r2+r3);
    return 0;
}
```

① 0
② 1
③ 2
④ 3

해설

- r1 변수에는 b <= 4 || c == 2의 결과를 대입하게 된다. b 변수에는 4가 대입되어 있고, 4 <= 4를 만족하게 된다. 뒤에 연산자가 둘 중 하나만 참이면 되는 || 연산이기 때문에 뒤에 c == 2는 수행하지 않고, r1에는 참값인 1을 대입한다.
- r2 변수에는 a > 0 && b < 5의 결과를 대입하게 된다. a 변수에는 3이 대입되어 있고, 3 > 0을 만족하게 된다. 뒤에 연산자가 둘 다 참이어야 하는 && 연산자이고, 뒤에 있는 b < 5를 수행하게 된다. b 변수에는 4가 대입되어 있고, 4 < 5는 참이 된다. 두 개의 조건 모두 참이기 때문에 r2 변수에는 참값인 1을 대입한다.
- r1, r2, r3의 값을 모두 더해 2가 출력된다. r3에는 대입된 값이 없어서 쓰레기 값이 들어갈 수 있지만, 컴파일러마다 다르기 때문에 대입한 값이 없을 때는 0으로 간주하게 된다.

정답 ③

051 다음 C언어 프로그램이 실행되었을 때, 실행 결과는?

```
#include <stdio.h>
int main(void) {
    int a=5, b=3, c=12 ;
    int t1, t2, t3 ;
    t1=a && b ;
    t2=a || b ;
    t3=!c ;
    printf("%d", t1+t2+t3) ;
    return 0;
}
```

① 0   ② 2
③ 5   ④ 14

해설

- t1에 대입되는 값은 a와 b의 && 연산이다. && 연산은 좌항과 우항이 모두 참일 때 참값을 리턴하게 되고, a와 b에 각각 5와 3이 있기 때문에 참으로 간주해서 참값인 1을 t1에 대입하게 된다.
- t2에 대입되는 값은 a와 b의 || 연산이다. || 연산은 좌항과 우항 둘 중 하나만 참이면 참값을 리턴하게 되고, a와 b에 모두 값이 있는 참이므로 참값인 1을 t2에 대입하게 된다.
- t3에는 c의 값을 not하라는 의미로, 현재 c값에는 12라는 값이 대입되어 있는 참이므로, 이걸 비트 반전하게 되면 거짓값인 0이 대입된다.

정답 ②

052 다음 C언어 프로그램이 실행되었을 때의 결과는?

```c
#include <stdio.h>
int main(void) {
    int n = 4;
    int* pt = NULL;
    pt=&n;

    printf("%d", &n + *pt - *&pt + n);
    return 0;
}
```

① 0   ② 4
③ 8   ④ 12

> **해설**
> n 변수에는 4를 대입하고, 실제 메모리에 있는 n 변수의 주소값을 100이라 가정한다. pt 포인터 변수에 n 변수의 주소값 100번지를 대입한다. 그리고 pt 포인터 변수의 주소값을 200이라고 가정한다.
> &n은 n 변수의 주소값 100이다. *pt는 pt 포인터 변수가 가리키는 100번지의 값이기 때문에 4이다.
> *&pt는 &pt 변수의 주소값 200번지에 *(200) 200번지의 값이므로, 200번지의 값은 100이 된다.
> n 값은 4이다. 이걸 연산해 보면 100 + 4 - 100 + 4 = 8이 출력된다.

정답 ③

053 다음 C언어 프로그램이 실행되었을 때, 실행 결과는?

```c
#include <stdio.h>
#include <stdlib.h>
int main(int argc, char *argv[])  {
    int arr[2][3]={1,2,3,4,5,6};
    int (*p)[3]=NULL;
    p=arr;
    printf("%d, ", *(p[0]+1) + *(p[1]+2));
    printf("%d", *(*(p+1)+0) + *(*(p+1)+1));
    return 0;
}
```

① 7, 5   ② 8, 5
③ 8, 9   ④ 7, 9

해설

2행 3열의 2차원 배열 arr을 선언하고, 초기값을 대입한다.

arr (100)	arr[0] (100)	1 (100)	2 (101)	3 (102)
	arr[1] (103)	4 (103)	5 (104)	6 (105)

배열 포인터 p를 선언하고, arr을 대입해 준다. 배열 포인터를 논리적으로 재구성할 때, 3열로 해주기 때문에 위의 배열 형태와 똑같은 형태가 된다.

p (100)	p[0] (100)	1 (100)	2 (101)	3 (102)
	p[1] (103)	4 (103)	5 (104)	6 (105)

- 첫 번째 출력문 p[0]은 행 대표 주소로 100번지를 가지고 있고, 1을 더해서 101이 된다. 101번지의 값이기 때문에 2값을 취한다. p[1]은 행 대표 주소로 103번지를 가지고 있고, 2를 더해서 105가 된다. 105번지의 값이기 때문에 6값을 취한다. 두 값을 더해서 8을 출력해 준다.
- 두 번째 출력문 p+1에서 p는 배열의 대표 주소이고, 첫 번째 대표행의 주소를 가지고 있다. p+1의 의미는 다음 대표행의 주소를 참조하라는 의미이고, p[1]의 값 103을 취한다. 0번지를 더해 103번지의 4값을 취한다. p+1의 두 번째 행 대표 주소의 값 103에 1을 더해 104번지의 값 5를 취한다. 두 값을 더해서 9를 출력해 준다.

정답 ③

054 다음 C언어 프로그램이 실행되었을 때, 실행 결과는?

```
int main(int argc, char *argv[])    {
    char str1[20] = "KOREA";
    char str2[20] = "LOVE";
    char* p1=NULL;
    char* p2=NULL;
    p1=str1;
    p2=str2;
    str1[1]=p2[2];
    str2[3]=p1[4];
    strcat(str1, str2);
    printf("%c", *(p1+2));
    return 0;
}
```

① E
② V
③ R
④ O

해설

str1 배열을 선언하고, KOREA를 초기값을 지정해 준다.
str2 배열을 선언하고, LOVE를 초기값을 지정해 준다.

주소값	100
변수명	str1
값	100

주소값	100	101	102	103	104
인덱스	[0]	[1]	[2]	[3]	[4]
값	K	O	R	E	A

주소값	200
변수명	str2
값	200

주소값	200	201	202	203
인덱스	[0]	[1]	[2]	[3]
값	L	O	V	E

20개 중 초기값이 지정되지 않은 요소는 ₩0 값을 가지게 된다.
p1 포인터 변수는 str1, 100번지를 가진다.
p2 포인터 변수는 str2, 200번지를 가진다.
str1[1] 요소에 p2[2] 요소의 값을 대입한다.
str2[3] 요소에 p1[4] 요소의 값을 대입한다.
위 내용을 반영하게 되면 아래와 같다.

주소값	100
변수명	str1
값	100

주소값	100	101	102	103	104
인덱스	[0]	[1]	[2]	[3]	[4]
값	K	V	R	E	A

주소값	200
변수명	str2
값	200

주소값	200	201	202	203
인덱스	[0]	[1]	[2]	[3]
값	L	O	V	A

strcat(str1, str2);은 두 개의 문자를 합쳐서 str1에 대입하는 문구이다.

주소값	100
변수명	str1
값	100

주소값	100	101	102	103	104	105	106	107	108
인덱스	[0]	[1]	[2]	[3]	[4]	[5]	[6]	[7]	[8]
값	K	V	R	E	A	L	O	V	A

주소값	200
변수명	str2
값	200

주소값	200	201	202	203
인덱스	[0]	[1]	[2]	[3]
값	L	O	V	A

출력문, p1+2 = 100+2 = 102이고, 102번지의 값을 출력하기 때문에 R이 출력된다.

정답 ③

055 다음 C언어 프로그램이 실행되었을 때, 실행 결과는?

```c
#include <stdio.h>
struct st{
    int a ;
    int c[10] ;
} ;

int main(int argc, char *argv[])
{
    int i=0 ;
    struct st ob1 ;
    struct st ob2 ;
    ob1.a=0 ;
    ob2.a=0 ;

    for(i=0 ; i<10 ; i++) {
        ob1.c[i]=i ;
        ob2.c[i]=ob1.c[i]+i ;
    }

    for(i=0 ; i<10 ; i=i+2) {
        ob1.a=ob1.a+ob1.c[i] ;
        ob2.a=ob2.a+ob2.c[i] ;
    }

    printf("%d", ob1.a + ob2.a) ;
    return 0 ;
}
```

① 30 ② 60 ③ 80 ④ 120

해설

정수형 변수 a와, 정수형 배열 c를 멤버 변수로 갖는 st 구조체를 선언한다.
st 구조체 형태로 ob1, ob2 변수를 만든다.
각각의 a 변수에 초기값을 0을 대입했을 때 아래와 같은 형태가 된다.

	a	c[10]									
ob1	0										
ob2	0										

for 반복문을 돌면서 각각의 배열에 값을 할당해 준다.

	a	c[10]									
ob1	0	0	1	2	3	4	5	6	7	8	9
ob2	0	0	2	4	6	8	10	12	14	16	18

다음 for 반복문에서 각 배열에 있는 값을 a 변수에 누적산해 주게 된다. 이때 2씩 증가하기 때문에, 0, 2, 4, 6, 8 에 있는 요소의 값만 누적산하게 된다.

	a	c[10]									
ob1	20	0	1	2	3	4	5	6	7	8	9
ob2	40	0	2	4	6	8	10	12	14	16	18

정답 ②

056 C언어에서 정수 변수 a, b에 각각 1, 2가 저장되어 있을 때 다음 식의 연산 결과로 옳은 것은?

```
a < b + 2 && a << 1 <= b
```

① 0 ② 1 ③ 3 ④ 5

해설
논리 연산자 &&를 기준으로 좌항과 우항으로 나누어 참 거짓을 확인한다.
a < b + 2에서 산술 연산자가 우선순위가 높기 때문에, 1 < 4로 비교하여 참값을 리턴한다.
a << 1 <= b에서 시프트 연산자가 우선순위가 높기 때문에 a 값 1을 좌시프트 1해서, 2 <= 2를 비교하게 되고, 참값을 리턴한다. 좌항과 우항이 모두 참이기 때문에 최종적으로 참값인 1을 리턴한다.

정답 ②

057 다음 C언어 프로그램이 실행되었을 때, 실행 결과는?

```c
#include <stdio.h>
int main(int arge, char *argv[]) {
    int n1=1, n2=2, n3=3 ;
    int r1, r2, r3 ;

    r1=(n2<=2) || (n3>3) ;
    r2=!n3 ;
    r3=(n1>1) && (n2<3) ;

    printf("%d", r3 - r2+r1 ) ;
    return 0 ;
}
```

① 0 ② 1 ③ 2 ④ 3

해설

2 <= 2는 참이기 때문에 뒤에 비교는 수행하지 않고, r1 에 참값인 1을 대입한다.
n3에는 3이라는 값이 있고, 이걸 반전시키게 되면 참이 아닌 거짓이 된다. 거짓값 0을 r2에 대입한다.
1 > 1은 거짓이고, 뒤에 연산이 &&이기 때문에 더 이상 수행하지 않고 거짓값 0을 r3에 대입한다.
0 - 0 + 1을 수행하게 되면 1값이 출력된다.

정답 ②

058 a[0]의 주소값이 10일 경우 다음 C언어 프로그램이 실행되었을 때의 결과는? (단, int 형의 크기는 4Byte로 가정한다.)

```
#include <stdio.h>
int main(int argc, char *argv[]) {
    int a[]={14, 22, 30, 38};
    printf("%u, ", &a[2]);
    printf("%u", a);
    return 0;
}
```

① 14, 10
② 14, 6
③ 18, 10
④ 18, 6

해설

a 배열을 선언하고, 14, 22, 30, 38 초기값을 대입한다.
int의 크기를 4바이트라고 가정했기 때문에, 초기 주소값 10부터 4씩 증가하면서 배치된다.

주소값	1000	주소값	10	14	18	22
변수명	a	인덱스	[0]	[1]	[2]	[3]
값	10	값	14	22	30	38

첫 번째 출력, a[2] 요소의 주소값은 18이 출력된다.
두 번째 출력, a의 배열 요소의 첫 번째 주소값을 가지기 때문에 10이 출력된다.

정답 ③

059 C언어에서 문자열 처리 함수의 서식과 그 기능의 연결로 틀린 것은?

① strlen(s) - s의 길이를 구한다.
② strcpy(s1, s2) - s2를 s1으로 복사한다.
③ strcmp(s1, s2) - s1과 s2를 연결한다.
④ strrev(s) - s를 거꾸로 변환한다.

> **해설**
> ① strlen(s): strlen 함수는 문자열 s의 길이를 구하는 함수이다.
> ② strcpy(s1, s2): strcpy 함수는 문자열 s2를 s1에 복사한다.
> ③ strcmp(s1, s2): strcmp 함수는 문자열 s1과 s2를 비교하는 함수이다.
> ④ strrev(s): strrev 함수는 문자열 s를 뒤집어서 반환하는 함수이다.

정답 ③

060 다음 자바 프로그램 조건문에 대해 삼항 조건 연산자를 사용하여 옳게 나타낸 것은?

```
int i = 7, j = 9;
int k;
if (i > j)
    k = i - j;
else
    k = i + j;
```

① int i = 7, j = 9;
   int k;
   k = (i > j)?(i - j):(i + j);
② int i = 7, j = 9;
   int k;
   k = (i < j)?(i - j):(i + j);
③ int i = 7, j = 9;
   int k;
   k = (i > j)?(i + j):(i - j);
④ int i = 7, j = 9;
   int k;
   k = (i < j)?(i + j):(i - j);

> **해설**
> 3항 연산자의 구조는 조건항 ? 참항 : 거짓항의 구조이다. i > j가 조건항에 들어가고, 참항에는 i - j, 거짓항에는 i + j가 들어가게 된다.

정답 ①

061 다음 JAVA 프로그램이 실행되었을 때의 결과는?

```
public class ovr {
    public static void main(String[] args)
    {
        int a=1, b=2, c=3, d=4;
        int mx, mn;
        mx=a<b? b : a;
        if(mx==1) {
            mn=a>mx? b : a;
        }
        else {
            mn=b <mx? d : c;
        }
        System.out.println(mn);
    }
}
```

① 1
② 2
③ 3
④ 4

해설

mx에는 3항 연산자를 이용하여, 1 < 2 ? 2 : 1, 참이기 때문에 2가 대입된다.
제어문에서 2 == 1, 거짓이기 때문에 else 구문으로 가서 mn 변수에 2 < 2 ? 4 : 3, 거짓이기 때문에 3이 대입된다.
mn 변수의 값 3을 출력한다.

정답 ③

062 다음 자바 코드를 실행한 결과는?

```
int x=1, y=6;
while (y--) {
    x++;
}
System.out.println("x=" + x+"y=" + y);
```

① x=7 y=0
② x=6 y=-1
③ x=7 y=-1
④ Unresolved Compilation Problem 오류 발생

> **해설**
> Java while 조건에는 참이나 거짓이 나와야 하지만, 현재 문제의 조건에는 y--를 하는 정수값이 조건으로 사용되고 있어, 해당 프로그램은 종료되지 않는다. 정확히는 ④번의 오류가 발생하지 않고, 컴파일 오류가 발생하게 된다.

정답 ④

063 다음 JAVA 코드 출력문의 결과는?

```
..생략..
System.out.println("5 + 2 = " + 3 + 4);
System.out.println("5 + 2 = " + (3 + 4));
..생략..
```

① 5 + 2 = 34
  5 + 2 = 34
② 5 + 2 + 3 + 4
  5 + 2 = 7
③ 7 = 7
  7 + 7
④ 5 + 2 = 34
  5 + 2 = 7

> **해설**
> Java print 안에 있는 내용은 모두 문자 형태로 간주가 된다.
> - 첫 번째 출력에서 따옴표 안에 있는 5 + 2 = 이 그대로 출력되고, 3을 문자로 봐서, 5 + 2 = 3, 4를 문자로 취급해서 5 + 2 = 34가 출력된다.
> - 두 번째 출력에서 따옴표 안에 있는 5 + 2 = 이 그대로 출력되고, 연산자 우선순위로 괄호 안에 있는 3 + 4 = 7을 수행한 후, 7을 문자로 취급해서 5 + 2 = 7이 출력된다.

정답 ④

064 다음 JAVA 프로그램이 실행되었을 때의 결과는?

```
public class Operator{
    public static void main(String[] args){
        int x=5, y=0, z=0;
        y = x++;
        z = --x;
        System.out.print(x + "," + y + "," + z);
    }
}
```

① 5, 5, 5
② 5, 6, 5
③ 6, 5, 5
④ 5, 6, 4

해설
y 변수에 x에 있는 5를 대입한 후 x 값을 1 증가시킨다. z 변수에 x에 있는 6에서 1을 먼저 감소시켜 5를 대입하고, x에는 5가 대입된다. x, y, z의 값은 각 5, 5, 5이다.

정답 ①

065 다음 JAVA 프로그램이 실행되었을 때의 결과는?

```
public class arrayl {
    public static void main(String[] args) {
        int cnt = 0;
        do {
            cnt++;
        } while (cnt < 0);
        if(cnt==1)
            cnt++;
        else
            cnt = cnt + 3;
        System.out.printf("%d",cnt);
    }
}
```

① 2
② 3
③ 4
④ 5

해설
do~while 문은 반복문을 먼저 무조건 수행을 하게 된다.
cnt값을 1 증가시켜 cnt 변수에 1이 대입된다. 그 이후에 비교를 하면 1 < 0, 1은 0보다 크기 때문에 거짓이 되어 반복문을 탈출한다. 제어문에서 cnt 값이 1이고, 1 == 1은 참이기 때문에 cnt의 값을 1 증가시켜 cnt 변수에 2가 대입된다. cnt의 값을 출력하여 2가 출력된다.

정답 ①

066 다음 JAVA 프로그램이 실행되었을 때의 결과는?

```java
public class ovr {
    public static void main(String [] arge) {
        int arr[];
        int i = 0;
        arr = new int[10];
        arr[0] = 0;
        arr[1] = 1;
        while(i<8) {
            arr[i+2] = arr[i+1] + arr[i];
            i++;
        }
        System.out.println(arr[9]);
    }
}
```

① 13
② 21
③ 34
④ 55

해설

arr 배열을 생성한다. 초기값으로 arr[0]에는 0, arr[1]에는 1을 대입한다.
반복문에서 i 값이 8보다 작을 때까지 반복하며 반복문 내의 코드를 실행한다.
i = 0, arr[2] = arr[1] + arr[0], arr[2] = 1 + 0 => 1
i = 1, arr[3] = arr[2] + arr[1], arr[3] = 1 + 1 => 2
i = 2, arr[4] = arr[3] + arr[2], arr[4] = 2 + 1 => 3
i = 3, arr[5] = arr[4] + arr[3], arr[5] = 3 + 2 => 5
i = 4, arr[6] = arr[5] + arr[4], arr[6] = 5 + 3 => 8
i = 5, arr[7] = arr[6] + arr[5], arr[7] = 8 + 5 => 13
i = 6, arr[8] = arr[7] + arr[6], arr[8] = 13 + 8 => 21
i = 7, arr[9] = arr[8] + arr[7], arr[9] = 21 + 13 => 34
i = 8, 조건에 만족하지 않아 반복문을 탈출한다.
arr[9] 요소에는 34가 대입되어 있기 때문에 34를 출력하게 된다.

정답 ③

067 다음 JAVA 프로그램이 실행되었을 때, 실행 결과는?

```
class Ape{
    static void rs(char a[]) {
        for(int i = 0; i < a.length; i++)
            if(a[i] == 'B')
                a[i] = 'C';
            else if(i == a.length - 1)
                a[i] = a[i-1];
    }

    static void pca(char a[]) {
        for(int i = 0; i < a.length; i++)
            System.out.print(a[i]);
        System.out.println();
    }

    public static void main(String[] args) {
        char c[] = {'A', 'B', 'D', 'D', 'A', 'B', 'K'};
        rs(c);
        pca(c);
    }
}
```

① BCDDACC
② BCDDACK
③ ACDDACC
④ ACDDACK

해설

c 배열을 rs 메서드에 인자로 전달한다.
rs 메서드에서는 반복을 돌면서 해당 요소가 B일 때 C로 변경하고, 맨 마지막 요소는 이전 요소의 값을 대체시켜 준다.

i == 0일 때, 변경 없음

A	B	D	D	A	B	C

i == 1일 때, a[1] 요소가 B이므로 C로 변경

A	C	D	D	A	B	C

i == 2일 때, 변경 없음

A	C	D	D	A	B	C

i == 3일 때, 변경 없음

A	C	D	D	A	B	C

i == 4일 때, 변경 없음

| A | C | D | D | A | B | C |

i == 5일 때, a[1] 요소가 B이므로 C로 변경

| A | C | D | D | A | C | C |

i == 6일 때, 맨 마지막 요소일 때, 이전 요소의 값 C로 변경

| A | C | D | D | A | C | C |

정답 ③

068 다음은 사용자로부터 입력받은 문자열에서 처음과 끝의 3글자를 추출한 후 합쳐서 출력하는 파이썬 코드에서 ㉠에 들어갈 내용은?

```
string = input("7문자 이상 문자열을 입력하시오 :")
m = ( ㉠ )
print(m)

입력값: Hello World
최종 출력 : Helrld
```

① string[1:3] + string[-3:]
② string[:3] + string[-3:-1]
③ string[0:3] + string[-3:]
④ string[0:] + string[:-1]

해설

처음 세 글자 출력하는 방법은 string[0:3], string[:3] 둘 중 어떤 것을 써도 무방하다. 마지막 세 글자 출력하는 방법은 string[-3:] 이렇게 하면 마지막 세 글자를 가져올 수 있다.

정답 ③

069 다음 파이썬으로 구현된 프로그램의 실행 결과로 옳은 것은?

```
>>> a=[0,10,20,30,40,50,60,70,80,90]
>>> a[:7:2]
```

① [20, 60]
② [60, 20]
③ [0, 20, 40, 60]
④ [10, 30, 50, 70]

해설

0번 인덱스부터 2씩 증가하면서 6번 인덱스까지 출력한다. 0, 2, 4, 6 인덱스 요소들을 출력하게 된다.

정답 ③

070 다음은 파이썬으로 만들어진 반복문 코드이다. 이 코드의 결과는?

```
>> while(True) :
print('A')
print('B')
print('C')
continue
print('D')
```

① A, B, C 출력이 반복된다.
② A, B, C까지만 출력된다.
③ A, B, C, D 출력이 반복된다.
④ A, B, C, D까지만 출력된다.

해설

while의 조건이 True이기 때문에 반복문의 코드를 무한으로 출력한다. A, B, C 출력 후 continue문을 만나 반복의 처음으로 돌아가기 때문에, 마지막 D는 출력하지 않고, A, B, C를 반복 출력하게 된다.

정답 ①

071 다음 파이썬(Python) 프로그램이 실행되었을 때의 결과는?

```
class FourCal:
    def setdata(sel, fir, sec):
        sel.fir = fir
        sel.sec = sec
    def add(sel):
        result = sel.fir + sel.sec
        return result
a = FourCal()
a.setdata(4, 2)
print(a.add())
```

① 0　　　　② 2　　　　③ 4　　　　④ 6

해설

FourCal 클래스를 선언하고, Setdata, add 두 개의 메서드를 만든다.
a 인스턴스를 FourCal 클래스를 이용해서 생성한다.
a.setdata(4, 2)를 수행하게 되면, 자신의 인스턴스 a의 fir 변수에 인자로 받은 4, sec 변수에 2를 대입한다.
a.add() 메서드를 수행하게 되면, 자신의 인스턴스 a의 fir 값 4와 sec 값 2를 더해서 6을 리턴해 주게 된다.
리턴받은 값 6을 출력하게 된다.

정답 ④

072 다음 파이썬(Python) 프로그램이 실행되었을 때의 결과는?

```
def cs(n):
    s = 0
    for num in range(n+1);
        s += num
    return s
print(cs(11))
```

① 45　　　　② 55　　　　③ 66　　　　④ 78

해설

cs 함수를 선언한다. cs 함수에서 인자로 11값을 받아 반복문을 수행한다.
파이썬 for ~ in 반복문은 in 뒤에 있는 요소 하나하나를 num에 대입한 후 반복을 수행한다.
range(12)는 0~11까지의 요소를 의미하고, s에 0~11까지 누적산을 수행하게 된다.
최종 결과값 66을 리턴하여 출력해 준다.

정답 ③

073 다음 Python 프로그램이 실행되었을 때, 실행 결과는?

```
a=100
list_data = ['a', 'b', 'c']
dict_data = {'a':90, 'b':95}
print(list_data[0])
print(dict_data['a'])
```

① a
   90

② 100
   90

③ 100
   100

④ a
   a

해설

리스트 형태의 list_data와 dict 형태의 dict_data를 선언한다.
첫 번째 출력에서 list_data의 0번 인덱스 요소인 a를 출력해 주고, 두 번째 출력에서 dict_data의 a 키를 가진 값 90을 출력해 준다.

정답 ①

074 다음 Python 프로그램이 실행되었을 때, 실행 결과는?

```
a = ["대", "한", "민", "국"]
for i in a:
    print(i)
```

① 대한민국

② 대
   한
   민
   국

③ 대

④ 대대대대

해설

리스트 a의 요소는 각, '대', '한', '민', '국'이 대입되어 있다. for 문을 만나 a의 각 요소를 하나씩 뽑아서 i에 대입시킨 후 반복문을 수행한다. print 명령은 출력 후 개행의 의미까지 담고 있기 때문에 정답과 같은 출력 결과가 나온다.

정답 ②

075 다음 Python 프로그램의 실행 결과가 [실행 결과]와 같을 때, 빈칸에 적합한 것은?

```
x=20
if x==10:
    print('10')
(   ) x==20:
    print('20')
else:
    print('other')
```

[실행 결과]
20

① either
② elif
③ else if
④ else

해설
Python에서는 else if 대신 elif를 사용한다.

정답 ②

076 Python 데이터 타입 중 시퀀스(Sequence) 데이터 타입에 해당하며 다양한 데이터 타입들을 주어진 순서에 따라 저장할 수 있으나 저장된 내용을 변경할 수 없는 것은?

① 복소수(Complex) 타입
② 리스트(List) 타입
③ 사전(Dict) 타입
④ 튜플(Tuple) 타입

해설
① 복소수(Complex) 타입: 복소수 타입은 숫자 데이터 타입의 한 종류로, 시퀀스 타입이 아니다.
② 리스트(List) 타입: 리스트는 시퀀스 데이터 타입에 속하지만, 저장된 내용을 변경할 수 있는 가변(Mutable) 타입이다.
③ 사전(Dict) 타입: 사전(딕셔너리) 타입은 키와 값을 한 쌍으로 하는 데이터를 저장하지만, 이는 시퀀스 타입이 아니라 매핑 타입이다.
④ 튜플(Tuple) 타입: 튜플은 다양한 데이터 타입을 순서에 따라 저장할 수 있는 시퀀스 타입이며, 한 번 생성된 후에는 그 내용을 변경할 수 없는 불변(Immutable) 타입이다.

정답 ④

077 다음 Python 프로그램의 실행 결과로 옳은 것은?

```
str = "89점"
try :
    score = int(str)
except ValueError :
    print("값 에러")
except TypeError :
    print("타입 에러")
else :
    print(score)
finally :
    print("마칩니다.")
```

① 값 에러
   마칩니다.
② 타입 에러
   마칩니다.
③ 89
④ 89
   마칩니다.

해설

1. str = "89점": str 변수에 문자열 "89점"을 할당한다.
2. try 블록에서 int(str)을 시도한다. 이는 문자열을 정수로 변환하려고 시도하는 것이다.
3. 그러나 "89점"은 정수로 변환할 수 없는 문자열이므로 ValueError가 발생한다.
4. ValueError가 발생하면, except ValueError 블록이 실행되어 "값 에러"가 출력된다.
5. 그 후, finally 블록이 실행되어 "마칩니다."가 출력된다.

정답 ①

078 PHP에서 사용 가능한 연산자가 아닌 것은?

① @
② #
③ <>
④ ===

해설

① @: PHP에서 @ 연산자는 오류 제어 연산자로 사용된다. 이를 통해 표현식의 오류 메시지를 숨길 수 있다.
② #: PHP에서 #는 연산자로 사용되지 않는다.
③ <>: PHP에서 <>는 비교 연산자로, 두 값이 서로 다른지 비교하는 데 사용된다.
④ ===: PHP에서 ===는 동일 연산자로 사용되며, 두 값의 값과 타입이 모두 같은지를 비교한다.

정답 ②

PART

05

정보시스템 구축관리

소프트웨어 개발 방법론 활용

Section 1. 소프트웨어 개발 방법론 선정

001 소프트웨어 공학에 대한 설명으로 거리가 먼 것은?

① 소프트웨어 공학이란 소프트웨어의 개발, 운용, 유지보수 및 파기에 대한 체계적인 접근 방법이다.
② 소프트웨어 공학은 소프트웨어 제품의 품질을 향상시키고 소프트웨어 생산성과 작업 만족도를 증대시키는 것이 목적이다.
③ 소프트웨어 공학의 궁극적 목표는 최대의 비용으로 계획된 일정보다 가능한 빠른 시일 내에 소프트웨어를 개발하는 것이다.
④ 소프트웨어 공학은 신뢰성 있는 소프트웨어를 경제적이 비용으로 획득하기 위해 공학적 원리를 정립하고 이를 이용하는 것이다.

> **해설**
> 소프트웨어 공학은 비용 효율성, 즉 최소한의 비용으로 최고의 품질을 달성하려는 목표를 가지고 있다.

정답 ③

002 소프트웨어 공학에 대한 설명으로 가장 옳지 않은 것은?

① 소프트웨어의 개발, 운영, 유지보수, 그리고 폐기에 대한 체계적인 접근이다.
② 소프트웨어 제품을 체계적으로 생산하고 유지보수와 관련된 기술과 경영에 관한 학문이다.
③ 과학적인 지식을 컴퓨터 프로그램 설계와 제작에 실제 응용하는 것이며, 이를 개발 및 운영하고 유지보수하는 데 필요한 문서화 작성 과정이다.
④ 소프트웨어의 위기를 이미 해결한 학문으로 소프트웨어의 개발만을 위한 체계적인 접근이다.

> **해설**
> 소프트웨어 공학은 여전히 진행 중인 필드이며, 소프트웨어의 위기를 이미 해결했다고 보기는 어렵다. 또한, 소프트웨어 공학은 개발뿐만 아니라 운영, 유지보수, 폐기 등 소프트웨어의 전 생명주기를 다루는 학문이다.

정답 ④

003 소프트웨어 공학에 대한 설명으로 가장 적합한 것은?

① 소프트웨어의 제작부터 운영까지 생산성을 높이기 위해 기술적, 인간적인 요소에 대한 방법론을 제공한다.
② 소프트웨어의 설계, 제작, 운영에 있어서 인간적인 요소를 배제한 프로그래밍 자체에 대한 공학적 연구를 의미한다.
③ 소프트웨어의 공학적이고 기술적인 영향을 사회 경제적인 시각에서만 설명한다.
④ 소프트웨어의 위기를 해결하기 위해서 현재 이미 해결된 문제들에 대해서 역사적 관점을 설명한다.

> **해설**
> 소프트웨어의 제작, 운영, 유지보수 등 전 과정에서 생산성을 높이고, 이를 위한 기술적 및 인간적 요소를 모두 고려하는 방법론을 제공하는 것이 소프트웨어 공학의 핵심이다.

정답 ①

004 소프트웨어 공학이 나타나게 된 배경과 관계가 먼 것은?

① S/W 비용의 증가
② 유지보수 비용의 감소
③ S/W 품질과 생산성의 재고
④ 특정 개인에 의존한 시스템 개발

> **해설**
> 유지보수 비용이 높은 문제가 소프트웨어 공학의 발전을 촉진시킨 요인 중 하나였다. 유지보수 비용의 감소는 소프트웨어 공학의 결과적 목표이지, 그 등장 배경이나 동기와는 연관이 없다.

정답 ②

005 소프트웨어 공학의 공학(Engineering)이 가지는 의미와 어울리지 않는 것은?

① 예술성　　② 경제성　　③ 보편타당성　　④ 적시성

> **해설**
> 공학은 주로 기술적, 체계적, 그리고 실용적인 접근을 강조한다. 예술성은 창의성과 혁신을 포함할 수 있지만, 전통적인 공학의 영역과는 다소 거리가 있다.

정답 ①

006 소프트웨어 공학의 기본 원칙이라고 볼 수 없는 것은?

① 현대적인 프로그래밍 기술 적용
② 지속적인 검증 시행
③ 결과에 대한 명확한 기록 유지
④ 충분한 인력 투입

> **해설**
> 소프트웨어 공학은 효율적인 자원 관리와 최적의 인력 배치를 중시하지만, 단순히 충분한 인력 투입만이 해결책은 아니다. 오히려 프로젝트 관리와 효율적인 작업 분배, 생산성 향상에 더 중점을 두는 것이 특징이다.

정답 ④

007 소프트웨어 공학에 대한 설명으로 거리가 먼 것은?

① 소프트웨어 공학의 목표는 양질의 소프트웨어를 생산하는 것이다.
② 소프트웨어의 품질을 평가하는 기준으로는 정확성, 유지보수성, 무결성, 사용성 등이 있다.
③ 소프트웨어 프로세스 모형으로는 폭포수 모형, 프로토타입 모형, 나선형 프로세스 모형이 있고, 이러한 방법을 혼합한 방법은 사용하지 않는다.
④ 소프트웨어를 개발하는 동안 여러 작업들을 자동화하도록 도와주는 도구를 CASE(Computer Aided Software Engineering)라고 한다.

> **해설**
> 폭포수 모형, 프로토타입 모형, 나선형 프로세스 모형은 소프트웨어 개발에서 사용되는 대표적인 모형들이고, 소프트웨어 개발 환경에서는 이러한 모형들을 상황에 맞게 혼합하여 사용하는 경우가 많다.

정답 ③

008 다음 중 공학적으로 잘 작성된 소프트웨어가 갖는 특성으로 가장 적합한 것은?

① 원하는 요구사항 중에 중요한 사항만 반영한다.
② 유지보수 비용이 많이 들어간다.
③ 신뢰성이 떨어지더라도 효율성이 높다.
④ 사용자가 손쉽게 사용할 수 있다.

> **해설**
> ① 공학적으로 잘 작성된 소프트웨어는 모든 관련된 요구사항을 고려해야 한다.
> ② 공학적으로 잘 작성된 소프트웨어는 오히려 유지보수 비용을 최소화하는 것을 목표로 한다.
> ③ 공학적으로 잘 작성된 소프트웨어는 신뢰성과 효율성을 모두 고려해야 한다.

정답 ④

009 공학적으로 잘 작성된 소프트웨어의 특성에 관한 설명으로 가장 옳지 않은 것은?

① 소프트웨어는 신뢰성이 높아야 하며 효율적이어야 한다.
② 소프트웨어는 사용자가 원하는 대로 동작해야 한다.
③ 소프트웨어는 편리성이나 유지보수성에 점차 비중을 적게 두는 경향이 있다.
④ 소프트웨어는 잠재적인 오류가 가능한 적어야 하며 유지보수가 용이해야 한다.

> **해설**
> 공학적으로 잘 작성된 소프트웨어는 사용의 편리성과 유지보수성을 매우 중요하게 여긴다. 이 두 특성은 소프트웨어의 지속 가능성과 장기적 성공에 결정적인 역할을 한다.

정답 ③

010 소프트웨어 공학의 발전을 위한 소프트웨어 사용자(Software User)로서의 자세로 옳지 않은 것은?

① 프로그래밍 언어와 알고리즘의 최근 동향을 주기적으로 파악한다.
② 컴퓨터의 이용 효율이나 워크스테이션에 관한 정보들을 체계적으로 데이터베이스화한다.
③ 타 기업의 시스템에 몰래 접속하여 새로운 소프트웨어 개발에 관한 정보를 획득한다.
④ 바이러스에 대한 예방에 만전을 기하여 시스템의 안전을 확보한다.

> **해설**
> 타인이나 타 기업의 시스템에 무단으로 접근하는 것은 불법적이며 비윤리적인 행위로, 소프트웨어 공학의 발전과는 반대되는 자세이다.

정답 ③

011 소프트웨어의 위기를 해결하기 위해 개발의 생산성이 아닌 유지보수의 생산성으로 해결하려는 방법을 의미하는 것은?

① 소프트웨어 재사용 ② 소프트웨어 재공학
③ 클라이언트/서버 소프트웨어 공학 ④ 전통적 소프트웨어 공학

> **해설**
> 소프트웨어 재공학은 기존의 소프트웨어 시스템을 분석하고 새로운 기술이나 방법론을 적용하여 구조를 개선하거나 재개발하는 과정이다. 이는 기존 소프트웨어의 유지보수와 관련된 생산성을 향상시키는 데 중점을 둔다.

정답 ②

012 소프트웨어 재공학의 주요 활동 중 역공학에 해당하는 것은?

① 소프트웨어 동작 이해 및 재공학 대상 선정
② 소프트웨어 기능 변경 없이 소프트웨어 형태를 목적에 맞게 수정
③ 원시 코드로부터 설계 정보 추출 및 절차 설계 표현, 프로그램과 데이터 구조 정보 추출
④ 기존 소프트웨어 시스템을 새로운 기술 또는 하드웨어 환경이 이식

> **해설**
> 역공학은 기존의 소프트웨어나 시스템으로부터 설계 정보, 절차, 프로그램 구조 등을 추출하는 과정을 포함한다.

정답 ③

013 다음 설명과 용어를 바르게 연결한 것은?

(가) 코드만 남아있고 관련 문서가 없을 때, 프로그램을 분석하여 프로그램 구조, 자료구조, 모듈 사이의 관계 등 상세한 설계 정보를 추출함
(나) 겉으로 보이는 동작이나 외부 행위를 바꾸지 않고 소프트웨어 내부 구조를 바꾸며 점진적으로 설계를 향상시키는 기법
(다) 기존 시스템을 이해하여 새로운 기능을 추가하거나 성능을 향상시키는 등의 새로운 형태로 변경하는 것으로, 단순히 설계 정보를 끌어내는 것뿐만 아니라 이 정보를 사용하여 보다 나은 시스템을 만드는 것

	(가)	(나)	(다)
①	역공학	리팩토링	재공학
②	역공학	프로토타이핑	재공학
③	재공학	리팩토링	역공학
④	재공학	프로토타이핑	역공학

해설
- 역공학은 기존의 코드로부터 상세한 설계 정보를 추출하는 과정이다.
- 리팩토링은 소프트웨어의 외부 행위를 변경하지 않으면서 내부 구조를 개선하는 과정이다.
- 재공학은 기존 시스템을 분석하고, 이해하여 새로운 형태로 개선하는 과정을 의미한다.

정답 ①

014 소프트웨어 재공학 활동 중 기존 소프트웨어의 명세서를 확인하고 소프트웨어의 동작을 이해하고 재공학 대상을 선정하는 것은?

① 분석(Analysis)
② 재구성(Restructuring)
③ 역공학(Reverse Engineering)
④ 이식(Migration)

해설
① 분석(Analysis): 이 단계는 소프트웨어의 현재 상태를 이해하고 문제점을 파악하는 과정을 포함한다.
② 재구성(Restructuring): 재구성은 기존 코드나 데이터 구조를 변경하여 더 효율적이거나 이해하기 쉬운 형태로 만드는 과정이다.
③ 역공학(Reverse Engineering): 역공학은 기존의 소프트웨어로부터 더 상세한 설계 정보를 추출하는 과정이다.
④ 이식(Migration): 이식은 소프트웨어를 한 환경이나 플랫폼에서 다른 환경이나 플랫폼으로 옮기는 과정을 의미한다.

정답 ①

015 소프트웨어 재공학의 주요 활동 중 기존 소프트웨어 시스템을 새로운 기술 또는 하드웨어 환경에서 사용할 수 있도록 변환하는 작업을 의미하는 것은?

① Analysis
② Migration
③ Restructuring
④ Reverse Engineering

> **해설**
> 이식(Migration)은 기존의 소프트웨어를 한 환경, 기술 또는 플랫폼에서 다른 환경, 기술 또는 플랫폼으로 옮기는 과정이다. 이는 기존 소프트웨어를 새로운 기술 또는 하드웨어 환경에서 사용할 수 있도록 변환하는 것을 의미한다.

정답 ②

016 소프트웨어 재공학 활동 중 소프트웨어 기능을 변경하지 않으면서 소프트웨어를 형태에 맞게 수정하는 활동으로서 상대적으로 같은 추상적 수준에서 하나의 표현을 다른 표현 형태로 바꾸는 것은?

① 분석
② 역공학
③ 이식
④ 재구성

> **해설**
> 재구성(Restructuring)은 기존 소프트웨어의 코드나 구조를 변경하지만 기능은 그대로 유지하면서 보다 개선된 형태로 만드는 과정이다.

정답 ④

017 재공학(Reengineering) 활동으로 볼 수 없는 것은?

① Analysis
② Migration
③ Reverse Engineering
④ Reuse

> **해설**
> Reuse(재사용)은 기존에 개발된 소프트웨어 컴포넌트를 새로운 소프트웨어 개발에 다시 사용하는 것을 의미한다. 이는 재공학과는 다소 다른 개념으로, 재공학은 기존 시스템을 개선하거나 변환하는 과정을 말하며, 재사용은 기존 컴포넌트를 새로운 개발에 활용하는 것을 말한다.

정답 ④

018 소프트웨어 재공학이 소프트웨어의 재개발에 비해 갖는 장점으로 가장 거리가 먼 것은?

① 위험부담 감소
② 비용 절감
③ 시스템 명세의 오류 억제
④ 개발 시간의 증가

> **해설**
> 재공학은 기존의 시스템을 개선하거나 업데이트하는 과정이므로, 일반적으로는 새로운 시스템을 처음부터 개발하는 것보다 개발 시간이 적게 걸린다. 따라서 개발 시간의 증가는 재공학의 장점이라고 보기 어렵다.

정답 ④

019 소프트웨어 재공학은 어떤 유지보수 측면에서 소프트웨어 위기를 해결하려고 하는 방법인가?

① 수정(Corrective) 유지보수
② 적응(Adaptive) 유지보수
③ 완전화(Perfective) 유지보수
④ 예방(Preventive) 유지보수

> **해설**
> ① 수정(Corrective) 유지보수: 오류를 수정하거나 결함을 해결하는 유지보수
> ② 적응(Adaptive) 유지보수: 환경의 변화에 맞추어 소프트웨어를 수정하는 유지보수
> ③ 완전화(Perfective) 유지보수: 기능 개선, 사용성 향상 등을 통해 소프트웨어의 성능을 개선하는 유지보수
> ④ 예방(Preventive) 유지보수: 미래의 문제를 예방하기 위한 유지보수로 재공학과 관련이 있다.

정답 ④

020 소프트웨어 역공학(Software Reverse Engineering)에 대한 설명으로 가장 옳지 않은 것은?

① 기존 소프트웨어의 구성요소와 그 관계를 파악하여 설계도를 추출한다.
② 역공학의 가장 간단하고 오래된 형태는 재문서화라고 할 수 있다.
③ 일반적인 개발 단계와는 반대 방향으로 기존 코드를 복구하는 방법이다.
④ 대상 시스템 없이 새로운 시스템으로 개선하는 변경 작업이다.

> **해설**
> 역공학은 기존 시스템이 존재하는 상태에서 그 시스템을 분석하는 과정이다. 새로운 시스템을 개발하는 것이 아니라 기존 시스템의 코드나 구조를 분석하고 이해하는 것에 초점을 맞춘다.

정답 ④

021 S/W Project 일정이 지연된다고 해서 Project 말기에 새로운 인원을 추가 투입하면 Project는 더욱 지연되게 된다는 내용과 관련되는 법칙은?

① Putnam의 법칙
② Mayer의 법칙
③ Brooks의 법칙
④ Boehm의 법칙

> **해설**
> 프로젝트가 이미 지연되고 있는 상황에서 새로운 인력을 추가하는 것은 종종 프로젝트의 전체 진행을 더 지연시키는 결과를 초래한다. 이는 새로운 팀원들을 교육하고, 프로젝트에 통합하는 데 드는 시간과 노력이 기존 작업의 진행을 방해하기 때문이다. 이를 Brooks의 법칙이라고 한다.

정답 ③

022 전자 칩과 같은 소프트웨어 부품, 즉 블록(모듈)을 만들어서 끼워 맞추는 방법으로 소프트웨어를 완성시키는 재사용 방법은?

① 합성 중심
② 생성 중심
③ 분리 중심
④ 구조 중심

해설

합성 중심(Composition-based)과 생성 중심(Generation-based)은 소프트웨어 재사용 방법이다.
- 합성 중심: 기존에 개발된 소프트웨어 모듈이나 구성요소를 재사용하여 새로운 소프트웨어를 구성하는 방식
- 생성 중심: 소프트웨어를 자동으로 생성하는 도구나 언어를 사용하여, 특정 목적에 맞는 소프트웨어를 생성하는 방식

정답 ①

023 소프트웨어 공학의 개발 과정에 대한 설명으로 옳지 않은 것은?

① 계획 - 목표를 세우고 달성하기 위하여 체계적인 진행 상황 관리를 할 수 있도록 행동 방안을 마련한다.
② 요구사항 문서화 - 사용자의 요구사항을 명세서로 작성하는 과정으로 프로젝트에 관계된 모든 사람이 이해하기 쉽게 작성해야 한다.
③ 설계 - 요구사항을 반영하여 설계서를 작성하는 과정으로 변화에 쉽게 적응할 수 있고 유지보수가 용이하도록 작성해야 한다.
④ 구현 - 프로그램을 제작 및 구현하는 단계로 보통 본 과정에서 완벽히 제작하여 시험 단계를 생략한다.

해설

구현 단계는 프로그램 코드를 작성하고, 소프트웨어를 실제로 만드는 과정이다. 구현 후에는 반드시 테스팅이 이루어져야 하며, 이는 소프트웨어의 품질을 보증하고 오류를 발견하여 수정하는 중요한 과정이다.

정답 ④

024 소프트웨어 공학의 전통적인 개발 방법인 선형 순차 모형의 순서를 옳게 나열한 것은?

① 구현 → 분석 → 설계 → 테스트 → 유지보수
② 유지보수 → 테스트 → 분석 → 설계 → 구현
③ 분석 → 설계 → 구현 → 테스트 → 유지보수
④ 테스트 → 설계 → 유지보수 → 구현 → 분석

해설

※ 선형 순차 모형의 순서
① 분석(Analysis): 프로젝트의 요구사항을 파악하고 문서화하는 단계
② 설계(Design): 분석 단계에서 수집된 요구사항을 바탕으로 시스템의 구조를 설계하는 단계
③ 구현(Implementation): 설계된 시스템을 실제로 코딩하여 구현하는 단계
④ 테스트(Testing): 개발된 소프트웨어를 테스트하여 오류를 찾고 수정하는 단계
⑤ 유지보수(Maintenance): 소프트웨어를 시장에 출시한 후 발생하는 문제를 수정하고, 필요에 따라 기능을 추가하거나 업데이트하는 단계

정답 ③

025 소프트웨어 개발 단계에서 가장 많은 비용이 소요되는 단계는?

① 계획 단계 ② 분석 단계
③ 구현 단계 ④ 유지보수 단계

> **해설**
> 유지보수 단계(Maintenance Phase)는 소프트웨어가 배포된 후 발생하는 모든 활동을 포함한다. 소프트웨어의 전체 수명 주기에서 유지보수에 소요되는 비용이 가장 많이 발생한다.

정답 ④

026 소프트웨어 유지보수 작업의 목적으로 부적절한 것은?

① 하자 보수 ② 환경적응
③ 예방조치   ④ 설계 수정

> **해설**
> 설계 수정은 보통 새로운 기능 추가나 대규모 개선을 위해 필요할 때 수행되며, 이는 유지보수의 일반적인 범위를 넘어설 수 있다.

정답 ④

027 소프트웨어 유지보수에 관련된 설명으로 옳지 않은 것은?

① 유지보수는 소프트웨어가 인수, 설치된 후 발생하는 모든 공학적 작업을 말한다.
② 유지보수는 원인에 따라 수리(Corrective) 보수, 적응(Adaptive) 보수, 완전화(Perfective) 보수, 예방(Preventive) 보수 등이 있다.
③ 소프트웨어에 가해지는 변경을 제어 관리하는 것을 형상 관리(Configuration Management)라고 한다.
④ 소프트웨어 비용 중 유지보수 비용은 개발 비용보다 적다.

> **해설**
> 일반적으로 소프트웨어의 전체 수명 주기에서 유지보수 비용은 개발 비용보다 많은 부분을 차지한다. 유지보수는 시스템이 배포된 후 장기간에 걸쳐 발생하며, 다양한 요소들로 인해 비용이 증가할 수 있다.

정답 ④

028 시스템의 유지보수에 대한 설명으로 옳지 않은 것은?

① 변경된 환경과 적절하게 조화를 이루도록 소프트웨어를 변경시키는 것은 유지보수 활동에 속한다.
② 원시 코드를 이용하여 원시 코드 이상의 추상화된 표현으로 나타내고 코드를 분석하는 과정을 역공학이라 하며, 역공학을 통해 시스템을 재구성하여 변경이 용이한 시스템을 만들거나 보다 나은 기능을 추가할 수 있다.
③ 유지보수에 대한 요청은 공식적인 절차를 밟아 표준화된 방법으로 이루어져야 하며 유지보수 요청서에 의해 이루어진다.
④ 소프트웨어 유지보수 과정에서 발생하는 결과물에 대한 계획, 개발, 운용 등을 종합하여 시스템의 형상을 만들고, 이에 대한 변경을 체계적으로 관리하기 위한 활동을 소프트웨어 형상 관리라 한다.

> **해설**
> 역공학은 원시 코드로부터 더 높은 수준의 추상화된 표현을 추출하고 분석하는 과정을 의미한다. 그러나 역공학 자체가 직접적으로 시스템을 재구성하여 변경이 용이한 시스템을 만들거나 기능을 추가하는 것을 의미하지는 않는다.

정답 ②

029 유지보수의 종류 중 소프트웨어 테스팅 동안 밝혀지지 않은 모든 잠재적인 오류를 수정하기 위한 보수 형태로서 오류의 수정과 진단 과정이 포함되는 것은?

① Perfective Maintenance
② Adaptive Maintenance
③ Preventive Maintenance
④ Corrective Maintenance

> **해설**
> Corrective Maintenance(수정 보수)는 기존 소프트웨어에서 발견된 결함이나 오류를 수정하는 것이다.

정답 ④

030 장래의 유지보수성 또는 신뢰성을 개선하거나 소프트웨어의 오류 발생에 대비하여 미리 예방수단을 강구해 두는 유지보수 형태는?

① Corrective Maintenance
② Perfective Maintenance
③ Preventive Maintenance
④ Adaptive Maintenance

> **해설**
> Preventive Maintenance(예방 보수)는 장래의 문제를 예방하고, 소프트웨어의 유지보수성 및 신뢰성을 높이기 위한 활동이다. 잠재적인 문제점을 사전에 식별하고 수정하거나, 소프트웨어를 더 관리하기 쉽고 유지보수가 용이한 형태로 개선한다.

정답 ③

031 유지보수의 종류 중 다음 설명에 해당하는 것은?

> 소프트웨어를 운용하는 환경 변화에 대응하여 소프트웨어를 변경하는 경우로서 운영체제나 컴파일러와 같은 프로그래밍 환경의 변화와 주변장치 또는 다른 시스템 요소가 향상되거나 변경될 때 대처할 수 있다.

① Perfective Maintenance
② Corrective Maintenance
③ Preventive Maintenance
④ Adaptive Maintenance

해설
Adaptive Maintenance(적응 보수)는 운영 환경의 변화에 대응하기 위해 소프트웨어를 수정하는 것이다. 운영체제, 컴파일러, 하드웨어 등 프로그래밍 환경의 변화나 시스템 요소의 향상 및 변경에 대응하기 위해 수행된다.

정답 ④

032 아래의 항목들이 해당되는 소프트웨어 유지보수의 종류로 가장 옳은 것은?

> - 리눅스(Linux)에서 동작하는 프로그램을 다른 운영체제에서도 동작하도록 함
> - 인터넷 익스플로러(Internet Explorer)에 최적화된 웹 프로그램을 크롬(Chrome)에서도 동작하도록 함
> - 특정 버전의 라이브러리(Library)를 사용하여 개발된 프로그램을 좀 더 최신 버전의 라이브러리도 사용이 가능하도록 개선함

① 수정 유지보수(Corrective Maintenance)
② 적응 유지보수(Adaptive Maintenance)
③ 완전 유지보수(Perfective Maintenance)
④ 예방 유지보수(Preventive Maintenance)

해설
적응 유지보수(Adaptive Maintenance)의 활동으로는 아래의 내용들이 있을 수 있다.
- 다른 운영체제에서 프로그램이 동작하도록 만드는 작업
- 다른 웹 브라우저에서도 웹 프로그램이 정상적으로 동작하도록 하는 작업
- 프로그램이 최신 버전의 라이브러리와 호환되도록 개선하는 작업

정답 ②

033 소프트웨어 유지보수의 형태에 대한 설명으로 옳지 않은 것은?

① 수정 유지보수(Corrective Maintenance)는 개발된 소프트웨어를 사용자가 인도받은 후 사용하면서 발견되는 오류를 잡는 것이다.
② 예방 유지보수(Preventive Maintenance)는 미리 예상되거나 예측되는 오류를 찾아 수정하는 것이다.
③ 적응 유지보수(Adaptive Maintenance)는 개발 과정에서 바로 잡지 못한 오류를 유지보수 단계에서 해결하는 것이다.
④ 완전 유지보수(Perfective Maintenance)는 결함으로 인해 요청된 변경뿐만 아니라 시스템의 일부 측면을 향상시키기 위한 변경을 포함하고 있다.

> **해설**
> 적응 유지보수는 운영환경의 변화에 대응하기 위해 소프트웨어를 수정하는 것을 의미한다. 예를 들어 새로운 운영체제나 하드웨어 환경에 맞게 소프트웨어를 조정하는 것이다. 개발 과정에서 바로 잡지 못한 오류를 해결하는 것은 수정 유지보수의 영역이다.

정답 ③

034 소프트웨어 시스템 명세서의 유지보수에 대한 설명으로 거리가 먼 것은?

① 명세서의 유지보수란 명세서를 항상 최신의 상태로 만드는 것을 말한다.
② 소프트웨어는 계속 수정 보완되기 때문에 명세서도 따라서 보완되지 않으면 일관성을 유지하기 어렵다.
③ 최신의 명세서는 필요한 경우 즉시 사용자에게 배포해야 한다.
④ 시스템 개발자와 사용자는 동일한 명세서를 사용하기 때문에 시스템의 구조를 사용자도 잘 알고 있어야 한다.

> **해설**
> 명세서는 주로 개발자나 프로젝트 관리자가 사용하는 문서로, 시스템의 기술적인 세부사항을 포함한다. 일반 사용자가 시스템의 구조를 자세히 알 필요는 없으며, 사용자들에게 필요한 것은 주로 시스템의 기능과 사용법에 대한 정보이다.

정답 ④

035 정형화된 분석 절차에 따라 사용자 요구사항을 파악, 문서화하는 체계적 분석 방법으로 자료 흐름도, 자료 사전, 소단위 명세서의 특징을 갖는 것은?

① 구조적 개발 방법론
② 객체지향 개발 방법론
③ 정보공학 방법론
④ CBD 방법론

> **해설**
> 구조적 개발 방법론은 자료 흐름도, 자료 사전, 소단위 명세서 등의 도구를 사용하여 시스템의 구조를 분석하고 설계하는 방법론이다.
> - 자료 흐름도는 시스템의 자료 흐름을 도식화한 것으로, 시스템의 요구사항을 파악하고 문서화하는 데 사용된다.
> - 자료 사전은 시스템에서 사용되는 모든 자료에 대한 정보를 정의한 것으로, 자료의 의미와 특성을 이해하는 데 사용된다.
> - 소단위 명세서는 시스템의 최하위 처리 단위를 문서화한 것으로, 처리의 기능과 입출력 자료에 대한 정보를 제공한다.

정답 ①

036 CBD(Component Based Development)에 대한 설명으로 틀린 것은?

① 개발 기간 단축으로 인한 생산성 향상
② 새로운 기능 추가가 쉬운 확장성
③ 소프트웨어 재사용이 가능
④ 1960년대까지 가장 많이 적용되었던 소프트웨어 개발 방법

> **해설**
> CBD(Component Based Development)는 1980년대 후반에 등장한 소프트웨어 개발 방법론이다. 기존의 소프트웨어 개발 방법론은 요구사항을 파악하고, 설계하고, 구현하고, 테스트하는 단계로 이루어지는데, CBD는 컴포넌트를 조합하여 소프트웨어를 개발하는 방법론이다. CBD의 장점으로는 개발 기간 단축으로 인한 생산성 향상, 새로운 기능 추가가 쉬운 확장성, 소프트웨어 재사용이 가능 등이 있다.

정답 ④

037 소프트웨어 개발 방법론 중 CBD(Component Based Development)에 대한 설명으로 틀린 것은?

① 생산성과 품질을 높이고, 유지보수 비용을 최소화할 수 있다.
② 컴포넌트 제작 기법을 통해 재사용성을 향상시킨다.
③ 모듈의 분할과 정복에 의한 하향식 설계 방식이다.
④ 독립적인 컴포넌트 단위의 관리로 복잡성을 최소화할 수 있다.

> **해설**
> CBD(Component Based Development)는 컴포넌트를 조합하여 소프트웨어를 개발하는 방법론이다. 컴포넌트는 독립적으로 개발되고, 잘 정의된 인터페이스를 가지며, 다른 컴포넌트와 조합될 수 있다. CBD는 하향식 설계 방식이 아니라, 상향식 설계 방식이다. 상향식 설계 방식은 전체 시스템의 요구사항을 파악하고, 이를 작은 단위로 분할하여 구현하는 방식이다.

정답 ③

038 CBD(Component Based Development) SW 개발 표준 산출물 중 분석 단계에 해당하는 것은?

① 클래스 설계서
② 통합시험 결과서
③ 프로그램 코드
④ 사용자 요구사항 정의서

해설
CBD(Component Based Development) SW 개발 표준 산출물은 분석 단계, 설계 단계, 구현 단계, 시험 단계로 구분된다. 그중 분석 단계의 산출물은 사용자 요구사항 정의서, 시스템 요구사항 정의서, 도메인 모델, 비즈니스 프로세스 모델 등이 있다.

정답 ④

039 소프트웨어 개발 프로세스 모델에 대한 설명으로 가장 옳지 않은 것은?

① 폭포수(Waterfall) 모델은 단계별 정형화된 접근 방법 및 체계적인 문서화가 용이하다.
② RAD(Rapid Application Development) 모델은 CASE(Computer Aided Software Engineering) 도구를 활용하여 빠른 개발을 지향한다.
③ 나선형(Spiral) 모델은 폭포수(Waterfall) 모델과 원형(Prototype) 모델의 장점을 결합한 모델이다.
④ 원형(Prototype) 모델은 고객의 요구를 완전히 이해하여 개발을 진행하는 것으로 시스템 이해도가 높은 관리자가 있는 경우 유용하다.

해설
원형 모델은 고객의 요구를 파악하기 위해 프로토타입을 개발하고, 이를 통해 고객의 의견을 반영하여 최종 시스템을 개발하는 방법론이다.

정답 ④

040 폭포수 모형의 특징으로 거리가 먼 것은?

① 개발 중 발생한 요구사항을 쉽게 반영할 수 있다.
② 순차적인 접근방법을 이용한다.
③ 단계적 정의와 산출물이 명확하다.
④ 모형의 적용 경험과 성공사례가 많다.

해설
폭포수 모델은 순차적인 접근방법을 이용하는 대표적인 소프트웨어 개발 방법론이다. 각 단계는 이전 단계가 완료되어야 다음 단계로 진행할 수 있다. 따라서 개발 중 발생한 요구사항을 쉽게 반영하기 어렵다.

정답 ①

041 소프트웨어 생명주기 모형 중 고전적 생명주기 모형으로 선형 순차적 모델이라고도 하며, 타당성 검토, 계획, 요구사항 분석, 구현, 테스트, 유지보수의 단계를 통해 소프트웨어를 개발하는 모형은?

① 폭포수 모형
② 애자일 모형
③ 컴포넌트 기반 방법론
④ 6GT 모형

> **해설**
> 폭포수 모형은 고전적인 소프트웨어 개발 방법론으로, 선형 순차적 모델이라고도 한다. 타당성 검토, 계획, 요구사항 분석, 구현, 테스트, 유지보수의 단계를 통해 소프트웨어를 개발한다. 각 단계는 이전 단계가 완료되어야 다음 단계로 진행할 수 있다.

정답 ①

---

042 소프트웨어 개발주기 모델 중 폭포수형의 특징으로 옳지 않은 것은?

① 프로젝트 관리 및 자동화가 어렵다.
② 단계별 정의가 분명하고, 각 단계별 산출물이 명확하다.
③ 계획 수립 → 위험 분석 → 공학화 → 고객의 평가 순서로 진행된다.
④ 전통적인 라이프 사이클 모델이다.

> **해설**
> - 폭포수형 모델은 다음과 같은 단계로 진행된다.
>   ① 타당성 검토: 시스템 개발의 타당성을 검토한다.
>   ② 계획 수립: 시스템 개발 계획을 수립한다.
>   ③ 요구사항 분석: 시스템의 요구사항을 분석한다.
>   ④ 설계: 시스템을 설계한다.
>   ⑤ 구현: 시스템을 구현한다.
>   ⑥ 테스트: 시스템을 테스트한다.
>   ⑦ 유지보수: 시스템을 유지보수한다.
> - 계획 수립 → 위험 분석 → 공학화 → 고객의 평가 순서로 진행되는 건 나선형 모델이다.

정답 ③

---

043 다음은 폭포수 모델에서 제시하는 소프트웨어 개발 단계들 중 일부에 대한 설명이다. 제시된 소프트웨어 개발 단계를 순서대로 바르게 나열한 것은?

> ㄱ. 시스템 구조, 프로그램, 인터페이스를 설계한다.
> ㄴ. 소프트웨어를 이용하면서 문제점을 수정하거나 새로운 기능을 추가한다.
> ㄷ. 요구대로 소프트웨어가 적합하게 작동하는지 확인한다.
> ㄹ. 사용자의 요구사항을 파악한다.

① ㄱ→ㄴ→ㄷ→ㄹ
② ㄱ→ㄹ→ㄴ→ㄷ
③ ㄹ→ㄱ→ㄷ→ㄴ
④ ㄹ→ㄷ→ㄴ→ㄱ

해설
ㄱ. 설계에 관련한 내용이다.
ㄴ. 유지보수에 관련된 내용이다.
ㄷ. 테스트에 관련된 내용이다.
ㄹ. 요구사항 분석에 관련된 내용이다.
폭포수 모델에서는 계획 → 분석 → 설계 → 구현 → 테스트 → 유지운영 순서로 진행된다.

정답 ③

044 사용자의 요구사항을 정확히 파악하기 위하여 최종 결과물의 일부 혹은 모형을 만들어 의사소통의 도구로 활용하여 개발하는 소프트웨어 생명주기 모형은?

① 폭포수 모델
② 프로토타이핑 모델
③ 나선형 모델
④ RAD 모델

해설
① 폭포수 모델은 선형 순차적 모델로, 각 단계는 이전 단계가 완료되어야 다음 단계로 진행할 수 있다.
③ 나선형 모델은 반복적이고 점진적인 모델로, 각 단계는 개발을 진행하면서 반복적으로 수행된다.
④ RAD 모델은 빠른 애플리케이션 개발 모델로, CASE 도구를 사용하여 빠르게 개발을 진행한다.

정답 ②

045 프로토타이핑 모형(Prototyping Model)에 대한 설명으로 옳지 않은 것은?

① 최종 결과물이 만들어지기 전에 의뢰자가 최종 결과물의 일부 또는 모형을 볼 수 있다.
② 개발단계에서 오류 수정이 불가하므로 유지보수 비용이 많이 발생한다.
③ 프로토타입은 발주자나 개발자 모두에게 공동의 참조 모델을 제공한다.
④ 프로토타입은 구현 단계의 구현 골격이 될 수 있다.

해설
프로토타이핑 모형은 사용자의 요구사항을 정확히 파악하기 위하여 최종 결과물의 일부 혹은 모형을 만들어 의사소통의 도구로 활용하여 개발하는 소프트웨어 생명주기 모형이다. 따라서 개발 단계에서 오류 수정이 가능하다.

정답 ②

046 프로토타입을 지속적으로 발전시켜 최종 소프트웨어 개발까지 이르는 개발 방법으로 위험관리가 중심인 소프트웨어 생명주기 모형은?

① 나선형 모형
② 델파이 모형
③ 폭포수 모형
④ 기능점수 모형

> **해설**
> 나선형 모형은 반복적이고 점진적인 모델로, 각 단계는 개발을 진행하면서 반복적으로 수행된다. 각 단계는 계획, 위험 분석, 개발, 사용자 평가의 4단계로 구성된다. 위험 분석 단계에서는 개발 과정에서 발생할 수 있는 위험을 식별하고, 그에 대한 대책을 마련한다.

정답 ①

047 여러 번의 개발 과정을 거쳐 완벽한 최종 소프트웨어를 개발하는 점진적 모형으로 보헴이 제안한 소프트웨어 생명주기 모델은?

① 4GT Model
② Spiral Model
③ Waterfall Model
④ Prototype Model

> **해설**
> 나선형 모델은 반복적이고 점진적인 모델로, 각 단계는 개발을 진행하면서 반복적으로 수행된다. 나선형 모델은 여러 번의 개발 과정을 거쳐 완벽한 최종 소프트웨어를 개발하는 점진적 모델이다.

정답 ②

048 소프트웨어 개발 모델 중 나선형 모델의 4가지 주요 활동이 순서대로 나열된 것은?

A. 계획 수립	B. 고객 평가
C. 개발 및 검증	D. 위험 분석

① A-B-D-C 순으로 반복
② A-D-C-B 순으로 반복
③ A-B-C-D 순으로 반복
④ A-C-B-D 순으로 반복

> **해설**
> 나선형 모형(Spiral Model)의 각 단계는 계획 수립 → 위험 분석 → 개발 및 검증 → 고객 평가 순서로 반복된다.

정답 ②

049 나선형(Spiral) 모형의 주요 태스크에 해당하지 않는 것은?

① 버전 관리
② 위험 분석
③ 개발
④ 평가

> **해설**
> 나선형 모형은 반복적이고 점진적인 모델로, 각 단계는 개발을 진행하면서 반복적으로 수행된다. 각 단계는 계획 수립, 위험 분석, 공학적 개발, 고객 평가의 4단계로 구성된다. 따라서 버전 관리는 나선형 모형의 주요 태스크에 해당하지 않는다.

정답 ①

050 소프트웨어 생명주기 모형 중 Spiral Model에 대한 설명으로 틀린 것은?

① 비교적 대규모 시스템에 적합하다.
② 개발 순서는 계획 및 정의, 위험 분석, 공학적 개발, 고객 평가 순으로 진행된다.
③ 소프트웨어를 개발하면서 발생할 수 있는 위험을 관리하고 최소화하는 것을 목적으로 한다.
④ 계획, 설계, 개발, 평가의 개발 주기가 한 번만 수행된다.

> **해설**
> 나선형 모델은 반복적이고 점진적인 모델로, 각 단계는 개발을 진행하면서 반복적으로 수행된다. 따라서 계획, 설계, 개발, 평가의 개발 주기가 한번만 수행된다는 설명은 틀린 설명이다.

정답 ④

051 나선형(Spiral) 모델의 특징으로 가장 옳지 않은 것은?

① 반복 주기가 시작될 때 소프트웨어의 목표와 제약조건을 결정한다.
② 한 번의 개발 주기를 거치면서 시스템이 완성된다.
③ 프로토타입을 만들면서 위험을 분석한다.
④ 개발을 위한 계획 및 요구분석 후에 위험 요소에 대하여 검토한다.

> **해설**
> 나선형 모델은 여러 개발 주기를 거치며 점진적으로 시스템을 개발한다. 한 번의 개발 주기로 시스템이 완성되는 것은 나선형 모델의 특징이 아니다.

정답 ②

052 소프트웨어 개발 단계를 시간의 흐름에 따라 네 개의 범주(도입, 상세, 구축, 이행)로 나누고, 각 범주에는 요구사항 도출부터 설계, 구현, 평가까지의 개발 생명주기가 포함되어 있는 방법론은?

① XP(eXtreme Programming)
② UP(Unified Process)
③ CMM(Capability Maturity Model)
④ SPICE(Software Process Improvement and Capability dEtermination)

정답 ②

053 소프트웨어 생명주기 모형에 대한 설명으로 옳지 않은 것은?

① 나선형 모형: 보헴(Boehm)이 제안한 것으로, 폭포수 모형과 프로토타입 모형의 장점에 위험 분석 기능이 추가된 모델이다.
② V-모형: 개발 작업과 검증 작업 사이의 관계를 명백히 드러내 놓은 폭포수 모델의 변형으로 각 개발 단계의 테스트에 중점을 둔다.
③ 애자일 기법: 개발팀이 설계와 문서화보다는 소프트웨어 자체에 초점을 맞추도록 한다.
④ UP 모형: 반복적이고 점진적인 소프트웨어 개발을 지원하며, 프로그램의 모든 요구사항을 초기에 완전히 파악하도록 요구한다.

해설
UP 모형은 반복적이고 점진적인 소프트웨어 개발을 지원하는 모델이다. 따라서 프로그램의 모든 요구사항을 초기에 완전히 파악하도록 요구하지 않는다. 오히려 프로젝트 초기에는 요구사항을 대략적으로 파악하고, 개발을 진행하면서 요구사항을 점차 구체화하는 방식을 취한다.

정답 ④

054 소프트웨어 개발 계획 단계에서 도출해야 할 중요한 2가지 요소로 가장 옳은 것은?

① 비용과 일정
② 시간과 일정
③ 자원과 도구
④ 비용과 자원

해설
소프트웨어 개발 계획 단계에서는 개발의 목표, 범위, 일정, 예산 등을 결정한다. 따라서 비용과 일정은 소프트웨어 개발 계획 단계에서 가장 중요한 2가지 요소이다.

정답 ①

055 소프트웨어 비용 산정 기법 중 산정 요원과 조정자에 의해 산정하는 방법은?

① 기능 점수 기법
② LOC 기법
③ COCOMO 기법
④ 델파이 기법

해설
델파이 기법은 전문가들의 의견을 수렴하여 합의점을 도출하는 기법이다. 소프트웨어 비용 산정 델파이 기법에서는 산정 요원들이 각자 비용 산정을 수행한 후, 조정자가 각 산정 결과를 비교·분석하여 합의점을 도출한다.
① 기능의 복잡성과 중요도를 기준으로 비용을 산정하는 기법
② 코드의 라인 수를 기준으로 비용을 산정하는 기법
③ 개발 환경, 개발자 경험, 소프트웨어의 복잡성 등을 고려하여 비용을 산정하는 기법

정답 ④

056 아래에서 설명하는 프로젝트 산정 기법으로 가장 옳은 것은?

> 유사한 프로젝트 경험을 가진 전문가 집단을 구성하고, 이 전문가들에게 규모, 공수, 비용의 산정 의견을 구하되, 의견 일치가 이루어지지 않을 경우 의견의 근거를 익명으로 집단 내에 배포하고 자신들의 산정을 수정할 수 있도록 한다. 이 과정을 필요한 만큼 반복함으로써 의견 일치를 이루어 최종적인 산정값을 구한다.

① COCOMO
② 기능 점수
③ WBS
④ 델파이 기법

해설
델파이 기법은 전문가들의 의견을 수렴하여 합의점을 도출하는 기법이다.

정답 ④

057 S/W 각 기능의 원시 코드 라인 수의 비관치, 낙관치, 기대치를 측정하여 예측치를 구하고 이를 이용하여 비용을 산정하는 기법은?

① Effort Per Task 기법
② 전문가 감정 기법
③ 델파이 기법
④ LOC 기법

해설
LOC(Line Of Code) 기법은 소프트웨어의 크기를 코드의 라인 수로 측정하고, 이를 기반으로 비용을 산정하는 기법이다. 각 기능의 원시 코드 라인 수의 비관치, 낙관치, 기대치를 측정하여 예측치를 구하고, 이를 이용하여 비용을 산정한다.

정답 ④

058 상향식 비용 산정 기법 중 LOC(원시 코드 라인 수) 기법에서 예측치를 구하기 위해 사용하는 항목이 아닌 것은?

① 낙관치
② 기대치
③ 비관치
④ 모형치

해설
상향식 비용 산정 기법 중 LOC(원시 코드 라인 수) 기법에서는 각 기능의 원시 코드 라인 수의 비관치, 낙관치, 기대치를 측정하여 예측치를 구한다. 따라서 모형치는 예측치를 구하기 위해 사용하는 항목이 아니다. 예측치는 (낙관치 + 4 * 기대치 + 비관치) / 6으로 구하게 된다.

정답 ④

059 LOC 기법에 의하여 예측된 총 라인 수가 50,000라인, 프로그래머의 월 평균 생산성이 200라인, 개발에 참여할 프로그래머가 10인일 때, 개발 소요 기간은?

① 25개월 ② 50개월
③ 200개월 ④ 2000개월

> **해설**
> 개발 소요 기간 = 총 라인 수 / (월 평균 생산성 * 개발자 수) = 50000라인 / (200라인 / 월 * 10명) = 25개월

정답 ①

060 LOC 기법에 의하여 예측된 총 라인 수가 36,000라인, 개발에 참여할 프로그래머가 6명, 프로그래머들의 평균 생산성이 월간 300라인일 때 개발에 소요되는 기간은?

① 5개월 ② 10개월
③ 15개월 ④ 20개월

> **해설**
> 개발 소요 기간 = 총 라인 수 / (월 평균 생산성 * 개발자 수) = 36000라인 / (300라인 / 월 * 6명) = 20개월

정답 ④

061 다음은 A, B회사의 월 평균 생산성과 1인당 월 평균 임금을 보여준다. 두 회사가 각각 49,300 LOC(Line of Code) 시스템 개발에 참여할 경우에 대한 설명으로 가장 옳지 않은 것은? (단, LOC 외의 다른 비용은 고려하지 않는다.)

회사 정보 \ 회사명	A	B
월 평균 생산성 LOC/MM(Man Month)	725	580
1인당 월 평균 임금	410만 원	320만 원

① A 회사의 노력(Man Month)은 68MM이다.
② B 회사의 노력(Man Month)은 85MM이다.
③ A 회사가 B 회사보다 프로젝트 총 비용이 적게 든다.
④ B 회사의 프로젝트 총 비용은 27,200만 원이다.

> **해설**
> ※ A 회사
> - 월 평균 생산성: 725 LOC/MM
> - 1인당 월 평균 임금: 410만 원
> - 필요한 Man Month: 68 MM
> - 총 비용: 68 X 410 = 27,880
>
> ※ B 회사
> - 월 평균 생산성: 580 LOC/MM
> - 1인당 월 평균 임금: 320만 원
> - 필요한 Man Month: 85 MM
> - 총 비용: 85 X 320 = 27,200

정답 ③

062 소프트웨어 비용 추정 모형(Estimation Models)이 아닌 것은?

① COCOMO
② Putnam
③ Function-Point
④ PERT

> **해설**
> PERT(Program Evaluation and Review Technique)는 일정 관리 모형으로, 소프트웨어 비용 추정 모형이 아니다. 소프트웨어 비용 추정 모형은 소프트웨어의 규모, 개발 환경, 개발자 경험, 소프트웨어의 복잡성 등을 고려하여 비용을 산정하는 모형이다. 대표적인 소프트웨어 비용 추정 모형으로는 COCOMO, Putnam, Function-Point 등이 있다.

정답 ④

063 COCOMO(Constructive Cost Model) 모형의 특징이 아닌 것은?

① 프로젝트를 완성하는데 필요한 Man-Month로 산정 결과를 나타낼 수 있다.
② 보헴(Boehm)이 제안한 것으로 원시 코드 라인 수에 의한 비용 산정 기법이다.
③ 비교적 작은 규모의 프로젝트 기록을 통계 분석하여 얻은 결과를 반영한 모델이며 중소 규모 소프트웨어 프로젝트 비용 추정에 적합하다.
④ 프로젝트 개발 유형에 따라 Object, Dynamic, Function의 3가지 모드로 구분한다.

> **해설**
> COCOMO 모형은 프로젝트 개발 유형에 따라 조직형(Organic Mode), 반분리형(Semidetached Mode), 내장형(Embedded Mode)으로 구분한다.

정답 ④

064 COCOMO model 중 기관 내부에서 개발된 중소 규모의 소프트웨어로 일괄 자료 처리나 과학기술 계산용, 비즈니스 자료 처리용으로 5만 라인 이하의 소프트웨어를 개발하는 유형은?

① Embeded
② Organic
③ Semi-Detached
④ Semi-Embeded

> **해설**
> COCOMO 모형은 다음과 같이 3가지 유형으로 구분된다.
> - 조직형(Organic): 5만 라인 이하의 일반 업무용 소프트웨어
> - 반분리형(Semidetached): 30만 라인 이하의 프로젝트
> - 내장형(Embedded): 30만 라인 이상의 프로젝트

정답 ②

065 소프트웨어 비용 산정 기법 중 개발 유형으로 Organic, Semi-Detached, Embeded로 구분되는 것은?

① PUTNAM
② COCOMO
③ FP
④ SLIM

> **해설**
> COCOMO 모형은 소프트웨어의 규모와 개발 환경, 개발자 경험, 소프트웨어의 복잡성 등을 고려하여 비용을 산정하는 모형이다.

정답 ②

066 COCOMO(Constructive Cost Model) 비용 예측 모델에 대한 설명으로 옳지 않은 것은?

① 보헴(Boehm)이 제안한 소스 코드(Source Code)의 규모에 의한 비용 예측 모델이다.
② 소프트웨어 프로젝트 유형에 따라 다르게 책정되는 비용 산정 수식(Equation)을 이용한다.
③ COCOMO 방법은 가정과 제약조건이 없어 모든 시스템에 동일하게 적용할 수 있다.
④ 같은 규모의 소프트웨어라도 그 유형에 따라 비용이 다르게 산정된다.

> **해설**
> COCOMO 방법은 소프트웨어의 규모, 개발 환경, 개발자 경험, 소프트웨어의 복잡성 등을 고려하여 비용을 산정하는 모형이다. COCOMO 방법은 소프트웨어 프로젝트 유형에 따라 다르게 책정되는 비용 산정 수식(Equation)을 이용한다.

정답 ③

067 다음 중에서 COCOMO 모델에서 사용되는 노력승수값을 구하기 위해서 사용되는 요소가 아닌 것은?

① 제품의 특성
② 컴퓨터의 특성
③ 개발 요원의 특성
④ 사용자의 특성

> **해설**
> COCOMO 모델에서 사용되는 노력승수값은 제품의 특성, 컴퓨터의 특성, 개발 요원의 특성에 따라 결정된다.

정답 ④

068 Rayleigh-Norden 곡선의 노력 분포도를 이용한 프로젝트 비용 산정 기법은?

① Putnam 모형
② 델파이 모형
③ COCOMO 모형
④ 기능점수 모형

> **해설**
> Putnam 모형은 소프트웨어 개발 프로젝트의 노력 분포도를 Rayleigh-Norden 곡선으로 가정하고, 이를 기반으로 비용을 산정하는 모형이다.

정답 ①

069 Putnam 모형을 기초로 해서 만든 자동화 추정 도구는?

① SQLR/30
② SLIM
③ MESH
④ NFV

> **해설**
> SLIM은 Putnam 모형과 Rayleigh Noden 곡선을 기초로 개발된 자동화 추정 도구이다. SLIM은 소프트웨어의 규모, 개발 환경, 개발자 경험, 소프트웨어의 복잡성 등을 고려하여 비용을 산정한다.

정답 ②

070 기능 점수(Functional Point) 모형에서 비용 산정에 이용되는 요소가 아닌 것은?

① 클래스 인터페이스
② 명령어(사용자 질의 수)
③ 데이터 파일
④ 출력 보고서

> **해설**
> 기능점수 모형의 비용 산정에 이용되는 요소는 아래와 같다.
> - 자료 입력(입력양식)
> - 정보 출력(출력 보고서)
> - 명령어(사용자 질의 수)
> - 데이터 파일
> - 필요한 외부 루틴과의 인터페이스

정답 ①

071 다음 중 소프트웨어 규모를 예측하기 위한 기능 점수(Function Point)를 산정할 때 고려할 사항으로 가장 옳지 않은 것은?

① 원시 코드 라인 수(Line Of Code)
② 외부 입력(External Input)
③ 외부 조회(External inquiry)
④ 내부 논리 파일(Internal Logical File)

> **해설**
> 기능 점수 모형은 소프트웨어의 기능을 기반으로 규모를 예측하는 모형이다. 기능 점수 산정에 고려되는 항목은 외부 입력, 외부 출력, 외부 조회, 내부 논리 파일, 외부 연계 파일이 있다.

정답 ①

072 기능 점수(FP)를 계산하기 위해 고려할 대상으로 옳지 않은 것은?

① 외부 조회(EQ)
② 내부 논리 파일(ILF)
③ 외부 연계 파일(EIF)
④ 내부 출력(IO)

> **해설**
> - 데이터 기능 측면: 내부 논리 파일(ILF), 외부 연계 파일(EIF)
> - 트랜잭션 기능: 외부 입력(EI), 외부 출력(EO), 외부 조회(EQ)

정답 ④

073 비용 예측을 위한 기능 점수 방법에 대한 설명 중 가장 옳지 않은 것은?

① 입력, 출력, 질의, 파일, 인터페이스의 개수로 소프트웨어의 규모를 표현한다.
② 기능 점수는 원시 코드의 구현에 이용되는 프로그래밍 언어에 종속적이다.
③ 경험을 바탕으로 단순, 보통, 복잡한 정도에 따라 가중치를 부여한다.
④ 프로젝트의 영향도와 가중치의 합을 이용하여 실질 기능 점수를 계산한다.

> **해설**
> 기능 점수 모형은 소프트웨어의 기능을 기반으로 규모를 예측하는 모형이다. 기능 점수는 원시 코드 라인 수와 같은 구조적인 요소에 의존하지 않는다. 따라서 기능 점수는 원시 코드의 구현에 이용되는 프로그래밍 언어에 종속적이지 않다.

정답 ②

074 일정 계획과 가장 관계가 없는 것은?

① 프로그램 명세서
② 작업 분해
③ CPM 네트워크
④ 간트 차트(Gantt Chart)

> **해설**
> 프로그램 명세서는 소프트웨어의 요구사항을 기술하는 문서이다. 따라서 일정 계획과 직접적인 관계가 없다.

정답 ①

075 일정 계획 시 프로젝트 목표를 달성하기 위해 필요한 활동과 업무를 세분화하는 작업은?

① 프로그램 명세서 ② WBS
③ PERT ④ 간트 차트(Gantt Chart)

해설
WBS는 Work Breakdown Structure의 약자로, 작업 분할 구조도를 의미한다. WBS는 프로젝트의 목표를 달성하기 위해 필요한 활동과 업무를 계층 구조로 분류하여 프로젝트의 전체 범위를 정의하고, 프로젝트 작업을 관리하기 쉽도록 작게 세분화하는 작업이다.

정답 ②

076 소요시간 예측이 어려운 경우 최단 시간 내에 완성할 수 있게 하는 프로젝트 일정 방법은?

① PERT ② 간트 도표
③ 일정표 ④ 회귀 기법

해설
PERT는 프로젝트의 일정을 계산하는 기법이다. PERT는 최악의 경우, 가장 가능성 있는 경우, 최선의 경우의 세 가지 소요 시간을 고려하여 프로젝트의 일정을 계산한다. 따라서 소요 시간 예측이 어려운 경우에도 최단 시간 내에 완성할 수 있도록 하는 프로젝트 일정 방법으로 PERT를 사용할 수 있다.

정답 ①

077 프로젝트 일정 관리 시 사용하는 PERT 차트에 대한 설명에 해당하는 것은?

① 각 작업들이 언제 시작하고 언제 종료되는지에 대한 일정을 막대 도표를 이용하여 표시한다.
② 시간선(Time-line) 차트라고도 한다.
③ 수평 막대의 길이는 각 작업의 기간을 나타낸다.
④ 작업들 간의 상호 관련성, 결정 경로, 경계 시간, 자원 할당 등을 제시한다.

해설
PERT 차트는 각 작업들의 시작과 종료 시점을 시각적으로 표현하는 도구이다. 따라서 PERT 차트는 작업들 간의 상호 관련성, 결정 경로, 경계 시간, 자원 할당 등을 제시할 수 있다.

정답 ④

078 PERT 기법의 장점으로 가장 옳지 않은 것은?

① 계획공정(Network)을 작성하여 분석하므로 간트 도표에 비해 작업 계획을 수립하기 쉽다.
② 계획공정의 문제점을 명확히 종합적으로 파악할 수 있다.
③ 인원이나 특수 설비처럼 제한된 자원을 주공정과 상관없이 개별적으로 배치할 수 있다.
④ 관계자 전원이 참가하게 되므로 의사소통이나 정보교환이 용이하다.

> **해설**
> PERT 기법은 각 작업의 소요시간을 최악의 경우, 가장 가능성 있는 경우, 최선의 경우의 세 가지로 추정하여 일정을 계산한다. 따라서 PERT 기법은 프로젝트의 일정을 예측하는 데에 유용하지만, 제한된 자원의 배치에는 적합하지 않다.

정답 ③

079 프로젝트 일정을 관리하는 PERT 차트로 알 수 있는 사항이 아닌 것은?

① 결정 경로
② 태스크의 시작/종료시간
③ 태스크에 대한 경계 시간
④ 태스크 간의 상호관련성

> **해설**
> PERT는 프로젝트에 필요한 전체 작업의 상호 관계를 표시하는 네트워크로, 임계 경로, 태스크 간의 관련성, 태스크의 경계 시간, 태스크에 대한 시간 측정 기준 등을 제공한다.

정답 ②

080 PERT에서 프로그램 시작부터 모든 활동의 종료까지 소요되는 최소한의 시간 경로를 찾는 방법은?

① 최소 경로(Minimal Path)
② 임계 경로(Critical Path)
③ 기술 경로(Technical Path)
④ 혼합 경로(Mixed Path)

> **해설**
> PERT에서 프로그램 시작부터 모든 활동의 종료까지 소요되는 최소한의 시간 경로를 찾는 방법은 임계 경로를 찾는 것이다. 임계 경로는 프로젝트를 완료하기 위해 필요한 모든 활동을 연결하는 경로 중 가장 긴 경로이다. 따라서 임계 경로의 소요시간이 프로젝트의 최소 완료시간을 결정한다.

정답 ②

081 CPM(Critical Path Method)에 대한 설명으로 올바르지 않은 것은?

① CPM 네트워크는 노드와 간선으로 구성된 네트워크이다.
② CPM 네트워크는 프로젝트 완성에 필요한 작업을 나열하고, 작업에 필요한 소요 기간을 예측하는 데 사용된다.
③ CPM 네트워크에서 작업의 선후 관계는 파악되지 않아도 무관하다.
④ CPM 네트워크를 효과적으로 사용하기 위해서는 필요한 시간을 정확히 예측해야 한다.

> **해설**
> 프로젝트 완료에 필요한 작업을 나열하여 소요기간을 예측하는 데 사용하는 CPM은 목표 이전의 작업이 완료되어야 다음 작업을 진행할 수 있기 때문에 작업의 선후 관계가 반드시 파악되어야 한다.

정답 ③

082 CPM(Critical Path Method) 네트워크에 대한 설명으로 가장 타당하지 않은 것은?

① 프로젝트 작업 사이의 관계를 나타내며 최장 경로를 파악할 수 있다.
② 프로젝트 각 작업에 필요한 시간을 정확하게 예측할 수 있다.
③ 다른 일정계획안을 시뮬레이션 할 수 있다.
④ 병행작업이 가능하도록 계획할 수 있으며, 이를 위한 자원 할당도 가능하다.

> **해설**
> CPM 네트워크는 프로젝트 작업 사이의 관계를 나타내며 최장 경로를 파악할 수 있는 도구이다. CPM 네트워크는 각 작업의 최소 소요 시간, 최적 소요 시간, 최대 소요 시간을 추정하여 일정을 계산한다. 따라서 CPM 네트워크는 각 작업에 필요한 시간을 정확하게 예측할 수는 없다.

정답 ②

083 CPM(Critical Path Method)에 대한 설명으로 옳지 않은 것은?

① 프로젝트 내에서 각 작업이 수행되는 시간과 각 작업 사이의 관계를 파악할 수 있다.
② 작업 일정을 한눈에 볼 수 있도록 해주며 막대그래프의 형태로 표현한다.
③ 경영층의 과학적인 의사 결정을 지원한다.
④ 효과적인 프로젝트의 통제를 가능하게 해준다.

> **해설**
> CPM은 프로젝트 내에서 각 작업이 수행되는 시간과 각 작업 사이의 관계를 파악하고, 프로젝트의 최소 완료 시간을 계산하는 기법이다. 따라서 CPM은 작업 일정을 한눈에 볼 수 있도록 해주지 않는다.

정답 ②

084 CPM(Critical Path Method) 네트워크에 대한 설명으로 옳지 않은 것은?

① 노드에서 작업을 표시하고 간선은 작업 사이의 전후 의존 관계를 나타낸다.
② 프로젝트 완성에 필요한 작업을 나열하고 작업에 필요한 소요 기간을 예측하는 데 사용한다.
③ 박스 노드는 프로젝트의 중간 점검을 뜻하는 이정표로 이 노드 위에는 예상 완료시간을 표시한다.
④ 한 이정표에서 다른 이정표에 도달하기 전의 작업은 모두 완료되지 않아도 다음 작업을 진행할 수 있다.

> **해설**
> CPM 네트워크에서 한 이정표에서 다른 이정표에 도달하기 위해서는 그 사이의 모든 작업이 완료되어야 한다. 즉, 한 이정표에서 다른 이정표에 도달하기 전의 작업은 모두 완료되어야 다음 작업을 진행할 수 있다.

정답 ④

085 일정 계획 방법에서 이용되는 PERT/CPM(Program-Evaluation and Review Technique/Critical Path Method)이 제공하는 도구가 아닌 것은?

① 프로젝트 개발 기간을 결정하는 임계 경로
② 통계적 모델을 적용해서 개별 작업의 가장 근접한 시간 측정 기준
③ 정의 작업에 대한 시작시간을 정의하여 작업들 간의 경계 시간 계산
④ 프로젝트 개발 기간 중 투입되는 노력과 비용 기준

> **해설**
> 프로젝트 개발 기간 중 투입되는 노력과 비용 기준은 PERT/CPM이 제공하는 도구가 아니다. 프로젝트 개발 기간 중 투입되는 노력과 비용은 프로젝트 관리의 비용 측면으로 고려해야 한다.

정답 ④

086 CPM 네트워크가 다음과 같을 때 임계 경로의 소요 기일은?

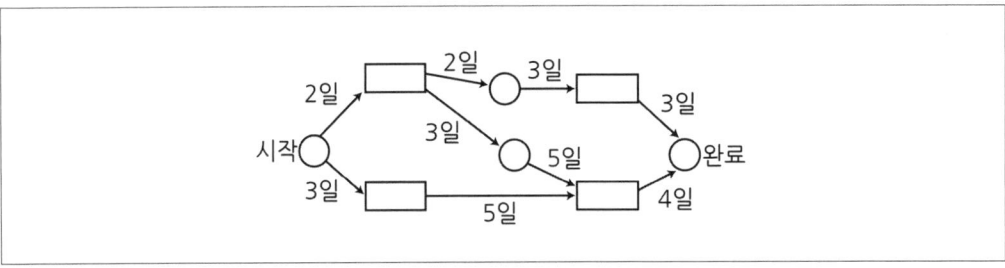

① 10일　　　　　　　　② 12일
③ 14일　　　　　　　　④ 16일

> **해설**
> 임계 경로란 프로젝트를 완료하기까지 걸리는 여러 가지 경로 중에서 가장 긴 시간이 걸리는 경로이다.
> • 1번 작업: 2 + 2 + 3 + 3 = 10일
> • 2번 작업: 2 + 3 + 5 + 4 = 14일
> • 3번 작업: 3 + 5 + 4 = 12일

정답 ③

087 간트 차트(Gantt Chart)에 대한 설명으로 틀린 것은?

① 프로젝트를 이루는 소작업별로 언제 시작되고 언제 끝나야 하는지를 한 눈에 볼 수 있도록 도와준다.
② 자원 배치 계획에 유용하게 사용된다.
③ CPM 네트워크로부터 만드는 것이 가능하다.
④ 수평 막대의 길이는 각 작업(Task)에 필요한 인원수를 나타낸다.

> **해설**
> 간트 차트는 프로젝트를 이루는 소작업 별로 언제 시작되고 언제 끝나야 하는지를 한 눈에 볼 수 있도록 도와주는 그래프이다. 간트 차트는 수평 막대로 각 작업을 나타내며, 막대의 길이는 작업의 소요 시간을 나타낸다. 따라서 수평 막대의 길이는 각 작업에 필요한 인원수를 나타내는 것이 아니다.

정답 ④

088 프로젝트 일정 관리 시 사용하는 간트(Gantt) 차트에 대한 설명으로 옳지 않은 것은?

① 막대로 표시하며, 수평 막대의 길이는 각 태스크의 기간을 나타낸다.
② 이정표, 기간, 작업, 프로젝트 일정을 나타낸다.
③ 시간선(Time-line) 차트라고도 한다.
④ 작업들 간의 상호 관련성, 결정 경로를 표시한다.

> **해설**
> 간트 차트는 작업들 간의 상호 관련성, 결정경로를 표시하지 않는다. 작업들 간의 상호 관련성, 결정 경로를 표시하려면 PERT/CPM 네트워크를 사용해야 한다.

정답 ④

089 Gantt Chart에 포함되지 않는 사항은?

① 이정표
② 작업 일정
③ 작업 기간
④ 주요 작업 경로

> **해설**
> ① 이정표: 프로젝트의 주요 단계를 나타낸다.
> ② 작업 일정: 각 작업의 시작일과 종료일을 나타낸다.
> ③ 작업 기간: 각 작업의 소요 기간을 나타낸다.
> ④ 주요 작업 경로: 프로젝트를 완료하기 위해 필요한 모든 작업을 연결하는 경로 중 가장 긴 경로이다.

정답 ④

Section 2. 소프트웨어 개발 방법론 테일러링

001 테일러링(Tailoring) 개발 방법론의 내부 기준에 해당하지 않는 것은?

① 납기/비용
② 기술 환경
③ 구성원 능력
④ 국제표준 품질기준

> **해설**
> 국제표준 품질기준은 프로젝트의 특성을 나타내는 기준이 아니라, 프로젝트 관리의 일반적인 기준이다. 따라서 국제표준 품질기준은 테일러링의 내부 기준에 해당하지 않는다.

정답 ④

002 소프트웨어 개발 방법론의 테일러링(Tailoring)과 관련한 설명으로 틀린 것은?

① 프로젝트 수행 시 예상되는 변화를 배제하고 신속히 진행하여야 한다.
② 프로젝트에 최적화된 개발 방법론을 적용하기 위해 절차, 산출물 등을 적절히 변경하는 활동이다.
③ 관리 측면에서의 목적 중 하나는 최단기간에 안정적인 프로젝트 진행을 위한 사전 위험을 식별하고 제거하는 것이다.
④ 기술적 측면에서의 목적 중 하나는 프로젝트에 최적화된 기술 요소를 도입하여 프로젝트 특성에 맞는 최적의 기법과 도구를 사용하는 것이다.

> **해설**
> 테일러링은 프로젝트의 특성에 맞게 개발 방법론을 조정하는 활동이다. 따라서 프로젝트의 특성에 따라 필요한 경우 변화를 수용해야 한다. 변화를 배제하고 신속히 진행하려는 것은 테일러링의 목적에 부합하지 않는다.

정답 ①

003 소프트웨어에 대한 ISO/IEC 품질 표준 중에서 프로세스 품질 표준으로 옳은 것은?

① ISO/IEC 12119
② ISO/IEC 12207
③ ISO/IEC 14598
④ ISO/IEC 25000

> **해설**
> ① ISO/IEC 12119는 소프트웨어 패키지의 품질 요구사항 및 테스트 절차를 규정한 표준
> ③ ISO/IEC 14598은 소프트웨어 제품의 품질 요구사항 및 평가 방법을 규정한 표준
> ④ ISO/IEC 25000은 소프트웨어 시스템의 품질 요구사항 및 평가 방법을 규정한 표준

정답 ②

004 소프트웨어 개발 작업에 일관적이고 체계적인 구조(Framework)를 제공하기 위하여 1995년에 ISO/IEC에서 제정한 소프트웨어 생명주기 공정 국제표준은?

① ISO/IEC 9126
② ISO/IEC 12119
③ ISO/IEC 12207
④ ISO/IEC 25000

> **해설**
> ISO/IEC 12207은 1995년에 제정된 소프트웨어 개발, 유지보수 및 관련 프로세스에 대한 국제 표준이다. 이 표준은 소프트웨어 개발 프로세스의 계획, 실행, 모니터링, 통제, 검토, 유지보수 및 개선에 대한 요구 사항을 정의한다.

정답 ③

005 ISO 12207 표준의 기본 생명주기의 주요 프로세스에 해당하지 않는 것은?

① 획득 프로세스
② 개발 프로세스
③ 성능평가 프로세스
④ 유지보수 프로세스

> **해설**
> - 기본 생명주기 프로세스: 획득, 공급, 개발, 운영, 유지보수
> - 지원 생명주기 프로세스: 문서화, 형상 관리, 품질보증, 검증, 확인, 합동검토, 감사, 문제해결
> - 조직 생명주기 프로세스: 관리, 기반 구조, 개선, 교육훈련

정답 ③

006 ISO 12207의 조직 생명주기 프로세스(Organizational Life Cycle Process)에 속하지 않는 것은?

① 공급 프로세스(Supply Process)
② 관리 프로세스(Management Process)
③ 개선 프로세스(Improvement Process)
④ 교육 프로세스(Training Process)

> **해설**
> 공급 프로세스는 조직 생명주기 프로세스가 아니라, 기본 생명주기 프로세스의 하나이다. 공급 프로세스는 소프트웨어를 획득하기 위한 프로세스이다.

정답 ①

007 소프트웨어 개발 표준 중 소프트웨어 품질 및 생산성 향상을 위해 소프트웨어 프로세스를 평가 및 개선하는 국제 표준은?

① SCRUM
② ISO/IEC 12509
③ SPICE
④ CASE

> **해설**
> SPICE(Software Process Improvement and Capability dEtermination)는 소프트웨어 프로세스의 품질 및 생산성 향상을 위해 소프트웨어 프로세스를 평가 및 개선하는 국제 표준이다.

정답 ③

008 소프트웨어 프로세스에 대한 개선 및 능력 측정 기준에 대한 국제 표준은?

① ISO 14001　② IEEE 802.5　③ IEEE 488　④ SPICE

> **해설**
> 소프트웨어 프로세스의 개선 및 능력 측정 기준에 대한 국제 표준은 SPICE(ISO/IEC 15504), CMM, CMMi, ISO/IEC 12207이 있다.

정답 ④

009 SPICE 모델의 프로세스 수행 능력 수준의 단계별 설명이 틀린 것은?

① 수준 7 - 미완성 단계　② 수준 5 - 최적화 단계
③ 수준 4 - 예측 단계　④ 수준 3 - 확립 단계

> **해설**
> - 수준 0 - 불완전 단계: 미구현 또는 목표 미달성
> - 수준 1 - 수행 단계: 프로세스 수행 및 목적 달성
> - 수준 2 - 관리 단계: 프로세스 수행 계획 및 관리
> - 수준 3 - 확립 단계: 표준 프로세스의 사용
> - 수준 4 - 예측 단계: 프로세스의 정량적 이해 및 통제
> - 수준 5 - 최적화 단계: 프로세스의 지속적인 개선

정답 ①

010 SPICE의 성숙도 단계별 수준 중 프로세스가 정해진 절차에 따라 이루어져 산출물을 내며, 모든 작업이 계획되고 추적되는 단계는?

① 레벨 1 - 예측 단계　② 레벨 2 - 관리 단계
③ 레벨 3 - 최적화 단계　④ 레벨 4 - 확립 단계

> **해설**
> 관리 단계(Managed)는 프로세스 수행 계획 및 관리가 되는 단계이다.

정답 ②

011 다음은 어느 조직의 프로세스 수행 능력 수준을 조사한 것이다. 이 수준을 SPICE에서 정의한 프로세스 능력 수준으로 평가할 때, 해당하는 단계는?

> 프로세스가 소프트웨어 공학 원칙에 의하여 정의된 표준화 프로세스를 이용하여 수행되고 관리된다. 또한 프로세스의 달성이 철저하게 계획되고 추적되고 있다. 하지만, 프로세스 수행에 대한 상세한 측정치가 수집되고 분석되지는 않고 있다.

① 수준 1　　② 수준 2　　③ 수준 3　　④ 수준 4

해설
- '프로세스가 소프트웨어 공학 원칙에 의하여 정의된 표준화 프로세스를 이용하여 수행되고 관리된다.'는 수준 3의 특징이다.
- '프로세스의 달성이 철저하게 계획되고 추적되고 있다.'는 수준 2의 특징이다.
- '프로세스 수행에 대한 상세한 측정치가 수집되고 분석되지는 않고 있다.'는 수준 4가 요구하는 측정과 분석이 이루어지지 않았음을 나타낸다.

정답 ③

012 ISO의 소프트웨어 프로세스 평가를 위한 국제 표준인 SPICE에 대한 설명이다. 이에 해당하는 프로세스 범주는?

> 시스템과 소프트웨어 제품을 개발하는 모든 프로세스, 즉 요구사항 분석(명세화), 설계, 구현, 테스트 등이 이 범주에 속한다.

① 조직 프로세스(Organization Process)
② 공학 프로세스(Engineering Process)
③ 고객 - 공급 프로세스(Customer-Supplier Process)
④ 지원 프로세스(Support Process)

해설
SPICE는 소프트웨어 프로세스를 5개 범주로 분류하고 있다. 그 중 공학 프로세스는 시스템과 소프트웨어 제품을 개발하는 모든 프로세스를 포함한다. 요구사항 분석(명세화), 설계, 구현, 테스트 등이 이에 해당한다.

정답 ②

013 CMM(Capability Maturity Model) 모델의 레벨로 옳지 않은 것은?

① 최적 단계　　② 관리 단계
③ 정의 단계　　④ 계획 단계

정답 ④

014 소프트웨어 프로세스 품질보증에서 CMM의 성숙 단계로 맞는 것은?

① 초기 단계 - 정의 단계 - 반복 단계 - 관리 단계 - 최적화 단계
② 초기 단계 - 반복 단계 - 관리 단계 - 정의 단계 - 최적화 단계
③ 초기 단계 - 반복 단계 - 최적화 단계 - 관리 단계 - 정의 단계
④ 초기 단계 - 반복 단계 - 정의 단계 - 관리 단계 - 최적화 단계

> 해설
> • CMM 성숙도 5단계
> 1: 초기 단계(Initial)
> 2: 반복 단계(Repeatable)
> 3: 정의 단계(Defined)
> 4: 관리 단계(Managed)
> 5: 최적화 단계(Optimizing)

정답 ④

015 다음은 A 회사를 대상으로 CMM/CMMI의 성숙도를 평가하기 위해 평가자들이 파악한 내용들을 간략하게 정리한 것이다. 이 내용을 근거로 이 회사의 성숙도 수준을 평가한 것으로 가장 적절한 것은?

> • 소프트웨어 프로세스가 잘 정의되어 있고, 조직이 이를 잘 준수하고 있다.
> • 조직 내 별도의 그룹이 이 프로세스를 전담하며, 개발자들에게 교육을 진행하고 있다.
> • 조직에서 정의한 프로세스 표준을 프로젝트 특성에 맞게 테일러링하여 사용하기도 한다.
> • 이 프로세스를 기반으로 개발 공정, 비용, 일정, 기능이 통제되고 있다.

① 레벨 2: Managed
② 레벨 3: Defined
③ 레벨 4: Quantitatively Managed
④ 레벨 5: Optimizing

> 해설
> CMM 성숙도에서 프로세스 표준을 따르는 단계는 정의 단계(Defined)이다.

정답 ②

016 CMMI(Capability Maturity Model Integration)의 성숙도 모델에서 표준화된 프로젝트 프로세스가 존재하나 프로젝트 목표 및 활동이 정량적으로 측정되지 못하는 단계는?

① 관리(Managed) 단계
② 정의(Defined) 단계
③ 초기(Initial) 단계
④ 최적화(Optimizing) 단계

정답 ②

017 CMMI에서 정의하는 목표는 조직이 달성해야 하는 바람직한 상태의 표현으로서, 각 프로세스 영역에 연관된 특정 목표를 가지며, CMMI는 이러한 목표를 달성하기 위한 방법을 제시하고 있다. 이 방법을 나타내는 CMMI 용어로 옳은 것은?

① 관례(Practice)
② 성숙도 지침
③ 최적화 지침
④ 목표(Target) 프로파일

> **해설**
> CMMI에서 정의하는 목표는 조직이 달성해야 하는 바람직한 상태의 표현으로서, 각 프로세스 영역에 연관된 특정 목표를 가진다. 이러한 목표를 달성하기 위한 방법을 제시하는 CMMI 용어는 관례(Practice)이다. 관례는 목표, 정의, 방법, 도구 및 기술, 측정 및 모니터링의 요소를 포함한다.

정답 ①

018 CMM과 CMMI의 차이에 대한 설명으로 옳은 것은?

① CMM은 소프트웨어 개발 프로세스의 성숙도를 다루고, CMMI는 하드웨어, 네트워크 등 CMM에서 제외된 부분의 성숙도를 다룬다.
② CMM은 아날로그 타입이고, CMMI는 디지털 타입의 성숙도를 다룬다.
③ CMM과 CMMI는 같은 내용을 다루고, 단지 CMM의 최신 버전을 CMMI라고 한다.
④ CMM은 소프트웨어 개발 프로세스의 성숙도를 다루고, CMMI는 소프트웨어, 시스템, 프로덕트를 포함하는 세 분야를 통합 평가하는 모델이다.

> **해설**
> CMM(Capability Maturity Model)은 소프트웨어 개발 프로세스의 성숙도를 단계별로 평가하는 모델이다. CMMI(Capability Maturity Model Integration)는 CMM을 발전시킨 모델로, 소프트웨어, 시스템, 프로덕트를 포함하는 세 분야를 통합 평가하는 모델이다.

정답 ④

019 다음 설명에 해당하는 소프트웨어는?

- 개발해야 할 애플리케이션의 일부분이 이미 내장된 클래스 라이브러리로 구현이 되어 있다.
- 따라서 그 기반이 되는 이미 존재하는 부분을 확장 및 이용하는 것으로 볼 수 있다.
- JAVA 기반의 대표적인 소프트웨어로는 스프링(Spring)이 있다.

① 전역 함수 라이브러리
② 소프트웨어 개발 프레임워크
③ 컨테이너 아키텍처
④ 어휘 분석기

정답 ②

020 다음 설명에 해당하는 것은?

비슷한 유형의 응용 프로그램들을 위해 재사용이 가능한 아키텍처와 협력하는 소프트웨어 산출물의 통합된 집합으로, 특정 클래스의 재사용뿐만 아니라 응용 프로그램을 위한 핵심 아키텍처를 제공하여 설계의 재사용을 지원한다.

① 컴포넌트(Component)
② 웹 서비스(Web Service)
③ 프레임워크(Framework)
④ 클래스 라이브러리(Class Library)

해설
프레임워크는 비슷한 유형의 응용 프로그램들을 위해 재사용이 가능한 아키텍처와 협력하는 소프트웨어 산출물의 통합된 집합이다. 프레임워크는 특정 클래스의 재사용뿐만 아니라 응용 프로그램을 위한 핵심 아키텍처를 제공하여 설계의 재사용을 지원한다.

정답 ③

021 소프트웨어 개발 프레임워크를 적용할 경우 기대효과로 거리가 먼 것은?

① 품질보증
② 시스템 복잡도 증가
③ 개발 용이성
④ 변경 용이성

해설
소프트웨어 개발 프레임워크는 공통적으로 사용되는 구성요소와 아키텍처를 제공하여 개발을 용이하게 해주는 것을 목적으로 한다. 따라서 프레임워크를 적용하면 개발 용이성, 변경 용이성, 품질보증 등의 기대효과가 발생할 수 있다.

정답 ②

022 소프트웨어 개발 프레임워크의 적용 효과로 볼 수 없는 것은?

① 공통 컴포넌트 재사용으로 중복 예산 절감
② 기술 종속으로 인한 선행 사업자 의존도 증대
③ 표준화된 연계 모듈 활용으로 상호 운용성 향상
④ 개발 표준에 의한 모듈화로 유지보수 용이

해설
소프트웨어 개발 프레임워크는 공통적으로 사용되는 구성요소와 아키텍처를 제공하여 개발을 용이하게 해주는 것을 목적으로 한다. 따라서 프레임워크를 적용하면 공통 컴포넌트 재사용으로 중복 예산 절감, 표준화된 연계 모듈 활용으로 상호 운용성 향상, 개발 표준에 의한 모듈화로 유지보수 용이 등의 기대효과가 발생할 수 있다.

정답 ②

023 프레임워크(Framework)에 대한 설명으로 옳은 것은?

① 소프트웨어 구성에 필요한 기본 구조를 제공함으로써 재사용이 가능하게 해준다.
② 소프트웨어 개발 시 구조가 잡혀 있기 때문에 확장이 불가능하다.
③ 소프트웨어 아키텍처(Architecture)와 동일한 개념이다.
④ 모듈화(Modularity)가 불가능하다.

> **해설**
> 프레임워크는 소프트웨어 구성에 필요한 기본 구조를 제공함으로써 재사용이 가능하게 해준다. 프레임워크는 특정 유형의 응용 프로그램을 개발하기 위해 필요한 기능과 아키텍처를 제공한다. 따라서 프레임워크를 사용하여 응용 프로그램을 개발하는 경우, 프레임워크에서 제공하는 기능과 아키텍처를 재사용할 수 있다.

정답 ①

024 소프트웨어 개발 프레임워크와 관련한 설명으로 틀린 것은?

① 반제품 상태의 제품을 토대로 도메인별로 필요한 서비스 컴포넌트를 사용하여 재사용성 확대와 성능을 보장받을 수 있게 하는 개발 소프트웨어이다.
② 개발해야 할 애플리케이션의 일부분이 이미 구현되어 있어 동일한 로직 반복을 줄일 수 있다.
③ 라이브러리와 달리 사용자 코드가 직접 호출하여 사용하기 때문에 소프트웨어 개발프레임워크가 직접 코드의 흐름을 제어할 수 없다.
④ 생산성 향상과 유지보수성 향상 등의 장점이 있다.

> **해설**
> 소프트웨어 개발 프레임워크는 제어의 역흐름(Inversion of Control)이라는 패턴을 사용하여 개발자가 직접 코드의 흐름을 제어하지 않고 프레임워크에서 제공하는 인터페이스와 메서드를 호출하여 코드의 흐름을 제어할 수 있도록 한다.

정답 ③

025 다음에서 설명하는 프레임워크 기술로 가장 적합한 것은?

- 자바 엔터프라이즈 애플리케이션(Java Enterprise Application) 개발에 사용되는 프레임워크다.
- 자바 객체가 생성되고 동작하는 방식에 대한 틀을 제공하고 애플리케이션 코드를 어떻게 작성하는지에 대한 설계 원칙과 기준도 제시한다.
- IoC(Inversion of Control)/DI(Dependency Injection)로 불리는 객체의 생명주기와 의존 관계에 대한 프로그래밍 모델을 지원한다.
- 대한민국 전자정부 표준 프레임워크로 선정되어 활용하고 있다.

① 닷넷(.NET)
② 스프링(Spring)
③ EJB(Enterprise JavaBeans)
④ 스트럿츠(Struts)

해설
스프링은 자바 엔터프라이즈 애플리케이션 개발에 사용되는 프레임워크이다. 스프링은 자바 객체가 생성되고 동작하는 방식에 대한 틀을 제공하고 애플리케이션 코드를 어떻게 작성하는지에 대한 설계 원칙과 기준도 제시한다. 또한, IoC(Inversion of Control)/DI(Dependency Injection)로 불리는 객체의 생명주기와 의존 관계에 대한 프로그래밍 모델을 지원한다.

정답 ②

026 다음에서 설명하는 것은?

- 빅 데이터 처리 언어로 개발
- 정보의 분산 처리를 도와주는 오픈 소스 소프트웨어 프레임워크
- 안정적이고 효과적으로 대용량의 데이터를 처리

① ECM
② VDI
③ Hadoop
④ Mobile Cloud

해설
Hadoop은 빅 데이터 처리 언어로 개발된 분산 처리 프레임워크이다. Hadoop은 HDFS(Hadoop Distributed File System)와 MapReduce라는 두 가지 핵심 기술을 기반으로 한다. HDFS는 대용량의 데이터를 분산 저장하는 파일 시스템이고, MapReduce는 대용량의 데이터를 병렬로 처리하는 프로그래밍 모델이다.

정답 ③

027 다음 설명에서 괄호 안에 알맞은 용어는 무엇인가?

빅 데이터 처리 언어인 (가)은/는 분산 처리를 도와주는 오픈 소스 프레임워크이다. (가)은/는 분산 파일 시스템인 (나)와/과 분산 처리 시스템인 Map Reduce로 구성된다.

① 가 - Java 나 - HDFS
② 가 - Hadoop 나 - HDFS
③ 가 - Hadoop 나 - NTFS
④ 가 - Java 나 - HDFS

해설
Hadoop은 빅 데이터 처리 언어로 개발된 분산 처리 프레임워크이다. Hadoop은 HDFS(Hadoop Distributed File System)와 MapReduce라는 두 가지 핵심 기술을 기반으로 한다.

정답 ②

CHAPTER 02. IT 프로젝트 정보시스템 구축 관리

Section 1. 네트워크 구축 관리

001 다음 LAN의 네트워크 토폴로지는?

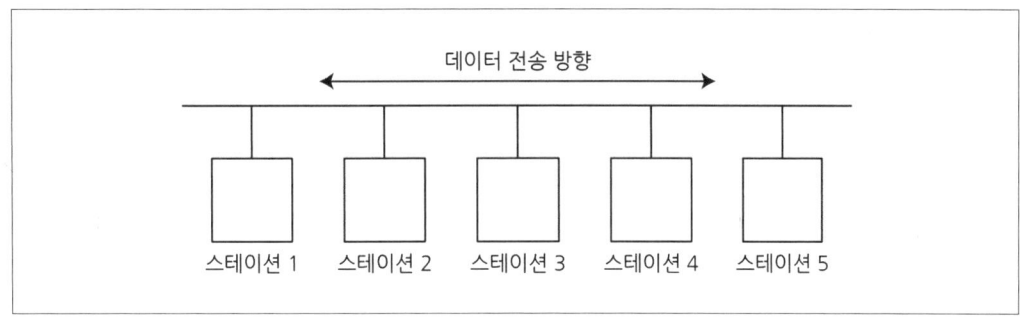

① 버스형
② 성형
③ 링형
④ 그물형

해설
버스형(Bus) 네트워크 토폴로지는 모든 네트워크 장치가 하나의 중앙 통신선인 버스에 연결되는 구조이다.

정답 ①

002 Bus 토폴로지(Topology)에 대한 설명으로 올바른 것은?

① 스타 토폴로지보다 네트워크를 구축하는 데 더 많은 케이블이 필요하기 때문에, 배선에 더 많은 비용이 소요된다.
② 각 스테이션이 중앙 스위치에 연결된다.
③ 터미네이터(Terminator)가 시그널의 반사를 방지하기 위하여 사용된다.
④ 토큰이라는 비트의 패턴이 원형을 이루며 한 컴퓨터에서 다른 컴퓨터로 순차적으로 전달된다.

해설
버스 토폴로지는 하나의 공유 케이블에 모든 스테이션이 연결되는 구조이다. 따라서 케이블의 끝에 터미네이터를 설치하여 시그널의 반사를 방지해야 한다.

정답 ③

003 다음에서 설명하는 네트워크 구조는?

- 구축 비용이 저렴하고 새로운 노드를 추가하기 쉽다.
- 네트워크의 시작과 끝에는 터미네이터(Terminator)가 붙는다.
- 연결된 노드가 많거나 트래픽이 증가하면 네트워크 성능이 크게 저하된다.

① 링(Ring)형   ② 망(Mesh)형
③ 버스(Bus)형   ④ 성(Star)형

해설
버스 토폴로지는 하나의 공유 케이블에 모든 스테이션이 연결되는 구조이다.
① 링(Ring)형은 한쪽 끝에서 다른 쪽 끝으로 데이터가 순환하는 구조이다.
② 망(Mesh)형은 모든 노드가 서로 직접 연결되는 구조이다.
④ 성(Star)형은 모든 노드가 중앙 허브에 연결되는 구조이다.

정답 ③

004 다음의 LAN 구성 방식에 대한 설명으로 알맞은 것은?

- 장애 발생 시에도 다른 시스템에 영향이 적다.
- 라우터를 이용하여 LAN과 LAN을 연결하거나 백본망을 구성할 때 주로 사용된다.
- 장애 발생 시 고장 지점을 찾기가 쉽지 않다.

① 스타형   ② 망형
③ 버스형   ④ 링형

해설
망형 LAN은 모든 노드가 서로 직접 연결되는 구조이다. 망형은 아래와 같은 특징을 갖는다.
- 노드들이 서로 광범위하게 연결되어 있음
- 매우 높은 신뢰성과 내결함성을 제공
- 설치 및 유지보수 비용이 높음

정답 ②

005 컴퓨터 간에 네트워크 구축이 반드시 필요한 시스템은?

① 일괄 처리 시스템(Batch Processing System)
② 다중 처리 시스템(Multiprocessing System)
③ 전문가 시스템(Expert System)
④ 분산 처리 시스템(Distributed Processing System)

> **해설**
> 분산 처리 시스템은 여러 대의 컴퓨터가 네트워크로 연결되어 하나의 시스템처럼 동작하는 시스템이다. 따라서 컴퓨터 간에 데이터를 공유하고 처리해야 하므로 네트워크 구축이 반드시 필요하다.

정답 ④

006 다음 중 정보통신시스템 구축 시 네트워크에 관한 고려 사항이 아닌 것은?

① 파일 데이터의 종류 및 측정방법
② 백업 회선의 필요성 여부
③ 단독 및 다중화 등 조사
④ 분기 회선 구성 필요성

> **해설**
> 정보통신시스템 구축 시 네트워크에 관한 고려 사항은 아래와 같다.
> - 네트워크의 범위 및 구성
> - 네트워크의 토폴로지 및 프로토콜
> - 네트워크의 대역폭 및 용량
> - 네트워크의 보안 및 관리

정답 ①

007 네트워크를 구축하기 위한 하드웨어로 볼 수 없는 것은?

① LAN Card
② Router
③ UTP Cable
④ TCP/IP

> **해설**
> TCP/IP는 네트워크에서 데이터를 전송하기 위한 프로토콜이다. 프로토콜은 소프트웨어의 일종으로, 하드웨어는 아니다. 따라서 네트워크를 구축하기 위한 하드웨어로 볼 수 없다.

정답 ④

008 서로 다른 네트워크 대역에 있는 호스트들이 상호 간에 통신할 수 있도록 해주는 네트워크 장비는?

① L2 스위치
② HIPO
③ 라우터
④ RAD

> **해설**
> 라우터는 서로 다른 네트워크 대역을 연결하는 장비이다. 라우터는 각 네트워크의 주소 정보를 기반으로 데이터를 전달하므로, 서로 다른 네트워크 대역에 있는 호스트들이 상호 간에 통신할 수 있도록 해준다.

정답 ③

009 다음 내용은 어떤 장비에 대한 설명인가?

> 서버나 장비, 네트워크의 부하를 분산(Load Balancing)하고, 고가용성 시스템을 구축해 신뢰성과 확장성을 향상시킬 수 있으며, 장비 간 효과적인 결합을 통해 네트워크와 시스템의 속도를 개선한다.

① L2 스위치 ② L3 스위치
③ L4 스위치 ④ 리피터

해설
L4 스위치는 Transport 계층에서 동작하는 로드밸런서이다. L4 스위치는 IP 주소와 포트 번호를 기반으로 트래픽을 분산하므로, 서버나 장비, 네트워크의 부하를 분산할 수 있다. 또한, L4 스위치는 고가용성 시스템을 구축하고, 장비 간 효과적인 결합을 통해 네트워크와 시스템의 속도를 개선할 수 있다.

정답 ③

010 다음 중 네트워크를 구성하는 장비 및 용어에 관한 설명이 올바르지 않은 것은?

① 허브(Hub): 네트워크에서 연결된 각 회선이 모이는 집선 장치로서 각 회선의 통합적인 관리를 하는 장비
② 라우터(Router): 랜을 연결하여 정보를 주고받을 때 송신 정보에 포함된 수신처의 주소를 읽고 가장 적절한 통신 통로를 이용하여 다른 통신망으로 전송하는 장치로, 서로 다른 프로토콜로 운영되는 인터넷을 접속할 때는 반드시 필요한 장비
③ 백본(Backbone): 등뼈 또는 척추의 뜻으로 브랜치 랜(Branch LAN) 사이를 연결하도록 설계한 고속 네트워크
④ 게이트웨이(Gateway): 네트워크에서 디지털 신호를 일정한 거리 이상으로 전송시키면 출력이 감쇠하는 성질이 있으므로, 장거리 전송을 위해서 이를 새로이 재생시키거나 출력 전압을 높여 주는 장치

해설
게이트웨이는 서로 다른 네트워크 간의 통신을 중계하는 장치이다. 따라서 게이트웨이는 장거리 전송을 위한 신호 재생이나 출력 전압 향상을 위한 장비가 아니다.

정답 ④

011 다른 네트워크 또는 같은 네트워크를 연결하여 그 중추 역할을 하는 네트워크로 보통 인터넷의 주가 되는 기간 망을 일컫는 용어는?

① Gateway ② Backbone ③ DNS ④ IDSN

정답 ②

012 네트워크를 관리하는 Kim 사원은 네트워크 연결을 구축하거나 문제를 해결할 때 패킷이 출발지에서 목적지까지 가는 경로를 살펴볼 수 있도록 네트워크 명령어를 사용하고자 한다. 이 명령은 'tracert'에서 수행하는 동일한 정보를 보여주면서 홉과 다른 세부 정보 사이의 시간에 관한 정보를 출력이 끝날 때까지 저장한다. Kim 사원이 사용할 명령어는 무엇인가?

① ping ② nslookup ③ pathping ④ nbtstat

> **해설**
> ① ping: 컴퓨터 네트워크 상태를 점검, 진단하는 명령어
> ② nslookup: DNS 서버에 직접 DNS 쿼리를 하고 그 결과를 출력하는 명령어
> ③ pathping: tracert과 유사한 기능을 수행하지만, 홉과 다른 세부 정보 사이의 시간에 관한 정보를 출력이 끝날 때까지 저장하는 기능이 있다.
> ④ nbtstat: IP가 충돌했을 때, 해당 컴퓨터를 찾는 명령어

정답 ③

013 다음에서 설명하는 용어로 옳은 것은?

> 고성능 무선 통신을 가능하게 하는 무선랜 기술로 유선을 사용하지 않고 전파나 빛 등을 이용하여 네트워크를 구축하는 방식

① WiFi ② Mirroring ③ RFID ④ I-PIN

> **해설**
> WiFi는 Wireless Fidelity의 약자로, 고성능 무선 통신을 가능하게 하는 무선랜 기술이다. 유선을 사용하지 않고 전파나 빛 등을 이용하여 네트워크를 구축하는 방식이다.

정답 ①

014 여러 개의 독립된 통신장치가 UWB(Ultra Wideband) 기술 또는 블루투스 기술을 사용하여 통신망을 형성하는 무선 네트워크 기술은?

① PICONET ② SCRUM ③ NFC ④ WI-SUN

> **해설**
> ① PICONET: 초소형 무선 네트워크를 의미하는 용어로, UWB 기술 또는 블루투스 기술을 사용하여 통신망을 형성한다.
> ② SCRUM: 애자일 소프트웨어 개발 방법론의 하나
> ③ NFC: 근거리 무선 통신 기술
> ④ WI-SUN: 지능형 유틸리티 네트워크를 위한 무선 통신 기술

정답 ①

015 기존 무선 랜의 한계 극복을 위해 등장하였으며, 대규모 디바이스의 네트워크 생성에 최적화되어 차세대 이동통신, 홈네트워킹, 공공 안전 등의 특수 목적을 위한 새로운 방식의 네트워크 기술을 의미하는 것은?

① Software Defined Perimeter
② Virtual Private Network
③ Local Area Network
④ Mesh Network

> **해설**
> Mesh Network는 각 노드가 서로 연결되어 네트워크를 형성하는 방식의 네트워크이다. 기존 무선 랜은 중앙 허브가 있어 모든 통신이 허브를 통해 이루어지기 때문에, 허브가 장애가 발생하면 네트워크 전체가 마비될 수 있는 한계가 있다. Mesh Network는 각 노드가 서로 연결되어 있기 때문에, 한 노드가 장애가 발생하더라도 다른 노드를 통해 통신이 가능하여 기존 무선 랜의 한계를 극복할 수 있다.

정답 ④

016 다음 내용이 설명하는 기술로 가장 적절한 것은?

> - 다른 국을 향하는 호출이 중계에 의하지 않고 직접 접속되는 그물 모양의 네트워크이다.
> - 통신량이 많은 비교적 소수의 국 사이에 구성될 경우 경제적이며 간편하지만, 다수의 국 사이에는 회선이 세분화 되어 비경제적일 수도 있다.
> - 해당 형태의 무선 네트워크의 경우 대용량을 빠르고 안전하게 전달할 수 있어 행사장이나 군 등에서 많이 활용된다.

① Virtual Local Area Network
② Simple Station Network
③ Mesh Network
④ Modem Network

> **해설**
> Mesh Network는 각 노드가 서로 연결되어 네트워크를 형성하는 방식의 네트워크이다. 따라서 다른 국을 향하는 호출이 중계에 의하지 않고 직접 접속되는 그물 모양의 네트워크를 의미하는 것은 ③ Mesh Network이다.

정답 ③

017 이용자가 인터넷과 같은 공중망에 사설망을 구축하여 마치 전용망을 사용하는 효과를 가지는 보안 솔루션은?

① ZIGBEE
② KDD
③ IDS
④ VPN

> **해설**
> VPN은 Virtual Private Network의 약자로, 공중망을 이용하여 사설망과 같은 보안성을 제공하는 네트워크이다. VPN을 이용하면, 공중망을 이용하더라도 마치 전용망을 사용하는 것과 같은 효과를 얻을 수 있다.

정답 ④

018 다음 내용이 설명하는 것은?

- 사물통신, 사물인터넷과 같이 대역폭이 제한된 통신환경에 최적화하여 개발된 푸시기술 기반의 경량 메시지 전송 프로토콜
- 메시지 매개자(Broker)를 통해 송신자가 특정 메시지를 발행하고 수신자가 메시지를 구독하는 방식
- IBM이 주도하여 개발

① GRID ② TELNET
③ GPN   ④ MQTT

해설
MQTT는 Message Queue Telemetry Transport의 약자로, 사물통신, 사물인터넷과 같이 대역폭이 제한된 통신 환경에 최적화하여 개발된 푸시기술 기반의 경량 메시지 전송 프로토콜이다.

정답 ④

019 다음 내용이 설명하는 것은?

- 블록체인(Blockchain) 개발 환경을 클라우드로 서비스하는 개념
- 블록체인 네트워크에 노드의 추가 및 제거가 용이
- 블록체인의 기본 인프라를 추상화하여 블록체인 응용 프로그램을 만들 수 있는 클라우드 컴퓨팅 플랫폼

① OTT   ② Baas
③ SDDC   ④ Wi-SUN

해설
BaaS는 Blockchain-as-a-Service의 약자로, 블록체인(Blockchain) 개발 환경을 클라우드로 서비스하는 개념이다. Baas는 블록체인 네트워크에 노드의 추가 및 제거가 용이하며, 블록체인의 기본 인프라를 추상화하여 블록체인 응용 프로그램을 만들 수 있는 클라우드 컴퓨팅 플랫폼이다.

정답 ②

020 다음에서 블록체인과 관련한 설명으로 옳은 것의 총 개수는?

> ㄱ. 비트코인 반감기는 5년이다.
> ㄴ. 블록체인의 첫 번째 블록은 제네시스 블록(Genesis Block)이다.
> ㄷ. 작업 증명(Proof of Work)은 계산 능력으로 해결해야 하는 문제를 의미한다.
> ㄹ. 하드포크는 채굴 소프트웨어를 업그레이드하여 네트워크를 바꾸는 것으로 블록체인의 대표 기업이 결정한다.

① 1개　　② 2개　　③ 3개　　④ 4개

해설
- 비트코인 반감기는 약 4년마다 한 번씩 일어난다.
- 하드포크는 블록체인의 규칙을 변경하는 것으로, 블록체인의 커뮤니티나 참여자들 간의 합의에 따라 결정된다. 특정 기업이 결정하는 것이 아니다.

정답 ②

---

021 국내 IT 서비스 경쟁력 강화를 목표로 개발되었으며 인프라 제어 및 관리 환경, 실행 환경, 개발 환경, 서비스 환경, 운영 환경으로 구성되어 있는 개방형 클라우드 컴퓨팅 플랫폼은?

① N2OS　　② PaaS-TA
③ KAWS　　④ Metaverse

정답 ②

---

022 다음 중 우리가 흔히 인터넷을 통해 비용을 지불하거나 혹은 무료로 사용하는 클라우드 저장 서버에 대한 분류로 옳은 것을 모두 고르면?

> ㄱ. Public Cloud　　ㄴ. Private Cloud
> ㄷ. Software as a Service(SaaS)　　ㄹ. Platform as a Service(PaaS)
> ㅁ. Infrastructure as a Service(IaaS)

① ㄱ, ㄷ　　② ㄱ, ㅁ　　③ ㄴ, ㄷ　　④ ㄴ, ㄹ

해설
- ㄱ. Public Cloud(공용 클라우드): 인터넷을 통해 접근할 수 있는 공용 클라우드 서비스로, 클라우드 저장 서비스를 포함한다. 이는 일반 사용자나 기업이 비용을 지불하거나 무료로 사용할 수 있는 저장 서비스를 제공한다.
- ㅁ. Infrastructure as a Service(IaaS): IT 인프라(서버, 스토리지, 네트워킹 등)를 클라우드 기반으로 제공하는 서비스이다.

정답 ②

023 전기 및 정보통신기술을 활용하여 전력망을 지능화, 고도화함으로써 고품질의 전력 서비스를 제공하고 에너지 이용 효율을 극대화하는 전력망은?

① 사물 인터넷 ② 스마트 그리드
③ 디지털 아카이빙 ④ 미디어 빅뱅

해설
스마트 그리드(Smart Grid)는 전기 및 정보통신기술을 활용하여 전력망을 지능화, 고도화함으로써 고품질의 전력 서비스를 제공하고 에너지 이용 효율을 극대화하는 전력망을 의미한다. 스마트 그리드는 전력망의 전반적인 부분에 정보통신기술을 적용하여, 전력 수요와 공급을 실시간으로 관리하고 제어함으로써 전력 품질을 향상시키고 에너지 효율을 높이는 것을 목표로 한다.

정답 ②

024 PC, TV, 휴대폰에서 원하는 콘텐츠를 끊김 없이 자유롭게 이용할 수 있는 서비스는?

① Memristor ② MEMS ③ SNMP ④ N-Screen

해설
N-Screen은 PC, TV, 휴대폰 등 다양한 기기에서 동일한 콘텐츠를 끊김 없이 이용할 수 있는 서비스이다. 클라우드 컴퓨팅 기술을 기반으로, 서버에 저장된 콘텐츠를 각 기기에서 실시간으로 스트리밍하여 제공한다.

정답 ④

025 물리적 배치와 상관없이 논리적으로 LAN을 구성하여 Broadcast Domain을 구분할 수 있게 해주는 기술로 접속된 장비들의 성능향상 및 보안성 증대 효과가 있는 것은?

① VLAN ② STP ③ L2AN ④ ARP

해설
VLAN은 Virtual Local Area Network의 약자로, 물리적 배치와 상관없이 논리적으로 LAN을 구성하여 Broadcast Domain을 구분할 수 있게 해주는 기술이다. VLAN을 통해 Broadcast Traffic을 제어함으로써, 접속된 장비들의 성능향상 및 보안성 증대 효과를 얻을 수 있다.

정답 ①

026 다음 지문에서 설명하는 것은?

인간, 사물, 서비스 등 모든 것이 인터넷으로 연결되어 새로운 정보가 생성, 수집, 공유되며 사용자에게 새로운 가치와 서비스를 제공하는 것으로, 각종 사물에 센서와 통신 기능을 내장하여 인터넷에 연결하는 기술이다.

① IoT ② NFC ③ Cloud ④ RFID

> **해설**
> IoT는 각종 사물에 센서와 통신 기능을 내장하여 인터넷에 연결함으로써, 사물에서 발생하는 데이터를 수집하고 분석하여 새로운 가치와 서비스를 제공한다. 예를 들어, 스마트홈, 스마트팩토리, 스마트시티 등 다양한 분야에서 IoT가 활용되고 있다.

정답 ①

027 아래에서 설명하는 무선 통신 기술의 명칭으로 올바른 것은?

- 일반적으로 3.1~10.6GHz 대역에서 기존의 스펙트럼에 비해 매우 넓은 대역에 걸쳐 낮은 전력으로 초고속 통신을 실현하는 근거리 무선 통신기술이다.
- 약 2 나노 초(Nano Second) 길이의 펄스를 이용해 센티미터 단위의 정확도로 거리를 측정할 수 있다.
- 최근 사물인터넷(IoT)의 발달로 위치와 거리를 정밀하게 측정하려는 수요가 늘어나면서 재부상했다.

① Bluetooth
② Zigbee
③ RFID(Radio Frequency Identification)
④ UWB(Ultra Wide-Band)

정답 ④

028 두 컴퓨터가 무선 랜카드를 각각 보유하고 있으나 주변에 액세스 포인트가 존재하지 않을 때, 두 컴퓨터 간에 무선 통신을 위하여 사용 가능한 통신 방식은?

① Infrastructure   ② Ad-Hoc   ③ RS-232C   ④ Wireless-Bridge

> **해설**
> Ad-Hoc 방식은 액세스 포인트 없이 두 대 이상의 무선 장치가 직접 통신하는 방식이다. 따라서 주변에 액세스 포인트가 존재하지 않더라도 Ad-Hoc 방식을 사용하여 두 컴퓨터 간에 무선 통신을 할 수 있다.

정답 ②

029 이동 애드혹 네트워크(MANET)에 대한 설명으로 옳지 않은 것은?

① 전송 거리와 전송 대역폭에 제약을 받는다.
② 노드는 호스트 기능과 라우팅 기능을 동시에 가진다.
③ 보안 및 라우팅 지원이 여러 노드 간의 협력에 의해 분산 운영된다.
④ 동적인 네트워크 토폴로지를 효율적으로 구성하기 위해 액세스 포인트(AP)와 같은 중재자를 필요로 한다.

> **해설**
> 이동 애드혹 네트워크(MANET)는 별도의 인프라 없이 이동 노드들 간의 자율적인 구성으로 이루어지는 네트워크이다. 따라서 액세스 포인트와 같은 중재자가 필요하지 않다.
>
> 정답 ④

030 다음 (가)와 (나)의 설명에 해당하는 ICT 관련 신기술로 올바른 것은?

> (가) 전기 에너지의 생산부터 소비까지의 전 과정을 정보통신시스템과 연결하여 에너지 효율을 높이는 지능형 전력망 시스템이다.
> (나) 무선 주파수 기술과 IC칩에 있는 전자 태그를 이용해 식품, 상품, 동물 등의 다양한 개체의 정보를 관리할 수 있는 정보 인식 기술이다.

① (가) - NFC   (나) - USN
② (가) - RFID   (나) - 스마트 그리드
③ (가) - 스마트 그리드   (나) - RFID
④ (가) - USN   (나) - NFC

> **해설**
> - 스마트 그리드: 전기 및 정보통신기술을 활용하여 전력망을 지능화, 고도화함으로써 고품질의 전력서비스를 제공하고 에너지 이용 효율을 극대화하는 전력망
> - RFID: 전파 신호를 통해 비접촉식으로 사물에 부착된 얇은 평면 형태의 태그를 식별하여 정보를 처리하는 시스템
>
> 정답 ③

031 다음 중 센서 네트워크를 이용하여 유비쿼터스 환경을 구현하는 것을 목적으로 하는 것은?

① USN   ② BcN   ③ TMN   ④ VAN

> **해설**
> USN(Ubiquitous Sensor Network)은 사물인터넷(IoT)에서 사용되는 무선 센서 네트워크이다. USN은 다양한 환경에 설치된 센서들을 통해 환경 데이터를 수집하고, 이를 활용하여 유비쿼터스 환경을 구현하는 것을 목적으로 한다.
>
> 정답 ①

032 다음 중 WPAN(Wireless Personal Area Network) 방식이 아닌 것은?

① 블루투스   ② UWB
③ Zigbee   ④ 위성통신

> **해설**
> WPAN(Wireless Personal Area Network)은 개인 주변의 근거리에서 데이터를 주고받기 위한 무선 네트워크이다. 블루투스, UWB, Zigbee는 모두 WPAN 방식으로, 통신 거리가 짧고 전력 소모가 적다는 특징이 있다.

정답 ④

033 기기를 키오스크에 갖다 대면 원하는 데이터를 바로 가져올 수 있는 기술로 10㎝ 이내 근접 거리에서 기가급 속도로 데이터 전송이 가능한 초고속 근접무선 통신(NFC, Near Field Communication) 기술은?

① BcN(Broadband Convergence Network)
② Zing
③ Marine Navi
④ C-V2X(Cellular Vehicle To Everything)

> **해설**
> Zing은 한국전자통신연구원(ETRI)에서 개발한 초고속 근접무선 통신(NFC) 기술이다. 10cm 이내 근접 거리에서 기가급 속도로 데이터 전송이 가능하며, 복잡한 접속 절차 없이 손쉽고 빠르게 송·수신할 수 있다.

정답 ②

034 모든 사물에 센서 및 통신 기능을 결합해 지능적으로 정보를 수집하고 상호 전달하는 네트워크는?

① M2M(Machine to Machine)
② SDR(Software Defined Radio)
③ BcN(Broadband Convergence Network)
④ IPS(Interusion Prevention System)

> **해설**
> M2M(Machine to Machine)은 기계와 기계가 네트워크를 통해 서로 정보를 주고받을 수 있는 기술이다. M2M은 모든 사물에 센서 및 통신 기능을 결합하여 지능적으로 정보를 수집하고 상호 전달할 수 있다.

정답 ①

035 다음 (A) 안에 들어가는 용어 중 옳은 것은?

(A)은/는 일정한 주파수 대역에서 무선 방식으로 데이터를 주고받을 수 있는 시스템으로서 무선 주파수 인식 시스템을 말하며, 전자 태그 또는 스마트 태그라고도 한다. 특징으로는 작은 크기에 대용량의 데이터 저장이 가능하고, 컴퓨터와 무선 통신이 가능하여 차세대 인식 기술로 불린다.

① Bar Code
② Bluetooth
③ RFID
④ WiFi

정답 ③

036 다음 내용에 해당하는 것은?

> IEEE 802.15.4 표준 기반 저전력으로 지능형 홈네트워크 및 산업용기기 자동차, 물류, 환경 모니터링, 휴먼 인터페이스, 텔레매틱스 등 다양한 유비쿼터스 환경에 응용이 가능하다.

① Bluetooth ② Zigbee ③ NFC ④ RFID

해설
Zigbee는 IEEE 802.15.4 표준을 기반으로 하는 저전력 근거리 무선 통신 기술이다.

정답 ②

037 무선 이어폰은 전화기를 호주머니나 가방에 넣어 둔 채로 전화를 걸거나 받을 수 있고, 음악도 들을 수 있다. 이와 같이 근거리에서 2.4[GHz] 주파수 대역을 이용하여 휴대기기 간 연결을 도와주는 기술은 무엇인가?

① Bluetooth ② Zigbee ③ NFC ④ RFID

해설
Bluetooth는 2.4GHz 주파수 대역을 이용하는 근거리 무선 통신 기술이다. Bluetooth는 통신 거리가 짧고 전력 소모가 적다는 특징으로 인해 무선 이어폰, 키보드, 마우스, 게임 컨트롤러 등 다양한 기기 간의 연결에 사용되고 있다.

정답 ①

038 블루투스(Bluetooth)에 대한 설명으로 틀린 것은?

① 단방향 통신을 위해 FDD방식을 사용한다.
② 2.4GHz대의 ISM 밴드를 이용한다.
③ 표준은 IEEE 802.15.1이다.
④ 간섭에 비교적 강한 주파수 호핑 방식을 채용한다.

해설
블루투스는 양방향 통신을 위한 기술이고, FDD 방식은 단방향 통신을 위한 기술이다. 따라서 블루투스가 단방향 통신을 위해 FDD 방식을 사용한다는 설명은 틀린 설명이다.

정답 ①

039 다음 중 유선 기반의 홈네트워크 기술이 아닌 것은?

① Home PNA ② PLC(Power Line Communication)
③ Ethernet ④ Bluetooth

> **해설**
> Bluetooth는 근거리 무선 통신 기술로, 유선 통신 기술이 아니다. Home PNA, PLC, Ethernet은 모두 유선 통신 기술로, 홈네트워크에 사용될 수 있다.

정답 ④

040 다음 중 스마트폰을 모뎀처럼 활용하는 방법으로, 컴퓨터나 노트북 등의 IT 기기를 스마트폰에 연결하여 무선 인터넷을 사용할 수 있게 하는 기능은?

① 와이파이(WiFi)
② 블루투스(Bluetooth)
③ 테더링(Tethering)
④ 와이브로(WiBro)

> **해설**
> 테더링은 스마트폰을 모뎀처럼 활용하는 방법으로, 컴퓨터나 노트북 등의 IT 기기를 스마트폰에 연결하여 무선 인터넷을 사용할 수 있게 하는 기능이다. 테더링은 와이파이, USB, 블루투스 중 하나의 방식을 사용하여 연결할 수 있다.

정답 ③

041 무선 주파수를 이용하며 반도체 칩이 내장된 태그와 리더기로 구성된 인식 시스템은?

① RFID   ② WAN   ③ Bluetooth   ④ ZigBee

> **해설**
> RFID는 Radio Frequency Identification의 약자로, 무선 주파수를 이용하여 정보를 식별하는 기술이다. RFID 시스템은 태그와 리더기로 구성된다. 태그는 반도체 칩이 내장된 객체로, RFID 정보를 저장한다. 리더기는 태그의 정보를 읽어 들여 처리한다.

정답 ①

042 ICT 기술에 대한 설명으로 옳지 않은 것은?

① 기계학습(Machine Learning)의 학습 방법에는 지도학습(Supervised Learning), 비지도학습(Unsupervised Learning), 강화학습(Reinforcement Learning) 등이 있다.
② 가상현실(Virtual Reality)은 가상의 공간과 사물 등을 만들어, 일상적으로 경험하기 어려운 상황을 실제처럼 체험할 수 있도록 해준다.
③ RFID(Radio Frequency IDentification)에서 수동형 태그는 내장된 배터리를 사용하여 무선 신호를 발생시킨다.
④ 지그비(ZigBee)는 저비용, 저전력 무선 네트워크 기술로 센서 네트워크에서 사용할 수 있다.

> **해설**
> ③ 수동형 태그는 내장된 배터리가 없으며, 리더기에서 송신하는 전파를 사용하여 정보를 전송한다.

정답 ③

043 유비쿼터스 컴퓨팅에 대한 설명으로 가장 옳지 않은 것은?

① 노매딕(Nomadic) 컴퓨팅은 현실 세계와 가상 화면을 결합하여 보여주는 기술이다.
② 감지 컴퓨팅은 컴퓨터가 센서 등을 이용하여 사용자의 행위 또는 주변 환경을 인식하여 필요 정보를 제공하는 기술이다.
③ 퍼베이시브(Pervasive) 컴퓨팅은 컴퓨터가 도처에 편재되도록 하는 기술이다.
④ 웨어러블(Wearable) 컴퓨팅은 컴퓨터 착용을 통해 컴퓨터를 인간 몸의 일부로 여길 수 있도록 하는 기술이다.

> **해설**
> 유비쿼터스 컴퓨팅은 일상의 모든 환경에 컴퓨터 기술이 스며들어 사람들이 의식하지 않고도 컴퓨터를 사용할 수 있는 환경을 의미한다. 노매딕 컴퓨팅은 사용자가 위치에 구애받지 않고 네트워크에 접속할 수 있도록 하는 기술을 의미하고, 현실 세계와 가상 화면을 결합하는 설명은 증강 현실(AR)에 해당한다.

정답 ③

044 다음 중 일반적인 이동통신 서비스보다 훨씬 작은 지역을 커버하는 초소형 기지국으로써 기존의 인터넷을 통해서 핵심망(코어망)과 접속되며, 전파가 닿기 힘든 실내 혹은 지하 공간에 설치해 이동통신 서비스를 제공하는 기술은?

① 블루투스(Bluetooth)
② 펨토셀(Femto Cell)
③ 빔 포밍(Beam Forming)
④ 와이파이(Wi-Fi)

> **해설**
> ① 블루투스(Bluetooth): 주로 짧은 거리의 무선 통신 기술로, 개인 휴대기기 간의 데이터 전송에 사용된다.
> ③ 빔 포밍(Beam Forming): 안테나에서 방향성 신호를 형성하여 특정 방향으로 신호를 집중시키는 무선 통신 기술이다.
> ④ 와이파이(Wi-Fi): 로컬 에어리어 네트워크(LAN)을 통해 인터넷 접속을 제공하는 무선 통신 기술이다.

정답 ②

045 다음에서 설명하는 것은?

> 패킷 교환망인 인터넷을 이용하여 음성 정보를 전달하는 전화 관련 기술로서 저렴한 전화 서비스를 구현하는 데 사용된다. 관련 표준 프로토콜로 ITU H.323과 IETF SIP(Session Initiation Protocol)가 있고, 게이트웨이를 이용하여 공중전화망(PSTN)과 연결할 수 있다.

① IPTV
② VoIP
③ IPv6
④ IPSec

> **해설**
> ① IPTV: 인터넷 프로토콜을 이용하여 디지털 텔레비전 서비스를 제공하는 기술이다.
> ③ IPv6: 인터넷 프로토콜의 새로운 버전으로, 주소 공간 확장과 보안 기능 개선 등을 제공한다.
> ④ IPSec: 인터넷 프로토콜 보안(IP Security)의 약자로, 인터넷상에서 데이터를 암호화하여 보안성을 강화하는 프로토콜이다.

정답 ②

Section 2. SW 구축 관리

001 다음 중 서버, 스토리지, 소프트웨어 등 ICT 자원을 탄력적으로 사용할 수 있는 컴퓨팅 환경인 클라우드 컴퓨팅의 운용 형태에 따른 사용 사례로 가장 올바르지 않은 것은?

① 퍼블릭 클라우드: 불특정 다수에게 서비스를 제공할 때 사용된다.
② 퍼블릭 클라우드: 공공기관이나 사내 서비스 환경으로 사용하기에 적합하다.
③ 프라이빗 클라우드: 컴퓨팅 자원 사용량이 일정한 경우에 사용하기 적합하다.
④ 하이브리드 클라우드: 금융기관에서도 사용하기 적합하다.

> **해설**
> 퍼블릭 클라우드는 불특정 다수에게 서비스를 제공하는 데 적합하다. 공공기관이나 사내 서비스 환경에서는 보안이나 규제 등의 이유로 퍼블릭 클라우드보다는 프라이빗 클라우드나 하이브리드 클라우드를 사용하는 것이 일반적이다.

정답 ②

002 클라우드에서 지원하는 서비스의 유형에 따라 다양한 클라우드 서비스 모델이 존재한다. ERP (Enterprise Resource Planning)와 같은 응용 프로그램이 사용하는 데이터 저장 장치와 데이터베이스, 그리고 응용 서버 등을 클라우드로 지원하는 서비스 모델로 가장 옳은 것은?

① Platform as a Service
② Software as a Service
③ Infrastructure as a Service
④ Server as a Service

> **해설**
> ERP와 같은 응용 프로그램은 데이터 저장 장치와 데이터베이스, 그리고 응용 서버 등을 필요로 한다. 따라서 이러한 인프라를 클라우드로 지원하기 위해서는 IaaS가 가장 적합하다고 볼 수도 있다. 하지만, ERP는 단순히 데이터를 저장하고 처리하는 기능만을 제공하는 것이 아니라, 다양한 업무 프로세스를 통합하는 복잡한 응용 프로그램이다. 따라서 ERP를 클라우드로 지원하기 위해서는 IaaS뿐만 아니라, 응용 프로그램을 개발하고 배포할 수 있는 플랫폼도 필요하다.

정답 ①

003 클라우드 컴퓨팅 서비스 모델과 이에 대한 설명이 가장 옳게 짝지어진 것은?

> ㉠ 응용 소프트웨어 개발에 필요한 개발 요소들과 실행 환경을 제공하는 서비스 모델로, 사용자는 원하는 응용 소프트웨어를 개발할 수 있으나 운영체제나 하드웨어에 대한 제어는 서비스 제공자에 의해 제한된다.
> ㉡ 응용 소프트웨어 및 관련 데이터는 클라우드에 호스팅 되고 사용자는 웹 브라우저 등의 클라이언트를 통해 접속하여 응용 소프트웨어를 사용할 수 있다.
> ㉢ 사용자 필요에 따라 가상화된 서버, 스토리지, 네트워크 등의 인프라 자원을 제공한다.

	㉠	㉡	㉢
①	SaaS	PaaS	IaaS
②	PaaS	IaaS	SaaS
③	PaaS	SaaS	IaaS
④	IaaS	SaaS	PaaS

해설
㉠ PaaS는 플랫폼을 제공하는 서비스 모델
㉡ SaaS는 응용 프로그램과 데이터를 제공하는 서비스 모델
㉢ IaaS는 인프라를 제공하는 서비스 모델

정답 ③

004 클라우드 컴퓨팅에 대한 설명으로 옳지 않은 것은?

① 클라우드 컴퓨팅은 기업의 IT 요구를 매우 경제적이고, 신뢰성 있게 충족시킬 수 있는 수단이 된다.
② 클라우드 컴퓨팅 서비스 모델에는 IaaS, PaaS, SaaS가 있다.
③ 클라우드 컴퓨팅을 이용하는 방식에는 사설 클라우드, 공용 클라우드, 하이브리드 클라우드가 있다.
④ IaaS를 통해 사용자는 소프트웨어 설치 및 유지보수에 대한 비용을 절감할 수 있다.

해설
IaaS는 인프라를 제공하는 서비스 모델이기 때문에, 소프트웨어 설치 및 유지보수에 대한 비용을 절감할 수 있는 것은 아니다. IaaS를 통해 사용자는 하드웨어, 네트워크, 저장소 등의 인프라 자원을 필요에 따라 사용할 수 있지만, 소프트웨어 설치 및 유지보수는 사용자의 역할이다.

정답 ④

005 다음 중 클라우드에서 제공하는 정보보호 서비스인 SecaaS(Security as a Service)에 대한 설명으로 가장 옳지 않은 것은?

① 보안의 책임을 기업으로부터 보안 서비스 제공자로 이관하게 된다.
② 보안 서비스를 사용한 만큼 비용을 지불하는 방식이다.
③ 클라우드 컴퓨팅의 서비스 모델 중에서 IaaS에 해당된다.
④ 접근 관리, 웹 보안, 이메일 보안 등의 서비스를 제공한다.

> **해설**
> SecaaS는 SaaS의 한 종류로 '클라우드 기반 보안' 또는 '보안 클라우드'로 불린다.

정답 ③

006 다음 중 클라우드 컴퓨팅 서비스의 특성에 대한 설명으로 가장 올바르지 않은 것은?

① 인터넷 환경에서는 필요할 때 즉시 사용이 가능하다.
② 사용한 만큼의 비용을 지불하는 것이 가능하다.
③ 자원을 할당받으면 운영체제를 직접 설치해야 한다.
④ 자원을 늘리고 줄이는 것이 자유롭다.

> **해설**
> 클라우드 컴퓨팅 서비스의 특성 중 하나는 자원을 할당받으면 운영체제를 직접 설치할 필요가 없다. 클라우드 서비스 제공 업체가 운영체제를 설치하고 관리하기 때문이다.

정답 ③

007 클라우드 서비스 모델 중 설명이 옳지 않은 것은?

① SaaS(Software as a Service)는 클라우드에 구성된 소프트웨어를 이용하는 서비스로 사용자는 인프라와 플랫폼상에서 개발 작업을 수행하고 사용해야 한다.
② IaaS(Infrastructure as a Service)는 네트워크, 서버와 같은 자원을 이용해 사용자 스스로 미들웨어, 소프트웨어 등을 설치해서 이용하는 서비스이다.
③ CaaS(Container as a Service)는 사용자가 컨테이너 및 클러스터를 구동하기 위한 IT 리소스 기술로 애플리케이션 실행에 필요한 라이브러리, 바이너리, 구성 파일 등의 환경을 제공하는 서비스이다.
④ PaaS(Platform as a Service)는 클라우드의 미들웨어를 이용해 소프트웨어 개발 환경을 구성할 수 있는 방식으로 플랫폼의 라이선스, 자원관리, 보안 이슈, 버전 업그레이드 등의 서비스를 제공받을 수 있다.

해설
SaaS는 사용자가 클라우드에 호스팅된 소프트웨어를 이용하는 서비스로, 사용자는 소프트웨어를 직접 설치하거나 관리할 필요가 없다. 인프라와 플랫폼에 대한 관리는 서비스 제공자가 수행하며, 사용자는 소프트웨어를 이용하는 것에 집중한다.

정답 ①

008 다음이 설명하는 IT 기술은?

- 컨테이너 응용 프로그램의 배포를 자동화하는 오픈 소스 엔진이다.
- 소프트웨어 컨테이너 안에 응용 프로그램들을 배치시키는 일을 자동화해 주는 오픈 소스 프로젝트이자 소프트웨어로 볼 수 있다.

① StackGuard ② Docker
③ Cipher Container ④ Scytale

정답 ②

009 다음 설명에 해당하는 가상화 기술로 알맞은 것은?

하이퍼바이저를 사용하거나 게스트 운영체제를 설치하지 않고, 서버 운영에 필요한 프로그램과 라이브러리만 이미지로 만들어서 프로세스처럼 동작시키는 가상화 방식이다.

① Openstack ② RHEV ③ Docker ④ VirtualBox

해설
- OpenStack, RHEV, VirtualBox는 모두 하이퍼바이저를 사용하는 가상화 기술이다. 하이퍼바이저는 물리 서버의 자원을 가상화하여 여러 개의 가상 머신을 실행할 수 있도록 해주는 소프트웨어이다.
- Docker는 하이퍼바이저를 사용하지 않고, 서버 운영에 필요한 프로그램과 라이브러리만 이미지로 만들어서 프로세스처럼 동작시키는 가상화 방식이다.

정답 ③

010 Windows Server 2016에서 새로 추가된 기능으로 Hyper-V와 비슷한 기능을 하지만 가볍게 생성하고 운영할 수 있고, 도커(Docker)라는 이름으로 소개되어 Unix/Linux 기반에서 사용해오던 기능은 무엇인가?

① 액티브 디렉토리 ② 원격 데스크톱 서비스
③ 컨테이너 ④ 분산 파일 서비스

> **해설**
> Windows Server 2016에서는 Hyper-V와 비슷한 기능을 하지만 가볍게 생성하고 운영할 수 있는 컨테이너 기능이 새로 추가되었다. 컨테이너는 Unix/Linux 기반에서 도커(Docker)라는 이름으로 사용해 오던 기능이다.

정답 ③

011 다음에서 설명하는 가상화의 기술로 알맞은 것은?

- 1990년대 케임브리지 대학교에서 시작되어 만들어진 오픈 소스이다.
- 하이퍼바이저 기반의 가상화 기술이며, 리눅스뿐만 아니라 윈도우, Solaris 등을 지원한다.
- 전가상화 방식과 반가상화 방식을 모두 지원한다.

① Xen ② KVM ③ VirtualBox ④ Docker

정답 ①

012 다음 중 하이퍼바이저(Hypervisor)에 관련된 설명으로 가장 적절하지 않은 것은?

① 가상머신을 동작시키기 위한 기반 소프트웨어이다.
② KVM(Kernel-based Virtual Machine)은 리눅스 커널에 통합된 하이퍼바이저로, 가상머신의 게스트(Guest) 운영체제는 리눅스로 제한된다.
③ 가상머신이 사용하는 하드웨어 자원을 관리, 할당한다.
④ 한 하이퍼바이저 위에서 각기 다른 운영체제의 가상머신 병행 실행이 가능하다.

> **해설**
> KVM은 리눅스 커널에 통합된 하이퍼바이저이지만, 게스트 운영체제는 리눅스뿐만 아니라 다양한 운영체제를 지원한다. Windows, BSD, Solaris 등 다양한 운영체제를 게스트로 실행할 수 있다.

정답 ②

013 소프트웨어 정의 데이터센터(SDDC, Software Defined Data Center)에 대한 설명으로 틀린 것은?

① 컴퓨팅, 네트워킹, 스토리지, 관리 등을 모두 소프트웨어로 정의한다.
② 인력 개입 없이 소프트웨어 조작만으로 자동 제어 관리한다.
③ 데이터센터 내 모든 자원을 가상화하여 서비스한다.
④ 특정 하드웨어에 종속되어 특화된 업무를 서비스하기에 적합하다.

> **해설**
> SDDC는 하드웨어에 종속되지 않고, 다양한 하드웨어에서 동작할 수 있도록 설계되었다. 따라서 특정 하드웨어에 종속되어 특화된 업무를 서비스하기보다는 다양한 업무를 유연하게 서비스하기에 적합하다.

정답 ④

014 다음에서 설명하는 IT 스토리지 기술은?

- 가상화를 적용하여 필요한 공간만큼 나눠 사용할 수 있도록 하며 서버 가상화와 유사함
- 컴퓨팅 소프트웨어로 규정하는 데이터 스토리지 체계이며, 일정 조직 내 여러 스토리지를 하나처럼 관리하고 운용하는 컴퓨터 이용 환경
- 스토리지 자원을 효율적으로 나누어 쓰는 방법으로 이해할 수 있음

① Software Defined Storage
② Distribution Oriented Storage
③ Network Architected Storage
④ Systematic Network Storage

해설

Software Defined Storage는 가상화를 적용하여 물리적 스토리지를 논리적으로 나누어 사용하는 스토리지 기술이다. 따라서 서버 가상화와 유사하다고 할 수 있다. 또한, 컴퓨팅 소프트웨어로 규정하는 데이터 스토리지 체계이며, 일정 조직 내 여러 스토리지를 하나처럼 관리하고 운용하는 컴퓨터 이용 환경을 제공한다. 따라서 스토리지 자원을 효율적으로 나누어 쓰는 방법으로 이해할 수 있다.
② Distribution Oriented Storage는 분산 스토리지 기술
③ Network Architected Storage는 네트워크 기반의 스토리지 기술
④ Systematic Network Storage는 체계적인 네트워크 스토리지 기술

정답 ①

015 다음에서 설명하는 IT 기술은?

- 네트워크를 제어부, 데이터 전달부로 분리하여 네트워크 관리자가 보다 효율적으로 네트워크를 제어, 관리할 수 있는 기술
- 기존의 라우터, 스위치 등과 같이 하드웨어에 의존하는 네트워크 체계에서 안정성, 속도, 보안 등을 소프트웨어로 제어, 관리하기 위해 개발됨
- 네트워크 장비의 펌웨어 업그레이드를 통해 사용자의 직접적인 데이터 전송 경로 관리가 가능하고, 기존 네트워크에는 영향을 주지 않으면서 특정 서비스의 전송 경로 수정을 통하여 인터넷상에서 발생하는 문제를 처리할 수 있음

① SDN(Software Defined Networking)
② NFS(Network File System)
③ Network Mapper
④ AOE Network

정답 ①

016 소프트웨어 정의 네트워크(SDN, Software Defined Networking)에 대한 설명으로 옳지 않은 것은?

① 정체를 일으키는 복잡한 구조 기술
② 가상화 기술의 발달에 대응하기 위한 기술
③ 트래픽 패턴의 변화에 따른 대응 기술
④ 네트워크 관리의 문제를 해결하기 위한 기술

> [해설]
> SDN은 네트워크를 제어부, 데이터 전달부로 분리하여 네트워크 관리의 효율성을 높이는 기술이다. 따라서 기존의 네트워크보다 복잡한 구조를 가지는 것은 사실이지만, 정체를 일으키는 기술은 아니다. 오히려 SDN은 트래픽 패턴의 변화에 유연하게 대응할 수 있어 정체를 방지하는 데 도움이 될 수 있다.

정답 ①

017 다음 중 양자 컴퓨팅(Quantum Computing)에 대한 설명으로 옳은 것만을 아래에서 모두 고르면?

> ㄱ. 양자 얽힘(Entanglement), 중첩(Superposition)과 같은 양자역학 현상을 이용한다.
> ㄴ. 0, 1 또는 0과 1의 상태를 동시에 가질 수 있는 큐비트(Qbit)가 계산의 기본 단위이다.
> ㄷ. QKD(Quantum Key Distribution) 시스템에서는 양자 얽힘 현상을 이용하지 않는다.
> ㄹ. 이산로그(Discrete Logarithm) 문제를 다항시간의 복잡도로 풀 수 있는 방법을 제공한다.
> ㅁ. 소인수분해(Integer Factorization) 문제를 다항시간(Polynomial Time)의 복잡도로 풀 수 있는 방법이 존재하여 기존의 모든 NP(Non-deterministic Polynomial) 문제를 다항시간 내에 풀 수 있다.

① ㄱ, ㄴ, ㄷ ② ㄱ, ㄴ, ㄹ ③ ㄴ, ㄷ, ㅁ ④ ㄱ, ㄴ, ㄹ, ㅁ

> [해설]
> ㄷ. QKD(Quantum Key Distribution)는 양자역학의 양자 얽힘 현상을 이용하여 비밀키를 안전하게 전송하는 기술이다.
> ㅁ. NP 문제는 아직까지도 풀리지 않은 문제들이 많다.

정답 ②

018 분산 데이터 저장 환경에 관리 대상 데이터를 저장함으로써 누구도 임의로 수정할 수 없고 누구나 변경의 결과를 열람할 수 있도록 하는 분산 컴퓨팅 기술은?

① 트랜잭션(Transaction) ② 해시 함수(Hash Function)
③ 블록체인(Blockchain) ④ 데이터 마이닝(Data Mining)

> [해설]
> 블록체인은 분산 데이터 저장 환경에 데이터를 저장하는 기술이다. 블록체인에 저장된 데이터는 해시 함수를 사용하여 암호화되고, 각 블록은 이전 블록의 해시 값을 포함하고 있다. 따라서 블록체인에 저장된 데이터는 누구도 임의로 수정할 수 없다. 또한, 블록체인은 모든 참여자가 변경의 결과를 열람할 수 있도록 설계되어 있다.

정답 ③

019 블록체인 기술로서, 장애가 있더라도 전체의 3분의 1을 넘지 않는다면 시스템이 정상 작동하도록 하는 기법은?

① 지분 증명(Proof of Stake)
② 위임된 지분 증명(Delegated Proof of Stake)
③ 작업 증명(Proof of Work)
④ 비잔틴 장애 허용(Byzantine Fault Tolerance)

> **해설**
> 비잔틴 장애 허용은 네트워크의 일부 노드가 장애가 있거나 악의적으로 행동하더라도 시스템이 정상 작동할 수 있도록 하는 기술이다. 비잔틴 장애 허용 기술을 사용하는 블록체인 시스템은 전체 노드의 3분의 1 이상이 정상 작동하면 시스템이 정상 작동할 수 있다.

정답 ④

020 블록체인에 대한 설명으로 옳지 않은 것은?

① 금융 분야에만 국한되지 않고 분산원장으로 각 분야에 응용할 수 있다.
② 블록체인의 한 블록에는 앞의 블록에 대한 정보가 포함되어 있다.
③ 앞 블록의 내용을 변경하면 뒤에 이어지는 블록은 변경할 필요가 없다.
④ 하나의 블록은 트랜잭션의 집합과 헤더(Header)로 이루어져 있다.

> **해설**
> 블록체인의 블록은 앞 블록의 해시 값을 포함하고 있다. 앞 블록의 내용을 변경하면 뒤에 이어지는 블록의 해시 값도 변경되고, 이를 통해 블록체인의 무결성을 보장한다.

정답 ③

021 인공지능(Artificial Intelligence)에 대한 설명으로 옳지 않은 것은?

① 인공지능은 인간의 지능을 모방하여 학습한 기계가 인간처럼 추론하고 문제를 해결하는 것을 목적으로 한다.
② 인공지능은 기계학습과 딥러닝을 포괄하는 상위 개념이며, 데이터의 품질은 인공지능의 성능에 영향을 미친다.
③ 기계학습은 주로 지도학습, 비지도학습 및 강화학습으로 구분되며 모든 학습에는 결과값에 대한 보상을 주는 방식이 적용된다.
④ 딥러닝은 인간의 뇌신경망을 모방한 인공신경망의 한 종류로, 현재는 음성·이미지 인식 등의 영역에서 높은 성능을 보인다.

> **해설**
> 기계학습은 크게 지도학습, 비지도학습, 강화학습으로 구분된다.
> - 지도학습은 정답이 알려진 데이터를 사용하여 학습하는 방식이다.
> - 비지도학습은 정답이 알려지지 않은 데이터를 사용하여 학습하는 방식이다.
> - 강화학습은 행동을 통해 얻은 보상을 통해 학습하는 방식이다.
> - 모든 기계학습에 결과값에 대한 보상을 주는 방식이 적용되는 것은 아니다.

정답 ③

022 컴퓨터를 인간처럼 학습시켜 스스로 규칙을 형성할 수 있도록 하는 인공지능 분야는?

① 웹 마이닝 ② 인공신경망 ③ 머신러닝 ④ 클라우드

> **해설**
> 머신러닝은 컴퓨터를 인간처럼 학습시키는 인공지능 분야다. 머신러닝은 데이터를 학습하여 패턴을 찾고, 이를 바탕으로 새로운 정보를 예측하거나 결정을 내리는 기술이다.

정답 ③

023 다음에서 설명하는 용어로 가장 옳은 것은?

> 프랭크 로젠블라트(Frank Rosenblatt)가 고안한 것으로 인공신경망 및 딥러닝의 기반이 되는 알고리즘이다.

① 빠른 정렬(Quick Sort) ② 맵리듀스(MapReduce)
③ 퍼셉트론(Perceptron) ④ 디지털 포렌식(Digital Forensics)

> **해설**
> 퍼셉트론은 프랭크 로젠블라트가 1957년에 고안한 것으로, 인공신경망의 가장 기본적인 형태다. 퍼셉트론은 입력 신호의 가중합이 임계값을 넘으면 출력 신호를 1로, 넘지 않으면 출력 신호를 0으로 출력한다.

정답 ③

024 구글의 구글 브레인 팀이 제작하여 공개한 기계학습(Machine Learning)을 위한 오픈 소스 소프트웨어 라이브러리는?

① 타조(Tajo) ② 원 세그(One Seg)
③ 포스퀘어(Foursquare) ④ 텐서플로(TensorFlow)

> **해설**
> 텐서플로는 구글 브레인 팀이 제작하여 공개한 기계학습(Machine Learning)을 위한 오픈 소스 소프트웨어 라이브러리다. 텐서플로는 인공 신경망(Artificial Neural Network)을 비롯한 다양한 머신러닝 알고리즘을 구현할 수 있다.

정답 ④

025 OpenAI가 개발한 생성형 인공지능 기반의 대화형 서비스는?

① LSTM
② ResNET
③ ChatGPT
④ Deep Fake

해설
ChatGPT는 OpenAI에서 개발한 생성형 언어 모델(Generative Pre-trained Transformer) 기반의 대화형 AI이다. 방대한 양의 텍스트 데이터를 학습하여, 사람과 유사한 대화를 할 수 있다. ChatGPT는 다양한 용도로 활용될 수 있는데, 고객 서비스, 교육, 마케팅 등에 사용될 수 있다.

정답 ③

026 기계학습에서 지도학습과 비지도학습에 대한 설명으로 옳은 것은?

① 지도학습의 대표적인 기법에는 군집화가 있다.
② 비지도학습의 기법에는 분류와 회귀분석 등이 있다.
③ 지도학습은 학습 알고리즘이 수행한 행동에 대해 보상을 받는 학습 방식이다.
④ 비지도학습은 정답이 없는 데이터를 보고 유용한 패턴을 추출하는 학습 방식이다.

해설
① 지도학습의 대표적인 기법에는 분류, 회귀, 예측 등이 있다.
② 비지도학습의 기법에는 군집화, 차원 축소, 연관 규칙 등이 있다.
③ 학습 알고리즘이 수행한 행동에 대해 보상을 받는 것은 강화학습의 특징이다.

정답 ④

027 (가)~(다)에 해당하는 말을 바르게 연결한 것은?

(가) 컴퓨터가 데이터를 통해 스스로 학습하여 예측이나 판단을 제공하는 기술
(나) 인간의 지적 능력을 컴퓨터를 통해 구현하는 기술
(다) 인공 신경망을 활용하는 개념으로, 여러 계층의 신경망을 구성해 학습을 효과적으로 수행하는 기술

	(가)	(나)	(다)
①	인공지능	머신러닝	딥러닝
②	인공지능	딥러닝	머신러닝
③	머신러닝	인공지능	딥러닝
④	머신러닝	딥러닝	인공지능

정답 ③

028 ㉠과 ㉡에 들어갈 용어로 바르게 짝지은 것은?

(㉠)은/는 구글에서 개발해서 공개한 인공지능 응용 프로그램 개발용 오픈 소스 프레임워크이다. 이 프레임워크를 사용할 때 인공지능 소프트웨어가 이미지 및 음성을 인식하기 위해서는 신경망의 (㉡) 모델을 주로 사용한다.

	㉠	㉡
①	텐서플로우	논리곱 신경망
②	알파고	퍼셉트론
③	노드레드	인공 신경망
④	텐서플로우	합성곱 신경망

해설
텐서플로우는 구글에서 개발해서 공개한 인공지능 응용 프로그램 개발용 오픈 소스 프레임워크다. 텐서플로우는 인공 신경망을 비롯한 다양한 머신러닝 알고리즘을 구현할 수 있지만, 이미지 및 음성 인식 분야에서는 합성곱 신경망을 주로 사용한다. 합성곱 신경망은 이미지나 영상의 특징을 추출하는 데 효과적인 모델로, 이미지 및 음성 인식 분야에서 널리 사용되고 있다.

정답 ④

029 다음 글상자에서 설명하고 있는 용어는?

컴퓨터에서 그래픽 처리를 전문적으로 다루는 하드웨어이다. 기존에는 단순히 2D, 3D 화면을 처리하는 정도에서 활용되었으나, 최근에는 성능이 고도화되어 머신러닝이나 인공지능처럼 빠른 계산처리가 필요한 경우 중앙처리장치를 보조하여 사용한다. 특히 가상현실, 증강현실 등 고해상도 콘텐츠 처리 등 시각적인 요소가 중요해지면서 빠른 속도로 발전하고 있다.

① CPU　② GPU　③ RAM　④ SSD

해설
GPU는 그래픽 처리 장치(Graphics Processing Unit)의 약자로, 컴퓨터에서 그래픽 처리를 전문적으로 다루는 하드웨어다. GPU는 중앙처리장치(CPU)와 달리 그래픽 처리에 특화된 구조를 가지고 있어, 빠른 속도로 그래픽을 처리할 수 있다.

정답 ②

030 XML 파일로 된 웹 페이지로 읽어 원하는 정보를 수집하는 기능으로, 웹 페이지를 만드는 사람은 주기적으로 내용을 개정하고 사용자는 그 페이지의 URL만 알면 웹 브라우저로 읽어 정보를 얻을 수 있는 기술은?

① OWL　② REST　③ GIS　④ PAN

해설

REST(Representational State Transfer)는 웹 서비스에서 자원을 표현하고 조작하는 방식을 정의한 아키텍처 스타일이다. REST는 HTTP 프로토콜을 기반으로 하며, 자원을 URI로 표현하고, 자원을 조작하기 위한 메서드를 사용한다. REST는 XML 파일로 된 웹 페이지를 읽어 원하는 정보를 수집하는 기능을 제공한다. 웹 페이지를 만드는 사람은 XML 파일을 REST API로 제공하고, 사용자는 그 API의 URL만 알면 웹 브라우저로 읽어 정보를 얻을 수 있다.

정답 ②

031 사물인터넷 서비스를 편리하게 구현할 수 있는 통신 기술에 대한 설명으로 가장 거리가 먼 것은?

① REST(Representation State Transfer)는 분산 하이퍼미디어 시스템을 위한 규격으로 리소스의 CRUD(Create, Read, Update, Delete) 처리를 지원한다.
② MQTT(Message Queuing Telemetry Transport)는 제한된 컴퓨팅 성능과 네트워크 환경에서 메시지를 안정적으로 전달하는 프로토콜로 Publish/Subscribe 형태를 취한다.
③ XMPP(eXtensible Messaging and Presence Protocol)는 XML을 기반으로 한 메시지 지향 미들웨어용 통신 프로토콜로 3개 이상의 통신노드 간에 실시간 메시지 교환이 가능하다.
④ CoAP(Constrained Environment Application Protocol)은 제한된 컴퓨팅 성능을 갖는 디바이스를 위한 동기 통신 프로토콜로 보안을 위하여 TLS(Transport Layer Security)를 채택한다.

해설

CoAP는 동기 통신 프로토콜이 아니라 비동기 통신을 지원하며, TLS보다는 DTLS를 사용하는 것이 일반적이다.

정답 ④

032 웹과 컴퓨터 프로그램에서 용량이 적은 데이터를 교환하기 위해 데이터 객체를 속성·값의 쌍 형태로 표현하는 형식으로 자바스크립트(JavaScript)를 토대로 개발되어진 형식은?

① Python
② XML
③ JSON
④ WEB SEVER

해설

JSON은 JavaScript Object Notation의 약자로, 자바스크립트(JavaScript)를 토대로 개발된 데이터 교환 형식이다. JSON은 데이터 객체를 속성·값의 쌍 형태로 표현하며, 사람이 읽고 이해하기 쉽고, 컴퓨터에서 처리하기 쉽다.

정답 ③

033 서비스 지향 아키텍처인 XML 웹 서비스에 대한 다음 설명에서 (가)~(다)에 들어갈 내용을 순서대로 나열한 것은?

> (가)은/는 서비스 인터페이스 정의를 위한 표준, 즉, 서비스 오퍼레이션과 서비스 바인딩이 정의되는 방식을 결정한다. (나)은/는 서비스 메서드 호출과 데이터 전달 등 메시징을 위해 사용되는 표준이다. 웹 서비스 메시지 전송은 (다) 등의 프로토콜이 사용된다.

① (가) UDDI   (나) SOAP   (다) HTTP
② (가) UDDI   (나) HTTP   (다) TCP/IP
③ (가) WSDL   (나) SOAP   (다) HTTP
④ (가) WSDL   (나) HTTP   (다) TCP/IP

해설
- WSDL(Web Services Description Language): 서비스 인터페이스를 정의하는 표준이다. 서비스 오퍼레이션과 서비스 바인딩을 정의한다.
- SOAP(Simple Object Access Protocol): 서비스 메서드 호출과 데이터 전달 등 메시징을 위해 사용되는 표준이다. XML 기반의 메시지를 사용한다.
- HTTP(Hypertext Transfer Protocol): 웹 서비스 메시지 전송에 사용되는 프로토콜이다. TCP/IP 기반의 프로토콜이다.

정답 ③

034 서비스 지향 아키텍처 기반 애플리케이션을 구성하는 층이 아닌 것은?

① 표현층   ② 프로세스층   ③ 제어 클래스층   ④ 비즈니스층

해설
- 표현층: 사용자 인터페이스를 담당한다.
- 비즈니스층: 비즈니스 로직을 담당한다.
- 데이터층: 데이터를 저장하고 관리한다.

정답 ③

035 다음 중 아래에서 설명하는 최신 정보 기술로 옳은 것은?

> - 정보들 사이의 연관성을 컴퓨터가 이해하고 처리할 수 있는 에이전트 프로그램을 통해 사용자가 원하는 정보를 찾아 제공한다.
> - 컴퓨터들끼리 정보를 주고받으면서 자체적으로 필요한 일을 처리할 수 있다.
> - 차세대 지능형 웹이다.

① 트랙백(Trackback)   ② 와이브로(WiBro)
③ 위키피디아(Wikipedia)   ④ 시맨틱 웹(Semantic Web)

정답 ④

036 다음 설명에 해당하는 용어로 옳은 것은?

- 시맨틱 웹의 기반 기술로서 컴퓨터가 처리할 수 있는 형태의 의미적 메타데이터를 기술하기 위한 구문으로 고안되었다.
- W3C에서 제안한 표준적인 구문 규칙이다.
- 메타데이터 사이의 효율적인 데이터 교환 및 상호 교환을 목적으로 구축되었다.
- 일반적으로 XML 언어를 기반으로 구축된다.
- 구조화된 메타데이터의 인코딩, 교환, 재사용을 가능하게 하는 기반 구조로서의 의미를 지니고 있다.

① RDF(Resource Description Framework)
② 온톨로지(Ontology)
③ 네임스페이스(Namespace)
④ 인코딩 스킴(Encoding Scheme)

정답 ①

037 다음 중 시맨틱 웹(Semantic Web)에 대한 설명으로 가장 올바르지 않은 것은?

① 컴퓨터 스스로 정보 자원의 뜻을 이해하고 논리적으로 추론하여 처리하는 지능형 웹이다.
② 컴퓨터가 이해할 수 있는 형태의 새로운 언어로 표현해 기계들끼리 서로 의사소통할 수 있는 웹이다.
③ 컴퓨터가 스스로 문장이나 문맥 속 단어의 미묘한 의미를 구분하여 사용자가 원하는 정보를 제공할 수 있는 웹이다.
④ 하이퍼텍스트 기능에 의해 인터넷상에 분산되어 존재하는 온갖 종류의 정보를 통일된 방법으로 찾아볼 수 있게 하는 광역 정보 서비스 및 소프트웨어이다.

> **해설**
> ④번의 설명은 웹 검색 엔진이나 하이퍼텍스트를 통한 일반적인 웹의 기능이다. 시맨틱 웹은 단순히 정보를 찾는 것을 넘어서 그 정보의 의미와 관계를 이해하고 처리하는 것에 중점을 둔다.

정답 ④

038 온톨로지에 대한 설명으로 아래에서 옳은 것만을 모두 고르면?

> ㄱ. 개념들 간 다양한 의미 관계를 표현하고, 이러한 의미를 토대로 추론이 가능하도록 구성된다.
> ㄴ. 개념과 관계에 대한 추론을 위해 논리적인 규칙을 명시한다.
> ㄷ. 니콜라 구아리노(N. Guarino)는 일반성 수준에 따라 온톨로지를 상위 수준 온톨로지, 하위 수준 온톨로지, 도메인 온톨로지의 3가지 유형으로 구분하였다.
> ㄹ. 온톨로지 언어의 구성요소 중 하나인 클래스는 도메인 내의 실체를 나타내는 개념을 정의한다.

① ㄱ, ㄴ
② ㄱ, ㄹ
③ ㄱ, ㄴ, ㄹ
④ ㄴ, ㄷ, ㄹ

해설
일반화의 정도에 따라서 상위 수준(Top-Level) 온톨로지, 도메인(Domain) 온톨로지, 과업(Task) 온톨로지 등으로 구분한다.

정답 ③

039 온톨로지의 구성요소에 관한 설명으로 옳지 않은 것은?

① 클래스(Class) 또는 개념(Concept)은 일반적으로 구체적인 대상이나 사실 내용, 사건, 추상적 의미에 대한 명명을 말한다.
② 인스턴스(Instance)는 구체적인 대상이나 사실 내용, 사건, 추상적 의미 등의 사례로서 온톨로지에서의 실제 값, 즉 더 이상 나눌 수 없는 데이터를 말한다.
③ 속성(Property)은 클래스나 인스턴스의 특정한 성질, 성향 등을 말하며, 클래스나 인스턴스를 특정한 값(Value)과 연결시킨 것이라 할 수도 있다.
④ 함수(Function)는 수학적 정의인 '증명이 없이 자명한 진리로 인정되며, 다른 명제를 증명하는 데 전제가 되는 원리'를 말한다.

해설
온톨로지의 구성요소인 함수는 클래스나 인스턴스 간의 관계를 정의하는 역할을 한다. 예를 들어 사람 클래스와 직업 클래스 간의 관계를 정의하는 함수는 직업 함수이다. 직업 함수는 사람 클래스의 인스턴스가 직업 클래스의 인스턴스를 가질 수 있는 관계를 정의한다.

정답 ④

040 다음 빈칸에 알맞은 기술은?

( )은/는 웹에서 제공하는 정보 및 서비스를 이용하여 새로운 소프트웨어나 서비스, 데이터베이스 등을 만드는 기술이다.

① Quantum Key Distribution
② Digital Rights Management
③ Grayware
④ Mashup

해설
Mashup은 웹에서 제공하는 정보 및 서비스를 이용하여 새로운 소프트웨어나 서비스, 데이터베이스 등을 만드는 기술이다. 예를 들어, 구글 지도에 부동산 매물 정보를 결합한 구글의 하우징맵스(HousingMaps)가 대표적인 Mashup이다.

정답 ④

041 물리적인 사물과 컴퓨터에 동일하게 표현되는 가상 모델로 실제 물리적인 자산 대신 소프트웨어로 가상화함으로써 실제 자산의 특성에 대한 정확한 정보를 얻을 수 있고, 자산 최적화, 돌발사고 최소화, 생산성 증가 등 설계부터 제조, 서비스에 이르는 모든 과정의 효율성을 향상시킬 수 있는 모델은?

① 최적화
② 실행시간
③ 디지털 트윈
④ N-Screen

정답 ③

042 웹과 인터넷 등의 가상 세계가 현실 세계에 흡수된 형태로써, 대표적인 가상 세계 서비스로 "세컨드 라이프(Second Life)" 등이 있으며, 기존의 가상현실(VR)보다 진보된 개념은?

① AaaS
② Grid
③ Metaverse
④ Splogger

해설
메타버스는 가상과 현실이 상호작용하는 가상 세계로, 웹과 인터넷 등의 가상 세계가 현실 세계에 흡수된 형태를 말한다. 대표적인 가상세계 서비스인 세컨드 라이프는 메타버스의 대표적인 예이다.

정답 ③

043 다음에서 설명하는 것은 무엇을 의미하는가?

> 하나의 기기와 서비스에 모든 정보통신 기술을 묶은 새로운 형태의 융합 상품을 말하는 것으로서 크게 유선과 무선의 통합, 통신과 방송의 융합, 온라인과 오프라인의 결합 등을 말한다.

① 디지타이징(Digitizing)
② 디지털 컨버전스(Digital Convergence)
③ 클라우드 컴퓨팅(Cloud Computing)
④ 유비쿼터스 컴퓨팅(Ubiquitous Computing)

해설
① 디지타이징(Digitizing): 아날로그 정보를 디지털 정보로 변환하는 과정
② 디지털 컨버전스(Digital Convergence): 정보통신 기술의 발전으로 인해 다양한 정보통신 기술이 하나로 통합되는 현상
③ 클라우드 컴퓨팅(Cloud Computing): 인터넷을 통해 컴퓨팅 자원을 제공하는 방식
④ 유비쿼터스 컴퓨팅(Ubiquitous Computing): 사용자 주변에 항상 존재하는 컴퓨팅 환경

정답 ②

044 동일한 인증을 받은 제품끼리 유/무선 네트워크로 미디어 콘텐츠(사진/음악/동영상)를 공유하고 재생할 수 있는 기술은 무엇인가?

① 스트리밍
② DLNA
③ 와이파이
④ 클라우드

해설
DLNA는 Digital Living Network Alliance의 약자로, 동일한 인증을 받은 제품끼리 유/무선 네트워크로 미디어 콘텐츠(사진/음악/동영상)를 공유하고 재생할 수 있는 기술이다. DLNA를 지원하는 제품은 TV, PC, 스마트폰, 태블릿 등 다양한 디바이스가 있다.

정답 ②

045 다음 중 스마트폰, 태플릿, e-Book 단말기 등의 각종 스마트기기를 이용한 학습을 의미하는 것은?

① 스마트 러닝(Smart Learning)
② 스마트 워크(Smart Work)
③ 스마트 사회(Smart Society)
④ 클라우드

해설
스마트 러닝은 스마트폰, 태블릿, e-Book 단말기 등의 각종 스마트기기를 이용한 학습을 의미한다. 스마트 기기의 특성을 활용하여 언제 어디서나 학습이 가능하고, 개인별 맞춤형 학습이 가능하다.

정답 ①

Section 3. HW 구축 관리

001 다음 중 클라우드 서버와 온프레미스(On-Premise) 서버를 비교하여 설명한 것으로 가장 올바르지 않은 것은?

① 퍼블릭 클라우드 서버는 서버의 설치, 관리 및 업그레이드를 할 필요성이 없다.
② 온프레미스 서버는 모든 리소스에 완전하게 접근할 수 있다.
③ 퍼블릭 클라우드 서버는 사용자가 사용한 만큼만 요금을 지불한다.
④ 온프레미스 서버는 필요에 따라 사용자가 자체적으로 확장이 가능하다.

> **해설**
> 온프레미스 서버는 기업의 전산실에 설치하기 때문에 물리적인 제약이 있다. 따라서 필요에 따라 서버의 자원을 즉시 확장하기 어렵다. 반면, 퍼블릭 클라우드 서버는 서비스 제공 업체의 데이터 센터에 설치되어 있기 때문에 필요에 따라 서버의 자원을 즉시 확장할 수 있다.

정답 ④

002 방화벽의 주요 기능으로 옳지 않은 것은?

① 접근 제어
② 사용자 인증
③ 로깅
④ 프라이버시 보호

> **해설**
> 프라이버시 보호는 네트워크 트래픽에 포함된 개인정보를 보호하는 것을 의미한다. 방화벽은 네트워크 트래픽의 종류와 목적을 식별하여 접근을 제어하는 기능을 수행하지만, 네트워크 트래픽에 포함된 개인정보를 직접 보호하는 기능은 수행하지 않는다.

정답 ④

003 다음 중 방화벽의 구성 형태에 해당하지 않는 것은?

① 패킷 필터링
② 서킷 게이트웨이
③ 프록시 애플리케이션 게이트웨이
④ SSL-VPN

> **해설**
> SSL-VPN은 Secure Sockets Layer(SSL)을 사용하여 터널링을 제공하는 VPN(Virtual Private Network) 서비스이다. SSL-VPN은 네트워크 보안을 강화하기 위한 서비스이지만, 방화벽의 구성 형태는 아니다.

정답 ④

004 다음 중 방화벽의 유형으로 옳지 않은 것은?

① Packet Filtering Gateway
② Circuit Level Gateway
③ Screened Host
④ Proxy 서버 / 응용 Gateway

> **해설**
> Screened Host는 방화벽의 한 유형이 아니다. Screened Host는 방화벽을 사용하여 보호되는 호스트를 의미한다. Screened Host는 방화벽 앞쪽에 위치하여, 방화벽을 통해 들어오는 트래픽을 받는 호스트이다.

정답 ③

005 다음 특징을 지니고 있는 방화벽은?

- 대부분이 라우터 소프트웨어의 기본 기능이므로 거의 비용이 들지 않는다.
- 처리 속도가 빠르다.
- OSI 7 계층의 3,4에서 처리되므로 필터링 속도가 빠르고 가격이 저렴하다.

① 패킷 필터링 게이트웨이
② 응용 게이트웨이
③ 서킷 게이트웨이
④ 하이브리드 게이트웨이

> **해설**
> 패킷 필터링 게이트웨이는 OSI 7 계층의 3,4에서 처리되는 방화벽이다. 패킷의 헤더 정보를 분석하여 접근을 제어하기 때문에 처리 속도가 빠르고 가격이 저렴하다.

정답 ①

006 다음 중 방화벽의 패킷 필터링 시 패킷 헤더에서 확인할 수 있는 정보에 해당하지 않는 것은?

① 목적지 IP 주소
② 출발지 IP 주소
③ 패킷의 생성시간
④ TCP/UDP 소스 포트

> **해설**
> 패킷 필터링은 패킷의 헤더 정보를 분석하여 접근을 제어하는 방식이다. 패킷 헤더에는 목적지 IP 주소, 출발지 IP 주소, 프로토콜, 소스 포트, 목적지 포트 등의 정보가 포함되어 있다.

정답 ③

007 아래 내용은 방화벽의 구성요소 중 무엇에 대한 설명인가?

> - 보호된 네트워크에서 유일하게 외부의 공격에 노출된 컴퓨터 시스템을 말한다.
> - 내부 네트워크와 외부 네트워크 사이의 게이트웨이 역할을 한다.
> - 네트워크 보안상 가장 중요한 위치를 차지하므로 관리자에 의해 철저하게 감시되며 불법적인 침입 의도를 가지고 접속한 모든 시스템의 기록들에 대해서 주기적으로 검사가 이루어져야 한다.

① Application Level Firewall
② Dual-home Gateway
③ Secure Gateway
④ Bastion Host

해설
① Application Level Firewall: 응용 계층 방화벽으로, 응용 계층에서 트래픽을 분석하여 접근을 제어한다.
② Dual-Home Gateway: 두 개의 네트워크 인터페이스를 가진 게이트웨이로, 내부 네트워크와 외부 네트워크를 연결하는 역할을 한다.
③ Secure Gateway: 보안 게이트웨이로, 방화벽의 일종으로 볼 수 있다.

정답 ④

---

008 다음에서 설명하는 방화벽 구축 형태는?

> - 배스천(Bastion) 호스트와 스크린 라우터를 혼합하여 사용한 방화벽
> - 외부 네트워크와 내부 네트워크 사이에 스크린 라우터를 설치하고 스크린 라우터와 내부 네트워크 사이에 배스천 호스트를 설치

① Bastion Host
② Dual Homed Gateway
③ Screened Subnet Gateway
④ Screened Host Gateway

해설
① Bastion Host: 보호된 네트워크에서 유일하게 외부의 공격에 노출된 컴퓨터 시스템
② Dual Homed Gateway: 두 개의 네트워크 인터페이스를 가진 게이트웨이로, 내부 네트워크와 외부 네트워크를 연결하는 역할
③ Screened Subnet Gateway: DMZ(Demilitarized Zone)를 사용하여 외부 네트워크와 내부 네트워크를 분리하는 방화벽 구축 형태

정답 ④

009 침입차단 시스템(방화벽) 중 다음과 같은 형태의 구축 유형은?

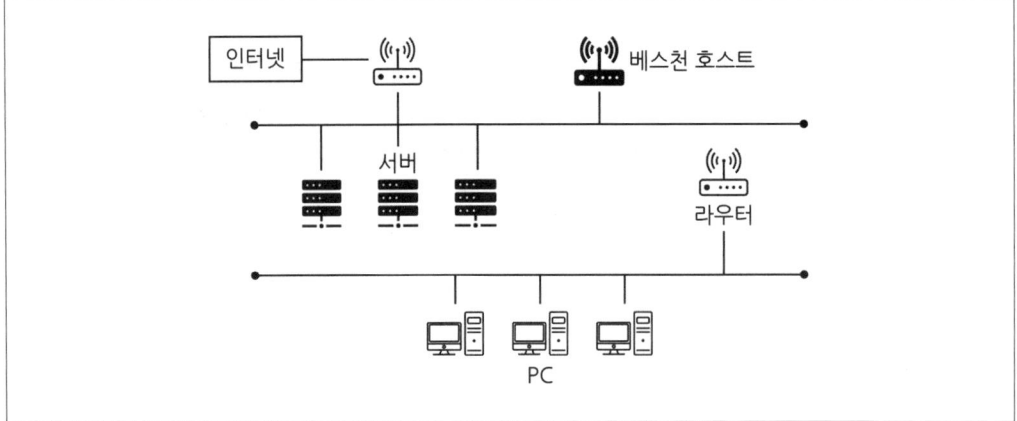

① Block Host
② Tree Host
③ Screened Subnet
④ Ring Homed

> **해설**
> Screened Subnet Gateway는 DMZ(Demilitarized Zone)를 사용하여 외부 네트워크와 내부 네트워크를 분리하는 방화벽 구축 형태이다.

정답 ③

010 방화벽 시스템만으로 구성된 것은?

(가) 프록시 서버(Proxy Server)
(나) 배스천 호스트(Bastion Host)
(다) 머천트 서버(Merchant Server)
(라) 스크린 호스트 게이트웨이(Screened Host Gateway)
(마) 스크린 서브넷 게이트웨이(Screened Subnet Gateway)
(바) 메일 서버(Mail Server)

① (가), (나), (다)
② (나), (라), (마)
③ (가), (다), (바)
④ (라), (마), (바)

> **해설**
> (가) 프록시 서버(Proxy Server): 프록시 서버는 클라이언트와 서버 사이에서 중계자 역할을 하는 서버
> (다) 머천트 서버(Merchant Server): 일반적으로 전자상거래를 처리하는 서버
> (바) 메일 서버(Mail Server): 메일 서버는 이메일을 처리하는 서버

정답 ②

011 컴퓨터 운영체제의 커널에 보안 기능을 추가한 것으로 운영체제의 보안상 결함으로 인하여 발생 가능한 각종 해킹으로부터 시스템을 보호하기 위하여 사용되는 것은?

① GPIB
② CentOS
③ XSS
④ Secure OS

정답 ④

012 Secure OS의 보안 기능으로 거리가 먼 것은?

① 식별 및 인증
② 임의적 접근 통제
③ 고가용성 지원
④ 강제적 접근 통제

해설
고가용성 지원은 시스템의 가용성을 높이기 위한 기능이다. Secure OS는 시스템의 보안을 강화하기 위한 기능을 제공하는 것이므로, 고가용성 지원은 Secure OS의 보안 기능으로 볼 수 없다.

정답 ③

013 다음 내용이 설명하는 스토리지 시스템은?

- 하드디스크와 같은 데이터 저장 장치를 호스트버스 어댑터에 직접 연결하는 방식
- 저장 장치와 호스트 기기 사이에 네트워크 디바이스가 없어야 하고 직접 연결하는 방식으로 구성

① DAS
② NAS
③ N-SCREEN
④ NFC

해설
① DAS는 Direct Attached Storage의 약자로, 하드디스크와 같은 데이터 저장 장치를 호스트버스 어댑터에 직접 연결하는 방식의 스토리지 시스템이다. 저장 장치와 호스트 기기 사이에 네트워크 디바이스가 없어야 하고 직접 연결하는 방식으로 구성된다.
② NAS는 Network Attached Storage의 약자로, 네트워크를 통해 접근할 수 있는 스토리지 시스템이다.
③ N-SCREEN은 동일한 콘텐츠를 TV, PC, 태블릿 PC, 스마트폰 등 여러 이종 단말기에서 자유롭게 이용할 수 있는 서비스
④ NFC는 근거리 무선 통신 기술이다.

정답 ①

014 다음 내용이 설명하는 것은?

- 네트워크상에 광채널 스위치의 이점인 고속 전송과 장거리 연결 및 멀티 프로토콜 기능을 활용
- 각기 다른 운영체제를 가진 여러 기종들이 네트워크상에서 동일 저장 장치의 데이터를 공유하게 함으로써, 여러 개의 저장 장치나 백업 장비를 단일화시킨 시스템

① SAN　　　　② MBR　　　　③ NAC　　　　④ NIC

해설
SAN은 Storage Area Network의 약자로, 네트워크를 통해 접근할 수 있는 스토리지 시스템이다. 광채널 스위치를 사용하여 고속 전송과 장거리 연결 및 멀티 프로토콜 기능을 제공한다. 각기 다른 운영체제를 가진 여러 기종들이 네트워크상에서 동일 저장 장치의 데이터를 공유할 수 있다.

정답 ①

015 디스크 시스템의 성능과 신뢰성을 향상시키기 위해서 디스크 드라이브의 배열을 구성하여 하나의 유니트로 패키지함으로써 액세스 속도를 크게 향상시키고 신뢰도를 높인 것을 무엇이라 하는가?

① 자기 디스크 장치(Magnetic Disk Unit)
② RAID(Redundant Array of Inexpensive Disks)
③ 자기 테이프 장치(Magnetic Tape Unit)
④ 램 디스크 장치(RAM Disk Unit)

해설
RAID는 저렴한 디스크를 사용하여 성능과 신뢰성을 향상시키는 기술이다. 여러 개의 디스크 드라이브를 배열로 구성하여 하나의 유니트로 패키지 함으로써 액세스 속도를 크게 향상시키고 신뢰도를 높인다.

정답 ②

016 다음 중 RAID(Redundant Array of Inexpensive Disks)에 대한 설명으로 가장 옳지 않은 것은?

① RAID-0은 디스크 스트라이핑(Disk Striping) 방식으로 중복 저장과 오류 검출 및 교정이 없는 방식이다.
② RAID-1은 디스크 미러링(Disk Mirroring) 방식으로 높은 신뢰도를 갖는다.
③ RAID-4는 데이터를 비트(Bit) 단위로 여러 디스크에 분할하여 저장하는 방식이며, 별도의 패리티(Parity) 디스크를 사용한다.
④ RAID-5는 별도의 패리티(Parity) 디스크 대신 모든 디스크에 패리티(Parity) 정보를 나누어 기록하는 방식이다.

해설
RAID-4는 RAID-3과 유사하나 블록 단위 분산 저장을 한다.

정답 ③

017 다음에서 설명하는 RAID 방식으로 옳은 것은?

- 모든 데이터를 실시간으로 복구가 가능해 디스크 오류가 발생해도 중요한 데이터를 즉시 사용할 수 있다.
- 시스템 소프트웨어나 중요한 파일을 저장하는 용도로만 사용된다.

① RAID 0 ② RAID 1 ③ RAID 2 ④ RAID 5

해설
① RAID 0: 스트라이핑 사용, 모든 디스크 용량 활용
② RAID 1: 미러링을 통한 데이터 복제, 가용량 절반
③ RAID 2: 오류 정정을 위한 해밍 코드 사용
④ RAID 5: 세 개 이상의 디스크 사용, 각 디스크에 패리티 정보 포함

정답 ②

018 다음의 설명과 가장 가까운 RAID(Redundant Array of Independent Disks) 레벨은 무엇인가?

- 거울(Mirroring) 디스크라고 한다.
- 디스크 오류 시 실시간 데이터 복구가 가능하다.
- RAID 중 가장 구축 비용이 많이 든다.

① RAID 레벨 5 ② RAID 레벨 3 ③ RAID 레벨 1 ④ RAID 레벨 0

해설
- RAID 0: 스트라이핑 사용, 모든 디스크 용량 활용
- RAID 1: 미러링을 통한 데이터 복제, 가용량 절반
- RAID 2: 오류 정정을 위한 해밍 코드 사용
- RAID 3: 한 디스크에 패리티 정보 저장, 나머지 디스크에 데이터 분산
- RAID 5: 세 개 이상의 디스크 사용, 각 디스크에 패리티 정보 포함

정답 ③

019 별도의 패리티 연산 전용 프로세서와 메모리를 요구하며 멤버 디스크에 돌아가면서 순환적으로 데이터를 저장해 입출력 병목현상을 해결해 읽기 작업 시 분산된 리소스를 불러들여 큰 속도 향상을 보이는 방식의 RAID는?

① RAID 0 ② RAID 1 ③ RAID 3 ④ RAID 5

해설
RAID 5는 데이터를 여러 디스크에 분할하여 저장하고, 패리티 정보를 모든 디스크에 분산하여 저장하는 방식이다. RAID 5는 읽기 작업 시 분산된 리소스를 불러들여 큰 속도 향상을 보인다.

정답 ④

020 Windows에서 구성 가능한 디스크 어레이 구축 방식 중 데이터 손실의 위험을 감수하더라도 고성능을 추구하기 위해 디스크를 병렬로 배치하는 방식은?

① RAID 0　　　　　　　　　② RAID 1
③ RAID 4　　　　　　　　　④ RAID 5

> **해설**
> RAID 0은 데이터를 여러 디스크에 분산 저장하여 액세스 속도를 향상시키는 방식이다. 중복 저장과 오류 검출 및 교정이 없기 때문에 신뢰성이 낮다.

정답 ①

021 멀티미디어용 디스크 어레이(Disk Array) 구현 방법 중 별도의 패리티 디스크를 사용하는 방식은?

① RAID 0　　　　　　　　　② RAID 1
③ RAID 3　　　　　　　　　④ RAID 5

> **해설**
> RAID 3은 데이터를 블록 단위로 여러 디스크에 분할하여 저장하고, 패리티 정보를 별도의 디스크에 저장하는 방식이다.

정답 ③

022 RAID(Redundant Arrays of Inexpensive Disks)에 대한 설명으로 가장 적절하지 않은 것은?

① 레벨 0는 장애 복구 능력이 없다.
② 레벨 1은 미러링(Mirroring) 방식이다.
③ 레벨 2는 Reed-Solomon 에러 정정 코드를 사용한다.
④ 레벨 5는 모든 디스크에 패리티 정보를 나누어 저장한다.

> **해설**
> RAID 2는 오류 정정을 위한 해밍 코드를 사용한다.

정답 ③

023 RAID(Redundant Array of Inexpensive Disks) 레벨에 대한 설명으로 옳지 않은 것은?

① RAID 레벨 0: 패리티 없이 데이터를 분산 저장한다.
② RAID 레벨 1: 패리티 비트를 사용하여 오류를 검출한다.
③ RAID 레벨 2: 해밍 코드를 사용하여 오류 검출 및 정정이 가능하다
④ RAID 레벨 5: 데이터와 함께 패리티 정보를 블록 단위로 분산 저장한다.

> **해설**
> RAID 레벨 1은 데이터 미러링을 사용하여 동일한 데이터를 두 개의 디스크에 복제하는 방식이다. 패리티 비트를 사용하지 않고 단순히 데이터를 복제하여 고가용성을 제공한다.

정답 ②

024 정보시스템과 관련한 다음 설명에 해당하는 것은?

- 각 시스템 간에 공유 디스크를 중심으로 클러스터링으로 엮어 다수의 시스템을 동시에 연결할 수 있다.
- 조직, 기업의 기간 업무 서버 등의 안정성을 높이기 위해 사용될 수 있다.
- 여러 가지 방식으로 구현되며 2개의 서버를 연결하는 것으로 2개의 시스템이 각각 업무를 수행하도록 구현하는 방식이 널리 상용된다.

① 고가용성 솔루션(HACMP)
② 점대점 연결 방식(Point-to-Point Mode)
③ 스턱스넷(Stuxnet)
④ 루팅(Rooting)

> **해설**
> ② 점대점 연결 방식(Point-to-Point Mode): 두 개의 시스템이 직접 연결되어 통신하는 방식
> ③ 스턱스넷(Stuxnet): 이란의 우라늄 농축 시설을 공격하기 위해 개발된 악성코드
> ④ 루팅(Rooting): 시스템의 관리자 권한을 획득하는 행위

정답 ①

025 다음 설명에 해당하는 기술로 가장 알맞은 것은?

지속적인 서비스 제공을 목적으로 하는 클러스터로 하나의 Primary Node가 특정한 일처리를 수행하지 못하는 경우에 Backup Node(Secondary Node)가 Primary Node의 상태를 체크하고 있다가 이상이 발생하면 서비스를 이어 받도록 구성한다.

① 베어울프 클러스터
② 고가용성 클러스터
③ 부하분산 클러스터
④ 고계산용 클러스터

> **해설**
> 고가용성을 제공하기 위해 주로 2개의 서버를 연결하는 방식을 사용한다.

정답 ②

Section 4. DB 구축 관리

001 다음에서 설명하는 빅 데이터의 3대 특징으로 옳지 않은 것은?

> 빅 데이터는 대용량의 데이터 집합으로부터 가치 있는 정보를 효율적으로 추출하고 결과를 분석하는 기술이다.

① 센싱 기술 등을 활용하여 사물과 주위 환경으로부터 정보 획득(Sensor)
② 방대한 양의 데이터 처리(Volume)
③ 정형 데이터와 비정형 데이터 등 다양한 유형의 데이터로 구성(Variety)
④ 실시간으로 생산되며 빠른 속도로 수집 및 분석(Velocity)

> **해설**
> 빅 데이터의 특징: 규모(Volume), 다양성(Variety), 속도(Velocity), 정확성(Veracity)과 가치(Value)

정답 ①

002 빅 데이터 수집 방법 중 웹 로봇을 이용하여 조직 외부에 존재하는 소셜데이터 등 인터넷에 공개되어 있는 자료를 수집하는 것은?

① 크롤링(Crawling)   ② 센싱(Sensing)
③ 로그 수집기   ④ RSS

> **해설**
> 크롤링은 웹 로봇을 이용하여 인터넷에 존재하는 자료를 수집하는 기술이다. 웹 로봇은 웹 페이지의 링크를 따라가며 웹 페이지의 내용을 수집한다. 따라서 크롤링은 조직 외부에 존재하는 소셜데이터 등 인터넷에 공개되어 있는 자료를 수집하는 데 적합한 방법이다.

정답 ①

003 빅 데이터의 특징으로 옳지 않은 것은?

① 빅 데이터는 데이터의 형식이 단일하다.
② 빅 데이터는 데이터의 양이 방대하다.
③ 빅 데이터는 생성 속도가 매우 빠르다.
④ 빅 데이터는 데이터 처리 방식에 있어 새로운 관리 및 분석 방법을 요구한다.

> **해설**
> 빅 데이터는 다양한 형식의 데이터를 포함한다. 예를 들어, 텍스트, 이미지, 영상, 음성, 센서 데이터 등이 포함될 수 있다. 따라서 빅 데이터는 데이터의 형식이 단일하다고 볼 수 없다.

정답 ①

004 다음이 설명하는 용어로 옳은 것은?

- 오픈 소스를 기반으로 한 분산 컴퓨팅 플랫폼이다.
- 일반 PC급 컴퓨터들로 가상화된 대형 스토리지를 형성한다.
- 다양한 소스를 통해 생성된 빅 데이터를 효율적으로 저장하고 처리한다.

① 하둡(Hadoop)
② 비컨(Beacon)
③ 포스퀘어(Foursquare)
④ 맴리스터(Memristor)

정답 ①

005 하둡(Hadoop)과 관계형 데이터베이스 간에 데이터를 전송할 수 있도록 설계된 도구는?

① Apnic
② Topology
③ Sqoop
④ SDB

해설
Sqoop은 하둡과 관계형 데이터베이스 간에 데이터를 전송할 수 있도록 설계된 도구이다. Sqoop을 이용하여 하둡의 분산 파일 시스템(HDFS)에 저장된 데이터를 관계형 데이터베이스로 가져오거나, 관계형 데이터베이스에 저장된 데이터를 하둡으로 내보낼 수 있다.

정답 ③

006 빅 데이터 분석 기술 중 대량의 데이터를 분석하여 데이터 속에 내재되어 있는 변수 사이의 상호 관계를 규명하여 일정한 패턴을 찾아내는 기법은?

① Data Mining
② Wm-Bus
③ Digital Twin
④ Zigbee

해설
Data Mining은 대량의 데이터를 분석하여 데이터 속에 내재되어 있는 변수 사이의 상호 관계를 규명하여 일정한 패턴을 찾아내는 기법이다.

정답 ①

007 다음 ( )안에 들어갈 알맞은 것은?

컴퓨터의 저장용량 및 데이터 처리 성능이 발전하면서 기업은 방대한 양의 고객 관련 데이터를 (ㄱ)에 저장하고 (ㄴ)와/과 같은 통계 프로그램을 활용하는 고객 분석이 가능해짐에 따라 CRM 등장할 수 있었다.

① ㄱ: 데이터 웨어하우스　　ㄴ: 데이터베이스
② ㄱ: 데이터 마이닝　　ㄴ: 데이터 웨어하우스
③ ㄱ: 데이터베이스　　ㄴ: 데이터 마이닝
④ ㄱ: 데이터 웨어하우스　　ㄴ: 데이터 마이닝

해설
(ㄱ)은 방대한 양의 고객 관련 데이터를 저장하는 곳으로, 데이터 웨어하우스가 적합하다.
(ㄴ)은 데이터 웨어하우스에 저장된 데이터를 분석하는 데 사용되는 통계 프로그램으로, 데이터 마이닝이 적합하다.

정답 ④

008 조직 내 부서 혹은 전략적 비즈니스 유닛(Strategic Business Unit)의 최종 사용자들의 목적에 맞게 설계된 것으로, 데이터 웨어하우스와 사용자 사이의 중간층에 위치하며 데이터 웨어하우스보다 규모나 비용 측면에서 축소된 개념은?

① 데이터 하이퍼
② 데이터 큐브
③ 데이터 마트
④ 데이터 모델

해설
데이터 마트는 조직 내 부서 혹은 전략적 비즈니스 유닛(Strategic Business Unit)의 최종 사용자들의 목적에 맞게 설계된 것으로, 데이터 웨어하우스와 사용자 사이의 중간층에 위치하며 데이터 웨어하우스보다 규모나 비용 측면에서 축소된 개념이다.

정답 ③

009 다음 내용에 적합한 용어는?

- 대용량 데이터를 분산 처리하기 위한 목적으로 개발된 프로그래밍 모델이다.
- Google에 의해 고안된 기술로써 대표적인 대용량 데이터 처리를 위한 병렬 처리 기법을 제공한다.
- 임의의 순서로 정렬된 데이터를 분산 처리하고 이를 다시 합치는 과정을 거친다.

① MapReduce
② SQL
③ Hijacking
④ Logs

> **해설**
> ② SQL은 관계형 데이터베이스에서 데이터를 조작하기 위한 언어이다.
> ③ Hijacking은 해커가 시스템을 제어하기 위해 다른 사용자의 계정을 무단으로 사용하는 행위이다.
> ④ Logs는 시스템의 동작을 기록한 데이터이다.

정답 ①

010 NoSQL 시스템의 종류로 가장 적절하지 않은 것은?

① 키-값(Key-Value) NoSQL 시스템
② 문서 기반(Document-Based) NoSQL 시스템
③ 테이블 기반(Table-Based) NoSQL 시스템
④ 그래프 기반(Graph-Based) NoSQL 시스템

> **해설**
> NoSQL 시스템은 관계형 데이터베이스와 달리 스키마가 유연하거나, 스키마가 없는 데이터 모델을 사용하는 데이터베이스이다. 따라서 테이블 기반 데이터 모델을 사용하는 NoSQL 시스템은 존재하지 않는다.

정답 ③

011 NoSQL의 설명으로 틀린 것은?

① Not Only SQL의 약자이다.
② 비정형 데이터의 저장을 위해 유연한 데이터 모델을 지원한다.
③ 전통적인 관계형 데이터베이스 관리 시스템과는 다른 비관계형(Non-relational) DBMS이다.
④ 정규화를 전제로 하고 있어 갱신 시에 저장 공간이 적게 든다.

> **해설**
> NoSQL은 관계형 데이터베이스와 달리 정규화를 요구하지 않는 경우가 많다. 따라서 정규화를 전제로 하고 있어 갱신 시에 저장 공간이 적게 든다는 설명은 NoSQL의 특성과 맞지 않다.

정답 ④

012 NOSQL에 대한 설명으로 옳지 않은 것은?

① NOSQL은 샤딩(Sharding)을 지원한다.
② BigTable, Cassandra 등이 대표적인 NOSQL이다.
③ NOSQL은 RDBMS와 같이 스키마(Schema)를 필요로 한다.
④ NOSQL은 가용성(Availability)과 확장성(Scalability)을 중요시한다.

> **해설**
> NoSQL은 관계형 데이터베이스와 달리 스키마가 유연하거나, 스키마가 없는 데이터 모델을 사용하는 데이터베이스이다. 따라서 RDBMS와 같이 스키마를 필요로 한다는 설명은 NoSQL의 특성과 맞지 않는다.

정답 ③

013 다음 중 NoSQL 시스템의 특징에 대한 설명으로 가장 옳지 않은 것은?

① JSON이나 XML 형식을 갖는 반정형(Semi-structured) 문서를 저장할 때 많이 사용된다.
② 고성능의 데이터 액세스를 위하여 파일 분할을 최소화한다.
③ 가용성을 높이기 위하여 데이터를 여러 사이트에 중복해서 저장한다.
④ 관계 데이터베이스보다 질의 처리 기능이 상대적으로 단순하다.

> **해설**
> NoSQL 시스템은 대규모 데이터를 분산 저장하기 위해 파일 분할을 사용하는 경우가 많다. 따라서 고성능의 데이터 액세스를 위하여 파일 분할을 최소화한다는 설명은 NoSQL의 특성과 맞지 않는다.

정답 ②

014 다음 중 SQL과 NoSQL의 차이점에 대한 설명으로 가장 옳지 않은 것은?

① NoSQL은 Key-Value, Document, Wide-Column, Graph 등의 방식으로 데이터를 저장하고, 관계형 데이터베이스는 SQL을 이용해서 데이터를 테이블에 저장한다.
② SQL을 사용하려면 고정된 형식의 스키마가 필요하고, NoSQL은 관계형 데이터베이스보다 동적으로 스키마의 형태를 관리할 수 있다.
③ 관계형 데이터베이스는 테이블의 형식과 테이블 간의 관계에 맞춰 데이터를 요청해야 하므로 SQL과 같이 구조화된 쿼리 언어를 사용하고, 비관계형 데이터베이스의 쿼리는 구조화되지 않은 쿼리 언어로도 데이터 요청이 가능하다.
④ SQL 기반의 관계형 데이터베이스는 수평적으로 확장하고, NoSQL로 구성된 데이터베이스는 수직적으로 확장한다.

> **해설**
> 일반적으로 관계형 데이터베이스는 수직적 확장(Scale-Up)에 더 적합하며, NoSQL 데이터베이스는 수평적 확장(Scale-Out)에 강점을 가진다. 수직적 확장은 기존 시스템의 성능을 향상시키는 것이고, 수평적 확장은 더 많은 시스템을 네트워크에 추가하는 것을 의미한다.

정답 ④

소프트웨어 개발 보안 구축

Section 1. SW개발 보안 설계

001 정보보안의 3대 요소에 해당하지 않는 것은?

① 기밀성　　　　　② 휘발성
③ 무결성　　　　　④ 가용성

해설
정보보안의 3대 요소는 기밀성, 무결성, 가용성이다.
- 기밀성은 정보에 대한 접근을 허가되지 않은 사람으로부터 보호하는 것을 의미한다.
- 무결성은 정보가 정확하고 완전하며 변조되지 않은 상태를 유지하는 것을 의미한다.
- 가용성은 정보가 필요할 때 사용할 수 있는 상태를 유지하는 것을 의미한다.

정답 ②

002 시스템 내의 정보는 오직 인가된 사용자만 수정할 수 있는 보안 요소는?

① 기밀성　　　　　② 부인방지
③ 가용성　　　　　④ 무결성

해설
무결성은 정보가 정확하고 완전하며 변조되지 않은 상태를 유지하는 것을 의미한다. 따라서 시스템 내의 정보는 오직 인가된 사용자만 수정할 수 있는 것은 무결성에 해당한다.

정답 ④

003 AAA, Triple-A라고 읽는 이 용어는 보안의 세 가지를 합쳐 축약한 용어이다. 다음 중 Triple-A에 해당하지 않는 것은?

① Authentication　　　　② Authorization
③ Accounting　　　　　　④ Availability

해설
AAA는 Authentication, Authorization, Accounting의 약자로, 보안의 세 가지 요소를 의미한다. Authentication은 사용자의 신원을 확인하는 것을, Authorization은 사용자에게 적절한 권한을 부여하는 것을, Accounting은 사용자의 활동을 기록하는 것을 의미한다.

정답 ④

004 개인정보보호, 정보보호 교육에 대한 설명으로 옳지 않은 것은?

① 개인정보보호법에 따라 연 1회 이상 개인정보 교육을 의무적으로 한다.
② 정보보호 교육 시 자회사 직원만 교육하고 협력사는 제외한다.
③ 정보통신망법에 따라 연 2회 이상 개인정보 교육을 의무적으로 한다.
④ 개인정보보호, 정보보안에 대한 교육은 수준별, 대상별로 나누어 교육한다.

> **해설**
> 개인정보보호법 제28조 제2항에 따르면, 개인정보 처리자는 개인정보의 적정한 취급을 보장하기 위하여 개인정보 취급자에게 정기적으로 필요한 교육을 실시하여야 한다. 이때, 개인정보취급자는 개인정보 처리자의 종사자뿐만 아니라, 개인정보 처리자의 업무를 위탁받아 처리하는 자(협력사)의 종사자도 포함된다.

정답 ②

005 유럽의 국가들에 의해 제안된 것으로 자국의 정보보호 시스템을 평가하기 위하여 제정된 기준은?

① TCSEC　　② ITSEC
③ PIMS　　④ ISMS-P

> **해설**
> ① TCSEC는 미국의 국가 안보국(NSA)에서 제안한 정보보호 시스템 평가 기준
> ③ PIMS는 개인정보 관리 시스템을 평가하기 위한 기준
> ④ ISMS-P는 개인정보보호를 위한 정보보안 관리 체계의 인증 기준

정답 ②

006 다음은 정보보호 관리 체계(ISMS, Information Security Management System) 5단계 과정을 수립하려고 한다. 가장 옳은 순서는?

① 경영 조직 → 위험관리 → 정책 수립 및 범위 설정 → 구현 → 사후관리
② 정책 수립 및 범위 설정 → 경영 조직 → 위험관리 → 구현 → 사후관리
③ 정책 수립 및 범위 설정 → 경영 조직 → 구현 → 위험관리 → 사후관리
④ 경영 조직 → 정책 수립 및 범위 설정 → 위험관리 → 구현 → 사후관리

> **해설**
> ISMS 5단계 과정은 다음과 같이 구성된다.
> 1. 정책 수립 및 범위 설정: 정보보호 정책을 수립하고, 정보보호 관리 체계의 범위를 설정한다.
> 2. 경영 조직: 정보보호에 대한 경영진의 역할과 책임을 명확히 하고, 정보보호 관리체계의 구축 및 운영을 위한 조직을 구성한다.
> 3. 위험관리: 정보자산에 대한 위협과 취약점을 파악하고, 위험을 평가하여 적절한 대책을 수립한다.
> 4. 구현: 위험관리 과정에서 수립된 대책을 구현한다.
> 5. 사후관리: 정보보호 관리체계의 운영을 지속적으로 모니터링하고, 개선 사항을 도출한다.

정답 ②

007 다음 설명에 해당하는 제도로 가장 적절한 것은?

- 조직이 보존해야 할 정보 자산의 기밀성, 무결성, 가용성을 실현하는 절차와 과정을 체계적으로 수립하고 이를 문서화함
- 관리 및 운영하는 조직의 체계가 인증 기준에 적합한지 심사하여 인증을 부여하는 제도

① CC(Common Criteria) 인증
② ISMS(Information Security Management System) 인증
③ TCSEC(Trusted Computer Security Evaluation Criteria)
④ PIMS(Personal Information Management System) 인증

해설
① CC(Common Criteria) 인증은 정보보호 제품 및 시스템의 보안성을 평가하기 위한 기준
③ TCSEC는 미국 국방성에서 제정한 정보보호 시스템의 보안성 평가 기준
④ PIMS 인증은 개인정보 보호를 위한 정보보안 관리 체계의 인증 기준

정답 ②

008 ISMS-P에 대한 설명으로 옳지 않은 것은?

① 한국인터넷진흥원에서 제도 운영을 담당한다.
② 3개 분류에서 총 102개 항목을 심사한다.
③ 인증심사기관 지정 유효기간은 5년이며, 6개월 전에 갱신 신청을 해야 한다.
④ ISMS-P가 아닌 ISMS만 취득하고자 할 경우 일부 항목에 대한 평가는 생략된다.

해설
최초 심사를 통해 인증을 취득하면 3년의 유효기간이 부여되며, 6개월 전에 갱신 신청을 해야 한다.

정답 ③

009 국내의 기관이나 기업이 정보 및 개인정보를 체계적으로 보호할 수 있도록 통합된 관리 체계 인증 제도는?

① PIPL - P
② ISMS - I
③ PIMS - I
④ ISMS - P

해설
ISMS-P는 정보보호 관리 체계(ISMS)와 개인정보보호 관리 체계(PIMS)를 통합한 인증제도이다. 따라서 국내의 기관이나 기업이 정보 및 개인정보를 체계적으로 보호할 수 있도록 통합된 관리 체계 인증제도는 ISMS-P이다.

정답 ④

010 현재 운영되고 있는 정보보호 및 개인정보보호 관리 체계(Personal Information & Information Security Management System)에 대한 설명으로 옳지 않은 것은?

① 한국인터넷진흥원에서 제도운영 및 인증 품질 관리, 인증 심사원 양성, 금융 분야를 포함하여 인증 심사를 진행하고 있다.
② 보호 대책 요구사항은 인적 보안, 외부자 보안, 물리보안, 접근 통제, 암호화 적용, 사고 예방 및 대응 등의 내용으로 구성되어 있다.
③ ISMS-P 인증 심사를 받는 기관은 기관의 개인정보를 취급하는 모든 서비스에 대해 개인정보를 식별하고 흐름도 또는 흐름표를 작성해야 한다.
④ 정보보호 및 개인정보보호 관리 체계는 침해위협에 효과적으로 대응하고 기관의 부담을 최소화하기 위하여 ISMS-P로 통합해 운영하고 있다.

> **해설**
> 한국인터넷진흥원(KISA)은 ISMS-P 제도 운영 및 인증 품질 관리, 인증 심사원 양성 등을 담당하지만, 금융 분야 인증 심사는 금융보안원에서 담당한다.

정답 ①

011 다음 지문이 설명하는 인증제도는?

> 현재 사용되는 IT 보안제품에 대해 보안성을 평가하는 제도로 제품유형별 PP(Protection Profile)를 정의하고, 8개 군의 평가 항목을 대상으로 평가가 이루어진다. 평가 결과는 IT 보안제품의 보안위협 및 자산가치의 정도에 따라 EAL1(Evalualion Assurance Level1) - EAL7(Evaluation Assurance Level 7)까지 7단계로 부여하여 인증서가 제공된다.

① ISO 27001
② ITSEC
③ CC(Common Criteria)
④ ISMS

> **해설**
> CC(Common Criteria)는 IT 보안제품 및 시스템의 보안성을 평가하기 위한 국제 표준이다. CC는 제품유형별 PP(Protection Profile)를 정의하고, 8개 군의 평가 항목을 대상으로 평가를 실시한다. 평가 결과는 IT 보안 제품의 보안 위협 및 자산 가치의 정도에 따라 EAL1(Evalualion Assurance Level1) - EAL7(Evaluation Assurance Level 7)까지 7단계로 부여하여 인증서가 제공된다.

정답 ③

012 실무적으로 검증된 개발보안 방법론 중 하나로써 SW 보안의 모범 사례를 SDLC(Software Development Life Cycle)에 통합한 소프트웨어 개발 보안 생명주기 방법론은?

① CLASP
② CWE
③ PIMS
④ Seven Touchpoints

> **해설**
> Seven Touchpoints는 소프트웨어 개발 보안의 주요 활동을 7단계로 나눈 방법론으로, SDLC의 각 단계에서 수행해야 할 보안 활동을 정의하고, 보안 모범 사례를 제시한다.

정답 ④

013 안전한 소프트웨어 개발 방법론의 하나인 MS사의 SDL(Secure Development Lifecycle)의 소프트웨어 개발 프로세스 중 위협 모델링을 수행해야 하는 단계는?

① 계획·분석 ② 설계 ③ 구현 ④ 시험·검증

> **해설**
> MS사의 SDL은 소프트웨어 개발 프로세스의 각 단계에서 보안 활동을 수행하도록 권장하고 있다. 이 중 위협 모델링은 설계 단계에서 수행해야 하는 필수 보안 활동이다. 위협 모델링을 통해 개발자는 소프트웨어 시스템에 대한 잠재적인 위협을 식별하고, 이에 대한 완화 대책을 마련할 수 있다.

정답 ②

014 오픈 소스 웹 애플리케이션 보안 프로젝트로서 주로 웹을 통한 정보 유출, 악성 파일 및 스크립트, 보안 취약점 등을 연구하는 곳은?

① WWW ② OWASP ③ WBSEC ④ ITU

> **해설**
> OWASP(Open Web Application Security Project)는 오픈 소스 웹 애플리케이션 보안 프로젝트로, 웹 애플리케이션 보안에 대한 연구, 교육, 리소스 제공 등을 수행하고 있다. OWASP는 주로 웹을 통한 정보 유출, 악성 파일 및 스크립트, 보안 취약점 등을 연구하고 있다.

정답 ②

015 다음의 지문은 무엇을 설명한 것인가?

> 안전한 소프트웨어 개발을 위해 소스 코드 등에 존재할 수 있는 잠재적인 보안 취약점을 제거하고, 보안을 고려하여 기능을 설계 및 구현하는 등 소프트웨어 개발 과정에서 지켜야 할 보안 활동이다.

① 시큐어 코딩(Secure Coding) ② 스캐빈징(Scavenging)
③ 웨어하우스(Warehouse) ④ 살라미(Salami)

> **해설**
> 시큐어 코딩은 안전한 소프트웨어 개발을 위해 소스 코드 등에 존재할 수 있는 잠재적인 보안 취약점을 제거하고, 보안을 고려하여 기능을 설계 및 구현하는 등 소프트웨어 개발 과정에서 지켜야 할 보안 활동이다.

정답 ①

016 시큐어 코딩(Secure Coding) 기법으로 옳지 않은 것은?

① 화이트리스트 방식으로 허용된 확장자만 업로드를 허용한다.
② 입력 화면 폼(FORM) 작성 시 POST 방식보다 GET 방식을 사용한다.
③ 사용자로부터 입력받은 스크립트 관련 문자열을 필터링하여 변환한다.
④ 인자화된 질의문(Parameterized Query)을 사용한다.

> **해설**
> POST 방식은 GET 방식과 달리 데이터가 URL에 노출되지 않으므로 보안성이 더 높다. 따라서 입력 화면 폼을 작성할 때는 POST 방식을 사용하는 것이 안전하다.

정답 ②

---

017 아래에서 설명하고 있는 HTTP 프로토콜 메서드로 옳은 것은?

> ㄱ. 서버로 정보를 보내는 데 사용한다.
> ㄴ. 대량의 데이터를 전송할 때 사용한다.
> ㄷ. 보내는 데이터가 URL을 통해 노출되지 않기 때문에 최소한의 보안성을 가진다.

① GET ② POST ③ HEAD ④ CONNECT

> **해설**
> POST는 서버로 정보를 보내는 데 사용하며, 대량의 데이터를 전송할 때에도 사용할 수 있다. 또한, 보내는 데이터가 URL을 통해 노출되지 않으므로 최소한의 보안성을 가진다고 할 수 있다.

정답 ②

---

018 OWASP 공격 중 가장 피해가 큰 공격으로 OS나 특정 공격을 위해 값을 넣어 문제를 일으키는 공격 기법은 무엇인가?

① 삽입 공격 ② 부적절한 평가
③ 평문 저장 ④ 잘못된 권한 설정

> **해설**
> 삽입공격은 공격자가 사용자 입력을 적절하게 검증하지 않은 시스템에 악의적인 코드나 데이터를 삽입하여 시스템을 제어하거나 정보를 유출하는 공격 기법이다. 삽입공격의 유형으로 SQL 인젝션, XSS 공격, 명령어 삽입 등이 있다.

정답 ①

019 다음 JAVA코드에서 밑줄로 표시된 부분에는 어떤 보안 약점이 존재하는가? (단, key는 암호화 키를 저장하는 변수이다.)

```
import javax.crypto.KeyGenerator;
import javax.crypto.spec.SecretKeySpec;
import javax.crypto.Cipher;
…… 생략
public string encriptString(String usr) {
String key = "22df3023sf-2;2asn!@#/>as";
if (key != null) {
byte[] bToEncrypt = usr.getBytes("UTF-8")
…… 생략
```

① 무결성 검사 없는 코드 다운로드
② 중요 자원에 대한 잘못된 권한 설정
③ 하드코드된 암호화 키 사용
④ 적절한 인증없는 중요 기능 허용

해설
밑줄로 표시된 부분에서 암호화 키가 소스 코드에 직접 하드코드되어 있다. 이는 공격자가 소스 코드를 탈취할 경우, 암호화 키를 쉽게 획득할 수 있어 심각한 보안 취약점이 된다. 따라서 암호화 키는 소스 코드에 하드코드 하지 않고, 외부에서 안전하게 관리해야 한다.

정답 ③

020 웹 페이지에 악의적인 스크립트를 포함시켜 사용자 측에서 실행되게 유도함으로써, 정보유출 등의 공격을 유발할 수 있는 취약점은?

① Ransomware
② Pharming
③ Phishing
④ XSS

해설
① Ransomware는 사용자의 컴퓨터를 암호화하여 사용하지 못하게 만들고, 암호를 해제하기 위해 금전을 요구하는 공격
② Pharming은 사용자를 속여 악성 웹 사이트로 유도하여 개인정보를 탈취하는 공격
③ Phishing은 사용자에게 이메일이나 문자메시지 등을 보내서 개인정보를 유출하게 유도하는 공격

정답 ④

021 다음 설명에 해당하는 공격 방법으로 가장 적절한 것은?

> 웹 사이트에서 입력을 엄밀하게 검증하지 않는 취약점을 이용하는 공격으로, 사용자로 위장한 공격자가 웹 사이트에 프로그램 코드를 삽입하여, 나중에 이 사이트를 방문하는 다른 사용자의 웹 브라우저에서 해당 코드가 실행되도록 한다.

① 세션 탈취(Session Hijacking)
② 제로 데이(Zero-Day) 공격
③ 패킷 스니핑(Packet Sniffing) 공격
④ XSS(Cross-Site Scripting)

해설
XSS 공격은 웹 사이트에서 입력을 엄밀하게 검증하지 않는 취약점을 이용하는 공격이다. 공격자는 웹 사이트에 악의적인 스크립트를 삽입하여 사용자의 웹 브라우저에서 해당 코드를 실행하도록 유도한다.

정답 ④

022 SQL Injection 공격과 관련한 설명으로 틀린 것은?

① SQL Injection은 임의로 작성한 SQL 구문을 애플리케이션에 삽입하는 공격방식이다.
② SQL Injection 취약점이 발생하는 곳은 주로 웹 애플리케이션과 데이터베이스가 연동되는 부분이다.
③ DBMS의 종류와 관계없이 SQL Injection 공격 기법은 모두 동일하다.
④ 로그인과 같이 웹에서 사용자의 입력 값을 받아 데이터베이스 SQL문으로 데이터를 요청하는 경우 SQL Injection을 수행할 수 있다.

해설
SQL Injection 공격은 공격자가 사용자 입력을 적절하게 검증하지 않은 웹 애플리케이션에 악의적인 SQL 구문을 삽입하여 데이터베이스를 조작하는 공격이다. DBMS의 종류에 따라 SQL 구문의 문법이 다를 수 있으므로, SQL Injection 공격 기법도 DBMS의 종류에 따라 달라질 수 있다.

정답 ③

023 데이터베이스 보안에서 웹을 이용한 SQL 인젝션 공격 방지를 위한 시큐어 코딩(Secure Coding) 방법으로 옳지 않은 것은?

① 주석문에 시스템 주요 정보를 사용자가 볼 수 있도록 해야 한다.
② 애플리케이션에서 데이터베이스 연결을 수행할 때 최소 권한의 계정을 사용해야 한다.
③ 외부 입력값이 삽입되는 SQL 쿼리문의 구조가 변경되지 않도록 해야 한다.
④ 외부 입력값이 삽입되는 SQL 쿼리문은 특수문자를 필터링하여 입력값 검증을 수행해야 한다.

해설
주석문에 시스템 주요 정보를 포함하면, 공격자가 이를 탈취하여 시스템을 공격할 수 있는 위험이 있다. 따라서 주석문에는 시스템 주요 정보를 포함하지 않도록 해야 한다.

정답 ①

Section 2. SW개발 보안 구현

001 정보보호를 위한 암호화에 대한 설명으로 틀린 것은?

① 평문 - 암호화되기 전의 원본 메시지
② 암호문 - 암호화가 적용된 메시지
③ 복호화 - 평문을 암호문으로 바꾸는 작업
④ 키(Key) - 적절한 암호화를 위하여 사용하는 값

> **해설**
> 복호화는 암호문을 다시 평문으로 변환하는 작업을 의미한다.

정답 ③

002 원본 파일에 숨기고자 하는 정보를 삽입하고 숨겨진 정보의 존재 여부를 알기 어렵게 하는 기술은?

① 퍼징(Fuzzing)
② 스캐닝(Scanning)
③ 크립토그래피(Cryptography)
④ 스테가노그래피(Steganography)

> **해설**
> - 스테가노그래피는 이미지, 오디오, 비디오 등의 파일에 정보를 숨기는 기술로, 숨겨진 정보의 존재를 알기 어렵게 만드는 데 사용된다.
> - 퍼징(Fuzzing)은 소프트웨어의 취약점을 찾기 위한 기법이고, 스캐닝(Scanning)은 네트워크 등의 환경에서 특정 정보를 수집하는 과정이며, 크립토그래피(Cryptography)는 정보를 암호화하여 보안을 강화하는 기술이다.

정답 ④

003 다음 중 인터넷상에서 본인임을 증명하기 위해 서명을 하는 수단으로 공개키 암호를 거꾸로 활용하는 방식을 지칭하는 용어로 가장 올바른 것은?

① 부인방지
② 전자서명
③ 해시 함수
④ 인증서명

> **해설**
> 전자서명은 발신자의 개인키를 사용하여 메시지에 서명하고, 수신자는 발신자의 공개키를 사용하여 서명을 검증함으로써 발신자의 신원을 확인하고 메시지의 무결성을 보장한다.

정답 ②

004 다음 중 전자서명에 대한 설명으로 가장 적절하지 않은 것은?

① 서명자가 서명한 후에 원본 메시지와 전자서명의 내용을 수정할 수 없다.
② 개인키를 가진 사용자만이 생성할 수 있는 정보로 서명자를 인증할 수 있다.
③ 개인키를 아는 사용자만이 생성할 수 있는 정보이므로 부인 방지 기능을 제공한다.
④ 디지털 정보이므로 한 문서의 전자서명을 복사하여 다른 문서의 서명으로 사용할 수 있다.

> **해설**
> 전자서명은 메시지와 서명이 수학적으로 연관되어 있기 때문에, 하나의 문서에 사용된 서명을 다른 문서에 그대로 복사하여 사용하는 것은 불가능하다. 각 전자서명은 오직 그것이 서명된 특정 문서에 대해서만 유효하다. 서명은 해당 문서의 내용에 의존적이며, 문서의 내용이 조금이라도 변경되면 서명은 무효화된다.

정답 ④

005 암호화 키와 복호화 키가 동일한 암호화 알고리즘은?

① RSA
② AES
③ DSA
④ ECC

> **해설**
> 암호화 키와 복호화 키가 동일한 암호화 알고리즘은 대칭키 암호화 방식에 해당한다. AES는 대칭키 암호화 방식으로, 암호화와 복호화에 동일한 키를 사용한다.

정답 ②

006 블록 암호화 방식이 아닌 것은?

① DES
② RC4
③ AES
④ SEED

> **해설**
> RC4는 스트림 암호화 방식에 속하며, 데이터를 비트 또는 바이트 단위로 연속적으로 암호화한다. LFSR, RC4, A5 등은 스트림 암호 알고리즘에 해당한다.

정답 ②

007 스트림 암호화 방식의 설명으로 옳지 않은 것은?

① 비트/바이트/단어들을 순차적으로 암호화한다.
② 해시 함수를 이용한 해시 암호화 방식을 사용한다.
③ RC4는 스트림 암호화 방식에 해당한다.
④ 대칭키 암호화 방식이다.

> **해설**
> 스트림 암호화는 비트, 바이트 또는 단어 단위의 데이터를 순차적으로 암호화하는 방식이다. 해시 암호화는 데이터를 고정된 크기의 해시 값으로 변환하는 과정으로, 이 과정은 복호화가 불가능한 단방향 암호화이고, 스트림 암호화는 복호화가 가능한 양방향 암호화 방식에 속한다.
>
> 정답 ②

008 다음 암호 알고리즘 중 성격이 다른 하나는?

① MD4   ② MD5   ③ SHA-1   ④ AES

> **해설**
> AES는 대칭키 블록 암호화 알고리즘이며, 데이터를 암호화하고 복호화하는 데 사용된다. 반면, ① MD4, ② MD5, ③ SHA-1은 모두 해시 함수이다. 해시 함수는 데이터를 고정된 길이의 해시 값으로 변환하는데, 이 과정은 단방향이며, 복호화가 불가능하다.
>
> 정답 ④

009 다음 중 한국에서 개발한 암호화 알고리즘이 아닌 것은?

① AES   ② ARIA   ③ SEED   ④ LEA

> **해설**
> AES는 미국의 국립표준기술연구소(NIST)에 의해 개발된 대칭키 블록 암호화 알고리즘이다. 반면, ② ARIA, ③ SEED, ④ LEA는 모두 한국에서 개발된 암호화 알고리즘이다.
>
> 정답 ①

010 미국 NIST가 표준으로 제정한 AES(Advanced Encryption Standard) 암호의 특징으로 가장 옳지 않은 것은?

① 평문과 암호문의 크기가 128비트인 블록 암호이다.
② 키는 128비트, 192비트, 256비트 중 선택하여 사용한다.
③ Substitution-and-Permutation Network 형태의 암호 체계이다.
④ Weak Key가 존재한다.

> **해설**
> AES는 알려진 'Weak Key'가 없다. Weak Key란 특정 암호화 알고리즘에서 다른 키보다 덜 안전한 키를 의미한다. DES(Data Encryption Standard)에서는 특정한 키 값이 암호화의 안전성을 저하시킬 수 있지만, AES는 이러한 약한 키의 문제가 알려지지 않았다.
>
> 정답 ④

011 AES 알고리즘에 대한 설명으로 옳지 않은 것은?

① 블록 암호 체제를 갖추고 있다.
② 128/192/256bit 키 길이를 제공하고 있다.
③ DES 알고리즘을 보완하기 위해 고안된 알고리즘이다.
④ 첫 번째 라운드를 수행하기 전에 먼저 초기 평문과 라운드 키의 NOR 연산을 수행한다.

> **해설**
> AES 알고리즘에서는 첫 번째 라운드를 수행하기 전에 초기 평문과 라운드 키의 XOR(배타적 논리합), 즉, AddRoundKey 단계를 수행한다. NOR 연산은 AES에서 사용되지 않는다.

정답 ④

012 AES 알고리즘에 대한 설명으로 옳지 않은 것은?

① 대먼과 리즈먼이 제출한 Rijndael이 AES 알고리즘으로 선정되었다.
② 암호화 과정의 모든 라운드에서 SubBytes, ShiftRows, MixColumns, AddRoundKey 연산을 수행한다.
③ 키의 길이는 128, 192, 256bit의 크기를 사용한다.
④ 입력 블록은 128bit이다.

> **해설**
> AES의 암호화 과정에서는 마지막 라운드에서 'MixColumns' 연산이 수행되지 않는다. 따라서 모든 라운드에서 이 네 가지 연산이 모두 수행된다는 것은 정확하지 않다.

정답 ②

013 128비트 키를 이용한 AES 알고리즘 연산 수행에 필요한 내부 라운드 수는?

① 10   ② 12   ③ 14   ④ 16

> **해설**
> AES(Advanced Encryption Standard) 알고리즘에서 사용하는 라운드 수는 키의 길이에 따라 다르다. 128비트 키를 사용할 때는 10라운드, 192비트 키를 사용할 때는 12라운드, 256비트 키를 사용할 때는 14라운드가 사용된다.

정답 ①

014 DES는 몇 비트의 암호화 알고리즘인가?

① 8   ② 24   ③ 64   ④ 132

> **해설**
> DES는 64비트 블록 크기를 가지며, 실제로 사용되는 키 길이는 56비트이다.

정답 ③

015 DES(Data Encryption Standard)에 대한 설명으로 옳지 않은 것은?

① 1977년에 미국 표준 블록 암호 알고리즘으로 채택되었다.
② 64비트 평문 블록을 64비트 암호문으로 암호화한다.
③ 페이스텔 구조(Feistel Structure)로 구성된다.
④ 내부적으로 라운드(Round)라는 암호화 단계를 10번 반복해서 수행한다.

> **해설**
> DES 알고리즘은 내부적으로 16개의 라운드를 사용하여 암호화를 수행한다.

정답 ④

016 DES(Data Encryption Standard)에 대한 설명 중 옳지 않은 것은?

① 1970년대 초 IBM이 개발한 알고리즘이다.
② 2048비트까지의 가변 키 크기가 지원되고 있다.
③ 미국표준기술연구소(NIST)에 의해 암호화 표준으로 결정됐다.
④ 암호화 방식의 전자 코드북과 암호 피드백으로 이루어졌다.

> **해설**
> DES는 56비트 키 크기를 사용하는 암호화 알고리즘이다.

정답 ②

017 다음 중 블록 암호 알고리즘의 하나인 DES 공격 방법으로 알맞은 것은?

① 선형 공격
② 블록 공격
③ 전수 공격
④ 비선형 공격

> **해설**
> 전수 공격은 가능한 모든 키 조합을 시도하여 암호를 해독하는 방식이다. DES의 경우 56비트 키를 사용하기 때문에, 전수 공격은 2^56(약 7.2 x 10^16)개의 모든 가능한 키를 시험해 보는 것을 포함한다. 이 방법은 DES의 상대적으로 짧은 키 길이로 인해 실현 가능한 공격 방법으로 여겨진다.

정답 ①

018 Triple-DES(Data Encryption Standard)에서는 DES 암호화와 복호화를 섞어서 암호화한다. 다음 중 순서를 가장 적절하게 나열한 것은?

① 암호화 → 암호화 → 복호화
② 암호화 → 복호화 → 암호화
③ 복호화 → 암호화 → 복호화
④ 암호화 → 복호화 → 복호화

> **해설**
> Triple-DES는 DES 암호화 과정을 세 번 수행하는 방식으로, 첫 번째와 세 번째 단계에서는 암호화를, 두 번째 단계에서는 복호화를 수행한다. 이렇게 하는 목적은 DES의 안전성을 향상시키기 위해서이다. 첫 번째와 세 번째 단계에서는 서로 다른 키를 사용할 수 있으며, 이는 Triple-DES의 보안을 강화한다.

정답 ②

019 다음 암호화 기법에 대한 설명으로 틀린 것은?

① DES는 비대칭형 암호화 기법이다.
② RSA는 공개키/비밀키 암호화 기법이다.
③ 디지털 서명은 비대칭형 암호 알고리즘을 사용한다.
④ DES 알고리즘에서 키 관리가 매우 중요하다.

> **해설**
> DES(Data Encryption Standard)는 대칭형 암호화 기법이다. 대칭형 암호화 기법은 암호화와 복호화에 동일한 키를 사용하는 방식을 말한다.

정답 ①

020 다음 내용에 해당하는 것은?

> 전자상거래, 금융, 무선 통신 등에서 전송되는 개인정보와 같은 중요한 정보를 보호하기 위해 국내 암호 전문가들이 개발한 128비트 블록 암호 알고리즘

① SEED   ② DES
③ SHA-1   ④ RSA

> **해설**
> SEED는 전자상거래, 금융, 무선 통신 등에서 중요 정보를 보호하기 위해 한국의 암호 전문가들에 의해 개발된 128비트 블록 암호 알고리즘이다. SEED는 한국에서 널리 사용되며, 주로 데이터의 안전한 전송과 저장에 적용된다.

정답 ①

021 다음은 IDEA에 대한 설명이다. 잘못된 것은 어느 것인가?

① IDEA는 DES를 대체하기 위해서 스위스에서 개발한 것이다.
② IDEA는 128비트 키를 사용하여 128비트 블록을 암호화한다.
③ IDEA는 하나의 블록을 4개의 서브 블록으로 나눈다.
④ 4개의 서브 블록은 각 라운드에 입력값으로 들어가며 총 8개의 라운드로 구성되어 있다.

> 해설
> IDEA는 128비트 키를 사용하지만, 암호화하는 블록의 크기는 64비트이다. 따라서 IDEA는 128비트 키를 사용하여 64비트 블록, 8개의 라운드로 구성된 암호화이다.

정답 ②

022 우리나라에서 개발된 표준 암호 알고리즘으로 구성된 것은?

① 암호: SEED, 해시: HAS-160, 서명: KCDSA
② 암호: DES, 해시: HAS-160, 서명: DSS
③ 암호: SEED, 해시: MD-5, 서명: RSA
④ 암호: IDEA, 해시: HAS-160, 서명: DSS

> 해설
> SEED는 한국에서 개발된 대칭키 암호화 알고리즘, HAS-160은 한국 표준 해시 알고리즘, 그리고 KCDSA는 한국에서 개발된 디지털 서명 알고리즘을 의미한다. 이 세 가지는 모두 한국에서 개발된 표준 알고리즘이다.

정답 ①

023 아래의 암호 알고리즘 중 키의 길이와 라운드 수가 가장 적은 것을 고르시오.

DES, IDEA, Rijndael, SEED

① 키의 길이: DES, 라운드 수: Rijndael
② 키의 길이: IDEA, 라운드 수: DES
③ 키의 길이: DES, 라운드 수: SEED
④ 키의 길이: DES, 라운드 수: IDEA

> 해설
> - DES(Data Encryption Standard): 키 길이 56비트, 16라운드
> - IDEA(International Data Encryption Algorithm): 키 길이 128비트, 8.5라운드
> - Rijndael: 키 길이 128, 192, 256비트 중 선택, 라운드 수는 10, 12, 14라운드(키 길이에 따라 다름)
> - SEED: 키 길이 128비트, 16라운드

정답 ④

024 아래의 대칭키 암호 알고리즘 중 Feistel 암호 구조와 SPN 구조끼리 올바르게 묶인 것은?

① (DES. SEED) : (AES. ARIA)
② (DES. ARIA) : (AES. SEED)
③ (DES. AES) : (SEED. ARIA)
④ (DES) : (SEED. AES. ARIA)

> **해설**
> • Feistel 구조: 이 구조는 데이터를 반으로 나눈 후 한쪽을 다른 쪽에 적용하는 방식을 사용한다. 대표적인 Feistel 구조 암호에는 DES와 SEED가 포함된다.
> • SPN 구조: 이 구조는 데이터에 치환과 전치 과정을 반복적으로 적용한다. 대표적인 SPN 구조 암호에는 AES와 ARIA가 포함된다.

정답 ①

025 공개키 암호화 기법에 대한 설명으로 옳지 않은 것은?

① 공개키 암호화 알고리즘으로 SEED, 3DES, AES 등이 있다.
② 공개키 암호화 시스템에서는 안전한 키 분배(Key Distribution)가 필요하다.
③ 공개키 암호화 시스템은 긴 평문을 암호화하는 경우에는 적합하지 않다.
④ 평문을 암호화하는 공개키와 복호화에 이용되는 비밀키를 달리하는 비대칭키 암호화 기법이다.

> **해설**
> SEED, 3DES, AES는 모두 대칭키 암호화 알고리즘이다. 공개키 암호화 알고리즘의 예로는 RSA, ECC(타원 곡선 암호), ElGamal 등이 있다.

정답 ①

026 공개키 암호화 방식에 대한 설명으로 틀린 것은?

① 공개키로 암호화된 메시지는 반드시 공개키로 복호화해야 한다.
② 비대칭 암호 기법이라고도 한다.
③ 대표적인 기법은 RSA 기법이 있다.
④ 키 분배가 용이하고, 관리해야 할 키 개수가 적다.

> **해설**
> 공개키로 암호화된 메시지는 해당 공개키와 쌍을 이루는 비밀키로 복호화되어야 한다. 공개키와 비밀키는 서로 다른데, 공개키는 암호화에 사용되고 비밀키는 복호화에 사용된다.

정답 ①

027 공개키 암호에 대한 설명으로 틀린 것은?

① 10명이 공개키 암호를 사용할 경우 5개의 키가 필요하다.
② 복호화 키는 비공개되어 있다.
③ 송신자는 수신자의 공개키로 문서를 암호화한다.
④ 공개키 암호로 널리 알려진 알고리즘은 RSA가 있다.

해설

공개키 암호 시스템에서는 각 사용자가 하나의 공개키와 하나의 비공개키, 총 두 개의 키를 갖는다. 따라서 10명이 공개키 암호를 사용한다면, 총 20개의 키(각각의 공개키와 비공개키)가 필요하다.

정답 ①

028 공개키 암호 시스템에 대한 설명으로 옳은 것만을 모두 고르면?

ㄱ. 한 쌍의 공개키와 개인키 중에서 개인키만 비밀로 보관하면 된다.
ㄴ. 동일한 안전성을 가정할 때 ECC는 RSA보다 더 짧은 길이의 키를 필요로 한다.
ㄷ. 키의 분배와 관리가 대칭키 암호 시스템에 비하여 어렵다.
ㄹ. 일반적으로 암호화 및 복호화 처리 속도가 대칭키 암호 시스템에 비하여 빠르다.

① ㄱ, ㄴ
② ㄱ, ㄹ
③ ㄴ, ㄷ
④ ㄷ, ㄹ

해설

ㄷ. 공개키 암호 시스템의 장점 중 하나는 대칭키 암호 시스템에 비해 키 분배와 관리가 더 쉽다는 점이다. 공개키는 자유롭게 공유될 수 있으며, 개인키만 안전하게 보관하면 된다.
ㄹ. 공개키 암호 시스템이 대칭키 암호 시스템에 비해 처리 속도가 느리다. 공개키 암호화는 계산적으로 더 복잡하기 때문이다.

정답 ①

029 비대칭 암호화 방식으로 소수를 활용한 암호화 알고리즘은?

① DES
② AES
③ SMT
④ RSA

해설

RSA 암호화 방식은 두 개의 큰 소수를 사용하는 것이 핵심이며, 이 두 소수의 곱을 기반으로 공개키와 개인키를 생성한다.

정답 ④

030 데이터를 전송할 때에는 항상 정보에 대한 보안문제가 대두되며, 이를 해결하기 위해 다양한 암호화 방식이 사용된다. 다음이 설명하고 있는 암호화 방식을 사용하는 것은?

> - 암호화할 때는 하나의 키를 사용하고, 해독 과정에서 또 다른 키를 사용한다.
> - 망 내의 각 단말 시스템은 수신될 메시지의 암호화와 해독에 사용될 키의 쌍을 생성한다.
> - 암호화는 공개키를 사용하고 복호화는 개인키를 사용한다.

① DES
② RSA
③ SEED
④ IDEA

해설
① DES: 대칭키 암호화 방식으로, 암호화와 복호화에 동일한 키를 사용한다.
② RSA: 비대칭 암호화 방식으로, 공개키와 개인키의 쌍을 사용한다. 공개키로 암호화하고 개인키로 복호화하는 방식을 채택한다.
③ SEED: 한국에서 개발된 대칭키 암호화 알고리즘으로, 암호화와 복호화에 동일한 키를 사용한다.
④ IDEA: 대칭키 암호화 방식으로, 이 역시 암호화와 복호화에 같은 키를 사용한다.

정답 ②

031 다음에서 설명하는 키 교환 알고리즘은 무엇인가?

> 1976년 미국 스탠퍼드 대학의 연구원이 개발한 것으로, 공개키는 하나의 정수와 한 개의 소수로 통신 직전에 통신 상대방과 공유하도록 해두고, 다른 비밀키 전용의 숫자를 통신 상대방 양쪽에서 각각 전송하여 이들과 공개키의 수치를 사용하여 공통 암호키용 수치를 산출한다. 유한체에서의 이산대수의 어려운 점을 이용한 것이다.

① Diffie-Hellman
② 3-DES
③ AES(Rijndael)
④ Seed

해설
Diffie-Hellman 키 교환 알고리즘의 특징은 아래와 같다.
- 1976년에 미국 스탠퍼드 대학의 연구원들에 의해 개발되었다.
- 공개키는 하나의 정수와 한 개의 소수로 구성되며, 이는 통신 상대방과 통신 직전에 공유된다.
- 각 통신 참가자는 자신만의 비밀키를 생성하고, 공개키와 결합하여 공통의 암호키를 산출한다.
- 이 알고리즘은 유한체에서의 이산대수 문제의 어려움을 이용한다.

정답 ①

032 다음 중 이산대수 기반 암호 방식이 아닌 것은?

① Elgamal 암호
② 타원곡선 암호
③ DSA 암호
④ 라빈(Rabin) 암호

> **해설**
> ① Elgamal 암호: 이산대수 문제를 기반으로 하는 비대칭 암호 방식이다.
> ② 타원곡선 암호: 타원곡선 위의 이산대수 문제를 기반으로 하는 암호 방식이다.
> ③ DSA 암호: 이 역시 이산대수 문제를 기반으로 하는 디지털 서명 알고리즘이다.
> ④ Rabin 암호: 라빈 암호는 이산대수 문제가 아닌, 큰 수의 소인수분해 문제를 기반으로 하는 암호 방식이다.

정답 ④

033 타원곡선 암호 기술(ECC, Elliptic Curve Cryptography)에 대한 설명으로 가장 적절하지 않은 것은?

① 타원곡선 암호 기술은 소인수분해 문제에 기반을 둔다.
② 타원곡선 암호 기술은 키 교환, 전자서명에 사용될 수 있다.
③ 타원곡선 암호 기술은 다른 공개키 알고리즘에 비해 계산량이 적다는 장점을 갖는다.
④ 타원곡선 암호 기술은 비교적 짧은 키 길이를 이용하여 RSA와 동일한 수준의 보안을 제공한다.

> **해설**
> 타원곡선 암호 기술(ECC)은 소인수분해 문제가 아닌, 타원곡선 상의 이산 로그 문제에 기반을 두고 있다. 이것이 ECC의 핵심이며, RSA와 같은 다른 암호 방식과 구별되는 주요 특징이다.

정답 ①

034 다음 암호화에 관련된 설명 중 가장 적절하지 않은 것은?

① 단방향 암호화는 암호화된 결과로부터 원문을 복호화하는 용도로 사용하지 않는다.
② 대칭키 암호화는 키를 가진 경우 원문 복호화가 가능하다.
③ 공개키 암호화는 개인키를 이용한 원문 복호화가 불가능하다.
④ 공개키 암호화 기법은 비밀번호 없는 SSH(Secure Shell) 접속에 응용된다.

> **해설**
> 공개키 암호화에서는 공개키로 암호화된 데이터를 개인키로 복호화할 수 있다. 개인키로 암호화된 데이터를 공개키로 복호화하는 경우도 있다. 개인키를 이용한 원문 복호화는 가능하다.

정답 ③

035 아래에서 설명하는 전자우편 암호화와 가장 가까운 것은?

> 1991년에 IDEA 알고리즘과 RSA 알고리즘을 조합하여 만들어졌다. 세션 키를 암호화하기 위해 IDEA 알고리즘을 이용하고 사용자 인증을 위한 전자서명에는 RSA 알고리즘을 이용한다. 특히 해당 기술을 사용하는 사람들 간의 신뢰 관계를 통해 공개키를 인증하는 기법을 사용하고 있다.

① S/MIME(Secure MIME)
② PGP(Pretty Good Privacy)
③ PEM(Privacy Enhanced Mail)
④ SSL(Secure Socket Layer)

해설
PGP는 다음과 같은 특징을 가지고 있다.
- IDEA 알고리즘 사용: PGP는 세션 키를 암호화하기 위해 IDEA 알고리즘을 사용한다.
- RSA 알고리즘 사용: 사용자 인증 및 전자 서명에 RSA 알고리즘을 사용한다.
- 공개키 인증 방식: PGP는 사용자들 간의 신뢰 관계를 바탕으로 한 공개키 인증 방식을 사용한다.

정답 ②

036 다음 중 PGP(Pretty Good Privacy) 프로토콜에 대한 설명으로 가장 옳지 않은 것은?

① 안전한 전자우편 송수신을 위해 Phil Zimmermann에 의해 제안되었다.
② 제3자의 개입 없이 수신자에 대한 인증과 부인방지 기능을 제공한다.
③ 하나의 파일을 여러 개의 파일로 분할하는 기능을 제공한다.
④ 별도의 인증기관은 필요 없으며, 키 링(Key Ring)을 이용하여 공개키를 인증한다.

해설
PGP의 주된 목적은 메시지의 보안과 발신자의 인증에 있으며, 수신자 인증은 주로 전송 프로토콜 또는 다른 보안 메커니즘을 통해 이루어진다.

정답 ②

037 다음에서 설명하는 전자우편 보안 기술은?

> - 종단 사용자에게 투명한 인증 기술을 제공하도록 설계되었다.
> - 전자우편 메시지는 전자우편 발신지 관리 도메인의 개인키에 의해 서명된다.
> - 서명은 메시지 내용 전체와 메시지 헤더의 일부를 대상으로 한다.
> - 수신 측의 MDA(Mail Delivery Agent)는 DNS를 통해 해당 공개키에 접근하여 서명을 검증할 수 있다.

① PGP
② PEM
③ MIME
④ DKIM

> **해설**
> ① PGP(Pretty Good Privacy): 사용자 간의 암호화 및 디지털 서명을 위한 도구로, DKIM과는 다른 방식과 목적을 가진다.
> ② PEM(Privacy Enhanced Mail): 이전의 전자우편 보안 표준으로, DKIM과는 다른 접근 방식을 가진다.
> ③ MIME(Multipurpose Internet Mail Extensions): 이메일에서 다양한 형식의 미디어를 지원하기 위한 인터넷 표준이며, 보안 기능 자체를 제공하지는 않는다.

정답 ④

038 대칭 암호 알고리즘과 비대칭 암호 알고리즘에 대한 설명으로 틀린 것은?

① 대칭 암호 알고리즘은 비교적 실행 속도가 빠르기 때문에 다양한 암호의 핵심 함수로 사용될 수 있다.
② 대칭 암호 알고리즘은 비밀키 전달을 위한 키 교환이 필요하지 않아 암호화 및 복호화의 속도가 빠르다.
③ 비대칭 암호 알고리즘은 자신만이 보관하는 비밀키를 이용하여 인증, 전자서명 등에 적용이 가능하다.
④ 대표적인 대칭키 암호 알고리즘으로는 AES, IDEA 등이 있다.

> **해설**
> 대칭 암호 알고리즘의 주요 단점 중 하나는 비밀키를 안전하게 교환해야 한다는 점이다. 대칭 암호 알고리즘에서는 암호화와 복호화에 동일한 키를 사용하기 때문에, 이 키를 안전하게 교환하는 것이 중요하다.

정답 ②

039 사용자 A가 사용자 B에게 보낼 메시지에 대한 전자서명을 생성하는 데 필요한 키는?

① 사용자 A의 개인키
② 사용자 A의 공개키
③ 사용자 B의 개인키
④ 사용자 B의 공개키

> **해설**
> 전자서명은 메시지의 송신자가 해당 메시지를 보냈음을 증명하기 위해 생성된다. 이를 위해 송신자인 사용자 A는 자신의 개인키를 사용하여 전자서명을 생성한다. 이후 수신자인 사용자 B는 사용자 A의 공개키를 사용하여 전자서명의 유효성을 검증할 수 있다.

정답 ①

040 공개키 암호 방식의 성능 문제와 대칭키 암호 방식의 키 관리 문제를 상호 보완하여 하이브리드 암호화 환경을 구축하고자 한다. 아래의 ㉠, ㉡에 해당하는 알고리즘으로 올바르게 짝지어진 것은?

> ㉠ 키 생성 및 교환을 위한 알고리즘
> ㉡ 데이터 암호화 알고리즘

① ㉠ SHA ㉡ RSA
② ㉠ RSA ㉡ AES
③ ㉠ AES ㉡ SHA
④ ㉠ SEED ㉡ RSA

해설
- 공개키 암호 방식은 대칭키 암호 방식에 비해 성능이 떨어지지만, 키 교환이 간편하다는 장점이 있다.
- 대칭키 암호 방식은 성능이 우수하지만, 키 관리가 어렵다는 단점이 있다. 따라서 하이브리드 암호화 환경에서는 공개키 암호 방식을 사용하여 키를 교환하고, 대칭키 암호 방식을 사용하여 데이터를 암호화하는 것이 일반적이다.
- ㉠에 해당하는 알고리즘은 공개키 암호 방식인 RSA가 적합하고, ㉡에 해당하는 알고리즘은 대칭키 암호 방식인 AES가 적합하다.

정답 ②

041 암호화 형식에서 4명이 통신을 할 때, 서로 간 비밀 통신과 공개 통신을 하기 위한 키의 수는?

① 비밀키 2개, 공개키 4개
② 비밀키 4개, 공개키 6개
③ 비밀키 6개, 공개키 8개
④ 비밀키 8개, 공개키 10개

해설
- 비밀키 키의 개수: n * (n - 1) / 2
- 공개키 키의 개수: n * 2

정답 ③

042 다음은 암호화에 사용되는 기술의 특징을 설명한 것이다. 무엇에 대한 설명인가?

> - 출력 지점에서 원본 비트 문자열을 찾아내는 것은 불가능하다.
> - 주어진 입력에 대해 같은 코드를 생성하는 또 다른 입력값을 찾아내는 것은 불가능하다.

① 해시 함수
② IPSec
③ 공개키 암호화
④ 대칭키 암호화

해설
해시 함수는 입력값을 고정 길이의 출력값으로 변환하는 함수이다.

정답 ①

043 해시(Hash) 기법에 대한 설명으로 틀린 것은?

① 임의의 길이의 입력 데이터를 받아 고정된 길이의 해시 값으로 변환한다.
② 주로 공개키 암호화 방식에서 키 생성을 위해 사용한다.
③ 대표적인 해시 알고리즘으로 HAVAL, SHA-1 등이 있다.
④ 해시 함수는 일방향 함수(One-Way Function)이다.

> **해설**
> 해시 함수는 공개키 암호화 방식에서 키 생성에 주로 사용되는 것이 아니라, 데이터의 무결성 검증, 디지털 서명, 비밀번호 저장 등의 용도로 사용된다. 키 생성에는 다른 알고리즘과 수학적 접근이 사용된다.

정답 ②

---

044 암호학적 해시 알고리즘에 대한 설명으로 옳지 않은 것은?

① 해시 결과값을 이용하여 해시 입력값을 역으로 찾아내는 것은 계산상으로 불가능해야 한다.
② MD5 및 SHA-1 알고리즘은 취약점이 발견되지 않아 지금도 많이 사용되고 있다.
③ 충돌 저항성(Collision Resistance)은 동일한 출력값(해시 값)을 생성하는 두 가지 입력값을 구하는 것이 계산적으로 어렵다는 것을 의미한다.
④ SHA-224는 출력의 길이가 224비트이다.

> **해설**
> MD5와 SHA-1 알고리즘은 취약점이 발견되어 현재는 보안이 중요한 용도로는 권장되지 않는다. 특히, 충돌 공격에 취약하다는 것이 밝혀졌다.

정답 ②

---

045 해시 함수(Hash Function)의 특징에 대한 설명으로 옳지 않은 것은?

① 임의의 메시지를 입력받아, 고정된 길이의 해시 값으로 출력 한다.
② 암호학적으로 안전한 해시 함수를 설계하기 위해서는 역상 저항성(Preimage Resistance) 및 충돌 저항성(Collision Resistance)의 기준을 충족해야 한다.
③ 일반적으로 데이터 암호화에 사용된다.
④ 종류에는 SHA-1, MD5, HAS-160 등이 있다.

> **해설**
> 해시 함수는 데이터를 암호화하는 데 사용되지 않는다. 대신 데이터의 무결성 확인, 디지털 서명, 비밀번호 저장 등의 용도로 사용된다. 데이터 암호화는 대칭키 암호화나 비대칭키 암호화 방법을 사용한다.

정답 ③

046 암호화 등에 사용되는 해시는 동일한 출력을 산출하는 서로 다른 두 입력을 계산적으로 찾기가 어려워야 한다. 이러한 특성을 무엇이라 부르는가?

① 일방향성
② 해시 무결성
③ 역상 저항성
④ 충돌 저항성

> **해설**
> '동일한 출력을 산출하는 서로 다른 두 입력을 계산적으로 찾기 어려워야 한다.'라는 해시 함수의 특성을 충돌 저항성(Collision Resistance)이라고 부른다. 이 특성은 두 가지 서로 다른 입력값이 동일한 해시 값을 생성하는 것을 매우 어렵게 만든다. 충돌 저항성은 암호학적 해시 함수의 중요한 특징 중 하나이다.

정답 ④

---

047 다음에서 설명하는 해시 함수(H)의 특성은?

> 주어진 메시지 x에 대해, H(y) = H(x)를 만족하면서 y≠x인 y를 찾는 것이 계산상 매우 어려워야 한다.

① 의사난수성(Pseudo-randomness)
② 역상 저항성(Pre-image Resistance)
③ 약한 충돌 저항성(Weak Collision Resistance)
④ 강한 충돌 저항성(Strong Collision Resistance)

> **해설**
> 약한 충돌 저항성은 어떤 입력 값과 동일한 해시 값(결과값)을 가지는 다른 입력 값을 찾을 수 없어야 한다는 특성이다.

정답 ③

---

048 해시 함수를 사용하여 변환 가능한 모든 해시 값을 계산한 뒤, 이 정보를 사용하여 비밀번호를 공격하는 기법은?

① 무차별 대입(Brute-Force) 공격
② 퍼징(Fuzzing) 공격
③ 알려진 평문(Known Plaintext) 공격
④ 레인보우 테이블(Rainbow Table) 공격

> **해설**
> 레인보우 테이블은 암호 해시 함수로부터 생성된 해시 값들의 매핑을 저장한 대규모 표이다. 이 테이블을 사용하면, 저장된 해시 값을 통해 원래의 비밀번호를 효율적으로 역추적할 수 있다.

정답 ④

049 패스워드(Password)에 사용될 수 있는 문자열의 범위를 정하고, 그 범위 내에서 생성 가능한 패스워드를 활용하는 공격은?

① 레인보우 테이블(Rainbow Table)을 이용한 공격
② 사전 공격(Dictionary Attack)
③ 무작위 대입 공격(Brute-Force Attack)
④ 차분 공격(Differential Attack)

> **해설**
> 무차별 대입 공격은 가능한 모든 조합을 시도하여 암호를 해독하는 방법으로, 시간과 자원이 허락하는 한 모든 가능한 조합을 시험해 본다는 특징을 가진다.

정답 ③

050 시스템에 저장되는 패스워드들은 Hash 또는 암호화 알고리즘의 결과 값으로 저장된다. 이때 암호 공격을 막기 위해 똑같은 패스워드들이 다른 암호 값으로 저장되도록 추가되는 값을 의미하는 것은?

① Pass Flag
② Bucket
③ Opcode
④ Salt

> **해설**
> 솔트(Salt)는 원본 패스워드에 임의의 데이터를 추가하여, 동일한 패스워드도 다른 해시 값을 생성하게 만든다. 이 방법은 레인보우 테이블 공격과 같은 해시 공격을 어렵게 만드는 데 효과적이다.

정답 ④

051 코드의 기입 과정에서 원래 '12536'으로 기입되어야 하는데, '12936'으로 표기되었을 경우, 어떤 코드 오류에 해당하는가?

① Addition Error
② Omission Error
③ Sequence Error
④ Transcription Error

> **해설**
> Transcription Error는 데이터를 한 곳에서 다른 곳으로 전사하는 과정에서 발생하는 실수를 의미한다. 이 경우, 숫자가 잘못 기입되어 원래의 데이터와 다르게 기록된 것이므로 필사 오류로 볼 수 있다.

정답 ④

CHAPTER 04 시스템 보안 구축

Section 1. 시스템 보안 설계

001 목표 서버와 공격시간대를 정해서 집중적으로 공격함으로써 결국 웹 서비스를 제공하지 못할 정도로 시스템이 느려지거나 다운되도록 공격하는 방법은?

① DoS
② IDS
③ LAN
④ VPN

> **해설**
> ② IDS(Intrusion Detection System)는 침입 탐지 시스템으로, 네트워크에서 이상 징후를 감지하여 공격을 탐지하고 경고하는 시스템
> ③ LAN(Local Area Network)은 근거리 통신망으로, 건물이나 캠퍼스 내의 컴퓨터들이 연결된 네트워크
> ④ VPN(Virtual Private Network)은 가상 사설망으로, 인터넷을 통해 안전하게 데이터를 전송할 수 있는 네트워크

정답 ①

002 DoS(Denial of Service)의 공격 유형으로 옳지 않은 것은?

① Buffer Overflow 공격
② Smurf 공격
③ Land 공격
④ TCP SYN flooding 공격

> **해설**
> Buffer Overflow 공격은 메모리 버퍼의 크기보다 큰 데이터를 전송하여 시스템을 강제 종료시키는 공격이다.

정답 ①

003 다음 중 DoS(Denial of Service) 공격의 분류로 틀린 것은?

① 파괴 공격
② 사운드 자원 고갈 공격
③ 시스템 자원 고갈 공격
④ 네트워크 자원 고갈 공격

> **해설**
> DoS 공격 목표: 물리적 파괴, 시스템 자원 공격, 네트워크 자원 공격

정답 ②

004 다음 중 서비스 거부(DoS) 공격에 대한 대응 방안으로 올바르지 못한 것은?

① 입력 소스 필터링
② 블랙 홀 널(NULL) 처리
③ 위장한 IP 주소 필터링
④ 대역폭 증대

> **해설**
> 대역폭 증대는 DoS 공격의 원인이 되는 과도한 트래픽을 감당하기 위한 방안이지만, 공격의 근본적인 원인을 해결하지 못한다.
> ① 입력 소스 필터링: 공격자가 유입될 가능성이 있는 소스를 차단하여 공격을 사전에 방지하는 방안
> ② 블랙 홀 널(NULL) 처리: 공격자의 IP 주소를 블랙 홀에 등록하여 공격자의 트래픽을 차단하는 방안
> ③ 위장한 IP 주소 필터링: 공격자가 위장한 IP 주소를 식별하여 차단하는 방안

정답 ④

005 DoS 공격 중 하나인 Ping of Death 공격에 대응하기 위하여 방화벽에서 특정 프로토콜을 차단하는 보안 정책을 적용하려고 한다. 다음 중 차단해야 하는 프로토콜로 알맞은 것은?

① FTP   ② ARP
③ DNS   ④ ICMP

> **해설**
> Ping of Death 공격은 ICMP 에코 요청 패킷의 크기를 최대 크기인 65,536바이트보다 크게 설정하여 공격하는 공격이다. 따라서 Ping of Death 공격을 방지하기 위해서는 ICMP 에코 요청 패킷의 크기를 제한하거나 ICMP 에코 요청 패킷을 전부 차단하는 보안 정책을 적용해야 한다.

정답 ④

006 다음 중 DoS(Denial of Service) 공격에 대한 설명으로 가장 옳지 않은 것은?

① 루트권한을 획득하는 공격이다.
② 디스크, 데이터, 시스템을 파괴하는 파괴 공격도 가능하다.
③ 공격의 원인이나 공격자를 추적하기 힘들다.
④ 매우 다양한 방법으로 공격할 수 있다.

> **해설**
> DoS 공격은 시스템의 자원을 고갈시켜 시스템을 마비시키는 공격이다. 따라서 루트권한을 획득하지 않고도 공격을 수행할 수 있다.

정답 ①

007 DoS(Denial of Service) 공격과 관련한 내용으로 틀린 것은?

① Ping of Death 공격은 정상 크기보다 큰 ICMP 패킷을 작은 조각(Fragment)으로 쪼개어 공격 대상이 조각화 된 패킷을 처리하게 만드는 공격 방법이다.
② Smurf 공격은 멀티캐스트(Multicast)를 활용하여 공격 대상이 네트워크의 임의의 시스템에 패킷을 보내게 만드는 공격이다.
③ SYN Flooding은 존재하지 않는 클라이언트가 서버별로 한정된 접속 가능 공간에 접속한 것처럼 속여 다른 사용자가 서비스를 이용하지 못하게 하는 것이다.
④ Land 공격은 패킷 전송 시 출발지 IP 주소와 목적지 IP 주소 값을 똑같이 만들어서 공격 대상에게 보내는 공격 방법이다.

해설
Smurf 공격은 멀티캐스트(Multicast) 대신 브로드캐스트(Broadcast) 주소를 사용하여 공격을 수행한다. 공격자는 대상의 IP 주소를 ICMP 요청 패킷의 '응답 받을 주소'로 설정하고 이 패킷을 네트워크의 브로드캐스트 주소로 보내 여러 대의 시스템이 응답 패킷을 공격 대상에게 보내도록 한다.

정답 ②

008 특정 사이트에 매우 많은 ICMP Echo를 보내면, 이에 대한 응답(Response)을 하기 위해 시스템 자원을 모두 사용해버려 시스템이 정상적으로 동작하지 못하도록 하는 공격 방법은?

① Role-Based Access Control
② Ping Flood
③ Brute-Force
④ Trojan Horses

해설
Ping Flood 공격은 특정 사이트에 대량의 ICMP Echo 요청을 보내어 대상 시스템이 이에 대한 응답 처리로 인해 과부하가 걸리게 하여 정상적인 작동을 방해하는 공격 방법이다.

정답 ②

009 DoS 공격엔 다양한 종류가 있다. 다음 중 웹 서버 운영체제(OS) 자원을 고갈시키는 DoS는 무엇인가?

① Syn Flooding
② GET Flooding
③ Teardrop
④ Syn Cookie

해설
Syn Flooding 공격은 공격자가 대상 서버에 TCP SYN 요청을 대량으로 보내서 시스템의 연결 큐를 가득 채우는 공격이다. 이로 인해 대상 서버의 CPU, 메모리, 디스크 등의 자원이 고갈되어 정상적인 서비스가 불가능해진다.

정답 ①

010 다음에서 설명하는 DoS 공격 유형은?

> 패킷을 전송할 때 출발지 IP 주소와 목적지 IP 주소의 값을 똑같이 만들어서 공격 대상에게 보낸다. 이때 조작된 목적지 IP 주소는 공격 대상의 IP 주소이다. 이렇게 목적지 주소가 조작된 패킷을 공격 대상에게 보내면 시스템은 공격자가 보낸 SYN 패킷의 출발지 주소를 참조하여 응답 패킷을 보내는데, 이때 패킷이 네트워크 밖으로 나가지 않고 자신에게 다시 되돌아오며, 돌아온 패킷의 출발지 IP 주소에는 또다시 자신의 IP 주소가 기록되어 시스템을 마비시키는 공격의 종류이다.

① Ping of Death
② Land Attack
③ SYN Flooding Attack
④ Smurf Attack

해설

Land Attack은 공격자가 자신의 IP 주소를 공격 대상의 IP 주소로 설정하여 TCP SYN 요청을 보내는 공격이다. 이로 인해 공격 대상은 자신이 보낸 패킷을 처리해야 하기 때문에 시스템이 다운될 수 있다.
① Ping of Death Attack은 ICMP 에코 요청 패킷의 크기를 최대 크기인 65,536바이트보다 크게 설정하여 공격하는 방법이다.
③ SYN Flooding Attack은 공격자가 대상 서버에 TCP SYN 요청을 대량으로 보내서 시스템의 연결 큐를 가득 채우는 공격이다.
④ Smurf Attack은 공격자가 자신의 IP 주소를 공격 대상의 IP 주소로 위장하여 ICMP 에코 요청 패킷을 대량으로 보내는 공격이다.

정답 ②

011 다음에서 ㉠, ㉡, ㉢에 들어갈 용어로 가장 적절하게 연결한 것은?

> - (㉠) 공격은 패킷 헤더 정보를 조작하여, 올바른 재조합을 불가능하게 만드는 것을 이용한다.
> - (㉡) 공격 사례로 Trinoo, TFN, Stacheldraht 공격 등이 있다.
> - (㉢) 공격은 IP 위장과 ICMP의 특성을 이용한다.

① ㉠ Teardrop   ㉡ DDoS   ㉢ Smurf
② ㉠ Land   ㉡ DDoS   ㉢ SYN flooding
③ ㉠ Boink   ㉡ SYN flooding   ㉢ Teardrop
④ ㉠ Teardrop   ㉡ SYN flooding   ㉢ Land

해설

㉠ Teardrop 공격은 패킷 헤더 정보를 조작하여, 올바른 재조합을 불가능하게 만드는 것을 이용하는 공격이다.
㉡ DDoS 공격은 분산형 서비스 거부 공격으로, 여러 대의 공격자가 동시 다발적으로 공격을 수행하여 공격 대상 시스템을 다운시키는 공격이다.
㉢ Smurf 공격은 IP 위장과 ICMP의 특성을 이용하는 공격이다. 공격자는 자신의 IP 주소를 공격 대상의 IP 주소로 위장하여 ICMP 에코 요청 패킷을 대량으로 보내는 공격이다.

정답 ①

012 다음은 서비스 거부(DoS, Denial of Service) 공격 방법이다. 이 중 ICMP 프로토콜을 이용한 공격 방법으로 옳은 것의 총 개수는?

> ㄱ. 랜드 공격(Land Attack)
> ㄴ. SYN 플로딩 공격(SYN Flooding Attack)
> ㄷ. 티어드롭 공격(Teardrop Attack)
> ㄹ. HTTP GET 플로딩 공격(HTTP GET flooding attack)
> ㅁ. 스머프 공격(Smurf Attack)
> ㅂ. 죽음의 핑 공격(Ping of Death Attack)

① 2개　　　　　　　　　　② 3개
③ 4개　　　　　　　　　　④ 5개

해설

ㄱ. 랜드 공격: 패킷의 출발지와 목적지 IP 주소를 같게 하여 서버를 마비시키는 방법이다.
ㄴ. SYN 플로딩 공격: TCP 연결 요청 과정을 악용하는 공격으로, SYN 패킷을 대량으로 보내 서버의 자원을 고갈시킨다.
ㄷ. 티어드롭 공격: IP 패킷의 재조립 과정을 악용한다.
ㄹ. HTTP GET 플로딩 공격: HTTP 요청을 악용하는 공격이다.
ㅁ. 스머프 공격: ICMP Echo Request 메시지를 네트워크 브로드캐스트 주소로 보내어 여러 컴퓨터가 대상에게 Echo Reply 메시지를 보내게 만드는 방법이다.
ㅂ. 죽음의 핑 공격: 규정 크기보다 큰 ICMP 패킷을 보내 시스템을 마비시키는 방법이다.

정답 ①

013 다음 중 분산 서비스 거부 공격(DDoS, Distributed Denial of Service)의 공격 도구에 해당하지 않는 것은?

① Trinoo Attack　　　　　② TFN Attack
③ Targa Attack　　　　　④ Stacheldraht

해설

- Trinoo Attack은 공격자가 감염된 컴퓨터를 이용하여 DDoS 공격을 수행하는 공격 도구이다.
- TFN Attack은 Trinoo Attack과 유사한 공격 도구이다.
- Stacheldraht는 Trinoo Attack과 TFN Attack을 기반으로 개발된 공격 도구이다.

정답 ③

014 분산 반사 서비스 거부 공격(DRDoS, Distributed Reflection Denial of Service)의 설명으로 가장 옳지 않은 것은?

① 서비스의 응답 특성을 이용한 새로운 형태의 서비스 거부 공격이다.
② 공격을 시도하는 IP 근원지를 추적하기가 용이하다.
③ 별도의 에이전트 설치 없이 프로토콜상의 취약점을 이용하여 정상적인 서비스를 운영하는 시스템을 공격 에이전트로 활용한다.
④ UDP 프로토콜을 사용하는 DNS, NTP, SNMP 등의 서비스는 반사와 증폭 공격 형태를 나타낸다.

> **해설**
> DRDoS 공격은 공격자가 자신의 IP 주소를 위조하여 공격을 수행한다. 따라서 공격을 시도하는 IP 근원지를 추적하기가 어렵다. DRDoS(Distributed Reflection Denial of Service) 공격은 DoS 공격의 일종으로, 대량의 네트워크 트래픽을 특정 목표에 집중시켜 서비스를 마비시키는 방법이다. DRDoS의 특징은 '반사(Reflection)'와 '분산(Distributed)'의 두 가지 주요 요소를 결합한 것이다.

정답 ②

015 분산 서비스 거부(DDoS) 공격에 대한 설명으로 옳지 않은 것은?

① 하나의 공격 지점에서 대규모 공격 패킷을 발생시켜서 여러 사이트를 동시에 공격하는 방법이다.
② 가용성에 대한 공격이다.
③ 봇넷이 주로 활용된다.
④ 네트워크 대역폭이나 컴퓨터 시스템 자원을 공격 대상으로 한다.

> **해설**
> DDoS 공격은 여러 대의 공격자가 동시 다발적으로 공격을 수행하여 공격 대상 시스템을 다운시키는 공격이다. 따라서 하나의 공격 지점에서 대규모 공격 패킷을 발생시켜서 여러 사이트를 동시에 공격하는 것은 DDoS 공격의 일반적인 형태가 아니다.

정답 ①

016 DoS 및 DDoS 공격 대응책으로 옳지 않은 것은?

① 방화벽 및 침입 탐지 시스템 설치와 운영
② 시스템 패치
③ 암호화
④ 안정적인 네트워크 설계

> **해설**
> DoS 및 DDoS 공격은 시스템의 가용성을 공격하는 공격이다. 암호화는 데이터의 기밀성을 보호하는 기술로, DoS 및 DDoS 공격에 직접적인 대응책이 아니다.

정답 ③

017 DDoS 긴급 대응 절차 순서를 올바르게 나열한 것은?

가. 모니터링 나. 상세 분석
다. 공격 탐지 라. 초동 조치
마. 차단 조치

① 라, 다, 가, 나, 마 ② 라, 가, 마, 다, 나
③ 가, 다, 라, 나, 마 ④ 가, 다, 나, 라, 마

> **해설**
> 1. 모니터링: 지속적인 네트워크 모니터링을 통해 비정상적인 트래픽 패턴이나 활동을 감지한다.
> 2. 공격 탐지: 모니터링을 통해 감지된 이상 행위를 분석하여 DDoS 공격 여부를 판단한다.
> 3. 초동 조치: DDoS 공격이라고 판단되면 즉시 대응 조치를 시작한다. 이 단계에서는 공격의 영향을 최소화하기 위한 초기 조치들을 취한다.
> 4. 상세 분석: 공격의 성격, 원인, 공격 경로 등을 상세히 분석한다. 이를 통해 더 효과적인 대응 전략을 수립할 수 있다.
> 5. 차단 조치: 공격의 출처나 패턴을 기반으로 공격 트래픽을 차단하고, 향후 유사한 공격으로부터 보호하기 위한 장기적인 대책을 마련한다.

정답 ③

018 지정된 버퍼보다 더 많은 데이터를 입력해서 프로그램이 비정상적으로 동작하도록 하는 해킹 방법은?

① DoS ② Trojan Horse
③ Worm Virus Backdoor ④ Buffer Overflow

> **해설**
> - Buffer Overflow: 프로그램에서 데이터를 버퍼에 저장할 때, 버퍼의 크기를 초과하여 데이터를 쓰는 공격
> - 방어 기법: 스택가드(Stackguard), 스택쉴드(Stack Shield), ASLR(Address Space Layout Randomization)

정답 ④

019 송·수신자의 MAC 주소를 가로채 공격자의 MAC 주소로 변경하는 공격은?

① ARP Spoofing ② Ping of Death
③ SYN Flooding ④ DDoS

> **해설**
> ARP Spoofing은 네트워크상에서 ARP(주소 해석 프로토콜)를 이용하여 다른 컴퓨터들의 MAC 주소를 공격자의 MAC 주소로 오인하게 만드는 공격 방법이다. 이를 통해 공격자는 네트워크 트래픽을 가로채거나 중간자 공격(Man-in-the-Middle Attack)을 수행할 수 있다.

정답 ①

020 악용하고자 하는 호스트의 IP Address를 바꾸어서 이를 통해 해킹하는 기술은?

① IP Spoofing ② Trojan Horse ③ DoS ④ Sniffing

> **해설**
> IP Spoofing은 공격자가 자신의 IP 주소를 다른 호스트의 IP 주소로 위장하여 네트워크상에서 신원을 속이는 기술이다. 이를 통해 공격자는 네트워크 보안 메커니즘을 우회하거나, 트래픽을 가로채고 데이터를 훔치는 등의 행위를 할 수 있다.

정답 ①

021 와이파이(WiFi) 무선 네트워크에서 공격자가 가짜 AP(Access Point)를 구축하고 강한 신호를 보내어 사용자가 가짜 AP에 접속하게 함으로써 사용자 정보를 중간에서 가로채는 기법은?

① Zero Day ② DDoS ③ Evil Twin ④ DRDoS

> **해설**
> Evil Twin 공격은 합법적인 WiFi 네트워크와 유사한 가짜 무선 액세스 포인트를 설정하여, 사용자가 이를 실제 네트워크로 오인하게 만든다. 사용자가 이 가짜 네트워크에 연결하면, 공격자는 사용자의 통신을 가로채거나 데이터를 훔칠 수 있다.
> ① Zero Day: 아직 알려지지 않은 취약점을 이용한 공격
> ② DDoS: 여러 컴퓨터를 사용하여 대규모의 트래픽을 생성하여 네트워크 서비스를 마비시키는 공격
> ④ DRDoS: 반사 공격을 통해 대규모의 트래픽을 생성하여 네트워크 서비스를 마비시키는 공격

정답 ③

022 다음 설명에 해당하는 공격 유형으로 가장 알맞은 것은?

> SSH를 기반으로 로그인 시에 무차별적으로 아이디와 패스워드를 대입하여 접근을 시도하는 공격이다.

① Brute Force ② Land Attack
③ DDoS Attack ④ TCP SYN Flooding

> **해설**
> ① Brute Force 공격 방법은 가능한 모든 조합의 아이디와 패스워드를 시도하여 시스템에 접근하려고 시도한다. 이는 매우 기본적이지만, 동시에 매우 강력한 해킹 기법 중 하나이다.
> ② Land Attack: 패킷의 출발지와 목적지 IP 주소를 동일하게 설정하여 네트워크 장비나 서버를 마비시키는 공격 방법
> ③ DDoS Attack: 여러 대의 컴퓨터를 이용하여 대상 서비스나 네트워크에 대량의 트래픽을 발생시켜 마비시키는 공격 방법
> ④ TCP SYN Flooding: TCP 연결 요청 과정에서 SYN 패킷을 대량으로 보내어 서버의 자원을 고갈시키는 공격 방법

정답 ①

023 다음 설명에 해당하는 침해 유형으로 가장 알맞은 것은?

시스템을 잠그거나 데이터를 암호화하여 사용할 수 없도록 만든 후에 금전을 요구하는 악성 프로그램이다. 최근 국내 웹 호스팅 업체가 이 공격으로 인해 큰 비용을 지불하였다.

① DoS ② 랜섬웨어 ③ 트로이목마 ④ 웜바이러스

> **해설**
> ① DoS: 시스템의 가용성을 공격하는 공격
> ③ 트로이목마: 정상적인 프로그램으로 위장하여 사용자를 속여 실행시키는 악성 프로그램
> ④ 웜바이러스: 네트워크를 통해 스스로 복제하여 확산하는 악성 프로그램

정답 ②

024 해킹 방법들에 대한 설명 중 옳지 않은 것은?

① 스니퍼(Sniffer): 지나가는 패킷 흐름에서 로그인, 패스워드 등을 유출함
② 스푸핑(Spoofing): 공격자가 다른 호스트 IP Address를 자신의 패킷에 부착하여 보내는 공격 방법
③ DOS(Denial of Service): 특정 서버의 서비스 기능을 마비시켜 다른 정당한 클라이언트가 서비스를 제공받지 못하게 함
④ TCP Wrapper: 네트워크에 연결된 호스트의 이용 가능한 서비스와 포트를 조사함으로써 원격 공격자들이 공격에 이용할 수 있는 보안 취약점들을 조사함

> **해설**
> TCP Wrapper는 네트워크에 연결된 호스트의 이용 가능한 서비스와 포트를 조사하는 도구가 아니며, 시스템에 접근할 수 있는 원격 호스트를 제어하는 도구이다. 또한 TCP Wrapper는 접근 제어, 접근 로그의 기능을 수행한다.

정답 ④

025 다음 설명에 해당하는 공격은?

개인 단체, 정치 단체, 국가, 산업체 등 목표 조직을 타깃으로 하여 다양한 보안 위협을 만들어 침해에 성공해 정보를 유출하거나 장기간의 접속 권한을 획득하기 위해 또는 장기간의 접근을 위해 지속적으로 수행되는 공격이다.

① APT(Advanced Persistent Threat)
② DDoS(Distributed Denial of Service)
③ Ransomware
④ Zero-Day Attack

> **해설**
> ① APT는 Advanced Persistent Threat의 약자로, 지능형 지속 위협을 의미한다. APT 공격은 특정 조직을 대상으로 장기간에 걸쳐 지속적으로 수행되는 공격이다.
> ② DDoS: 특정 서버의 서비스 기능을 마비시켜 다른 정당한 클라이언트가 서비스를 제공받지 못하게 하는 공격
> ③ Ransomware: 시스템을 잠그거나 데이터를 암호화하여 사용할 수 없도록 만든 후, 금전을 요구하는 악성 프로그램
> ④ Zero-Day Attack: 아직 알려지지 않은 취약점을 이용한 공격

정답 ①

026 취약한 웹 사이트에 로그인한 사용자가 자신의 의지와는 무관하게 공격자가 의도한 행위(수정, 삭제, 등록 등)를 일으키도록 위조된 HTTP 요청을 웹 응용 프로그램에 전송하는 공격은?

① DoS 공격
② 취약한 인증 및 세션 공격
③ SQL 삽입 공격
④ CSRF 공격

> **해설**
> CSRF 공격은 Cross-Site Request Forgery의 약자로, 로그인한 사용자가 자신의 의지와는 무관하게 공격자가 의도한 행위를 하도록 유도하는 공격이다. 공격자는 위조된 HTTP 요청을 웹 응용 프로그램에 전송하여 공격 대상 사용자의 계정을 악용하여 피해를 입힌다.

정답 ④

027 다음 지문의 프로그램은 주로 어떤 용도로 사용되는가?

```
Nmap, Hping, PortQry
```

① 스캔 공격
② DoS 공격
③ Sniffing 공격
④ Session Hijacking 공격

> **해설**
> Nmap, Hping, PortQry는 모두 포트 스캔을 수행하는 도구이다. 포트 스캔은 특정 호스트의 포트가 열려 있는지 여부를 확인하는 공격이다. 따라서 이러한 도구는 주로 스캔 공격에 사용된다.

정답 ①

028 트로이목마 프로그램으로 사용자의 키보드 입력을 가로채는 목적으로 사용되기 때문에 이 프로그램이 동작하는 컴퓨터에서 입력되는 모든 것이 기록되어 개인정보 등이 도용당하게 되는 해킹 기법은 무엇인가?

① 포트스캔
② 쿠키
③ DoS
④ 키로그

> **해설**
>
> 키로그는 키보드 입력을 가로채는 해킹 기법이다. 트로이목마 프로그램은 정상적인 프로그램으로 위장하여 사용자를 속여 실행시키는 악성 프로그램이다. 트로이목마 프로그램이 설치되면 키보드 입력을 가로채서 공격자에게 전송한다. 따라서 트로이목마 프로그램이 동작하는 컴퓨터에서 입력되는 모든 것이 기록되어 개인정보 등이 도용당하게 된다.

정답 ④

029 다음 가)와 나)에 해당하는 사이버 범죄의 용어로 가장 알맞게 짝지어진 것은?

> 가) 악성코드에 감염된 PC를 조작해 이용자가 인터넷에서 정상적인 홈페이지 주소로 접속하여도 해커가 도메인을 중간에서 탈취하여 가짜 사이트로 유도되고 해커가 개인정보나 금융정보 등을 몰래 빼가는 수법이다.
> 나) 네트워크상에서 자신이 아닌 다른 상대방들의 패킷 교환을 엿듣는 것을 의미한다. 즉, 네트워크 트래픽을 도청하는 과정을 말하는 것으로 네트워크상에서 전달되는 모든 패킷을 분석하여 사용자의 계정과 암호 등을 알아내는 것을 말한다.

① 가) 스푸핑(Spoofing) 나) 스미싱(Smishing)
② 가) 피싱(Phishing) 나) 스푸핑(Spoofing)
③ 가) 스미싱(Smishing) 나) 서비스 거부 공격(DoS)
④ 가) 파밍(Pharming) 나) 스니핑(Sniffing)

> **해설**
>
> - 파밍(Pharming)은 도메인 네임 시스템(DNS)를 조작하여 이용자가 정상적인 웹 사이트로 접속하려고 해도 해커가 만든 가짜 웹 사이트로 유도하는 공격이다. 파밍 공격에 성공하면 이용자는 자신의 계정과 암호 등을 가짜 웹 사이트에 입력하게 되고, 해커는 이를 탈취하여 악용한다.
> - 스니핑(Sniffing)은 네트워크에서 지나가는 패킷을 가로채는 공격이다. 스니핑 공격에 성공하면 해커는 패킷에 포함된 사용자의 계정과 암호, 신용카드 정보 등을 탈취할 수 있다.

정답 ④

030 SSH 프로토콜은 외부의 어떤 공격을 막기 위해 개발되었는가?

① Sniffing
② DoS
③ Buffer Overflow
④ Trojan Horse

> **해설**
>
> SSH 프로토콜은 보안을 강화하기 위해 개발된 프로토콜로, 데이터를 암호화하여 전송한다. 따라서 SSH 프로토콜은 스니핑(Sniffing) 공격을 막기 위해 개발되었다.

정답 ①

031 Cookie 정보를 불법적으로 활용하여 사용자의 세션을 탈취하기 위해 사용되는 공격은?

① IP 스푸핑
② 버퍼 오버플로우
③ Cross Site Scripting
④ DoS

> **해설**
> Cross Site Scripting(XSS) 공격은 공격자가 웹 페이지에 악성 스크립트를 삽입하여 사용자의 브라우저에서 실행되도록 하는 공격이다. XSS 공격에 성공하면 공격자는 사용자의 쿠키 정보를 탈취하여 사용자의 세션을 탈취할 수 있다.

정답 ③

032 프로그램이나 손상된 시스템에 허가되지 않는 접근을 할 수 있도록 정상적인 보안 절차를 우회하는 악성 소프트웨어는?

① 다운로더(Downloader)
② 키 로거(Key Logger)
③ 봇(Bot)
④ 백도어(Backdoor)

> **해설**
> 백도어는 정상적인 보안 절차를 우회하여 시스템에 접근할 수 있도록 하는 악성 소프트웨어이다. 백도어는 공격자가 시스템에 원격으로 접근하거나, 시스템을 제어하기 위해 사용된다.

정답 ④

033 다음 중 인터넷상에서 보안을 위협하는 유형에 대한 설명으로 옳지 않은 것은?

① 스파이웨어(Spyware): 사용자 동의 없이 사용자 정보를 수집하는 프로그램
② 분산 서비스 거부 공격(DDos): 데이터 패킷을 범람시켜 시스템의 성능을 저하시킴
③ 스푸핑(Spoofing): 신뢰성 있는 사람이 데이터를 보낸 것처럼 데이터를 위변조하여 접속 시도
④ 스니핑(Sniffing): 악성코드인 것처럼 가장하여 행동하는 프로그램

> **해설**
> 스니핑은 네트워크에서 지나가는 패킷을 가로채는 공격이다. 스니핑 공격은 공격자가 패킷에 포함된 사용자의 계정과 암호, 신용카드 정보 등을 탈취하는 데 사용된다.

정답 ④

034 다음 중 컴퓨터 시스템 보안 예방책을 침입하여 시스템에 무단으로 접근 경로를 만드는 컴퓨터 범죄는?

① 스니핑(Sniffing)
② Dos(Denial of Service)
③ 트랩도어(Trap Door)
④ 스푸핑(Spoofing)

> **해설**
> 트랩도어는 컴퓨터 시스템 보안 예방책에 침입하여 시스템을 무단으로 접근할 수 있게 경로를 만드는 컴퓨터 범죄이다. 트랩도어는 시스템 개발 단계에서 개발자가 미리 설치해 두는 것으로, 시스템이 보안을 강화한 후에도 공격자가 시스템에 접근할 수 있도록 한다.

정답 ③

035 다음 중 세션 하이재킹(Session Hijacking) 공격을 방어하는 수단으로 가장 옳지 않은 것은?
① 동기화 상태 탐지
② ACK Storm 탐지
③ 데이터 암호화
④ MAC 주소 고정

> **해설**
> 하이재킹 방어 수단: ACK Storm 탐지, 데이터 암호화, MAC 주소 고정, 비동기화 상태 탐지, 패킷의 유실 및 재전송 증가 탐지

정답 ①

036 세션 하이재킹을 탐지하는 방법으로 거리가 먼 것은?
① FTP SYN SEGMENT 탐지
② 비동기화 상태 탐지
③ ACK STORM 탐지
④ 패킷의 유실 및 재전송 증가 탐지

> **해설**
> FTP SYN SEGMENT 탐지는 FTP 서버에서 발생하는 SYN SEGMENT 패킷을 탐지하는 방법이다. FTP SYN SEGMENT 패킷은 FTP 서버와 클라이언트가 연결을 설정하기 위해 사용하는 패킷으로, 세션 하이재킹 공격과는 직접적인 관련이 없다.

정답 ①

037 다음에서 설명하는 보안 시스템은?

- 해커를 유인해서 정보를 얻거나 잡으려고 설치하는 시스템이다.
- 쉽게 해킹이 가능한 것처럼 취약해 보여야 한다.
- 해커에게 쉽게 노출되어야 한다.
- 시스템의 모든 구성요소를 갖추고 있어야 한다.
- 시스템을 통과하는 모든 패킷을 감시해야 한다.

① 허니팟(Honeypot)
② 텔넷(Telnet)
③ 봇넷(Botnet)
④ 샌드박스(Sandbox)

> **해설**
> 허니팟은 해커를 유인해서 정보를 얻거나 잡으려고 설치하는 시스템이다. 허니팟은 쉽게 해킹이 가능한 것처럼 취약해 보이고, 해커에게 쉽게 노출되어야 한다. 또한, 시스템의 모든 구성요소를 갖추고 있어야 하며, 시스템을 통과하는 모든 패킷을 감시해야 한다.

정답 ①

038 블루투스(Bluetooth) 공격과 해당 공격에 대한 설명이 올바르게 연결된 것은?

① 블루버그(BlueBug) - 블루투스의 취약점을 활용하여 장비의 파일에 접근하는 공격으로 OPP를 사용하여 정보를 열람
② 블루스나프(BlueSnarf) - 블루투스를 이용해 스팸처럼 명함을 익명으로 퍼뜨리는 것
③ 블루프린팅(BluePrinting) - 블루투스 공격 장치의 검색 활동을 의미
④ 블루재킹(BlueJacking) - 블루투스 장비 사이의 취약한 연결 관리를 악용한 공격

> **해설**
> - Bluebug: 블루투스 연결 취약점을 이용한 공격
> - BlueSnarf: 블루투스 취약점을 이용해 장비의 파일에 접근하는 공격
> - BluePrinting: 블루투스 장비를 탐색하는 활동
> - BlueJacking: 개인이 특정 반경 내에서 Bluetooth 지원 장치로 익명 메시지를 보낼 수 있는 해킹 방법

정답 ③

039 다음 설명에 해당하는 블루투스 공격을 옳게 짝지은 것은?

> (가) 공격이 가능한 블루투스 장치들을 검색하고 모델을 확인하는 공격
> (나) 블루투스 장치 내 저장된 데이터에 대한 접근을 허용하는 공격
> (다) 블루투스 지원 장치에 대한 접근 권한을 획득하는 공격

	(가)	(나)	(다)
①	Bluesnarf	Bluebug	Blueprinting
②	Bluesnarf	Blueprinting	Bluebug
③	Blueprinting	Bluebug	Bluesnarf
④	Blueprinting	Bluesnarf	Bluebug

정답 ④

040 위조된 매체 접근 제어(MAC) 주소를 지속적으로 네트워크로 흘려보내, 스위치 MAC 주소 테이블의 저장 기능을 혼란시켜 더미 허브(Dummy Hub)처럼 작동하게 하는 공격은?

① Parsing
② LAN Tapping
③ Switch Jamming
④ FTP Flooding

해설

Switch Jamming은 위조된 MAC 주소를 지속적으로 네트워크로 흘려보내 스위치 MAC 주소 테이블의 저상 기능을 혼란시켜 더미 허브(Dummy Hub)처럼 작동하게 하는 공격이다.

정답 ③

041 패스워드 공격에 대한 설명으로 옳지 않은 것은?

① 사용자의 패스워드는 암호화하여 저장하는 것이 안전하다.
② 패스워드를 알아내기 위하여 사용자의 신원이나 주변 정보로 패스워드를 알아내는 사회공학적 방법이 있다.
③ Brute Force 공격은 사용자가 패스워드를 입력할 때 가로채는 공격이다.
④ Crypt() 함수를 이용하여 패스워드를 추측할 수 있다.

해설

패스워드 공격의 종류는 아래와 같다.
- Brute force 공격: 모든 가능한 패스워드를 시도하여 로그인에 성공하는 공격
- Dictionary attack: 사전이나 암호 사전에 있는 단어를 이용하여 패스워드를 추측하는 공격
- Rainbow table attack: 미리 계산된 해시 값을 이용하여 패스워드를 추측하는 공격
- Social engineering attack: 사용자의 신원이나 주변 정보로 패스워드를 알아내는 공격
- Man-in-the-middle attack: 사용자가 패스워드를 입력할 때 가로채는 공격

정답 ③

042 다음에서 설명하는 공격 방법은?

정보 보안에서 사람의 심리적인 취약점을 악용하여 비밀 정보를 취득하거나 컴퓨터 접근 권한 등을 얻으려고 하는 공격 방법이다.

① 스푸핑 공격
② 사회공학적 공격
③ 세션 가로채기 공격
④ 사전 공격

정답 ②

043 취약점을 악용해 공격을 수행하는 프로그램뿐만 아니라 공격 수행 절차, 스크립트 등을 의미하는 것은?

① Exploit ② Bell-LaPadula ③ Biba ④ IPSec

> **해설**
> Exploit은 취약점을 악용해 공격을 수행하는 프로그램뿐만 아니라 공격 수행 절차, 스크립트 등을 의미한다.
> - Bell-LaPadula와 Biba는 보안 모델이다.
> - IPSec은 인터넷 프로토콜 보안(IP Security)이다.

정답 ①

044 커버로스(Kerberos)에 대한 설명으로 옳지 않은 것은?

① 네트워크를 이용한 인증 프로토콜이다.
② 세션키를 분배하는 데 사용될 수 있다.
③ 세션키를 이용하여 데이터의 기밀성을 제공할 수 있다.
④ 버전 5에서는 비표(Nonce)를 사용하지 않기 때문에 재생(Replay) 공격에 취약하다.

> **해설**
> 커버로스(Kerberos)는 네트워크 보안을 위한 강력한 인증 프로토콜로, 안전하게 서비스 요청자와 서비스 제공자 간의 인증을 처리한다. 커버로스는 세션키를 이용하여 데이터를 암호화하고 인증하는 과정에서 중요한 역할을 한다. 커버로스 버전 5는 비표(Nonce)를 사용하여 보안을 강화하며, 이는 재생 공격을 방지하는 중요한 방법 중 하나이다.

정답 ④

045 다음 중 인증 방식과 그에 대한 예시가 잘못 연결된 것은?

① 존재 기반: 지문, OTP
② 소유 기반: 스마트카드, 신분증
③ 지식 기반: 패스워드, ID
④ 위치 기반: IP, 콜백 함수

> **해설**
> 존재 기반 인증은 사용자의 신체적, 생물학적 특징을 사용하는 방법이다. 여기에는 지문 인식과 같은 생체 인식 방법이 포함된다. OTP(One-Time Password)는 존재 기반 인증이 아니라 소유 기반 인증에 해당한다.

정답 ①

046 사용자 인증 방법 중에서 신분증, 주민등록증 등을 이용하여 인증하는 방법으로 가장 적절한 것은?

① 지식 기반 인증(What you know)
② 소유 기반 인증(What you have)
③ 커버로스 인증(Kerberos)
④ 생체 기반 인증(What you are)

> **해설**
> 사용자 인증 방법 중에서 신분증이나 주민등록증 등을 이용하는 방법은 '소유 기반 인증(What you have)'에 해당한다. 이러한 인증 방법은 사용자가 소유하고 있는 물리적인 물건 또는 정보를 인증 수단으로 사용한다.

정답 ②

047 사용자가 알고 있는 지식, 예를 들면 아이디, 패스워드, 신용카드에 대한 개인 식별번호 등의 지식을 기초로 접근 제어를 수행하는 사용자 인증 기법은 무엇인가?

① 지식 기반 사용자 인증 기법
② 소유 기반 사용자 인증 기법
③ 생체 기반 사용자 인증 기법
④ 혼합형 사용자 인증 기법

> **해설**
> 지식 기반 사용자 인증 기법은 사용자가 알고 있는 지식을 기반으로 인증하는 방식이다. 패스워드, ID, PIN 등이 지식 기반 사용자 인증에 해당한다.

정답 ①

048 생체 인증 기법에 대한 설명으로 옳지 않은 것은?

① 정적인 신체적 특성 또는 동적인 행위적 특성을 이용할 수 있다.
② 인증 정보를 망각하거나 분실할 우려가 거의 없다.
③ 지식 기반이나 소유 기반의 인증 기법에 비해 일반적으로 인식 오류 발생 가능성이 매우 낮다.
④ 인증 시스템 구축 비용이 비교적 많이 든다.

> **해설**
> 생체 인증 기법은 지식 기반이나 소유 기반의 인증 기법에 비해 인식 오류 발생 가능성이 낮지만, 완전히 없지는 않다. 예를 들어 지문 인증의 경우 손가락이 젖어 있거나 손상을 입은 경우 인식 오류가 발생할 수 있다.

정답 ③

049 다음 중 식별 및 인증을 통하여 사용자가 정보자원에 접근하여 무엇을 할 수 있거나 가질 수 있도록 권한을 부여하는 과정을 무엇이라 하는가?

① 인증(Authentication)
② 인가(Authorization)
③ 검증(Verification)
④ 식별(Identification)

> **해설**
> 인증은 사용자가 자신이 주장하는 신분과 일치하는지 확인하는 과정이다. 식별은 사용자가 누구인지 확인하는 과정이다. 검증은 사용자가 주장하는 신분이나 정보가 정확한지 확인하는 과정이다.

정답 ②

050 ㉠, ㉡에 들어가야 할 단어로 적합한 것은?

> 접근 통제는 (㉠)와/과 (㉡)(이)라는 두 부분으로 나누어진다. (㉠)은/는 "그곳에 있는 사람은 누구인가?"를 의미하며, (㉡)은/는 "그 사람이 그것을 수행하는 것이 허용되었는가?"를 의미한다.

① ㉠ 보안, ㉡ 승인
② ㉠ 배치, ㉡ 허가
③ ㉠ 인증, ㉡ 인가
④ ㉠ 검토, ㉡ 확인

해설

접근 통제는 시스템이나 자원에 대한 접근을 제어하는 기술이다. 접근 통제를 통해 허가되지 않은 사용자가 시스템이나 자원에 접근하는 것을 방지할 수 있다.
- 인증(Authentication)은 사용자가 자신이 주장하는 신분과 일치하는지 확인하는 과정이다.
- 인가(Authorization)는 사용자가 시스템이나 자원에 대한 접근 권한을 부여받는 과정이다.

정답 ③

051 다음에서 설명하는 웹 서비스의 주요 구성요소로 가장 적절한 것은?

> (가) 웹 서버에서 생성된 난수 값을 클라이언트 컴퓨터에 저장하여 다음 접속 시 해당 클라이언트 컴퓨터를 식별한다.
> (나) 다수의 웹 클라이언트들이 동일한 정보를 요청하는 것에 대비하여 로컬 네트워크 서버에 첫 번째 요청된 웹 페이지의 내용을 저장한다.

	(가)	(나)
①	웹 방화벽	웹 로그
②	웹 로그	웹 캐시
③	쿠키	웹 방화벽
④	쿠키	웹 캐시

해설

- 쿠키는 웹 서버에서 생성된 난수 값을 클라이언트 컴퓨터에 저장하는 방식이다. 쿠키는 다음 접속 시 해당 클라이언트 컴퓨터를 식별하는 데 사용된다. 또한, 쿠키는 사용자의 로그인 상태를 유지하거나, 사용자의 선호도를 저장하는 데에도 사용된다.
- 웹 캐시는 웹 서버에서 생성된 웹 페이지의 내용을 로컬 네트워크 서버에 저장하는 방식이다. 웹 캐시는 다수의 웹 클라이언트들이 동일한 정보를 요청하는 경우, 웹 서버에 요청하지 않고 로컬 네트워크 서버에서 웹 페이지를 제공함으로써 웹 서버의 부하를 줄일 수 있다.

정답 ④

052 시스템이 몇 대가 되어도 하나의 시스템에서 인증에 성공하면 다른 시스템에 대한 접근 권한도 얻는 시스템을 의미하는 것은?

① SOS ② SBO ③ SSO ④ SOA

> **해설**
> SSO는 Single Sign-On의 약자로, 하나의 인증으로 여러 시스템에 접근할 수 있는 시스템을 의미한다. SSO는 사용자의 편의성을 높이고, 보안을 강화하기 위해 사용된다.

정답 ③

053 다음은 정보의 접근 통제 정책에 대한 설명이다. (ㄱ)에 들어갈 내용으로 옳은 것은?

정책	MAC	DAC	RBAC
권한 부여	시스템	데이터 소유자	중앙관리자
접근 결정	보안등급(Label)	신분(Identity)	역할(Role)
정책 변경	고정적(변경 어려움)	변경 용이	변경 용이
장점	안정적, 중앙 집중적 관리	구현 용이, 유연함	관리 용이, 역할에 따른 접근 제어

① NAC ② MAC ③ SDAC ④ AAC

> **해설**
> - DAC(Discretionary Access Control)는 데이터 소유자가 데이터에 대한 접근 권한을 부여하는 방식이다.
> - RBAC(Role-Based Access Control)는 사용자에게 역할을 부여하고, 역할에 따라 권한을 부여하는 방식이다.
> - MAC(Mandatory Access Control)는 데이터에 대한 접근 권한이 보안등급(Label)에 따라 결정되는 방식이다.

정답 ②

054 정보 보안을 위한 접근 통제 정책 종류에 해당하지 않는 것은?

① 임의적 접근 통제
② 데이터 전환 접근 통제
③ 강제적 접근 통제
④ 역할 기반 접근 통제

> **해설**
> - 임의적 접근 통제(DAC): 데이터 소유자가 데이터에 대한 접근 권한을 부여하는 방식
> - 강제적 접근 통제(MAC): 데이터에 대한 접근 권한이 보안등급(Label)에 따라 결정되는 방식
> - 역할 기반 접근 통제(RBAC): 사용자에게 역할을 부여하고, 역할에 따라 권한을 부여하는 방식
> - 특성 기반 접근 통제(ABAC): 사용자와 데이터의 속성에 따라 접근 권한이 결정되는 방식

정답 ②

055 아래에서 설명하는 ㉠ ~ ㉢에 적합한 접근 통제 방법은?

> - (㉠) 접근 통제: 시스템 객체에 대한 접근을 사용자 개인 또는 그룹의 식별자를 기반으로 제한하며 어떤 종류의 접근 권한을 갖는 사용자는 다른 사용자에게 자신의 판단에 의해서 권한을 줄 수 있는 방법
> - (㉡) 접근 통제: 정보시스템 내에서 어떤 주체가 특정 객체에 접근하려 할 때 양쪽의 보안 라벨(Security Label)에 기초하여 높은 보안 수준을 요구하는 정보(객체)가 낮은 보안 수준의 주체에게 노출되지 않도록 접근을 제한하는 통제 방법
> - (㉢) 접근 통제: 사용자가 객체에 접근할 때, 사용자와 접근 허가의 직접적인 관계가 아닌 조직의 특성에 따른 역할을 매개자로 하여 사용자-역할, 접근 허가-역할의 관계를 통해 접근을 제어하는 방법

	㉠	㉡	㉢
①	강제적	임의적	역할 기반
②	강제적	역할 기반	임의적
③	임의적	역할 기반	강제적
④	임의적	강제적	역할 기반

해설

㉠ 시스템 객체에 대한 접근을 사용자 개인 또는 그룹의 식별자를 기반으로 제한하며, 사용자가 다른 사용자에게 자신의 판단에 의해서 권한을 줄 수 있는 방법으로, 임의적 접근 통제(DAC, Discretionary Access Control)에 해당한다.
㉡ 정보시스템 내에서 주체와 객체의 보안 라벨에 기초하여 접근을 제한하는 통제 방법으로, 강제적 접근 통제(MAC, Mandatory Access Control)에 해당한다.
㉢ 사용자가 객체에 접근할 때, 사용자와 접근 허가의 관계가 아닌 조직의 역할을 기반으로 접근을 제어하는 방법으로, 역할 기반 접근 통제(RBAC, Role-Based Access Control)에 해당한다.

정답 ④

056 정보시스템 내에서 어떤 주체가 특정 개체에 접근하려 할 때 양쪽의 보안 레이블(Security Label)에 기초하여 높은 보안 수준을 요구하는 정보(객체)가 낮은 보안 수준의 주체에게 노출되지 않도록 하는 접근 제어 방법은?

① Mandatory Access Control
② User Access Control
③ Discretionary Access Control
④ Data-Label Access Control

해설

Mandatory Access Control(MAC)은 데이터에 대한 접근 권한이 보안등급(Label)에 따라 결정되는 방식이다. 따라서 높은 보안 수준을 요구하는 정보(객체)가 낮은 보안 수준의 주체에게 노출되지 않도록 하기 위해서는 MAC을 사용해야 한다.

정답 ①

057 최근 입사하여 소속 부서의 프린터 관리를 담당하게 된 홍길동은 이전 담당자의 자원 접근 권한을 그대로 인계받아 업무를 수행하게 되었다. 이러한 상황과 가장 관련성이 높은 접근 통제 기술은 무엇인가?

① 강제적 접근 통제(MAC)
② 임의적 접근 통제(DAC)
③ 역할 기반 접근 통제(RBAC)
④ 다단계 보안정책(MLS)

해설
역할 기반 접근 통제(RBAC) 방법은 사용자가 수행하는 역할에 따라 접근 권한을 부여한다. 여기서 홍길동은 프린터 관리 업무를 담당하게 되었으므로, 해당 업무에 필요한 접근 권한을 부여받는 것이 타당하다.

정답 ③

058 접근 통제 모델 중 정보의 소유자가 정보의 보안 수준을 결정하고 이에 대한 정보의 접근 통제까지 설정하는 모델은 무엇인가?

① DAC
② MAC
③ RBAC
④ HAC

해설
DAC(Discretionary Access Control)은 정보의 소유자가 정보에 대한 접근 권한을 부여하는 방식이다. 따라서 정보의 소유자가 정보의 보안 수준을 결정하고 이에 대한 정보의 접근 통제까지 설정하는 모델은 ① DAC이다.

정답 ①

059 임의적 접근 통제 방식에 대한 설명 중 옳지 않은 것은?

① 모든 개별의 주체와 객체 단위로 접근 권한을 설정한다.
② 객체의 소유주가 주체와 객체 간의 접근 통제 관계를 정의한다.
③ 접근 통제 목록(ACL)을 통해 구현한다.
④ 중앙 집중적으로 통제되는 환경에 적합하다.

해설
임의적 접근 통제(DAC)는 객체의 소유자가 주체와 객체 간의 접근 통제 관계를 정의하는 방식이다. 따라서 중앙 집중적으로 통제되는 환경보다는 분산된 환경에 적합하다.

정답 ④

060 다음 내용이 설명하는 접근 제어 모델은?

- 군대의 보안 레벨처럼 정보의 기밀성에 따라 상하 관계가 구분된 정보를 보호하기 위해 사용
- 자신의 권한보다 낮은 보안 레벨 권한을 가진 경우에는 높은 보안 레벨의 문서를 읽을 수 없고 자신의 권한보다 낮은 수준의 문서만 읽을 수 있다.
- 자신의 권한보다 높은 보안 레벨의 문서에는 쓰기가 가능하지만 보안 레벨이 낮은 문서의 쓰기 권한은 제한한다.

① Clark-Wilson Integrity Model
② PDCA Model
③ Bell-Lapadula Model
④ Chinese Wall Model

해설

Bell-Lapadula Model은 정보의 기밀성을 보호하기 위한 모델이다. 이 모델은 다음과 같은 두 가지 속성을 가지고 있다.
- No Read Up: 낮은 보안 레벨의 주체는 높은 보안 레벨의 객체를 읽을 수 없다.
- No Write Down: 높은 보안 레벨의 주체는 낮은 보안 레벨의 객체에 기록할 수 없다.
따라서 위의 내용이 설명하는 접근 제어 모델은 ③ Bell-Lapadula Model이다.

정답 ③

061 다음과 같은 특성을 가지는 접근 통제 모델은 무엇인가?

- No Read Up
- No Write Down

① 클락-윌슨 모델 윌슨 모델
② 벨-라파듈라 모델
③ 비바 모델
④ 내부 접근 통제 모델

해설

제시된 특성인 'No Read Up'과 'No Write Down'은 벨-라파듈라 모델(Bell-LaPadula Model)의 주요 특징이다. 이 모델은 주로 기밀성을 중시하는 환경에서 사용된다.

정답 ②

062 (가), (나)에 들어갈 접근 통제 보안모델을 바르게 연결한 것은?

> - (가)은/는 허가되지 않은 방식의 접근을 방지하는 모델로 정보 흐름 모델 최초의 수학적 보안 모델이다.
> - (나)은/는 비즈니스 입장에서 직무분리 개념을 적용하고, 이해가 충돌되는 회사 간의 정보의 흐름이 일어나지 않도록 접근 통제 기능을 제공하는 보안 모델이다.

	(가)	(나)
①	Bell-LaPadula Model	Biba Integrity Model
②	Bell-LaPadula Model	Brewer-Nash Model
③	Clark-Wilson Model	Biba Integrity Model
④	Clark-Wilson Model	Brewer-Nash Model

해설

(가)는 Bell-LaPadula Model을 의미한다. Bell-LaPadula Model은 정보의 기밀성을 보호하기 위한 모델로, 허가되지 않은 방식의 접근을 방지하는 모델이다.
(나)는 Brewer-Nash Model을 의미한다. Brewer-Nash Model은 이해상충을 방지하기 위한 모델로, 비즈니스 입장에서 직무분리 개념을 적용하여 정보의 흐름을 제어하는 모델이다.

정답 ②

063 다음 지문에서 설명하고 있는 접근 통제 모델은?

> 이 모델은 데이터의 기밀성을 희생하더라도 무결성을 보호하는 것에 초점을 둔 최초의 수학적 모델이며, 무결성 레벨을 계층적으로 정의한다. 이 레벨은 조직에 따라, 다루는 업무에 따라 달라질 수 있다. 이 모델에서 주체는 자신보다 낮은 무결성 수준의 데이터를 읽을 수 없다(단순 무결성 원칙). 주체는 자신보다 높은 무결성 수준에 있는 객체를 수정할 수 없다(스타 무결성 원칙).

① 벨 라파듈라 모델(Bell Lapadula Model)
② 비바 모델(Biba Model)
③ 래티스 모델(Lattice Model)
④ 클락-윌슨 모델(Clark-Wilson Model)

해설

비바 모델의 주요 특징은 아래와 같다.
- 이 모델은 데이터의 무결성을 중요시하며, 기밀성보다 무결성 보호에 초점을 둔다.
- 무결성 레벨이 계층적으로 정의되며, 이는 조직이나 업무에 따라 달라질 수 있다.
- 단순 무결성 원칙: 주체는 자신보다 낮은 무결성 수준의 데이터를 읽을 수 없다.
- 스타 무결성 원칙: 주체는 자신보다 높은 무결성 수준에 있는 객체를 수정할 수 없다.

정답 ②

064 다음 지문에서 설명하는 접근 통제 모델은 무엇인가?

> 접근 통제 모델 중 효율적인 업무 처리(Well-formed Transactions)와 직무 분리(Separation of Duties) 두 가지 원칙을 통해 좀 더 정교하게 무결성을 보장하는 모델이다.

① 벨-라파듈라(Bell-LaPadula)
② 비바(Biba)
③ 테이크 그랜트(Take Grant)
④ 클락-윌슨(Clark-Wilson)

해설
클락-윌슨 모델(Clark-Wilson Model)은 데이터의 무결성을 보호하기 위한 모델이다.

정답 ④

065 보안 서비스에 대한 설명을 바르게 나열한 것은?

> ㄱ. 메시지가 중간에서 복제·추가·수정되거나 순서가 바뀌거나 재전송됨이 없이 그대로 전송되는 것을 보장한다.
> ㄴ. 비인가된 접근으로부터 데이터를 보호하고 인가된 해당 개체에 적합한 접근 권한을 부여한다.
> ㄷ. 송·수신자 간에 전송된 메시지에 대해서, 송신자는 메시지 송신 사실을, 수신자는 메시지 수신 사실을 부인하지 못하도록 한다.

	ㄱ	ㄴ	ㄷ
①	데이터 무결성	부인봉쇄	인증
②	데이터 가용성	접근 통제	인증
③	데이터 기밀	인증	부인봉쇄
④	데이터 무결성	접근 통제	부인봉쇄

해설
보안 서비스에 관련된 내용은 아래와 같다.
- 데이터 무결성: 데이터의 정확성, 완전성, 일관성을 보장하는 서비스이다.
- 데이터 가용성: 데이터가 필요한 시간에 필요한 장소에서 사용할 수 있도록 보장하는 서비스이다.
- 데이터 기밀성: 데이터가 권한이 없는 사용자로부터 보호되도록 보장하는 서비스이다.
- 접근 통제: 허가된 사용자만이 데이터에 접근할 수 있도록 제어하는 서비스이다.
- 인증: 사용자의 신원을 확인하는 서비스이다.
- 부인봉쇄: 사용자가 자신의 행위를 부인할 수 없도록 보장하는 서비스이다.

정답 ④

066 정보 보안을 위한 접근 제어(Access Control)와 관련한 설명으로 틀린 것은?

① 적절한 권한을 가진 인가자만 특정 시스템이나 정보에 접근할 수 있도록 통제하는 것이다.
② 시스템 및 네트워크에 대한 접근 제어의 가장 기본적인 수단은 IP와 서비스 포트로 볼 수 있다.
③ DBMS에 보안 정책을 적용하는 도구인 XDMCP를 통해 데이터베이스에 대한 접근 제어를 수행할 수 있다.
④ 네트워크 장비에서 수행하는 IP에 대한 접근 제어로는 관리 인터페이스의 접근 제어와 ACL(Access Control List) 등이 있다.

> **해설**
> XDMCP(X Display Manager Control Protocol)는 X Window System에서 X 서버를 원격에서 제어하기 위한 프로토콜이다. XDMCP는 데이터베이스에 대한 접근 제어를 수행하는 도구가 아니다.
> DBMS에 대한 접근 제어는 일반적으로 사용자 계정과 권한을 통해 수행한다.

정답 ③

Section 2. 시스템 보안 구현

001 다음 중 정보통신망 등의 침해사고에 대응하기 위해 기업이나 기관의 업무 관할 지역 내에서 침해사고의 접수 및 처리 지원을 비롯해 예방, 피해 복구 등의 임무를 수행하는 조직으로 가장 옳은 것은?

① CISO ② CERT ③ CPPG ④ CPO

> **해설**
> 정보통신망 등의 침해사고에 대응하기 위해 기업이나 기관의 업무 관할 지역 내에서 침해사고의 접수 및 처리 지원을 비롯해 예방, 피해 복구 등의 임무를 수행하는 조직은 CERT이다.

정답 ②

002 CERT에 대한 설명으로 옳은 것은?

① 컴퓨터 긴급 관리팀으로 불리며, 영국의 옥스퍼드 대학에서 만들었다.
② 웜 사고에 대응하기 위해 만들어졌지만, 현재는 웜뿐만 아니라 해커의 침입에 대한 대응과 추적에 대한 업무까지 맡고 있다.
③ 정부에서만 CERT를 운영하고 있다.
④ CERT팀은 법률 대리인, 대외 언론 및 외부 기관 대응 전문가로만 구성된다.

> **해설**
> CERT는 Computer Emergency Response Team의 약자로, 컴퓨터 긴급 대응팀이다. 1988년 미국의 카네기 멜론 대학교에서 웜 사고에 대응하기 위해 설립되었으며, 현재는 전 세계적으로 약 300여 개 CERT가 운영되고 있다.

정답 ②

003 시스템 침투를 위한 일반적인 해킹 과정 중 마지막 순서에 해당하는 것은?

① 공격
② 로그 기록 등의 흔적 삭제
③ 취약점 분석
④ 정보 수집

> **해설**
> 시스템 침투를 위한 일반적인 해킹 과정은 다음과 같다.
> 정보 수집 → 취약점 분석 → 공격 → 로그 기록 등의 흔적 삭제
> 따라서 시스템 침투를 위한 일반적인 해킹 과정 중 마지막 순서에 해당하는 것은 ② 로그 기록 등의 흔적 삭제이다.

정답 ②

004 개인 홈페이지 서버가 크래킹(Cracking)을 당했을 때 취해야 할 행동으로 올바른 것은?

① 로그 분석을 통해 크래킹을 한 사람의 신원을 밝혀내어 접속한 서버를 크래킹한다.
② 네트워크 분리 후 로그 분석을 통해 크래킹을 한 시점과 방법을 알아내 차후 동일 수법에 의한 사고를 방지한다.
③ 백업된 자료를 이용하여 그대로 복구하여 놓는다.
④ 백도어의 염려가 있으므로 시스템을 포맷한다.

> **해설**
> 서버를 네트워크에서 분리하여 추가적인 침입을 방지하고, 로그 파일을 분석하여 크래킹이 일어난 시점과 방법을 파악한다. 이를 통해 동일한 수법에 의한 재발을 방지할 수 있다.

정답 ②

005 다음 중 유닉스 시스템의 로그 분석에 사용하는 로그 파일에 대한 설명으로 가장 옳지 않은 것은?

① wtmp: 사용자 로그인, 로그아웃 정보를 기록
② sulog: su(switch user) 명령어 사용 정보를 기록
③ utmp: 시스템에 현재 로그인한 사용자의 정보를 기록
④ btmp: 로그인에 성공한 정보를 기록

> **해설**
> btmp 로그에는 로그인에 실패한 시도를 기록한다.

정답 ④

006 다음 중 아래의 설명에서 ㉠ ~ ㉢에 들어갈 설명으로 가장 옳은 것은?

- (㉠)은/는 웹 페이지에 입력되는 입력 값 검증 및 필터링 등을 수행하는 방화벽이다.
- (㉡)은/는 모바일 단말에 대해서 소프트웨어 및 펌웨어를 관리하는 솔루션이다.
- (㉢)은/는 네트워크 패킷을 탐지하고 대응까지 수행한다.

	㉠	㉡	㉢
①	WAF(Web Application Firewall)	MDM	IPS
②	WAF(Web Application Firewall)	MAM	IDS
③	Firewall	MDM	IDS
④	Firewall	MAM	IPS

정답 ①

007 ESM(Enterprise Security Management)에 대한 설명으로 가장 올바른 것은 무엇인가?

① 개별 솔루션 간의 별도 연동 작업이 추가적으로 요구되지 않는다.
② Agent에서 읽어온 로그를 분석 없이 Manager가 수신받고 콘솔로 표출한다.
③ 각종 로그를 통합적으로 관리하여 통합 보안관제 서비스를 제공한다.
④ 이기종의 보안 시스템을 통합하여 관리할 수 없다.

> **해설**
> ESM(Enterprise Security Management)은 기업의 보안을 위한 통합 관리 솔루션이다. ESM은 각종 보안 시스템의 로그를 통합적으로 수집하고, 분석하여 통합 보안관제 서비스를 제공한다. ESM의 기능으로 각종 보안 시스템의 로그 수집, 로그 분석 및 통합, 보안 이벤트 탐지 및 알림, 보안 위협 대응 등이 있다.

정답 ③

008 다음 중 ESM(통합 보안 솔루션)의 구성요소에 대한 설명으로 가장 옳지 않은 것은?

① 보안패치: 최근 보안취약점이 발생한 시스템에 대해서 자동으로 패치를 수행한다.
② Manager: 수집된 로그 정보를 통합하고 분석한다.
③ Console: 관리자는 ESM Console을 사용해서 모니터링하고 명령어를 실행한다.
④ Agent: 시스템에 설치되어서 각종 로그 정보를 수집한다.

> **해설**
> 보안패치는 보안 시스템의 취약점을 방지하기 위한 보안 조치이다. ESM은 보안패치 관리 기능을 제공할 수 있지만, 보안패치를 자동으로 적용하는 기능은 제공하지 않는다. 보안패치는 일반적으로 관리자가 수동으로 적용한다.

정답 ①

009 아래의 설명에서 ( )에 들어갈 설명으로 가장 옳은 것은?

> ANTI APT 솔루션에서 악성코드를 동적으로 분석하기 위해서 악성코드를 실행한 후에 행위 로그를 분석한다. 이때 악성코드 분석은 ( ) 환경에서 수행되어야 한다.

① SCADA
② Sandbox
③ Cloud
④ CRM

해설

ANTI APT 솔루션에서 악성코드를 동적으로 분석하기 위해서는 악성코드를 실행한 후에 행위 로그를 분석해야 한다. 이때 악성코드 분석은 격리된 환경에서 수행되어야 한다. 격리된 환경에서는 악성코드가 시스템에 영향을 미치지 않도록 한다. Sandbox는 악성코드를 격리된 환경에서 실행하여 분석하는 시스템이다.

정답 ②

010 다음에서 설명하는 보안 기술은?

> - 외부 네트워크로부터의 공격 탐지에 중점을 두는 전사적 보안 관리(ESM) 기능에 내부의 정보 유출 탐지 영역까지 담당
> - ESM와 상호보완적인 관계로 다양한 정보시스템에 대한 로그 관리 및 분석이 강화되고 빅 데이터 기술이 접목되어 정보시스템 전반에 대한 신속한 위협 탐지가 가능한 지능형 로그 관리 플랫폼

① DLP
② NAC
③ SIEM
④ DRM

해설

① DLP는 기업 내부자의 고의나 실수로 정보가 밖으로 새어나가는 것을 방지하는 시스템
② NAC는 네트워크에 접속하는 장치의 신원을 식별하고, 보안 정책을 적용하여 허가되지 않은 장치의 접속을 차단하는 시스템
④ DRM은 디지털 콘텐츠의 불법 유출을 방지하기 위한 기술

정답 ③

011 침입 탐지 시스템(IDS)에 대한 설명으로 가장 옳은 것은 무엇인가?

① 침입 경로를 찾을 수 있도록 탐지 대상으로부터 생성되는 로그를 제공한다.
② Host-IDS는 운영체제에 독립적이다.
③ 오용 침입 탐지 기법은 오탐률(False Positive)이 높다.
④ '침입 분석 및 탐지 → 데이터 수집 → 데이터 가공 및 축약 → 보고 및 대응'의 단계로 실행된다.

> **해설**
> IDS는 네트워크 또는 호스트에서 발생하는 활동을 모니터링하고 기록(log)한다. 이 로그에는 다양한 종류의 데이터가 포함될 수 있으며, 이를 통해 시스템이나 네트워크에서 비정상적인 활동이나 침입 시도를 탐지하게 된다.

정답 ①

012 침입 탐지 시스템(IDS, Intrusion Detection System)과 관련한 설명으로 틀린 것은?

① 이상 탐지 기법(Anomaly Detection)은 Signature Base나 Knowledge Base라고도 불리며 이미 발견되고 정립된 공격 패턴을 입력해 두었다가 탐지 및 차단한다.
② HIDS(Host-Based Intrusion Detection)는 운영체제에 설정된 사용자 계정에 따라 어떤 사용자가 어떤 접근을 시도하고 어떤 작업을 했는지에 대한 기록을 남기고 추적한다.
③ NIDS(Network-Based Intrusion Detection System)로는 대표적으로 Snort가 있다.
④ 외부 인터넷에 서비스를 제공하는 서버가 위치하는 네트워크인 DMZ(Demilitarized Zone)에는 IDS가 설치될 수 있다.

> **해설**
> 이상 탐지 기법은 정상적인 시스템이나 네트워크의 동작과 다른 이상한 행위를 기반으로 침입을 탐지하는 방식이다. 따라서 이상 탐지 기법은 Signature Base나 Knowledge Base를 사용하지 않는다.

정답 ①

013 침입 탐지 시스템(Intrusion Detection System)의 동작 단계에 대한 설명으로 옳지 않은 것은?

① 데이터 필터링과 축약 단계에서는 효과적인 필터링을 위해 데이터 수집 규칙을 설정하는 작업이 필요하다.
② 데이터 수집 단계에서는 데이터의 소스에 따라서 호스트 기반 IDS와 네트워크 기반 IDS로 나뉘며 상호 보완적으로 사용된다.
③ 보고 및 대응 단계에서는 침입자의 공격에 대응하여 역추적하기도 하고, 침입자가 시스템이나 네트워크를 사용하지 못하도록 하는 능동적인 기능이 추가되기도 한다.
④ 침입 탐지 단계에서는 다양한 탐지 방법이 있는데 이상 탐지(Anomaly Detection)는 이미 발견된 공격 패턴을 미리 입력해 두었다가 매칭되는 패턴이 발견되면 공격으로 판단하는 기법이다.

> **해설**
> 이상 탐지(Anomaly Detection)는 정상적인 행위 패턴을 학습하고, 이와 다른 비정상적인 행위를 탐지하는 기법이다. 이미 알려진 공격 패턴과 비교하여 탐지하는 기법은 오용 탐지(Misuse Detection)이다.

정답 ④

014 보안 솔루션에 대한 설명으로 옳지 않은 것만을 모두 고른 것은?

> ㄱ. SSO(Single Sign On)는 하나의 인증 시스템을 통해 인증 시스템과 연결된 다른 시스템에 추가적인 인증 과정 없이 로그인하는 기능을 제공한다.
> ㄴ. PKI(Public Key Infrastructure)는 네트워크 보안을 제공하기 위해 패킷을 분석하고 정상적인 패턴이 아닌 경우 차단 등의 기능을 제공한다.
> ㄷ. FDS(Fraud Detection System)는 다양한 네트워크 기기의 인증을 통합 제어하는 기능을 제공한다.
> ㄹ. DRM(Digital Rights Management)은 문서 열람, 편집, 출력 등에 관한 접근 권한을 설정하는 기능을 제공한다.

① ㄱ, ㄷ   ② ㄴ, ㄷ   ③ ㄴ, ㄹ   ④ ㄷ, ㄹ

해설
ㄴ. PKI(Public Key Infrastructure): 공개 키 암호화 및 디지털 인증서를 관리하는 시스템이다. 네트워크 보안을 제공하거나 패킷을 분석하는 것이 아니라, 암호화와 디지털 서명 등을 통해 보안 통신을 가능하게 한다.
ㄷ. FDS(Fraud Detection System): 전자금융거래 등에서 사기 거래를 탐지하는 시스템이다. 네트워크 기기의 인증을 통합 제어하는 것은 FDS의 기능이 아니다.

정답 ②

015 다음의 지문은 무엇을 설명한 것인가?

> ㄱ. 전자금융거래에서 사용되는 단말기 정보, 접속 정보, 거래 내용 등을 종합적으로 분석하여 의심 거래를 탐지하고 이상금융거래를 차단하는 시스템이다.
> ㄴ. 보안 프로그램에서 방지하지 못하는 전자금융사기에 대한 이상거래를 탐지하여 조치를 할 수 있도록 지원하는 시스템이다.

① MDM   ② FDS   ③ MDC   ④ RPO

정답 ②

016 다음 중 프록시 서버(Proxy Server)의 기능으로 가장 올바르지 않은 것은?

① 방화벽 기능을 담당한다.
② 네트워크의 트래픽을 줄인다.
③ 데이터의 전송 시간을 향상시킨다.
④ 회사의 복잡한 웹 사이트 관리를 용이하게 한다.

> **해설**
> 프록시 서버의 주요 기능은 네트워크 트래픽 관리와 보안 강화이다. 웹 사이트의 내용이나 구조 관리를 직접적으로 용이하게 하는 것은 프록시 서버의 기능 범위를 넘어선다고 볼 수 있다. 이는 프록시 서버보다 웹 서버나 컨텐츠 관리 시스템의 역할에 가깝다.

정답 ④

017 다음에서 설명하는 기술로 가장 옳은 것은?

- 클라이언트의 요구에 대한 응답시간을 줄일 수 있다.
- 외부 인터넷과 연결된 트래픽을 줄일 수 있다.
- 최근 호출된 객체의 사본을 저장한다.

① DNS Server
② NAT Server
③ Router
④ Proxy Server

> **해설**
> ① DNS 서버(DNS Server): 도메인 이름을 IP 주소로 변환해 주는 서버이다.
> ② NAT 서버(NAT Server): 네트워크 주소 변환(NAT) 서버는 로컬 네트워크에서 사용하는 사설 IP 주소를 인터넷에서 사용할 수 있는 공개 IP 주소로 변환한다.
> ③ 라우터(Router): 네트워크 간의 데이터 패킷을 전송하는 장치로, 여러 네트워크를 연결하고 데이터 경로를 최적화한다.

정답 ④

018 보안 솔루션에 대한 설명으로 옳지 않은 것은?

① IPS는 유해 트래픽이나 다양한 유형의 공격을 사전에 탐지하고 자동화된 알고리즘에 의해 탐지된 공격을 차단하는 능동형 보안 기능을 제공한다.
② IDS는 전통적인 방화벽이 탐지할 수 없는 악의적인 네트워크 트래픽이나 컴퓨터 사용을 탐지하고 이를 알려 주는 역할만 한다는 점에서 공격 자체를 차단하는 방화벽과 차이가 있다.
③ DLP는 이미지 및 오디오 파일과 같은 다양한 디지털 매체를 통해 메시지를 숨겨 전송한다.
④ Firewall은 외부 네트워크에서 내부 네트워크로 유입되는 침입을 막는 역할을 한다.

> **해설**
> DLP(Data Loss Prevention)는 데이터 유출을 방지하기 위한 시스템이다. DLP는 데이터 이동 감지, 데이터 차단, 데이터 암호화 등의 기능을 수행한다.

정답 ③

019 다음의 설명에 해당되는 시스템은 무엇인가?

> 기업 데이터 유출 방지를 의미하며 사용자가 사무실, 현장 및 집 어느 곳에서 업무 중이라도 사용자의 PC에서 기업 내 기밀 데이터가 외부로 반출되는 것을 항시 감시하고 기록하며, 정책에 따라 유출을 차단시키는 것을 주 기능으로 구현한 솔루션이다.

① DLP ② IDS ③ IDC ④ EIP

해설
② IDS(Intrusion Detection System)는 침입을 탐지하고 경고하는 시스템이다.
③ IDC(Information Data Center)는 정보 데이터 센터를 의미한다.
④ EIP(Enterprise Information Portal)는 기업 정보 포털을 의미한다.

정답 ①

020 다음과 같은 정보보안 요구사항이 존재할 때 필요한 정보보호 시스템들을 짝지은 것으로 옳은 것은?

> 공인 IP 주소 자원의 효율적인 관리를 위해 사설 IP와의 연계를 수행하고 조직 내부의 네트워크 구조를 외부에서 알 수 없도록 하고 싶다. 또한, 내부에서 외부로의 정보 유출을 탐지하여 개인정보 및 민감 정보의 유출을 차단하고자 한다.

① NAT-DLP ② NAT-VPN ③ NAT-SSL ④ IPS-SSL

해설
- 공인 IP 주소 자원의 효율적인 관리 및 사설 IP와의 연계: 이 요구사항은 NAT(Network Address Translation) 시스템과 관련이 있다. NAT는 사설 IP 주소를 공인 IP 주소로 변환하여 인터넷에 접속하게 하며, 이를 통해 공인 IP 주소의 효율적인 관리와 내부 네트워크 구조의 은폐를 가능하게 한다.
- 내부에서 외부로의 정보 유출 탐지 및 차단: 이 요구사항은 DLP(Data Loss Prevention) 시스템과 관련이 있다. DLP는 조직 내부에서의 데이터 유출을 모니터링하고, 필요한 경우 이를 차단하여 개인정보 및 민감 정보의 보호를 돕는다.

정답 ①

021 네트워크 접속 시 단말의 보안정책 준수 여부 등을 검사하여 접속 허용 여부 등을 관리하는 단말 보안 솔루션은?

① NAC ② DLP ③ NAT ④ WAF

해설
NAC(Network Access Control)는 네트워크 접속 시 단말의 보안정책 준수 여부 등을 검사하여 접속 허용 여부 등을 관리하는 단말 보안 솔루션이다. NAC는 단말 인증, 단말 무결성 검사, 접속 정책 관리 등의 기능을 한다.

정답 ①

022 다음은 어떤 보안 도구를 의미하는가?

> 회사의 사설 네트워크와 외부의 공중 네트워크 사이의 중립 지역으로써 삽입된 컴퓨터 호스트 또는 소형 네트워크를 말한다.

① IDS ② DMZ ③ Firewall ④ VPN

해설
DMZ(Demilitarized Zone)는 회사의 사설 네트워크와 외부의 공중 네트워크 사이의 중립 지역으로써 삽입된 컴퓨터 호스트 또는 소형 네트워크를 말한다. DMZ는 외부에서 접근 가능한 웹 서버, 메일 서버, DNS 서버 등을 배치하여 외부 공격으로부터 내부 네트워크를 보호하는 역할을 한다.

정답 ②

023 (A)에 들어가는 용어는 무엇인가?

> 네트워크를 관리하는 Kim 사원은 서울본사와 부산지사를 연결하기 위해서 ISP 쪽에 月 광케이블 임대비용을 지불하는 계약을 맺기로 하였으나 그 비용이 너무 많이 지출되는 관계로 다른 방안을 검토하라는 지시를 받게 되어 (A)을/를 도입하기로 하였다. (A)은/는 다소 속도가 떨어지는 단점이 있으나 초기투자 비용을 제외하면 유지비가 저렴하다는 장점도 있다. (A)은/는 인터넷망과 같은 공중망을 사용하여 둘 이상의 네트워크를 안전하게 연결하기 위해서 가상의 터널을 만든 후 암호화된 데이터를 전송할 수 있는 네트워크이다.

① Public Network ② PAT
③ VLAN ④ VPN

해설
VPN(Virtual Private Network)은 인터넷망과 같은 공중망을 사용하여 둘 이상의 네트워크를 안전하게 연결하기 위해서 가상의 터널을 만든 후 암호화된 데이터를 전송할 수 있는 네트워크이다.

정답 ④

024 네트워크를 통해 보안 서비스를 제공하는 기술과 가장 거리가 먼 것은?

① SSL ② TLS ③ IPSec ④ SD Card

해설
SSL(Secure Sockets Layer), TLS(Transport Layer Security), IPSec(Internet Protocol Security)는 모두 네트워크를 통해 보안 서비스를 제공하는 기술이다. SSL은 웹 브라우저와 웹 서버 간의 통신을 암호화하는 기술이다. TLS는 SSL의 후속 버전으로, SSL의 보안 기능을 강화한 기술이다. IPSec은 패킷 단위로 데이터를 암호화하는 기술이다.

정답 ④

025 다음 중 제시된 Well Known Port 번호에 해당하는 프로토콜을 순서대로 가장 적합하게 제시한 것은?

| ㉠ 22번 포트 | ㉡ 53번 포트 | ㉢ 161번 포트 |

	㉠	㉡	㉢
①	SSH	Gopher	NetBIOS
②	SSH	DNS	SNMP
③	FTP	Gopher	SNMP
④	FTP	DNS	NetBIOS

해설

PORT	설명	PORT	설명
20	FTP 데이터 포트	80	HTTP
21	FTP 제어포트	110	POP, 메일 가져오기
22	SSH	161	SNMP
23	TELNET	443	HTTPS
25	SMTP, 메일 전송	3389	원격 데스크톱
53	DNS		

정답 ②

026 SSH(Secure Shell)에 대한 설명으로 틀린 것은?

① SSH의 기본 네트워크 포트는 220번을 사용한다.
② 전송되는 데이터는 암호화된다.
③ 키를 통한 인증은 클라이언트의 공개키를 서버에 등록해야 한다.
④ 서로 연결되어 있는 컴퓨터 간 원격 명령 실행이나 셸 서비스 등을 수행한다.

해설

SSH(Secure Shell)는 암호화된 터널을 통해 원격 컴퓨터에 접속하고 명령을 실행할 수 있는 프로토콜로 22번 포트를 사용한다. SSH는 암호화, 인증, 압축 등의 기능을 수행한다.

정답 ①

027 다음 내용에 해당하는 기술에서 사용되는 올바른 프로토콜을 고르시오.

회사 내 홈페이지를 관리하는 서버 관리자 Kim 사원은 클라이언트와 웹 서버 간에 데이터를 안전하게 전달하는 인증 암호화 기능을 사용하여 기존 Http 서비스를 Https 서비스로 전환한다.

① SSTP ② MIME ③ SSH ④ SSL

> **해설**
> HTTPS는 HTTP에 SSL(Secure Sockets Layer) 또는 TLS(Transport Layer Security) 프로토콜을 추가하여 보안을 강화한 것이다. SSL/TLS는 데이터를 암호화하고 인증하는 기능을 제공하여 안전한 데이터 전송을 가능하게 한다.
> ① SSTP(Secure Socket Tunneling Protocol): VPN 연결에 사용되는 프로토콜
> ② MIME(Multipurpose Internet Mail Extensions): 이메일에서 다양한 형태의 데이터를 전송하기 위한 인터넷 표준
> ③ SSH(Secure Shell): 원격 컴퓨터와 안전한 통신을 위한 프로토콜

정답 ④

028 IPSec(IP Security)에 대한 설명으로 틀린 것은?

① 암호화 수행 시 일방향 암호화만 지원한다.
② ESP는 발신지 인증, 데이터 무결성, 기밀성 모두를 보장한다.
③ 운영 모드는 Tunnel 모드와 Transport 모드로 분류된다.
④ AH는 발신지 호스트를 인증하고, IP 패킷의 무결성을 보장한다.

> **해설**
> IPSec은 양방향 통신을 위한 암호화를 지원한다. 이는 데이터가 양쪽 방향으로 안전하게 전송될 수 있도록 보장하기 위함이다.

정답 ①

029 다음 중 IPSec에 대한 설명으로 가장 옳지 않은 것은?

① IPSec 운영 모드 중 터널 모드는 종단 노드(End Point) 구간에서 사용되며 전체 IP 패킷을 보호하지 않는다.
② AH(Authentication Header) 프로토콜은 발신지 호스트를 인증하고 IP 패킷으로 전달되는 페이로드의 무결성을 보장하기 위해 설계되었다.
③ ESP(Encapsulating Security Payload)는 발신지 인증, 무결성, 프라이버시를 제공하는 프로토콜이다.
④ IPSec은 IP 계층의 보안을 위해 IETF에 의해 제안되었으며, VPN 구현에 사용되고 있다.

> **해설**
> 터널 모드에서는 전체 IP 패킷(원본 IP 헤더와 페이로드 모두)이 암호화되어 보호된다. 터널 모드는 보통 VPN 구현에서 사용되며, 두 네트워크 간의 통신을 안전하게 보호하기 위해 사용된다.

정답 ①

030 다음은 VPN에 대한 설명이다. ( )에 들어갈 설명으로 가장 옳은 것은?

- IPSEC VPN은 (㉠) 단위로 데이터를 암호화한다.
- SSL VPN은 (㉡) 단위로 데이터를 암호화한다.

① ㉠ 프레임, ㉡ 데이터
② ㉠ 데이터, ㉡ 프레임
③ ㉠ 패킷, ㉡ 메시지
④ ㉠ 메시지, ㉡ 메시지

해설

- IPSEC VPN: 네트워크 계층에서 작동하며, 패킷 단위로 데이터를 암호화한다. IPSEC VPN은 전체 IP 패킷을 암호화하고, 라우팅 가능한 암호화된 IP 패킷을 생성한다.
- SSL VPN: 응용 계층에서 작동하며, 메시지 단위로 데이터를 암호화한다. SSL VPN은 브라우저 기반의 서비스나 응용 프로그램에서 생성된 메시지를 암호화한다.

정답 ③

031 IPSec 프로토콜에 대한 설명으로 옳지 않은 것은?

① 네트워크 계층인 IP 계층에서 보안 서비스를 제공하기 위한 보안 프로토콜이다.
② 기밀성 기능은 AH(Authentication Header)에 의하여 제공되고, 인증 서비스는 ESP(Encapsulating Security Payload)에 의하여 제공된다.
③ 보안 연계(Security Association)는 사용된 인증 및 암호 알고리즘, 사용된 암호키, 알고리즘의 동작 모드 그리고 키의 생명주기 등을 포함한다.
④ 키 관리는 수동으로 키를 입력하는 수동 방법과 IKE 프로토콜을 이용한 자동 방법이 존재한다.

해설

AH가 인증 서비스와 데이터 무결성을 제공하고, ESP가 기밀성(데이터 암호화), 인증 서비스, 무결성 보호를 제공한다.

정답 ②

032 SET(Secure Electronic Transactions)에 대한 설명으로 옳지 않은 것은?

① 프라이버시 보호를 위해 이중서명 프로토콜을 사용한다.
② 카드 소지자는 전자지갑 소프트웨어가 필요하다.
③ 인증기관(Certificate Authority)이 필요하다.
④ SSL(Secure Sockets Layer)에 비해 고속으로 동작한다.

해설

SET는 보안성을 강화하기 위해 추가적인 인증 절차와 암호화 단계를 거치기 때문에 SSL보다 통신 과정에서 더 많은 시간이 소요될 수 있다.

정답 ④

033 정보보호 위험관리에 대한 설명으로 옳지 않은 것은?

① 자산은 조직이 보호해야 할 대상으로 정보, 하드웨어, 소프트웨어, 시설 등이 해당한다.
② 위험은 자산에 손실이 발생할 가능성과 관련되어 있으나 이로 인한 부정적인 영향을 미칠 가능성과는 무관하다.
③ 취약점은 자산이 잠재적으로 가진 약점을 의미한다.
④ 정보보호 대책은 위협에 대응하여 자산을 보호하기 위한 관리적, 기술적, 물리적 대책을 의미한다.

> **해설**
> 위험은 자산에 손실이 발생할 가능성과 그로 인한 부정적인 영향을 모두 포함한다. 위험은 가능성과 영향의 두 요소로 구성된다.

정답 ②

034 개인정보 노출방지 대책 중 관리적 측면에 해당하지 않는 것은?

① 홈페이지 개인정보 노출 예방 관련 매뉴얼 수립
② 홈페이지 개인정보 노출 예방 교육 실시
③ 업무용 파일 암호와 및 업로드 시 새 파일 작성
④ 홈페이지 및 웹 서버 취약점 점검

> **해설**
> - 관리적 관점: 운영적 취약성
> - 기술적 관점: 서버, 네트워크, PC 보안점검 등을 통한 취약성
> - 물리적 관점: 출입 통제, 화재, 침수, 항온, 항습 등
> ④의 설명은 기술적 관점에 해당한다.

정답 ④

035 취약점 관리를 위한 응용 프로그램의 보안 설정과 가장 거리가 먼 것은?

① 서버 관리실 출입 통제
② 실행 프로세스 권한 설정
③ 운영체제의 접근 제한
④ 운영체제의 정보 수집 제한

> **해설**
> 취약점 관리를 위한 응용 프로그램의 보안 설정은 응용 프로그램 자체의 보안 설정을 의미한다. 서버 관리실 출입 통제는 물리적 보안과 관련된 설정으로, 응용 프로그램의 보안 설정과는 거리가 멀다.

정답 ①

036 컴퓨터와 온라인의 보안 취약점을 연구해 해킹을 방어하거나 퇴치하는 민·관에서 활동하는 보안 전문가는?

① 화이트 해커
② 블랙 해커
③ 크래커
④ 그리드

> **해설**
> ② 블랙 해커: 악의적인 목적으로 해킹을 하는 사람을 말한다.
> ③ 크래커: 해킹 기술을 악용하여 불법적인 목적으로 시스템에 침입하거나 정보를 탈취하는 사람을 말한다.
> ④ 그리드: 분산 컴퓨팅 기술을 이용한 시스템을 말한다.

정답 ①

037 취약점 관리를 위해 일반적으로 수행하는 작업이 아닌 것은?

① 무결성 검사
② 응용 프로그램의 보안 설정 및 패치(Patch) 적용
③ 중단 프로세스 및 닫힌 포트 위주로 확인
④ 불필요한 서비스 및 악성 프로그램의 확인과 제거

> **해설**
> 취약점 관리를 위해서는 시스템의 무결성을 검사하고, 응용 프로그램의 보안 설정을 강화하고, 패치를 적용하며, 불필요한 서비스와 악성 프로그램을 제거해야 한다.
> 중단 프로세스 및 닫힌 포트 위주로 확인은 시스템의 정상적인 작동 여부를 확인하기 위한 작업으로, 취약점 관리를 위한 작업은 아니다.

정답 ③

038 정보보호에 대한 설명과 용어가 바르게 짝지어진 것은?

(ㄱ) 자산의 손실을 초래할 수 있는 원하지 않는 사건의 잠재적인 원인이나 행위자
(ㄴ) 원하지 않는 사건이 발생하여 손실 또는 부정적인 영향을 미칠 가능성
(ㄷ) 자신의 잠재적인 속성으로 위협의 이용 대상이 되는 것
(ㄹ) 정보자산에 피해를 주는 주체

① (ㄱ) 위협   (ㄴ) 취약점   (ㄷ) 위험   (ㄹ) 위협원
② (ㄱ) 위협   (ㄴ) 위험   (ㄷ) 취약점   (ㄹ) 자산
③ (ㄱ) 취약점   (ㄴ) 위험   (ㄷ) 위협   (ㄹ) 노출
④ (ㄱ) 위협   (ㄴ) 위험   (ㄷ) 취약점   (ㄹ) 위협원

> **해설**
> (ㄱ) 위협은 잠재적으로 손실이나 피해를 일으킬 수 있는 사건 또는 행위자를 가리킨다.
> (ㄴ) 위험은 손실이나 부정적인 영향이 실제로 발생할 가능성을 나타낸다.
> (ㄷ) 취약점은 시스템이나 조직이 가진 잠재적인 약점으로, 위협에 의해 이용될 수 있다.
> (ㄹ) 위협원은 위협을 일으키는 개체나 주체를 가리킨다.

정답 ④

에듀콕스(educox)는 책에 관한 소재와 원고를 설레는 마음으로 기다리고 있습니다.
책으로 만들고 싶은 좋은 소재와 기획이 있으신 분은 이메일(educox@hanmail.net)로 간단한 개요와 취지, 연락처 등을 보내주시면 됩니다.

2025년 흥달쌤의 정보처리기사 필기 문제집

초판 발행 2024년 12월 23일
편 저 자 이흥직

저자와의
협의하에
인지생략

발 행 인 이상옥
발 행 처 에듀콕스(educox)
출판등록번호 제25100-2018-000073호
주   소 서울시 관악구 신림로23길 16 일성트루엘 907호
팩   스 02)6499-2839
홈페이지 www.educox.co.kr
이 메 일 educox@hanmail.net

이 책에 실린 내용에 대한 저작권은 에듀콕스(educox)에 있으므로 함부로 복사·복제할 수 없습니다.

정가 28,000원

ISBN 979-11-93666-22-7